G. (Georg) Hartwig

Die Inseln des großen Ozeans im Natur- und Völkerleben

G. (Georg) Hartwig

Die Inseln des großen Ozeans im Natur- und Völkerleben

ISBN/EAN: 9783741130366

Hergestellt in Europa, USA, Kanada, Australien, Japan

Cover: Foto ©Thomas Meinert / pixelio.de

Manufactured and distributed by brebook publishing software (www.brebook.com)

G. (Georg) Hartwig

Die Inseln des großen Ozeans im Natur- und Völkerleben

Die
Inseln des großen Oceans

im

Natur- und Völkerleben

dargestellt

von

Dr. Georg Hartwig,

Verfasser von „Die Tropenwelt", „Der hohe Norden", „Das Leben des Meeres".

Mit vier Abbildungen in Irisdruck und drei Karten.

———————

Wiesbaden.
C. W. Kreidel's Verlag.
1861.

Berlin. Wien.
A. Schneider & Comp. C. Gerold's Sohn.

Vorwort.

Die Inseln des großen Oceans sind zwar im einzelnen und theilweise sehr häufig beschrieben worden, denn jeder Weltumsegler läuft in Honolulu, Papeïti oder Umata ein — doch während die Nachrichten über einzelne Punkte sich bis zum Erdrückenden anhäusen — bleibt der bei weitem größere Theil der so herrlichen Südseewelt dem gewöhnlichen Leser verschlossen, weil fast alle unsere Kenntnisse darüber in weniger zugänglichen, größtentheils englischen und französischen Reisewerken enthalten sind.

Es bezweckt die vorliegende Arbeit, diese Lücke auszufüllen, und das ganze tropische Gebiet des großen Oceans von der Osterinsel bis zu den Marianen und von Fidschi bis Hawaii zu einem geographischen Bilde zusammenzufassen, wie ich es bereits mit den Regionen des hohen Nordens versucht habe.

Die Länder, die ich hier beschreibe, sind zwar von verschwindender Kleinheit gegen das ungeheure Weltmeer, aus welchem sie hervortauchen, doch fesseln sie unser Interesse auf die verschiedenartigste Weise.

Denken wir uns ein irdisches Paradies, so wandert unsere Phantasie am liebsten nach dem Gestade einer tropischen, vom kühlenden Meereshauche angefächelten Palmeninsel, und baut sich dort ein Ideal von Glück, wie es leider auf Erden sich nimmer verwirklichen kann. Doch so viel ist gewiß, daß nirgends in der Welt die Natur zum heiteren Lebensgenusse so freundlich einladet, wie in den reizenden Bergthälern der Sandwich Gruppe oder an den lachenden Ufern von Opolou!

Reichlich begabte Völker bewohnen diese Perlen des Oceans, merkwürdig durch die räthselhafte Frage ihres Ursprungs und die seltsame Mischung von Verfeinerung und Barbarei, von Gutmüthigkeit und Arglist, welche ihr Charakter darbietet und wodurch die fremden Seefahrer oft zu den widersprechendsten Urtheilen geführt worden sind.

Doch wie verschieden sind die gegenwärtigen Polynesier von ihren Vätern, wie Cook und Forster, Wallis und Bougainville sie kennen lernten! Die Berührung mit den weißen Männern hat dort Umwälzungen hervorgebracht wie sie selten in so kurzer Zeit irgendwo anders statt gefunden haben. Einfache Missionare, ohne Unterstützung von Außen haben die alte polynesische Welt zertrümmert, — die Götzen sind gestürzt, die heidnischen Tempel geschlossen und fast überall freisinnige Verfassungen an die Stelle der Feudalherrschaft der Häuptlinge getreten.

Wie dieser Uebergang vom Alten zum Neuen geschehen, welche Schwierigkeiten überwunden werden mußten, welche Kämpfe es kostete, wird man in vielen Kapiteln dieses Buches ausführlich beschrieben finden.

Auch die Handelsbeziehungen zwischen Europa und jener fernen Welt haben sich zu einer früher ungeahnten Wichtigkeit entfaltet und den großen Ocean in unsern Kreis gezogen. Häfen, die noch vor wenigen Jahren unbekannt waren, werden jetzt jährlich von unsern Schiffen besucht, und die Zeit liegt nicht mehr fern wo regelmäßige Dampfschifffahrten die entgegengesetzten

Ufer des stillen Meeres verbinden werden. Endlich sehen wir auch noch die Rivalität der großen Seemächte auf dem entlegenen Gebiete Polynesiens entbrennen, und jede eifersüchtig die Schritte der andern bewachend, sich der Punkte bemeistern, die ihr im nächsten Seekriege vom größten Nutzen zu sein scheinen!

So ist denn offenbar Polynesien ein Welttheil, der keinem Gebildeten mehr fremd bleiben darf, und da ich mich überall, wie ein flüchtiger Blick auf das Inhaltsverzeichniß schon zeigen wird, bestrebt habe die beschriebenen Länder auf die vielseitigste Weise zu beleuchten, und stets bemüht war das Belehrende mit dem Unterhaltenden zu verbinden, so darf ich hoffen, daß auch dießmal ein zahlreicher Leserkreis mir einigen Beifall nicht versagen wird.

Heidelberg, im Juni 1861.

Uebersetzungen in's Englische und Französische behält sich der Verfasser selbst vor.

Inhaltsverzeichnis.

Seite

Erstes Kapitel. Der große Ocean . . . . 1—14
Seine verschiedenen Benennungen. — Seine Grenzen. — Vulkanische und niedere Inseln. — Thätige Vulkane im Schooß und an den Grenzen des großen Oceans. — Erdbeben. — Translationswellen. — Strömungen im großen Ocean. — Fluthen. — Werthvolle Erzeugnisse des großen Oceans. — Die Walfänger. — Fische und Meerthiere, die dem Schiffer am häufigsten begegnen. — Seeigel und Seemuschelnheere. — Tropikvögel. — Guanovögel. — Perlen. — Schildpat. — Seegurken.

Zweites Kapitel. Der Potfischfang im großen Ocean . . . 15—27
Der Potfisch. — Fettreichthum des Kopfes. — Potfischjagd. — Nahrung des Potfisches. — Geschichte der Potfischjagd. — Gefahren derselben.

Drittes Kapitel. Magellan's Weltreise . . . . 28—38
Magellan. — Dessen Geschwader. — Schwierigkeiten, mit denen er zu kämpfen hatte. — Ueberwinterung an der patagonischen Küste. — Meuterei. — Entdeckung der Magellan Straße. — Fahrt über den großen Ocean. — Entdeckung der Desaventuradas, der Ladronen und der Philippinen. — Schlacht von Matam. — Magellan's Tod. — Ermordung der spanischen Officiere durch den Sultan von Zebu. — El Cano setzt die Reise fort und vollbringt die erste Weltumsegelung.

Viertes Kapitel. Die Entwickelung des Verkehrs auf dem großen Ocean von Magellan's bis auf unsere Zeitraum. 39—44
Die Nachfolger Magellan's im großen Ocean. — Mendana. — Urdaneta. — Juan Fernandez. — Drake. — Die Filibustier im stillen Meer. — Schouten und le Maire. — Tasman. — Cook. — Anfänge des Handelsverkehrs auf dem großen Ocean. — Folgen der Gründung Sydney's. — Einfluß der Goldentdeckungen in Californien und Australien. — Der gegenwärtige politische Zustand Polynesiens.

Fünftes Kapitel. Die Menschenracen des großen Oceans. — Wie und woher sind dessen Inselgruppen bevölkert worden . . . . 45— 57

Die schwarze und die gelbe Race. — Polynesier und Micronesier. — Eigenthümlichkeiten und Grenzen der polynesischen Stämme. — Ihre Sprache. — Der Kawa. — Der Tabou. — Eigenthümlichkeiten und Grenzen der Micronesier. — Die Fidschi-Inseln. — Woher kommen die Völker des großen Oceans? — Sie sind weder Autochthonen noch von Amerika hergekommen, sondern vom Westen. — Ursachen, welche zu ihrer Verbreitung führten. — Westliche Stürme. — Beispiele von Kaby — von verschiedenen Ketteninsulanern.

Sechstes Kapitel. Juan Fernandez . . . . 58— 74

Entdeckung der Insel. — Beschreibung derselben. — Alexander Selkirk. — Seine Abenteuer auf der Insel. — Wie es ihm später in der Heimath gefiel. — Defoe, Verfasser des Robinson. — Cowper's Gedicht über Selkirk. — Anson im großen Ocean. — Unerhörte Drangsale seines Geschwaders ehe er Juan Fernandez erreichte. — Rettung und Freude. — Ziegen, Hunde. — Seelöwen. — Fischreichthum des Meeres. — Das Tantalusgeschick des Sylvester. — Anson verläßt Juan Fernandez. — Versuche der Spanier und Chilener eine Strafcolonie zu gründen. — D'Urville's Besuch 1838. — Letzte Nachrichten vom Jahre 1858.

Siebentes Kapitel. Die Galapagos . . . . 74— 89

Anblick der Inseln. — Dörre der Küsten. — Vulkane und parasitische Auswurfskegel. — Oede Lavagegenden. — Zunahme der Vegetation auf den östlichen Inseln. — Cactus und Euphorbien. — Der üppigere Pflanzenwuchs auf den Anhöhen. — Eidechsen. — Die große Landschildkröte. — Eigenthümliche Vögel der Galapagos. — Ihre auffallende Zahmheit. — Aehnliches Beispiel auf den Falkland's Inseln. — Klima der Galapagos. — Ihre Geschichte. — Frühere Bedeutung des Walfischfanges in den Buchten der Galapagos. — Post Office Bay. — Kerr Porter. — Abenteuer des Irländers Fly Patrik. — Colonisation der Galapagos durch den General Flores. — Unglückliches Ende der Colonie. — Kinsman's Besuch 1852.

Achtes Kapitel. Die Osterinsel — Salad y Gomez . . . . 80— 87

Entdeckung der Osterinsel. — Cook und Forster 1774. — Bewohner der Insel. — Merkwürdige Bildsäulen. — Chamisso auf der Osterinsel. — Verrätherischer Menschenraub. — Schwimmfertigkeit der Polynesier. — Salad y Gomez.

Neuntes Kapitel. Die Pitcairn Insel . . . . 88—113

Die Bounty. — Meuterei Christians. — Bligh fährt im offenen Boote nach Timor. — Haifische und Tödschi-Insulaner. — Sturm und Hunger. — Eine herrliche Austernsuppe. — Höchste Noth. — Das Ziel wird glücklich erreicht. — Die Pandora. — Christian und seine Gefährten auf Pitcairn. — Spuren einer früheren Bevölkerung. — Christian's Tod. — John Adams. — Ankunft des Tagus. — George

Hobbs. — Die Pitcairnier wandern nach Tahiti aus, kehren aber als treue Schafe bald wieder zurück. — Der falsche Lord. — Hobbs' Reise nach England. — Die Verfassung von Pitcairn. — Klima. — Verheerende Stürme. — Auswanderung nach der Norfolk's Insel. — Theilweise Rückkehr.

Zehntes Kapitel. Die Missionen im großen Ocean . . . . 113—122
Die Missionen im Allgemeinen. — Gründung der Londoner Missionsgesellschaft. — Das Missionsschiff „Duff". — Lebensgeschichte des Capitän Wilson. — Seine Leiden in der Gefangenschaft. — Das schwarze Loch. — Die Reisen des Duff. — Ansiedelung der ersten Missionare auf den Marquesas, auf Tonga und Tahiti. — Spätere Unglücksfälle. — Welche Erfolge haben die protestantischen Missionen erzielt? — Die katholischen Missionen. — Wohlthaten der protestantischen Missionen.

Elftes Kapitel. Die Koralleninseln im Allgemeinen . . . . 122—133
Anblick einer Koralleninsel. — Lagunenbilder. — Bau eines Korallenriffes. — Grenzen der Steinkorallen. — Bildung der Ringriffe. — Ihre verschiedenen Entwickelungsstufen. — Das Thierleben auf den Korallenriffen. — Tridacnamuscheln. — Korallenfische. — Einförmigkeit des Pflanzenlebens. — Pandanus. — Lotospalme. — Landthiere. — Der Mensch auf den Koralleninseln.

Zwölftes Kapitel. Manga-Reva . . . . 134—138
Anblick der kleinen Gruppe. — Frühere Grausamkeit der Mangarewer. — Seltsame Erziehung des Königs. — Eroberung Mangarewa's durch den Duff. — Blutiges Gesicht mit dem Schiffe Brechy's. — Landung der französischen Missionare (1834). — Erste Kämpfe; spätere Erfolge. — Der Bischof von Nilopolis. — Bruder Cyprien. — Der ehemalige Hohepriester Matoua. — Kirche und Kloster. — Ein Paar Säter. — Annexation.

Dreizehntes Kapitel. Paumotu oder die Inselwolke . . . . 139—154
Erste Entdeckung derselben durch Schouten. — Brechy 1626. — Byrn Island. — Unvortheilhaftes Aussehen der Eingebornen. — Der Häuptling. — Elender Zustand der Frauen. — Bekehrungsversuche eines tahitischen Missionars. — Götzen. — Clermont. — Tornerre. — Feindseliges Betragen der Insulaner gegen Wilkes. — Honden-Insel oder Hennake. — Bedrohliche Halsfische. — Zahmheit der Vögel. — Interessantes Thierleben. — Wellstuhl und Drubo. — Der kranke Häuptling. — Rasenreiben. — Dürftigkeit der Insulaner. — Karafa. — Civilisationsanfänge. — Anaa oder Chain Island, die wichtigste Insel der Gruppe. — Eroberungen der Kettinginsulaner. — Perlenfischerei. — Die Taucher. — Maitia, eine gehobene Koralleninsel. — Vergleichung mit Helgoland. — Neueste Nachrichten. — Taerava.

Vierzehntes Kapitel. Tahiti . . . . 155—177
Gebirgige Natur des Landes. — Excursion im Thal von Tia-aura. — Unzuverlässige Natur der Führer. — Gefährliches Erklimmen der Felswände. — Nachtlager im Gebirge. — Feueranmachen durch Holzreiben.

Seite

— Verbote der Gauchos Feuer anzumachen. — Polonesische Nachlust. — Reiche Vegetation des Hochgebirges. — Abschweg zum Meere. — Besteigung des Korai. — Beschwerlicher Weg. — Herrliche Aussicht. — Fruchtbarkeit der Userebene. — Der wuchernde Guavastrauch. — Der Brodfruchtbaum. — Das äußere Riff. — Die Lagune. — Der Hafen von Papeiti. — Die Moina oder Korallenerdlande. — Cimeo. — Der durchlöcherte Berg. — Die Taloo-Bucht. — Borabora. — Die Gesellschaftsgruppe im Allgemeinen. — Klima. — Der tahitische Landbau. — Einheimische Fruchtbäume und andere nützliche Gewächse. — Der Eibaum. — Die Sübserokastanie. — Der Rufui. — Der Tamana. — Der Duiu. — Fischsang. — Einheimische Säugethiere. — Das Huhn. — Der Guinipapagei. — Die Kurukurutaube. — Seevögel wegen ihren Federn verfolgt. — Fische. — Der Teufelsrochen. — Kriegslisten einer Seekrabbe. — Merkwürdige Seeigel und Muscheln. — Insektenplagen.

Fünfzehntes Kapitel. Die Tahitier . . . . 177—207

Ihr vortheilhaftes Aussehen. — Schmuck. — Das Tättowiren. — Beschreibung der Operation. — Kleidung. — Verfertigung des Tapatuches. — Kunstfertigkeit im Färben desselben. — Zierliche Matten und Körbe. — Angelschnüre und Netze. — Angeln aus Perlmutter. — Hütterbau. — Gemeindehäuser. — Eigenthümliche Kopfunterlagen. — Die Iris oder Stühle. — Die Umetis oder Schüsseln. — Der Papahia. — Der Penu. — Das Fata. — Nahrung der Tahitier. — Musikalische Instrumente. — Gesänge. — Wettkämpfe. — Ringen. — Faustkampf. — Tänze. — Das Schwimmen in der Brandung. — Meisterschaft im Bootbau. — Verschiedenartige Canots. — Gräflicher Schiffsbruch. — Schiffabrtskunde der Tahitier. — Regierungsform. — Rangordnungen. — Göttliche Ehren, die dem Könige erwiesen wurden. — Huldigungsfeier. — Menschenopfer. — Mythologie. — Oro der Kriegsgott. — Hiro der Meergott. — Die Tiis. — Die Gözenbilder und deren reiche Schmuckfedern. — Größe der Tempel. — Zauberei. — Beschwörungen. — Orakel. — Begriffe vom künftigen Leben. — Begräbnisse. — Allzugünstiges Urtheil Forster's über die Tahitier. — Grausame Kriegsführung. — Menschenopfer. — Schlachten. — Die Arautis. — Gesellschaft der Areois. — Kindermord. — Lockerheit des Ehebündnisses.

Sechszehntes Kapitel. Die Geschichte Tahiti's von der Entdeckung durch Wallis bis auf unsere Zeiten . . . . 207—230

Wallis entdeckt Tahiti (18. Juni 1767). — Erstes Zusammentreffen mit den Tahitiern. — Die Ziege und der entwendete Hut. — Angriff auf die Boote. — Blutige Kämpfe in der Matavai-Bucht. — Landung. — Entscheidendes Gefecht. — Friede. — Bougainville. — Aotourou. — Cook beobachtet den Durchgang der Venus auf Tahiti. — Der Hohepriester Tupia. — Omai. — Pomare I. — Ankunft der Missionäre. — Pomare II. — Dessen Bekehrung 1812. — Kehrt nach Tahiti zurück, wird aber von Neuem vertrieben. Cimeo nimmt das

Christenthum an. — Huaheine, Tahaa, Raiatea folgen dem Beispiele. — Die Götzendiener auf Tahiti geschlagen (11 Nov. 1815). — Vollständige Bekehrung der Insel. — Ankunft neuer Missionare, 1817. — Druck des tahitischen Alphabets und der Bibelübersetzung Pomaré's. — Missionshülfsgesellschaft gegründet. — Bau einer großartigen Kirche, in welcher Pomaré getauft und ein neues Gesetzbuch veröffentlicht wird. — Pomaré's Trunksucht und Habgier. — Dessen Tod und Grab. — Pomaré III. — Die Königin Pomaré. — Ankunft der Jesuiten Caret und Laval. — Ihre gewaltsame Vertreibung. — Französische Intervention. — Protectorat. — Besitznahme. — Krieg zwischen den Tahitiern und Franzosen. — Ueberrumpelung der tahitischen Lager 17. Dec. 1846. — Ende der Feindseligkeiten. — Traurige Zustände. — Tyrannei. — Elogium über die Königin Pomaré 1852. — Die Rovara in Papeïti (Febr. 1859).

Siebzehntes Kapitel. Die Marquesas . . . . 231—240
Erster Anblick. — Schönheit der Thäler. — Riesige Feigenbäumer. — Aussicht von der Höhe. — Der Hafen Anna Maria. — Die Comptroller Bucht. — Der Lichtschaden-Lukes. — Klima der Marquesas. — Produkte. — Die Nukahiver. — Unvortheilhafte Meinung Krusensterns über ihren moralischen Charakter. — Schönheit der Race. — Kleidung. — Reicher Schmuck der Krieger. — Eigenthümlicher Fächer. — Wohnungen. — Ehemalige Verfassung. — Religiöse Begriffe. — Zauberkünste. — Kriege. — Kanibalismus. — Geringe Bevölkerung.

Achtzehntes Kapitel. Die Geschichte der Marquesas, seit ihrer Entdeckung durch Mendana . . . . 241—261
Mendana entdeckt Fatou-hiva (1595). — Gefecht mit den Wilden. — Cook 1774. — Ingraham 1791. — Marchand 1791. — Hergest 1792. — Ankunft der Missionare 1797. — Ihr Schicksal. — Croot entflieht auf der „Betsy". — Krusenstern 1804. — Herr Porter in der Talo-hae Bucht 1813. — Krieg mit den Happas und den Taipis. — Die Amerikaner müssen sich zurückziehen, erneuern jedoch den Angriff über die Berge — dringen in das Thal — zerstören die Dörfer. — Croot's abermalige Bekehrungsversuche. — Dupetit Thouars und Dumont d'Urville 1838. — Katholische Missionare. — Französisches Protectorat 1842.

Neunzehntes Kapitel. Die hawaiische Gruppe . . . . 261—288
Umfang der Gruppe. — Die Insel Hawaii. — Der Mauna Loa. — Hilo. — Fälle des Wailuli. — Excursion nach dem Krater Kilauea. — Wilkes auf dem Gipfelkrater des Mauna Loa. — Beschwerden der Reise. — Der hohe Norden in der Tropenwelt. — Ausbrüche des Mauna Loa in den Jahren 1840, 1843, 1849, 1852, 1855, 1859. — Die Insel Maui. — Der Haleakala, wahrscheinlich noch in den historischen Zeiten ein thätiger Vulkan. — Die Insel Oahu. — Steile Bergmauern. — Corallenriffe. — Die Insel Kauai. — Das schöne Hanapepe-Thal. — Die Fälle des Hanapepe. — Herrlicher Stoff für

einem noch ungeborenen Bäbeter. — Vortreffliche Bewässerung der Insel. — Erloschene Krater. — Vulkanische Höhlen. — Vegetation der Hawaii Gruppe. — Drei Zonen derselben. — Die Carowurzel. — Das Sandelholz. — Don Francisco de Marini. — Wilde Hunde. — Verwilderte Stiere. — Kläglicher Tod des Botanikers Douglas. — Vögel. — Fische. — Muscheln. — Eingeführte Insekten.

Zwanzigstes Kapitel. Die Geschichte von Hawaii ..... 269—319

Maalana 1542. — Cook 1778. — Sein Verweilen in der Karakalea Bucht. — Es werden ihm göttliche Ehren erwiesen. — Feierlicher Besuch des Königs Kalaniopun. — Cook's Ermordung 1779. — Zustand des Volkes zu Cook's Zeiten. — Hohe Vorrechte der Geburt. — Düstere Religion. — Pelé, die Feuergöttin und ihr Gefolge. — Heiaus oder Tempel. — Menschenopfer. — Kriegerischer Sinn. — Das Speerwerfen. — Anekdote Tameamea's. — Restbare Federmäntel. — Freistätten oder Puhonoua's. — Kunstvolle Bewässerungen. — Fischweiher. — Wohnungen. — Hausgeräth. — Fleissiger Gebrauch des Flaschenkürbisses. — Boniteasang. — Tauschhandel. — Wissen. — Gedrückter Zustand des Weibes. — Tod Kalaniopuu's 1780. — Tameamea König von Hawaii. — Empörung auf Hawaii. — Seltsames Naturphänomen. — Davis und Young. — Dreimaliger Besuch Vancouver's. — Dessen günstiger Einfluss auf Tameamea. — Unterwerfung der Inseln Maui, Lanai und Molokai. — Tameamea's Staatsklugheit. — Ein Versuch direkt mit Canton zu handeln. — Grosse Unternehmungen. — Tameamea des Grossen Tod 1819. — Tameamea II. — Unterdrückte Empörung auf Hawaii. — Protestantische Missionare 1820. — Reise Tameamea's II. nach England, wo er mit seiner Gemahlin stirbt. — Tameamea III. — Landung einiger Jesuiten. — Gewaltsame Einführung des katholischen Kirchendienstes. — Hawaiische Verfassung 1840. — Europäisches Ministerium. — Ungebundene Manieren des hawaiischen Hofes.

Einundzwanzigstes Kapitel. Honolulu 319. 332

Der beste Hafen in Hawaii — Aufblühen der Stadt. — Wichtigkeit des Verkehrs zwischen Bremen und Honolulu. — Beschreibung des Hafens. — Das Einlaufen in denselben. — Der Landungsplatz. — Der Markt. — Die Gebäude. — Das fehlende Strassenpflaster. — Die Methodistenkirche. — Die katholische Kirche. — Kapelle der Seamen's Friends Society. — Wie entstand die Gesellschaft? — Ihre Wirksamkeit. — Die Einwohner der Stadt. — Fähigkeiten und Fehler der Kanaken. — Eigenthümliche Equipagen. — Schöne Reiterinnen. — Umgegend. — Weg nach dem Salzsee. — Das Nuanu Thal. — Der Ball.

Zweiundzwanzigstes Kapitel. Die Cook's Gruppe ..... 333—345

Entdeckungsgeschichte von Rarotonga. — Hungersnoth auf Aururua. — Der nach Manrua verschlagene Häuptling. — Das Christenthum nach Aururua verpflanzt — nach Mituiaki, Mangaia, Atiu ꝛc. — Rarotonga von Williams entdeckt. — Schönheit der Insel. — Vollkenntenheit des Landbaues. — Schattige Wege. — Patriarchalische Aufsätze. — Barbarei der Rarotonganer. — Abnahme der Bevölkerung. — Furchtbarer Sturm 1831. — Uebersetzung der Bibel in den rarotonganischen Dialekt. — Abstammung der Rarotonganer von Tahiti und Manuka. — Legende von Karika und Manglia. — Die „Bounty" von Rarotonga. — Die Hervey Insel. — Zusammenschmelzen der Bevölkerung. — Atiu. — Titutall. — Die Höhle Takitake auf Atiu.

Dreiundzwanzigstes Kapitel. Samoa . . . . 345—365
Schönheit des Landes. — Größe der Samoa Gruppe. — Die erloschenen Krater von Opolou. — Der Lafua Krater. — Der Lanuto Ete. — Savaii. — Landschaftlicher Charakter von Upolon. — Meerquellen. — Höhlen. — Manono. — Apollima. — Natürliche Festung. — Manua. — Tutuila. — Der Hafen Pagopago. — Der Hafen von Apia. — Klima der Samoagruppe. — Charakter der Vegetation. — Thiere. — Gezähmte Tauben. — Die Samoer. — Ihre Vorzüge und Fehler. — Bettelei der Häuptlinge. — Kunstfertigkeit. — Die Fale-téles oder Versammlungshäuser. — Aristokratische Regierungsform. — Der Fono oder die berathende Versammlung der Häuptlinge. — Rangordnungen. — Kriege. — Waffen. — Religion. — Sage von der Schöpfung. — Begriffe von einem künftigen Dasein. — Glaube an Vorbedeutungen. — Das Lapd Spiel. — Lafo-litupa. — Tane-fua. — Tui-mavl. — Pitia. — Lase. — Samoa von Bougainville 1768 entdeckt. — La Perouse 1787. — Ermordung des Capitäns De Langle in der Baie du Massacre. — Späte Einführung und rasche Verbreitung des Christenthums. — Jüngste Vorfälle auf Samoa.

Vierundzwanzigstes Kapitel. Tonga . . . . 365—390
Die Davao Gruppe. — Die merkwürdige Hunga Höhle. — Die Hapai Gruppe. — Lifuka. — Der Vulkan von Tofoa. — Tonga-tabou oder das heilige Tonga. — Anblick der Insel. — Küstenbildung. — Riesiger, historisch merkwürdiger Feigenbaum. — Eua. — Der Pylstaertfelsen. — Klima. — Verwüstung von Amargura durch ein Erdbeben. — Die Tonganer. — Ihr Charakter. — Rangunterschiede. — Der Tui-tonga. — Die Familie Fata-fai und Toubo. — Häuptlinge. — Die Matabouln. — Die Moual. — Die Tuoks. — Feierliches Ceremoniell beim Kava trinken. — Tonganische Schöpfungsgeschichte. — „Die Insel der Seligen". — Schicksal einer dorthin verschlagenen Piroge. — Die Priester. — Menschliche Opfer. — Furchtbare Selbstquälereien bei Begräbnissen. — Abhauen der Fingerglieder. — Das Tow-tow Fest. — Tonganische Saturnalien. — Verkehr mit den Fidschi Inseln. — Pirogen- und Hüttenbau. — Die Mausoleen der Tuitongas. — Seltsames Urmonument. — Kriegszüge und Reisen der Tonganer. — Vogelschießen. — Rattenjagd. — Lockvögel. — Taubenfang mit Netzen. — Geschickter Bonitenfang. — Spiele. — Steintragen auf dem Meeresgrunde. — Entdeckung Tonga-tabou's durch Tasman 1634. — Cool. — Manrelle. — Bligh. — Ermordung der

Seite

Missionare. — Bekehrung Toubo's. — D'Urville 1827—1828. Tabosa „King George". — Dessen Thatkraft und Beredsamkeit. — Krieg auf Tonga. — King George, Herrscher des ganzen Archipels 1845. — Zustände im Jahre 1853. — Abtretung der Souveränität an England 1855.

Fünfundzwanzigstes Kapitel. Die Fidschi Inseln . . . . . . 394—423
Viti Levu. — Der Rewafluß. — Das Rewa Delta. — Antimonminen. — Vanua Levu. — Mangrovewälder. — Dornne Quellen. — Die schwarze Flußborke. — Die Laval Wurzel. — Die Jola Wurzel. — Die Dovo Pflaume. — Die Carvolapalme. — Größerer Reichthum der Vegetation als auf den östlicheren Gruppen. — Die Tam nara Fichte. — Schnelligkeit des Wachsthums. — Klima. — Die Gruppe durch Tasman entdeckt 1643. — Cook. — Dumont d'Urville 1827. — Wilkes 1840. — Ursachen des Uebergewichts von Ambau. — Tanoa König von Ambau. — Unsägliche Barbarei der Fidschianer. — Gräuel des Kannibalismus. — Unsicherheit des Lebens. — Einige Mordgeschichten. — Unerhörter Despotismus. — Götter. — Die Mbures oder Tempel. — Die Mbetis oder Priester. — Elternmord. — Fremde Spekulanten. — Trepangsammler. — Schildpatt. — Schälen der Schildkröten. — Verrätherische Ueberfälle fremder Schiffe. — Die „Aimable Josephine". — Der „Sir Davit Ogilby". — Kunstfleiß. — Große Doppelpirogen. — Häuserbau. — Waffen. — Töpferei. — Figur der Fidschianer. — Merkwürdiger Kopfschmuck. Nationalstolz. — Kleidung. — Der Seave. — Der Pilu. — Der Lieutenant. — Sprache. — Ackerbau. — Anfang des Missionswerkes 1820. — Fortschritte bis zu den Jahren 1840 und 1848 nach Wilkes und Elphinstone. — Reise Macdonald's auf dem Rewaflusse 1856. — Thakombau. — Abtretung der Souveränität an England. — Der deutsche Botaniker Dr. Seemann. — Der Missionar Noung auf Fidschi 1859. — Seltsame Widersprüche.

Sechsundzwanzigstes Kapitel. Die Guano Inseln im Centrum des großen Oceans . . . . 423—430
Der Guanohandel. — Die Guanoinseln des großen Oceans. — Vereinzelte Punkte im ungeheuren Meeresraum. — Natur. — Die American Guano Company. — Die Phönix Company. — Die United States Guano Company. — Schlimme Aussichten. — Die Penrhyn Insel. — Chamisso. — Der „Porpoise". — Unbändige Wilde. — Die Weihnachtsinsel. — Cook 1777. — Hebung der Insel. — Salzseen. — Reichthum an Schildkröten, Fischen und Vögeln. — Menge von Einsiedlerkrebsen.

Siebenundzwanzigstes Kapitel. Die Union und Ellice Gruppen . 430—436
Fakaafo. — Merkwürdiges Völkchen. — Aehnlichkeit mit den Samoern. — Sonderbarer Empfang des Königs. — Beschreibung des Dorfes. — Tempel. — Kleidung. — Kunstfertigkeit. — Oatafu. — Nukunono. — Byron 1765. — Vegetation. — Die Ellice Inseln. — Nukufetau.

Seite

Achtundzwanzigstes Kapitel. Die Tarawa oder Kingsmill Gruppe 437—451
Die Makiner. — König Telere der Wohlbeleibte. — Die kriegerischen
Drummond Jnsulaner. — Schutz- und Trutzwaffen. — Originaler
Helm. — Woraus besteht die Kingsmill Gruppe? — Ihre Fruchtbarkeit.
— Sorgfältige Potenkultur. — Auf welche Weise wurden die
Inseln bevölkert? — Rangunterschiede. — Regierung. — Aberglaube.
— Rainalali, das Elysium. — Einfacher Lebenslauf. — Die Kurianer.
— Orakel. — Kriege. — Kleidung. — Nahrung. — Feste. —
Spiele. — Kindesmord. — Bevölkerung. — Amerikanische Missionäre
auf der Kingsmill Gruppe.

Neunundzwanzigstes Kapitel. Radack und Ralick . . . . 452—472
Chamisso. — Der Radack Archipel. — Größe der Atolls. — Der
Pandannus. — Der Mogan. — Der Cocos. — Auswürflinge des
Meeres. — Physischer und moralischer Zustand der Radacker. — Beschäftigungen
des Friedens. — Der blinde Gell von Engar. — Vorrechte
der Häuptlinge. — Kriege. — Scheingefecht. — Entdeckung von
Mesid durch Kepedne, 1. Januar 1817. — Otdia. — Einfahrt in
die Lagune. — Lagediack. — Anlage eines Gartens. — Kadu. — Ritt
auf dem Rurick nach den Aleuten. — Bleibt auf Otdia. — Seine
wahrscheinliche Ermordung. — Ralick-Missionäre auf Radack und Ralick.

Dreißigstes Kapitel. Die Carolinen von Ualan bis Babelthuap 473—506
Ualan. — Entfremdung von der Welt. — Seltsame Todesarchie. —
Duperrey. — Lütke. — Ehemalige Liebenswürdigkeit des Volkes. —
Seltsamer Häuserbau. — Webstuhl. — Üppiger Waldwuchs. —
Einige merkwürdige Bäume. — Pola. — Neueste Nachrichten aus
Ualan. — Painipet. — Von Lütke entdeckt 1828. — Die Bewohner.
— Merkwürdige Ruinen. — Spuren einer altspanischen Entdeckung.
— Pracht der Vegetation. — Seeleger und Seeherberger. — Lagunen.
— Nautische Kunst der Caroliner. — Aberglaube. — Fischkörbe.
— Merkwürdige Parasitenfische. — Regatten. — Besuch und
Nachlabenteuer des französischen Ingenieurs Jacquinot. — Schlechter
Ruf der Insulaner. — Frühere Entdeckung der westlicheren Carolinen.
— Ihr Verkehr mit den Marianen. — Verunglückte Belehrungsversuche
der Spanier. — Delphinenfang auf Ulea. — Religion. —
Feys. — Eine gehobene Coralleninsel. — Cap. — Die Pelew Gruppe.
— Wilson. — Dumont d'Urville. — Schlechter Ruf der Insulaner.
— Dugong. — Crocodil.

Einunddreißigstes Kapitel. Die Marianen . . . . 506—515
Guajan. — Wuchernde Vermehrung der Limonia trifoliata — und
des eingeführten Hirsches. — Einheimische Vögel. — Fische. — Der
Adlerrochen. — Die alten Marianesen oder Chamorros. — Aristokraten
und Plebeier. — Baukunst. — Münzen aus Schildkrot. —
Töpferkunst. — Erbfolge. — Die Dulitaos.

Zweiunddreißigstes Kapitel. Geschichte der Marianen . . . . 515—527
Entdeckung durch Magellan. — San Pitores der Apostel der Marianen.
— Der Chinese Choco Sangtel. — Hartnäckige Empörungen

der Marianen. — Don Jose de Quiroga. — Unterjochung der Rebellen auf Rota 1680. — Letzte verzweifelte Empörung durch Quiroga unterdrückt. — Verschwörung der Sträflinge. Unterjochung der nördlichen Inseln. — Erstürmung von Agonigan. — Erschreckende Abnahme der Bevölkerung. — Ein edler Gouverneur. — Schrankenlose Macht der Statthalter. — Gegenwärtiger Zustand der Marianen. — Hahnenkämpfe. — Die Steißjäger. — Der Außjaß. — Der Fischschuppenausschlag. — Der Plan. — Das Sankt Lazarusfeuer.

Dreiunddreißigstes Kapitel. Tinian . . . . 526—534
Anson auf Tinian. — Der rettende Hafen. — Ein irdisches Paradies. — Milchweiße Rinder. — Genüsse und Sorgen. — Eroberung eines Silberschiffs. — Glückliche Heimkehr. — Die Ruinen auf Tinian. — Die Marianen zum Deportationsorte bestimmt. — Ansprüche der Spanier auf die Carolinen.

Vierunddreißigstes Kapitel. Die Bonin Inseln . . . . 534—544
Chile auf Bonin. — Ein echter deutscher Robinson. — Romantische Einsiedelei. — Gastliche Bewirthung. — Thier- und Pflanzenwelt. — Furchtbare Stürme. — Die kleine Colonie. — Gegenwart und Zukunft.

Druckfehler.

Seite   5, Zeile   4, aufsteigenden statt aufsteigender.
  „   5,   „   14, Malgrave statt Malgrawe.
  „   40,   „   24, Balken statt Balten.
  „   105,   „   22, Insel, das, — statt Insel. Das.
  „   241,   „   4, Aleutenmeer statt Aleütenmeer.
  „   290,   „   5, König von seinem Liebling und Neffen Tameamea statt König Tameamea ec.
  „   417,   „   15, bemalt statt gemalt.

Erstes Kapitel.
Der große Ocean.

Seine verschiedenen Benennungen. — Seine Grenzen. — Vulkanische und niedere Inseln. — Thätige Vulkane im Schooß und an den Grenzen des großen Oceans. — Erdbeben. — Translationswellen. — Strömungen im großen Ocean. — Fluthen. — Werthvolle Erzeugnisse des großen Oceans. — Die Walsäger. — Fische und Meerthiere, die dem Schiffer am häufigsten begegnen. — Velellen und Entenmuschelnheere. — Tropikvögel. — Guanovögel. — Perlen. — Schildpat. — Seegurken.

Der große Ocean — nur dieser Name paßt für die unermeßliche Wasserfläche, die von Japan und Kamtschatka nach dem Feuerlande, und von Eilcha nach Neu-Seeland sich erstreckt.

Groß in der That — denn alle übrigen Meere zusammengenommen, übertreffen ihn kaum an Flächenraum, und Mitternacht herrscht an seinem einen Ende, während das andere in der Mittagssonne glüht.

Südsee nennt man ihn auch, weil Magellan vom Süden her in ihn eindrang, und während seiner Fahrt ihn hauptsächlich auf der südlichen Erdhälfte durchschiffte — auch das Stille Meer, weil der günstigste Wind fortwährend die Segel des großen Seefahrers schwellte — aber wie falsch sind beide Benennungen für einen Ocean, der zur größeren Hälfte auf der nördlichen Halbkugel liegt, und nicht minder häufig als andere Meere von entsetzlichen Stürmen aufgewühlt wird!

Nach Osten sind die Grenzen des großen Oceans durch die Steilküste Amerika's genau bezeichnet: nach Westen dürften die vulcanischen Inselketten, die von Japan und Lju-tju über Formosa, die Philippinen, Dschilolo, Neu-Guinea, Neu-Irland, die Salomon's Inseln, die Neuen Hebriden und Norfolk bis nach Neu-Seeland und den Chatham-Inseln sich hinziehen, als dessen Vorlande betrachtet werden.

In dem auf diese Weise begrenzten Becken des großen Oceans liegen eine Menge Inseln von fast verschwindender Kleinheit wie die Sterne am Himmelsgewölbe zerstreut. Die meisten vereinigen sich constellationsartig zu Gruppen, einige schwimmen einsam in der ungemessenen Wasserwüste. Ihre Anzahl geht in die vielen hunderte, ihre bewohnbare Gesammtfläche kommt der des kleinen Königreichs Belgien nicht gleich. Doch auf diesem engen Raume hat der Schöpfer das Füllhorn seines Segens ausgeschüttet und die Natur aufs Reizendste geschmückt. Hier erheben sich Berge 14,000 Fuß hoch in die Lüfte, Vulcane, Felshörner, Schluchten von alpinischer Großartigkeit; dort niedere Inseln mit Palmenhainen umkränzt und den Fuß mit Corallengärten umrandet. Nirgends in der Welt vereinigen sich Basalte, Wasserfälle und die herrlichsten Pflanzen zu anziehenderen Gemälden; nirgends treten Meer und Gebirge zu großartigeren Bildern zusammen; nirgends vermischen sich das Erhabene und das Liebliche auf eine schönere Weise. Leicht begreiflich, wenn man bedenkt, daß überall vulcanische Kräfte thätig gewesen sind, zu bauen und zu zerstören; daß überall ein wildbrandendes Meer gegen die Küsten anwogt, den Felsen aushöhlt oder den Corallenblod aufwälzt; und überall auf den hohen Inseln die abschüssigen Bergwände den herabrauschenden Wasserstürzen eine größere Gewalt verleihen. Bedenkt man endlich, daß alle diese Länder mit geringen Ausnahmen einem sonnigen Erdgürtel angehören, welcher ebensowohl das unterseeische Corallengebüsch des Weltmeers begünstigt, als die steilsten Felsmauern unter Laubmassen verbirgt, so wird man bei dem Zusammenwirken solcher Kräfte, sich nicht wundern, daß die Inseln des großen Oceans auf kleinem Raume eine solche verschwenderische Fülle und Mannigfaltigkeit des Schönen und Merkwürdigen enthalten, und in gleich hohem Maaße das Auge des Künstlers und die Wißbegierde des Naturforschers erfreuen.

Die Inseln dieses großen Weltmeeres gehören in geognostischer Hinsicht zwei verschiedenen Bildungen an. Die hohen Inseln, welche die Hauptgruppen bilden, sind vulkanischer Natur und bestehen innerhalb der angegebenen Grenzen (denn auf Neu-Seeland kommen Granit, Schiefer und Steinkohlen vor) aus einem Knochengerüste von Basalt.

Sie zeigen sich in allen möglichen Formen vom einfachen vulkanischen Kegel, zum zerspaltenen, zerklüfteten Gebirge, reich an schönen Schluchten und zackigen Gipfeln. Auch vom verschiedensten Alter stellen sie sich dar;

hier durch abgerundete Formen eine verhältnißmäßige Jugend verrathend, dort durch spitzige Grate und tief ausgehöhlte Schrunde die Abnutzung eines höheren Alters verkündend. Einst waren sie der Schauplatz einer großen Menge thätiger Vullane, deren gegenwärtig nur noch wenige auf Hawaii, Tofoa, Amargura und den nördlichen Ladronen brennen. An den Grenzen des großen Oceans dagegen erheben sich überall feuerspeiende Berge, von der Südspitze Amerika's bis zum Jläman unter 60° N. B. und längs der aleutischen und kurilischen Kette, über Japan, Lju-tju, die Philippinen, Neu-Guinea und die Neuen Hebriden bis nach Neu-Seeland.

Ein bedeutender Unterschied gegen das atlantische Becken, an dessen Umkreis es verhältnißmäßig so wenig flammt und raucht!

Ueberhaupt scheint der Flächenraum des großen Oceans die Stätte einer bedeutenderen vulkanischen Thätigkeit zu sein. Große Strecken senken sich fortwährend tiefer in's Meer, andere entsteigen langsam dessen Fluthen. Auf der carolinischen Insel Pupnipet stehen frühere, dem Götzendienst geweihte Gebäude nunmehr im Wasser und alle Fußpfade werden von Canots beschifft. Auf Honden-Insel in der Paumotu-Gruppe dagegen deuten riesige Tridacna-Muscheln, die man im Corallenriff, an der Fluthlinie eingebettet findet, während das lebende Thier nur unterhalb der Ebbe vorkommt, darauf hin, daß hier das Ufer wenigstens 20 Zoll oder 2 Fuß gestiegen ist.

Auf Oahu soll die Erhebung so schnell vor sich gehen, daß das Meer binnen wenigen Jahren über eine Ruthe weit von Stellen gewichen ist, wo man früher mit Booten landete. In 20 Jahren, bedrohlich für die Zukunft, ist der Riffkanal, der zum Hafen von Honolulu führt, um drei Fuß weniger tief geworden. Ich könnte noch manche andere Beispiele anführen, bemerke jedoch nur, daß neuere Seefahrer auf manchen Inseln Zeichen in den Felsen eingegraben haben, wonach man in Zukunft jene interessante Erscheinung mit größerer Genauigkeit wird beobachten können. Sogar das unterirdische Feuer muß sein geheimnißreiches Wirken vor den Augen der wissenschaftlichen Beobachtung entschleiern.

Erdstöße werden häufig auf manchen Inselgruppen empfunden und das Beben des amerikanischen Continents pflanzt seine Wirkungen weit über das große Weltmeer fort. Die Erdstöße, die im November 1837 die kleine Stadt Baldivia im Lande der Araucaner (Süd-Amerika) zerstörten, erzeugten

Fortpflanzungswellen, die fünftausend Seemeilen davon auf den Sandwich-Inseln sich fühlbar machten.

Am Nachmittage des 7. Novbr. zog sich das Meer mit großer Schnelligkeit aus dem Hafen von Honolulu zurück, zur Besorgniß der Fremden, die eine furchtbare Reaction erwarteten, den Eingeborenen aber zur Freude, die jauchzend und frohlockend den weichenden Gewässern folgten, die gestrandeten Fische auflasen und die bloßgelegten Muscheln sammelten. Das Meer fiel über 8 Fuß, so daß die Riffe trocken lagen, bald aber kam es zurück und hatte in 28 Minuten die gewöhnliche Springfluthhöhe erreicht, worauf es wieder 8 Fuß fiel um darauf noch einige Zoll höher als bei der ersten Rückkehr zu steigen. Diese Schwankungen des Meeres dauerten bis zum folgenden Mittag fort.

Noch bedeutender war diese Erscheinung auf den benachbarten Inseln Hawaii und Maui, wo sie mehreren Menschen das Leben kostete. Auf Maui zog das Meer sich 120 Fuß weit zurück und kam dann plötzlich mit einer ungeheuren Welle wieder, welche Häuser, Bäume und Canots wegfegte und zertrümmerte.

Beim Dorfe Kahului folgten die jubelnden Einwohner dem Rückzuge der Gewässer, als diese plötzlich sich gegen sie wandten und wie eine hohe Mauer aufsteigend, vorwärts rollten und die Hütten zerstörten. Die amphibische Natur der Insulaner, jener unvergleichlichen Schwimmer, war ihre Rettung, dennoch hatten sie den Verlust von zweien aus ihrer Mitte zu betrauern, sowie die Verwüstung ihrer ganzen kleinen Habe. In der Byron's Bucht hatte sich eben eine große Volksmenge vereinigt, um einer religiösen Versammlung beizuwohnen. Um halb sieben Uhr Nachmittags fing das Meer an sich zurückzuziehen, so daß bald ein großer Theil des Hafens trocken lag. Die staunenden Zuschauer eilten auf den Strand, um das nie gesehene Schauspiel zu bewundern, als plötzlich eine Riesenwoge brüllend herankam und 20 Fuß über die gewöhnliche Fluthhöhe steigend das Ufer überschwemmte. In zwei Wellen allein wurden 66 Wohnungen zerstört, und 11 Menschen ertranken. Die Welle hatte auf ihrem Wege das Berdeck eines vor Anker liegenden englischen Schiffes überfluthet. Sowie die Bemannung vom Stoß sich erholte, setzte sie die Boote aus und es gelang ihr noch manches Leben zu retten.

Am 17. Mai 1841 fand eine ähnliche Erscheinung statt, die auch an der Küste von Kamtschatka beobachtet wurde.

Die niederen Inseln, die auf Corallenriffen sich erheben, und die zweite natürliche Abtheilung der dem Schooß des großen Oceans entsteigenden Länder ausmachen, sind bekanntlich auf ganz andere Weise entstanden und aus einem ganz anderen Material geformt, als die hohen vulkanischen Basalt- und Lavainseln, da sie aus Kalkmassen bestehen, welche das Product organischer Kräfte sind. Ihre interessante Bildungsgeschichte wird in einem späteren Kapitel erörtert, hier will ich nur bemerken, daß, obgleich die zu Tage kommenden Riffe einen bedeutenderen Flächenraum einnehmen, als die vulkanischen Inseln des großen Oceans (etwa wie 19,000 Quadrat-Seemeilen zu 16,000) sie doch bei weitem weniger wichtig sind, da kaum der zehnte Theil jener Fläche mit irgend einer Pflanzenart bewachsen ist.

Jene Gruppen der Carolinen, des Mulgrawe Archipels, der Inselwelt Paumotu u. s. w., die auf der Karte des großen Oceans sich so breit machen, schrumpfen bei näherer Betrachtung zu gar unansehnlichen Ländchen zusammen. Sie theilen das Glück der sibirischen Dörfer oder Städtchen von 20 Einwohnern — genannt zu werden, weil sie an Stellen liegen, wo es sonst nichts zu nennen gibt.

Die Strömungen des großen Oceans sind viel weniger bekannt, als die des atlantischen Meeres. Auch hier bewegen sich die Gewässer innerhalb der Breite der Tropenzone größtentheils in westlicher Richtung, bis die Ländermassen Asien's und Australien's ihnen neue Wege vorschreiben. Ein Theil fließt alsdann südlich zwischen Neu-Holland und Neu-Seeland; ein anderer ergießt sich durch die Kanäle des südasiatischen Inselmeeres in den Indischen Ocean; der Rest wendet sich an den Grenzen des chinesischen Meeres nordöstlich, bespült die Ostküste der Japanischen Inseln und breitet dann unter dem Einflusse nordwestlicher Winde, sein warmes Wasser in dem nördlichen Theile des großen Oceans aus. Dieser sogenannte japanische Strom vertritt also hier die Stelle des Golfstroms im nordatlantischen Meere und so wie dieser unseren Küsten ein milderes Klima bringt, so verdankt auch jenem die Nordwestküste Amerika's den Vorzug einer gemäßigteren Temperatur vor den Ostküsten desselben Continents in gleichen Breiten. Doch ist der Einfluß der japanischen Strömung bei weitem weniger mächtig, da seine Gewässer nicht erst, wie die des Golfstroms, in einem tropischen Binnenmeere erwärmt werden und auf weiterem Wege sich bedeutender abkühlen.

Aus dem südlichen Eismeer dringt in nordöstlicher Richtung eine mächtige Strömung kalten Wassers in den großen Ocean ein, und spaltet sich an der amerikanischen Küste in der Breite von Chiloë in einen nördlichen und südlichen Arm.

Der letztere fließt bis zum Feuerland die Küste entlang und um das Cap Horn in das atlantische Meer.

Der nördliche Arm dagegen bewegt sich mit großer Geschwindigkeit längs den Küsten von Chili und Peru und wallt dann, die Galapagos umfassend, mit dem Aequatorialstrom nach Westen. Durch ihn begünstigt, gehen die Schiffe in 8—9 Tagen von Valparaiso nach Callao, und in 4—5 Tagen von Callao nach Guayaquil, während sie für den Rückweg oft eben so viele Wochen brauchen. Er ist es, der zum Theil die kühlere Temperatur der peruanischen Küste im Vergleich zur brasilischen bedingt, wenn wir auch in dieser Hinsicht den kalten, von den Andeshöhen sich senkenden Luftströmen eine bedeutendere Rolle beimessen müssen; und wenn keine lebendigen Corallenriffe die Galapagos umranken, so ist es seinem Einfluß zuzuschreiben, da er häufig die Wärme des dortigen Aequatorialmeeres bis auf einen Grad erniedrigt, der das Gedeihen der Steinpolypen nicht mehr zuläßt.

Dieser im Haushalte des großen Meeres so wichtige Fluß des peruanischen Oceans führt auch den Namen der Humboldt-Strömung, weil der unsterbliche Forscher durch genaue thermometrische Messungen den Unterschied seiner Temperatur von der der angrenzenden Gewässer zuerst nachwies, und seine climatologische Wichtigkeit dadurch in's Licht stellte. So wird der Name des großen Deutschen ewig fortleben in der fortwallenden Strömung des südlichen Weltmeeres, wie im Riesengletscher des höchsten Nordens.

Die mittlere Temperatur des großen Oceans überhaupt ist noch sehr wenig bekannt, was nicht zu verwundern ist, wenn man die Unermeßlichkeit des so selten von wissenschaftlichen Reisenden durchfurchten Flächenraumes bedenkt. Als wahrscheinlich hat sich jedoch herausgestellt, daß sie in der gemäßigten und kalten Zone unter gleicher Breite überall hinter der des atlantischen Meeres um 2 bis 3 Grad zurücksteht.

In dem heißen Erdgürtel, besonders zwischen 10° N. B. und 10° S. B. zeigt sie fern von den Küsten, und wo sie nicht von Meeres-Strömen kalten

Wassers durchfrischt wird, über Strecken, die Tausende von Geviertmeilen einnehmen, eine bewundernswürdige Gleichheit und Beständigkeit. Dort schwankt sie das ganze Jahr hindurch in den oberen Schichten regelmäßig nur zwischen 27½° und 29° C, und zwischen den verschiedenen Tageszeiten ist fast kein Unterschied zu bemerken. Nur ein Meer von so wunderbarer Größe konnte die Erscheinung einer solchen Gleichmäßigkeit darbieten, denn Unveränderlichkeit ist ein Charakter des Erhabenen!

Die Fluthwelle, deren mächtige Schwingungen den ganzen Erdball umkreisen, wird bekanntlich zwei Mal täglich im großen Ocean geboren, da nur dieser den gehörigen Flächenraum zur vollen Anziehungskraft des Mondes und der Sonne darbietet.

Wenn in der Bristol-Bay die Fluth 70 Fuß hoch anschwillt, und in der Funky-Bucht zwischen Neu-Schottland und Neu-Braunschweig nicht selten so schnell anwächst, daß sie das am Ufer weidende Vieh überrascht und verschlingt, so rühren diese Wirkungen zum Theil vom großen Ocean her, denn läge ein Continent wie Afrika mitten in seinem Schooße, wodurch natürlich die Bildung der Fluthwelle gehindert worden wäre, so hätte auch das Steigen der Gewässer in den Buchten des atlantischen Meeres nimmer so bedeutend werden können. So übt jeder Punkt des Erdballs einen Einfluß oft auf die allerentferntesten Theile desselben aus, und es läßt sich keine einigermaßen bedeutende Veränderung im gegenseitigen Verhältniß von Land und Meer denken, ohne daß überall die Climate und folglich auch das organische Leben sich veränderten. Unser kleines Dasein hängt von tausenden sich durchkreuzenden Einflüssen ab, deren Ursprung zum Theil bei unseren Gegenfüßlern liegt, und der Mensch, der im Laufe der Zeiten, wie so manche vor ihm dagewesenen Geschöpfe, verschwinden wird, ist nur eine flüchtige Erscheinung im Leben des Planeten.

Im großen Ocean selbst sind die Fluthen von geringerer Höhe, da sie im ganzen östlichen Polynesien nur 2 bis 3, und bei Samoa und im Fidschi-Archipel nur 4 und 6 Fuß betragen. Dennoch sind sie von großem Einfluß auf die Höhe der wachsenden Riffe und die Uferformen der Coralleneilande.

Zugleich mit der brandenden Anschwellung des Oceans üben auch die Winde eine bedeutende Wirkung auf die Gestaltung mancher Küsten aus, indem sie den Sand des Strandes zu Hügeln aufthürmen.

Während des größten Theiles des Jahres herrschen in Polynesien die Passate oder die regelmäßigen Südost- und Nordostwinde vor, ausgenommen in einer Zone, die in einer Breite von 5 bis 7 Graden an beiden Seiten des Aequators sich erstreckt und den Windstillen und den Wechselwinden ausgesetzt ist. Während der Wintermonate verdrängen die Westwinde den regelmäßigen Passat und wehen über den Theil des Oceans, der innerhalb 15 bis 20 Grad vom Aequator liegt und sich ostwärts bis Paumotu ausdehnt. Stürme und mitunter wirbelnde Orkane pflegen den Verlauf dieser Winde zu begleiten, die mit der Sonne nach Norden oder Süden auf- und abwandern.

Weit mehr als die Naturprodukte der über seinen Schooß zerstreuten Eilande, haben die eignen Erzeugnisse des großen Oceans die fremden Seefahrer in seine weiten Einöden gelockt. Seine riesigsten Bewohner, der Pottfisch (Physeter macrocephalus), der vorzüglich auf dem weiten Gebiet seiner tropischen Gewässer umherstreicht, und die zwei verschiedenartigen Glattrücken (B. mysticetus-australis), die in seinen nördlichen und südlichen kälteren Gegenden vorkommen, üben vor allen die mächtigste Anziehungskraft aus.

Hunderte von Schiffen, tausende von Jägern folgen unablässig ihrer Spur, fahren ihnen auf dem hohen Meere nach, oder erwarten den Südwal in den Felsenbuchten Chili's und Patagoniens, wohin er jährlich zum Werfen seiner Jungen sich begibt.

Ohne den Waljäger oder Walfischfänger wären gewiß noch manche Gegenden des großen Oceans in geheimnißvollem Dunkel gehüllt; keiner hat mehr dazu beigetragen, die Völker Polynesiens dem Einfluß, oder vielleicht richtiger, dem Zersetzungsprozeß der europäischen Sitten und Ideen zu unterwerfen; schwerlich hätten ohne ihn die Missionare ihre Wirksamkeit bis auf jene fernen Regionen ausgedehnt; und wenn in Honolulu und Lahaina (Sandwich-Inseln), in Apia und Pago-Pago (Samoa) in Papeiti (Tahiti) und Levuka (Fidschi) eine aufdämmernde Bildung sich zeigt; so hat er die Veranlassung dazu gegeben. Ueberall auf den einzelnen Inselgruppen begegnen wir seinen Spuren, nehmen wir seinen Einfluß zum Guten oder Bösen wahr.

Außer denjenigen Waltthieren, deren Fettreichthum die mörderische Harpune anzieht, irren noch manche andere, größtentheils unbekannte Arten in der Wasserwüste des großen Oceans umher. In kleinen Heerden kommt der Budelwal (Balaena gibbosa) vor, den nur selten der Jäger trifft, häufiger der Schwarzfisch (Delphinus melas), dessen aufwärts gezogene Mundwinkel ihm ein freundliches, lächelndes Aussehen ertheilen, während er doch an Gefräßigkeit und Würgerlust keinem seiner Verwandten nachsteht; oder der mörderische Grampus (Delphinus Orca?), über dessen Erscheinen der Jäger sich freut, weil er die Nähe des Pottwals andeuten soll.

Auf dem hohen Meere kommen ähnliche Formen der bestoßten Geschlechter, wie im atlantischen Ocean vor. Auch hier erheben sich in der wärmeren Zone silbergeflügelte und blaubepanzerte fliegende Fische schimmernd in die Lüfte; auch hier werden sie im Wasser von Boniten (Scomber pelamys) und Albicoren (Scomber Germo?); im leichteren Elemente von Tropik- und Fregattenvögeln verfolgt.

Bemitleide sie nicht zu sehr, denn sie selber sind ja Raubfische, die mit derselben Mordlust und unersättlichen Gefräßigkeit den Schwächeren nachsetzen; bewundere aber, wie herrlich der Schöpfer sie für ihr eigenthümliches Doppelleben ausgerüstet hat. Ihre Schwimmblase ist so groß, daß sie bei voller Ausdehnung fast die ganze Bauchhöhle einnimmt, und um den Fisch noch leichter zu machen, ist der Mund mit einer Haut versehen, die durch die Kiemen sich aufblasen läßt. Die großen flügelartigen Brustflossen dagegen, die beim Schwimmen belästigen könnten, fallen sich im Wasser in einem äußerst kleinen Raume niedlich zusammen, so daß für alle Fälle bestens gesorgt ist. Der fliegende Fisch bietet nicht nur dem Seefahrer ein anziehendes Schauspiel, er versorgt ihn auch mit einem köstlichen Leckerbissen. Ein Licht bei dunkler Nacht in den Ketten eines Schiffes hangend, lockt sicherlich manchen an Bord.

Zu den gewöhnlichen Begleitern des Seefahrers gehören die Albicoren und Boniten. Beim ruhigen Kreuzen im großen Ocean pflegen jene, deren durchschnittliche Länge vier Fuß beträgt, oft Monate lang die Furche des Fahrzeuges heerdenweise zu begleiten, entfernen sich aber nach mehrtägigem raschen Segeln, während der kleinere Bonite sich lieber einer raschen Fahrt anschließt und überhaupt ein minder beharrlicher Gesellschafter ist.

Nicht selten wird der Schwertfisch (Xiphias platypterus) gesehen. Dieses Seeungeheuer hat einen braunen Rücken und silberweißen Bauch, der aber beim leidenschaftlichen Verfolgen einer Beute in verschiedenen Farben schillert, unter welchen ein schönes Blau vorherrscht. So wie es eine Heerde kleiner Fische erblickt, stößt es mit der größten Schnelligkeit darunter, und nachdem es so viele als möglich auf seine lange Klinge gespießt hat, schüttelt es sie ab, um sie dann wohlgemuth zu verspeisen. Bennett sah auf diese Weise einen Schwertfisch 3 Boniten schnell und geschickt durchstechen und verzehren, und vermuthet, daß besonders, um den Angriffen dieses Wütherichs zu entgehen, die geselligen Fische des hohen Meeres — Boniten, Albicoren, Doraden (Coryphaena socialis) — sich den Schiffen oder großen Walen anschließen, da die Nähe eines großen Körpers hinzureichen scheint, den Schwertfisch von seinem gewöhnlichen ungestümen Angriff abzuhalten.

Auch Haie mit ihren Begleitern, dem Saugfisch (Echeneis) und dem Lootsen (Gasterosteus) lassen sich manchmal erblicken, sonst ist es gewöhnlich einsam und leer auf hohem Meere, während ein reicheres mannichfaltigeres Wasserleben in der Nähe der Inseln sich bewegt. Auf der Strecke zwischen Chili und Paumotu fiel es Eschscholtz auf, wie äußerst wenig Thiere an der Oberfläche des Oceans zu leben schienen, denn außer fliegenden Fischen kamen ihm keine zu Gesicht, und auch diese mehrten sich in der Nähe der Osterinsel.

Die durchsichtigen gallertartigen Seegeschöpfe — Quallen, Pteropoden, Salpen — die auf der Wasserwüste des tropischen atlantischen Meeres vorkommen, lassen sich auch im großen Ocean in ähnlichen Formen, wenn auch in anderen Arten, erblicken. Die prachtvolle Seeblase (Physalia) erscheint hier statt rosenroth und purpurn mit einem in's Grünliche spielenden blauen Kamme. In der Gegend des Aequators durchschiffte Kittlitz einen zahllosen Schwarm einer überall karminröthlich gefärbten Qualle mit langen Fangarmen und kleiner sehr gewölbter Kappe. Ein paar andere kleine Medusen zeichneten sich aus durch ihre zierliche Schönheit. Die kleinste mit ganz durchsichtiger Scheibe machte sich durch hochgelbe, den Rand in regelmäßigen Abständen umgebende Fühlfäden kenntlich; die andere durch eine kreuzförmige dunkelblaue Zeichnung, die aus verästelten, kleinen Strichen zusammengesetzt, sich über die ganze, sonst weißlich durchsichtige Scheibe verbreitete.

Jene seltsam gebildete Rippenqualle, die einem schwimmenden Bande ähnlich sieht — der Venusgürtel — kommt hier in einer kleineren Art vor, etwa 10—12 Zoll lang (oder eigentlich breit, denn die Hauptlebenswerkzeuge liegen quer durch die Mitte des Bandes), mit turmoisinrothen Rändern und von äußerst lebhaften Bewegungen, die sie hauptsächlich von der größeren atlantischen Art unterscheiden. Wie sehr übrigens die niedere Thierwelt des

großen Oceans sich noch verrichlekert, und ein wie weites Feld dem Natur‑
forscher hier noch offen steht, geht schon daraus hervor, daß unter den 14
Quallenarten, die Eschscholtz auf der Fahrt von Samoa zum Aequator sam‑
melte, sich nur eine einzige bereits bekannte vorfand.

Wenn der Seefahrer manchmal auf weiten Strecken einen todten Ocean
durchschifft, so überrascht ihn an andern Stellen eine Fülle des Lebens, die
alle Vorstellung übertrifft. Nicht selten verändert sich plötzlich die tiefe Bläue
des Meeres in eine schmutzige, röthliche, gelbe oder grüne Farbe, die oft
meilenweit das durchkreuzende Schiff begleitet und von unzählbaren Millio‑
nen kleiner Seegeschöpfe herrührt. Sie kommen, man weiß nicht woher, sie
gehen, man weiß nicht wohin? Das nächste Schiff, welches durch dieselbe
Fläche seine Gleise zieht, findet sie vielleicht schon krystallrein und von keinem
Leben verfärbt.

So erzählt uns Kittlitz unter andern von einer merkwürdigen Erschei‑
nung, die ihm auf dem großen Ocean begegnete. Er hatte den 30. Grad
nördlicher Breite überschritten und bereits angefangen, die kühleren Lüfte der
nördlichen gemäßigten Zone zu genießen, als bei frischem, wenn auch nicht
eben heftigem Winde, das Meer weithin bedeckt erschien mit Myriaden see‑
blasenartiger Thiere, die sämmtlich zu einer Art der Gattung Velella ge‑
hörten. Sie war etwas größer, als die atlantische Art und mit Ausnahme
des durchsichtigen oberen Theils von schön ultramarinblauer Farbe. Zwei
Tage lang wurde ein Meer durchschifft, welches, so weit das Auge reichte,
mit diesen Thieren bedeckt war — da änderte sich plötzlich die Scene. Statt
jener Velellen und unmittelbar in ihren Schwarm sich eindrängend, zeigten
sich nun in langen, stets parallel auf einander folgenden Linien, schwim‑
mende Klumpen, deren jeder die Dicke zweier zusammengeballter Fäuste haben
mochte, und die aus jenen merkwürdigen Entenmuscheln oder Bernikeln
(Lepas fascicularis) gebildet waren, welche nicht selten durch ihr Anheften
und starkes Vermehren an den Schiffsseiten den Lauf eines Fahrzeugs we‑
sentlich verlangsamen. Man weiß, daß diese Thiere, wie so manche andere
Seegeschöpfe niederer Ordnung — die Auster z. B. — ihren Lebenslauf frei
schwimmend beginnen und dann mit ihrem fleischigen Fuße sich irgendwo
anhängen und festwachsen, worauf der kopflose, größtentheils in einer halb
offenen Muschel verborgene Körper sich in der Nachbarschaft umherbewegt,
um mit seinen 24 gegliederten Fangarmen Beute zu machen. Die schwim‑

menden Bündel schienen dadurch entstanden zu sein, daß die Entenmuscheln sich an das knorpelichte Rückenstück einer Velella, den Ueberrest eines aufgefressenen Exemplars anhingen, welches nun der Mittelpunkt des schnell anwachsenden Haufens geworden war. Die größten, wie es schien, völlig ausgewachsenen dieser Muschelthiere hingen ganz unten, während die zum Theil sehr kleinen jüngeren in den Zwischenräumen mehr nach oben hin Platz fanden. Alle waren um die Wette beschäftigt, diejenigen Velellen, in deren unmittelbare Nähe sie der Strom trieb, zu verzehren. — Die Angriffswerkzeuge waren gewöhnlich von diesem Raube blau gefärbt und die Masse der Velellen schwand zusehends, indem sie dieser neuen Bevölkerung Platz machte. Das größere Gewicht der schwimmenden Klumpen mochte bewirken, daß der Strom sie allmälig immer weiter in den Schwarm der Velellen hinein trieb, dessen gänzliche Vertilgung auf diese Weise bevorstand. Wieder zwei bis drei Tage hindurch hatte man nun den wunderbaren Anblick dieser vielfach belebten und dennoch ganz der Gewalt des Stromes überlassenen, schwimmenden Bündel; man mußte erstaunen über die Regelmäßigkeit, mit welcher die unabsehbaren Linien in stets gleichen Abständen auf einander folgten. Erwägt man, daß die Strecke des Meeres, die mit beiderlei Thieren dicht übersäet war, zum mindesten die Ausdehnung von vier Breitegraden hatte, so kann man sich einigermaßen eine Vorstellung von ihrer schwindelerregenden Anzahl machen. Unmittelbar nach ihnen kamen aber Schaaren von Delphinen und Polfischen, die augenscheinlich jenen Bündeln in eben der vertilgenden Weise nachjagen, wie sie selbst den Velellen. Wie oft mögen sich solche großartige Beispiele der zerstörenden Völkerwanderungen, welche die Thierwelt des Meeres darbietet, auf einem Ocean wiederholen, der fast den dritten Theil der ganzen Erdfläche einnimmt! Vertilgungskriege, die kein menschliches Auge sieht, oder der Walljäger, ohne sie zu beachten, durchsegelt!

So wie in den Tiefen des Meeres jede Thierform auf bestimmte Zonen angewiesen ist, so wechseln auch die Gestalten der darüber hinschwebenden Vögel. Hat man, vom Süden segelnd, die Region des wandernden Albatroß verlassen, so kommen der rothschwänzige Tropikvogel (Phaeton phoenicurus) und der hochfliegende Fregattenpelikan oder Seehabicht zum Vorschein. Dieser liebt es über der Mastspitze des Schiffes zu schweben und mit seinem Schnabel Stücke aus dem Wimpel zu reißen. Bei bewegtem

Meere genießt er reichliche Mahlzeiten, bei ruhiger See ist aber das Fischen
minder ergiebig und dann greift er die schwächeren Tölpel und Tropikvögel
an, deren Taucherfertigkeit sie befähigt, zu jeder Zeit sich Nahrung aus dem
Wasser zu holen. Das glänzend weiße Gefieder des prächtigen Phaeton
phoenicurus zeigt nur bei einzelnen wahrscheinlich jüngeren Exemplaren kleine
schwarze Querflecken, bei allen aber läuft von dem starken mennigrothen
Schnabel an, durch die Augen ein schwarzer Streif; besonders bezeichnend
sind die zwei langen schmalen, zinnoberroth überlaufenen mittleren Schwanzfedern. Man sollte es den verhältnißmäßig gar nicht stark erscheinenden
Flügeln dieses Vogels nicht ansehen, daß der Schöpfer ihn gleichsam zum
immerwährenden Fliegen bestimmt hat. Nie sah Kittlitz einen sitzen oder
auch nur schwimmen und alle flogen stets so hoch über der Wasserfläche,
daß sich auch gar keine Neigung zum Schwimmen bei ihnen kund gab.
Räthselhaft ist es noch immer, wo dieser Vogel, der vorzugsweise in den
von allen Küsten entferntesten Meeresstrecken lebt, die Nächte zubringt, ob
er schwimmend schläft oder irgend einen einsamen Felsen aufsucht.

Die Seevögel, die sonst kein anderes Interesse für den Schiffer hatten,
als daß sie dazu beitrugen, die Einförmigkeit einer langen Fahrt zu unterbrechen, haben seit den letzten Jahrzehnten als Guano-Fabrikanten
eine früher ungeahnte Wichtigkeit erlangt. Ihren Brüte- und Versamm-
lungsplätzen mitten im Schooß des großen Oceans wird emsig nachgeforscht;
ehemals verachtete Felsen- und Corallenriffe sind als Düngerniederlagen zu
mehr oder weniger werthvollen Besitzungen geworden, und stellt es sich heraus,
daß die Güte des dort gefundenen Guano's das Sammeln lohnt, so dürften bald neue Schätze den Einöden des großen Oceans entsteigen und noch
mehr dazu beitragen, den dort rasch sich hebenden Verkehr zu beflügeln.

Unter den wichtigeren Meereserzeugnissen dürfen auch die Schildkröten
nicht vergessen werden, deren hornige Schalen auf so manchen Inselgruppen
vom erwerblustigen Schiffer eingetauscht werden, oder deren Fleisch und Eier
nach langer Entbehrung der frischen Speisen ihm doppelt wohlschmecken.

Die Perlen des großen Oceans haben zwar keinen so bedeutenden Ruf
wie diejenigen des Indischen Meeres, doch werden auch hier Prachtexemplare
gefunden, die Tausende werth sind, und die Perlemutter von Paumotu und
den Carolinen hat schon mehr als einen Speculanten bereichert, der mit
seinem Schiffe sich unter jene gefährlichen Corallenriffe wagte.

Die von unsern Fischern verachteten Seegurken oder Holothurien, jene auf dem Meeresgrunde vermittelst zahlreicher Saugfüßchen langsam wie die Würmer umherkriechenden und den Seesternen, trotz ihrer sehr unähnlichen länglichen Gestalt nahverwandten Strahlenthiere gehören bekanntlich zu den ausgesuchtesten Leckerbissen der Chinesen und werden schon seit den ältesten Zeiten von den Malayen des indischen Oceans für den Markt von Canton gesammelt, aufgeschlitzt, gereinigt und in Schmorkesseln gedörrt. In den Lagunen und auf den Riffen Polynesiens weit und breit finden sich große eßbare Arten — vom Fidschi Archipel bis Paumotu und von den Marianen bis Rapad. Doch die dürftigen Bewohner der Coralleneilande kennen nicht den Genuß dieser Thiere, nach welchen die chinesischen Wollüstlinge so gierig sind, und darben, oft ohne versucht zu haben, den Hunger mit diesem ekelhaften Wurm zu stillen. Erst in neueren Zeiten ist der Trepang oder das biche de mar (so heißen die Holothurien in der Sprache des Verkehrs) auch auf diesem Gebiet zum Gegenstande eines lebhaften Handels geworden. Englische und amerikanische Seefahrer dingen auf Paumotu wie auf den Carolinen die Insulaner, um nach jenem Seegewürm zu tauchen und bezahlen mit Eisen und andern europäischen Waaren die geleisteten Dienste. Den gesammelten Trepang verkaufen sie alsdann in Canton oder Shanghai mit ungeheurem Nutzen und verwandeln ihn in Thee oder Seide für den europäischen Markt. So wird ein elender Wurm zu einem Mittel der Völkerbildung und auch den Holothurien ist es zu verdanken, daß die englische Sprache auf manchem abgelegenen Eilande des großen Oceans sich Bahn bricht.

Rechnen wir aber alle Producte des großen Oceans zusammen — Walrath, Thran, Schildpat, Perlen, Perlemuschel und Trepang — und denken wir uns die vielen tausende von Menschen, die hier eine einträgliche Beschäftigung finden, so wie die ungeheuren Capitalien, welche alle diese Handelszweige mittelbar und unmittelbar in Bewegung setzen, dann kann uns ein Meer, dessen Gaben so belebend auf unsere Seeställe und Fabriken zurückwirken, nicht mehr als ein fremdes erscheinen, und mit höherer Theilnahme verfolgen wir die Schicksale der polynesischen Völker, die ein steigender Verkehr immer tiefer und tiefer in den Strom der europäischen Weltbewegung mit sich fortreißt.

Zweites Kapitel.
Der Pottfischfang im großen Ocean.

Der Pottfisch. — Fettreichthum des Kopfes. — Pottfischjagd. — Nahrung des Pottfisches. — Geschichte der Pottfischjagd. — Gefahren derselben.

Der schönhaarige Zobel war es, der zuerst die Kosacken in die Wildnisse Sibriens lockte, der noch kostbarere Seeotter veranlaßte die Entdeckung der Aleuten und der Nordwestküste Amerika's — und wie selten wären auch jetzt noch die weiten Einöden des großen Oceans von weißhäutigen Schiffern befahren, wenn nicht der dort schwimmende Pottwal oder Cachalot die Harpune des Jägers so reichlich belohnte?

Noch andere Thiere wären zu nennen, die einen bedeutenden Einfluß auf die Ausbreitung geographischer Kenntnisse und die Geschicke ganzer Völker ausgeübt haben, doch schwerlich möchte irgend eines in Bezug auf die Wichtigkeit seiner historischen Rolle das letztgenannte mächtige Säugethier übertreffen.

Kein anderes Erzeugniß des großen Oceans bringt die Inselgruppen Polynesiens in so lebhaften Verkehr mit den großen Handelsvölkern am atlantischen Seebeden; dem Missionar und dem Eroberer ging der Pottwaljäger voran, und wenn jetzt Städte aufblühen und christliche Bethäuser errichtet werden, wo noch vor kurzem Menschenopfer vor fratzenhaften Götzenbildern bluteten, so hätten alle diese Veränderungen und Umwälzungen im Leben Oceaniens wohl nimmer ohne die Gegenwart des Cachalots im tropischen großen Weltmeer stattgefunden.

Ein sowohl geschichtlich als in manchen andern Beziehungen so merkwürdiges Thier verdient wohl eine längere Besprechung, und hoffentlich wird der Leser den muthigen Männern nicht ungern folgen, die das ferne Ungeheuer bis zu unsern Gegenfüßlern aufsuchen.

An Körpermasse steht der Pottfisch dem grönländischen Bartenwal nicht nach, da man ihn schon von einer Länge von 78 Fuß bei einem Umfang von 38 gefunden hat; die Exemplare jedoch, die gewöhnlich unter der Harpune verbluten, erreichen selten eine größere Länge als 60 Fuß. Aber nur das Männchen wächst zu diesem Riesenmaß heran; das Weibchen geht nicht über 30 oder höchstens 35 Fuß hinaus, so daß hier ein größeres Mißverhältniß zwischen beiden Geschlechtern, als bei irgend einer andern Walfischart obwaltet.

Die Form des ungeschlachten Thiers ist unsymmetrisch und kann wegen des Mangels aller anderer hervorstehender Organe, als des Schwanzes und der Brustfinnen kaum mit etwas anderem als einem dunkeln Felsblock oder dem Stamm eines Riesenbaumes verglichen werden. Die vorwiegende Farbe ist mattschwarz, an einigen Theilen und besonders am Bauche und am Schwanze erscheint sie jedoch weiß. Die Oberfläche des nach vorne hin senkrecht abfallenden, fast viereckigen, ungeheuren Kopfes, so wie die des Rumpfes zieht sich eben und glatt bis etwa zum letzten Drittel des Rückens fort, wo ein pyramidalischer Höcker, oder eine falsche Finne gänzlich aus Fett bestehend sich erhebt, welcher 7 oder 8 ähnliche, aber kleinere Knollen längs dem oberen Schwanzrande bis zum Ursprung der Schwanzflosse folgen.

Die dicht hinter dem Kopfe stehenden Brustfinnen sind von dreieckiger Form und klein im Vergleich zur Größe des Thieres, da bei einem 60 Fuß langen Cachalot Bennett sie nur 3 Fuß lang bei einer Breite von 2 Fuß antraf. Was ihnen an Größe abgeht, ersetzen sie jedoch durch ihre Gelenkigkeit, da sie sich frei nach allen Richtungen biegen und bewegen können.

Um so riesiger ist dagegen die bis 19 Fuß breite Schwanzfinne, deren Bewegungen wegen der großen Biegsamkeit des Rückgrats sehr ausgedehnt sind, während man ihre Kraft an den ungeheuren Bündeln von runden Sehnen ermessen kann, die an jeder Seite längs den Lenden fortlaufen, um sich an der Schwanzflossenbasis zu befestigen. Sei es, daß letztere in fröhlichem Uebermuth oder im heftigen Zorne geschwenkt wird, stets sind ihre Bewegungen leicht und rasch, und wenn sie die Oberfläche des Oceans peitscht, hallt es wie lauter Donner in weiter Ferne dahin.

Mit Hülfe dieses Organs bewegt sich der Pottwal auf eine ganz entgegengesetzte Weise wie der Hummer fort; denn während letzterer rückwärts schwimmt, indem er von hinten nach vorne das Wasser mit seinem rasch unter den Leib sich zusammenkrümmenden Schwanze schlägt; zieht jener, gleich allen anderen Walthieren, durch eine schräge Bewegung die breite Flosse langsam an sich und schnellt sie dann kräftig zurück, wodurch er mit einem wellenförmigen oder springenden Gange vorwärts getrieben wird. Bedient er sich des Schwanzes als Waffe, so krümmt er ihn in einer dem Gegenstande, nach welchem er zielt, entgegengesetzten Richtung, so daß der Schlag durch die Gewalt des Zurückprallens erfolgt.

Das Auge ist kaum größer als das eines Ochsen; die äußere Oeffnung des Gehörganges eine kleine Längsspalte ungefähr einen Fuß hinter jenem und etwas niedriger gelegen. Das oben und vorn auf der Schnauze mündende Luftloch ist etwa 8 bis 10 Zoll lang und wie die Oeffnung auf dem Resonanzboden einer Violine geformt. Die Ränder sind dick, abgerundet und dicht anschließend, so daß es der Anstrengung der starken Muskeln, womit sowohl das äußere Nasenloch als der ganze Canal umschlossen sind, bedarf, um bei jedem Einathmen den vollen Luftstrom einzulassen. Beiläufig gesagt mündet bei den Walthieren die Luftröhre nicht wie bei uns in die Mundhöhle, sondern setzt sich in den Spritzcanal fort, von welchem sie eng umschlossen wird. Deßhalb können auch stimmähnliche Töne nur durch das einfache (Pottfisch) oder doppelte (Bartenwal) Luftloch ausgestoßen werden, welches mit Klappen beschwert, offenbar sich nur wenig zur Mittheilung derselben anschickt. Scoresby versichert, daß der grönländische Wal ganz stimmlos ist, und der nicht minder zuverlässige Bennett, der so häufig Pottfische im Zustande des höchsten Schmerzes und Schreckens beobachtete, hörte nie einen lauteren Ton, als den des gewöhnlichen Athmens. Herr Jonas Ramus ist also sehr im Unrecht, wenn er bei seiner Schilderung des Malstromes die vom übermächtigen Strudel ergriffenen Walthiere, bei ihren fruchtlosen Anstrengungen sich den wirbelnden Gewässern zu entziehen, so fürchterlich brüllen und heulen läßt, „daß es ganz unbeschreiblich sei."

Wenn der Oberkiefer des Pottfisches zu einer ungeheuren Unform sich erhebt, so gleicht der Unterkiefer einem riesigen Vogelschnabel, der so lang und dünn unter dem Maule sitzt, wie etwa der Rüssel des Elephanten darüber. Bei geschlossenem Munde verbirgt er sich fast ganz unter dem herabhängenden Rande des Oberkiefers. Wahre und brauchbare Zähne befinden sich nur an ihm. Spitzig, nach hinten und etwas nach innen gerichtet, treten sie ungefähr zwei Zoll aus dem Zahnfleisch hervor, in welchem, so wie in ihren knöchernen Akergehäusen sie tief eingebettet sind. Entsprechende Höhlen in den weichen Theilen, welche den Rand des Oberkiefers bedecken, nehmen sie beim Schließen des Mundes auf. Ihre Anzahl ist merkwürdiger Weise verschieden, und scheint unabhängig von Größe, Alter und Geschlecht; so daß Bennet auf jeder Seite des Kiefers oft nur 19 oder 20, in andern Fällen aber bis zu 24 oder 26 vorfand. Bei den alten Männchen werden sie sehr groß und stark und erreichen ein Gewicht von 2 bis 4 Pfund. Der Schnabel ist also, wie man sieht, nicht übel bewaffnet.

Der ungeheuere Vorderkopf des Pottfisches wird wohl mit einer entsprechenden Gehirnmasse versehen sein? Mit nichten! — denn dazu läßt das dort angehäufte Fett nur wenig Raum. Eine zusammenhängende, weiche, gelbe ölige Masse, im Waljäger-Rothwälsch Junk genannt, die unmittelbar über dem Oberkiefer liegt und den vorderen und unteren Theil der Schnauze bildet, wiegt manchmal nicht weniger als fünf oder sogar sechstausend Pfund. Im vorderen und oberen Theil des Kopfes finden sich der Hauptsack (Case) und sein Anhängsel. Er entspricht fast der ganzen Länge des Spritzcanals und enthält in den großen Zellen seines losen Gewebes eine klare ölige Flüssigkeit, deren Masse mitunter bis an die 500 Gallonen oder etwa 2500 Flaschen beträgt.

Eine so ungeheure Anhäufung leichten Fettes dient offenbar dazu, dem Thiere eine richtige Lage beim Schwimmen zu verschaffen, das Erheben des Luftlochs über die Meeresoberfläche zu erleichtern und der Schwere der knöchernen Kopftheile das Gegengewicht zu halten.

Die schwarze Haut des Pottfisches besitzt starke alkalische Eigenschaften, sowohl im frischen Zustande als zu Asche verbrannt: ein Reichthum an Laugensalz, der in demselben Gewebe auch bei andern Walen sich wiederfindet. Diese Eigenthümlichkeit gereicht dem Jäger zur großen Bequemlichkeit, da sie ihm erlaubt, sein Schiff und seine Kleider leicht vom Oel zu reinigen, mit welchem die Haut sich sofort zu einer Seife verbindet. Unter dieser oberen Hautschicht liegt bekanntlich eine 4 bis 6 Zoll dicke Fettlage, zwar bei weitem nicht so beträchtlich als beim großen Bartenwal, aber dennoch dem Fänger nächst dem überwiegenden Reichthum des Kopfes eine höchst willkommene Beute.

Wenn der grönländische Wal nur in einzelnen Paaren die eisigen Meere durchstreicht, so bildet der gesellige Pottfisch oft Heerden (Schools, Schulen) von 20 bis 50 Stück aus Weibchen oder Kühen bestehend, von ihren Jungen begleitet, und unter dem Schutze eines mächtigen, vollausgewachsenen Männchens oder Bullens, der gewöhnlich zur Vertheidigung hinter der fliehenden Schule zurückbleibt. Es wiederholt sich in den Gefilden des Oceans dieselbe Erscheinung wie bei den Rudeln und Heerden unserer Wälder und Triften.

In kleineren Gesellschaften oder Pods von 5 bis 6 Stück streichen die jungen oder halbausgewachsenen Männchen umher, welche die Eifersucht der Alten von der mütterlichen Heerde vertrieb. Endlich gibt es noch griesgrämige Einsiedler, die fern von ihres Gleichen die Einöden des Oceans durchziehen. Zwei oder mehrere Schulen vereinigen sich zuweilen zu einem bedeutenderen Haufen, so daß Bennett öfters einige Seemeilen weit rund um das Schiff überall eine fortlaufende Reihe von Dampf- oder Wasserstrahlen dem Meere entsteigen sah. Diese großen Vereinigungen schwimmen zuweilen schnell nach einer bestimmten Richtung fort, häufig aber sonnen sie sich oder schlafen ruhig an der Oberfläche, gemächlich spritzend und alle Zeichen von sich gebend, daß sie sich auf ihren flüssigen Weideplätzen vollkommen zu Hause fühlen.

Wenn die Harpune ihn zuerst durchbohrt, reißt der Pottfisch das daran befestigte Boot mit einer Schnelligkeit von mehr als 15 Seemeilen in der Stunde nach sich fort, doch eine solche Anstrengung ist nur die Folge der äußersten Aufregung, denn unter dem Einfluß eines gewöhnlichen Schreckens legt er höchstens 8 oder 10 Meilen zurück. Durch Segel und Ruder fortgetriebene Boote, oder ein Schiff, welches den Vortheil einer starken Brise genießt, ereilen ihn oft oder zwingen ihn durch ihr nahes Herankommen, sich in die Tiefen des Oceans zu flüchten. Beim schnelleren Schwimmen zertheilt er leicht und majestätisch die Wogen mit erhobenem Kopf und ruckweise auftauchendem Rücken. Zuweilen sieht man einen flüchtenden Trupp von Pottwalen wie eine Reiterschwadron in langer Linie dahin ziehen, und mit der ihnen eigenthümlichen springenden Bewegung gleichzeitig oder rhythmisch steigen und sinken — ein Schauspiel, welches bekanntlich der Delphin gar oft in unseren Meeren gewährt. Höchst ergötzlich ist der Anblick einer muthwillig sich tummelnden Pottwalheerde. Dann sieht man zuweilen eins der größten dieser Thiere, mit der Schnellkraft eines Lachses einige Fuß hoch aus dem Wasser springen und den erstaunten Seevögeln einige Augenblicke seine ganze Riesengröße vorzeigen; während andere des Kopfes Unform senkrecht erheben, oder mit hin und hergeschwungenem Schwanze des Meeres

Oberfläche peitschen, so daß man glauben sollte, die weißschäumende Brandung schlage gegen schwarze Klippen an. So lange der Pottwal oben schwimmt, stößt er, lautschnaubend und regelmäßig, alle 10 oder 15 Secunden eine dichte weiße Dampfsäule oder Dunstwolke, etwa wie diejenige, die einer Locomotive entweicht, aus dem Spritzloch 6 oder 8 Fuß hoch hervor; doch kann er über eine Stunde unter dem Wasser bleiben.

Seine Hauptnahrung besteht aus den verschiedenartigen Kopffüßlern (Cuttel-, Tintenfischen), die in ungeheurer Anzahl den tropischen Ocean bevölkern. Wenn er von den Booten angegriffen wird, entladet er sie oft massenweise unter dem Einfluß des Schreckens, auch findet man sie nach dem Tode im Magen. Darunter trifft man bisweilen Stücke von erstaunlicher Größe und Gewicht, die doch nur Körperfragmente irgend eines riesigen Cuttelfisches sind. Alsdann erscheint es einem um so glaubwürdiger, daß es derartige Thiere gibt, die, wie Reisende im indischen Ocean behaupten, mit ihren langen Saugarmen den Fischer aus seinem Nachen reißen können.

Doch auch eigentliche Fische frißt der Cachalot, denn man hat ihn oft Kabeljaus und sogar kleine Haie auswerfen sehen.

Wegen der großen Hervorragung des Oberkiefers möchte der Pottfisch vielleicht genöthigt sein, sich auf die Seite oder den Rücken zu legen, wenn er irgend eine größere Beute ergreifen will — eine Vermuthung die dadurch bestärkt wird, daß wenn das Thier ein Boot mit dem Maule angreift, es sich stets umwälzt, den Unterkiefer über den Gegenstand erhebend, nach welchem es schnappen will.

Wie die meisten Landsäugethiere, die heerdenweise beisammen leben, ist auch der Pottfisch von furchtsamer Natur. Ein Trupp in ihrer Nähe herumspringender Delphine reicht schon hin, eine ganze Schule in die Flucht zu treiben. Daher muß auch der Jäger sich ihnen sehr behutsam nahen. Verdacht der Gefahr geben sie dadurch zu erkennen, daß sie zuweilen das Spritzen unterlassen; offenbar horchend, bewegungslos auf dem Wasser liegen oder auch wohl den Kopf senkrecht erheben, um ein weiteres Gesichtsfeld zu gewinnen. Bei der Verfolgung zeigen sich bei ihnen zwei Grade des Schreckens. Der eine treibt sie an zur rasendsten Eile; der andere überwältigt und lähmt sie. Bei der drohenden Nähe des Feindes oder wenn einer aus ihrer Mitte schon verwundet ist, sieht man sie zitternd sich zusammendrängen, oder sie machen nur verworrene und unentschlossene Versuche zum Entfliehen.

Der erfahrene Walfänger hütet sich wohl, eine zu geringe Meinung von der Sinnenschärfe des Pottfisches zu haben. Die Kraft des Sehens wird für größer gehalten, als die des Gehörs und obgleich er stets bemüht ist, sich seiner Beute so still als möglich zu nähern, so verwendet doch der Jäger die größte Sorgfalt darauf, daß sein Boot nicht vor das Auge des Thieres komme und sucht daher beständig die gerade Linie mit der Schnauze oder dem Schwanze zu behaupten.

Man hat den Pottfisch im Mittelmeer gefunden und einer ist sogar schon in der Themse gefangen worden; er kommt überhaupt im wärmeren Ocean vor, sein Hauptrevier jedoch sind die Aequatorialströmungen, die ungefähr sieben Breitengrade weit, nordwärts und südwärts vom Erdgleicher sich erstrecken.

So verschieden sind seine Wohnorte von denen des großen Bartenwals, daß während der ganzen Zeit, wo Bennett nach dem Cachalot kreuzte, er auch nicht einen einzigen Glattrücken zu Gesicht bekam. Ist dieser ein Freund der eisigen Gewässer, so liebt jener die von der scheitelrechten Sonne durchwärmten Meere. Man hat bemerkt, daß zu gewissen Zeiten der Pottfisch bestimmte Strecken des Oceans in großer Menge aufsucht, doch ist es noch ungewiß, ob diese Besuche regelmäßig genug sind, um den Namen einer Saison zu verdienen; indessen erwarten die Gesellschaftsinsulaner den Cachalot an ihre Küsten nur im April und Mai und die Walfänger halten die Zeit von September bis December für die vortheilhafteste zum Kreuzen unter dem Aequator.

Der erste Ursprung der systematischen Pottfischjagd reicht bis etwa zum Jahre 1690 hinauf, wo die damaligen amerikanischen Colonien England's den Anfang damit machten. Nachdem sie ihre Unabhängigkeit errungen hatten und nach der Trennung vom Mutterlande hohe Schutzzölle ihnen den früheren freien Markt versperrten, liefen 1775 die ersten Pottwalfänger aus großbritannischen Häfen aus, die jedoch Anfangs mit amerikanischen Capitäns und Harpunierern versehen sein mußten, bis tüchtige Leute zum Dienst erzogen werden konnten. In dieser ersten Periode wurde der Fang hauptsächlich an der Küste von Afrika und auf der brasilischen Bank betrieben. 1778 umsegelte das dem berühmten Londoner Hause Enderby gehörige Schiff „Emilia" das Horn'sche Vorgebirge und führte zuerst den Pottwalfang in die Südsee. Der lohnende Erfolg eröffnete ein weites und fruchtbares Feld für fernere Unternehmungen, und so wie die Jäger mit dem großen Ocean besser bekannt wurden, entdeckten sie nach und nach die werthvollen Striche oder Gründe, wo sie den reichlichsten Fang erwarten durften.

Mit der Verfolgung des Cachalots in der Südsee sind gegenwärtig zwischen 600 und 700 amerikanische Schiffe beschäftigt, während England nur 30 oder 40 Segel diesem Zwecke widmet, und die australischen Colonien etwa noch eben so viele ausschicken. Auch Frankreich und Bremen betheiligen sich mit einigen Fahrzeugen am Pottfischfange. Uebrigens darf nicht vergessen werden, daß ein großer Theil aller dieser Schiffe während der Sommermonate dem Glattrücken oder großen Bartenwall oft bis jenseits der Behringsstraße nachstellt, oder in den Buchten Neu-Seelands und Chili's den Südwall abwartet, so daß es nicht allein der Pottfisch ist, der jene ungeheure Flotte in Bewegung setzt, wenn er auch unstreitig den Hauptantheil daran hat.

Die Ausrüstung eines Südseefahrers in London kommt auf 8000 bis 12,000 Pfund Sterling oder 50,000 bis 75,000 Thaler zu stehen; und kehrt er mit einer vollen Ladung von 250 Tonnen Oel wieder heim (zu 80 Pfund die Tonne), so beläuft sich sein Werth auf etwa 23,000 Pfund; wobei 3000 Pfund für das Schiff und die noch übrig gebliebenen Vorräthe gerechnet werden. Es hat daher, wenn alles nach Wunsch geht, während seiner drei- bis vierjährigen Campagne, seinen Werth verdoppelt, doch gehört nur die eine Hälfte der Ladung dem ausrüstenden Kaufmann; in die andere theilt sich je nach Rang und Fähigkeit die Mannschaft. Man begreift, daß bei einem so waghalsigen Geschäft, welches die volle Energie des Menschen in Anspruch nimmt, der mattherzige Tagelöhner nicht an seinem Platze wäre: Erfolg ist nur dort zu erwarten, wo alle Theilnehmer beim glücklichen Fange ihres angemessenen Lohnes versichert sind.

Das Deck eines solchen Südseefahrers bietet einen ganz anderen Charakter, als das eines gewöhnlichen Handelsschiffes dar. Außer der größeren Anzahl Boote, die dort Platz finden muß (30 Fuß lange und nur 4 bis 5 breite Schaluppen, mit Planken nur einen halben Zoll dick, und an beiden Enden scharf auslaufend, um mit der äußersten Schnelligkeit das Meer zu durchschneiden), sind zwischen Haupt- und Vormast mehrere große Siedeleßel in einem steinernen Heerde eingemauert. Ein anderer kleinerer, aber beweglicher Heerd dient zum Gebrauch der Schmiede, denen es begreiflich an Beschäftigung nicht mangelt. Zwischen dem Haupt- und dem Besanmast ist ein starkes Gerüst, welches eine Reserve von Booten trägt: dort sind auch die haarscharfen Spaten angebracht, die zum Abstoßen des Speckes benutzt werden. Der Walfänger muß natürlich eine bedeutende Mannschaft haben, da er oft zugleich 4 oder 5 Boote mit 6 Mann (4 Matrosen, 1 Bootssteurer und 1 Harpunierer) aussetzt, und außerdem noch eine gewisse Anzahl an Bord bleiben muß, sowohl um das Schiff zu regieren, als auch, wenn erst einmal die Fische eingeschnitten sind, das Auslassen des Speckes fortwährend im Gange zu erhalten. Der Walfänger führt daher nicht weniger als 30 oder 36 Mann an Bord, wo ein Kauffahrer gleicher Größe mit 16 oder 18 sich begnügen würde. Aus diesen Zahlen läßt sich ermessen, wie viele Tausende verwegener, abenteuerlicher Geister beständig mit der Cachalotjagd in der Südsee beschäftigt sind und welch' eine großartige Hochschule sich hier für die Ausbildung der tüchtigsten Seefahrer eröffnet!

Der Capitän hat eine fast so unumschränkte Vollmacht wie der Befehlshaber eines Kriegsschiffes; er kann nach Gutdünken kreuzen, einlaufen, wo er will, der ganze Erfolg des langwierigen Unternehmens bleibt seiner Einsicht anvertraut. So wie das Schiff den Walgründen sich nähert, wird weniger scharf gesegelt, und besonders wo trüberes Wasser auf eine dichte Meeresbevölkerung schließen läßt, Abends das leichte Segelwerk eingenommen und das schwere gereeft. Hoch oben im Mastkorb sitzt der unermüdliche Späher und erblickt schon aus weiter Ferne die ersten und gewöhnlichen Spuren seiner Beute: schwimmende Fragmente von Cuttelfischen oder breite, glatte ölige Furchen auf der Meeresoberfläche, die Gleise des dahinschwimmenden Fisches.

Unterdessen werden die Eisen und Lanzen geschliffen, die Boote ausgebessert, die gewaltigen Taue hergerichtet, an denen der erwartete Speck an Bord heraufgewunden werden soll: alles steht für das kommende Treffen bereit.

Ruft endlich der Späher: „Dort bläst einer!" so durchzuckt es die ganze Mannschaft wie ein electrischer Schlag. Alles springt in die Höhe, wirft Eisen- und Tauwerk bei Seite, und blickt hinauf nach dem Mast, wo der ausgestreckte Arm nach der Gegend hinweist, wo das spritzende Ungeheuer sich verrieth. Doch nicht eher gibt der Capitän seine Befehle, als bis er sich vergewissert hat, daß der gesehene Wal von der gewünschten Art und vortheilhaft zum Angriff gelegen ist; dann erst ruft er mit donnernder Stimme: „Boote heraus!" und in weniger als zwei Minuten rudern schon die schlanken Chaluppen dahin, wenn der Wal nach der Windseite liegt, oder segeln und rudern zugleich, wenn die Brise die Anfahrt begünstigt. Indessen folgt das Schiff in zweckmäßiger Ferne, um durch die Beobachtungen vom Mastrop aus, welche durch bekannte Signale mitgetheilt werden, die Operationen des kleinen Bootgeschwaders zu leiten. So wie eins in angemessene Nähe kommt, verläßt der Harpunierer sein Ruder und steht aufrecht am Bug, die Waffe in der Hand, ruhig den Moment abwartend, wo er mit Sicherheit den Mordspieß werfen kann, denn lange Erfahrung hat schon längst den Eifer des Neulings abgekühlt.

Die widerhakige Harpune fliegt — ein furchtbares, krampfhaftes Wogenpeitschen beweis't, wie gut sie getroffen — doch nach der ersten Ueberraschung des Entsetzens und Schmerzes rast das verwundete Thier wie die wilde Jagd an der Meeresoberfläche dahin, das an die Harpunenleine befestigte Boot getankenschnell nach sich reißend.

Mit aufgerichteten Rudern, hoch hervorragendem Buge, und von Gischt umwölkt, zertheilt die Chaluppe die schäumenden Gewässer, der drohenden Ueberfluthung am niedergedrückten Steuer nur durch die ungeheure Schnelligkeit ihrer Bewegungen entgehend. So wie die Kraft der Flucht sich vermindert, überläßt der Bootsanführer dem Harpunierer das Steuerruder und tritt selber mit der langen Lanze vor, um bei der ersten Gelegenheit dem bereits geschwächten Thier den Todesstoß hinter der Brustfinne beizubringen.

Wohl getroffen! Der rothe Lebensstrom, der der klaffenden Wunde entquillt und den lochenden Wogenglitsch verfärbt, verkündigt, wie meisterhaft das Eisen geführt ward; — vergebens sucht der mit dem Tode ringende Unhold sich in der Tiefe zu verbergen, da ihm die horizontale Flucht so schlecht bekam; er rollt auf die Seite, er zuckt, seine untere Kinnlade fällt, leblos treibt er auf dem Meere — eine dunkle Masse, gegen welche die Welle dumpfrauschend aufwallt.

Wenn die erschreckten Wale nach der Windseite fliehen, werden sie nur selten von den Booten ereilt, im entgegengesetzten Fall gelingt es häufig mit Hülfe von Segeln und Rudern eine Schule einzuholen, und durch das

Harpunieren eines aus ihrer Mitte die andern zum Stillstand zu bringen. Bei solchen Gelegenheiten geht es zu wie beim Handgemenge einer Schlacht, mit vollen Segeln stürzen die Boote mitten in den Feind; wie man den wüthenden Schwanzschlägen entkommen soll, ist eine andere Frage, jetzt handelt es sich nur um Treffen und Durchbohren. Im Eifer der Jagd wird das Schiff nicht selten mehrere Stunden lang aus den Augen verloren, doch trotzdem entkommen nicht selten die Wale, sei es durch größere Schnelligkeit oder durch List, indem sie beim Herannahen eines Bootes untertauchen und erst weit weg in einer ihrem früheren Course entgegengesetzten Richtung wieder zum Vorschein kommen.

Ein weibliches Cachalot oder ein junges Männchen haspelt beim Tauchen selten mehr als eine Bootsleine ab, während ein vollausgewachsener Bulle weit tiefer geht und bisweilen drei volle Leinen in den Abgrund führt. Merkwürdig ist es, daß beim Tauchen in größere Tiefen ein Ton, dem Krachen neuen Leders ähnlich, vom Körper des Thieres längs der Leine sich fortpflanzt. Die Zahl der Pottfische, die bei einer einzigen Jagd gewonnen wird, übertrifft selten fünf, gibt es aber Gelegenheit, eine größere Menge zu harpunieren, als augenblicklich in Sicherheit gebracht werden kann — so ist es ein häufiger, aber grausamer Brauch, sie mit einem Wurfspieß zu verwunden, der nicht an eine Bootsleine, sondern an einen großen viereckigen Holzblock befestigt ist, um die Flucht des Verwundeten zu erschweren und auf diese Weise einem andern, vielleicht noch unbeschäftigten Boote einen leichteren Fang darzubieten.

Wie man sich denken kann, entkommen die meisten, doch nur um lange Qualen zu erdulden.

Nachdem der todte Cachalot an die Seite des Fahrzeuges gebracht worden ist, macht man sich daran, das Werthvolle davon abzulösen. Eine Art Gerüste wird an der Schiffsseite aufgehangen, auf welchem die Bootsteuerer Platz nehmen, welchen das Zerstücken obliegt; der bewegliche Theil der Brustwehr an derselben Seite wird entfernt, und die übrige Mannschaft steht an der am Kopf des Hauptmastes befestigten gewaltigen Winde zum Aufziehen des losgetrennten Speckes. Die Haut zwischen dem Auge und der Brustfinne wird zuerst mit dem Spaten durchschnitten und hinlänglich abgesondert, um einen riesigen Haken, den ein einzelner Mann kaum regieren kann, aufzunehmen. Zu dessen Befestigung muß einer auf den Fisch hinabsteigen — was nicht ohne Gefahr ist wegen der Menge der versammelten Haie.

Nun wird kräftig an der Winde gezogen, der etwa 4 Fuß breite Speckstreifen, in welchem der Haken steckt, erhebt sich, und je höher er steigt, desto mehr dreht sich der Fisch, der, indem der Einschnitt spiralförmig fortgesetzt wird, wie ein Apfel geschält wird. Da der ganze Streifen zu lang wäre, versteht es sich, daß öfters frisch eingehakt und abgeschnitten werden muß. Zuweilen wird auch die untere Kinnlade getrennt, nicht sowohl des daran haftenden Fettes wegen, als der elfenbeinernen Zähne, die von einigen Südseeinsulanern so hoch geschätzt werden, und der gewaltigen Knochen, aus welchen die Mannschaft in ihren Mußestunden manche Gegenstände zum Nutzen und zur Zierde zu verfertigen pflegt. Ist der Cachalot sehr groß, so werden die Speckmassen des Kopfes getrennt und an Bord gezogen, da der Junk allein so schwer wiegt, wie der Hauptmast nur tragen oder die Mannschaft an der Winde nur heben kann. Den Hauptsack (Case) aber hängt man senkrecht an die Schiffsseite auf, und entleert ihn mit einem Eimer, den man mit einer langen Stange hineinstößt und mit einer Winde herauszieht. Nur bei kleineren Fischen wird der ganze Kopf an Bord gezogen. Zur Zerstückelung eines Individuums gewöhnlicher Größe bedarf es 3 bis 5 Stunden.

Beim Kochen wird der Kopf als das kostbarste zuerst vorgenommen, und dessen Produkt vom übrigen abgesondert, da er den meisten Wallrath enthält, aus welchem bekanntlich vortreffliche Kerzen gegossen werden. Der rohe Wallrath, wie er aus dem Sad gewonnen wird, ist eine durchsichtige, fast farblose, geruchlose Flüssigkeit, von mildem Geschmack, ungefähr wie der der frischen Butter. Er gerinnt nicht bei der gewöhnlichen Tropentemperatur und bildet ungefähr den sechsten Theil des ganzen gewonnenen Fettes.

Das flüssige Pottfisch- oder Spermöl ist das reinste aller thierischen Felle, die im Handel vorkommen, und dient besonders zum Verbrennen in Stubenlampen und zum Einschmieren der Dampfmaschinen.

Außerdem liefert bekanntlich der Pottfisch das wohlriechende Ambra, welches nichts weiter als eine krankhafte Darmabsonderung ist, aber dennoch mit Gold aufgewogen wird. Man findet es gewöhnlich zufällig auf dem Meere schwimmend, denn wegen der Schwierigkeit und der Ungewißheit des Erfolges wird selten die Cachalotleiche darnach untersucht.

Beim Auskochen ist die Hauptgefahr von einem starken Regen zu befürchten, der die sudende Masse zum Aufwallen und Ueberfließen bringen könnte; so daß man oft dadurch gezwungen wird, das Feuer zu löschen und dem Kochen Einhalt zu thun. Sonst wird Tag und Nacht gefeuert, wozu die ausgebratenen Ueberbleibsel das trefflichste Material liefern — denn es handelt sich darum, so schnell als möglich Platz für eine neue Beute zu gewinnen und die vollen Fässer in den unteren Schiffsraum hinab zu lassen. In ungefähr drei Tagen ist auf solche Weise der größte Pottfisch beseitigt, der bis an die 90 Fässer Oel gibt; während der gewöhnliche Durchschnitt nur 20 bis 30 beträgt.

Man kann sich denken, daß bei einer so gefährlichen Jagd Unglücksfälle nicht selten vorkommen, es gibt sogar unter den Pottfischen kriegerische Naturen, welche den Angriff nicht erst abwarten, sondern noch ehe die Harpune geflogen, sich wüthend auf die verfolgenden Boote werfen. Einen solchen Brausekopf beobachtete Bennell in der Südsee. Stürmisch heranschwimmend, suchte der Pottfisch zuerst durch einen Stoß seiner unförmlichen Schnauze den Feind in den Grund zu bohren, doch geschickt lenkte das Steuer die Schaluppe auf die Seite und das Unthier schoß vorbei. Hierauf rasch umlenkend machte es den Versuch das Boot zwischen seinen Kinnladen zu zermalmen, flog pfeilschnell heran, warf sich auf den Rücken und schnappte danach mit weit aufgesperrtem Unterkiefer. Ein gewaltiger Lanzenstoß in den Rachen nöthigte zwar den Unhold, den gräulichen Schlund zu schließen, doch warf er sich gegen das Boot mit solcher Gewalt, daß er einige Planken einstieß und es fast versenkt hätte. Glücklicher Weise kamen die anderen Boote noch zur guten Stunde herbei und erlegten den Wütherich. Er war 60 Fuß lang und reich an Oel und Wallrath.

Weit öfter aber wird das Leben der Menschen gefährdet, wenn der Schwanz des Riesenthiers rasch durch die Luft segt und durch einen furchtbaren Schlag das Boot zermalmt, oder auch wohl im Schwenken den aufrecht stehenden Harpunierer wie eine von der Windsbraut weggetriebene Feder fortschnellt. So sahen seine Gefährten den unglücklichen Young, Steuermann des „Tuscan", plötzlich aus ihrer Mitte gerissen, im weiten Bogen hoch durch die Luft fliegen und etwa 50 Ellen weit vom Boote in's Wasser fallen. Dort trieb er unbeweglich noch einige Secunden — und versank dann — zum Nimmerwiedersehen!

Drittes Capitel.
Magellan's Weltreise.

Magellan. — Dessen Geschwader. — Schwierigkeiten, mit denen er zu kämpfen hatte. — Ueberwinterung an der patagonischen Küste. — Meuterei. — Entdeckung der Magellan Straße. — Fahrt über den großen Ocean. — Entdeckung der Desventurados, der Ladronen und der Philippinen. — Schlacht von Matam. — Magellan's Tod. — Ermordung der spanischen Officiere durch den Sultan von Zebu. — El Cano setzt die Reise fort und vollbringt die erste Weltumsegelung.

Wer gern von großen Männern und großen Thaten liest, wird gewiß mit regem Interesse den Spuren des Mannes folgen, der zuerst den unermeßlichen stillen Ocean von Ost nach West durchfurchte und der ersten Weltumsegelung seinen Namen gab.

Ferdinand von Magellan, ein Portugiese aus edlem Stamm, dessen Geburtsort und Geburtsjahr die undankbare Geschichte verschweigt, hatte fünf Jahre in Ostindien unter seinem großen Landsmann Albuquerque gedient und sich rühmlich in der Schlacht von Malacca ausgezeichnet (1510). Da ihm jedoch sein Vaterland die Anerkennung versagte, die seinen hervorragenden Verdiensten gebührte, trat er in spanische Dienste, wo der weitsichtige Cardinal Ximenes und Karl der Fünfte, ein junger, für das Großartige empfänglicher Monarch, seinen kühnen Entwurf, eine neue westliche Fahrt nach den Molukken zu eröffnen, günstig aufnahmen und zu dessen Ausführung ein nach den damaligen Begriffen nicht unbedeutendes Geschwader ausrüsten ließen.

Es bestand aus fünf Schiffen: der Trinidad von 130 Tonnen und 62 Mann, welche Magellan selber befehligte; dem San Antonio von 130 Tonnen und 55 Mann; der Vitoria von 90 Tonnen und 45 Mann; der Conception von 90 Tonnen und 44 Mann und endlich dem San Jago von 60 Tonnen und 30 Mann; jämmerliche Nußschalen, wie man sieht, für noch ungebahnte Wege durch's weite Meer.

Zu den von einer solchen Unternehmung unzertrennlichen Gefahren kam noch für Magellan die besondere Schwierigkeit hinzu, daß die Befehlshaber der anderen Schiffe ihn um so bitterer haßten, da er außer seinen überwiegenden Verdiensten auch noch ein Fremder und ein Portugiese war.

Am 20. Sept. 1519 segelte das Geschwader aus dem Hafen von San Lucar, nachdem Magellan sich vorher mit den Befehlshabern der andern Schiffe über die nothwendigen Tag- und Nachtsignale verständigt und die Ordnung des Segelns vorgeschrieben hatte, wonach die Capitana, wie man das Hauptschiff „La Trinidad" nannte, stets den andern vorangehen sollte.

Am 2. Oct. verließen sie Teneriffa und steuerten nach Südwesten, doch schon am folgenden Tage richtete Magellan den Cours nach Süden, zur großen Unzufriedenheit der Officiere, da dieses der getroffenen Verabredung zuwider war. Juan de Cartagena, Befehlshaber des „San Antonio", erkühnte sich sogar, ihm Vorstellungen darüber zu machen, erhielt aber zur Antwort, daß es seine Pflicht sei, der Richtung der „Capitana" zu folgen und sich aller Bemerkungen zu enthalten.

Der südliche Cours brachte sie indessen der afrikanischen Küste so nahe, daß, nachdem sie die Linie überschritten hatten, sie 20 Tage durch Windstillen aufgehalten wurden und dann noch einen Monat mit schlechtem Wetter und ungünstigen Winden zu kämpfen hatten.

Ueber diesen ersten Theil der Reise werden von Pigafetta, einem italienischen Edelmann, der sich der Expedition angeschlossen hatte und dem die Welt die erste Beschreibung derselben verdankt, gar wunderfame Geschichten berichtet. So erzählt er, daß es auf Teneriffa niemals regne, aber ein großer Baum dort wachse, von dessen Blättern beständig das klarste Wasser herabtröpfele, welches in einem Graben am Fuße des wohlthätigen Gewächses gesammelt werde und einzig und allein den Durst von Menschen und Thieren lösche, da es sonst auf der Insel weder Quellen, noch Bäche gebe. Dieser Baum sei stets von dichten Nebeln umhüllt, die ohne Zweifel, meint Pigafetta, den Blättern das herabtröpfelnde Wasser liefern.

Auch will er einen merkwürdigen Seevogel gesehen haben, der keine Füße hat und daher auch kein Nest baut. Das Weibchen legt mitten im Meere ihre Eier auf den Rücken des Männchens und brütet sie dort aus!

Die Natur war damals nur wenig erforscht und der Phantasie oder den Erfindungen der Reisenden blieb der weiteste Spielraum eröffnet.

Am 13. Dec. ankerten sie in einer brasilischen Bucht in 23°30 S. B. und folgten dann der Küste nach Süden bis zum Hafen San Julian in Patagonien (49°30 S. B.), wo Magellan zu überwintern beschloß.

Hier hatte er schon zwei Monate verweilt, ohne irgend einen Menschen zu sehen, da kam plötzlich, wie Pigafetta erzählt, eine riesige Gestalt zum Vorschein, so groß, daß der Kopf der Europäer ihr kaum zum Gürtel reichte. Magellan ließ dem Wilden etwas zu essen und trinken geben und beschenkte ihn unter andern mit einem metallenen Spiegel. Als aber der Goliath sein gräuliches roth- und gelbbemaltes Gesicht darin erblickte, trat er so erschrocken zurück, daß er vier Leute umwarf, die hinter ihm standen. Bald erschienen noch ähnliche Giganten, Männer und Frauen, in Huanucofellen gekleidet; aber die Patagonier Pigafetta's, obgleich immer noch eine der größten Menschenracen, erscheinen dem nüchternen Auge der neueren Reisenden doch von minder riesenhaftem Wuchse.

Auf Magellan's Befehl wurden zwei von der Horde ergriffen und mit Gewalt auf's Schiff geführt, eine barbarische Grausamkeit, welche damals große Seefahrer sich öfters gegen wilde Völkerschaften zu Schulden kommen ließen und die jetzt höchstens nur noch von den rohesten Walfängern verübt wird. An solchen Thatsachen erkennt man, daß der Geist der Humanität seit den letzten Jahrhunderten doch immer einige Fortschritte gemacht hat, und dem Menschenfreunde geben sie gegründete Hoffnungen, daß es in der Zukunft noch besser werden wird.

Während seines Aufenthaltes im Hafen von San Julian brach die Unzufriedenheit der spanischen Officiere in offene Empörung aus. Der San Antonio, die Vitoria und die Conception erklärten sich für den König und Gaspar de Quesada, und nur der San Jago, der von dem Ausbruch der Meuterei noch nichts erfahren hatte, antwortete auf die Anfrage, die der Generalcapitän an ihn ergehen ließ, daß er für den König und Magellan sei und diesem gehorchen werde. Es war um den großen Seefahrer geschehen, wenn er nicht unverzüglich durch das kühnste Einschreiten sein Ansehen wiederherstellte, er bewies aber auch in dieser Krisis seines Schicksals, daß er der rechte Mann dazu sei, allen Stürmen des Schicksals Trotz zu bieten. Sofort schickte er einen seiner treuen Officiere nach der Vitoria mit einem Brief an den Capitän Mendoza und dem Befehl, diesen während des Durchlesens zu erdolchen, was auch pünktlich ausgeführt wurde, und die augenblickliche Rückkehr der Schiffsmannschaft zum Gehorsam zur Folge hatte. Den San Antonio ließ er ohne Weiteres mit Kanonenkugeln begrüßen und entern. Gaspar de Quesada trat in voller Rüstung auf's Verdeck und rief den Seinigen zu, ihm zu folgen. Doch Keiner gehorchte; das Schiff wurde im Nu genommen und die rebellische Rotte verhaftet; worauf auch die Conception zur Pflicht zurückkehrte. Gaspar de Quesada wurde erhängt und Juan de Carlagena, Capitän der Conception, an's Land gesetzt; die übrigen begnadigte Magellan, dessen vollständiger Triumph es ihm erlaubte, milde zu sein. Schnell wie nach einer Sonnenfinsterniß hatte sich sein verdunkelter Stern zu vollem Glanze wieder erhoben.

Während des Aufenthaltes in San Julian scheiterte der San Jago, der zur Untersuchung der Küsten nach Süden geschickt worden war, doch die Mannschaft wurde gerettet und auf die vier übrigen Schiffe vertheilt. Am 21. August 1520 setzte Magellan seine Reise in südlicher Richtung weiter fort und erreichte am 21. October ein Vorgebirge (52° S. B.), welches er der Heiligen Ursula zu Ehren, auf deren Namenstag die Entdeckung fiel, Cabo de las Virgines nannte. Die zwei kleinsten Schiffe wurden vorausgeschickt und kamen nach fünf Tagen mit der Nachricht zurück, daß sie in eine Meerenge eingelaufen seyen, deren Ende sie nicht erreicht hätten und in welcher, so weit sie gekommen, die Fluth stärker nach Westen abgeflossen sei als sie von Osten her eindrang. Magellan zweifelte nun nicht, daß dieser Canal nach dem jenseitigen Meere führe, da es sich aber fand, daß die Lebensmittel nur noch für drei Monate ausreichten, berief er erst einen Kriegsrath seiner vorzüglichsten Officiere, um unter solchen Umständen durch eigenmächtiges Handeln der Unzufriedenheit nicht neuen Stoff zu geben. Einige waren für das sofortige Umkehren nach Spanien, die meisten jedoch stimmten für die Fortsetzung der Reise, und Magellan erklärte mit großer Ruhe, daß wenn es auch dazu kommen sollte, daß sie die Häute essen müßten, womit die Rahen beschlagen waren, es sein fester Wille sei zu beharren und mit Gottes Hülfe dem Kaiser Wort zu halten. Alsdann gab er Befehl mit vollen Segeln in die Meerenge hinein zu fahren, und verbot bei Todesstrafe vom Umkehren oder vom Mangel an Lebensmitteln ferner zu reden.

Es war der Sommer der südlichen Hemisphäre, und die Meerenge erschien so schön wie es in jenen stürmischen Regionen nur möglich ist. Hier verengte sich der Canal auf Flintenschußbreite, dort bildeten die auseinander laufenden Ufer ausgedehnte Buchten. An einigen Stellen waren die Gipfel der Berge mit Schnee bedeckt, aber dichte Waldung bekleidete die tieferen Abhänge.

Die Feuer, welche die dürftigen Wilden an der Südseite während der Nacht anzündeten, bestimmten Magellan ihr den Namen Feuerland — Tierra del fuego — zu geben.

Die Meerenge ist bekanntlich kein einfacher Canal, sondern verzweigt sich in verschiedenen Armen durch ein Labyrinth von Halbinseln und Inseln. An einer solchen Gabelung wurde der San Antonio zur Untersuchung in den südlichen Durchgang geschickt, während Magellan mit den übrigen Schiffen den nördlichen Arm einen Tag lang verfolgte und alsdann in einem Hafen anlegte, wo viele sardellenartige Fische gefangen wurden. Sechs Tage vergingen und noch ließ sich kein San Antonio sehen. Magellan schickte ihm daher die Vitoria nach, und nachdem abermals drei Tage verflossen waren, machte auch er mit der Trinidad und der Conception sich auf den Weg um den verirrten Heiligen zu suchen, obgleich man kaum mehr zweifeln konnte, daß der San Antonio, wie es auch wirklich sich verhielt, ausgerissen und auf und davon nach Spanien sei. So gingen noch sechs Tage verloren, worauf wiederum nach Westen gesteuert wurde — bis endlich am 27. November das offene Meer erschien — ein längsterschnter Anblick bei welchem Magellan Freudenthränen vergoß.

Seine erste Sorge war nun nach Norden zu segeln, um so schnell als möglich aus diesen kalten und stürmischen Meeresgegenden in einen milderen Ocean zu gelangen.

Am 18. December befand sich das Geschwader in 32° 20 S. B., und da bei der Annäherung der wärmeren Zone auch der Wind günstiger wurde, richtete nun Magellan seinen Cours nach Westen. Doch während er mit vollen Segeln in den unbekannten großen Ocean vordrang, hatte sein Geschwader mit der furchtbarsten Noth zu kämpfen. Der Schiffszwieback war nicht mehr ein nahrhaftes Brod, sondern ein mit Würmern und Mäuseexcrementen vermischter Staub, das Wasser eine faule stinkende Jauche. Um nicht Hungers zu sterben sah man sich sogar genöthigt, die Stücke Ochsenhaut zu verzehren, welche die Segelstangen bekleideten.

Das dem Wasser, der Sonne und den Winden ausgesetzte Leder war aber so hart geworden, daß man es erst vier oder fünf Tage in Meerwasser aufweichen mußte, ehe es geröstet und gegessen werden konnte.

Zuweilen nahm man mit Sägespänen vorlieb, und die sonst den Menschen so ekelhaften Mäuse waren jetzt so gesucht, daß man sie sogar mit einem halben Dukaten das Stück bezahlte.

Man wird sich nicht wundern, daß unter solchen Umständen der mörderische Scorbut zu wüthen anfing, das Zahnfleisch auflockerte, so daß es sogar über die Zähne sich erhob und das Kauen unmöglich machte, mit grausamen Gliederschmerzen folterte und 19 unglückliche Opfer hinraffte. Unter diesen befand sich einer der armen Patagonier, der andere, der sich auf dem San Antonio befand, starb ebenfalls auf der Reise nach Europa.

Am 24. Januar 1521 wurde eine kleine unbewohnte Insel entdeckt, auf welcher nur Vögel und Bäume angetroffen wurden, und die nicht einmal einen Untergrund darbot. Man nannte sie San Pablo und blieb zwei Tage in der Nähe, um Fische zu fangen.

Am 4. Februar ward eine ganz ähnliche kleine Insel erblickt, die man nach der Menge Haifische, die in ihrer Nähe sich aufhielten, Isla de los Tiburones nannte. Da seine erschöpften und erkrankten Seeleute auf diesen beiden Inseln, die gewissermaßen nur um sie zu verhöhnen auf ihrem langen Wege erschienen, auch nicht die geringste Erquickung vorfanden, erhielten sie von Magellan den Collectivnamen der Desventuradas oder der Unglücklichen, obgleich sie nicht weniger als zweihundert Stunden auseinander lagen. Vergebens würde man sie auf unsern Karten suchen, denn die Bestimmungen der Lage in den verschiedenen Berichten über jene ewig denkwürdige Reise, sind so unsicher, daß sie keinen festen Anhaltspunkt darbieten.

Es waren ohne Zweifel die dürftigsten Corallenlande, die dem großen Seefahrer sich offenbarten, während durch ein seltenes Mißgeschick keine hohe vulkanische Bergspitze, kein palmengekrönter Atoll sich seinen sehnsüchtigen Blicken auf jenem mit Inseln übersäeten Meere zeigte, bis endlich am 5. März Saypan, Tinian und Aguijan weit im Westen des großen Oceans aus den Fluthen emportauchten. Auch verwöhnteren Augen wären diese grünen Hügel und üppigen Ufer lieblich vorgekommen; wie reizend mußte ihr Anblick für die hartgeprüften Spanier sein! Bald kamen die Insulaner in ihren wunderbaren Booten herbei und brachten Cocosnüsse und Bananen, die gierig gegen Nägel und andere Kleinigkeiten eingetauscht wurden.

Doch unglücklicher Weise entstanden bald Zwistigkeiten, welche Blutvergießen zur traurigen Folge hatten. Die an Bord gestiegenen Wilden suchten alles zu entwenden, was ihnen unter die Hände kam, und endlich wuchs ihre Menge und Zudringlichkeit so sehr, daß Magellan Befehl gab das Verdeck zu säubern, was natürlich nicht ohne Gewalt vor sich ging. Die erzürnten Indianer griffen nun die Schiffe mit Lanzen und Steinwürfen an, und die Spanier, die eben auch nicht geduldig waren, antworteten sogleich mit Musketenschüssen und Pfeilen, wodurch einige der Wilden getödtet wurden. Trotzdem fuhren die Schiffer fort vor den Inseln zu kreuzen, und der Tauschhandel wurde lebhaft fortgesetzt, bis es endlich den Wilden gelang ein Boot zu stehlen, welches von der Capitana nachgeschleppt wurde, und dasselbe glücklich ans Land zu bringen. Dieser Diebstahl kam ihnen jedoch theuer zu stehen, denn der erzürnte Magellan landete am folgenden Tage mit 90 Mann, steckte die Häuser der Insulaner in Brand, tödtete mehrere derselben, und kehrte mit Lebensmitteln reichlich beladen an Bord zurück.

Da die Indianer merkten wie viel Unheil ihnen das Boot gebracht hatte, ließen sie es lose auf dem Meere forttreiben, wo es die Spanier bald wieder einbrachten.

Nach diesem blutigen Ereignisse beschloß Magellan die Inseln zu verlassen, denen er den Namen de las Velas latinas wegen der dreieckigen Form der Segel, und Ladrones wegen der Diebereien ihrer Bewohner gab. Die Dankbarkeit für die verscheuchten Hungersqualen hätte wohl eine schönere Benennung für die lieblichen Inseln verlangt; auch finde ich, daß Antonio Galvano in seiner Geschichte der Entdeckungen sie als Los Jardines und Dos Prazeres, die Gärten oder die Freundlichen bezeichnet.

Nach Westen und West-Süd-Westen segelnd, tauchten am 16. März die hohen Gipfel von Samar oder Zamal, einer der Philippinen, über den Wasserspiegel hervor, und am folgenden Tage erreichten die ermüdeten Seefahrer eine kleine unbewohnte, aber äußerst anmuthige Insel, wo hinreichendes Wasser zum Landen einlud. Hier wurden Zelte errichtet, und die Kranken hatten endlich nach so langen Leiden den unsäglichen Genuß, aus ihren pestilenzialischen Cajüten an die frische, mit Wohlgerüchen geschwängerte Luft gebracht zu werden.

Am 18. Nachmittags kam ein Canot mit Eingeborenen einer benachbarten Insel an, und ein freundlicher Tauschhandel ward eingeleitet, der so wie die Nachricht vom fremden Schiffe sich weiter und weiter verbreitete, immer zahlreicheren Besuch herbeiführte.

Am 26. März setzte Magellan seine Entdeckungen weiter fort, und ankerte am 7. April 1521 im Hafen von Zebu an der Ostküste der gleichnamigen Insel. Hier fand er die Civilisation bereits so weit vorgeschritten, daß er vom dortigen Sultan höflichst ersucht wurde, die üblichen Hafengelder zu entrichten, worauf Magellan eben so höflich erwiederte, daß es ihm als Abgeordneten eines so großen Herrn, wie seine Majestät Karl der Fünfte, unmöglich sei, einem fremden Fürsten Tribut zu zahlen. Nach einigem Hin- und Herreden stand endlich der Sultan von seinen Ansprüchen ab, und von nun an fand das beste Vernehmen zwischen beiden statt, so daß binnen Kurzem Magellan seinen heidnischen Freund bekehrte und dazu bewog, die Oberherrschaft des Königs von Spanien anzuerkennen unter der Bedingung, daß er ihn über alle benachbarte Fürsten erhöbe. In Folge dieser Uebereinkunft verlangte Magellan von Celapulapo, dem Häuptling der kleinen, dem Hafen von Zebu gegenüberliegenden Insel Matam, daß er sich sofort dem christlichen Fürsten von Zebu unterwerfe, und beschloß auf dessen trotzige Antwort, ihn ungesäumt zu bestrafen. Vergebens wurde er vor der Gefahr gewarnt, sich mit einem so zahlreichen und kühnen Feinde einzulassen; vergebens, nachdem er auf Matam gelandet, bat der Sultan von Zebu, die Schlacht eröffnen zu dürfen, die dann später von den Spaniern entschieden werden sollte: Magellan war von der Uebermacht seiner Waffen so überzeugt, daß er seinen Bundesgenossen in den Booten zu bleiben befahl, um von dort aus Zuschauer seines Sieges zu sein. So ließ er sich mit 49 Mann in einen höchst ungleichen Kampf mit wenigstens 2000 Indianern ein, die klug genug waren, es nicht zum Handgemenge kommen zu lassen, sondern ihn immer weiter vorlockten, bis endlich der Mangel an Pulver ihn zum Rückzuge nöthigte, auf welchem, von der Menge überwältigt, er durch einen Lanzenstich getödtet wurde.

Auf diese unglückliche Weise, ein Opfer seiner eigenen Unvorsichtigkeit, fiel Magellan, dem trotz seiner Fehler Niemand den Namen eines großen Mannes absprechen wird. Sein Aeußeres war unbedeutend, sein Wuchs erreichte nicht einmal die mittlere Größe. Die Lebhaftigkeit seines Charakters neigte sich bisweilen zu sehr zur Reizbarkeit. Der Geschichtschreiber Herrera nennt ihn den Mann, des schnellen Entschlusses, und an Energie mag er wohl selten übertroffen worden sein. Seine unbeugsame Beharrlichkeit wurde durch jedes neue Hinderniß nur immer gewaltiger angefeuert. Als Seefahrer stand er hinter den Besten seiner Zeitgenossen nicht zurück, und obgleich ein unzeitiger Tod ihm die vollständige Ausführung seines glorreichen Unternehmens versagte, so haben doch der unerschütterliche Muth und die außerordentliche Geschicklichkeit, womit er den größten und schwierigsten Theil derselben vollbrachte, ihm einen unsterblichen Ruhm gesichert.

Auch ist die Nachwelt gegen seine glänzenden Verdienste nicht undankbar gewesen, da sie sowohl in der von ihm entdeckten Straße, als in den „magellanischen Wolken" jenen dichtgedrängten Gruppen von Sternen und Nebelflecken, die so herrlich am Himmel der südlichen Hemisphäre schimmern, seinem Namen ein unvergängliches Denkmal gesetzt hat.

Die Niederlage der Spanier brachte eine große Veränderung in den Gesinnungen des neugetauften Sultans hervor, der, sowohl um sich ihrer Schätze zu bemächtigen, als um die Nachbarfürsten zu besänftigen, die, wie er befürchtete, nun alle über ihn herfallen würden, einen abscheulichen Verrath ersann.

Unter dem Vorwande, daß die Geschenke, die er für den Kaiser bestimmte, nun fertig seien, lud er alle Offiziere zu einem großen Feste ein, welches Duarte Barbosa und Juan Serrano, die nach Magellan's Tode als Oberbefehlshaber erwählt wurden, unvorsichtig genug waren anzunehmen. Achtundzwanzig Spanier gingen an's Land, wo sie vom Sultan auf's freundlichste empfangen, doch während des Festes überfallen und bis auf Juan de Serrano sämmtlich ermordet wurden. Das Geschrei der Opfer konnte man auf den Schiffen deutlich hören und bald sah man die Indianer die Leichen nach dem Ufer schleppen, um sie wie erschlagene Hunde in's Meer zu werfen.

Die Anker wurden augenblicklich gelichtet und der Lootse Carvalho, dem nun der Oberbefehl zufiel, gab sofort Befehl, auf die Stadt zu schießen, worauf die Insulaner den unglücklichen Serrano nackt und gefesselt an's Ufer führten. Serrano bat dringend, sowohl das Feuern einzustellen, da man ihn sonst mit dem augenblicklichen Tode bedrohte, als auch daß man ihn gegen zwei Geschütze auslösen möchte. Aber Carvalho, unter dem Vorwande, daß er ferneren Verrath befürchte, wollte keinem Boote mehr erlauben, an's Land zu gehen, und überließ den unglücklichen Serrano seinem Schicksale.

Durch die Schlacht von Matam und den Verrath des Sultans hatten die Spanier 35 Mann verloren, und da ihre Anzahl auf 115 zusammengeschmolzen war, die für das Führen und Vertheidigen von 3 Schiffen nicht hinreichend schienen, wurde der Entschluß gefaßt, die Conception, das älteste und schadhafteste der Fahrzeuge, zu verbrennen, nachdem man erst alles Brauchbare daraus entfernt hatte. Carvalho blieb Oberbefehlshaber und Gomez de Espinosa wurde zum Capitän der Viloria erwählt.

Es wäre eine zu große Abschweifung, wenn ich dem Zuge der Expedition nach Borneo und von dort über Maginbanao nach den Molukken folgen wollte; ich erwähne daher nur in aller Kürze, daß als die Schiffe am 18. December 1521 aus dem Hafen von Tidore auslaufen wollten, ein bedenlender Leck in der Trinidad entdeckt wurde, der langwierige Reparaturen erforderlich machte. Es wurde daher beschlossen, daß die Vitoria unter dem Befehl von Sebastian el Cano unverzüglich um das Cap der guten Hoffnung nach Europa zurückkehren und später die Trinidad ostwärts nach Panama segeln sollte.

Die arme Vitoria hatte noch viel Unheil zu erdulden, ehe sie ihren Namen glänzend rechtfertigte. Beim Cap, den sie sorgfältig vermeiden mußte, um nicht in die Hände der eifersüchtigen Portugiesen zu gerathen, wurde sie neun Wochen lang durch ungünstige Winde aufgehalten. Die Entbehrungen waren fast so groß, wie auf der Fahrt durch den stillen Ocean, und von den 47 Europäern und 13 Indianern an Bord starben nicht weniger als 21.

„Als die Leichen in's Meer versenkt wurden, bemerkten wir immer," sagt Pigafetta und gläubig schreiben die spanischen Geschichtschreiber es ihm nach, „daß die Christen mit nach dem Himmel zugekehrten Gesichtern untergingen, während das Antlitz der Indianer stets nach unten gerichtet war."

Anfangs Juli befand sich die Vitoria in der Nähe der Cap Verdischen Inseln, und da nun alle Vorräthe gänzlich aufgezehrt waren, lief sie in den Hafen von San Jago ein. Das an's Land geschickte Boot hatte Befehl zu erklären, daß sie von Amerika hergekommen seien, und kehrte zweimal mit einer Ladung Reis glücklich zum Schiff zurück. Das dritte Mal jedoch war einer der Bootsleute unvorsichtig genug, einige Muskatnüsse als Bezahlung für Artikel, die er gekauft hatte, anzubieten, worauf sofort das Boot mit 13 Mann angehalten wurde und der portugiesische Commandant Anhatten traf, sich des Schiffes selber zu bemächtigen. Doch Sebastian el Cano merkte noch zeitig genug die Gefahr, und verließ augenblicklich den Hafen.

Nach einer der merkwürdigsten Reisen, die jemals vollbracht worden sind, kehrte die Vitoria am 6. Sept. 1522, mit Specereien und Sandelholz reich beladen, nach demselben Hafen von San Lucar zurück, den sie drei Jahre vorher verlassen hatte.

Am 8. Sept. fuhr sie den Guadalquivir bis nach Sevilla hinauf und am folgenden Morgen wanderte die auf nur 18 Europäer zusammengeschmolzene Mannschaft, barfuß und in Procession nach zweien der Hauptkirchen, um dem Himmel für ihre glückliche Rückkehr zu danken.

Juan Sebastian el Cano, der erste Weltumsegler, wurde nach Valladolid zum Kaiser beschieden, der ihm eine lebenslängliche Pension von 500 Dukaten bewilligte und ihn in den wohlverdienten Adelstand erhob. Zum Wappen erhielt er eine Erdkugel mit Zweigen der Zimmt-, Gewürznelken- und Muskatnußbäume und der schönen Inschrift: „Primus circumdedisti me." „Du hast mich zuerst umkreist."

Auch die Gefährten el Cano's wurden nach Maßgabe ihres Verdienstes reichlich belohnt. Die Trinidad aber, die sich vergebens Monate lang abmühte gegen den Passat nach Amerika zu fahren, wurde endlich auf Ternate von den Portugiesen genommen und nach einer Abwesenheit von fünf Jahren kehrten nur wenige von der Mannschaft nach Spanien zurück. Ihre Namen sind unbekannt geblieben, während die Geschichtschreiber diejenigen von el Cano's Gefährten der Nachwelt sorgfältig überliefern — so sehr bestätigt sich auch hier die blinde Parteilichkeit des Glücks.

Viertes Kapitel.
Die Entwickelung des Verkehrs auf dem großen Ocean von Magellan's bis auf unsern Zeitraum.

Die Nachfolger Magellan's im großen Ocean. — Mendana. — Urdaneta. — Juan Fernandez. — Drake. — Die Flibustier im stillen Meer. — Schouten und Le Maire. — Tasman. — Cook. — Anfänge des Handelsverkehrs auf dem großen Ocean. — Folgen der Gründung Sydney's. — Einfluß der Goldentdeckungen in Californien und Australien. — Der gegenwärtige politische Zustand Polynesiens.

Die ungeheuren Räume, die Magellan der Welt aufschloß, und die der Phantasie ein so weites Feld eröffneten, mußten natürlich zur Nacheiferung anspornen; und so sehen wir bald andere Schiffer den Spuren des großen Seefahrers folgen, denn es war noch immer das heroische Zeitalter Castiliens, wo kühne Abenteurer, eben so begierig nach Gold als Ruhm in immer weitere Fernen drangen und keinen Weg zu lang oder beschwerlich hielten, der ihre Hoffnungen zu verwirklichen versprach. So sehen wir noch in demselben Jahrhundert die Expeditionen von Saavedra (1526), Villalobos (1542), Gaetano (1542) und Mendana (1567—1595) aus den Häfen von Acapulco und Callao in's unbekannte Meer hinaussteuern, aber die meisten nahmen ein trauriges Ende, keine erfüllte die goldenen Träume ihrer Unternehmer, und sogar ihre Entdeckungen auf dem weiten Gebiet des großen Oceans trugen nur wenig zur Bereicherung der Erdkunde bei, da sie zum Theil absichtlich verheimlicht wurden, zum Theil aus Mangel an genauen astronomischen Ortsbestimmungen wie schlecht gewurzelt auf der Karte hin- und herschwankten. Doch wurde 1565 eine Ansiedlung auf den Philippinen gegründet und dem Pater Urdaneta gelang es mit der Nachricht des glücklichen Erfolges nach Acapulco zurückzukehren, indem er, um den widrigen Passaten zu entgehen, die bis dahin alle Versuche, das tropische Meer von Westen nach Osten zu durchschneiden, vereitelt hatten, zuerst nach Norden steuerte, bis er den günstigen Westwind antraf, der ihn der neuen Welt wieder zuführte.

Die Entdeckung dieses Seeweges war den Spaniern besonders wichtig, da er ihre Besitzungen an den entgegengesetzten Gestaden des großen Oceans mit einander verknüpfte, und auf Urdaneta's Fahrstraße steuerten später mehrere Jahrhunderte lang die Galeonen von Manilla nach Acapulco, um silberbeladen über den Schooß des tropischen Meeres zurückzufahren.

Um dieselbe Zeit gelang es auch Juan Fernandez, dem Entdecker der Robinson's-Insel, den richtigen Seeweg von Callao nach Chili aufzufinden, indem er erst weit in's Meer hinausfuhr und auf diese Weise den von Süden nach Norden fließenden Küstenstrom vermied.

Noch anderthalb Jahrhunderte nach Magellan treffen wir nur allein die spanische Flagge auf dem großen Weltmeer an, bald jedoch sollen auch auf diesem entlegenen Ocean die castilischen Farben verbleichen und durch stolzere Wimpel verdrängt werden.

Der Engländer Drake (1577—1580) bringt durch die magellanische Straße, um sich mit dem Raube der Spanier zu bereichern, kapert zahlreiche Schiffe an der peruanischen Küste und fährt dann mit Beute beladen nach Norden bis zur Küste Neu-Albion's hinauf, wo er eine Durchfahrt nach Osten zu entdecken hofft. Da ihm aber dieses natürlich nicht gelingt, entschließt er sich, den weiten Ocean nach dem Beispiel des großen Portugiesen von Osten nach Westen zu durchmessen und vollbringt glücklich die zweite Weltfahrt. Die Königin Elisabeth speist an Bord des Schiffes, welches so ruhmvoll die Erde umkreiste, schlägt Drake, den Matrosensohn, zum Ritter und befiehlt, daß das Fahrzeug sorgfältig in Deptford aufbewahrt werde. Als es später auseinander fiel, wurde aus einem der Balken ein Lehnstuhl gemacht, der jetzt noch in Oxford zu sehen ist.

Durch Drake's Erfolg ermuthigt, folgen ihm seine Landsleute Cavendish (1586—1588) und Hawkins (1594) und etwas später die Holländer Balthasar de Cordes und Olivier de Noort (1598—1601). Traurig endet das Jahrhundert für die Spanier in der Südsee; doch noch traurigere Schicksale trägt das neue in seinem Schooß, denn auch auf diesem Meere werden sie von ihren schrecklichen Feinden, den Flibustiern, gebrandschatzt und verfolgt. Man weiß, wie diese Seekönige des siebenzehnten Jahrhunderts in den amerikanischen Gewässern die Gräuel, sowie auch die Heldenthaten der alten normannischen Corsaren wiederholten.

Aus verschiedenen Nationen zusammengewürfelt, aber von gleichem Haß gegen alles Spanische beseelt, führen sie anfangs von ihrer Veste auf der kleinen Insel Tortuga, dann von San Domingo und Jamaka ihre Streifzüge aus, die, so wie ihre Macht und Anzahl sich mehr und mehr entwickelt, immer furchtbarer und zu immer weiteren Kreisen anschwellen. Unter Anführern, wie Monlbar dem Vertilger, L'Olonais dem Grausamen, Alexander dem Eisenarm, Michael de Basco, Morgan und Van Horn, plündern und verbrennen sie sogar die bedeutendsten Küstenstädte, wie Panama und Vera Cruz, und dringen (1680—1684) theils zu Lande über Darien, theils durch die magellanische Meerenge in die Südsee, um an der peruanischen Küste die Mord- und Verwüstungsscenen zu wiederholen, womit sie die atlantischen Gestade der neuen Welt erschreckt hatten. Die Galapagos und Juan Fernandez dienen ihnen als Sammlungs- und Ruhepunkte, und wie der Habicht auf seine Beute stürzen, so sie von diesen oceanischen Horsten auf die entsetzten Spanier. So hatte sich das Glück gewendet und die unmenschlichen Unterdrücker der Indianer mußten nun selbst vor der Grausamkeit jener wilden Banditenhorden zittern. Der Geist des Rächers zieht offenbar durch die Geschichte, und schwer müssen die Nachkommen für jede Unthat ihrer Väter büßen. Erst der Rysswycker Friede (1697) machte dem Flibustierthum ein Ende, welches, nachdem es eine welthistorische Brandfackel geschwungen, nur noch einige Jahre später als gemeines Corsarenwesen fortglimmte.

Die muthigen Entdeckungsfahrten von Quiros und Torres (1606) warfen einen letzten Lichtstrahl auf die schwindende Größe der Flagge, die zuerst den Erdball umkreiste, wurden jedoch bald durch die glänzenden Erfolge der holländischen Seefahrer verdunkelt. Le Maire und Schouten (1616) umsegeln zuerst das Cap Horn, und Tasman's Entdeckungen in der Südsee werden an Größe und Wichtigkeit nur von Cook's späteren Triumphen übertroffen. Die dazwischen liegenden Reisen von Dampier (1689—1691), Roggewein (1721—1723), Anson (1740—1744), Byron (1764—1766), Bougainville (1766—1768), Wallis und Carteret (1765—1768) machen zwar die Welt mit mancher bis dahin unbekannten Insel des großen Oceans bekannt, doch vor dem unsterblichen Cook, der auf diesem Gebiete so reichlich erntete, daß er seinen Nachfolgern nur noch einzelne Aehren zu lesen überließ (1768—1778), blieb noch immer der größte Theil jener unermeßlichen Wassergefilde unerforscht.

Man kann sagen, daß Cook Polynesien für die Welt erwarb, denn erst nach ihm fing der Handel an seine Thätigkeit über den großen Ocean auszudehnen und die Schätze auszubeuten, die seit Magellan unbenutzt geblieben waren. Der träge Spanier hatte sich wenig um die Producte des Meeres bekümmert und wenig daran gedacht, die entdeckten Inselgruppen als Stationen für den Verkehr zu benutzen; vergebens besaß er die ganze Westküste der neuen Welt, kein Walfäger verließ jemals die dortigen Häfen, kein unternehmender Kaufmann dachte je daran, die Erzeugnisse des großen Oceans auf dem chinesischen Markte zu verwerthen.

Doch kaum waren acht Jahre verflossen seit Cook in der Karakakoa Bucht erschlagen wurde, als schon Portlock und Dixon (1786) und bald darauf Meares mit den Seeotter- und Robbenfellen, die sie an der Nordwestküste Amerikas gesammelt hatten und nach Canton führen wollten, in jener Bucht erschienen und fast gleichzeitig der erste englische Waljäger (1788) das Cap Horn umsegelte, um auch gegen die Leviathane des großen Oceans die mörderische Harpune zu schwingen. So hatte endlich die unermüdliche Speculation sich des großen Weltmeers bemächtigt, um von nun an immer weitere Kreise zu ziehen.

Der Abfall der nordamerikanischen Colonien versetzte England in die Nothwendigkeit, ein neues Verbannungsland für seine Verbrecher aufzusuchen und 1790 ward die Strafcolonie Botany-Bai gegründet. Wunderbar gedeihet die Schafzucht in den australischen Savannen, freie Ansiedler strömen herbei und das ganze westliche Neu-Holland bedeckt sich allmälig mit den Heerden der englischen Colonisten.

Diese Niederlassungen leiteten zwar nicht unmittelbar den Strom des Lebens in den großen Ocean, da ihre Verbindungen mit dem Mutterlande über das indische Meer und um das Vorgebirge der guten Hoffnung unterhalten wurden; doch, als Sidney aufblühte, fing es bereits vor Ende des vorigen Jahrhunderts an, einen gewissen Einfluß auf Polynesien auszuüben; verschiedene Handelsunternehmungen gingen von hier aus; Waljäger wurden ausgerüstet, und der englische Missionsgeist würde wohl schwerlich über die Inseln des großen Oceans sich so frühzeitig verbreitet haben, wenn er nicht am australischen Gestade die Unterstützung, die Nähe und die Hülfsquellen eines zweiten Vaterlandes gefunden hätte.

Wir kennen bereits die immer größere Bedeutung, welche der Wallfischfang im polynesischen Meere erlangte und mit welcher Energie er namentlich von den Anglo-Amerikanern betrieben wurde. Schon dadurch mußte der Gedanke an den Küsten des großen Meeres eben so heimisch zu werden, wie am atlantischen Seebecken, bei jenem ehrgeizigen und unternehmenden Volke immer tiefere Wurzeln schlagen; als aber der chinesische Opiumkrieg (1843) die Häfen des himmlischen Reiches dem Weltverkehr eröffnete, erschien die Verwirklichung jenes Wunsches als eine dringende Nothwendigkeit und so sehen wir schon bald darauf Oregon und Californien den Vereinigten Staaten einverleibt, und San Francisco, den schönsten und geräumigsten Hafen der ganzen Westküste Amerikas in dem Besitz der mächtigen Republik.

Und dennoch hätte der Verkehr zwischen dem Ost- und Westrande des großen Oceans sich nur langsam entwickelt, wenn nicht der im Jahre 1848 entdeckte Goldreichthum Californiens, dem bald darauf die Aufschließung der fabelhaften Schätze Südaustraliens folgte, wie mit dem Schlage eines Zauberstabes mitten in der Wildniß volkreiche Staaten und Handelsmärkte von der allergrößten Bedeutung in's Leben gerufen hätte. Nun erst erschien der große Ocean in seiner vollen Bedeutung; nun erst gewannen die zerstreuten Gruppen Polynesiens, ja sogar unbewohnte Eilande eine Wichtigkeit, die man einige Jahre früher nicht hätte ahnen können.

Daß aber die Entdeckung der neuen Eldorados gerade in das Zeitalter der oceanischen Dampfboote fällt, ohne welche sie sich nimmer so rasch entwickelt hätten, ist ein Zusammentreffen, welches auch dem oberflächlichsten Beobachter mehr als ein bloßer Zufall erscheinen muß. Es stand sonder Zweifel im Buche des Schicksals geschrieben, daß nach dem indischen und dem atlantischen Meere nun auch der große Ocean zur Fahrstraße der Völker, zur Brücke zwischen der neuen und der alten Welt werden solle — und diesem so hochbedeutenden Ziele haben Umstände so verschiedener Art gedient, daß man an eine gemeinschaftliche Wirkung derselben noch vor einigen Decennien kaum gedacht hätte. Von unsichtbarer Hand gelenkt (das lernt man auch an diesem Beispiel erkennen), steuert das Menschengeschlecht einer zwar unbekannten, aber hoffnungsreichen Zukunft entgegen.

Betrachten wir den gegenwärtigen politischen Zustand des großen Oceans und seiner Küsten, so finden wir überall einen verwiegenden Einfluß der angelsächsischen Race. Englische und amerikanische Missionäre haben bereits auf allen wichtigeren Gruppen Polynesiens das alte Heidenthum verdrängt oder wenigstens so erschüttert, daß es dem Falle entgegenschwankt. Dem Christenthum folgen liberale Institutionen nach, und da auf dem großen Ocean fast nur die Handelsflaggen der englischredenden Nationen sich entfalten und in allen Häfen, die der Walfänger berührt, Britten oder Amerikaner sich angesiedelt haben, so müssen natürlich auch englische Sprache und englische Sitten und Gebräuche sich immer mehr und mehr unter der braunen Race Polynesiens einbürgern und immer weitere Kreise erobern.

Wenn auch die Sandwichs-Inseln noch immer von einer einheimischen Dynastie beherrscht werden, so gehorchen sie doch ganz dem amerikanischen Einfluß; so wie Tonga, Samoa und die Feejee-Inseln bereits zur englischen Botmäßigkeit sich hinneigen. An den entgegengesetzten Küsten des großen Oceans sehen wir Colonien emporblühen, welche in nicht gar zu großer Ferne die Machtentfaltung der angelsächsischen Race an den atlantischen Gestaden im stillen Meere zu wiederholen versprechen. Australien und Neu-Seeland entwickeln sich schon jetzt zu bedeutenden Staaten und Vancouver, Californien und Oregon wachsen mit jugendlicher Triebkraft empor.

Zwischen diese großen Länder als Stationen eingeschoben, werden die polynesischen Inselgruppen stets von denselben politisch abhängig bleiben müssen, und wenn auch Frankreich momentan Tahiti und die Marquesas beherrscht, so wird es diesen abgelegenen Besitz doch schwerlich behaupten können, sowie der Krieg erwacht und der Donner der Schlachten über den Ocean rollt.

Fünftes Kapitel.

Die Menschenracen des großen Oceans. — Wie und woher sind dessen Inselgruppen bevölkert worden?

Die schwarze und die gelbe Race. — Polynesier und Micronesier. — Eigenthümlichkeiten und Grenzen der polynesischen Erdrunde. — Ihre Sprache. — Der Kawa. — Der Tabou. — Eigenthümlichkeiten und Grenzen der Micronesier. — Die Fidschi-Inseln. — Woher kommen die Völker des großen Oceans? — Sie sind weder Autochthonen noch von Amerika hergekommen, sondern von Westen. — Ursachen, welche zu ihrer Verbreitung führten. — Westliche Stürme. — Beispiele von Kadu — von verschiedenen Karoliniern.

Zwei Menschenracen, durch wesentliche und zahlreiche Charakterzüge sowohl in moralischer als physischer Hinsicht von einander unterschieden, bewohnen die Inseln des großen Oceans und die im Westen angrenzenden Archipele des Corallenmeers.

Die eine besteht aus Stämmen oder Völkerschaften mit einer sehr dunkelgefärbten Haut, zuweilen sogar fast so schwarz wie die der Kaffern, mit krausen, groben, aber sehr selten wolligen Haaren, wie sie die Neger besitzen, mit unangenehmen Gesichtszügen, wenig regelmäßigen Formen und häufig magern und mißgestalteten Extremitäten.

Diese melanesischen Stämme haben sich fast nirgends zu regelmäßigen Regierungsformen erhoben und ihre Bildungsstufe überschreitet nicht die Grenze der tiefsten Barbarei.

Sie bewohnen im südwestlichen Gebiet des großen Oceans die bedeutenden Inselgruppen, die im weiten Umkreise das Corallenmeer umschlingen, das fast noch gänzlich unbekannte Neu-Guinea, Neu-Irland, den Salomon-Archipel, Ritenki, die Neuen Hebriden, Neu-Caledonien und Loyalty, eine Gruppe, welche den höchst unverdienten Namen der Inseln der Treue führt.

Alle diese Länder und Völkerschaften bleiben den ferneren Untersuchungen des gegenwärtigen Werkes fremd, theils weil sie mit seltenen Ausnahmen noch zu wenig bekannt sind und in noch zu geringem Verkehr mit der civilisirten Welt stehen, als daß sie ein größeres allgemeines Interesse darböten, theils auch weil sie ein für sich abgeschlossenes Gebiet bilden, dessen Besprechung mich zu weit über die mir vorgesteckten Grenzen geführt hätte.

Mit einer einzigen bedeutenden Ausnahme, von der später die Rede sein wird, gehören alle zwischen den Wendekreisen liegenden und bewohnten Inseln des großen Oceans nördlich und östlich von den erwähnten Gruppen einer von diesen Barbaren sehr verschiedenen Menschenrace an, mit einer gelbolivenfarbigen oder braunen, mehr oder weniger dunkeln Haut, mit glatten, gewöhnlich schwarzen Haaren, mit regelmäßigeren Körperformen und wohlgebildeten Extremitäten. Die zu ihr gehörenden Völker hatten größtentheils noch ehe sie mit den Europäern in Berührung kamen, bereits geregeltere Regierungsformen angenommen, sich zu Nationen geordnet und zuweilen sogar zu nicht unbedeutenden Reichen vereinigt. Sie stehen daher durchschnittlich auf einer weit höheren Bildungsstufe, als die schwarzen Horden im Westen, und bilden eine von diesen abgesonderte Welt.

Diese gelbe Race des großen Oceans, deren Beziehungen zum fernen Europa sich stets mannigfaltiger gestalten und jährlich mit den wachsenden Kreisen unseres Einflusses eine größere commercielle und politische Bedeutung gewinnen, machen den Gegenstand der vorliegenden Arbeit aus. Doch will ich bemerken, daß die große neuseeländische Gruppe, die ebenfalls von Menschen der gelben oceanischen Race bewohnt wird, von meinen Betrachtungen ausgeschlossen bleibt, da sie außerhalb der Wendekreise liegend schon einer ganz verschiedenen Natur angehört, als die der übrigen polynesischen Archipele und Eilande und in jeder Hinsicht bedeutend genug ist, ein besonderes capitelreiches Werk für sich in Anspruch zu nehmen.

Wenn die schwarzen und gelben Racen Oceaniens durch eine weite Kluft von einander geschieden sind, so zerfällt letztere wiederum in zwei scharf geprägte Unterabtheilungen, die ich nach D'Urville und anderen Geographen die polynesische und die micronesische nennen will.

Der Osten des tropischen großen Oceans — die Oster-Insel; Paumotu, Tahiti, der Cook's-Archipel, Samoa, Tonga, die Marquesas und Hawaii — wird von polynesischen Völkern bewohnt, während die

Micronesier die ganze Kleininselwelt besitzen, die von dem Kingsmill-Archipel weit nach Westen hin bis zu den Marianen und der Palaosgruppe sich erstreckt.

Die polynesischen Völker, trotz der oft ungeheuren Entfernungen, welche sie von einander trennen, zeichnen sich durch eine in jeder Hinsicht große Gleichförmigkeit aus. Die Farbe, die Gesichtszüge, die körperlichen Formen sind sich überall ähnlich, sie stehen fast überall auf gleicher Stufe der Bildung und reden eine gemeinsame Sprache, deren Mundarten fast nur durch örtliche Abweichungen der Aussprache bedingt sind, so daß oft Reisende sich mit Wörtern, die auf einer Insel gesammelt, auf andern weit entlegenen verständigen, die Eingebornen von Hawaii mit denen der Freundschaftsinseln und Tupeia der Tahitier sich mit den Neu-Seeländern unterreden konnte.

Es liegt zwar nicht in meiner Absicht, mich weitläufig in das philologische Gebiet einzulassen, doch dürften wenigstens einige Notizen über den Bau der polynesischen Dialecte manchem Leser nicht unwillkommen sein.

Weit entfernt, den Vorwurf der Armuth zu verdienen, die man bei einer von Wilden geredeten Sprache wohl erwarten könnte, zeichnen sich vielmehr die polynesischen Dialecte (es werden deren acht von Missionar Williams unterschieden) durch ihren Reichthum aus, gestatten eine große Abwechslung in der Satzbildung, erfreuen sich einer Mannigfaltigkeit von feinen Wendungen und fügen sich den genauesten Regeln der Grammatik.

So haben die polynesischen Hauptwörter außer dem Singular und dem Plural auch noch den Dual, mit welchem die Biegungen der Zeitwörter übereinstimmen.

Die Pronomina sind außerordentlich vollständig und umfassen sogar einige merkwürdige und wichtige Unterscheidungen, die unserer Sprache fremd sind. So gibt es Fürwörter, die man einschließende und ausschließende nennen könnte. Sagen wir z. B. im Deutschen: „es ist Zeit für uns zu gehen!" so kann dieser Ausdruck die angeredete Person einschließen oder nicht, während die polynesischen Dialecte zwei Pronomina besitzen, welche diesen Unterschied bezeichnen. Wenn die angeredete Person zu den weggehenden gehört, wird das Wort tatou gebraucht, wo nicht, würde man sich des Wortes matou bedienen.

Der Unterschied der Töne ist ebenfalls sehr fein und führt mitunter Fremde zu sonderbaren Verwechslungen, während die Eingebornen niemals unrichtig sprechen. So redete einst ein Missionar seine Zuhörer als geliebte Wilde statt geliebte Brüder an, weil er das bezeichnende Wort etwas zu stark betonte.

Kein polynesischer Dialect hat mehr als 14 oder 15 Buchstaben, und nicht nur jedes Wort, sondern auch jede Sylbe endet mit einem Vocale.

Chamisso sagt zwar von den polynesischen Idiomen, daß sie ein lieblliches Kinderlallen und kaum erst eine Sprache zu nennen seien, doch fanden die Missionare bei ihren Bibelübersetzungen es nöthig, nur wenige neue Wörter einzuführen. Diese beziehen sich besonders auf die Vorschriften der christlichen Religion und auf Gegenstände und Ideen, die den Polynesiern vor ihrem Verkehr mit Europäern unbekannt geblieben waren.

Ehe die Missionare ein neues Wort annahmen, untersuchten sie gewöhnlich, ob es sich durch Einschachtelung von Vocalen polynesiren ließe, ohne dessen Identität zu zerstören, und ob es nicht bereits bestehende Worte gebe, mit denen eine Verwechselung möglich sei. Wo sich englische Worte dazu gebrauchen ließen, wurden dieselben vorgezogen, sonst aber das biegsamere Griechische zur Bereicherung des polynesischen Sprachschatzes benutzt. So haben sich, um nur einige Beispiele anzuführen, die hellenischen Wörter hippos (Pferd), arnion (Lamm) und artos (Brod) als hipo, arenio und areto wohlklingend und gefällig dem Polynesischen angereiht. Alle diese Fremdwörter werden sehr bald verstanden, da sie täglich in den Schulen erklärt werden und die schnell auffassenden wißbegierigen Eingebornen sich gegenseitig deren Bedeutung mittheilen.

Alle polynesischen Völker haben mehr oder weniger Anlage zu den Künsten der Civilisation. Schon vor Ankunft der Europäer hatten sie, wie gesagt, sich bereits regelmäßige Regierungsformen angeeignet und gehorchten zum Theil (Hawali, Tahiti, Tonga) schon auf dem Throne befestigten Dynastien. Sie besaßen Gesetze und Gebräuche, eine Religion mit ihrem Ritual, ihren Priestern und Opfern, theilten sich in Kasten mit gegenseitigen Privilegien und gehorchten einer Etiquette, deren Strenge und Einzelnheiten den Höflichkeitsformen der gebildetsten Völker Asiens und Europas durchaus nicht nachstanden.

Zum Kriegsgebrauch waren ihnen die Bogen und Pfeile unbekannt, welche in den Händen der schwarzen Race eine so mörderische Wirkung ausüben; sie ergaben sich fast alle dem Genuß des Kawa, einer berauschenden Pfefferart (Piper methysticum) und unterwarfen sich sämmtlich dem sonderbaren Aberglauben des Tabou, das wirksamste Regierungsmittel, welches vielleicht jemals der Mensch ersann.

Im Allgemeinen hatte der Tabou die Bedeutung des Verbots. Er untersagte das Betreten gewisser Orte, den Genuß bestimmter Speisen, die Berührung verschiedener Gegenstände, den Gebrauch gewisser Worte, das Verrichten dieser oder jener Beschäftigung oder Handlung ꝛc. Wer z. B. den Leichnam eines Häuptlings berührte, wurde mehrere Monate dem Tabou unterworfen und durfte dann nicht mit eigenen Händen die Nahrung zum Munde führen, sondern mußte sich von einem Andern füttern lassen. War er hungrig und Niemand da, der ihm diesen Liebesdienst erweisen konnte, so blieb ihm nichts anderes übrig, als, auf allen Vieren herumkriechend, die Victualien, die er fand, mit dem Munde aufzuheben.

Der Tabou war vom verschiedenartigsten Charakter: politisch oder religiös, allgemein oder individuell, von beschränkter Dauer oder beständig. Zuweilen erließ ihn eine fürstliche Laune, zuweilen sprach ihn die Anmaßung des Priesters aus; nun erschien er als eine Maßregel zum allgemeinen Wohl, und dann wieder als die Schutzwehr eines besorgten Eigenthümers; mitunter senkte er sich über ein ganzes Volk und in andern Fällen ward nur ein Einzelner mit ihm belegt. Besonders hart und häufig traf er die Weiber, denen er manche Genüsse versagte, und welche er manchem lästigen Zwange unterwarf.

Er hatte natürlich im Wesentlichen die größte Aehnlichkeit mit unseren gesetzlichen und polizeilichen Verboten, denn wenn uns eine Schildwache mit gefälltem Bajonett den Durchgang verwehrt, so ist es im Grunde nichts anderes, als wenn ein Polynesier an der Schwelle des Tempels, wo die Gebeine seiner Vorfahren ruhen, uns mit drohender Miene das Wort Tabou entgegen riefe: der bedeutende Unterschied war aber, daß während so manche unter uns derartige Verbote auf's bereitwilligste umgehen, kein Polynesier es so leicht gewagt hätte, gegen die Vorschriften des Tabou wissentlich zu verstoßen, da er den festen unerschütterlichen Glauben hatte, daß ein solcher Frevel sofort von den Göttern mit dem fürchterlichsten Tode bestraft werden würde. Jeder Häuptling hatte das Recht, seine Untergebenen einem Tabou zu unterwerfen und mußte sich ihn auf gleiche Weise von dem Höherstehenden gefallen lassen. Hatte er aber aus Versehen einen Tabou überschritten, so konnte ihn wieder nur ein Vornehmerer freisprechen. So legte der Tabou eine ungeheure unerschütterliche Gewalt in die Hände der privilegirten Stände und besiegelte durch den Aberglauben die ewige Knechtschaft des Volkes.

Was die Micronesier betrifft, so unterscheiden sie sich im Aeußern von den Polynesiern durch eine etwas dunkelere Hautfarbe, ein ovaleres Gesicht, kleinere Augen und eine schlankere Körperform. Der Tabou ist ihnen größtentheils unbekannt oder hat wenigstens bedeutend von seiner Ausdehnung und Strenge verloren. Es herrscht von einem Archipel zum andern eine große Verschiedenheit der Zungen, die sich wesentlich von der den polynesischen Völkern gemeinschaftlichen Grundsprache unterscheiden. Größtentheils friedlich und anmuthig genießen oder genossen sie vielmehr vor den Polynesiern den Vorzug einer milderen Religion, beten keine Bilder an und opfern unsichtbaren Göttern nur die Erstlinge der Früchte, wovon sie sich nähren. Der Gebrauch des Kawa herrscht nur auf wenigen ihrer Inseln, während das Kauen des Betels und der Areka auf mehreren der westlicheren Gruppen einheimisch geworden ist.

In andern Beziehungen nähern sie sich wiederum bedeutend den Polynesiern und zeigen uns dasselbe Kastenwesen, dieselbe Kunst des Schiffbaues, dieselbe amphibische Natur, dieselbe Wanderlust und noch eine Menge anderer Aehnlichkeiten, welche offenbar eine sehr nahe Stammverwandtschaft bekunden.

So wie es im Allgemeinen schwer hält, die verschiedenen geo- und ethnographischen Regionen scharf abzugrenzen, so finden wir auch zwischen den echt melanesischen und polynesischen Stämmen ein bedeutendes Zwischenglied — die Fidschi-Insulaner — eingeschoben, welche die Ausnahme bilden, wovon oben die Rede war. Ihre Farbe, ihre Gesichtsbildung sind zwar entschieden melanesisch, doch trotz der unsäglichen Barbarei, welche sie in mehrfacher Beziehung besleckt, sind die Fidschianer den westlicheren Völkern ihres Stammes an Kunstfertigkeit und staatlicher Ausbildung, so wie durch den Besitz einer reicheren, wohlklingenderen und regelmäßigeren Sprache weit überlegen und übertreffen sie an Intelligenz und körperlicher Schönheit. Ihr ausgezeichneter Schiffbau nähert sie den Polynesiern, und durch den häufigen Verkehr mit Tonga haben sie sowohl manches von ihren östlicheren Nachbarn angenommen, als sie selbst wiederum auf diese einen bedeutenden Einfluß ausgeübt haben.

Alle diese Beziehungen machten es durchaus nothwendig, eine kurze Schilderung der Fidschi-Inseln trotz des Racenunterschiedes auf die des Tonga-Archipels folgen zu lassen — und ich darf hoffen, daß der Leser mir um so eher Recht geben wird, als es vielleicht durch die seltsamen Widersprüche, die es darbietet, das merkwürdigste Volk ist unter allen, von welchen im Folgenden die Rede sein wird.

Nach diesen allgemeinen Betrachtungen über die Völker des großen Oceans will ich nun schließlich die höchst interessante Frage erörtern, wie es kommt, daß einsame Punkte von verschwindender Kleinheit, wenn man sie mit der ungeheuren Wasserwelt vergleicht, aus deren Schooß sie hervorragen, und oft viele Hunderte von Seemeilen vom nächsten Lande entfernt, dennoch von Menschen bewohnt werden, die durch Körperbildung, Sprache, Traditionen, Sitten, Gebräuche, Kunstfertigkeit unwiderspechlich beweisen, daß sie einem und demselben Stamme zugehören, ganz offenbar Zweige und Aeste eines und desselben Baumes sind?

Daß sie Autochthonen oder ursprünglich auf dem Boden entstanden wären, auf welchem man sie gegenwärtig antrifft, ist höchst unwahrscheinlich, denn wenn man auch der jetzt häufig angenommenen Ansicht beistimmen wollte, nach welcher der Mensch nicht von einem Paare herstammt, sondern zur Zeit, wo unser Planet zum Wohnsitz von höher begabten Wesen sich zu eignen anfing, an vielen verschiedenen Punkten der Erde in's Leben gerufen wurde — so läßt sich doch durchaus nicht annehmen, daß eine solche Schöpfung, die gewissermaßen als der Gipfel einer vielgliederigen organischen Entwicklung angesehen werden kann, auf so unbedeutenden Erdschollen hätte stattfinden können.

Die Bildungsgeschichte der Laguneninseln, aus welcher ein allmäliges Senken des festen Bodens über weit ausgedehnte Räume des großen Oceans sich ergibt, weist zwar auf eine Epoche zurück, wo ungeheuer zusammenhängende Ländermassen die Stellen einnahmen, die jetzt nur durch einzelne Bergspitzen oder Corallenriffe bezeichnet werden — und man hat auch wohl die Entstehung der Polynesier auf jene Zeiten zurückführen wollen; der fast gänzliche Mangel an Säugethieren, die doch gewiß in diesem Falle sich eben so gut auf den Inseln behauptet hätten, wie der Mensch, darf aber wohl als vollgültiger Beweis gelten, daß die Periode, wo jene weitausge-

4*

zehnten oceanischen Länder unter den Fluthen verschwanken, der Schöpfung des Menschen und der höheren Säugethiere überhaupt vorherging.

Daß die Polyneſier, von der Aequatorialſtrömung und den Paſſaten begünſtigt, von Amerika aus ſich verbreitet hätten und dem Laufe der Sonne folgend weiter und weiter fortgerückt wären, bis ſie endlich das ferne Aſien erreichten — iſt nicht minder unwahrſcheinlich.

Gerade die zum Theil bedeutenden Inſelgruppen — wie die Galapagos, Juan Fernandez — die der neuen Welt am nächſten liegen, wurden von den Europäern ganz menſchenleer gefunden. Nirgends an der ganzen Weſtküſte von Amerika gibt es ein Volk, welches im Pirogenbau oder der Schifffahrtskunde ſich auch nur entfernt mit den Polyneſiern meſſen könnte; und endlich findet ſich die eigenthümliche Civiliſation dieſer Race bei weitem entwickelter in den weſtlicheren Gruppen, wie Tonga oder Samoa, als in den öſtlicher gelegenen Marqueſas, während doch das Entgegengeſetzte zu erwarten wäre, wenn der Strom ſich von der neuen Welt aus ergoſſen hätte.

So bleibt für die erſte Wiege der Polyneſier nur noch der Weſten übrig — und alles deutet darauf hin, daß man ihre Stammländer im malayiſchen Inſelmeere zu ſuchen hat. Im Laufe dieſes Werkes werde ich vielfach auf aſiatiſche Anklänge hinweiſen und begnüge mich daher an dieſer Stelle, außer der ähnlichen phyſiſchen Bildung und der Identität des Geſichtsausdrucks, nur noch das hier wie dort herrſchende Kaſtenweſen, die gleiche Behandlung der Frauen, denen es in Polyneſien, wie in Bengalen verboten war, gewiſſe Speiſen zu genießen oder in der Gegenwart der Männer zu ſpeiſen, die grauſame Behandlung der Kranken, das Opfern der Weiber beim Begräbniß ihrer Gatten anzuführen. Beſonders iſt auch noch hervorzuheben, daß die verſchiedenen Dialecte, die von Madagascar im Weſten bis zur Oſterinſel im Oſten ſich verbreiten, einem und demſelben Sprachſtamm angehören.

Aus allem dieſem geht hervor, daß wenn die mongoliſche Race einen viel größeren feſten Flächenraum einnimmt, die malayiſche derjenige Volksſtamm iſt, der auf der Erdkugel ſich am allerweiteſten ausgedehnt hat. Das Bevölkern ſo vieler entlegenen Inſelgruppen und Eilande konnte auch nur von einer Race ausgehen, die durch eine allgemeine inſtinctmäßige Liebe für das Waſſer und das Seeweſen faſt den Namen einer amphibiſchen verdient. Mit einer unwiderſtehlichen Neigung zum Wanderleben begabt (wir wissen ja unter andern, wie bereitwillig Eingeborene von Tahiti waren, Bougainville und Cook in die unbekannte Ferne zu begleiten), weniger fest an der Scholle klebend, als die übrigen Menschen, ging der Pfad des Malayen über den Rücken des wogenden Meeres, und im Laufe der Jahrhunderte wurde fast jede Insel des großen Oceans von ihm erreicht und bevölkert, die nur die geringsten Mittel zur Fristung des Lebens darbot.

Die zufälligen Launen des Windes mögen wohl in den meisten Fällen zur allmäligen Entdeckung und Colonisirung jener so zerstreuten Länder geführt haben, denn wir wissen ja, daß das stille Meer weit davon entfernt ist, den schönen Namen so unbedingt zu verdienen, den der dankbare Magellan ihm gab, und daß, wenn auch die regelmäßigen Ostwinde zwischen den Wendekreisen die vorherrschenden sind, sie doch auch zu gewissen Jahreszeiten sehr häufig in Weststürme umschlagen, die den Seefahrer, welchen ihre Wuth auf dem hohen Meere erfaßt, oft hunderte von Meilen weit nach Osten vor sich hertreiben.

Man hat mehrfach das Vorherrschen des Passates als einen hinreichenden Grund gegen den asiatischen Ursprung der Polynesier angeführt, doch fehlt es nicht an Thatsachen, welche dieser Theorie widersprechen und den sicheren Beweis liefern, daß der Bevölkerung der Inselgruppen des tropischen großen Oceans von Westen her durchaus kein natürliches Hinderniß im Wege steht. Ich begnüge mich, zwei interessante Fälle anzuführen, welche diese Behauptung ganz außer Zweifel setzen werden.

Kadu — Chamisso's Freund — den wir später auf Radad werden kennen lernen, war auf einer Reise von Ulea nach Feys mit zweien seiner Landsleute begriffen, als Stürme das Boot von der Fahrstraße abbrachten. Die verschlagenen Seefahrer, wenn man deren unzuverlässigen Zeitrechnung Glauben beimessen will, irrten acht Monde auf offener See. Drei Monde reichte ihr kärglich gesparter Vorrath hin: fünf Monde erhielten sie sich, ohne süßes Wasser, blos von den Fischen, die sie fingen. Den Durst zu löschen, holte Kadu, in die Tiefe des Meeres tauchend, kühleres und ihrer Meinung nach auch minder salziges Wasser in einer Cocosschale herauf. Der Nordostpassat trieb sie endlich auf die Gruppe Aur (Radad), wo sie sich im Westen von Ulea zu befinden wähnten, thatsächlich aber fast 30 Breitegrade oder 1800 Seemeilen östlich davon entfernt waren.

Uebrigens ist dieses durchaus kein vereinzeltes Beispiel, denn auf einer früheren Reise hatte bereits Kadu von einem Greise auf Cap Kunke von Radack und Ralick vernommen: Seefahrer aus Cap sollen einst auf Radack und zwar auf die Gruppe Aur verschlagen worden sein und von da über Rugor und Ulea den Rückweg nach Cap gefunden haben. Die Namen Radack und Ralick waren ebenfalls einem Eingebornen aus Lamured bekannt, den Chamisso auf Guajan antraf. Es werden oft Boote aus Ulea und den umliegenden Inseln auf die östlichen Inselketten verschlagen, und es lebten damals noch (1817) auf der südlichen Gruppe Arno der Kette Radack fünf Eingeborne aus Lamured, die ein gleiches Schicksal auf gleicher Bahn dahingeführt.

Auf der zur Paumotu-Gruppe gehörigen Byam-Martin-Insel traf Beechey eine Gesellschaft Eingeborner von Anaa oder Chain-Island, welche das stürmische Meer nach unerhörten Leiden dorthin verschlug.

Als der noch unmündige Sohn Pomare des Zweiten dem Vater in der Regierung folgte, hatten diese Leute eine Reise nach Tahiti, welches ungefähr 300 Meilen nach Westen liegt, verabredet, um dem jungen Herrscher einen förmlichen Huldigungsbesuch zu machen. Zu dieser Fahrt standen ihnen keine andern Fahrzeuge zu Gebote, als doppelte Canoes und sie setzten dazu drei der größten in Bereitschaft. Uns, die wir gewohnt sind die See in großen, mit Compassen und allen zur Bestimmung der geographischen Lage nöthigen Instrumenten versehenen Schiffen zu befahren, muß ein zerbrechliches Canoe, dessen Mannschaft sich nur allein nach den Gestirnen richtet, um nach einem Lande zu fahren, dessen Lage sie nicht einmal genau kennt, als ein unbegreifliches Wagniß erscheinen; indessen waren ähnliche Seereisen nicht nur nach den westlich gelegenen bergigen, sondern auch nach gegen den Wind oder östlich liegenden niedrigen Coralleninseln durchaus nichts ungewöhnliches, und da keine üblen Vorbedeutungen gegen das Unternehmen sprachen, so rüsteten die Leute unbesorgt und wohlgemuth ihre Canoes aus und schifften sich ein, 150 an der Zahl, Männer, Frauen und Kinder.

Am Tage der Abreise versammelten sich alle Eingebornen an der Küste, um von den kühnen Seefahrern Abschied zu nehmen. Die Canoes wurden genau in die Richtung gebracht, welche durch gewisse auf dem Lande angebrachte Zeichen angedeutet wurde, und dann unter den besten Wünschen der versammelten Menge in die See gelassen. Ein günstiger Wind füllte die Segel und so glitten sie rasch über die Wasserfläche dahin, ohne das ihnen bevorstehende Elend zu ahnen.

Unglücklicher Weise stellten sich die Weststürme, die während der Wintermonate im südlichen stillen Weltmeer auf allen Inseln des östlichen Polynesiens verspürt werden, in jenem Jahre früher als gewöhnlich ein; indessen vergingen zwei Tage unter günstigen Umständen und schon sahen sich die Reisenden nach dem Hochlande von Maitia zwischen der Ketten-Insel und Tahiti um und empfanden im Voraus das Vergnügen der glücklich vollendeten Reise, als plötzlich eine Windstille, der Vorläufer eines fürchterlichen Sturmes, eintrat, der, im Westen sich erhebend, die Canoes von einander trennte und vor sich her trieb. Von zwei Booten wurde nie wieder etwas gehört, das dritte blieb mehrere Tage ein Spiel der Winde, suchte jedoch, als sich wieder schönes Wetter einstellte, den Ort seiner Bestimmung zu erreichen, da es noch auf zwei Wochen mit Lebensmitteln versehen war. Allein ein zweiter Sturm warf die Unglücklichen noch weiter zurück, als der erste, und hielt so lange an, daß ihre Kräfte sanken. So vergingen viele Tage und mit jeder Stunde entfernten sie sich weiter von ihrer Heimath. Die See schlug zum großen Ungemach der Mannschaft beständig in das Canoe und die Lebensmittel waren aufgezehrt. Eine lange Windstille und, was für sie noch schlimmer war, heißes, trockenes Wetter folgten dem Sturme und trieb sie zur Verzweiflung. Die Mannschaft verschmachtete unter den brennenden Sonnenstrahlen und konnte vor Müdigkeit nicht rudern, die Kinder verlangten vergebens Nahrung von ihren Müttern, jedes Mittel, den Durst zu löschen, wurde versucht. Manche tranken Seewasser, andere badeten darin oder gossen es sich über den Kopf, allein der Mangel an süßem Wasser ließ sich durch nichts ersetzen; Tag für Tag flehten sie den Himmel um Regen an und streckten ihm ihre Flaschenkürbisse entgegen; die hoch über ihnen hinziehenden leichten Wolken kündigten ihnen aber nur eine unbestimmte Verlängerung ihrer Leiden an. So waren bereits siebenzehn aus ihrer Mitte unter fürchterlichen Qualen gestorben und die Ueberlebenden hatten sich mit dem stoischen Gleichmuth der Wilden in dasselbe Schicksal ergeben.

Doch endlich schickte die Vorsehung Hülfe. Der Himmel umzog sich mit dichten Wolken und ergoß sich in Regen, der mit hastiger Begierde aufgefangen wurde und nicht nur den Durst der Armen für den Augenblick stillte, sondern sie auch noch mit einem Wasservorrath auf längere Zeit versah. So gestärkt, wagten sie wieder zu hoffen, allein nun meldete sich ein anderer, nicht minder furchtbarer Feind — der Hunger. Ich will das schreckliche Mittel nicht nennen, wodurch sie am Leben erhalten wurden, bis es ihnen endlich gelang, einen Haifisch zu fangen, welcher von nun an die Stelle der gräulichen Kost vertrat, an die sie sich in der letzten Zeit gehalten hatten.

Nun konnten sie wieder rudern und ihre Segel aufziehen und bald erblickten sie Land und auf diesem Kokospalmen mit Nüssen. Sie durchschnitten glücklich die Brandung, allein, am Ufer angelangt, konnten sie keinen der hohen Stämme erklimmen, und mußten sie daher mit der Axt umhauen.

Auf den Wanderungen durch die Insel entdeckten sie an mehreren in der Lagune liegenden Canoes und an den die Wälder durchschneidenden Fußpfaden, daß sie früher bewohnt gewesen, und da ihnen bekannt war, daß die meisten Eingebornen der niedrigen Inseln Menschenfresser seien, so beschlossen sie, nicht länger an diesem gefährlichen Orte zu verweilen, als durchaus nöthig war, um wieder zu Kräften zu kommen.

Sie errichteten Hütten, gruben Brunnen, bauten noch drei Canoes und sammelten einen beträchtlichen Vorrath von Kokosnüssen und getrockneten Fischen.

Da sie eine Zeit lang nicht in ihrer Ruhe gestört wurden, so schwanden nach und nach ihre Besorgnisse und sie blieben volle 13 Monate auf der Insel, worauf sie sich wieder dem südischen Meere anvertrauten.

Sie steuerten gegen Nordwest und erblickten nach Verlauf mehrerer Tage die unbewohnte Byam-Martins-Insel. Als sie auf dieser zu landen suchten, bekam ihr Canoe ein Leck, wobei zwar Keiner das Leben verlor, wodurch aber ein längerer Aufenthalt nöthig wurde, so daß sie bereits acht Monate dort zugebracht hatten, als Beechey sie antraf.

Aus verschiedenen Umständen ergab es sich, daß die Insel, auf welcher die Unglücklichen nach langen Irrfahrten zuerst landeten, Tetu oder die Barrowinsel war. Tetu ist aber von der Kelteninsel in gerader Linie 420 Seemeilen weit entfernt, und wenn man dazu die 100 Meilen, welche sie anfangs gegen Maitla hin zurückgelegt haben möchten und die Strecke hinzurechnet, welche sie bis nach der Barrowinsel zurückgesegelt, so kann man wohl annehmen, daß sie 600 Meilen weit nach Osten verschlagen wurden.

So sehen wir, daß sowohl in der nördlichen, als in der südlichen Hemisphäre der Menschenstrom sich recht gut dem Lauf der Sonne entgegen auf dem großen Ocean von Westen nach Osten hat fortbewegen können, und daß die letzten Anklänge der asiatischen Bildung, ohne daß die Elemente sich ihrer Verbreitung unerbillich widersetzten, im Laufe der Zeiten sogar bis zur Osterinsel fortzuschreiten vermochten.

Wie häufig mögen sich nicht Scenen, wie die angeführten, auf dem weiten Ocean erneuert haben? Wie häufig mag der Sturm abenteuerliche Seefahrer, kühne Schiffer, unglückliche Flüchtlinge, welche der grausame Krieg von der väterlichen Scholle verbannte, ergriffen und sie weit weg in das pfadlose, unbekannte Meer geschleudert haben? Manche fanden sonder Zweifel dort ihr Grab — und erlagen dem Orkan oder dem noch schrecklicheren langsamen Foltertode des Hungers — doch einige erreichten glücklich irgend ein grünes Eiland, wo sie ihr Leben fristen und die Gründer eines neuen Volkes werden konnten. So geht auch von den unzähligen Pflanzensamen, welche die Strömungen des Oceans nach sich führen, die Mehrzahl in der Salzfluth verloren, doch manches, von einem glücklicheren Geschick geleitet, erreicht wohlbehalten und keimkräftig die stille Lagune und trägt zum Schmuck des nackten Felsens bei, wo es endlich nach langen Irrfahrten eine neue Heimath fand.

Wie höchst interessant wäre es, den Schleier zu lüften, der die geheimnißvolle Geschichte der Pflanzen, Thiere und Menschen auf den einsamen Inseln des großen Weltmeeres bedeckt, die fernen Quellen aufzufinden, die sich hier zu einer neuen Schöpfung vereinigten. Doch keines Menschen Auge wird jemals diese Mysterien durchdringen, und nur in seinen großen allgemeinen Zügen können wir das Walten des Oceans bei der Verbreitung des organischen Lebens erkennen.

Sechstes Kapitel.
Juan Fernandez.

Entdeckung der Insel. — Beschreibung derselben. — Alexander Selkirk. — Seine
Abenteuer auf der Insel. — Wie es ihm später in der Heimath gefiel. — Defoe,
Verfasser des Robinson. — Cowper's Gedicht über Selkirk. — Anson im großen Ocean. —
Unerhörte Drangsale seines Geschwaders ehe er Juan Fernandez erreichte. — Rettung
und Freude. — Ziegen, Hunde. — Seelöwen. — Fischreichthum des Meeres. — Das
Tantalusgericht des Glocester. — Anson verläßt Juan Fernandez. — Versuche der
Spanier und Chilenen eine Strafcolonie zu gründen. — D'Urville's Besuch 1838. —
Letzte Nachrichten vom Jahre 1858.

Ihrer Größe oder ihrer Schönheit, der Wichtigkeit ihrer Producte oder ihrer
günstigen Lage für den Handel verdanken andere Inseln ihren Ruhm: Juan
Fernandez aber lebt in dem Gedächtniß der Menschen hauptsächlich — durch
einen Roman!

Denn hier war es, wo Alexander Selkirk, der wahre ursprüngliche Robinson, der Stammvater des Crusoe, des jüngeren, des schweizerischen, mit einem Wort des ganzen zahlreichen, noch immer frisch blühenden
Geschlechts der Robinsone, jahrelang von allen Menschen abgeschieden verweilte, nicht ahnend, daß aus seiner fernen Einsiedelei ein Licht der Belehrung und der Freude für unzählige Kinderherzen hervorgehen würde!

Schon unseres alten Jugendfreundes wegen, wird Selkirk's nähere Bekanntschaft dir gewiß nicht unangenehm sein, doch ehe ich ihn dir vorstelle,
lieber Leser, wollen wir einige Augenblicke bei der Beschreibung und früheren
Geschichte der durch ihn so berühmten Insel verweilen.

Im Jahre 1563 ward sie zufällig von Juan Fernandez entdeckt, dem
bereits erwähnten spanischen Loofsen, der statt wie seine Vorgänger sich sclavisch an die Küste zu halten, wo sie fast immer gegen den widrigen Südwind,
und stets gegen die Strömung anzukämpfen hatten, muthig von Callao aus
in das weite Meer hinaus steuerte, und auf diese Weise den richtigen Seeweg von Peru nach Chili und dem Cap Horn zuerst auffand.

Mit größtentheils steilen Küsten erhebt sich die kleine vier Stunden
lange, zwei Stunden breite Insel hoch aus dem Meere. Die scharfen phan-

lastisch ausgezackten Bergspitzen sind meilenweit sichtbar, und beim Herannahen entfaltet sich den Blicken eine schöne Felsen-, Wald- und Wiesennatur. Fruchtbare Thäler von silbernen Bächen durchrieselt, welche zuweilen nicht unbeträchtliche Wasserfälle bilden, ziehen sich die Berge hinan. An der Nordseite liegt der Hafen, eine kraterartig abgerundete Bucht, von einem hohen Felsenkessel umschlossen. Widrige Winde machen ihn oft lange Zeit unzugänglich. Die Aussicht vom Ankerplatz wird als sehr schön geschildert, da vom Strande aus das Land sich sanft etwa eine halbe deutsche Meile weit, bis zu einem im Hintergrunde fast senkrecht zu einer Höhe von 1700 Fuß emporsteigenden Bergrücken erhebt, dessen flacher tafelartiger Scheitel mit Waldwuchs bedeckt ist. Nach dem Meere hin senken sich die Klippen, rechts und links, bis sie am Wasserrande nur noch sieben- oder achthundert Fuß hoch sind. Herrliche Gruppen von Myrtenbäumen, meistentheils frei von Unterholz, so daß der Wanderer sie leicht durchschreiten kann, verzieren den anmuthigen Naturpark des Thales. Kohlpalmen sieht man häufig, eine köstliche Gabe für den armen Seemann, der lange des erfrischenden Gemüses entbehrte, und auch Kirschbäume und Pfirsiche, die der dankbare Anson zuerst aus einem andern Welttheil hierher verpflanzte.

Münze und Thymian erfüllen die Luft mit Wohlgerüchen; die Erdbeere rustet im Schatten der blumenreichen Gebüsche, und lispelnde Bäche schlängeln sich überall durch den grünenden Wiesengrund, um endlich zwischen dem Steingeröll des Strandes zu verschwinden. Eine regsame kleine Thierwelt, theils ursprünglich, theils von fremden Seefahrern eingeführt, bringt Leben und Bewegung in diese schöne Wildniß. Ein hübscher Colibri (Otiorynchus stephanoides) schwebt von Busch zu Busch und Ziegen grasen auf jeder Höhe. Letzteres Thier soll ursprünglich von Juan Fernandez selbst hierhergebracht worden sein, der, wie es scheint, des Lootsenlebens müde, bald nach ihrer Entdeckung mit Frau und Kindern sich auf der Insel niederließ; nachdem aber Baldivia Chili erobert hatte, sich dorthin zurückzog. Veränderlichkeit ist wohl dem Seemann zu verzeihen, der lange mit den veränderlichen Winden gekämpft!

Die Insel, welche ungefähr 115 geographische Meilen von der amerikanischen Küste liegt, wird auch Mas a tierra (dem Lande näher) genannt, um sie von einer kleineren, aber hochfelsigeren Insel zu unterscheiden, die etwa 60 Seemeilen weiter in's Meer hinausliegt, und daher Mas a fuera (mehr nach außen) genannt wird.

Der Südspitze von Mas a tierra gegenüber erhebt sich ein fast nackter Felsen, „Isla de lobos" (Seehundsinsel).

Als die Spanier das Hauptland der kleinen Gruppe entdeckten, fanden sie dasselbe gänzlich unbewohnt, und zogen auch ferner keinen Vortheil daraus. Um so nützlicher wurde die Insel ihren furchtbaren Feinden, den Flibustiern, welche sie zu einem ihrer Lieblingsrast- und Erholungsplätze machten, da sie hier nebst Holz, vortrefflichem Wasser, Ziegenfleisch und einem unendlichen Fischreichthum, auch viele Monate im Jahre einen sicheren Ankerplatz fanden. Gestärkt an Leib und Seele konnten sie endlich von diesem so günstig gelegenen Punkte aus die ganze Küste weit und breit bedrohen.

Der Aufenthalt Alexander Selkirk's auf der Insel fällt zu Anfang des achtzehnten Jahrhunderts. Er war Obersteuermann an Bord des „Cinqueports", eines kleinen Schiffes von 90 Tonnen, welches in Gesellschaft des vom berühmten Weltumsegler Dampier befehligten „St. George" im Jahre 1704 das Cap Horn umsegelte, um im stillen Ocean gegen die Spanier zu kreuzen. Im September desselben Jahres, nachdem der „Cinque-ports" in Folge eines Streites sich bereits vom Dampier getrennt hatte, entzweite sich Selkirk gleichfalls mit dem Capitän Strabling (allem Anschein nach ein ächter Seebär), als sie eben vor Juan Fernandez ankerten, und da außerdem das Schiff sehr leck und sonst in trauriger Verfassung war, entschloß er sich allein da zu bleiben. Als jedoch das Boot wieder vom Ufer abstieß, wankte sein Entschluß und er begehrte wieder an Bord aufgenommen zu werden. Aber der Capitän versagte ihm die Bitte und ließ ihn auf der wüsten Insel mit seinen Kleidern, Bettzeug, einer Flinte, etwas Schießbedarf, einer Axt, einem Messer und einem Kessel, nebst seinen Büchern und metrischen Instrumenten zurück. Anfangs drückte die Einsamkeit schwer auf Selkirk's Herz, allmählig jedoch lernte er, durch Religion und Gewohnheit getröstet, sich in seine verlassene Lage finden, und fühlte sich endlich vollkommen glücklich und zufrieden.

Durch Uebung lernte er die wilden Ziegen im Laufen einholen, und will über tausend während seines Aufenthaltes auf der Insel gefangen haben, von welchen er die Hälfte wieder laufen ließ, nachdem er sie vorher durch Aufschlitzen der Ohren gezeichnet hatte. Die erste Ziege, welche ungefähr dreißig Jahre später Anson's Leute auf der Insel fingen, war auf eine solche

Weise geschlitzt, und da sie sehr alt war, schloß man daraus, daß sie einst unter Selkirk's Händen gewesen. Er zähmte auch kleine Zicklein und hielt sich eine Katzengarde, zum Schutz während des Schlafes gegen die Frechheit der Ratten. Als sein Zeug abgenutzt war, machte er sich Kleider aus Ziegenfellen; das Schuhmachen jedoch wollte ihm nicht gelingen. Mit dem Bau und dem Verzieren seiner Hütte, mit Jagd und Fischerei, mit andächtigen Uebungen und dem Abrichten seiner zahmen Thiere, mit welchen er oft zu tanzen und zu singen pflegte, vertrieb er sich die Zeit, bis endlich nach 4 Jahren und 4 Monaten zwei englische Kaperschiffe, der „Duke", Capitän Rogers und die „Duchess", Capitän Courteney von Bristol, vor Juan Fernandez erschienen und ihn halb unfreiwillig mitnahmen.

Ein Besuch von Spaniern, vor deren Flintenschüssen er durch die Flucht sich rettete, und ein Sturz von einer Felswand, in Folge dessen er drei Tage (wie er nach der Veränderung des Mondes berechnete) besinnungslos auf der Erde lag, und dann kaum nach der Hütte kriechen konnte, wo er längere Zeit das Bett hüten mußte, waren die einzigen epochemachenden Ereignisse, welche die Einförmigkeit seines Einsiedlerlebens unterbrachen. Obgleich er alle Tage laut gelesen und gebetet, so war doch seine Sprache durch lange Entwöhnung fast unverständlich geworden. An Bord des „Duke" befand sich der damals 57 Jahr alte, bereits erwähnte Dampier als Loose (man vermuthet, daß ein fehlerhaftes Betragen des genialen Mannes den Verlust seines frühern Ranges verschuldet haben möge), auf dessen Empfehlung Selkirk als Bootsmann angestellt wurde. In dieser Beschaffenheit nahm er Theil an der Einäscherung einer kleinen peruvianischen Küstenstadt, so wie am Kapern eines Manilla Schiffs an der kalifornischen Küste und kehrte am 1. October 1711 um das Cap der guten Hoffnung nach England zurück.

Sein Verweilen auf Juan Fernandez war sein Glück gewesen, denn bald nachdem er sich von dem Cinquo-ports getrennt hatte, war das Schiff von den Spaniern genommen worden, und dessen Mannschaft mußte viele Jahre lang in einem elenden Kerker schmachten. So lenkt oft die Vorsehung unser Geschick viel besser als wir es nach freier Wahl vermocht hätten, und manche allem Anschein nach traurige Lage würde uns wie eine Wohlthat erscheinen, wenn wir sie in allen ihren Folgen durchschauen könnten. Zu den Menschen zurückgekehrt, sehnte sich Selkirk oft in seine romantische Einsamkeit zurück. Er konnte sich nicht mehr in das geschäftige Treiben finden, und die

Fesseln des geselligen Lebens drückten schwer auf sein Gemüth. Er pflegte sich stundenlang auf einen hohen Felsen zurückzuziehen, und wie in tiefen Gedanken versunken auf das Meer hinauszuschauen. Dann mochte wohl Juan Fernandez vor seiner Phantasie wieder auftauchen, und die Stimmen der Wildniß hallten aus dem fernen Ocean ihm entgegen.

Da Selkirk's merkwürdige Abenteuer einiges Aufsehen erregten, schrieb er sie nieder und vertraute das Manuscript einem jungen talentvollen Schriftsteller Daniel Defoe, um den rohen Stoff zu beiderseitigem Nutzen künstlerisch zu bearbeiten. Der Litterat behielt die Papiere und gab sie nach einiger Zeit dem armen Seemann kalt vornehm zurück, mit der Bemerkung, daß sich nichts daraus machen lasse. Doch bald darauf erschien „Robinson Crusoe" der einen außerordentlichen Absatz fand und Defoe viel Geld einbrachte, von welchem (ich erröthe, indem ich es niederschreibe) er jedoch Selkirk auch keinen einzigen Schilling mittheilte! Nach Jahren eines bewegten Lebens vertraute der alte Defoe sein Vermögen einem Sohne an, unter der Bedingung, daß dieser ihm eine Leibrente dafür auszahlen sollte; aber der unnatürliche Bösewicht vergaß die Verpflichtung und ließ den greisen Vater darben und hungern. Bei der Erinnerung an vergangene Tage, muß dem lebensmüden Verfasser des Robinson der arme Selkirk oft vorgeschwebt haben; was hätte er nicht darum gegeben, wäre er damals gerecht und edel gewesen!

Selkirk's Einsiedlerleben auf Juan Fernandez gab später auch dem Dichter Cowper den Stoff zu einigen schönen, in England allgemein bekannten Versen, in welchen die Gedanken, die eine solche Lage hervorzurufen vermag, treffend und naturwahr geschildert sind. Ein, wenn auch schwacher Uebersetzungsversuch, wird hoffentlich dem nachsichtigen Leser nicht mißfallen:

Herrscher bin ich aller Dinge,
Die mein Auge rings beschaut:
Thiere, Vögel sind mir hörig:
Keiner, der mir widerstände!

Einsamkeit, wo ist das Schöne,
Das der Dichter von dir fabelt?
Lieber unter Menschen harken,
Als der Wüste König sein.

Ach, der Menschheit ganz entfremdet,
Schlepp' ich meine müden Tage;
Höre nie des Freundes Stimme,
Schrecke vor der eigenen Klang!

Theilnahmlos und unverzaget
Geht das Thier an mir vorüber,
Kennt den Menschen noch so wenig,
Seine Zahmheit grauet mir.

Freundschaft! Liebe! holde Gaben
Uns von Gott zum Glück bescheeret;
Hätt' ich nur des Vogels Schwingen!
Ach, wie eilt' ich zu euch hin!

Würde dann des Kummers Lasten
An des Bruders Brust erleichtern,
Von dem Alter Weisheit lernen,
Mit der Jugend fröhlich sein.

Christenandacht! welche Schätze
Liegen in dem Wort verborgen,
Werthvoller als Gold und Silber
Oder was die Welt sonst beut.

Doch den Ton der Kirchenglocken
Hörten nimmer diese Thäler;
Einsam wie beim Grabgeläute,
Lachten wie am Sabbathmorgen.

Winde, die ihr mich verschlagen,
Führet dieser öden Küste
Irgend eine liebe Kunde
Aus der fernen Heimath zu!

Denken meiner noch die Freunde?
Hat ihr Herz mich nicht vergessen?
Weht mir diesen Trost entgegen,
Soll' ich sie auch nicht mehr sehen!

O wie schnell eilt der Gedanke
Durch die ungemessenen Räume;
Läßt des Sturmes matte Schwingen,
Läßt den Pfeil des Lichts zurück.

Eil' ich an die fernen Lieben,
Trägt im Flug er mich hinüber;
Doch Erinnerung ruft mich grausam
Zur Verzweiflung bald zurück.

Abend ist es; Thier' und Vogel
Sind zum Lager heimgekehret;
Auch für mich gibt's Ruhestunden
Und die Hütte winkt auch mir.

Ja auch hier herrscht Gottes Güte,
Die des Unglücks Nacht erhellet,
In den bittern Kelch des Kummers
Süßen Trost und Balsam gießt!

In das Jahr 1721 fällt der Aufenthalt des berühmten Seehelden und Weltumseglers Anson auf Juan Fernandez. Doch ist die Geschichte, der unerhörten Drangsale, die ihn nöthigten, auf jener menschenleeren Insel eine rettende Zuflucht zu suchen, zu merkwürdig, als daß ich sie nicht etwas ausführlicher mittheilen sollte.

England war damals im Kriege mit Spanien, und Anson erhielt den Auftrag, in die Südsee zu bringen und der entlegenen Westküste Amerika's die Wucht des brittischen Dreizacks fühlen zu lassen. Mit sechs größeren und kleineren Kriegsschiffen, die fast 2000 Mann an Bord hatten, segelte der Commodore am Morgen des 7. März 1741 durch die Straße Le Maire, die, obgleich sie sieben bis acht Stunden lang ist, mit Hülfe der Fluth und eines frischen Windes in weniger als zwei Stunden durchflogen wurde. Der heiterste Himmel beschien die sonst so wilde Scene, und das Geschwader, welches den schwierigsten Theil der Fahrt überwunden glaubte und wie auf den Flügeln des Glücks zum Ruhm und zur gewinnreichen Beute getragen schien, gab sich den schmeichelhaftesten Hoffnungen hin. Man hatte keine Ahnung von den schrecklichen Wolken des Mißgeschicks, die sich so bald entladen würden, daß die Zeit so nahe sei, wo die Schiffe sich trennen würden, um nie wieder zusammen zu kommen und die Stunden der Durchfahrt dem letzten heiteren Tage angehörten, den die Meisten noch erleben sollten.

Denn von nun an entspann sich bei beständig widrigem Westwinde eine Reihe von Stürmen, welche sogar die ältesten Seeleute an Bord überraschte und zum Geständniß nöthigte, daß was sie bisher für Stürme gehalten, eigentlich nur unbedeutende Brisen waren im Vergleich zur Gewalt dieser Winde, die so kurze und zugleich so riesige Wellen aufthürmten, daß sie die breiten Wogen des hohen offenen Oceans an Furchtbarkeit übertrafen und das Schiffsvolk in ewiger Gefahr schwebte, gegen das Verdeck oder die Brustwehren geschleudert zu werden, wodurch auch viele verwundet und einige getödtet wurden.

Ein lüdisches Nachlassen des Sturmes ermuthigte zuweilen zum Aufspannen der Topsegel, — dann wurden sie aber im Nu von den Stangen abgerissen, und um die Noth zu vervollständigen, verfinsterten oft dichte Schneegestöber die Luft.

Am 23. März war Ansons Schiff, der „Centurion", durch das ewige Arbeiten im unruhigen Meere, so lose in seinem oberen Bau geworden, daß es das Wasser durch alle Fugen einließ und kaum noch einer von den Officieren oder der Mannschaft in einem trockenen Bette liegen konnte. Es war sogar selten, daß einer zwei Nächte hinter einander sich niederlegte, ohne durch die eindringenden Wasserfluthen vom Lager vertrieben zu werden.

Am 24. März ward einer der besten Matrosen über Bord geschwemmt und trotz des enormen Wellenaufruhrs sah man ihn mächtig schwimmen, ohne daß die geringste Möglichkeit da war, ihm beizustehen. Sein unglückliches Loos betrübte um so mehr, da man ihn aus den Augen verlor, während er noch mit den Wellen kämpfte und aus der Kraft, die er an den Tag legte, schließen mußte, daß er noch lange den Schrecken seiner hoffnungslosen Lage fühlen würde. Auch diesem Unglücklichen hat Cowper ein schönes Gedicht gewidmet, aus dem ich wenigstens eine Strophe mittheilen will:

> No poet wept him: but the page
> Of narrative sincere
> That tells his name, his worth, his age,
> Is wet with Anson's tear:
> And tears by bards or heroes shed,
> Alike immortalize the dead.

Am 3. April brach ein dreitägiger Sturm aus, der an Wuth alle bisher erlebten überstieg und in welchem eins der Schiffe den Hauptmast verlor.

Am 13. April glaubte man bereits so weit nach Westen vorgedrungen zu sein, daß man Hoffnung schöpfte, die Region der Stürme bald zu verlassen und nach wenigen Tagen die vielgepriesene Heiterkeit des stillen Oceans zu genießen. Doch wie schrecklich war die Enttäuschung, als man am folgenden Morgen das Cap Non erblickte und nun erst die Gewalt der östlichen Strömung gewahr wurde, die alle bisherigen Mühen vereitelt hatte. Statt der erhofften Befreiung von allen Drangsalen und Sorgen, sah man sich nun genöthigt, von Neuem gegen jene furchtbaren Westwinde anzukämpfen, und zwar mit einer entmuthigten, entkräftigten Mannschaft, deren Reihen bereits der Tod zu lichten anfing. Voll von diesen niederschlagenden Gedanken und düstern Ahnungen, steuerte man wiederum nach Südwesten, durch bittere Erfahrung belehrt, daß so sehr man auch beim westlichen Cours das Treiben der östlichen Strömung mit in Anschlag brächte, man doch noch bei einem zweiten Versuch, ihr zu entgehen, sich noch einmal getäuscht finden dürfte.

Bis zum 22. April wurde der südwestliche Cours beibehalten, so daß man sich nun unter dem 60. Breitegrade und nach der Berechnung etwa 6 Grad westwärts vom Cap Non befand. Auch die Witterung schien günstiger zu werden. Doch am 24. erhob sich wiederum ein furchtbarer Sturm, und gegen Mitternacht verlor der Centurion die andern Schiffe des Geschwaders aus dem Gesicht, die bis dahin trotz aller Gewalt des vorhergegangenen Unwetters stets in seiner Gesellschaft geblieben waren.

Am 30. April schmeichelte man sich, daß die Noth nun bald ihr Ziel erreichen würde; doch statt dessen erreichte sie im Mai einen noch höheren Grad, sowohl hinsichtlich der Gewalt der Stürme, als der zunehmenden Sterblichkeit, welche das Schiff mit dem gänzlichen Untergange bedrohte.

Gegen Ende April gab es nur noch wenige an Bord, die nicht mehr oder minder am Scorbut gelitten hätten, und während jenes Monats verlor der Centurion nicht weniger als 43 Mann; im Mai jedoch wuchs die Anzahl der Todesfälle um das Doppelte, und da Juan Fernandez nicht vor Mitte Juni erreicht wurde, hatte bis dahin die Krankheit so entsetzlich überhand genommen, daß nach einem Verlust von mehr als 200 Mann endlich nur noch 24 dienstfähige Leute gemustert werden konnten.

Der stille Ocean rechtfertigte nur sehr wenig seinen Namen, denn als der Centurion am 8. Mai der Insel Socorro gegenüber lag, wo das erste

Stelldichein mit den übrigen Schiffen verabredet worden war, sah er sich nach mehrtägigem Kreuzen in seinen Erwartungen getäuscht. Dabei mußte man jeden Augenblick befürchten, an's Land getrieben zu werden, dessen wilder Anblick wahrhaft schreckenerregend war, denn hoch über der oben Felsenlüfte sah man die schneeigen Andeskuppen emporsteigen und steil senkte sich das Ufer in's Meer hinab. Alle diese Gefahren, die über vierzehn Tage dauerten, wurden durch die großen Schwierigkeiten, das Schiff zu manövriren, erhöht. Während eines der häufigen Windstöße fuhr ein Feuerstrahl über das Verdeck, zersprang mit einem furchtbaren Knall und verwundete mehrere Matrosen und Officiere. Das Meteor war von einem starken Schwefelgeruch begleitet und die Flamme sonder Zweifel von derselben Natur, wie die größeren und gewaltigeren Blitze, die gleichzeitig durch die Lüfte fuhren.

Am 22. Mai schien sich die Gewalt aller vorhergegangenen Stürme zum Untergange des unglücklichen Schiffes verschworen zu haben. Fast alle Segel wurden zerrissen, und gegen 8 Uhr Abends schlug eine berghohe Woge mit so furchtbarer Gewalt gegen das Schiff, daß durch den Stoß fast alles Tauwerk zerstört wurde und die Masten umzustürzen drohten. Man erwartete jeden Augenblick den Untergang und obgleich nach einigen Stunden der Wind nachließ, so rollte das Fahrzeug aus Mangel an Segeln doch hülflos in der hohlen See umher. Man that sein Bestes, den Schaden, so weit es möglich war, wieder gut zu machen und das Takelwerk zu ordnen, da man in der größten Gefahr schwebte, an die unwirthbare Küste von Chiloe geworfen zu werden.

Glücklicher Weise drehte sich plötzlich der Wind, als die Noth am höchsten war, so daß man mit nur einem Segel vom Lande wegsteuerte. Der Capitän führte das Steuerruder, während alle andern noch dienstfähigen Hände mit den Segeln, dem Tauwerk und der Befestigung der Masten beschäftigt waren. Nach diesem entsetzlichen Sturme besserte sich jedoch das Wetter und Anson, der nun überzeugt war, daß die andern Schiffe untergegangen seien, beschloß, ohne ferner auf sie zu warten, nach Juan Fernandez zu segeln, dem einzigen Punkte, wo sich eine Möglichkeit zeigte, die Kranken wieder herzustellen und das so übel zugerichtete Schiff wieder auszubessern. Befand sich dort zufällig ein spanisches Kriegsschiff, so war das Loos der Expedition entschieden, denn an eine Vertheidigung war nicht zu denken.

Am 28. Mai befand sich der Centurion ganz in der Nähe von Juan Fernandez. Doch die tückischen Mächte, die so unsägliches Elend über die Engländer gebracht, wollten auch jetzt noch nicht von ihren Verfolgungen ablassen und bewirkten eine Veränderung des Courses, wodurch 9 Tage und 70 bis 80 Mann verloren gingen, die ohne Zweifel gerettet worden wären, wenn man die ursprüngliche Richtung nur noch einige Stunden beibehalten hätte.

Endlich am 9. Juni bei Tagesanbruch zeigten sich deutlich die Bergspitzen der heiß ersehnten Insel. Der Zustand des Centurion war nun so kläglich geworden, daß unter den 200 und einigen Mann, die er noch immer an Bord hatte, kaum Hände genug, mit Einschluß der Officiere, Diener und Schiffsjungen, vorhanden waren, um ihn in den Rettungshafen zu führen.

Am 10. Juni befand man sich unter dem Winde der Insel und nahm mit Freuden wahr, daß die wildzerklüfteten, zackigen Felsmassen, die aus der Ferne betrachtet einen nichts weniger als einladenden Anblick gewährten, in der Nähe ganz anders aussahen, da Waldung sie fast überall bekleidete, und die schönsten Thäler, mit dem anmuthigsten Grün geschmückt und von Bächen und Wasserfällen durchrieselt, sich an die Bergabhänge lehnten. Es ist unbeschreiblich, mit welcher erwartungsvollen Freude man das anmuthige Landschaftsbild betrachtete und wie sehnsüchtig die Blicke an einer Cascade von der durchsichtigsten Klarheit hingen, die von einem fast hundert Fuß hohen Felsen in der Nähe des Schiffes in's Meer stürzte.

Trotz allen Eifers, womit man beschäftigt war, die Kranken, deren Anzahl sich wenigstens auf 180 belief, so bald als möglich aus ihrer ekelhaften Lage zu befreien, denn man kann sich denken, in welchem unsäglichen Schmutze sie lagen, war es doch nicht möglich, sie vor dem 16. an's Land zu schaffen, da erst die Zelte zu ihrer Aufnahme aufgeschlagen werden mußten. Die Meisten trug man in ihren Hängematten an's Ufer, eine sehr ermüdende Arbeit, an welcher der Commodore selbst Theil nahm. Fast drei Wochen vergingen nach dem Landen, ehe die Sterblichkeit bedeutend nachließ; mehrere starben schon in den Booten, so wie sie an die frische Luft kamen, und während der ersten zehn oder zwölf Tage wurden selten weniger als sechs täglich begraben. Die am schwersten Erkrankten erholten sich nur sehr langsam, doch diejenigen, die beim Landen noch hatten kriechen können, fühlten sich bald gekräftigt.

Es war aber auch, als ob die Natur die reizende Insel zu einem Heilort für scorbutische Kranke bestimmt hätte, denn Wasserkresse und Porzellan, der vortrefflichste wilde Sauerampfer und eine unendliche Menge von Rüben und Radiesen entwuchsen dem leichten Boden und gediehen, vom zuträglichsten Clima begünstigt. Die Waldung, welche fast überall die Berge bedeckte, war frei von allem Unterholz und der hügelige Boden gewährte nach allen Seiten Anblicke voll romantischer Schönheit. Es gab Punkte, wo der Schatten und Wohlgeruch der zusammenhängenden Wälder, die Größe der überhängenden Felsmassen und die Durchsichtigkeit der Wasserfälle zu landschaftlichen Bildern sich vereinigten, deren Anmuth schwerlich übertroffen werden konnte.

Die Stelle, die Commodore Anson zur Aufrichtung seines Zeltes wählte, war ein kleiner Grasplatz auf einer sanften Anhöhe, ungefähr eine halbe englische Meile vom Meer. Nach vorn eröffnete sich durch das Gehölz eine breite Lichtung, die, allmählig nach dem Ufer sich senkend, eine freie Aussicht auf die Bucht und das vor Anker liegende Schiff gestattete. Nach hinten war der Grasplatz durch einen hohen Myrthenwald amphitheatralisch umschlossen, über welchem hohe Bergkuppen zum Vorschein kamen, und die Großartigkeit der Landschaft vermehrten. Zwei Bäche, von den Bäumen, welche den Grasplatz einrahmten, beschattet, flossen rechts und links vom Zelte und vollendeten die liebliche Symmetrie der idyllischen Scene.

Die zahlreichen Ziegen, die Selkirk auf der Insel fand, hatten durch die von den Spaniern eingeführten Hunde bedeutend gelitten und nur noch wenige lebten auf den unzugänglichsten Felsen, wo sie in getrennten Heerden von 20 oder 30 Stück, die sich niemals unter einander vermischten, eben so viele verschiedene Nesten bewohnten und äußerst schwer zu tödten waren.

Dagegen hatten sich die Hunde außerordentlich vermehrt, so daß einzelne Personen öfters von ihnen angefallen wurden. Die Seltenheit der Ziegen ließ vermuthen, daß sie von jungen Robben lebten. Diese letzteren bildeten ebenfalls eine Lieblingsspeise der Engländer, die sie unter dem Namen Lamm verzehrten, so wie sie sich die Seelöwen unter dem Namen Rindfleisch wohlschmecken ließen. Letztere waren mitunter 20 Fuß lang und von einem Umfange von 15 Fuß. Nach Durchschneidung der zollbicken Haut kam eine wenigstens fußdicke Fettschicht, ehe man zum Fleisch oder den Knochen gelangte. Die Blutmenge dieser Thiere war erstaunlich, denn wenn man sie auch an zwölf verschiedenen Stellen verwundete, sprang aus jeder Oeffnung ein rother Strahl hervor. Um die Menge des Blutes zu messen, wurde ein Seelöwe erschossen und alsdann erst das Blut herausgelassen, welches zwei Fässer füllte. Das Haar war kurz und braun, aber der Schwanz und die Finnen fast schwarz. Die Männchen hatten eine große Schnauze, die fünf bis sechs Zoll herabhing. Während des Sommers hielten sich diese Thiere auf dem hohen Meere auf, im Winter auf dem Lande, wo sie vom Grase und vom Grünen leben, welches am Ufer der Süßwasserbäche wächst. Während des Schlafes stellen sie Wachen aus, die aus großer Ferne Lärm geben können, da sie eine sehr starke Stimme haben. Die Männchen liefern sich oft furchtbare Schlachten, und eines Tages war man sehr erstaunt, zwei Thiere zu sehen, die ganz anders aussahen wie gewöhnlich, doch beim Nähertreten fand man, daß es zwei Seelöwen waren, die sich mit den Zähnen so gestoßen hatten, daß sie über und über mit Blut bedeckt waren. Das Herz und die Zunge schmeckten vorzüglich gut und waren denselben Theilen vom Ochsen weit vorzuziehen. Man konnte die Seelöwen leicht tödten, da ihre Bewegungen auf dem Lande sehr schwerfällig waren.

Außerdem lieferte das Meer die vortrefflichsten Fische, besonders eine schwarzgefärbte Art, die vor allen geschätzt, den Namen Schornsteinfeger erhielt. Seekrebse gab es von einer Größe und Feinheit des Geschmacks wie vielleicht nirgends in der Welt. Sie wogen bis zu acht oder neun Pfund, und waren so zahlreich, daß die Bootshaken sie öfters durchstachen, als die Schaluppen landeten oder vom Ufer abstießen.

Man hatte sich noch nicht lange aller dieser herrlichen Gaben erfreut, die nach so vielen Leiden und Entbehrungen ganz unaussprechliche Genüsse gewährten, als am 21. Juni ein fernes Schiff gesehen wurde, welches aber bald wieder im Nebel verschwand und erst am 20. gegen Mittag von Neuem sich näherte. Man fürchtete, es möchte ein spanischer Kreuzer sein, aber die Besorgniß wurde bald zur Freude, als man in jenem verdächtigen Fahrzeuge den Glocester, einen der für verloren gehaltenen Gefährten des Centurion erkannte. Ein mit süßem Wasser, Gemüsen und Fischen beladenes Boot wurde sogleich zur Hülfe gesandt und nie kam eine solche gelegener, denn vielleicht noch nie hatte eine Schiffsbemannung mehr zu leiden gehabt. Zwei Drittel derselben waren bereits über Bord geworfen und wäre die Hülfe nicht noch rechtzeitig gekommen, so würde der Durst auch die übrigen hinweggerafft haben. Der ungünstige Wind erlaubte dem Schiffe nicht, die Rhede zu erreichen, so daß am folgenden Tage der Commodore ein zweites Boot mit Lebensmitteln hinaussandte, dessen Bemannung sammt der des ersten der Capitän Mitchell sich genöthigt sah, an Bord zu behalten, da ohne diese Verstärkung er nicht mehr im Stande war, das Schiff zu regieren. Fast vierzehn Tage lang — die Hölle an Bord, das Paradies vor Augen — blieb der Glocester vor der Insel, von welcher der feindliche Wind ihn abwehrte. Da entfernte er sich am 9. Juli und erst am 16. sah man ihn wieder, sich vergebens bemühend, die Ostspitze der Insel zu umsegeln, denn der Wind blies ihn noch immer vom Lande weg, so daß er sich demselben nur auf einige Meilen nähern konnte. Auf seine Nothsignale wurde nun das große Schiffsboot mit Proviant hinausgeschickt und zwar mit dem ausdrücklichen Befehl, sogleich zurückzukehren, welches aber wegen der stürmischen Witterung erst am dritten Tage gelang. Das Boot brachte 6 Kranke mit, von welchen zwei noch auf der Ueberfahrt starben, und verkündete, daß ohne die geleistete Hülfe keiner an Bord am Leben geblieben wäre. Leider gab es kein Mittel, das Schiff seiner qualvollen Lage zu entziehen, die noch an demselben Tage sich verzweiflungsvoller als jemals gestaltete, denn noch einmal verlor man es aus dem Gesicht und glaubte, daß es ihm nimmer gelingen würde, zu ankern, welches jedoch endlich am 24. Juli glücklich zu Stande kam, 33 Tage, nachdem es die Insel zuerst gesehen.

Der so hart geprüfte Glocester hatte nicht weniger als Dreiviertel seiner Mannschaft verloren, doch von den Ueberlebenden starben gegen alle Erwartung nur noch sehr wenige, wahrscheinlich weil nur die stärksten Naturen, die den lebenskräftigen Keim der Besserung in sich trugen, jenem Uebermaß von Drangsalen hatten widerstehen können.

Unterdessen war die Zeit gehörig benutzt worden, um den Centurion zu reinigen, die Wasserfässer zu füllen und alles so schnell als möglich in Stand zu setzen, da man nicht ohne Furcht vor den spanischen Kreuzern war. Ein Ofen zum Brodbacken ward eingerichtet, und sowie im Juli ein Theil der Mannschaft wieder zu Kräften kam, mußten die Stärksten Bäume fällen und spalten. Die Schmiede wurde an's Land geschickt und ein großes Zelt für die Segelmacher errichtet.

Im September fand es sich, daß der Centurion seit Anfang der Reise 292 Mann verloren und nur noch 214 an Bord hatte. Noch bedeutender waren die Verluste des Glocester, der merkwürdiger Weise ebenfalls 292 Mann eingebüßt, aber nur 82 behalten hatte. Mit einer so stark zusammengeschmolzenen Mannschaft ließ sich natürlich nichts bedeutendes mehr unternehmen und man mußte sogar befürchten, dem spanischen Admiral Pizarro zu begegnen, der, wie man wußte, den Auftrag hatte, Anson's Pläne in der Südsee zu durchkreuzen. Von einem kleinen spanischen Schiffe, welches am 7. Sept. vor Juan Fernandez sich sehen ließ und gekapert wurde, erfuhr man jedoch, daß der Admiral durch dieselben Stürme, die dem Geschwader so viel Unheil gebracht, nach dem Rio de la Plata zurückgetrieben worden sei und man also von dieser Seite nichts mehr zu befürchten habe. Die Kranken waren nun vollständig wieder hergestellt und mit neuen Hoffnungen und neuem Muth verließen sie, dankbaren Herzens, am 19. Sept. den gastlichen Hafen, wo sie vom äußersten Elende zum freudigen Gefühl der Kraft, gewissermaßen vom Tode zum Leben wieder erweckt worden waren.

Wir werden Anson auf Tinian wiederfinden und nach seinen Drangsalen und Leiden auch von seinen Triumphen und seinem Glück erzählen.

Im Jahre 1749 versuchten die Spanier, eine kleine Verbrechercolonie auf Juan Fernandez zu gründen, die aber bald darauf durch dasselbe Erdbeben zerstört wurde, welches im Mai 1751 die Stadt Conception in Chili verwüstete. Das empörte Meer rollte seine Wogen über das Thal, so daß der arme Gouverneur mit seiner Familie und noch 35 andere Personen ertranken. Ueberhaupt ist Juan Fernandez den Erdbeben sehr ausgesetzt, und zittert häufig mit, wenn der Continent sich schüttelt. Beim Erdbeben, welches im September 1835 durch ganz Südamerika gefühlt wurde, zogen sich die Gewässer von Cumberland-Bay zurück, kehrten aber bald darauf wildbrausend wieder und erhoben sich fünfzehn Fuß höher, als die gewöhnliche Springfluth. Dampf- und Feuersäulen entstiegen dem Ocean, eine Seemeile vom Ufer, spieen Wasser und Asche nach allen Richtungen aus, und später war auf der früheren Untiefe kein Grund mehr zu finden.

Diese Naturereignisse, nebst häufigen Meutereien, der zu großen Nähe des Vaterlandes, welche das Entkommen der Sträflinge erleichterte, und wie man sagt, der unglaublichen Vermehrung der Ratten, die aller Vorsicht und Befolgung ungeachtet die Mundvorräthe zerstörten, vereitelten gleichfalls den im Jahre 1816 von der chilenischen Regierung gemachten Versuch, ein kleines Botany-Bay auf Juan Fernandez zu gründen, so daß seit 1835 die Insel wiederum gänzlich der Natur oder zufälligen Besuchern überlassen bleibt.

Robbenschläger hielten sich hier früher häufig auf; jetzt erscheint nur von Zeit zu Zeit ein Walfischfänger oder ein von der Neugierde hergeleitetes Kriegsschiff, um sich mit frischem Wasser zu versehen, denn die ehemals so häufigen Seelöwen sind vertrieben oder finden sich nur noch einzeln in den entlegenen Höhlen des Felsengestades.

Im Mai 1838 versuchte D'Urville, in der Cumberland-Bay zu ankern, da der Wind aber fortwährend ungünstig blieb, begnügte er sich endlich, ein Boot auszusetzen, welches nur einige Stunden am Lande verweilte. Die mit Gesträuch überwachsenen Erdwälle und verfallenen Mauern eines kleinen Forts nebst einigen verrosteten Kanonen zeugten noch von der chilenischen Besatzung. Etwas rechts, am Abhange eines kleinen Hügels waren einige geräumige Höhlen in das weichere Gestein gehauen. Von dort aus konnte man die ganze Bucht überschauen, und theils der Aussicht wegen, theils um ihre Neugierde zu befriedigen, erstiegen die Franzosen die Höhe. Als sie sich einer der Höhlen näherten, stürzten fünf oder sechs große Hunde lautbellend heraus, wurden aber sogleich von einem Manne gefolgt, der mit einem Worte sie zum Schweigen brachte und den Fremden mit freundlichem Gruße entgegentrat. Es war ein Greis, aber trotz seines Alters stark und kräftig; seine langen weißen Haare fielen über den nackten, sonnengebräunten Hals; sein Gesicht athmete Ruhe und Offenheit; er erinnerte an Cooper's alten Lederstrumpf. Ein Hemd und eine leinene Hose waren seine einzige Kleidung; mit Herzlichkeit lud er die Fremden ein, in seine Grotte zu treten.

Es war diese eine der malerischsten Wohnungen, die man sich denken kann; geräumig, hoch, mit rundem Gewölbe. Der Boden war von ausgezeichneter Reinlichkeit. Rechts hingen Ziegenfelle und geräucherte Fische an der Wand und hinter zwei Tonnen befand sich das bescheidene Lager des Einsiedlers; daneben eine alte Flinte mit langem Lauf, darüber eine Jagdtasche aus Robbenfell und ein großes Ochsenhorn. Links sah man zuerst den aus einigen Steinen bestehenden Herd, vor welchem ein großer Jagdhund sich ausstreckte, der Liebling des Hausherrn. Etwas entfernt vom Herde lagen auf einem Haufen die Ruder, die Masten und die Segel seines Bootes und noch weiter Seehundsfelle symmetrisch aufgestapelt. Der Hintergrund der Höhle war nacktes Gestein, mit Ausnahme einiger Büschel hellgrünen Laubes, welche das durch die Spalten der Felswand sickernde Wasser ernährte. Ein sanftes, durch die offene Thüre hereinfallendes Licht beleuchtete diese eigenthümliche Einsiedelei. Der Inhaber schien glücklich; seine Wünsche und Bedürfnisse waren bescheiden und leicht zu befriedigen. Seine Wohnung war geräumig und bequem. Das Meer lieferte ihm Fische in Ueberfluß und mit Hülfe seiner Hunde konnte er ohne Schwierigkeit die Ziegen auf den Höhen erreichen. Mit den erbeuteten Thierfellen endlich verschaffte er sich durch Tausch alle sonstigen Bedürfnisse von den Schiffen, die von Zeit zu Zeit die Insel besuchten.

Dieser Greis antwortete mit Einfachheit und Gutmüthigkeit auf alle Fragen, während er seinerseits die größte Gleichgültigkeit über die Verhältnisse seiner Besucher an den Tag legte. Er hielt es nicht der Mühe werth, sich zu erkundigen, ob sie Engländer oder Franzosen seien, ob sie eine Entdeckungsreise oder auf Politische Jagd machten. Man sah, daß die Insel seine Welt und alles darüber hinausliegende ihm völlig gleichgültig war.

Die Franzosen nahmen Abschied vom guten Allen und beeilten sich, das Ufer wieder zu erreichen, denn schon winkte die Flagge der „Astrolabe" zur Rückkehr. Es dunkelte bereits, als sie in's Boot stiegen, und die entfernten Schiffe sahen nur noch wie schwarze Punkte aus. Mehr als sechs Seemeilen mußten rudernd zurückgelegt werden. Am folgenden Morgen erschienen die bläulichen Bergspitzen von Juan Fernandez nur noch gleich fernen unsicheren Wolken am Saume des Horizonts.

So endete dieser kurze Besuch — ein Bild des Lebens, welches von Anfang bis zu Ende nichts ist, wie ein Finden und Verlieren, ein Begegnen und Scheiden.

Im Jahr 1845 verweilte der englische Marinelieutenant Walpole einige Tage auf der Insel. Er traf dort einen amerikanischen Matrosen, der sich einiges Geld verdiente, indem er an die Walfischfahrer Brennholz und Ziegenfleisch verkaufte und ihr Führer auf Jagdexcursionen war. Außerdem bewohnten noch einige chilenische Familien ein paar elende Hütten. Diese Ansiedler besaßen viele Hühner und Enten, nebst einigen zahmen Ziegen und lebten hauptsächlich von Fischen. Auf seine Frage, weßhalb sie den Boden nicht anbauten, erhielt er zur Antwort, daß die Ratten allen Samen auffressen würden, und fand auch in der That bei etwas näherer Bekanntschaft, daß die guten Leute es mit einer unüberwindlichen Ratte der allerschlimmsten Sorte zu thun hatten — der Faulheit.

Nach den letzten Nachrichten vom Jahre 1858 lebten damals 16 Menschen auf Juan Fernandez, welches noch immer als chilenisches Besitzthum betrachtet wird.

Siebentes Kapitel.
Die Galapagos.

Anblick der Inseln. — Dürre der Küsten. — Vulcane und parasitische Auswurfskegel. — Oede Lavagegenden. — Zunahme der Vegetation auf den östlichen Inseln. — Cactusse und Euphorbien. — Der üppigere Pflanzenwuchs auf den Anhöhen. — Eidechsen. — Die große Landschildkröte. — Eigenthümliche Vögel der Galapagos. — Ihre auffallende Zahmheit. — Aehnliches Beispiel auf den Falkland's Inseln. — Klima der Galapagos. — Ihre Geschichte. — Frühere Bedeutung des Walfischfangs in den Buchten der Galapagos. — Port Office Bay. — Ker Porter. — Abenteuer des Irländers Fitz Patrick. — Colonisation der Galapagos durch den General Flores. — Unglückliches Ende der Colonie. — Slogman's Besuch 1852.

Keine Palmen umgrünen das Ufer der Galapagos, wie man es wohl auf Inseln erwarten sollte, die unter dem senkrechten Strahle des Aequators liegen; weder Banane, noch Brodfruchtbaum ernährt hier eine zahlreiche Bevölkerung: wild und abschreckend, nackt und düster ist die Küste.

Zwar wechseln jährlich zwei Regenperioden mit zwei trockenen Jahreszeiten ab, und jedesmal, daß die Sonne über dem Aequator steht, bringt sie stürmisches Wetter und häufige atmosphärische Niederschläge mit sich; aber das poröse Gestein verschluckt alsbald die befruchtende Feuchtigkeit und man kennt auf dieser ganzen bedeutenden Inselgruppe nur einen einzigen Bach, der mit seinem dürftigen Tribut das Meer erreicht, nur zwei kleine Wasserfälle, die an der Südostspitze der Chatham-Insel über den Felsenrand der Küste hinabstürzen.

Namentlich sind es die niederen Gegenden, die an beständiger Dürre leiden, und mit Ausnahme der peruanischen Sandküste oder der afrikanischen Sahara, möchte schwerlich ein Tropenland von der Ausdehnung der Galapagos zu finden sein, welches einen so trostlosen, verödeten Charakter darböte und wo Flora noch mit so wenigem Erfolge gegen den übermächtigen Vulkan ankämpfte. Denn die Abhänge des Gebirges, welches sich überall mit abgerundetem Rücken in sanften Linien erhebt, sind mit Lavaströmen bedeckt, die größtentheils noch durch die Dürftigkeit der Vegetation oder deren vollständigen Mangel ihr jugendliches Alter zur Schau tragen, und auf den westlichen Inseln Narborough und Albemarle, wo noch immer das unterirdische Feuer zum häufigen Ausbruch kommt, wälzen sich die glühenden Wogen der Lavaflüsse über das schon ältere vulkanische Gestein hinab, die Keime des vegetabilischen Lebens erstickend, die vielleicht in den Ritzen und Spalten der bereits verwitternden Schlacken sich entfalten mochten.

Die höheren Inseln, welche bis zu 3, 4 und sogar 5000 Fuß sich erheben, tragen gewöhnlich einen oder mehrere Hauptkrater auf ihren Centralgipfeln, während ihre Flanken mit zahllosen kleinen parasitischen Auswurfskegeln übersäet sind.

Auf der Chatam-Insel zählte Darwin von einer kleinen Anhöhe sechzig dieser abgestumpften Kegel, alle von einem mehr oder weniger vollständigen Crater gekrönt. Die meisten bestanden nur aus einem Ring von rothgebrannten Schlacken und erhoben sich nur fünfzig bis hundert Fuß über die umgebende Lavafläche. Sie erinnerten durch ihre regelmäßige Form an die betriebsamen Gegenden, die mit Hohöfen und Eisenhütten bedeckt sind, doch die Todtenstille der Wildniß führte die wandernde Phantasie von jenen lebensfrischen Bildern bald wieder zur öden Wirklichkeit zurück.

Das verschiedene Alter der Lavaflüsse läßt sich am verhältnißmäßig größeren oder geringeren Fortschritt oder am gänzlichen Mangel der Vegetation deutlich erkennen und nichts kann an Rauhigkeit die Oberfläche der neueren Ströme übertreffen. Man denke sich ein plötzlich im stürmischen Aufruhr versteinertes Meer, und doch würde kein Meer solche unregelmäßige Undulationen oder so tiefe Wellenklüfte darbieten.

Es wäre interessant zu wissen, wie viel Zeit eine runzelige Lavafläche unter verschiedenen Breitegraden bedarf, um sich durch Verwitterung in ein fruchtbares Feld zu verwandeln. In Island muß eine unberechenbare Reihe von Jahren dazu gehören, da unter dem viel milderen Himmelsstriche des Aetna Lavaströme, die schon vor der Eroberung des Marcellus sich ergossen, noch immer nur mit einer dürftigen Pflanzendecke ihr schwarzes Gestein verhüllen, und auch in der Tropenzone, wo natürlich der Verwandlungsproceß am raschesten sich entwickelt, geht eine lange — lange Zeit darüber hin.

Doch muß seit einigen Jahrhunderten die Vegetation auf den Galapagos etwas zugenommen haben, da sonst ein so genauer Beobachter wie Dampier (1684) nicht behauptet hätte, daß auch die östlichen Inseln außer einigen Cactusen weder Baum, Strauch, noch Gras hervorbringen, eine Beschreibung, die gegenwärtig nur auf den westlichen Theil der Gruppe bezogen werden kann, wo noch immer häufige vulkanische Ausbrüche statt finden und Schutt auf Schutt häufen.

Auf vielen der Galapagos sieht man beim Heransegeln die Vegetation fast gänzlich aufhören, ehe sie den Meeresrand erreicht, und auf den meisten ist das Ufer noch völlig pflanzenleer. Auf einigen zeigen nur die Gipfel oder Theile der Gipfel Spuren der Vegetation, und auf den wenigsten senkt sich das Pflanzenreich bis zum Drittel oder zur Hälfte der Abhänge oder sogar bis zum Strande herab. Man kann annehmen, daß letztere diejenigen sind, die das höchste Alter besitzen oder wo die vulkanische Kraft zuerst erlosch.

Die Eigenthümlichkeit der Gewächse trägt ebenfalls das ihrige dazu bei der Landschaft der niederen Gegenden einen öden, pflanzenleeren Charakter zu geben, da die hervorragendsten derselben riesengroße Cactuse mit breiten zusammengedrückten Gliedern und wohl eine Viertelelle langen Stacheln (Opuntia galapagensis) oder Wolfsmilcharten sind, die in einiger Entfernung ganz blattlos erscheinen, so daß erst bei näherer Betrachtung Darwin gewahr wurde, daß die meisten dieser dürren wie abgestorbenen Gewächse nicht nur braune Blättchen trugen, sondern sogar eben in voller Blüthe standen.

An der Küste der Chatham Insel gab sich derselbe Naturforscher die größte Mühe Pflanzen zu sammeln, doch gelang es ihm nur zehn Arten aufzutreiben, und zwar so kleine elend aussehende Gewächse, daß sie weit eher die Erzeugnisse einer arctischen Flora als eines tropischen Landes zu sein schienen. Die Opuntie und eine Marie sind die einzigen Pflanzen dieser Gegenden, welche einigen Schatten werfen.

Weiter hinauf in Höhen, die etwa tausend Fuß überragen, und namentlich an den südöstlichen Abhängen, die den größten Theil des Jahres von feuchtem Passate angeweht werden, erzeugt die dunstverdichtende, nebelbildende Kraft des Gebirges, überall wo die schon aufgeschlossene Lava es gestattet, eine Vegetation von einem ganz andern Charakter als diejenige, welche die ausgedörrten, sonneverbrannten Küsten so spärlich bekleidet.

Hier gibt es sogar feuchte mit grobem Riedgrase überwachsene Gründe, in welchen große Mengen einer sehr kleinen Wasserralle leben und brüten: hier gedeihen auch Farne und verschiedene große Grasarten, doch fehlen sogar auf diesen feuchteren Höhen die stattlichen Baumfarne, die gewöhnliche Zierde des tropischen Dickichts, und die gänzliche Abwesenheit aller Palmen ist besonders auffallend in einer im Mittelpunkt der Tropenzone liegenden Inselgruppe.

Von größerem Interesse als die Flora der Galapagos ist die dortige Thierwelt, besonders die der Reptilien und Vögel.

Eine scheußlich häßliche Eidechse, von schmutzig schwarzer Farbe, dumm und träge in ihren Bewegungen, lebt auf dem felsigen Meeresufer und wird häufig mehrere hundert Ellen weit in der See schwimmend angetroffen, während sie auf dem Lande sich niemals vom unmittelbaren Strandsaum entfernt. Sie erreicht bisweilen eine Länge von vier Fuß und ein Gewicht von zwanzig Pfund und ist besonders dadurch merkwürdig, daß sie von allen noch lebenden Eidechsen die einzige ist, die man zu den eigentlichen Seethieren rechnen kann, da keine andere so ausschließlich von den Produkten des Meeres lebt.

Die grimmigen Ichthyo- und Plesiosauren des urweltlichen Oceans haben nur noch auf diesem einzigen Fleck der Erde diesen sonst nirgends vorkommenden Stellvertreter, der aber nicht wie sie es waren, mit furchtbaren Zähnen und langer Schnauze bewaffnet ist, sondern einen kurzen abgestumpften Kopf besitzt, breiter als lang, so daß das Maul sich nur sehr wenig öffnen kann. Der Amblyrynchus cristatus oder das bekannte Stumpfmaul jagt daher auch nicht den erschrockenen Fischen nach wie jene untergegangenen Tyrannen des Meeres, sondern lebt ausschließlich von Seepflanzen, die es vom überflossenen Gestein abweidet. Seine Beine und starken Klauen eignen sich vorzüglich zum Kriechen über die rauhen zerspaltenen Lavamassen, welche überall die Küsten bilden. Hier kann man häufig Gruppen von sechs oder sieben dieser scheußlichen Reptilien auf den schwarzen Felsblöcken, einige Fuß über der Brandung mit ausgestreckten Beinen sich sonnen sehen.

Außerdem beleben noch andere Thiere den obern Strand. Eine Unzahl brandgelber Krabben kriecht auf dem überflossenen Lavageröll auf und ab; und auf dem dunkeln Gestein des Ufers stehen Pelikane und Pinguine in langen Reihen, während die umherschwärmenden Tropikvögel und Möven mit lautem Gekreisch pfeilschnell auf ihre Beute herabstürzen. Seehunde trifft man gleichfalls in bedeutender Menge. Mit unglaublicher Schnelligkeit verfolgen sie die Fische, die man oft weit aus dem Wasser herausspringen sieht, die Verfolger aber springen eben so lustig und schnappen in der Luft nach ihrem Raube. Diese bis zwei Ellen langen Seehunde haben die Vorderfüße mehr nach hinten gestellt als die der Nordsee und können daher den Kopf weit höher in die Luft strecken. Sie kriechen oft eine Strecke vom Strande weg und in das Gebüsch hinein, so daß man mitunter plötzlich auf einer einsamen Küstenwanderung durch ein unwilliges Grunzen und das Fletschen einer achtunggebietenden Zahnreihe überrascht wird. Doch hinter dieser drohenden Maske verbirgt sich nur wenig Gefahr, denn ein einziger Knüttelschlag auf die Schnauze reicht schon hin das wehrlose Thier zu Boden zu strecken.

Eine mit der erwähnten See- oder Wasfereidechse sehr nah verwandte Art, die aber ausschließlich das Festland bewohnt, ist auf die Centralinseln des Archipels — Albemarle, James und Indefatigable — beschränkt. Weder im Süden auf den Charles, Hood und Chatham Inseln, noch im Norden, auf Bindloes, Tower und Abingdon ward sie von Darwin gesehen. Auf jenen mittleren Inseln, welche ihre eng begränzte Heimath bilden, bewohnt sie sowohl die höheren und feuchten als die niederen und ausgedörrten Gegenden, doch kommt sie in letzteren weit häufiger vor. Um einen Begriff von ihrer Anzahl zu geben, begnügt sich Darwin zu erwähnen, daß er auf der James Insel Mühe hatte eine Stelle zum Aufschlagen seines Zeltes zu finden, die nicht von ihren unterirdischen Gängen unterwühlt worden wäre. Diese Eidechsen wie ihre Salzwasserbrüder sind häßliche Thiere und ihr niedriger Gesichtswinkel gibt ihnen ein ausnehmend dummes Aussehen. An Größe sind sie etwas geringer als jene, doch erreichen sie ein Gewicht von 10 bis 15 Pfund. Die Farbe ihres Bauches, ihrer Vorderbeine und ihres Kopfes (mit Ausnahme der fast weißen Krone) ist ein schmutziges Orangegelb, der Rücken braunroth. In ihren Bewegungen sind sie faul, wie stumpfsinnig, langsam fortkriechend mit auf die Erde hängendem Bauch und nachschleppendem Schwanze. Sie bleiben oft stehen mit geschlossenen Augen und mit auf dem verdörrten Boden ausgestreckten Hinterbeinen.

Ihr abschreckender Anblick, verbunden mit dem schwarzen Lavagestein, den stacheligen Cacteen, und dem blattlosen Wolfsmilchgesträuch geben der ganzen Scene einen seltsamen vorweltlichen Charakter, und führen die Phantasie in das längst verschwundene Reich der Saurier zurück.

Sie bewohnen Gruben, die sie zuweilen zwischen den Lavatrümmern aushöhlen, meistens aber auf ebenen Stellen des weichen vulkanischen Tuffs. Die Löcher scheinen nicht sehr tief zu sein und dringen in die Erde unter einem scharfen Winkel, so daß beim Darübergehen der Boden beständig nachgibt, zum großen Unbehagen des ermüdeten Wanderers. Beim Graben arbeitet das Thier abwechselnd mit den entgegengesetzten Hälften des Körpers. Ein Vorderfuß kratzt eine kurze Zeit lang die Erde auf und wirft sie dem Hinterfuße derselben Seite zu, der eine sehr angemessene Lage hat um sie jenseits der Oeffnung der Höhle weiter zu scharren. Ist die eine Körperhälfte ermüdet, so wird sie von der andern abgelöst. Darwin beobachtete eine solche Eidechse bei der Arbeit, bis sie halb vergraben war, alsdann zog er sie beim Schwanz, so daß sie verwundert aus dem Loch sprang und ihn mit ihren dummen Augen anglotzte als ob sie fragen wollte, „weßhalb er sich die Freiheit nehme sie zu stören."

Diese Eidechsen fressen bei Tage, entfernen sich nicht weit von ihren Gruben, und wenn man sie erschreckt, laufen sie mit linkischen Bewegungen so eilig wie sie nur können, nach ihren Spelunken zurück. Sie sind durchaus nicht furchtsam; wenn man sie aufmerksam betrachtet, richten sie den Schwanz in die Höhe, erheben sich auf die Hinterbeine, nicken schnell mit dem Kopfe und suchen dabei gar böse auszusehen; aber im Grunde sind sie es durchaus nicht, denn man braucht nur mit dem Fuße zu stampfen und das Thier wackelt in aller Eile davon.

Den Eidechsen, welche die niederen Gegenden bewohnen, kann im Laufe des ganzen Jahres kaum ein einziger Wassertropfen zu Gute kommen, aber sie verzehren viel vom saftigen Mark des Cactus, dessen Zweige häufig vom Winde abgebrochen werden. Darwin warf mehreren Eidechsen ein Stück desselben vor, und es war komisch anzusehen, wie eine jede sich bestrebte es zu fassen und im Maule davon zu tragen, so wie hungrige Hunde mit einem Knochen es zu thun pflegen. Sie essen sehr langsam, aber kauen nicht. Die kleinen Vögel wissen recht gut wie harmlos diese Thiere sind, denn Darwin sah oft einen dickschnabeligen Finken an dem einen Ende eines Cactuszweiges picken, während eine Eidechse an dem andern fraß, und nach vollendetem Mahle hüpfte der Vogel ohne weiteres auf den Rücken des Reptils.

Im Magen dieser Eidechsen findet man stets vegetabilische Fasern und Blätter verschiedener Bäume, besonders einer Akazienart. Sie kriechen die niedrigen verkrüppelten Stämme hinan, und oft sieht man mehrere zugleich einen Ast gemächlich abweiden, auf welchem sie mehrere Fuß über dem Boden sitzen.

Ihr Fleisch, wenn es gekocht ist, hat eine weiße Farbe und soll wohlschmeckend sein, die Bemerkung Humboldt's bestätigend, daß im tropischen Süd-Amerika alle Eidechsen, welche die trockenen Gegenden bewohnen, als Leckerbissen gelten können.

Das wichtigste Thier der Galapagos oder vielmehr das einzige Produkt derselben, welches jetzt noch die Aufmerksamkeit des Schiffers auf sich zieht, seitdem der Walfisch durch unablässige Verfolgungen aus den Buchten des Archipels vertrieben worden ist, gehört ebenfalls zu den Reptilien.

Es ist dieses die riesige Landschildkröte (Testudo indica), welcher die Gruppe ihren spanischen Namen — Galapagos — (Schildkröteninseln) verdankt. Sie ist wahrscheinlich im ganzen Archipel zu Hause, wo sie zwar die hohen feuchten Gegenden vorzieht, aber auch die niedrigen, trockenen Küstenstriche bewohnt. Sie war früher so häufig, daß noch dem Weltumsegler Dampier, dem wir die ersten zuverlässigen Notizen über die Inseln verdanken, eine ganze Flotte sich ausschließlich mit ihnen hätte verproviantiren können. Einzelne Schiffe sollen bis zu 700 dieser Thiere mitgenommen haben, und noch in den dreißiger Jahren wurden von der Mannschaft einer Fregatte an einem Tage 200 Stück an die Küste geschleppt.

Ihre Anzahl hat sich aber bedeutend verringert, seitdem ihr Fett, welches an Wohlgeschmack das Schweineschmalz übertrifft, die Aufmerksamkeit der Spekulanten auf sich zog, und zu einem bedeutenderen Handelsartikel mit dem benachbarten amerikanischen Continent wurde; auch die verwilderten Hunde bedrohen sie auf mehreren Inseln mit dem völligen Untergang. Individuen von einer Größe, daß sechs oder acht Mann nöthig wären sie von der Erde zu heben, möchten jetzt kaum noch anzutreffen sein.

Die Schildkröten, welche die wasserlosen Inseln oder die niedrigen, trockenen Küstengegenden bewohnen, leben vorzüglich vom saftigen Cactusmark, während diejenigen, welche die höheren feuchten Distrikte zu ihren Wohnsitzen gewählt haben, verschiedene Blätter, die sauren und herben Beeren des Guayavita und eine blaßgrüne fadenartige Flechte genießen, die bartartig von den Baumzweigen herabhängt.

Die Schildkröten lieben das Wasser sehr, trinken es in großen Zügen und wälzen sich gern im Schlamm herum.

Es ist daher um so auffallender, wie weit sie sich manchmal von diesem Labsal entfernen, doch mag die Liebe zum Cactusmark und vorzüglich das Brütegeschäft, welches die Hitze des trockenen Strandes bedarf, zur Erklärung des Geheimnisses dienen.

Von den Wassertümpeln des Binnenlandes strahlen daher nach allen Seiten die breiten, wohl ausgetretenen Pfade der Schildkröten nach der Küste hin und ohne diese würde man wohl schwerlich durch das dornige Gesträuch und die wildaufgeworfenen Laven den Weg zu den fruchtbaren Höhen gefunden haben. So haben die Schildkröten auf den Galapagos die Sorge des Chausseebaues übernommen, der auf Kamtschatka den Bären und auf den javanischen Anhöhen dem Rhinoceros zur Last fällt.

In der Nähe der Brunnen gewährt es ein unterhaltendes Schauspiel, die schwerfälligen Ungeheuer zu betrachten, wie die einen, so eilig wie sie nur können, mit ausgestrecktem Halse heranwatscheln, während die anderen bedächtig fortkriechen, nachdem sie das Wasser reichlich genossen.

Sowie die Schildkröte den Brunnen erreicht, taucht sie sogleich den Kopf bis über die Augen in's Wasser und verschluckt es mit gierigen Zügen — ungefähr zehn in der Minute. Jedes Thier soll drei bis vier Tage in der Nähe des Wassers zubringen und dann zu den niedrigen Gegenden zurückkehren; doch unbekannt ist es, wie häufig sich diese Besuche wiederholen, die wahrscheinlich nach der Natur des Futters sich richten. So viel ist gewiß, daß die Schildkröten auch auf den wasserlosen Inseln leben, wo es höchstens ein Paarmal im Jahre regnet.

Es scheint eine ausgemachte Thatsache, daß die Blase des Frosches dem Thier als nothwendiger Wasserbehälter dient, und dieses wird auch bei der Schildkröte der Fall sein.

Eine Zeitlang nach ihrer Brunnenreise ist die Urinblase des Thieres mit einer klaren, kaum merklich bitteren Flüssigkeit angefüllt, die allmälig abnimmt und unreiner wird. Dieser Umstand soll öfters von durstigen Seefahrern benutzt worden sein, welche die erste Schildkröte, der sie begegneten, tödteten und mit dem Inhalt des sonderbaren Wasserschlauchs ihre trockenen Kehlen benetzten.

Wenn die Schildkröten auf der Reise begriffen sind, so wandern sie Tag und Nacht und erreichen ihr Ziel viel schneller, als man erwarten sollte. Ein großes Thier, welches von Darwin beobachtet wurde, legte 60 Ellen in 10 Minuten zurück, und rückte also nach diesem Maßgabe täglich etwa um eine deutsche Meile vor.

Auf lockerem Boden legt das Weibchen seine Eier in ein Loch, über welches es den Sand zusammenscharrt; auf Felsengrund begnügt es sich, dieselben in die erste beste Höhlung fallen zu lassen, ihr künftiges Schicksal der Sonne überlassend. Das Ei ist weiß und rund und mißt 7 bis 8 Zoll im Umkreis. So wie die jungen Thiere aus der Hülle hervorkriechen, werden sie in großer Menge von einem gefräßigen Bussaar weggefangen — und der Mensch sorgt schon dafür, daß die Ausgewachsenen nicht gar zu alt werden.

Man glaubt, daß diese Thiere durchaus taub sind; so viel ist gewiß, daß sie einen nicht gewahr werden, wenn man auch ganz dicht hinter ihnen hergeht. Darwin ergötzte sich oft daran, die ungeheueren, langsam fortschreitenden Reptilien einzuholen, die, so wie er an ihnen vorbeiging, augenblicklich ihren Kopf und ihre Beine zurückzogen und mit lautem Zischen und schwerem Geräusch auf die Erde fielen, als ob der Blitz sie gerührt hätte. Er stieg oft auf ihren Rücken, und dann nach ein paar derben Schlägen auf den Hintertheil ihres Panzers, pflegten sie sich aufzuraffen und weiter zu gehen — doch fand der Naturforscher es sehr schwer, sein Gleichgewicht auf diesem sonderbaren Lastthier zu behaupten.

Die Riesenschildkröte der Galapagos (Testudo indica) wird gegenwärtig in vielen andern Ländern angetroffen, doch mögen alle ursprünglich von jener Inselgruppe herrühren. Wenn man weiß, wie häufig die Galapagos in früheren Zeiten von den Flibustiern besucht wurden, welche stets eine Menge lebender Schildkröten mit an Bord nahmen, ist es sehr wahrscheinlich, daß auf diese Weise die nützlichen Reptilien weit und breit durch die Tropenzone zerstreut wurden.

Merkwürdig ist es, wie auf den Galapagos die fehlenden wiederkäuenden Säugethiere durch Reptilien — Schildkröten und Eidechsen — ersetzt werden, so daß man sich hier in eine frühere Epoche des Planetenlebens zurückversetzt glaubt, wo noch die Saurier die Herrschaft auf Erden führten.

In ornithologischer Hinsicht bieten die Inseln nicht minder seltsame Eigenthümlichkeiten dar. Darwin fand 26 verschiedene Arten von Landvögeln, die größtentheils sonst nirgends in der Welt vorkommen, und noch merkwürdiger ist es bei dem wandernden Charakter dieser Gattung, daß die einzige Möve, die bei den Inseln angetroffen wird, ihnen ebenfalls ausschließlich angehört. Das Gefieder aller dieser Vögel ist gewöhnlich sehr schmucklos und unschön, wie die Flora des Landes.

Nicht nur der ganze Archipel, sogar jede Insel hat ihre eigenthümlichen Species. So lebt eine Art von Spottvogel (Orpheus trifasciatus, Gould) ausschließlich auf der Charles-Insel; eine zweite auf Albemarle (O. parvulus) und eine dritte (O. melanotus) gemeinschaftlich auf den James- und Chatham-Inseln.

Von ganz besonderem Interesse ist ferner die außerordentliche Zahmheit aller Landvögel der Gruppe. Es gibt keinen, dem man nicht nahe genug kommen könnte, um ihn mit einer Gerte oder sogar mit der Mütze oder dem Hut zu tödten. Eine Flinte ist hier fast überflüssig, da mit dem Kolben seines Gewehrs Darwin einen Habicht vom Ast eines Baumes stieß. Eines Tages ließ sich ein Spottvogel auf dem Rande eines Kruges nieder, den der Naturforscher in der Hand hielt und fing ganz ruhig an, das Wasser zu schlürfen. In früheren Zeiten scheinen die Vögel sogar noch zahmer gewesen zu sein. Cowley (im Jahr 1684) sagt, daß die Turteltauben so zahm waren, daß sie sich auf die Hüte und Arme der Wanderer niederließen, und Dampier (in demselben Jahre) erzählt ebenfalls, daß es ein Leichtes war, an einem Morgen Dutzende dieser Vögel zu tödten.

Gegenwärtig, obgleich noch immer sehr zahm, lassen sie sich nicht mehr auf die Arme der Menschen nieder, noch in solcher Anzahl erschlagen.

Auffallend ist es, daß die Veränderung nicht noch weit größer gewesen, denn während der zwei letzten Jahrhunderte sind diese Inseln häufig erst von Flibustiern und dann von Walfischfängern besucht worden, und die Matrosen auf ihren Streifzügen nach den Schildkröten machen sich stets ein Vergnügen daraus, die kleinen Vögel auf den Kopf zu schlagen.

Doch trotz aller Verfolgungen verlieren diese Thiere ihre Zahmheit nicht: auf der Charles-Insel, welche damals (1835) bereits seit sechs Jahren colonisirt war, sah Darwin einen Knaben an einem Brunnen sitzen und mit einer Gerte die Tauben und Finken todt schlagen, die zum Trinken herbeikamen. Auf diese Weise hatte der Kleine schon einen ziemlichen Haufen für sein Mittagsmahl gesammelt und sagte, daß er dieses regelmäßig zu thun pflege.

Die Vögel haben also noch immer nicht gelernt, daß der Mensch ein weit gefährlicheres Thier ist, als die Schildkröte oder die Eidechse, und beachten ihn so wenig, wie bei uns die auf dem Felde weidenden Ochsen oder Pferde von den Krähen beachtet werden.

Die Falklands-Inseln, die gleichfalls zur Zeit ihrer Entdeckung unbewohnt waren, liefern uns ein zweites Beispiel von dieser ungewöhnlichen Zahmheit der Vögel, obgleich sie dort schon etwas mehr Vorsicht gelernt haben, da seit zwei Jahrhunderten jener Archipel nicht nur häufig besucht, sondern öfters colonisirt worden ist. Die außerordentliche Zutraulichkeit des dunkelfarbigen Furnarius wurde von Pernetty, Lesson und andern Reisenden bemerkt, doch ist diese Eigenschaft auch den übrigen Vögeln gemein. Füchse bewohnen ebenfalls die Falklands-Inseln, und da dennoch die Vögel gegen den Menschen so zutraulich sind, kann der Mangel aller Raubthiere auf den Galapagos wohl nicht die Ursache ihrer dortigen Zahmheit sein.

Die Gänse auf den Falklands-Inseln, welche sich zum Nesterbauen und Brüten die kleinsten Eilande wählen, beweisen dadurch, daß sie die ihnen von den Füchsen drohende Gefahr wohl kennen, doch ihre Vorsicht hat sich noch nicht auf den Menschen erstreckt.

Auch in früheren Zeiten, wo sämmtliche Vögel der Falklands-Gruppe noch so zahm waren, machte der schwarzhalsige Schwan eine Ausnahme von der Regel. Es ist dieses aber ein Zugvogel, der natürlich die in andern Ländern gelernte Weisheit mit auf die Inseln brachte.

Aus allen diesen Thatsachen läßt sich der Schluß ziehen, daß die Furcht vor dem Menschen von den Vögeln, die ihn früher nicht kannten, trotz aller Verfolgungen nicht so bald erlernt, doch endlich im Lauf der sich folgenden Generationen ausgebildet und zum erblichen Instinkte wird.

Auf keine andere Weise läßt es sich erklären, daß während nur wenige junge Vögel in Deutschland jemals vom Menschen zu leiden gehabt, dennoch alle ihn fürchten; während auf den Galapagos und den Falklands-Inseln manche beschädigt worden sind und dennoch jene heilsame Furcht noch nicht kennen. Hieraus läßt sich auch schließen, welche Verheerungen die Einführung irgend eines neuen Raubthiers in einem Lande bewirken muß, ehe der Instinct der einheimischen Thiere sich so weit ausgebildet hat, um sie vor der List oder der Gewalt des Fremdlings zu schützen.

Von eingeborenen Säugethieren giebt es auf den Galapagos nur eine große Maus, denn die Ratze ist wahrscheinlich von fremden Schiffern eingeführt worden. — Auffallend wenige Insekten werden gefunden, sogar in den schönen, üppig gedeihenden Dickichten im Innern der Inseln, so daß wegen dieses Mangels jene feuchten, wohlbewachsenen Gegenden fast ohne Vögel sind, die man sonst hier am ersten erwartet hätte.

Wenn man bedenkt, daß die Inseln unmittelbar unter dem Aequator liegen, so ist das Klima im Allgemeinen durchaus nicht übermäßig heiß, ein Umstand, der wahrscheinlich von der auffallend niedrigen Temperatur des benachbarten Meeres herrührt, die ebenfalls alle Corallenriffbildungen an der Küste verhindert, da sie zuweilen sogar unter 13° R., die niedrigste Grenze des Steinpolypenlebens, fällt. Hier also hat der aus den hohen südlichen Breiten sich hervorwälzende kalte peruanische Strom eine durchaus entgegengesetzte Wirkung wie der warme Golfstrom unserer Hemisphäre, dessen milder Einfluß sich sogar bis Spitzbergen fühlbar macht.

An der nackten, sonneverbrannten Küste wird es jedoch häufig, namentlich bei Windstille, drückend heiß und der schwarze Lavaboden saugt so viel Hitze ein, daß er das Gehen, sogar in dicken Stiefeln sehr beschwerlich macht.

Die Galapagos wurden schon in den ersten Zeiten nach der Eroberung Mexicos entdeckt, früher als das goldreiche Peru. Man fand sie gänzlich unbewohnt, wie Juan Fernandez, und da hier kein edles Metall sich zeigte, und es auch keine indianische Bevölkerung zu unterdrücken gab, blieben sie von den Spaniern unbeachtet und unbenutzt. Später, als nach der Plünderung Panama's die Flibustier ihre Raubzüge im stillen Meere auszudehnen begannen, wußten diese Freibeuter einen besseren Nutzen aus den Galapagos zu ziehen und machten sie zu einem ihrer beliebtesten Schlupfwinkel, dessen bequeme Lage ihnen gestattete, mit erfrischten Kräften die amerikanische Küste zu überfallen.

Gegen Ende des vorigen Jahrhunderts wurde die Inselgruppe eine Hauptstation für die friedlicheren Walfischfänger, sowohl wegen der leichten, unentgeltlichen Verproviantirung und des hinreichend sicheren Ankergrundes, als besonders auch weil die Sunde und Buchten durch ihr tiefes und klares Wasser und durch ihre gegen den starken Seegang geschützte Lage eine Menge weiblicher Wale zum Werfen ihrer Jungen einluden. Vorzüglich pflegte die zwischen den Inseln Albemarle und Narborough liegende Banks-Bai von den riesigen Seesäugethieren besucht zu werden.

Der Ausrottungskrieg aber, der nun schon seit langer Zeit gegen diese Leviathane des Oceans geführt wird, hat sie theils verscheucht, theils ihre Anzahl sehr vermindert, so daß gegenwärtig nur noch sehr wenige Wale in diesen Gegenden angetroffen werden.

Auf der Charles-Insel verfielen die Walfischfänger auf die sinnreiche Idee, ein einfaches Postamt in der danach genannten Post Office Bay anzulegen. Sie pflegten nämlich ihre Briefe in eine dort aufgestellte Tonne zu legen und die Capitäne der heimkehrenden Schiffe versäumten es selten, die dort vorgefundenen Schriften mitzunehmen, um sie im nächsten Hafen zur Weiterbeförderung abzugeben.

Aehnliche Postämter sind auch noch in der jetzt schon häufiger befahrenen Torresstraße, so wie in Port Famine in der magellanischen Meerenge angelegt worden.

Während des letzten Seekrieges zwischen England und den Vereinigten Staaten in den Jahren 1812 bis 14 brachte die Briefbeförderungsanstalt auf den Galapagos den Engländern bedeutenden Schaden, denn der amerikanische Commodore Her Porter, den wir bei der späteren Beschreibung der Marquesas näher werden kennen lernen, wußte diesen festgewurzelten Brauch zu seinen Zwecken zu benutzen und es glückte ihm, auf diesem Wege nicht allein wichtige Nachrichten zu erlangen, sondern auch noch durch falsche Warnungen, welche er absichtlich für später dorthin kommende Fahrzeuge niederlegte, sich fast aller englischen Walfischfänger in diesem Theile des stillen Meeres zu bemächtigen, bis endlich sein eigenes Schiff bei Valparaiso nach einer tapferen Gegenwehr von den Engländern genommen wurde. Als eine geschickte Kriegslist mag allerdings Porter's Verfahren unseren Beifall verdienen, ob sie aber vom Standpunkte der seemännischen Ehre sich eben so gut rechtfertigen läßt, ist eine andere Frage.

Man kann sich leicht denken, daß obgleich die Galapagos keine festen Bewohner hatten, es doch niemals an Ausreißern und Abenteurern gefehlt hat, welche dieselben auf längere oder kürzere Zeit zu ihrem Aufenthalte wählten.

Der berühmteste dieser neuen Robinsone war ein gewisser Fitz Patrick, ein Irländer, der um das Jahr 1812 sich auf sein eigenes Begehren von einem englischen Fahrzeuge auf der Karls-Insel an's Land setzen ließ. Er baute sich auf der fruchtbareren Höhe eine kleine Hütte und zog Kartoffeln und Wassermelonen, deren reichlichen Ertrag er den die Insel besuchenden Fahrzeugen gegen harte Dollars oder Rum, seine Hauptzerstreuung in der Wildniß, veräußerte. Auf diese Weise brachte er mehrere Jahre in fast ununterbrochener Einsamkeit zu, doch trotz seiner Entfremdung von der Welt fand der Dämon des Ehrgeizes in seinem Herzen Raum und er beschloß, mit Hülfe seines Gewehrs sich wenigstens einen Unterthanen zu verschaffen. Endlich glückte es ihm, einen Neger allein anzutreffen, der ein Boot bewachte, welches einem bei der Insel liegenden Fahrzeuge angehörte. Diesen zwang er, ihm in's Innere zu folgen und erklärte ihn für seinen Sclaven. Doch eines Tages, wo er nicht recht auf der Huth sein mochte, oder vielleicht zu eifrig in Rumstudien sich vertieft hatte, sprang der rebellische Diener auf ihn zu, riß ihn zu Boden und band ihn an Händen und Füßen fest. Vor der Insel lag gerade ein englisches Fahrzeug, dessen Capitän den armen König barbarisch behandelte, ihn tüchtig durchprügeln, seine Hütte und Anpflanzungen zerstören ließ, ihm alles Geld raubte und ihn endlich noch mit Handschellen gefesselt seinem Schicksale Preis gab. Eine verzweifelte Lage; doch glückte es dem armen Fitz Patrick, mit einer alten Feile, deren Griff er in einen Baum einschlug, sich von seinen Banden zu befreien. Nun fuhr er damit fort, die ankommenden Schiffe mit Lebensmitteln zu versehen, verführte nach und nach einige Matrosen zur Desertion und war so glücklich, sich von diesen neugewonnenen Unterthanen Gehorsam zu verschaffen.

Endlich bemächtigte er sich eines Bootes und begab sich mit seinen vier Gefährten nach Guayaquil, wo er jedoch allein anlangte, nachdem er, wie man allgemein glaubte, unterwegs die andern ermordet hatte, da er sah, daß sein Wasservorrath für alle nicht ausreichen würde. Später begab sich der Abenteurer nach Payta, wo er sich in eine Mulattin verliebte, die auch seine Neigung erwiderte; doch als er mit seiner Herzenskönigin sich wieder nach der Insel zurückbegeben wollte, wurde er gefänglich eingezogen. Seine ferneren Schicksale sind unbekannt. Mancher Vagabond dieser Art, halb Freibeuter, halb Robinson, treibt sich noch jetzt auf den Inseln des Stillen Oceans umher; mancher interessante Roman wird dort in aller Stille gespielt, manches Verbrechen begangen, von dem die Welt nie etwas zu hören bekommt!

Die Republik Ecuador, welche die Souveränität der Galapagos beansprucht, machte im Jahr 1832 den Versuch, eine Colonie auf der Charles-Insel anzulegen, der aber eben so unglücklich ausfiel, wie das ähnliche Bestreben der Republik Chili, das wüste Juan Fernandez zu bevölkern. Die Niederlassung, welche dem General Flores, dem damaligen Präsidenten der Republik zu Ehren den Namen Floriana erhielt, erfreute sich zwar Anfangs eines ziemlich schnellen Aufblühens, so daß sie nach ein paar Jahren schon dreihundert Einwohner zählte, die theilweise wegen politischer oder anderer Verbrechen deportirt, theilweise freiwillig dorthin gezogen waren. Diese günstigen Aussichten währten jedoch nur kurze Zeit, denn schon gegen das Ende der dreißiger Jahre empörten sich die verwiesenen Verbrecher, der Gouverneur wurde ermordet, der bessere Theil der Bevölkerung zog sich wieder auf's Festland zurück, die andern zerstreuten sich in alle Welt und die Colonie gerieth in gänzlichen Verfall.

Die verödete Stätte wurde im Mai 1852 von Stogman besucht.

Vom schwarzen Lavastrande führte ein Steig längs einem mit Cactusbüschen bewachsenen Thale zu einem etwa 900 Fuß über der Meeresfläche liegenden offenen Platze, auf welchem zum Theile die Gebäude der verlassenen Colonie errichtet waren. Um die dürftigen, verfallenen Hütten lagen einige kleine eingehegte Felder, in welchen die Kürbisse, der freien Natur überlassen, gerade jetzt in Blüthe standen. Eine Quelle mit reichlichem Wasservorrathe bründet sich an dieser Stelle und könnte leicht in Röhren bis zum Strande hinabgeleitet werden. Das Wasser war von gutem, reinem Geschmack, aber unangenehm lauwarm; ein prächtiger Feigenbaum warf seinen Schatten über das Becken, in welchem es hervorsprudelte, und zahlreiche kleine Vögel hüpften und zwitscherten um die Quelle herum. Sie waren hier bereits ein wenig scheuer, als auf der Chataminsel, jedoch immer noch so zahm, daß man sie bequem mit dem Ladstocke todtschlagen konnte. Zum Nutzen künftiger Colonisten hatten sich die verwilderten Rinder, Schweine und Ziegen bedeutend vermehrt, und grasten unbekümmert um Joch oder Schlachthaus, auf den umherliegenden Wiesen. Nach dem üppigen Wachsthume zu urtheilen, mußte der kleine Abhang, auf welchem die Häuser und Anpflanzungen lagen, einen ungemein fruchtbaren Boden besitzen, und man hatte von demselben eine keineswegs unangenehme, wenn gleich etwas öde Aussicht über einen Theil der westlichen Abdachungen der Insel.

Nun setzte sich der Fußweg zur Rechten fort und Slogman stieg einen sanften Abhang hinan, dessen scharfer und dürrer Boden nur dünn mit Buschwerk und Kräutern bewachsen war.

Nachdem er ungefähr eine Viertelmeile zurückgelegt und den Fuß des 1800 Fuß hohen Sattelberges erreicht hatte, wurde das Wachsthum üppiger und ganz unvermuthet befand er sich auf der östlichen und südöstlichen Böschung des Berges, wo sich ihm ein reizender Blick in ein üppiges Thal eröffnete, dessen saftiger Wiesengrund mit zwar lichten, aber dennoch schattigen Waldungen abwechselt. Der Uebergang von der Dürre und Unfruchtbarkeit des nordwestlichen Abhanges vom Sattelberge zu dem lebhaften Grün auf der südöstlichen Seite desselben ist eben so schroff, als wenn man in einer großen Stadt plötzlich aus einem schmutzigen Nebengäßchen herauskommt und durch die Umschreitung einer Ecke auf einen großen, schönen Platz geräth.

Hier hatte der Gouverneur seinen Wohnsitz gehabt, und eine angenehmere Lage hätte wohl kaum gewählt werden können. Der fruchtbare Boden reichte zur Ernährung einer zahlreichen Bevölkerung hin; herrliche Weidestrecken lagen zwischen den Bergen und an Wasser fehlte es nicht. Die ganze Lage des Fleckes war so lieblich, daß man sich kaum des Wunsches enthalten konnte, hier seine vier Pfähle aufzuschlagen und sein Leben in beschaulicher Ruhe verbringen zu dürfen.

So sehen wir, daß auch auf den, ihrer wüsten Lavafelder und dürren, nackten Küsten wegen verrufenen Galapagos es nicht an einladenden Wohnsitzen für den Menschen fehlt und sich auch hier manch' kleines unbekanntes Paradies verbirgt.

Es bedarf nur der Gegenwart regsamer Hände, um das jetzt noch wüste Floriana zu einer blühenden Colonie umzuschaffen, wo der müde Seefahrer nach langem Umherirren auf der öden Wasserwüste mit dankbarem Herzen die Früchte genießen würde, die der Fleiß des Landmanns der willigen Erde entlockt.

Achtes Kapitel.
Die Osterinsel. — Salas y Gomez.

Entdeckung der Osterinsel. — Cook und Forster 1774. — Bewohner der Insel. — Merkwürdige Bildsäulen. — Chamisso auf der Osterinsel. — Verrätherischer Menschenraub. — Schwimmfertigkeit der Polynesier. — Salas y Gomez.

Einsam und verlassen, wie keine andere, erhebt sich mit breitgewölbtem Rücken die Osterinsel majestätisch aus den Wellen der Südsee empor, denn erst fünfzehn Breitegrade weit nach Westen liegt Ducie, der nächste Punkt, wo Menschen leben; und läßt man das Auge nach Osten und Norden über die Karte schweifen, so find in noch größeren Fernen Juan Fernandez und die Galapagos die ersten bewohnbaren Länder, die ringsherum aus der ungeheuren Wasserwüste emportauchen.

Wie mögen Menschen nach diesem so verlorenen, so völlig abgeschiedenen Punkte gekommen sein? Welcher Zufall des Windes oder der Strömung mag die ersten Ansiedler dorthin verschlagen haben? Und wie mag das Leben sich auf dieser beschränkten kleinen Welt gestalten, die so selten nur im Fluge mit der großen fernen, unbekannten Welt jenseits des weiten Oceans in Berührung kommt? Jahre und Jahre lang geht die Sonne auf und unter, und der Insulaner sieht nichts, wie die wenigen Brüder um ihn her, die enge Heimath, die unbegrenzten Wassergefilde von der unendlichen Himmelskuppel überwölbt; und kein Wink aus der Ferne unterbricht die Einförmigkeit seines von den ewig auf- und niederwallenden Bewegungsfluthen der Menschheit so völlig abgeschiedenen Daseins. Da plötzlich, o Wunder, erscheint ein weißer Punkt am Rande des öden Meeres; er nähert sich dem Eiland und schwillt allmälig an zu einem Schiff von riesiger Größe mit Segeln und Masten, wie die kühnste Phantasie sie nimmer geträumt. Man denke sich die fieberhafte Aufregung; das unsägliche Staunen über die tausend neuen und fremden Gegenstände, welche diese Sendboten einer andern Welt begleiten; den plötzlichen Zuwachs von Ideen, den ein solcher Besuch hervorruft! Doch schon nach wenigen Tagen, vielleicht schon nach wenigen

Grunden, entfernt sich die wunderbare Piroge der wunderbaren **weißen Männer**; und wie sie gekommen, verschwindet sie am Rande des Meeres. Aber wenn auch die Furche schnell sich glättet, die sie im aufgestörten Antlitz der Gewässer zurückläßt, so bleibt die Erinnerung ihrer flüchtigen Erscheinung noch lange im Gedächtniß der vereinsamten Naturkinder zurück, für die der Besuch eines Schiffes die Bedeutung eines großen historischen Ereignisses hat. Auch für uns knüpft sich ein romantisches Interesse an solche weit verschlagene Aestchen unseres großen Stammes, und gerne hören wir von ihren Schicksalen, ihren Sitten, ihren Anschauungen erzählen, denn die geheimnißvollen Bande des Mitgefühls verknüpfen uns mit allem, was auf dem weiten Erdenrunde nur Mensch heißt, und fesseln unsere Theilnahme nicht nur an die Geschichte großer, weltgebietender Völker und Länder, sondern auch an die armen Bewohner der kleinsten und verlassensten Inseln des Weltmeers.

Ein Engländer, Davis, den man nicht mit dem großen Eismeerfahrer verwechseln darf, soll im Jahr 1686 die Osterinsel oder Waihu, wie sie von den Eingeborenen genannt wird, entdeckt haben; und erst 1722 folgte ihm der bekannte holländische Weltumsegler Roggewein, der ihr den Namen gab, unter welchem sie auch jetzt noch am meisten bekannt ist, und manches fabelhafte von ihr berichtete.

Die ersten glaubwürdigen Nachrichten über Waihu verdanken wir dem großen Cook und unserm berühmten Landsmann, dem Naturforscher Georg Forster, welche im März 1774 auf der Rhede an ihrer westlichen Seite anlerten.

Die kleine dreieckige Insel mit an pyramidenförmige Berge anlehnenden Winkeln, bot überall die Zeichen der vulkanischen Verwüstung dar. Der Boden war mit schwarzem Steingeröll und zerstreuten Felsmassen bedeckt, zwischen welchen einige verschrumpfte Grasarten wuchsen, die einigermaßen den traurigen Anblick des Landes verschönerten. Nur mit Mühe konnten die Europäer auf den unebenen Wegen fortkommen, während die Eingeborenen mit erstaunlicher Leichtfüßigkeit von einem Felsblock zum andern sprangen.

Doch trotz dieser allgemeinen Unfruchtbarkeit sah man auch einzelne große Strecken anbaufähigen Landes, welche goldgelbe Kartoffeln, so süß wie Rüben, Bananen und Zuckerrohr hervorbrachten. Die zwischen den Steinen wachsenden Gräser wurden zum Düngen benutzt, so wie auch um das junge Gemüse vor den sengenden Sonnenstrahlen zu schützen.

Der Südspitze der Insel gegenüber, welche steil und zackig aus dem Meere sich erhebt, liegen etwa in der Entfernung einer Viertelmeile zwei abgesonderte Felsen, von welchen der eine einer ungeheuren Säule gleicht. Schwärme von Seevögeln umkreischen sie und begleiten mit ihren krächzenden Stimmen die tobende Brandung.

Die Bewohner der Osterinsel sind bemerkenswerth als die letzten östlichen Ausläufer der großen polynesischen Menschenrace. Nach Forster sind sie mittlerer Statur und ziemlich mager. Ihre Farbe ist kastanienbraun, ihr Haar schwarz und gekräuselt. Sie gingen meistentheils vollkommen nackt und waren, wie fast alle ihre Stammverwandten, tätuirt oder mit unauslöschlichen Hautzeichnungen verziert. Nur einige trugen Gürtel von gelbgefärbtem Tapatuch, demselben, welches auf Tahiti und den andern westlichen Inselgruppen aus der Rinde des Papiermaulbeerbaums durch Klopfen verfertigt wird. Wahrscheinlich waren es die Häuptlinge, die Ersten des Landes. Besonders fielen die großen Ohren dieser Insulaner auf, deren Lappen so ausgedehnt waren, daß sie fast bis an die Schulter reichten, und ein Loch hatten, durch welches man vier oder fünf Finger mit Leichtigkeit stecken konnte. Eine sonderbare, für Zierde gehaltene Verunstaltung, die an dem entgegengesetzten Ende der polynesischen Welt, bei den Carolinern, sich wiederfindet. Ringe aus dem elastischen Zuckerrohr verfertigt und wie eine Uhrfeder aufgerollt, steckten in dem ungeheuren Ohrloch und hielten es in der Spannung, welche wahrscheinlich die Mode, die alberne Göttin, erheischte, während weiße Daunen von Seevögeln die Oeffnung anfüllten. Die Gesichter der kleinen und zartgeformten Weiber waren mit hochgelbem Curcuma gefärbt und darüber mit weißen Streifen verziert. Man war erstaunt, unter den Eingeborenen, deren Anzahl auf etwa 700 geschätzt wurde, so wenige Frauen zu sehen. Wahrscheinlich hielten sie sich unter den hügelartig aufgeschichteten Steinhaufen versteckt, die man hier und dort wahrnahm, und an deren einen senkrechten Seite ein Eingang bemerklich war. Groß konnte der innere Raum keineswegs sein, doch hielt es Forster für wahrscheinlich, daß diese Höhlen, zugleich mit den elenden Hütten, die Bevölkerung zur Nachtzeit aufnahmen, und vielleicht konnten sie auch mit natürlichen Grotten, wie sie so häufig in den Lavaströmen vulkanischer Länder vorkommen, in Verbindung stehen. Das Wasser auf der Insel ist gewöhnlich salzig, und nur an der Ostseite derselben gibt es einen vollkommen süßen Brunnen. Wenn die

Eingeborenen ihn zum Löschen ihres Durstes besuchen, benutzen sie ihn zugleich auch zum Waschen ihres ganzen Körpers; und findet sich eine größere Gesellschaft zu gleicher Zeit ein, so springt der erste mitten in das Loch, trinkt und wäscht sich dann ohne Umstände, worauf ein anderer seinen Platz einnimmt um es eben so zu machen. Man kann sich denken, daß diese Sitte den durstigen Europäern nur wenig behagte.

Die größte Merkwürdigkeit der Insel waren eine Anzahl riesiger Bildsäulen, längs des Seeufers aufgerichtet, von welchen jedoch nur wenige wohlerhalten waren. An der Ostseite der Insel sah man die Ruinen von drei steinernen Platformen, auf jeder von welchen einst vier jener mächtigen Statuen gestanden hatten. Doch nun waren sie fast alle herabgefallen und lagen zertrümmert auf der Erde. Eine dieser gestürzten Größen war 15 Fuß lang, und 6 über die Schultern breit; alle trugen auf dem Kopf einen großen Cylinder aus rothem Stein, vollkommen rund bearbeitet. Noch andere Bildsäulen wurden gemessen, die fast 27 Fuß lang und über 8 Fuß breit waren, und eine noch größere, welche stehen geblieben, warf einen Schatten, der die ganze, fast aus dreißig Personen bestehende Gesellschaft vor den Sonnenstrahlen beschützte. Die Arbeit war grob aber nicht schlecht, die Gesichtszüge ziemlich gut gebildet, die Ohren lang nach der landesgebräuchlichen Verunstaltung, das übrige aber glich kaum der menschlichen Form.

Unbegreiflich war es, wie Insulaner, denen alle mechanische Hülfsmittel scheinbar unbekannt, solche ungeheure Figuren aufrichten und dann noch deren Häupter mit den großen cylindrischen Steinen krönen konnten! Wie unverhältnißmäßig erschienen diese Denkmäler der Vorzeit zu der geringen Zahl und Dürftigkeit der gegenwärtigen Bevölkerung. Also gab es auch hier historische Räthsel zu lösen! Also auch hier wie an so manchen andern, jetzt völlig verwüsteten Orten, hatte einst eine reichere Vergangenheit geblüht!

Vierzig Jahre nach Forster erscheint der in unseren literarischen Annalen nicht minder berühmte Chamisso vor der Osterinsel. Ein Franzose von Geburt, aber ein ächter Deutscher an Bildung und Gemüth; Naturforscher und Dichter in seltenem Einklang! Ein lieblicher poetischer Hauch umbuslet seine Beschreibungen von der Südsee, ohne jedoch der Wahrheit jemals zu nahe zu treten. Als die Osterinsel aus dem Meere sich erhob (es war die erste, die er in der Südsee sah), die verschiedenartigen Feldertheilungen von ihrem Culturzustande zeugten, Rauch von den Hügeln stieg, als näherkommend er am Strande der Coolsbai die Menschen sich versammeln sah, als zwei Boote vom Lande stießen und dem „Rurik" entgegen kamen, da freute Chamisso sich wie ein Kind, als nur darin, wie er sich in seiner anmuthigen Weise ausdrückt, daß er zugleich sich auch darüber freute, sich noch so freuen zu können.

Mit Staunen betrachtete er diese vulkanische, steinbedeckte, wegen ihres Mangels an Holz und Wasser berüchtigte Erde, da sie ihm durchaus mit frischestem Grün angethan schien, überall und selbst an den steilsten Abhängen der Berge in gradlinigte Felder eingetheilt, die sich durch anmuthige Farbenabstufungen unterschieden und deren viele in gelber Blüthe standen. Auf einen solchen wohlthuenden Anblick war er durch die Beschreibungen seiner Vorgänger nicht gefaßt. Mit dem Fernrohr glaubte er auf der Südostküste einige der kolossalen Bildsäulen unterscheiden zu können, die Forster's Bewunderung so sehr erregt hatten. In Coolsbai auf der Westküste, wo der Rurik die Anker fallen ließ, waren diejenigen dieser Büsten, die den Landungsplatz bezeichneten und die Lisianskoi noch gesehen hatte, nicht mehr vorhanden. Zwei Canoes (im Ganzen wurden nur drei auf der Insel gesehen) waren, jedes mit zwei Mann bemannt, den fremden Schiffern freundlich entgegen gekommen, ohne sich jedoch heranzuwagen. Schwimmende hatten das zum Sondiren ausgesetzte Boot umringt und den Tauschhandel mit ihm eröffnet. Hierauf ließ der Befehlshaber des Rurik, Capitän Kotzebue, (ein Sohn des wohlbekannten Theaterdichters) eine Landung versuchen und Chamisso bestieg ein zweites Boot, welches zu diesem Zweck vom Fahrzeug abstieß. Ein zahlreiches Volk erwartete die Fremden friedlich, freudig, lärmend, ungeduldig, untergleich und ordnungslos am Ufer.

Das Boot näherte sich dem Strande. Alles lief, jauchzte und schrie, doch bedrohliche Steinwürfe mischten sich unter die Friedenszeichen. Bei Spaniern vor ein paar Jahrhunderten hätte dieses sogleich zu einem Blutbade geführt; jetzt begnügte man sich als Warnung mit einigen harmlosen Schüssen.

Endlich siegte die Neugierde über das Mißtrauen; es wagten sich die Schwimmenden haufenweise heran, der Tauschhandel eröffnete sich, und ward mit Redlichkeit geführt: Alle mit dem wiederholten Ruf: Hoë! Hoë! begehrten Messer oder Eisen gegen die Früchte und Wurzeln und die zierlichen Fischernetze, die sie zum Tausch anboten. Chamisso trat mit einigen seiner Begleiter einen Augenblick an's Land. Welch ein Abstand zwischen ihm und dessen Bewohnern; zwischen diesen beschränkten Wilden mit dem kleinen Gedankenhorizont und dem hochgebildeten, die räumliche und zeitliche Welt so weit überschauenden Weisen! Und doch näherte er sich ihnen wieder durch seinen schönen Menschensinn und lächelte sie freundlich an als seine Brüder. Ob vielleicht seine Phantasie einige verschönernde Züge in das Bild verwebte, welches die Wirklichkeit ihm darbot, aber diese als so elend geschilderten Menschen schienen ihm von schönen Gesichtszügen, von angenehmer und ausdrucksvoller Physiognomie, von wohlgebildetem, schlankem, gesundem Körperbau, das hohe Alter bei ihnen ohne Gebrechen. Das Auge des Künstlers erfreute sich an diesen Gestalten eine schönere Natur zu schauen, als ihm die Badeplätze in Europa, seine einzige Schule, darbieten. Auf dem bräunlichen Grunde der Haut machte die bläulich breitlinige Tätuirung, den Lauf der Muskeln kunstreich begleitend, eine angenehme Wirkung. An Baßzeugen schien kein Mangel zu sein. Frische Laubkränze umwanden die bald länger, bald kürzer abgeschnittenen Haare; seltener erschien ein Kopfputz aus schwarzen Federn. Zierlich anliegende Halsbänder wurden bemerkt, die vorn mit einer großen geschliffenen Patellamuschel geschmückt waren. Keine unschönen entstellenden Zierrathen fielen auf. Wenn er die Berichte von Cook, Lapeyrouse und Kißanskoi mit seinen eigenen Erfahrungen verglich, drängte sich ihm die angenehme Vermuthung auf, daß sich die Bevölkerung vermehrt und der Zustand gebessert habe, denn überall, wo es Fortschritt steht, erfreut sich ein gutgesinntes Herz. Ob aber die wohlthätigen Absichten des menschenfreundlichen Ludwigs des sechzehnten, der diesem Volke unsere Hausthiere, nutzbare Gewächse und Fruchtbäume durch Lapeyrouse überbringen ließ, erreicht wurden, mußte bezweifelt werden, denn Chamisso sah nur die von Cook aufgezählten Produkte, Bananen, Zuckerrohr, Wurzeln und sehr kleine Hühner. Als am Abend die Anker gelichtet wurden ruheten befruchtende Wolken auf den Höhen der Insel. Vielleicht hatten Cook und Forster sie nach lange anhaltender Dürre gesehen und so ein minder freundliches Bild von ihr davongetragen!

Später erfuhr Chamisso die vermuthliche Veranlassung des zweifelhaften Empfanges, der ihm und seinen Gefährten auf der Osterinsel geworden, und erröthete dabei über die Europäer, welche diese Menschen Wilde nennen.

Der Schooner Nancy aus Neu-London beschäftigte sich 1805 auf Mas a fuera (Gruppe Juan Fernandez) mit dem Robbenfang. Da aber die Insel keinen sichern Ankerplatz gewährte, weßhalb das Schiff unter Segel bleiben mußte und er nicht Mannschaft genug besaß, um einen Theil derselben zur Jagd gebrauchen zu können, beschloß der amerikanische Capitän nach der Osterinsel zu segeln, landete in Cooksbai und raubte nach tapferer Gegenwehr 12 Männer und 10 Weiber. Drei Tage lang blieben die Gefangenen gefesselt; erst als kein Land mehr zu sehen war, wurden die Bande gelöst. Sogleich aber sprangen die Männer in's Wasser, und die Weiber, welche folgen wollten, konnten nur mit Gewalt zurückgehalten werden. Der Capitän ließ das Schiff beilegen, in der Hoffnung, daß sie doch wieder an Bord Rettung suchen würden, bemerkte aber bald, wie sehr er sich geirrt, denn diesen mit dem Element vertrauten Wilden schien es nicht unmöglich, trotz einer Entfernung von drei Tagen dennoch die heimathliche Insel wieder zu erreichen, und auf jeden Fall zogen sie den Tod in den Wellen einem qualvollen Leben in der Gefangenschaft vor. Ein Boot wurde ausgeschickt, um sie aufzufangen, aber auch dieses war fruchtlos, denn sie tauchten allemal bei dessen Annäherung unter und die See nahm sie mitleidig in ihren Schutz. Kein Wunder also, daß spätere Schiffe und auch der Rurik verdächtig empfangen wurden; eher zu verwundern ist es, daß nicht bei dessen Annäherung die ganze Bevölkerung floh.

Auf den entfernteren Inseln der Südsee findet frecher verrätherischer Menschenraub noch immer häufig statt, und sogenannte Christen wiederholen dort, wo die Gesetze der civilisirten Völker machtlos sind, die früheren Excesse der Barbareskenstaaten im Mittelmeer. Wann wird endlich der Geist der Humanität den Eigennutz und die angeborne Grausamkeit des Menschen vollständig besiegen?

Von der wunderbaren Schwimmkraft der Polynesier sind manche Beispiele bekannt, welche uns zeigen, wie weit der Mensch es durch Uebung seiner Fähigkeiten bringen kann. Commodore Willes, der berühmte amerikanische Seefahrer, erzählt uns von einem Eingebornen der freundschaftlichen Inseln, der um vier Uhr Nachmittags über Bord fiel und bis zum folgenden Morgen schwimmend und treibend auf der Oberfläche blieb. Der Rettung nahe, wäre er fast noch das Opfer eines riesigen Haifisches geworden, dessen scharfbewaffneten Kinnladen er durch das zeitige Erreichen des Corallenriffs der Insel Ofalanga noch glücklich entrann. Ohnmächtig fand man ihn auf dem Strande liegen.

Von einem Tahitier, Namens Tamaha, berichtet Porter eine noch merkwürdigere That. Dieser wurde, etwa 20 Seemeilen von der Küste von einem Officier des „Essex" geschlagen, und warf sich sogleich verzweiflungsvoll in's Meer. Einen Tag und zwei Nächte blieb er auf dem Wasser, bis endlich eine Welle ihn auf den Strand von Noukahiwa warf, als gerade seine letzten Kräfte ihm versagen wollten.

Die Noukahiwier, sagt Porter, sind so vollendete Schwimmer, daß sie stets für eine Kleinigkeit bereit waren, ein Schiffstau dreißig Fuß unter dem Wasser an den Ring eines Ankers festzuknüpfen.

Während seines kurzen Aufenthaltes bei Ukai sah Killitz (Denkwürdigkeiten einer Reise nach dem russischen Amerika, nach Mikronesien und durch Kamtschatka, 1858) bewundernswürdige Proben von der Tauchfertigkeit der Bewohner, die selbst unter den Karolineninsulanern sich auszeichneten. Ein junger Mensch, der noch nicht völlig erwachsen war — er schien ungefähr 15 Jahre alt zu sein — setzte ihn oft durch die Sicherheit in Erstaunen, mit der er Alles, was man über Bord warf, unter dem Wasser schwimmend auffing, ehe es noch in der geringen Tiefe von neunzehn Klaftern den Grund des Ankerplatzes erreicht hatte. Selbst sehr kleine, schwere Gegenstände, wie Taschenmesser und ähnliches Eisengeräth entgingen ihm nie, sobald man sie ihm vor dem Hinabwerfen gezeigt hatte. Wie der Blitz war er dann aus seiner Piroge, die vom Schiffe selbst noch durch das dazwischen liegende große Boot getrennt war; er schwamm unter dem Kiele des letzteren durch und kam nach einigen Augenblicken mit der ergriffenen Beute zum Vorschein.

Leider haben schon öfter die Südseeinsulaner ihre Schwimmfertigkeit auch zum Bösen benutzt. Tauchend erfassen sie das Ankerseil und schneiden es durch, damit der nach der Küste wehende Wind das Schiff auf den Strand treibe; oder befestigen auch wohl bei Meeresstille ein Tau an den Kabel, mit dessen Hülfe die am Ufer harrenden Gefährten das Fahrzeug an's Land schleppen. Gewöhnlich wird die Zeit vor Sonnenaufgang zu solchen verrätherischen Unternehmungen benutzt. So wie das Schiff das Ufer berührt, betrachten sie es als eine Prise, welches ihre Götter ihnen zugeschickt haben. Uebrigens machten noch im vorigen Jahrhunderte manche europäische Strandbewohner es nicht besser, indem sie bei stürmischem Wetter Feuer auf den Uferfelsen anzündeten, und dadurch die getäuschten Schiffer in's Verderben lockten! Seien wir also nicht zu eilig, Steine auf die Südsee Insulaner zu werfen!

Dreihundert und mehr Stunden im Umkreis leben, wie gesagt, keine Menschen um die Osterinsel, und dieser ganze ungeheure Meeresraum würde eine vollkommene ununterbrochene Wasserfläche darbieten, wenn nicht hundert Stunden nach Osten die nackte und niedrige Klippe Salas y Gomez aus den Wellen hervortauchte. Vermuthen lassen sich Zusammenhang und gleiche Natur mit dem hohen vulkanischen Lande der nahegelegenen Osterinsel. Noch sind keine Anfänge einer künftigen Vegetation darauf bemerkbar, und doch ist sie der Schauplatz eines regen tumultuarischen Lebens. Denn sie dient unzähligen Wasservögeln zum Aufenthalt, die solche kahle Felsen begrünten, obgleich unbewohnte Inseln vorzuziehen scheinen, da mit den Pflanzen sich die Insekten auch einstellen — und die Ameisen, die besonders ihre Brut gefährden. So hat auch die vollständige Verödung ihren Nutzen und Vögel und Seeschwalben erfreuen sich des nackten Gesteins, wie der Mensch der grünenden Flur. Man schaudert bei der Vorstellung des möglichen Falles, daß ein Schiff an diesem Felsen scheitern und ein menschliches Wesen lebend darauf verschlagen werden könnte, denn die Eier der Wasservögel möchten sein verlassenes Dasein zwischen Meer und Himmel auf diesem kahlen sonnengebrannten Steingestell nur allzusehr verlängern. In dem bekannten Gedichte „Salas y Gomez" hat Chamisso das Schreckliche einer solchen Lage meisterhaft geschildert.

Neuntes Kapitel.
Die Pitcairn Insel.

Die Bounty. — Meuterei Christians. — Bligh fährt im offenen Boote nach Timor. — Haifische und Fidschi-Insulaner. — Sturm und Hunger. — Eine herrliche Austernsuppe. — Höchste Noth. — Das Ziel wird glücklich erreicht. — Die Pandora. — Christian und seine Gefährten auf Pitcairn. — Spuren einer früheren Bevölkerung. — Christian's Tod. — John Adams. — Ankunft des Tagus. — George Nobbs. — Die Pitcairner wandern nach Tahiti aus, kehren aber als reuige Schafe bald wieder zurück. — Der falsche Lord. — Nobbs' Reise nach England. — Die Verfassung von Pitcairn. — Klima. — Verheerende Stürme. — Auswanderung nach der Norfolk's Insel. — Theilweise Rückkehr.

Selten ist wohl ein Schiff zu menschenfreundlicheren Zwecken ausgerüstet worden als die „Bounty", die gegen Ende des Jahres 1787 den Hafen von

Portsmouth verließ. Die ferne Südsee war ihre Bestimmung: auf Tahiti sollte sie den Brodbaum holen und ihn von dort aus nach Westindien führen damit auch die atlantischen Inseln den Segen seiner Früchte kennen lernten. Wer hätte geglaubt, daß das schnödeste Verbrechen ein so schönes Unternehmen vereiteln, der Geist des Aufruhrs gerade dieses Fahrzeug zum Schauplatz seiner Missethaten wählen würde!

Unter dem Befehl des Lieutenant Bligh, eines tüchtigen Seemanns, der Cook auf seiner letzten Weltfahrt begleitet hatte, erreichte die „Bounty" am 26. Oct. 1788 das liebliche Tahiti, und verließ erst nach sechs Monaten die Bucht von Matavai mit einem schwimmenden Brodbaumgarten beladen.

Ein paradiesisches Wetter, wie es in jenem milden Tropenmeere fast immer herrscht, begünstigte die ersten Tage der Fahrt und schien mit günstigen Vorbedeutungen die Segel zu schwellen; doch Zwietracht herrschte an Bord, denn Bligh's aufbrausender Charakter hatte bereits öfters zu Mißhelligkeiten mit Fletcher Christian dem Untersteuermann geführt, einem jungen Mann von guter Familie, wohl bewandert in seinem Fache und wie die That es uns bald erweisen wird, von kühnem abenteuerlichem Geiste. Am Abend des 27. April beleuchtete ein prachtvoller Vollmond die silbernen Gleise des Schiffes, welches langsam die leuchtenden Meereswogen durchschnitt. Wohl mag sich Bligh glücklich gefühlt haben, als er im Genuß des herrlichen Schauspiels und der erfrischenden Nachtkühle das Verdeck auf- und abschritt; wohl mag er sich süßen Zukunftsträumen hingegeben haben — doch wer weiß was die nächste Stunde ihm bringt!

Am folgenden Morgen wird der Befehlshaber plötzlich geweckt, seine Cajüte füllt sich mit Bewaffneten, Christian an ihrer Spitze. Er will nach der Bedeutung dieses Auftritts fragen, doch „Schweig!" ruft eine gebieterische Stimme „oder du bist des Todes!" Die Hände werden ihm auf den Rücken festgebunden, man schleppt ihn auf's Verdeck und zwingt ihn mit noch achtzehn andern, größtentheils Offizieren, in ein bereit liegendes Boot hinabzusteigen. Dann werden den Unglücklichen 32 Pfund Sped, 150 Pfund Brod, 28 Gallonen Wasser, etwas Rum und Wein, 4 Hirschfänger, ein Octant und ein Compas, nebst einem geringen Vorrath von Segeltuch und Tauwerk gereicht, und man überläßt sie ihrem Schicksal, mitten im stillen Ocean, in einem schwerbeladenen 23 Fuß langen, 6 Fuß 9 Zoll breiten Boot, ohne Bedeckung gegen die Gluthen der Sonne und die Unbilden der Witterung.

Ein trauriger Wechsel, Bligh, seit gestern Abend, wo du noch Herr und Gebieter warst des Schiffes, welches bald am Horizont für immer aus deinen Augen verschwinden wird!

Dieses Drama ereignete sich ungefähr dreißig Seemeilen von Tofoa, einer der Freundschaftsinseln, wohin die Verlassenen für's erste ihren Lauf zu richten beschlossen, um sich mit Brodfrüchten und einem reichlicheren Wasservorrath zu versehen. Aber schlecht wurden sie von den Wilden empfangen, welche sogar einen von ihnen erschlugen und mit ihren Kähnen die schnell sich wieder einschiffenden Engländer verfolgten, die kein einziges Schießgewehr zu ihrer Vertheidigung besaßen. Doch gelang es ihnen durch Ueberbordwerfen von Kleidungsstücken die habsüchtigen oder neugierigen Barbaren aufzuhalten, und dem Untergange zu entgehen. Was nun aber anfangen, wohin nun sich richten? Nach reiflicher Ueberlegung ward Bligh's Vorschlag angenommen nach der holländischen Niederlassung auf der Insel Timor zu segeln, die sie nur dem Namen nach kannten, und von der, obgleich es die nächste europäische Ansiedlung war, sie doch noch mehr als 3600 Seemeilen entfernt waren. Welch eine Reise für achtzehn in einem so gebrechlichen engen Boote zusammengedrängte Menschen! Welche Gefahren, welche Beschwerden standen ihnen bevor!

Es war am 2. Mai als diese merkwürdige Reise begonnen wurde, nachdem erst Alle in Bligh's Hände das feierliche Gelübde abgelegt hatten, sich täglich mit nur einer Unze Brod und einer Viertelpinte Wasser zu begnügen, denn der geringe Vorrath mußte wenigstens für 6 Wochen ausreichen. Die halbe Mannschaft sollte jedesmal sitzen und den Dienst verrichten, während die andere auf dem Boden der Chaluppe ausruhte, wo, unfähig sich auszustrecken und stets der Feuchtigkeit ausgesetzt, nun von der Sonne durchglüht, und dann in durchnäßten Kleidern von der kalten Nachtluft angeweht, sie bald von lähmenden Krämpfen und Rheumatismen befallen wurden. Man kann sich die Unglücklichen denken, wie sie mit ermattetem Auge den Bewegungen der gierigen Haifische folgten, die unermüdlich den Lauf des Bootes begleitend, auf die Beute lauerten, welche der nächste Sturm oder der Hunger ihnen liefern konnte.

Am fünften Tage ihrer Fahrt sahen sie zwei große Canoes vom Fidschi-Archipel, die mit Kannibalen angefüllt, eilig auf sie zuruderten. Die Unmenschen verfolgten sie bis auf eine Entfernung von zwei Meilen — dann zogen sie wieder von dannen.

Heftige Stürme bedrohten sie öfters mit dem Untergang, aber die armen Seeleute hofften zu Gott und wiederholten häufig ein Gebet, welches Bligh für sie verfaßt hatte. Er schrieb es nebst andern Notizen in einem kleinen Signalbuch nieder, das noch gegenwärtig im Besitz der Familie sich befindet. Zum Glück scheinen keine Mißhelligkeiten unter ihnen ausgebrochen zu sein, denn Zwietracht hätte vollends das kleine Boot zur Hölle gemacht.

Schon am 8. Mai mußten die Rationen vermindert werden. Willkommen war um diese Zeit ein heftiger Regenguß, der den Wasservorrath um einige Krüge vermehrte, doch vom 10. Mai an trat anhaltendes schlechtes Wetter ein, so daß die Wellen jeden Augenblick in's Boot schlugen, und die kranke entkräftete Mannschaft zum fortwährenden Ausschöpfen nöthigten. Zur Vermehrung der Noth kam noch hinzu, daß das Seewasser ihren kleinen Brodvorrath verdarb, dessen Ration vom 24. Mai an auf $^1\!/_{25}$ Pfund Morgens und Mittags herabgesetzt wurde, während der hungrige Abend sich mit der Aussicht auf das nächste Frühstück vertrösten mußte.

Am 25. Mai fingen sie mit der Hand ein paar laubengroße Seevögel, dumme unerfahrene Thiere, die muthwillig in's Verderben rannten. Jeder derselben wurde in 18 Stücke getheilt und roh mit aller Lust des Heißhungers verschlungen.

Am Morgen des 29sten befanden sie sich in der Nähe einer Felsbank, gegen welche eine wüthende Brandung antobte, doch glücklicher Weise gelang es ihnen, eine Oeffnung im Riff zu entdecken, durch welche dem sicheren Verderben entrinnend sie ein ruhiges Lagunenwasser erreichten. Sie landeten auf einer kleinen Insel und man kann sich das Entzücken denken, womit sie ihre von vierwöchentlichem Sitzen und Krummliegen steifgewordenen Glieder endlich wieder einmal auf Gottes gesegnetem Erdboden ausreckten. Früchte gab es auf dem Eilande zwar nicht, aber frisches Wasser und Austern — wie sie noch nie jemanden besser geschmeckt. Zum Glück befand sich ein kupferner Kessel im Boote, ein Feuer ward angezündet und aus Brod, Austern und etwas Speck eine herrliche warme Suppe bereitet, welche neues Leben in ihre ausgehungerten Glieder ergoß.

Gerne wären sie noch länger geblieben, als sie aber aus der Ferne einige Eingeborene mit lautem Geschrei auf sich zueilen sahen, hielten sie es für gerathener nicht erst abzuwarten, ob jene es gut oder böse meinten, sondern sogleich vom Ufer abzustoßen; so sehr hatten die Freundschaftsinsulaner den guten Kredit der Wilden bei ihnen erschüttert. Sie befanden sich nun zwischen der Ostküste von Neuholland und dem großen Barrier Riff, und indem sie durch den breiten Kanal nach Norden steuerten, drängte sich Insel auf Insel. Wo sie Gruppen von Eingebornen sahen segelten sie schnell vorüber; wo keine Menschen waren, landeten sie dann und wann und sammelten sowohl Austern als eine kleine Bohnenart, deren Genuß der Botaniker Nelson als nahrhaft und unschädlich empfahl. Am Abend des 3. Juni drang das Boot durch die Endeavour Straße und sie befanden sich wieder auf dem freien Ocean, der sie mit stürmischem naßkaltem Wetter begrüßte.

Am 10. Morgens nach einer ruhelosen Nacht war der Gesundheitszustand der Mannschaft auffallend verschlimmert. Außerordentliche Schwäche, geschwollene Beine, hohle gespenstige Gesichter, eine mehr als gewöhnliche Neigung zum Schlaf und geistige Abgestumpftheit deuteten darauf hin, daß die sinkenden Lebenskräfte nicht lange mehr so viele Entbehrungen und Strapazen würden ertragen können. Einige Kaffeelöffel Wein für den Augenblick der höchsten Noth aufbewahrt, noch mehr aber die geistige Erquickung der Hoffnung, denn sie wußten, daß sie nun nicht weit mehr vom Ziel sein konnten, belebten jedoch ihren Muth, und am 12. sahen sie endlich in der ersten Morgenröthe Timor, das ersehnte Timor vor sich liegen.

Welche Worte könnten ihr Entzücken schildern! ihren tiefen, innigen Dank gegen die Vorsehung, die ihr armseliges Boot so glücklich durch alle Gefahren des weiten Oceans geführt und trotz der schweren Trangsale die sie erlitten, mit Ausnahme des von den Wilden Erschlagenen auch keinen aus ihrer Mitte hatte umkommen lassen.

Am 14. Juni, nach einer beispiellosen Fahrt von 48 Tagen erreichten sie die holländische Niederlassung, wo sie vom Gouverneur Herrn Wilhelm Adrian van Este mit herzlichem Wohlwollen empfangen und auf's freigebigste verpflegt wurden. Am 30. August, nachdem sie sich zur Weiterreise erholt hatten, schifften sie sich nach Batavia ein, wo sie am 1. October ankamen. Hier wurde Bligh sehr krank, genas aber wieder; wogegen mehrere seiner Leute dem verderblichen Klima jener sumpfigen Küste erlagen. Der arme Botaniker war zum großen Leidwesen seiner Schicksalsgefährten schon in Sonpang am Fieber gestorben. Die Uebrigen begaben sich an Bord der nach Europa bestimmten holländischen Flotte, und erreichten glücklich die Heimath (14. März 1790). Bligh segelte im folgenden Jahre als Capitän der „Providence" noch einmal nach Tahiti um dort wiederum Brodbäume zu holen, die er diesmal glücklich nach den Antillen brachte, wo sie aber leider nur schlechte Früchte trugen; später zeichnete er sich in den Seeschlachten von Camperdown und Kopenhagen aus, wo er ein Linienschiff unter Nelson befehligte; wurde dann zum Gouverneur von Neu-Süd-Wales ernannt, und endlich zum Rang eines Vice-Admirals erhoben. Die letzten Jahre seines vielbewegten Lebens brachte er ruhig und glücklich im Schoos seiner Familie zu und starb 1817 in London.

Man kann sich denken, daß die britische Admiralität das Verbrechen Christian's und seiner Gefährten nicht ungestraft lassen konnte, und so wurde die Fregatte „Pandora" sofort nach der Südsee geschickt um die Gruppen der Gesellschafts- und Freundschaftsinseln, zu durchsuchen und die Meuterer, wenn es gelingen sollte sie zu fangen, zur gerechten Strafe nach England zurückzuführen. „Hurrah nach Otahelti!" war der letzte Freudenschrei der vom Bord der Bounty erschallte, als die armen Ausgesetzten sie mit schwerem Herzen davonsegeln sahen; dorthin richtete sich also zunächst die Fahrt der Pandora. Als sie am 23. März 1791 in der Bucht von Matavai anferte, kamen sogleich drei der Meuterer an Bord und zeigten außerdem noch an wo zehn ihrer Mitschuldigen zu finden wären. Zwei andere waren bereits erschlagen, doch Christian mit acht Gefährten war schon längst mit der „Bounty" in's unbekannte Meer hinausgesteuert.

Nach einer vergeblichen Durchsuchung aller benachbarten Inseln trat also die Fregatte mit ihren dreizehn Gefangenen, die in einem großen Käfig, den man die „Pandora Büchse" nannte, festgekettet waren, die Rückfahrt nach England an. Am 29. August scheiterte sie jedoch auf einem Corallenriff in der Nähe von Neu-Holland, und die Mannschaft mußte in den Chaluppen einen Weg von 1000 Seemeilen zurücklegen, ehe sie Land erreichen konnte; solch eine Kette von Abenteuern und Unglücksfällen" entspann sich aus jener ersten bösen That. Vier der Gefangenen, mit Ketten beladen, versanken mit der Pandora, den andern gab die Verzweiflung Kraft ihre Fesseln abzustreifen. Dreißig von der Mannschaft ertranken. Von den geretteten Meuterern, die man sogleich nach ihrer Ankunft in Portsmouth vor ein Kriegsgericht stellte, wurden vier freigesprochen, drei begnadigt und drei an Bord des Brunswick gehangen.

Sie waren die einzigen, die der menschlichen Gerechtigkeit zum Opfer fielen, denn Jahre vergingen ehe der Schleier sich lüftete, der bis dahin das Schicksal Christian's und seiner Gefährten bedeckt hatte, und als endlich im Jahre 1808 ihre ersten Spuren wieder aufgefunden wurden, war nur einer von allen noch am Leben.

Zwölfhundert Seemeilen südlich von Tahiti erhebt sich die kleine Pitcairn Insel 1046 Fuß hoch über das Meer. Die schroffe Felsküste senkt sich sogleich in die blauen Tiefen des unergründlichen Oceans, eröffnet sich nirgends zu einem Hafen, verflacht sich nirgends zu einem Strande. Nur an einem einzigen Punkte, ist bei ruhigem Wetter das Landen möglich; und auch dann erschwert die Brandung das Herannahen des Bootes. So wie der Reisende den Fuß an's Land setzt, muß er sogleich einen steilen Abhang erklimmen. Die Nordseite, amphitheatralisch ausgehöhlt, bis zu den höchsten Bergspitzen bewaldet, und von abschüssigem nacktem Gestein umschlossen, bietet einen höchst malerischen Anblick dar. Vielleicht entdeckte schon Torres den mitten im Ocean verlornen Felsen (1606), den Carteret am 2. Juli 1767 zuerst wieder erblickte, aber durch die heftige Brandung am Landen gehindert wurde.

Diese Meereseinsiedelei, so fern von allen damaligen Verkehrsstraßen der Menschen, wo nur der Seevogel seine kreischende Stimme hören ließ, hatten Christian und seine Gefährten zu ihrem Aufenthalte gewählt, denn obgleich sie kaum daran zweifeln konnten, daß das Geheimniß ihres Verbrechens von den Wellen verschlungen war, so ließ ihnen doch das böse Gewissen keine Ruhe. Mit 12 tahitischen Frauen, 6 Tahitiern und einem zehnmonatlichen Kinde landeten sie im Jahre 1790 auf Pitcairn, welches zwar damals völlig menschenleer, aber in früherer unbekannter Zeit bewohnt gewesen war, denn sie fanden Aexte und Götzenbilder und in die Erde vergrabene Schädel, als geheimnißvolle Denkmäler einer verschwundenen Bevölkerung. Anfangs behauptete Christian noch das Ansehen eines Befehlshabers, und unterhielt einige Ordnung unter seinem wilden unbändigen Gefolge. Doch pflegte er manche Stunden auf einer hohen Felsspitze zuzubringen, die er sein „Lug in's Meer" nannte. Von dorther schweiften seine unruhigen Blicke weit über die veröbeten Fluten des Oceans, wo jeden Augenblick am fernen Horizont die

Rache der beleidigten Gesetze hervorlauchen konnte. O wie trübe waren die Gedanken, welche seine schuldige Seele bewegten! was hätte er nicht darum gegeben die vollbrachte Missethat aus der Vergangenheit zu löschen! Bald nach der Landung wurde die Bounty verbrannt, um ja nicht durch ihre hohen Masten den Aufenthalt der Meuterer zu verrathen, und so verurtheilten sie sich selber zu einer ewigen Gefangenschaft auf jenem verlorenen Felsen, 10,000 Meilen weit von ihrer Heimath, ihren Familien und ihren Freunden. Mit reinem Gewissen und einträchtigem Sinn hätten sie dort noch glücklich leben können, aber durch ihre eigene Verworfenheit ward ihnen die liebliche Insel zur Hölle. Streitigkeiten brachen aus und hatten den Mord zur Folge. Noch ehe ein Jahr verging, wurden Christian und noch vier Engländer von den Tahitiern überfallen und erschlagen, die bald darauf auf ähnliche Weise umkamen. Einer der überlebenden Meuterer von einem bösen Dämon verführt, erfand die unselige Kunst ein berauschendes Getränk aus einer Wurzel zu gewinnen, und stürzte sich in einem Anfall von Säuferwahnsinn in's Meer; ein anderer wurde von Adams und Young, den einzigen die später eines natürlichen Todes starben, zu ihrer Selbstvertheidigung erschossen. So zeigte es sich auch hier, daß das Böse sich stets selbst bestraft, wenn auch die menschliche Gerechtigkeit es ungeahndet läßt, daß die Schuld nie und nimmer gesegnete Früchte trägt.

Im Jahr 1800 war der damals 36jährige Johann Adams nur noch der einzige Mann auf der Insel. Das unbestrittene Oberhaupt des kleinen aus einigen Frauen und zwanzig Kindern seiner verstorbenen Kameraden bestehenden Staates. Die bittern Erfahrungen seines Lebens hatten indessen eine merkwürdige Veränderung in ihm hervorgerufen, er war nachdenklich und fromm geworden, las fleißig in der Bibel und bemühte sich die wachsende Generation nach den Grundsätzen des Christenthums zu erziehen. So war der rohe Seemann, der in der Jugend an so gewaltsamen Scenen Theil genommen, zum Patriarchen und Vater einer friedlichen Gemeinde geworden, die unter seiner Leitung in Ordnung, Arbeitsamkeit und Eintracht aufblühte.

Indessen fingen die Walfänger an den großen Ocean immer mehr und mehr zu besuchen — und früher oder später mußte wohl das Geheimniß des Pitcairn Felsens bekannt werden. Doch dauerte es bis zum Jahre 1808, ehe die vereinsamte Insel zum ersten Mal von einem amerikanischen Schiffe, dem „Topas" besucht wurde, dessen Capitän landete und in einer der verlassenen Hütten (denn die kleine Kolonie hatte sich auf Adams Befehl bei Annäherung der Fremden versteckt) zu seinem großen Erstaunen mehrere Reliquien der Bounty — einen Chronometer und einen Seekompaß — vorfand, welche er der englischen Admiralität zuschickte.

Diese schien anfangs keine Notiz davon zu nehmen, doch sechs Jahre später sah Adams zu seiner großen Bestürzung zwei Fregatten, den „Briton" und den „Tagus" der Insel sich nähern, und hatte bald alle Ursache zu fürchten, daß die Stunde der verspäteten Strafe nun endlich für ihn gekommen sei, denn mehrere Boote mit Officieren und Bewaffneten stießen von den Schiffen ab und ruderten gerade auf den Landungsplatz zu. In sein Schicksal sich ergebend, trat er den Ankommenden entgegen, erfuhr jedoch zu seiner unaussprechlichen Freude, daß man durchaus keine böse Absichten gegen ihn hege und seine längst verjährte Schuld vergeben und vergessen sei.

Als er sich auf diese Weise von seiner fünfundzwanzigjährigen Sorge befreit sah, war es ihm als ob man ihm einen Mühlstein vom Halse genommen hätte. Er starb 1829 nach einem 30jährigen Aufenthalt auf Pitcairn, von der ganzen Gemeinde, die ihm so viel verdankte, tief betrauert. Vor seinem Tode versammelte er seine Kinder, wie er sämmtliche Insulaner nannte, um sein Sterbelager, und nachdem er sie dringend ermahnt hatte ihre religiösen und sittlichen Pflichten nimmer zu vergessen, rieth er ihnen einen aus ihrer Mitte zum Oberhaupte zu erwählen.

Glücklicher Weise, wie von der Vorsehung gesandt, war etwa vier Monate vor Adams Tode ein merkwürdiger Mann auf der Insel gelandet, der alle Eigenschaften besaß, um dessen würdiger Nachfolger im Zutrauen, in der Liebe und der moralischen Leitung der kleinen Brudergemeinde zu sein. George Henn Nobbs 1799 in Irland geboren, hatte seit seinem eilften Jahre in der englischen Marine, und später unter Lord Cochrane auf der chilenischen Flotte gedient, wo er zum Lieutenant befördert wurde. „Nachdem er viele Glückswechsel erlebt und oft den Tod vor Augen gesehen, kehrte er 1822 auf einem Schiffe, welches Pitcairn besucht hatte, nach England zurück.

Der Capitän machte ihm eine so anziehende Beschreibung vom glücklichen Frieden der kleinen Gemeinde, daß der von den Stürmen des Lebens so lang umhergeworfene Seemann eine unwiderstehliche Sehnsucht nach jener seligen Ruhe empfand, und den Entschluß faßte, sich so bald wie möglich auf Pitcairn niederzulassen. In Callao, wohin er sich mit dieser Absicht begab, bewog er den Eigenthümer einer Chaluppe, ihn nach der Insel zu begleiten, die vom gebrechlichen Fahrzeuge nach einer 42tägigen Reise, am 15. November 1828 erreicht wurde. Vom alten Adams freundlich empfangen und als Schullehrer angestellt, erwarb sich Nobbs in kurzer Zeit die allgemeine Achtung und Liebe, und fuhr nach dem Tode des Patriarchen fort als Lehrer, Arzt und Seelsorger die Geschicke der kleinen auf 68 Köpfe herangewachsenen Gemeinde zu leiten. Doch es scheint der Mensch für eine ununterbrochene glückliche Ruhe nicht geboren zu sein, denn auch Pitcairn sollte bald auf längere Zeit seinen Frieden gestört sehen. Vor seinem Hinscheiden hatte Adams die Besorgniß ausgedrückt, daß der Wasservorrath der Insel für eine wachsende Bevölkerung nicht ausreichen möchte, und so erschien 1831 die Kriegschaluppe „der Komet" vor Pitcairn, um die Einwohner auf ihren Wunsch nach Tahiti überzusiedeln. Die ganze Bevölkerung von 87 Seelen schiffte sich ein, kam aber zu einer sehr unglücklichen Zeit in der neuen Heimath an, da das Land eben am Vorabende eines Bürgerkrieges stand. Die furchtbare Sittenlosigkeit des Volkes erfüllte sie mit Abscheu; und Krankheiten brachen unter ihnen aus, woran 17 starben. Entmuthigung und Heimweh bemächtigten sich aller Gemüther und ihr sehnlichster Wunsch war nach dem geliebten Pitcairn zurückzukehren. Einer unter den englischen Ansiedlern auf Tahiti veranstaltete eine Collecte und der Verkauf der kupfernen Nägel und Bolzen die noch von der Bounty herrührten, brachten die nöthige Summe zusammen, für welche ein amerikanisches Schiff sie nach der verlassenen Heimath führte. Doch die bösen Folgen dieser unheilvollen Auswanderung ließen sich nicht so bald wieder verwischen, und als zwei Jahre später Bennett die Insel besuchte, fand er noch bei vielen einen unruhigen unzufriedenen Geist und eine Zügellosigkeit der Sprache, die ihnen gewiß früher fremd gewesen waren. Um diese Zeit brachte auch ein englischer Abenteurer, Namens Hill die Keime der Zwietracht nach Pitcairn. Er gab sich ohne weiteres den Titel eines Lords und königlich großbritanischen Statthalters, zog die Stärksten und Ehrgeizigsten auf seine Seite und zerstörte gar bald die ehemalige brüderliche Gleichheit. Zwar hatte der ehrliche Nobbs ihn sogleich durchschaut, war aber außer Stande dem schlauen Intriganten die Spitze zu bieten und sah sich endlich genöthigt, die Insel zu verlassen. Nun hatte der Schurke freies Feld und erzählte den leichtgläubigen Insulanern bodenlose Lügen über seine hohe Stellung in England, wie er der nächste Verwandte und intimster

Freund des Herzogs von Bedford sei, mit dessen Gemahlin, wie er sagte, er fast täglich auszufahren pflegte. Doch während die Pitcairnier mit offenem Munde den Prahlereien des Gauners zuhörten, führte der Zufall den Capitän Lord Eduard Rusell, einen Sohn des Herzogs, nach der Insel. Dieser hatte große Lust den entlarvten Betrüger sogleich mit nach England zu nehmen, da es ihm aber an der gesetzlichen Vollmacht fehlte, wurde erst im folgenden Jahre der falsche Lord seines usurpirten Amtes entsetzt. Nun luden auch die reuigen Pitcairnier ihren alten Freund Nobbs wieder zu sich, der einstweilen nach Mangareva gezogen war, und freudig zu seinen verirrten Schafen zurückkehrte, die ihm von nun an keinen weiteren Grund zur Klage gaben. Er betrachtete sie als ihm von der Vorsehung anvertraute Kinder, und leistete was nur von einem durchaus wohlwollenden, kenntnißreichen und erfahrenen Manne erwartet werden konnte. Die Einwohner von Pitcairn waren sehr arm und Nobbs wußte es recht wohl, als er sich unter ihnen niederließ. Im Jahre 1844 schrieb er einem Geistlichen in Valparaiso: „Die Kleidungsstücke die ich aus England mitbrachte, sind wie Sie leicht denken können, so ziemlich aufgetragen. Früher zog ich Sonntags einen schwarzen Rock an, doch seit drei Jahren sehe ich mich genöthigt, ihn durch eine selbst verfertigte Nankinjacke zu ersetzen. Nur für Heirathen und Begräbnisse bleibt jenes Staatskleid bestimmt, so fadenscheinig es auch ist. Höre ich also von einem jungen Manne: „Meister nächsten Sonntag mußt du deinen schwarzen Rock anziehen!" so weiß ich, was diese Worte bedeuten. Dem guten Nobbs war zum Lohn für seine Dienste ein Grundstück angewiesen worden, dessen er recht sehr bedurfte, da seine Frau, eine Enkelin des unglücklichen Christian, ihn mit eilf Kindern segnete. Im Jahr 1852 machte er eine Reise nach England, um dort die geistliche Ordination vom Bischof von London zu empfangen, eine durch seine langbewährte Tugend wohlverdiente Ehre. Nach sechsundzwanzigjähriger Zurückgezogenheit auf Pitcairn mußte ihm ohne Zweifel das Treiben der Weltstadt recht babylonisch vorkommen, doch vermochte nichts sein Staunen zu erregen, so daß er wie das verkörperte horazische nil admirari aussah! In den Gesellschaften, zu welchen er als Löwe des Tages häufig eingeladen wurde, machte er den Eindruck eines höchst bescheidenen, ernsthaften Mannes, dessen einfaches, mitunter etwas originelles Benehmen, in vollkommenem Einklang zur eigenthümlichen Lebensweise stand, die er so lange geführt hatte, und nach welcher er sich augenscheinlich zurücksehnte.

Von den Ersten und Ausgezeichnetsten des Landes wurde ihm die schmeichelhafteste und herzlichste Aufnahme zu Theil, denn die Beschreibungen der Südseefahrer hatten schon längst die öffentliche Aufmerksamkeit auf Pitcairn gelenkt, und ein Jeder interessirte sich für die kleine auf so merkwürdige Weise entstandene und angewachsene Colonie. Eine Collecte wurde veranstaltet, deren ziemlich bedeutender Ertrag die Pitcairnier mit einer Menge nützlicher Gegenstände versorgte, und Herrn Nobbs selbst wurde von der Missionsgesellschaft ein Jahrgehalt von 50 Pfund angewiesen. Zwei Tage vor seiner Abreise führte ihn die königliche Yacht „Fairy" nach Osborne, wo er von der Königin und dem Prinzen Albert auf's freundlichste empfangen wurde. Als dieser ihn fragte: „was er noch für seine kleine Gemeinde thun könne", antwortete Nobbs, der wie es scheint nicht ohne Anlage zum Hofmann war, daß man schon hinreichend für alle Bedürfnisse derselben gesorgt habe, daß aber das Geschenk der Porträts der königlichen Familie ihr die größte Freude machen würde, eine Bitte, die der Prinz lächelnd gewährte. Unter vielen Umarmungen und lautem Weinen hatten die Insulaner von ihrem trefflichen Lehrer Abschied genommen, und nicht minder rührend war das Wiedersehen im folgenden Jahre (1853), als er von seiner 18000 Meilen langen Reise zu seiner friedlichen Gemeinde zurückkehrte.

Diese belief sich damals auf 170 Seelen oder 22 Familien, unter welche der ganze urbare Boden der Insel vertheilt war. Die Regierung bestand aus einem Oberrichter, den jährlich am 1. Januar das allgemeine Stimmrecht zu jener höchsten Würde erhob, und aus zwei Räthen, die gleichfalls an jenem Tage, der eine vom Oberrichter, der andere vom Volke gewählt wurden. Uebrigens waren die guten Pitcairnier so wenig ehrgeizig, daß sie sich nicht selten dieser Auszeichnung durch das Opfer eines fetten Schweines zu entziehen suchten. Grenzstreitigkeiten, wie sie auch unter den friedfertigsten Nachbarn vorzukommen pflegen, wurden gewöhnlich sehr bald vom Magistrat geschlichtet, da es glücklicher Weise auf der Insel keine Advokaten zum Schüren der Zwietracht gab; war die Sache verwickelterer Natur, so wurde ein Schwurgericht von sieben Personen zur Entscheidung berufen und überstieg der Rechtsfall auch den Scharfsinn dieser sieben Weisen, so wartete man die Ankunft eines englischen Kriegsschiffes ab, dessen Capitän als Oberappellationsrath das endgültige Urtheil fällte. Uebrigens brachten solche Streitigkeiten durchaus kein böses Blut zu Wege, denn es war Grundsatz auf Pitcairn, die Sonne nicht über seinen Zorn untergehen zu lassen.

Die Gesetze waren sehr einfach, wie es sich bei so einfachen Verhältnissen erwarten ließ. Was die Grenzscheiden der verschiedenen Besitzungen betraf, so wurden sie vom Oberrichter unter Begleitung aller Familienhäupter am Tage seiner Wahl untersucht, und die beschädigten oder umgeworfenen Grenzpfähle sofort durch neue ersetzt, wodurch manchen Streitigkeiten vorgebaut wurde. Die Einfuhr aller geistigen Getränke war streng verboten, außer zum arzneilichen Gebrauche; auch war es keinem Frauenzimmer erlaubt, ohne besondere Aufsicht an Bord eines fremden Schiffes zu gehen. Für Schulgeld wurde monatlich ein Schilling, oder ein gleicher Werth an Lebensmitteln und Arbeit bezahlt; doch unterrichtete Herr Nobbs alle seine Pathenkinder, wozu ein guter Theil der heranwachsenden Jugend gehörte, unentgeltlich.

Was die Katzen betraf, so würden die unserigen, wenn sie wüßten, wie hoch man ihres Gleichen auf Pitcairn schätzte, ohne Zweifel massenhaft dorthin ausgewandert sein, denn wer eine Katze tödtete, außer etwa wenn er sie beim Würgen eines Huhnes antraf, mußte als Sühne dreihundert Rattenschwänze liefern, eine eigenthümliche Strafe, welche zugleich auch erklärt, weßhalb Hinzen's Dienste dort in so hohem Ansehen standen.

Alles Geflügel wurde an den Beinen gezeichnet und traf der Eigenthümer eines Feldes ein verwüstetes Huhn unter seinen Ignamen oder Balaten an, so durfte er es nicht nur tödten und verzehren, sondern er konnte außerdem noch den früheren Besitzer zum Schadenersatz auffordern. Wenn ein losgebrochenes Schwein Schaden stiftete, so kam die Sache erst vor den Magistrat und wenn dieser nicht zu beiderseitiger Zufriedenheit entschied, vor das Schwurgericht.

Die Ansiedlung lag an der bereits erwähnten amphitheatralischen Ausbuchtung an der Nordseite der Insel. Die einfachen Hütten, mit den Blättern des Pandanus überdacht, lagen zerstreut auf dem grünen Abhange und halb im dichten Gebüsch versteckt. Niedliche Fußpfade führten von einer zur andern und verloren sich manchmal in ernste Haine von majestätischen Banianen. Cocosnüsse, Pisang und Brodfrüchte gaben nur eine dürftige Ernte; die hauptsächlichste Nahrung bestand aus Ignamen, Balaten und den Wurzeln des Bergtaro (Arum costatum). Fleisch wurde kaum einmal in der

Woche gegessen, da eine der angewachsenen Bevölkerung entsprechende Anzahl von Schweinen und Ziegen auf dem Eilande nicht zu finden war, und es für das größere Hausvieh an gehöriger Weide fehlte. Auch die Fische waren ziemlich selten an der Küste und ihr Fang nicht ohne Gefahr. Die Speisen wurden auf polynesische Weise unter heißen Steinen gebacken, wozu die getrockneten Hülsen der Cocosnüsse das Hauptbrennmaterial lieferten.

Im Aeußern hatten die Pitcairnier große Aehnlichkeit mit den englischen Landleuten, nur daß ihre etwas dunklere Farbe auf die Beimischung tahitischen Blutes deutete. Ihre gewöhnliche Tracht war kaum mehr als ein Gürtel, da ihre dürftige Garderobe sich nur durch zufällige Einfuhren ergänzte. Die Weiber trugen gewöhnlich ein langes Kleid aus der Rinde des Papiermaulbeerbaumes, und verzierten häufig ihre Haare mit Kränzen von wohlriechenden weißen und brennend scharlachenen Blumen, ein Schmuck, der den hübschen Geschlechtern wohl anstand. In jedem Hause fing der Morgen mit einem Gebet und dem Lesen zweier Kapitel aus der Bibel an. Nach einem leichten Frühstück wurde sogleich die Tagesarbeit begonnen, denn auf der ganzen Insel gab es keinen einzigen Müßiggänger. Die Kinder gingen zur Schule, die Männer fischten, besorgten das Feld oder verfertigten Hüte aus Palmenblättern oder Körbchen und Dosen zum Verkauf an fremde Schiffer; die Weiber waren mit der Haushaltung beschäftigt, wozu namentlich auch das Verfertigen und Ausbessern der Kleidungsstücke gehörte. Nach dem gemeinschaftlichen Abendgebet ging man frühzeitig zur Ruhe und schlief unbesorgt, ohne Schloß und Riegel.

Alle Pitcairnier konnten lesen und beschäftigten damit gern ihre Muße; doch moralische oder religiöse Bücher bildeten ihre einzige Lectüre, und wurden ihnen häufig von der Londoner Gesellschaft zur Beförderung christlicher Kenntnisse zugeschickt. Sie gehörten sämmtlich zur anglicanischen Kirche. Der Gottesdienst wurde im Schulhause, einem 56 Fuß langen und 20 Fuß breiten, steinernen Gebäude, gefeiert.

Die Zeiten waren längst vorüber, wo nur höchst selten Pitcairn von Fahrzeugen besucht wurde, da jährlich an 50 Schiffe, fast alle amerikanische Walfischfänger, die Insel, wenn auch nur flüchtig berührten.

Die Ankunft eines fremden Segels war jedesmal ein Fest für das vereinsamte Völkchen. Schiffbrüchige wurden gastlich gepflegt, aber nicht länger gedulbet, als bis das nächste Fahrzeug sie an Bord nehmen konnte. Ohne diese Maßregel würde schwerlich der Lebenswandel der Insulaner so rein und christlich-moralisch geblieben sein, wie er unter andern vom Caplan des Admirals Moresby geschildert wird, der während der zehnmonatlichen Abwesenheit des guten Nobbs das geistliche Amt auf Pitcairn verwaltete. Nach ihm gab es auf der ganzen Erde keine gottesfürchtigere Gemeinde; während der ganzen Zeit, die er unter ihnen verweilte, fand auch nicht der geringste Unfriede, geschweige ein Verbrechen statt.

Der Gesundheitszustand auf Pitcairn war nicht so günstig, als man nach der einfachen Lebensweise der Bewohner erwarten sollte: Schwindsucht, asthmatische Beschwerden und Fieber kamen häufig vor. Das Klima war herrlich, doch entluden sich zuweilen Stürme von verheerender Gewalt über die Insel. Ein solcher, der am 16. April 1845 ausbrach, spülte mit seinen wolkenbrüchigen Regengüssen das fruchtbare Erdreich von den Felsen herab; entwurzelte 300 Cocosbäume und stürzte sie in's wildbrandende Meer. Mehrere Fischerboote wurden zertrümmert und sämmtliche Bananen, worunter 2000 in vollem Ertrage, rein von der Erde weggefegt. Vier lange Hungersmonate folgten auf diesen verhängnißvollen Orkan, dem die frommen Insulaner sich demuthsvoll als einer göttlichen Strafe unterwarfen.

Die eben geschilderten Zeiten sind nicht mehr, denn große Veränderungen haben in den letzten Jahren auf Pitcairn stattgefunden. Das liebliche Eiland wurde allmälig zu klein für eine Bevölkerung, die bereits im Jahre 1854 auf 200 Köpfe herangewachsen war, und es ließ sich voraussehen, daß die Zeit nicht mehr fern sein könne, wo entweder alle sich entschließen müßten, eine neue Heimath aufzusuchen, oder wenigstens einige von ihnen genöthigt sein würden in die Fremde auszuwandern.

Das Erstere wurde vorgezogen, und dankbar nahmen die Pitcairnier das Anerbieten der englischen Regierung an, ihnen die schöne romantische Norfolk's-Insel, die, so lange man noch Verbrecher nach Neu-Süd-Wales deportirte, der Verbannungsort des dortigen Abschaums, also gewissermaßen eine verschärfte Hölle war, und nun verlassen dastand, als neues Vaterland einzuräumen.

Im Jahre 1858 fand die Uebersiedelung statt, aber Niedergeschlagenheit und Heimweh stellten sich wie früher auf Tahiti ein, und nach den letzten

Nachrichten ist bereits ein Theil der Ausgewanderten nach Pitcairn zurückgekehrt, während die Uebrigen mit Sehnsucht den Augenblick erwarten, wo sie ihnen werden nachfolgen können.

Zehntes Capitel.
Die Missionen im großen Ocean.

Die Missionen im Allgemeinen. — Gründung der Londoner Missionsgesellschaft. — Das Missionsschiff „Duff". — Lebensgeschichte des Capitän Wilson. — Seine Leiden in der Gefangenschaft. — Das schwarze Loch. — Die Reisen des Duff. — Ansiedelung der ersten Missionare auf den Marquesas, auf Tonga und Tahiti. — Spätere Unglücksfälle. — Welche Erfolge haben die protestantischen Missionen erzielt! — Die katholischen Missionen. — Wohlthaten der protestantischen Missionen.

Die Bekehrung der Völkerschaften des großen Oceans zum Christenthum ist ohne Zweifel eins der merkwürdigsten Kapitel in der ganzen Kirchengeschichte.

Daß in Britannien, der fernen Nebelinsel der Nordsee, welcher die Welt die ersten gründlichen Kenntnisse über Polynesien verdankt, die Idee den Glauben des Erlösers bis an jenes Ende der Erde zu tragen, so energisch aufgefaßt und ausgeführt wurde — erinnert an die mächtigen religiösen Impulse, welche das romantische Mittelalter bewegten, und daß den Fährten des Waljängers und des Kaufmanns so früh schon die Missionare folgten, deutet darauf hin, daß die Vorsehung die Südseeinsulaner nicht hülflos den verderblichen Einflüssen der rohesten europäischen Menschenklassen überlassen wollte, sondern zugleich auch Sorge trug, daß sie als Gegengift mit dem sittenveredelnden Geiste einer vollkommeneren Religionslehre bekannt gemacht würden.

Durch keine weltliche Macht unterstützt, ohne Zwangsmittel irgend einer Art, mit keinen Waffen versehen, als denen eines redlichen Eifers und der Ehrfurcht, welche die Würde einer höheren Bildung dem Wilden einflößt, traten die Verkündiger der neuen Lehre unter Menschen auf, die durch Sprache, Sitten, Begriffe, Lebensweise und Charakter ihnen völlig fremd waren und zwar mit keiner geringeren Absicht, als eine gänzliche Umwälzung des Bestehenden hervorzubringen und die Ideen eines fernen Welttheils in die vereinsamten Inseln des stillen Meeres zu verpflanzen.

Es war keine leichte Aufgabe, welche jene Männer übernommen hatten, und es bedurfte langer Kämpfe, theils gegen die Gleichgültigkeit der Menge, theils gegen die Privatinteressen der Häuptlinge, deren Ansehen größtentheils auf der väterlichen Götterlehre beruhte, ehe sie zum Ziel gelangten: oft waren sie auf dem Punkt, das Feld zu verlassen, auf welchem sie so lange vergebens gearbeitet, und ihr Unternehmen als völlig hoffnungslos aufzugeben — aber die unbesiegliche Ausdauer der angelsächsischen Race hielt herzhaft Stand gegen alle Widerwärtigkeiten und Hindernisse, erhob sich stärker nach jeder Niederlage und führte zum endlichen Siege.

Bei der Geschichte der einzelnen Inselgruppen werde ich noch häufig Gelegenheit haben, die Leistungen der evangelischen Glaubenslehrer zu erwähnen, denn diese Männer sind es ja, welche die Hauptrolle in den neueren Annalen Polynesiens spielen: vorläufig will ich nur einen Blick auf die Missionen im Allgemeinen werfen und mit wenigen Worten an die Wohlthaten erinnern, welche sowohl die Eingeborenen, als die fremden Schiffer ihrer Wirksamkeit verdanken.

Die Londoner Missionsgesellschaft, von welcher die Bewegung ausging, die einen so mächtigen Einfluß auf das Schicksal der allerentferntesten Völker des Erdballs ausüben sollte, wurde im September des Jahres 1795 gestiftet. Bei der öffentlichen Gründungsfeier hielt Dr. Hawels, früherer Caplan der frommen Gräfin von Huntingdon, einer Dame, deren Anhänger noch immer eine besondere religiöse Secte bilden, eine Rede, worin der Beweis geführt wurde, daß unter allen heidnischen Ländern die Südseeinseln dem Bekehrungswerke die wenigsten Schwierigkeiten entgegensetzen würden. Die Idee hatte bereits der verstorbenen Gräfin vorgeschwebt, die stets mit großem Interesse die Beschreibungen der Seefahrer vom paradiesischen Klima und der zauberhaften Schönheit jener Smaragde des großen Oceans gelesen hatte und deren eifrigster Wunsch, den sie sogar auf dem Sterbebette ihrem Caplan noch an's Herz legte, es war, den sanftmüthigen, Unvergleichen und intelligenten Insulanern die Wohlthaten des Christenthums angedeihen zu lassen.

Die Rede von Dr. Hawels machte einen so tiefen Eindruck auf die Versammlung, daß der einstimmige Beschluß gefaßt wurde, sofort die Missionsthätigkeit im stillen Ocean zu eröffnen, und daß in kurzer Zeit über 10,000 Pfund Sterling zur Förderung dieses menschenfreundlichen Zweckes unterschrieben wurden.

So waren denn die nöthigen Mittel vorhanden, das Werk in einem größeren Maßstabe zu beginnen, und schon im August des folgenden Jahres sehen wir den „Duff" unter Anführung des Capitän Wilson, mit 30 Missionaren an Bord, den Hafen von Portsmouth verlassen. Unter letzteren befanden sich nur 3 ordinirte Geistliche, die übrigen gehörten dem Handwerkerstande zu. Die Feinde der Missionare haben ihnen oft selbstsüchtige Absichten vorgeworfen, doch möchte es schwer werden, in diesem Falle dergleichen unlautere Beweggründe auffinden zu können.

Der große Ocean wurde damals noch nicht wie jetzt von hunderten von Schiffen besucht und es war auch damals keine Aussicht vorhanden, daß er jemals seiner Vereinsamung entrissen werden würde: noch kein geordneter Handelsverkehr verband dessen Küsten und Inseln mit dem fernen Europa; die Dampfkraft hatte noch nicht die Räume des Erdballs zusammengedrängt — eine ewige Verbannung vom Vaterlande, ein Entsagen und Losreißen von allen süßen, liebgewordenen Gewohnheiten und Banden der Heimath, um sich in eine völlig fremde Welt zu begeben: war das selbstgewählte Loos jener Männer — und der Entschluß dazu konnte nur in Seelen auftauchen, die bereit waren, große Opfer für einen großen Zweck zu machen.

Die Südseeinseln, arm an Allem, was nicht zu den unmittelbaren Bedürfnissen des Menschen gehört, boten der Habsucht so gut wie gar nichts dar, und ohne allen Zweifel konnten die Missionare, Männer in der Blüthe ihrer Jahre und Kraft und, wie die Wahl schon beweist, vom unbescholtensten Rufe, wenn es ihnen nur um weltliche Vortheile zu thun war, sogar in dem verhältnißmäßig niedrigen Stande, dem sie meißtentheils angehörten, weil größere Erfolge in ihrem reichen Vaterlande, als im dürftigen Polynesien erwarten.

Um das Unternehmen zum glücklichen Ziele zu führen, bedurfte es natürlich nicht nur eines sehr erfahrenen und weltklugen Seefahrers, sondern besonders auch eines solchen, der mit kaum geringerem Eifer, als die Missionare selbst den frommen Zweck zu fördern bestrebte, und dieser fand sich im Capitän Wilson, ein Mann, den eine Reihe der merkwürdigsten Abenteuer für diese Aufgabe erzogen zu haben schien. Nachdem er in Indien der englischen Armee große Dienste geleistet, hatte Wilson das Unglück, in französische Gefangenschaft zu gerathen, aus welcher er durch die Flucht sich rettete, obgleich die Kerkermauern nicht weniger als 40 Fuß hoch waren.

Der mächtige Coleroon, ein Fluß, in welchem es von Krokodilen wimmelt, versperrte ihm den Weg; doch, unkundig der Gefahr, stürzte er sich in das Wasser und schwamm ans jenseitige Ufer. Ueberzeugt, daß nun seine Freiheit gesichert sei, bestieg er eine Anhöhe, um das benachbarte Land zu überschauen, als zu seiner unaussprechlichen Bestürzung er von einigen Reitern Hyder Ali's, des berühmten Sultans von Mysore, bemerkt wurde, die sofort auf ihn zusprengten, ihn erfaßten nackt auszogen, die Hände auf dem Rücken zusammenbanden und ihn vor sich her nach dem Hauptquartiere trieben.

Als er von einem der Officiere Hyder Ali's ausgefragt wurde, erzählte er offenherzig, wie er aus dem Gefängniß von Cuddalore entkommen sei. Der Officier beschuldigte ihn sogleich der Lüge und fügte hinzu, daß noch kein Sterblicher über den Coleroon geschwommen sei, in welchem man seinen Finger tauchen könne, ohne daß ein Krokodil darnach schnappe. Als er sich jedoch von der Wahrheit der Erzählung überzeugte, blickten alle Wilson mit Verwunderung an, und der Officier rief aus: „Wahrlich dieser Mann wird von Gott beschützt." Nun wurde er an einen gemeinen Soldaten gekettet und mußte auf diese Weise nackt, barfuß und verwundet mehrere hundert Stunden zurücklegen. Endlich mit 32pfündigem Eisen belastet, warf man ihn in ein scheußliches Gefängniß, das schwarze Loch genannt, wo Hunger und Durst ihn quälten, und ein Unglücksgefährte nach dem andern als Leiche ihm vom Arme abgekettet wurde.

Es war fast ein Wunder, daß Wilson zwei und zwanzig Monate lang ein so aufgehäuftes Elend ertrug, ohne davon erdrückt zu werden. Doch endlich wurde der Feind besiegt und es öffneten sich die Thore des „schwarzen Loches," um mit noch ein und dreißig Leidensgenossen den abgemergelten, ausgehungerten, nackten, mit Geschwüren bedeckten Wilson der Freiheit zurückzugeben.

Später in Bencoolen starben alle Europäer an Bord des Schiffes, welches er befehligte, und nur er von allen blieb verschont, ohne daß irgend ein Gefühl der Dankbarkeit gegen Gott in seinem Busen sich geregt hätte.

Durch den Handel bereichert, entschloß er sich nach England zurückzukehren, um dort in gemächlicher Ruhe sein bisher so bewegtes Leben zu beschließen. Auf der Heimreise befand sich ein Geistlicher an Bord, der sich häufig mit ihm über Religion unterhielt, aber so wenig Eindrücke auf den abgehärteten Atheisten machte, daß er zuletzt erklärte, es würde ein leichteres sein, einen Haifisch zum Christenthum zu bekehren, als den Capitän Wilson.

Dennoch wurde letzterer später durch eine Reihe höchst interessanter Schicksalsfälle dazu bewogen, seinen ungläubigen Grundsätzen zu entsagen, und sich mit vollem Herzen dem Evangelium anzuschließen. Mitten im Genuß aller Bequemlichkeiten, die ein bedeutendes Vermögen ihm verschaffen konnte, fiel ihm eine Nummer des „Evangelical Magazine" in die Hände, welche einige Bemerkungen über die beabsichtigte Südseemission enthielt, und sogleich beschloß er, seine Dienste zur Förderung des Zweckes anzubieten, bereit, allen Genüssen seiner sorgenlosen Lage zu entsagen, noch einmal den Gefahren des stürmischen Oceans zu trotzen.

Unter diesem trefflichen Anführer machte der Duff eine glückliche Reise und brachte nach England die willkommene Nachricht zurück, daß die Missionare auf den Marquesas, auf Tahiti und Tonga angesiedelt seien, und ihr Empfang von Seiten der Eingebornen zu den günstigsten Erwartungen berechtige.

Noch einmal wurde das Schiff mit einer Verstärkung von dreißig neuen Missionaren abgesandt — doch es stand eine Zeit der schweren Prüfung bevor. Der bisher so begünstigte Duff wurde von einem französischen Kaper genommen, trotz seiner menschenfreundlichen Absichten, für eine gute Prise erklärt, und erst nach langen Entbehrungen und Leiden gelang es den gefangenen Missionaren nach England zurückzukehren.

Was ihre bereits im stillen Ocean angesiedelten Brüder betrifft, so mußte die Mission auf den Marquesas bald wieder aufgegeben werden; auf Tonga wurden einige der Glaubenslehrer erschlagen und auch hier sah man sich genöthigt, nach einer Reihe von unglücklichen Ereignissen das Feld zu räumen; von Tahiti endlich waren die meisten Missionare, um ihr Leben zu retten, nach Neu-Süd-Wales geflohen, — so daß schon nach wenigen Jahren das günstig begonnene Unternehmen dem vollständigen Scheitern nahe war. Nur einige wenige blieben beharrlich auf dem ihnen angewiesenen Posten und andere kehrten nach kurzer Abwesenheit wieder zurück. Doch

Jahre lang blieben alle Mühen vergebens, der unermüdliche Eifer, die unaufhörlichen Reisen, die herzlichen Ermahnungen jener ergebenen Männer vermochten nicht die geringste Theilnahme bei den Tahitiern zu erwecken; keiner ließ sich belehren, und der grausame Kriegsgott herrschte noch immer mit aller Gewalt über die Seelen.

Durch diesen gänzlichen Mangel an Erfolg entmuthigt, waren die Directoren der Missionsgesellschaft schon auf dem Punkt, das trostlose Unternehmen aufzugeben, als endlich die überraschendsten Nachrichten von der völligen Niederlage des Heidenthums auf Tahiti eintrafen, und zugleich auch als Trophäen des Sieges die verstoßenen Götzen, welchen noch vor Kurzem das Volk seine Huldigungen dargebracht hatte.

Von jenem Wendepunkte an schritt das Christenthum bald schneller, bald langsamer von Insel zu Insel und von Gruppe zu Gruppe fort, und aus der Mitte der bekehrten Tahitier selbst ging eine Anzahl Religionslehrer hervor, deren Dienste wesentlich zum Erfolge beitrugen.

Außer der ursprünglichen London Missionary Society sehen wir später die Methodisten oder Wesleyaner sich um die Bekehrung der Tonga- und Fidschi-Inseln bemühen; so wie die Amerikanische Missions-Gesellschaft Hawaii zum Felde ihrer Thätigkeit wählt.

Als Ergebniß dieses eifrigen vielseitigen Strebens finden wir gegenwärtig, daß die Gesellschafts- und Sandwichs-Inseln, die Hervey-Gruppe und Tonga, Samoa und zum Theil auch Fidschi, Paumotu und noch manche andere zerstreuten Inseln, mit einem Worte fast alle Zweige des polynesischen Volksstammes das Evangelium angenommen haben, und die Missionsgesellschaften, durch die gewonnenen Erfolge ermuthigt, sich bereits bemühen, die westlichen von schwarzen Völkerschaften bewohnten Gruppen der Neuen Hebriden und der Salomons-Inseln zu bekehren, wo eine ungleich größere Barbarei ihnen noch bei weitem größere Schwierigkeiten in den Weg legt.

Was die katholischen Missionen betrifft, so finden wir die Marianen bereits vor Ende des siebzehnten Jahrhunderts bekehrt, doch auf spanische Weise nicht ohne Mitwirkung von Soldaten und Geschütz. Mit der völligen Entkräftung Castiliens hörten natürlich auch alle ferneren Versuche auf, das Christenthum auf den Carolinen und den übrigen von spanischen Seefahrern im großen Ocean entdeckten Inseln zu verbreiten.

Erst in den dreißiger Jahren des gegenwärtigen Jahrhunderts sehen wir das katholische Frankreich das so lange unterbrochene Belehrungswerk wieder aufnehmen und einen glücklichen Anfang mit der unbedeutenden Mangareva-Gruppe machen. Die Religion stand hier übrigens im Dienst der Politik, denn es handelte sich darum, dem englischen Einfluß Opposition zu machen, Banner gegen Banner aufzurichten, und unter dem Vorwande die römischen Glaubenslehrer zu schützen sich vorläufig einiger günstig gelegener Stationen zu bemächtigen.

Man ist zwar häufig geneigt, die Wohlthaten der protestantischen Missionen nicht sehr hoch anzuschlagen, wer aber, auch ohne dem christlichen Puritanismus zu huldigen, die oceanischen Zustände unparteiisch prüft, wird nicht umhin können, ein günstigeres Urtheil über das Wirken jener Männer zu fällen und nur wünschen, daß es ihnen mit den schwarzen Barbaren der Neuen Hebriden und der Salomons-Inseln eben so gut, wie mit den vergleichsweise weit gebildeteren kupferfarbigen Polynesiern gelingen möge.

Daß sie eine Religion gestürzt haben, welche den Kindesmord erlaubte, menschliche Opfer erheischte, dem Laster keine Zügel setzte und mit seltenen Ausnahmen durchaus nichts für die Ermuthigung der Tugend that, sondern vielmehr alles aufbot, den Keim des Guten im Menschen zu ersticken, war schon an und für sich eine unberechenbare Wohlthat.

Zugleich sind sie überall bemüht gewesen, die Grundlagen der bürgerlichen Freiheit zu legen, die früher schrankenlose Willkühr der Häuptlinge durch Gesetze zu mäßigen, welche dem Geringsten aus dem Volke Sicherheit für Person und Eigenthum gewähren, und die liberalen Institutionen der angelsächsischen Race unter die Polynesier zu verpflanzen. Wem anders als den Missionaren haben die Hawaiier es zu verdanken, daß ihr altes Königshaus trotz unzähliger Gefahren von innen und von außen sich noch immer behauptet, und im Lande, wo Cook ermordet wurde, bei weitem freisinnigere Regierungsgrundsätze obwalten, als sogar in einem großen Theil von Europa.

Außerdem haben die Missionare eine Menge nützlicher Gewächse und Thiere eingeführt, und die Insulaner mit mancherlei technischen Künsten bereichert. Das Kalkbrennen, der Häuser- und Schiffbau, das Drechseln und Möbelmachen, die Fabrikation des Zuckers und des Tabaks, die Buchbruderkunst sind unter andern den Polynesiern von jenen treuen Freunden gelehrt worden.

Bei so vielen überwiegenden Wohlthaten und werthvollen Gaben dürfte es wohl zu verzeihen sein, wenn diese Männer eine überstrenge Sittenzucht eingeführt haben, die dem heiteren, leichtsinnigen, lebensfrohen Charakter der Südseeinsulaner vielleicht weniger entspricht als der sinnlichere Dienst und die nachsichtigere Moral der katholischen Kirche; wenn sie den lebhaften Kindern der Freude, Tanz, Musik und sogar das Tragen von Blumenkränzen im Haare verbieten und die Heilighaltung des Sabbaths durch Strafen einschärfen, die man sogar in ihrem eigenen Vaterlande nicht kennt.

Andere hätten es vielleicht besser gemacht, doch ist es sehr zu befürchten, daß wenn die Polynesier erst auf den Besuch der aufgeklärten Philanthropen hätten warten müssen, die in ihren Schriften über die Missionare herfallen, sie noch heutigen Tages ihre Kinder morden und ihre erschlagenen Feinde verspeisen würden.

Danken wir also den Missionaren für das, was sie geleistet, und werfen wir ihnen nicht vor, daß sie vielleicht mehr hätten leisten können!

Wenn trotz ihrer Bemühungen, Trunk und Unsittlichkeit noch an vielen Punkten Polynesiens herrschen, wenn die ursprüngliche Trägheit noch immer nicht besiegt ist und der Südseeinsulaner gleichgültig zusieht, wie der Fremde sich bereichert, ohne dadurch zu größerer Thätigkeit angespornt zu werden; wenn sogar in Folge der von den Europäern eingeführten Krankheiten, der Schießgewehre und geistigen Getränke die Bevölkerung auf den meisten Gruppen bedeutend abgenommen hat, und es überhaupt noch zweifelhaft ist, ob die ursprüngliche Race sich auf die Dauer wird erhalten können — so läßt sich nur sagen, daß die Missionare überall nach Kräften gegen alle diese Uebel angekämpft haben, und sich namentlich dadurch die Feindschaft des weißen Gesindels — verlaufene Matrosen, Sträflinge, gewinnsüchtige Speculanten — zugezogen haben, welches in allen Häfen der Südsee sich eingenistet hat, und natürlich den bittersten Haß gegen Männer hegt, deren ganze Wirksamkeit seinem Treiben und Trachten so entschieden widerspricht.

Es ist einleuchtend, daß alle jene Uebel in einem noch weit verderblicheren Maße um sich gegriffen haben würden, wenn nicht die Missionare sie überall so beharrlich bekämpft hätten, und daß es eben so ungerecht wäre, ihnen Vorwürfe darüber zu machen, daß das beabsichtigte Gute nicht überall erreicht worden ist, als einen kräftigen Schwimmer zu tadeln, der mit angestrengten Kräften sich vergebens abmüht, ein Ufer zu erreichen, von welchem eine übermächtige Strömung ihn entfernt.

Höchst wichtig sind die Dienste welche die Missionäre der Schifffahrt im großen Ocean geleistet haben. Wo früher Verrath und Mord auf den Seemann lauerten, wo er im Fall eines Schiffbruchs nur das traurigste Loos zu erwarten hatte, falls er nicht noch mächtig genug an Mannschaft und an Waffen war, um den raubsüchtigen Barbaren zu imponiren — da fand er später, nachdem das Christenthum seine Herrschaft ausgebreitet hatte, Beistand in der Noth und Hülfe im Unglück, denn so zahlreich die Beispiele auch sind wo Schiffe von den noch heidnischen Polynesiern angefallen wurden, so läßt sich kein einziges anführen, daß ein solches Verbrechen an irgend einem Orte vorgefallen wäre, wo die Missionäre bereits einigen Einfluß erworben hatten.

Ohne die Missionäre wären die polynesischen Sprachen fast spurlos verschwunden, denn wer anders als sie hat sich bemüht dieselben gründlich zu erlernen und außer der Bibel auch noch andere nützliche Werke in jene Dialecte zu übersetzen und durch den Druck zu vervielfältigen. So sind manche historische Documente, manche Sprachformen noch glücklich der Vergessenheit entrissen worden, die dem Geschichtsforscher oder dem vergleichenden Philologen von großem Interesse sein können, und sonst ohne allen Zweifel verloren gegangen wären. Auch der Naturforscher schuldet jenen Männern einigen Dank, denn sie bahnten ihm den Weg in das früher verschlossene Innere mancher barbarischen Inseln, und erst nachdem sie den Menschen gebändigt hatten, durfte er es wagen den Spuren der Thiere zu folgen und die noch unbekannten Pflanzen zu sammeln.

Daß sämmtliche Missionäre stets mit lauteren Absichten verfuhren, daß es nicht auch unter ihnen Menschen gab, die unter einem priesterlichen Gewande selbstsüchtige Zwecke verfolgten, wird Niemand behaupten wollen, doch so viel steht für den unparteiischen Richter fest, daß die Wirksamkeit der Missionäre und der Geist, der sie beseelte, segensreich und edel war.

Wenn die Geschichte unter den Missionaren einige Menschen aufzuweisen vermag, deren unwürdiges Betragen dem Charakter von Glaubenslehrern nur wenig entsprach, so gab und gibt es unter ihnen Männer, die England mit Stolz zu seinen Söhnen rechnet und nicht minder hochachtet als die kühnen

Seefahrer, welche den Ruhm der brittischen Flagge über alle Meere von
Pol zu Pol getragen haben.

Eilftes Capitel.
Die Coralleninseln im Allgemeinen.

Anblick einer Coralleninsel. — Lagunenbilder. — Bau eines Corallenstockes. — Grenzen
der Steincorallen. — Bildung der Ringriffe. — Ihre verschiedenen Entwickelungsstufen.
— Das Thierleben auf den Corallenriffen. — Tridacnamuscheln. — Corallenfische. —
Einförmigkeit des Pflanzenlebens. — Pandanus. — Kokospalme. — Landthiere. —
Der Mensch auf den Coralleninseln.

Seltsam überraschend ist der erste Anblick einer Corallen-Insel! Sonst sind
es die blauen Gipfel der Gebirge, die zuerst am fernen Horizont dem heran=
segelnden Schiffer erscheinen, und es währt lange, ehe das allmählig wach=
sende Land zu deutlicheren Umrissen sich gestaltet; diese niederen Eilande da=
gegen, die nur wenige Fuß über den Meeresspiegel sich erheben, kündigen sich
plötzlich aus geringer Ferne durch deutlich kennbare Baumwipfel an, die, so
wie das Schiff mit der schwellenden Woge steigt, aus dem Ocean auftauchen,
und mit der sinkenden Welle wieder verschwinden. Es ist, als ob ein Wald
im Meere wurzelte, und man fragt sich, ob die unsichere Erscheinung nicht
eher ein Wahnbild der Luftspiegelung, als eine Wirklichkeit war.

Doch bald zeigt sich der aufspritzende Schaum der gegen das Grundriff
anschlagenden Brandung, und endlich kommt auch dicht über dem Wasser=
spiegel der schmale Streifen weißgelblichen Corallensandes zum Vorschein,
auf welchem jener grüne Waldsaum sich erhebt. Trägt die Insel eine nur
spärliche und niedrige Vegetation, so erblickt man auch wohl vom Mastkorbe
aus das stille Wasser des eingeschlossenen Lagunenbeckens, dessen Ruhe seltsam
absticht gegen das Wogengetümmel am äußeren Rande des Riffes.

Ist es dem Fahrzeug gelungen, durch eine Oeffnung oder Lücke des
einschließenden Corallenringes in die Lagune einzudringen, so eröffnet sich eine
nicht minder eigenthümliche Scene, deren Schönheit jedoch vorzüglich auf dem
Glanz der Farben beruht.

Bei einer größeren Tiefe, von 20 bis 35 Faden, hat das Binnenwasser schon ganz die Dunkelbläue des unergründlichen Oceans, dort aber, wo es auf seichterem, weißsandigem Grunde ruht, erscheint es unter dem Strahl der senkrechten Sonne im allerlebhaftesten Grün. Wo das niedrige Riff kaum über den Wasserspiegel sich erhebt, bietet die von außen dagegen ankämpfende Brandung ein eben so abwechselndes als erhabenes Schauspiel. Bald brechen sich die tiefblauen Wellen des Oceans mit entsetzlichem Getöße an den aufragenden Felsblöcken von schwarzem und groteskem Ansehen unter hochaufspritzenden Massen von weißem Schaum; bald rollen sie wie ungeheure Gießbäche über die Platte des Riffes dahin. Das Gefühl der Sicherheit im Busen der ruhigen Lagune erhöht nicht wenig den Reiz dieser tumultuarischen Scene.

An andern Stellen, wo das Riff sich bereits zu einer vollkommenen Insel gestaltet hat, wird das liebliche Lagunenbild durch hohe Palmen eingefaßt, deren zierliche Wedel, vom Passate bewegt, malerisch abstechen gegen das azurne Himmelsgewölbe.

Wo man nur hinsieht, erscheint alles mit heiteren, hellen, lebhaften Farben, durchaus verschieden von den matten einförmigen Tinten unserer nördlichen Gestade.

Dieser eben so schöne als merkwürdige Anblick gewinnt ein um so höheres Interesse, wenn man die mannigfachen organischen und physischen Kräfte bedenkt, welchen die Corallen-Insel ihre Entstehung verdankt; wenn man es weiß, daß der Boden, auf dem jene Palmen wurzeln, oder gegen welchen jene Brandung tobt, einzig und allein von Steincorallen herrührt, winzigen, fast auf der untersten Stufe des animalischen Lebens stehenden Thierchen, deren Bildung ich nothwendig einige Worte widmen muß, damit ihre Bauten besser verstanden werden.

Der Blindsack ihres Körpers öffnet sich nach oben in einem weiten Mund mit einem Kranz von Fangfäden umgeben, welche sie willkührlich ausbreiten und zurückziehen können, und die dem Schlunde die Nahrung zuführen. Unfähig den Ort zu wechseln, sind sie außer Stande, durch Kampf, durch Körperkraft oder List irgend eine Beute zu fangen, und so wie die hülflosen Jungen der höheren Thiere von ihren Eltern gefüttert werden, so zehren die Polypen ihr ganzes Leben von dem, was das Meer, ihre gütige Mutter, ihnen zuführt. Es ist leicht begreiflich, daß Thiere, die zu ihrer

Exiſtenz eines ſo geringen Aufwandes von Intelligenz bedürfen, der höheren Sinne entbehren können. Die Polypen hören und ſehen nicht, und wozu ſollten ſie es auch? Bei ihrem feſtgewurzelten Leben konnte weder Ohr noch Auge ihnen behülflich ſein, um den Angriffen ihrer Feinde zu entgehen, eben ſo wenig wie dieſe Organe dazu nöthig waren, ihnen das Ergreifen einer Beute zu erleichtern, die ohne daß ſie ſich umzuſehen oder zu horchen brauchen, ihnen von ſelbſt zuſchwimmt. Der vornehmlich in ihren Greifapparaten ſich concentrirende Gefühlsſinn genügt offenbar allen Anſprüchen ihres beſchränkten Lebens. Wie die Pflanzen, denen ſie durch die Niedrigkeit ihrer Bildung ſo nahe ſtehen, vervielfältigen ſie ſich durch Knospen und bilden auf dieſe Weiſe eng verbundene Geſellſchaften oder ſocialiſtiſche Republiken. Jedes Individuum hat ſeinen beſonderen Mund und Fangapparat, ſeinen eigenen Magen, jedes ſondert innerhalb ſeines Gewebes die kalkige Maſſe ab, wodurch es mit dem Stock verwächſt; aber weiter erſtreckt ſich ſeine Eigenthümlichkeit nicht, denn durch Kanäle und Säfte iſt es gleichfalls mit ſeinem Nachbar verbunden, ſo daß die Säfte, die der einzelne Polyp bereitet, der ganzen Verbrüderung zu Gute kommen.

In einem ſolchen Corallenſtock halten Tod und Leben gleichen Schritt; die ſterbende, ſich mit dem Alter immer mehr verkalkende Schicht dient einer neuen Generation zur Grundlage, und ſo wächſt und wuchert der Bau an der Oberfläche fort und fort, ſo lange er in der Außenwelt noch die nothwendigen Bedingungen ſeines Daſeins findet. Das Knochengerüſte der höheren Thiere verſchwindet nach wenigen Jahren von der Erde, und läßt außer in ſeltenen Verſteinerungen kein dauerndes Denkmal zurück: aber das feſtgewurzelte Skelett der Polypen trägt zur Bildung einer ewigen Felsmaſſe bei. Wundern wir uns alſo nicht, daß Thiere, deren Wachsthum an und für ſich unbeſchränkt iſt, und deren Producte mit einer ſolchen Unveränderlichkeit begabt ſind, im Lauf der Zeiten Bauten aufführen, deren rieſige Größe alles Gebilde von Menſchenhand weit hinter ſich zurückläßt.

Da die Steincorallen pflanzenähnlich wachſen, nehmen ſie auch alle möglichen vegetabliſchen Formen an. Es gibt unter ihnen Flechten und Mooſe, Sträucher und Bäume, zierliche Vaſen und ſymmetriſche Domkuppeln, deren Durchmeſſer nicht ſelten 10 und ſogar 20 Fuß erreicht.

Ihr Vorkommen beſchränkt ſich auf die tropiſchen und ſubtropiſchen Meere, denn die Temperatur des Waſſers, worin ſie gedeihen, darf nimmer unter

+ 13° R. sinken. Am östlichen Ufer des großen Oceans sind ihre Grenzen zwischen 21° und 4° nördl. Br. eingeengt; am westlichen Ufer dagegen erweitern sich dieselben bis 34° nördlicher und 30° südlicher Breite. Ein ähnliches Verhältniß zwischen den Ost- und Westküsten findet auch im atlantischen Meere statt, und erklärt sich durch die Wirkung des westwärts fließenden warmen Aequatorialstroms, der an den amerikanischen und asiatischen Ostküsten sich bricht, während die Westküsten dieser Continente von kälteren, dem Corallenleben feindlichen Strömungen bespült werden.

Innerhalb dieser Grenzen nun kommen die Bildungen der Corallenthiere unter drei verschiedenen geologischen Formen vor. Die Riffe nämlich hängen entweder unmittelbar mit dem Ufer eines Continents oder einer Insel zusammen; oder sie bilden einen Damm in größerer oder geringerer Entfernung vom Lande; oder sie umgeben ringförmig einen Centralsee, eine Lagune.

Obgleich die verschiedenartigen Riffe oft hunderte von englischen Meile in die Länge oder im Umkreis sich erstrecken, sind sie stets nur von geringer Breite, so daß jede Laguneninsel wie ein schmaler Reif aus dem Meere sich erhebt, und zwar gewöhnlich so steil und abschüssig, daß schon in geringer Entfernung das Senkblei keinen Grund mehr findet.

Eine so seltsame Bildung mußte nothwendig die Aufmerksamkeit der Naturforscher auf sich ziehen und deren Scharfsinn zu ihrer Erklärung auffordern. Anfangs glaubte man, daß die Steincorallen aus den tiefsten Tiefen des Oceans ihre senkrechten Mauern aufführten, doch diese Meinung ließ sich nicht mehr halten, sowie es bei näherer Untersuchung sich ergab, daß die Tiefe, bis zu welcher die riffbildenden Corallenthierchen (Asträen, Poriten, Pociliiporen, Mäandrinen u. s. w.) leben können, höchstens 20 bis 30 Klafter beträgt.

Hierauf stellten Quoy und Gaimard die Behauptung auf, daß die Corallenriffe auf den Rändern unterseeischer Krater eine verhältnißmäßig dünne Rinde bildeten, und meinten auf diese Weise sowohl die merkwürdige Ringform der Lagunenriffe, als deren steilen Absturz in den Meeresgrund vollkommen zu erklären. Doch auch diese Theorie hielt die Feuerprobe einer näheren Untersuchung nicht aus, denn wo auf Erden fände sich ein Krater, dessen Durchmesser nur im entferntesten die Größe mancher Ringriffe erreichte, die oft Lagunen von 20, 30 oder 40 Quadratmeilen einschließen.

Endlich fand Darwin den Schlüssel zu den geologischen Räthseln, welche die Riffbildungen darboten, indem er sie von dem noch immer fortdauernden Oscillationszustande der Erdrinde ableitete, die bekanntlich durchaus nicht jene feste Unbeweglichkeit besitzt, die man ihr früher zuschrieb, sondern an einigen Stellen sich langsam hebt und an andern sich ebenso langsam senkt.

Man denke sich also einen von Corallenriffen umrandeten hohen Inselberg, dessen Grundfesten langsam zu weichen anfangen, und dehne diesen Vorgang über eine ungemessene Reihe von Jahrhunderten aus. Während der Fels sich senkt, streben die ihn umsäumenden Corallenthierchen jenem Proceß entgegen, indem sie fortwährend in die Höhe bauen, so daß das Riff sich an der Meeresoberfläche behauptet. Aber die nach der Seeseite liegenden Corallen finden dort eine bessere Nahrung, einen zuträglicheren Standpunkt für ihre Entwicklung als die dem Lande zugekehrten, und so bildet sich mit der Zeit, zwischen der hohen vulkanischen Centralinsel und dem Riff, ein breiter Kanal, in welchem das Wasser oft so tief gefunden wird, daß große Schiffe in diesem eingeschlossenen Becken bequem wie in einem Hafen ankern können.

Endlich kommt eine Periode, wo bei immer fortschreitendem Sinken die Centralinsel gänzlich unter den Wellen verschwindet, und nur noch das Ringriff übrig bleibt. So wird der Corallenkranz, der sich anfangs verschönernd und beschützend um den Fuß der hohen Berginsel schlang, später zu ihrem Denkmal und gibt allein noch Kunde von ihrem früheren Dasein. Seine Umrisse bezeichnen die Form der Küste, die er einst umrankte. Jedes Atoll (Lagunenriff) ist der Grabstein eines versunkenen Landes.

So wie die Corallenthiere nur bis zu einer geringen Tiefe leben, so vertragen sie auch nicht das Aussetzen an die Sonnenstrahlen in der Luft, und bauen daher nicht über den Stand der tiefsten Ebbe hinaus.

Die höher liegenden Bänke und Trümmerdämme der Riffe sind daher Produkte einer andern Kraft — der Brandung, — die sonst zerstörend, sich hier als Baumeisterin erweist, indem sie Fragmente und Blöcke von der Außenseite des Riffes abreißt und mit riesiger Gewalt weit über dessen Oberfläche, nach dem Lagunenrande hinrollt. Corallen, Muscheln und Seeigelgehäuse verwandeln sich unter ihrer zermalmenden, zerreibenden Kraft in Kalkgries, welcher die Zwischenräume der größern unregelmäßig aufgeführten Blöcke ausfüllt und das Gestein zusammenkittet, und so steigt der Boden höher und höher, bis sogar die Springfluth nicht mehr darüber hinbraust, und ein fester, trockener Grund sich bildet, auf dem endlich das Pflanzenleben erwacht.

Nur äußerst selten wird jedoch ein Riff in seiner ganzen Ausdehnung so vollständig ausgebildet, meistentheils ist es nur auf der dem Winde zugewendeten Seite seines Umkreises erhöht, wo also auch das Meer am stärksten brandet, und ragt da bei der Ebbe gleich einer breiten Kunststraße aus dem Wasser hervor. Auf dieser Seite, und besonders an den ausspringenden Winkeln, sammeln sich die mehrsten Inseln auf dem Rücken des Dammes an. Unter dem Winde dagegen taucht derselbe meist unter das Wasser. Er ist da stellenweis unterbrochen, und seine Lücken bieten oft selbst größeren Schiffen Fahrwege dar, durch welche sie mit dem Strome in das innere Becken einfahren können.

Uebrigens stehen die Riffe auf den verschiedenartigsten Stufen der Entwicklung, und während manche nur nackte Klippen darstellen, reiht sich auf anderen ein grünes Inselchen an das andere, so daß die Lagune wie von einer Schnur von Smaragden eingeschlossen erscheint. Stets jedoch ist die Oberfläche des bewohnbaren Landes nur äußerst gering im Vergleich zur Ausdehnung des ganzen Atolls. Nairsa in der Paumotu-Gruppe z. B., welches bei einer Länge von 50 englischen Meilen und einer Breite von 19, eine 1000 englische Quadratmeilen große Lagune umwallt, hat eine mit Vegetation bedeckte Fläche von nur 16 englischen Quadratmeilen; und auf Radack beträgt der grünende Boden kaum den hundertsten Theil des ganzen Raumes. Sämmtliche Atolls der Carolinen, die auf der Karte des großen Oceans sich so breit machen, würden zu einem fast unsichtbaren Punkte zusammenschrumpfen, wenn man ihr bewachsenes Areal auf einer Stelle concentrirte.

Man begreift, daß die großen Lagunen durchaus nicht den stillen ruhigen Charakter darbieten, der den eingeschlossenen Gewässern von geringerem Umfange zukommt. Sie sind vielmehr wellenschlagend wie der Ocean, wenn auch nicht in so hohem Grade, und branden bei heftigerem Sturme gegen ihre Ringmauer, so daß das einlaufende Schiff nur unter dem Winde der höheren Inseln Schutz findet.

So wie auf manchen großen Landseen, sieht man auch hier auf einem Ufer stehend das jenseitige Gestade nicht, und glaubt am Strande des unbegrenzten Oceans zu sein. Weit in der Ferne, rechts und links, erscheinen einige schwache undeutliche Punkte, die sich allmälig zu grünen Linien ausbilden und endlich in weiten Bogen als Palmenhaine zum Standpunkte des Zuschauers herüberschweifen.

Ich gehe nun zur Betrachtung des eigenthümlichen Lebens über, welches an und auf den Riffen sich entwickelt. Was zunächst die Corallen betrifft, die Baumeister, auf welchen die ganze Existenz dieser kleinen Welt beruht, so gedeihen und wuchern sie am üppigsten unterhalb des äußeren Riffrandes, dort wo die Brandung anschlägt; in den breiten Oeffnungen oder Kanälen der Riffe; und auf den Bänken, die innerhalb der Lagunen sich erheben. Einige Arten lieben ein bewegtes, andere ein ruhigeres Wasser. So wie der Albatroß sich am Sturm ergötzt und mit ausgebreiteten Schwingen dem furchtbarsten Winde trotzt, so wachsen jene im brüllenden Wogenschwall, den man unmöglich betrachten kann, ohne zur Ueberzeugung zu gelangen, daß eine aus dem härtesten Felsen — und wäre es Granit, Porphyr oder Quarz — erbaute Insel einer solchen Riesenmacht endlich weichen müßte. Aber die niedrigen Corallenellande widerstehen siegreich dem wüthenden Angriff des zornigen Neptun, denn hier tritt eine neue lebende Kraft in die Schranken gegen die blinde physische Gewalt. Die Brandung mag der äußeren Riffmauer tausende von Blöcken entreißen — doch was bedeutet dieses gegen die aufgehäuften Arbeiten unzähliger Millionen kleiner Architekten, die Tag und Nacht, Jahr aus Jahr ein, den schäumenden Wogen fortwährend ihre Kalkatome entziehen und zu symmetrischen Bauwerken ordnen. So sehen wir die Lebenskraft, die in dem weichen gallertartigen Körper eines Polypen weilt, die Gigantenstärke eines Oceans besiegen, dem weder die Werke der menschlichen Kunst, noch der leblosen Natur widerstehen können.

Die Oberfläche des Riffes zwischen der Brandung und dem erhöhten Trümmerkamm, die während der Ebbe häufig bloßgelegt und von abgesetztem Sand und aufgeworfenen Bruchstücken verunreinigt wird, ist ein für den Wachsthum der Corallen ungünstiger Boden, und gleicht im allgemeinen einem Brachfeld, wo nacktes unfruchtbares Gestein mit bewachsenen Stellen abwechselt.

Nur in den größeren, stets mit Wasser angefüllten Klüften und Aushöhlungen zunächst der Brandung wuchert ein reichlicheres Corallenleben und entfalten die Polypen jene Farbenpracht ihrer asterartigen Kronen, welcher sie es verdanken, die Blumen des Oceans genannt zu werden. In den Löchern und sich schlängelnden Gängen des Felsens finden zahlreiche Krabben, Seeigel, Seeanemonen und Seesterne eine Zuflucht, und häufig trifft man nach dem äußeren Rande des Riffes hin die riesige Tridacnamuschel halb im Gestein vergraben, so daß sie kaum noch ihre schweren Schalen aufsperren und ihren prächtig gefärbten Mantel zur Schau stellen kann. Wie die kleinen Bohrmuscheln oder Pholaden unserer Meere, besitzen die tropischen Tridacnen die Fähigkeit, den Kalkstein aufzulösen und sich ein Lager in Felsen auszuhöhlen. Wenn sie sich nicht auf diese Weise eingrüben, müßten sie unfehlbar zerstört werden, denn auch der stärkste Byssus, der zum Beispiel unsere kleine Mießmuschel im Getümmel der Fluthwellen sicher vor Anker hält, wäre nur ein sehr unvollkommener Schutz gegen den Wogendrang für ein Schalthier, welches eine Querlänge von fünf Fuß und ein Gewicht von fünf Centnern erreicht.

Am herrlichsten zeigen sich die Corallen auf den Felsen, die in den Lagunen oder Lagunenkanälen bis auf einige Fäden von der Oberfläche emportauchen, und gewähren dem darüber hinfahrenden Schiffer ein unendlich reizendes Schauspiel. Das Ultramarin des tieferen Wassers verwandelt sich plötzlich in zarte gelbe oder apfelgrüne Tinten, ganz verschieden von der gewöhnlichen trüben Färbung der seichteren Gründe, und so wie auf einer beblumten Aue Schmetterlinge und Vögel in den heiteren Lüften umhergaukeln, so wird hier über den Domen der Asträen und der zierlich ästigen Madreporen das krystallklare Wasser von mannigfach gestalteten kleinen Fischen durchkreuzt, deren schimmerndes metallglänzendes Schuppenkleid und zierliche Zeichnungen auch die blühendste Phantasie schwerlich übertreffen könnte.

Diese glänzende Fischwelt der Balisten und Glyphysodonten zeichnet sich auch noch durch die große Mannigfaltigkeit ihrer Arten aus. Fast jeder Atoll hat seine eigenthümlichen Species, und wie viele jener prangenden Gestalten mögen dem Naturforscher noch völlig unbekannt sein!

„Den Eindruck, den solche isolirte Corallenfelsen hervorbringen", sagt Kittlitz, „wird noch dadurch erhöht, daß sie beim Hinüberfahren so schnell verschwinden, so rasch der geheimnißvollen Halbdurchsichtigkeit des tieferen Gewässers weichen. So bleibt der Phantasie ein unbegrenzter Spielraum, und um so abschreckendere, düstere Bilder dieselbe geneigt ist sich in der räthselhaften Tiefe vorzustellen, desto freundlicher wird sie durch die Pracht jener plötzlich erscheinenden

Glanzscenen überrascht. Es ist wie ein entzückender Traum von höchster Lebendigkeit, der aus der unbestimmten Dunkelheit des Schlummers hervortritt".

Wenn auf diese Weise das unterseeische Leben durch eine unendliche Mannigfaltigkeit der Gestalten sich auszeichnet, und von einer Gruppe zur andern in wechselnder Schönheit erscheint, so ist dagegen die auf den Coralleninseln sich ansiedelnde Vegetation auf nur wenige Arten beschränkt, und wiederholt sich einförmig auf den entferntesten Atollen.

Trotz der großen Ausdehnung der Paumotu-Gruppe findet der Botaniker dort nur 28 oder 29 einheimische Pflanzenspecies, während sogar die winterliche Melville-Insel im amerikanischen Eismeer 64 Phanerogamen aufzuweisen hat, und Chamisso sammelte auf dem schon mehr begünstigten Radack-Archipel doch nur 52 wildwachsende Pflanzenarten, von denen 19 auch auf der 40 Breitegrade entfernt liegenden Insel Romanzoff vorkommen.

Die Wellen und die Strömungen des Meeres führen die Samen herbei, die auf dem neugebildeten, dem Schooß der See entsteigenden Boden entsprießen, und verschönern das Land, welches die Brandung aufthürmte. Das Ganze ist ein Produkt des Oceans, ein natürlicher Tempel des Neptun.

Auf dem Trümmerdamm wachsen zunächst nach außen die schirmenden Gesträuche der Scaevola Königii und der Tournefortia sericea, deren gedrängt verschlungenes Gezweige dem Winde eine abschüssige Fläche darbietet, unter deren Schutz sich der Wald oder das Gesträuch des Innern erhebt. Durch den üppigen Wuchs dieser Pflanzen und die Saftigkeit ihrer großen hellgrünen Blätter, wird auch die schleunige Bildung einer Dammerde befördert, auf der bald andere größere, anspruchsvollere Gewächse gedeihen können, und so sehen wir, daß hier wie überall die Natur ihre Zwecke auf dem passendsten Wege zu erreichen weiß.

Auf den vollkommener bewaldeten Inseln zeichnen sich unter den größeren Gewächsen der gemeine Pandanus der Südseeinseln aus, der wild sowohl auf dem dürrsten Sande wächst, wo erst die Vegetation anhebt und den dürftigen Grund durch die vielen abgeworfenen Blätter bereichert, als auch in den feuchten Niederungen wuchert; die prachtvolle, hier meist als großer Strauch wachsende Barringtonia speciosa, die Morinda citrifolia oder der indische Maulbeerbaum und der Hibiscus tiliaceus mit seinen dunkelrothen Blüthen.

Wie ein König ragt über allen Häuptern des Haines die herrliche Cocospalme, theils gesellig, theils einzelnstehend hervor, der hundertfältig nützliche Baum, auf welchem, wie auf dem Kameel der Wüste oder dem Robben des Eismeeres, das Daseln ganzer Völker beruht. Die jüngeren Palmen, deren Kronen nur wenige Fuß über den Erdboden sich erheben, bilden mit ihren langen gebogenen Wedeln die schattigsten Lauben und nur wer es erprobt hat, weiß, wie köstlich es ist, dort zu sitzen und den kühlen Labetrunk der Nüsse zu genießen, völlig geschützt gegen die glühenden Sonnenstrahlen, die vom weißen Kalkstrande des Riffs zurückprallen.

Die Landthiere sind noch einförmiger, auf noch wenigere Arten beschränkt, als die Vegetation. Auf manchen Eilanden fehlen alle Säugethiere, sogar die allgegenwärtige Ratze, welche dem Menschen auf seinen Wanderungen über den ganzen Erdball gefolgt ist. Kleine Eidechsen, ursprünglich mit dem Treibholz herübergekommen, welches der ausgetretene Fluß dem fernen heimathlichen Urwalde entriß, bewegen sich schlängelnd zwischen dem Steingerölle, oder rascheln im abgefallenen Laube, und sind oft die einzigen vierfüßigen Gäste der Insel. Verschiedenartige Strandläufer, Schnepfen und Rallen kommen häufig vor, und einer Unzahl pelagischer Vögel bietet das niedrige Land einen höchst willkommenen Brüteplatz, mitten in der ungeheuren Wasserwüste dar. Der hochfliegende Fregattenvogel ruht von seinen weiten Lustreisen in den Kronen der Palmen, und Seeschwalben nisten in unendlichen Schaaren in den hohen windgeschlagenen Wipfeln.

Aber auch in ihrer vollkommensten Ausbildung ist die Coralleninsel immer noch ein elender Wohnsitz für den Menschen, und ihr poetischer Reiz, wenn seine geistige Armuth dafür empfänglich wäre, nur ein dürftiger Ersatz für die nahrhafteren Früchte der mit einem einträglicheren Boden begabten vulcanischen Länder. Cocos- und Pandanusnüsse sind gewöhnlich die einzigen Produkte des Pflanzenreichs, die zu seiner Nahrung beitragen, und Fische und Krabben von den Riffen seine einzige thierische Kost. Sogar diese dürftigen Speisen werden ihm nur kärglich zugemessen, und oft gebietet ihm die Selbsterhaltung zum grausamen Kindermorde zu schreiten, um der Uebervölkerung der paar Schollen Erde vorzubeugen, welche seine ganze kleine Welt ausmachen.

Und doch gibt es mehr Annehmlichkeiten, als man erwarten sollte — auf einem Lande von so äußerst beschränktem Umfange — ohne Flüsse, ohne

Hügel, mitten im salzigen Ocean, dessen höchster Punkt kaum zehn Fuß über die Fluth sich erhebt, und welches sich nirgends ein paar Hundert Schritte weit vom Ocean entfernt. Obgleich nur eine äußerst dünne Dammerde den Boden überzieht, und die Oberfläche häufig mit Corallenblöcken bedeckt ist, so wölbt sich doch ein dichtes Laubdach über die niedrige Hütte des Insulaners und gewährt ihm Schutz gegen die Gluthen der tropischen Sonne. Der Cocosbaum allein befriedigt fast alle seine geringen Bedürfnisse, und wo dieser ihm fehlt, gewährt ihm der Pandanus den süßlichen Saft seiner faserigen Stelafrüchte. Die zahlreichen kleinen Rifffische lassen sich leicht fangen, und in den tieferen Gewässern werden die größeren Arten mit hölzernen oder aus Muschelschalen verfertigten Haken geangelt.

Außer diesen Nahrungsmitteln, welche die Natur freiwillig dem Menschen darbietet, werden auf mehreren niedrigen Inseln verschiedene Culturgewächse gezogen, — die Tarowurzel, die Banane, die Igname und sogar der Brodfruchtbaum, das vegetabilische Wunder Polynesiens. So findet sich auf manchem kleinen Corallenlande eine dichte Bevölkerung, und Taputeuea (Kingsmill-Gruppe) z. B. ernährt nicht weniger als 10,000 Menschen, auf einem Areal, dessen bewohnbare Oberfläche kaum eine Viertelquatratmeile beträgt. Obgleich das Land so niedrig und flach ist, so liefert es doch gewöhnlich Wasser in hinreichender Menge. Man gräbt fünf bis zehn Fuß tiefe Brunnen in den Corallensand und erhält dadurch einen fortwährenden Vorrath süßen Wassers. Diese Brunnen sind oft sorgfältig eingehegt und rings herum erheben sich die dürftigen Hütten. Die einzige Quelle des Wassers sind die Regen, welche durch den losen Sandboden sickern, und auf dem harten Corallenfelsen sich sammeln, der die Grundlage der Insel bildet. Da der Boden weiß ist, und folglich die Sonnenwärme zurückstrahlt, wird er nur langsam erhitzt, so daß das einmal eingesogene Wasser nur wenig durch Verdünstung verliert.

Außer den Samen, welche ursprünglich seine dürftige Heimath befruchteten, führt der gütige Ocean auf geheimnißvollen Wegen manch anderes kostbare Geschenk dem Coralleninsulaner zu, und versorgt ihn nicht nur mit Treibholz zum Pirogenbau, sondern auch mit dem zu dessen Bearbeitung nothwendigen Material. Als eine besondere Gunst des Meeres werden von ihm die harten, zum Schleifen brauchbaren Steine angesehen, die er aus den Wurzeln der ausgeworfenen Bäume aussucht, so wie die Trümmer europäischer Schiffe mit eingeschlagenen Nägeln, wodurch er seinen Bedarf an Eisen gewinnt. Steine und Eisen gehören den Häuptlingen, denen sie gegen eine Belohnung und unter Strafe abgeliefert werden müssen. So gilt hier der Auswurf des Meeres, woran wir auf unserm Strande verachtend vorbeigehen, als ein beneidenswerther Schatz, während die hohen Palmen und metallglänzenden Prachtfische, deren Anblick uns zur höchsten Bewunderung hinreißen würde, jenen armseligen Insulanern durch die Gewohnheit zu gleichgültigen Gegenständen geworden sind.

Dem fremden Schiffer bieten die Laguneninseln manche Vortheile dar. Zur Zeit des herrschenden Passates findet er häufig unter ihrem Schutze einen sicheren Ankerplatz und wenn sie auch sonst arm an Produkten sind und in allen andern Beziehungen weit hinter den hohen vulkanischen Inseln zurückstehen, so gewähren sie ihm doch häufig eine reiche Ernte von Perlenmuscheln und Trepang.

Auf einigen der Carolinen, deren Bewohner weitere Seereisen unternehmen, findet sich natürlich ein etwas erweiterter Ideenkreis, sonst drückt sich überall in der Armuth der Sprache die Dürftigkeit des auf einen so kleinen Raum und auf so wenige unabänderliche Gegenstände beschränkten Lebens aus. Wahrlich auf der ganzen Erde möchte kaum noch ein Fleckchen zu finden sein, der noch ungeeigneter wäre zur moralischen und geistigen Ausbildung seiner Bewohner, als eine solche Coralleninsel, trotz aller Schönheit von Hain und See.

Wenn man die hohen Palmenkronen im Hauche des Passates auf und nieder wallen sieht und die ewige Bläue und Frühlingsmilde des Himmels betrachtet, sollte man kaum glauben, daß auch hier mitunter die Natur mit zerstörender Hand den Bau urplötzlich vernichtet, den sie so langsam ausgebildet und vollendet. Bei Sturmfluthen fegt zuweilen die verwüstende Welle über die Insel her, ihren Schmuck jämmerlich verwirrend; ja es sind sogar Fälle bekannt, wo ein gewaltiger Orkan alles Lebende fortriß und das bereits grünende Eiland zum früheren Zustande des nackten Riffes zurückführte. Kein Denkmal zeugt davon, daß hier einst Menschen gelebt, wo jetzt nur der Seevogel rastet; daß ein anmuthiges Wäldchen sich an der Stelle erhob, wo die Brandung nur noch kahles Gestein bespült.

Zwölftes Kapitel.

Manga-Reva.

Anblick der kleinen Gruppe. — Frühere Grausamkeit der Mangarever. — Seltsame Erziehung des Königs. — Entdeckung Mangareva's durch den Duff. — Blutiges Gefecht mit dem Schiffe Beechey's. — Landung der französischen Missionare (1834). — Erste Kämpfe: spätere Erfolge. — Der Bischof von Nilopolis. — Bruder Cyprien. — Der ehemalige Hohepriester Matoua. — Kirche und Kloster. — Ein Paar fromme Väter. — Annexation.

Die vulkanischen Eilande, woraus die kleine Mangareva-Gruppe besteht, erheben sich aus dem Schooß einer wellen Lagune, die von einem vierzig Seemeilen im Umkreis messenden Corallenriff umschlossen wird. An seiner östlichen Seite trägt dieser Gürtel eine grüne Pflanzendecke, aus welcher vereinzelte Palmen hervorragen, nach Westen, wie wir es so häufig bei ähnlichen Bildungen in der Südsee finden, senkt er sich an manchen Stellen unter die Oberfläche des Wassers und gestattet an einigen Punkten sogar größeren Schiffen die Einfahrt in die Lagune.

Nur vier der auf solche Weise eingefaßten elf Eilande — Mangareva, Taravai, Aka-Marou und Aeene — sind bewohnt oder bewohnbar und sogar auf diesen beschränken schroffe Felsmassen und sonnenverbrannte Abhänge die Grenzen des Anbaus, so daß die Bevölkerung aus nur etwa 2000 Seelen besteht, und nach D'Urville's Urtheil auch bei der sorgfältigsten Benutzung des Bodens sich höchstens verdreifachen könnte. Am Fuße der Hügel trifft man die gewöhnliche tropische Flora der vulkanischen Südseeinseln — Bananen, Cocos, Pandanus, Eleurien, Barringtonien — in üppigem Gedeihen, die Anhöhen dagegen sind größtentheils mit scharfkantigen, zu den Gattungen Saccharum und Arundo gehörigen Gräsern bedeckt und von kahlem, ziemlich unfreundlichem Aussehen.

Obgleich der Wasservorrath den Bedürfnissen der Einwohner genügt, so können doch die einlaufenden Schiffe sich nur mühsam damit versehen; mit der Erschöpfung der Perlenfischerei, die wegen der rücksichtslosen Habgier, womit man sie betreibt, nicht lange ausbleiben kann, wird also auch das Hauptband sich lösen, welches die Inseln mit der Fremde verknüpft.

Die frühere Religion der Mangarevier glich der der Tahitier. Der Tabou herrschte auch hier mit seiner vollen Strenge und den Göttern wurden Menschenopfer geweiht, die man mit cannibalischer Freude verzehrte. Gewöhnlich wurden nur die im Kriege getödteten oder gefangenen Feinde zu diesem Zwecke benutzt; zuweilen aber auch Kinder und namentlich schutzlose Waisen. Wenn daher diese unglücklichen Geschöpfe einen Backofen graben sahen, der ihnen verdächtig vorkam, so flohen sie eilig auf die Berge und versteckten sich im dichten Grase, bis die Beendigung des Festes sie von der augenblicklichen Todesfurcht erlöste.

Glücklicher Weise für die Armen gab es auf den Inseln außer dem Menschen sonst kein grausames, blutdürstiges Thier.

Zu Zeiten, wo Hungersnoth herrschte, sollen sogar Eltern ihre Kinder zur abscheulichen Nahrung unter einander vertauscht haben.

Wenn zwei Stämme sich bekriegt hatten, wurden die Ueberreste der geschlagenen Partei auf elenden Flößen den Launen der Strömungen und der Winde überlassen. Die meisten fanden natürlich im Meere ihr Grab; einige jedoch wurden durch ein günstigeres Geschick nach einem näheren oder ferneren Lande verschlagen, und vielleicht verdankt sogar die Osterinsel ihre Bevölkerung einer solchen unfreiwilligen Auswanderung. So viel ist gewiß, daß vor nicht gar langer Zeit Temoe (Crescent-Insel) auf diese Weise seine ersten Menschen aus Mangareva erhielt.

Ein König führte die Oberherrschaft über das lilliputische Reich. Sowie der Thronfolger die mütterliche Pflege entbehren konnte, wurde er auf dem 900 Fuß hohen Duff-Berg, den Mont-Blanc von Mangareva gebracht und lebte dort bis zum zwölften Jahre in fast völliger Abgeschiedenheit von den Menschen. Nur wenige Diener umgaben ihn; nur selten durften die Priester und hohen Häuptlinge zu ihm pilgern: für das Volk waren seine Person, sein Haus, der Berg sogar ein unnahbares Heiligthum. Von dem Augenblicke seiner Geburt an ging auch die Königswürde auf ihn über und der Vater regierte nur noch als Regent. Sein Herabsteigen in die Ebene wurde festlich gefeiert, doch erst mit dem achtzehnten Jahre hörte das Verbot oder der Tabou auf, der ihn bis dahin dem menschlichen Umgang entzogen hatte. Uebrigens ging es diesem kleinen Monarchen, wie früher dem

Kaiser im heiligen römischen Reiche, da die Hauptvasallen seine Würde mehr der Form als der Wirklichkeit nach anerkannten, sonst aber in ihren Bezirken schalteten und walteten, wie es ihnen beliebte.

Die Mangareva-Gruppe wurde 1797 vom frommen, den Lesern bereits bekannten Capitän Wilson entdeckt. Er nannte sie die Gambier-Inseln und der Duff-Berg erinnert noch heute an den Namen seines Schiffes. Doch unterließ er die Landung und erst dreißig Jahre später scheint Beechey der erste Europäer gewesen zu sein, der auf der kleinen Gruppe landete. Der Verkehr mit den Eingeborenen war anfangs freundlich, bald jedoch brachen Mißhelligkeiten aus, und der Engländer sah sich endlich genöthigt, einen verwegenen Angriff mit Flinten- und Kanonenschüssen zurückzuschlagen. Mehrere Wilde wurden in diesem Gefecht getödtet, welches einen so tiefen Eindruck auf das Gemüth der Eingeborenen machte, daß sie später ihre Zeitrechnung danach bestimmten.

Am 7. April 1834 landeten zwei katholische Missionare auf Ao-kena, und als D'Urville im August 1838 die Inseln besuchte, war bereits die ganze Bevölkerung bis auf einen störrigen Alten belehrt und getauft.

Es versteht sich übrigens von selbst, daß diese Neophyten durchaus noch nichts vom eigentlichen Wesen des Christenthums begriffen; mit den äußeren Formen waren sie jedoch schon vollkommen vertraut, hörten andächtig die Messe und machten bei jeder passenden oder unpassenden Gelegenheit das Zeichen des Kreuzes.

Besonders schmeichelhaft für die französischen Seefahrer war es, den Namen ihrer großen Nation hier so verehrt zu finden; und die montours (bonjour), montoirs (bonsoir) und comé vous porté vous, parnacés (français), womit sie überall freundlich begrüßt wurden, galten ihnen als ein erfreuliches Zeichen, daß die Civilisation unter diesen, der Menschenfresserei kaum noch entwachsenen Wilden bereits anfange, einige zarte Sprossen zu entwickeln.

Die Missionare hatten übrigens ihre Erfolge nicht ohne Kampf errungen. Als sie zuerst auf der Hauptinsel landen wollten, empfing man sie mit Steinwürfen und verfolgte sie wie wilde Thiere bis in die hohen Gräser des Gebirges, welche man noch obendrein anstedte, um sie durch Flamme und Rauch aus ihrem Versted zu vertreiben. Doch der Qualm begünstigte vielmehr ihre Flucht und als die Wilden, der Verfolgung müde, sich entfernt hatten, flogen die frommen Väter wieder zum Ufer herab und entkamen glücklich nach Bo-Rena, welches bereits belehrt war.

Im Jahr 1836 wurde die Mission durch die Ankunft des Bischofs von Rüspolis, Stephan Rochouse, und der Brüder Cyprien und Chausson verstärkt. Cyprien, der etwas Medicin studirt hatte, machte einige glückliche Curen und bahnte als Arzt der neuen Glaubenslehre den Weg. Während einer Seuche ließ er die Kranken in den Tempel bringen, und auf seine Erklärung, daß sie unter dem bösen Einfluß der Götzen unmöglich genesen könnten, wurden die jüngst noch hochverehrten Fratzenbilder aus ihrem früheren Heiligthum herausgeworfen..

Ein unterirdisches Getöse, wie es auf diesen vulkanischen Inseln zuweilen stattfindet und welches sonst jedesmal von den Priestern als Siegeszeichen eines Gottes über den andern gedeutet wurde, kam während dieses Ereignisses sehr gelegen, um die Niederlage der alten Götzen zu vervollständigen. Mancher noch wankende Heide wurde dadurch zur Annahme der Taufe bewogen; und die Macht des Beispiels, mit dem Reiz der Neuheit verbunden, riß endlich auch die Widerspenstigsten mit sich fort.

Wo Beechey noch vor 10 Jahren ein verrätherisches Diebsgesindel getroffen hatte, fand D'Urville ein freundliches Völkchen, welches sogar verlorene Gegenstände dem Eigenthümer ehrlich zurückstattete. Die Frauen, die übrigens schon früher durch ein zurückhaltendes Wesen sich vor den meisten Polynesierinnen ausgezeichnet hatten, trugen statt des früheren Gürtels ein langes, hembartiges, kattunenes Kleid und die Männer setzten ihren Stolz in eine europäische Garderobe, die freilich nach dem blauen, knopflosen, am Ellbogen durchlöcherten Rock und der nur bis zu den Waden reichenden Hose des Königs zu schließen, einer scharfen Kritik noch nicht völlig gewachsen war.

Ein alter Strohhut, eine bunte Weste und ein kurzer kattunener Pantalon bildeten den Anzug des ehemaligen Hohepriesters Maioua, dessen nackte Arme und Beine mit schwarzen Tätulrungen und Flechten bedeckt waren. Der Sturz seiner Götter schien übrigens den Kirchenfürsten nicht abgemagert zu haben, denn die Elephantenbeine, worauf der 6 Fuß hohe Coloß sich stützte, vermochten kaum das ungeheuere Gewicht seines aufgedunsenen Körpers zu tragen.

Bereits waren mehrere nützliche Pflanzen und Thiere von den Missionaren eingeführt worden. Die früher unbekannten Tarowurzeln und Batalen gesellten sich nun zu den Cocos und Bananen. Die Ziegen fingen schon an, den Anpflanzungen zu schaden; die Schweinezucht machte gedeihliche Fortschritte und zur Vertilgung der Ratten, des einzigen ursprünglichen Säugethieres, hatte man die Katze zur Hülfe gerufen. Die einheimische Baumwollenart war durch eine bessere ersetzt worden, die Frauen hatten etwas spinnen gelernt und man war damit beschäftigt, einen Webestuhl einzurichten. Eine Landesverfassung und ein Gesetzcodex existirten zwar noch nicht, aber eine Nationalflagge flatterte bereits im Winde zur nicht geringen Freude des Königs Gregorio Marouteoa.

Ein Engländer, der fünf Jahre später die Inseln besuchte (Rovings in the Pacific) fand bereits den Einfluß der katholischen Missionare so groß, daß man ihn sehen mußte, um daran zu glauben. Auf jeder Insel waren schon Kirchen erbaut; und das Gotteshaus auf Mangareva würde keinem civilisirten Lande Unehre gemacht haben. Das steinerne, in der Mitte domförmige Dach wurde von zwei Reihen massiver steinerner Säulen getragen, der Fußboden war mit weißen und schwarzen Steinplatten belegt und ein lebensgroßes Crucifix, das Geschenk der frommen Königin Amelie, prangte auf dem Hochaltar.

Zur Kirche hatte sich auch schon bereits ein Kloster gesellt, in welchem es den Priestern gelungen war, 90 Neophytinnen einzuschließen. Das Gebäude stand auf einem nackten Vorsprung des Duffberges und war so gelegen, daß kein Unbefugter sich heranschleichen konnte, ohne von den Missionaren, den sorgsamen Hütern der Unschuld, bemerkt zu werden.

Unserem Berichterstatter kamen nur zwei der geistlichen Herren zu Gesicht — lebensfrische Vollmondgesichter, wie der hochselige Abt von St. Gallen.

Es bedarf wohl kaum der Erwähnung, daß Mangareva schon längst an Frankreich annexirt ist, und der arme Gregorio, wenn er noch lebt, sich mit dem ähnlichen Schicksal der Königin Pomare trösten kann.

Dreizehntes Kapitel.
Paumotu oder die Inselwolke.

Erste Entdeckung derselben durch Schouten. — Beechey 1826. — Bow Island. — Unvortheilhaftes Aussehen der Eingebornen. — Der Häuptling. — Elender Zustand der Frauen. — Bekehrungsversuche eines tahitischen Missionars. — Götzen. — Element. — Tonnerre. — Feindseliges Betragen der Insulaner gegen Willes. — Honden-Insel oder Hennake. — Bedrohliche Haifische. — Zahmheit der Vögel. — Interessantes Thierleben. — Wellahi und Otuho. — Der kranke Häuptling. — Rasenzelten. — Thätigkeit der Insulaner. — Kurafa. — Civilisationsanfänge. — Anaa oder Chain Island, die wichtigste Insel der Gruppe. — Eroberungen der Kettenisulaner. — Perlenfischerei. — Die Taucher. — Mailla, eine gehobene Coralleninsel. — Vergleichung mit Helgoland. — Neueste Nachrichten. — Taarava.

Paumotu „die Inselwolke" — keinen besseren Namen hätte die blühende Phantasie der Tahitier dem Gewirr von Corallenriffen und Atollen geben können, welches zahlreich und dichtgedrängt, wie die Sterne einer Constellation, die blauen Gefilde des großen Oceans im Osten der Gesellschaftsgruppe in einer Länge von fünfzehn Breitegraden übersäet.

Als man noch glaubte, daß die Corallen aus dem tiefuntersten Grunde des Meeres ihre wunderbaren Bauten aufführten, konnten diese Inseln vielleicht für die Kerne oder Keime eines künftigen Welttheils gelten, aber eine bessere Einsicht hat gelehrt, daß sie eigentlich nur die Grabmäler eines versunkenen Landes sind, die Zeugen einer jener großartigen Veränderungen, welche die noch immer nicht zur völligen Ruhe gelangte Erdrinde durch ihre Hebungen und Senkungen auf der Oberfläche unseres Planeten hervorbringt.

Schouten, der muthige holländische Seemann, der mit Le Maire im Jahre 1616 zuerst das Feuerland umsegelte, und durch die Straße, welche noch immer des letzteren Namen führt, in den stillen Ocean drang, war auch der erste, der einen Theil von Paumotu entdeckte. Es waren die im Norden gelegenen Inseln Culra, Tlotea, Manhii, die er unter dem Namen des „gefährlichen Archipels" zusammenfaßte, sowohl der tückischen Corallenriffe wegen, als der nicht minder verrätherischen Bewohner, die seine Matrosen mit Speeren und Keulen angriffen.

In jenen Zeiten durchkreuzten noch nicht wie im gegenwärtigen Jahrhundert hunderte von Walfischfängern nach allen Richtungen die Einöden des großen Weltmeeres; noch kein europäischer Schiffer fuhr von Insel zu Insel, um Sandelholz oder Perlmutter, Schildpatt oder Trepang zu sammeln; die bekannten Handelsstraßen lagen zu entfernt von jenem niedrigen Inselgewirr, als daß der Zufall so leicht zu ferneren Entdeckungen hätte führen können, und so verging über ein Jahrhundert, ohne daß irgend ein Seefahrer dem Pfade Schouten's gefolgt wäre.

Erst 1772 erscheint auf jenem entlegenen Gebiete Roggewein, dem abermals nach einem halben Jahrhundert Byron, Wallis, Carteret, Bougainville und Cook rasch auseinander folgen. Letzterer namentlich segelte auf seinen ewig denkwürdigen Reisen nicht weniger als drei Mal (1769, 1773, 1774) durch den Archipel, und fügte den Entdeckungen seiner Vorgänger eine Menge neuer Inseln hinzu. Endlich haben in unserm Jahrhundert Kotzebue, Bellingshausen, Krusenstern, Beechey, Wilkes und einige andere minder bekannte Seefahrer die Hydrographie der Gruppe vervollständigt, so daß schwerlich noch irgend einer ihrer Atolle hinter dem Schleier der Dunkelheit sich verbirgt.

Bei der Unwichtigkeit dieser schmalen Eilande und der Gleichförmigkeit ihrer Natur würde der Leser mir nur wenig Dank wissen, wenn ich ihn streng geographisch von einem Atoll zum andern führte; interessanter und folglich auch belehrender wird es jedenfalls sein, wenn wir mit zuverlässigen Beobachtern, wie Beechey und Wilkes, auf einigen Punkten des Inselgewirrs landen und aus ihren Schilderungen die Menschen kennen lernen, die auf dem engen Rücken der Corallenriffe ihr einförmiges, abgeschiedenes Dasein führen.

Als Beechey im Februar 1826 die Paumotu-Gruppe durchschiffte, sah er sich veranlaßt, in die Lagune von Hau oder Bow Island einzulaufen, einer Insel, die ungefähr im Centrum jener weitläufigen Riffbildungen liegt. Sie wurde von Bougainville im Jahre 1768 entdeckt und im folgenden Jahre von Capitän Cook besucht, der ihr, weil sie in der Gestalt Aehnlichkeit mit einem Bogen hat, ihren jetzigen Namen beilegte. Sie ist 34 Meilen lang und 10 breit, auf der Wetterseite gut, auf der entgegengesetzten aber sehr dürftig bewaldet und theilweise so niedrig, daß die Wellen der See in die Lagune hinüberschlagen, welche natürlich bei weitem den größten Theil das eingeschlossenen Raumes einnimmt, da das eigentliche Land, wie bei den Coralleninseln überhaupt nur einen schmalen Streifen bildet.

Die Insulaner fielen Beechey als ein höchst häßlicher und träger Menschenschlag auf; ihre Nase breit und platt, ihre Augen matt und eingefallen, ihre Lippen dick, ihr Mund in den Winkeln heruntergezogen, ihr Gesicht stark gerunzelt, und ihr langes, struppiges Haar durch Schmutz und Ungeziefer zusammengebacken; ihr Wuchs war mehr als mittelgroß, aber meist krumm, die Extremitäten stark von Knochen, aber die Muskeln schlaff. So häßlich aber die Männer auch waren, so sah doch das andere Geschlecht noch scheußlicher aus; die Männer lagen sämmtlich im Palmenschatten, indem sie einander am Halse mit den Armen umschlungen hielten, während die Frauen, alt und jung, im harten Dienste ihrer Männer oder vielmehr Herren im heißen Sonnenschein arbeiteten. Die ganz nackten Kinder saßen auf Matten, und wälzten sich schreiend um sie her, um die Myriaden von Hausfliegen zu vertreiben, vor denen man ihre wahre Körperfarbe kaum erkennen konnte.

Unter solchen Umgebungen wurde Beechey dem Häuptling vorgestellt, welcher sich von seinen Unterthanen nur durch größere Statur und Stärke unterschied und die Aufrechthaltung der Gewalt wohl lediglich diesen Eigenschaften verdankte. Er empfing den englischen Befehlshaber freundlich und gestattete ihm gern, seinen Bedarf an Brennholz zu fällen, insofern er nur keine Obstbäume vernichtete. In Erwiderung einiger ihm gemachter Geschenke zog er aus seinem Canoe einige Perlenangeln und Schildkrötenschalen, und bat Beechey diese Gegenstände anzunehmen, allein dieser glaubte bei seiner großen Armuth sich dies nicht erlauben zu dürfen, obgleich er nicht recht begriff, wozu ihm der zuletzt erwähnte Artikel nützen konnte.

Beim Geschäfte des Holzfällens suchte man die Eingebornen durch Tabak, Hemden 2c. zur Mitwirkung zu bewegen, allein so hoch auch der gebotene Lohn war, so konnte doch nur der Häuptling aus seiner Lethargie geweckt werden, und auch er ließ die Axt sinken, ehe er den ersten Baum gefällt hatte.

Zugleich wurden einige Matrosen abgeschickt, um Brunnen zu graben, die einen so reichlichen Ertrag lieferten, daß man binnen weniger als drei Tagen 30 Tonnen süßes Wasser beisammen hatte. Es ist für Seefahrer wichtig zu erfahren, daß man durch Graben von Brunnen auf den Coralleninseln ziemlich gutes Wasser erhalten kann. Man hat dabei nur darauf zu sehen, daß man die Brunnen an den höchsten Orten der Insel möglich weit von der See und wohl am besten in der Nähe von Cocospalmen anlegt.

Während seines viertägigen Aufenthaltes auf der Insel hatte Bercher viel Gelegenheit, mit den Eingebornen zu verkehren und mit Hülfe eines Dollmetschers manches Interessante über sie in Erfahrung zu bringen. Der Menschenfresserei hatten sie erst seit kurzem entsagt; der Häuptling gestand, daß er mehrmals Menschenfleisch genossen und als er die Trefflichkeit des Gerichts, zumal wenn das Fleisch von einer Frau stamme, wohlgefällig lobte, nahm sein viehisches Gesicht plötzlich einen furchtbaren Ausdruck von Belebtheit an. Zu dergleichen Schmausereien, sagte er, seien bloß in der Schlacht erlegte Feinde, eines gewaltsamen Todes Gestorbene und hingerichtete Mörder verwendet worden. Mörder habe man, ihr Verbrechen möge nun zu rechtfertigen gewesen sein, oder nicht, umgebracht und sammt den von ihnen Gemordeten verzehrt.

Diese Wilden gaben noch immer rohen Speisen den Vorzug und standen daher dem Kannibalismus noch sehr nahe. Als einst ein Canoe voll Fische in der Nähe des Dorfes landete, verschlangen sie sofort die ganze Ladung und ließen bloß die Grätzen und die Flossen übrig. Die Frauen, welche die Fische an's Land bringen sollten, hielten einen Fisch im Munde, während sie die andern portionenweise auf kleine Haufen legten, doch selbst bei diesem scheußlichen Mahl erwiesen sie einiges Menschengefühl, indem sie dem Fisch immer zuerst den Kopf zerbissen, und dadurch seinem Leiden schnell ein Ende machten. Auch waren sie gegen Reinlichkeit nicht ganz gleichgültig, denn man bemerkte, daß sie nach diesem ekelhaften Mahle sich den Mund sorgfältig ausspülten.

Der Häuptling hatte drei Frauen und die Vielweiberei durfte so weit getrieben werden, als es in eines Jeden Belieben stand; auch konnte ein Jeder seine Frau fortschicken und sich eine andere nehmen, vorausgesetzt, daß diese frei war. Bei der Verheirathung fand keine Feierlichkeit statt. Der Mann brauchte bloß zu einer Person des andern Geschlechts zu sagen „Du sollst meine Frau sein," so ward sie es.

Die in diesen Ehen erzeugten Kinder schienen die einzigen Gegenstände zu sein, denen das männliche Geschlecht Zuneigung erwies. Den Frauen wenigstens ward keine zu Theil. Die Lage dieser unglücklichen Geschöpfe war höchst beklagenswerth und in keinem Theile der Welt werden sie wohl gefühlloſer behandelt: während die Männer ſich im Baumſchatten der tiefſten Trägheit überließen und zu ihrer Erhaltung nichts thaten, als daß ſie die ihnen vorgeſetzte Speiſe aßen, mußten die Frauen auf den ſpitzen Corallenriffen Muſcheln oder in den Wäldern Pandanusnüſſe ſuchen. Sie gingen bei Tagesanbruch an ihr Geſchäft, und wenn ſie von ihren Morgenarbeiten ermüdet heimkehrten, durften ſie ſich nicht etwa ein wenig ausruhen, ſondern ſie mußten das für ihre hungrigen Herren Geſammelte nun mühſelig zubereiten. Sobald den Männern die Nüſſe vorgeſetzt waren, genoſſen ſie die in den äußeren Holzfaſern der Frucht enthaltene fleiſchige Subſtanz, und warfen den Reſt ihren Frauen vor, die das übrige Fleiſch verzehrten und nun die Nuß vollends aufmachten, um die 4—5 kleinen Kerne von der Größe einer Mandel herauszuholen. Hierzu wurde die Nuß mit der Seite auf einen glatten Stein gelegt und mit einem ſchweren Corallenblock zerbrochen, die Kerne aber wurden für die Männer bei Seite gelegt. Da ſehr viele dergleichen Nüſſe dazu gehörten um viele gefräßigen Menſchen zu ſättigen, ſo hatten die Frauen eigentlich den ganzen Tag weiter nichts zu thun, als Muſcheln, Seeigel und Pandanusnüſſe zu ſammeln und die letzten zu knacken.

Die Oberherrſchaft des ſtärkeren Geſchlechts wurde auf's ſtrengſte gehandhabt und nirgends zeigte ſich die Tyrannei des Mannes auf eine verächtlichere Weiſe. Einſt aß eine unglückliche Frau beim Zerklopfen jener von ihr weither geholten Nüſſe, da ſie ſich unbeobachtet glaubte, 2—3 von den Kernen; dieſes entging aber nicht der Wachſamkeit ihres brutalen Mannes, der ſogleich aufſtand und ſie mit drei heftigen Fauſtſchlägen auf die unmenſchlichſte Weiſe zu Boden ſchmetterte. Auf dieſe Weiſe von ihren Männern tyranniſirt, vernachläſſigt und erniedrigt, bleibt ihnen die Liebe fremd, und man darf ſich nicht wundern, wenn ihnen alle jene Eigenſchaften abgehen, welche in civiliſirten Ländern die Frauen ſo anziehend machen.

Als Beechey in die Lagune einlief, fand er dort ein engliſches Perlenfiſcherſchiff mit einer Anzahl Taucher von Anaa oder der Ketteninſel, der wichtigſten der ganzen „Paumotu" Gruppe, welche damals ſchon zum Chriſtenthum bekehrt war. Unter den Tauchern war ein tahitiſcher Miſſionar, ein Mann von ſehr gutem Betragen, welcher ſich alle mögliche Mühe gab, die Bow-Inſulaner zum Chriſtenthum zu bekehren, und obwohl ihn dieſe heimlich verſpotteten, doch nicht nachließ, und zuletzt den größten Theil dazu bewog, die Gebräuche des christlichen Gottesdienstes anzunehmen. Es war ein interessanter Anblick wie ein Haufen Wilder, sich seines Aberglaubens entschlagend, still und ehrfurchtsvoll auf dem sandigen Ufer niederkniete, und Morgens und Abends zum Allmächtigen betete. Obgleich sich bezweifeln ließ, daß sie es aufrichtig meinten, so konnte dadurch doch auf diese Proselyten ein Eindruck gemacht worden sein, der für deren Moralität dauernd gute Folgen versprach. Vor der Ankunft des Missionars hatte jeder seinen besonderen Götzen, der gewöhnlich in einem Stück Holz bestand, in welches ein Büschel Menschenhaare eingefügt war. Für den wirksamsten Götzen hielt man aber das Schenkelbein eines Feindes oder eines kurz vorher verstorbenen Verwandten. In der Höhlung dieses Knochens wurde eine Locke von dem Haar derselben Person gesteckt, und der Götze dann an einen Baum gehängt. An dieses Symbol richteten sie ihre Gebete, so lange sie Zutrauen zu demselben hatten, allein wie das chinesische Mädchen, welches als ihr Liebhaber ungetreu wurde, den messingenen Götzen umstürzte und peitschte, so erkennen auch diese Leute ihren Gott nur so lange an, als sie mit ihm zufrieden sind, und ersetzen ihn nach Belieben durch einen andern. Es gab indeß Zeiten, wo sie dessen Zorn fürchteten und ihn durch Cocosnüsse zu begütigen suchten; doch hörte Beechey nicht, daß sie ihm Menschenopfer dargebracht hätten. Sie schienen an die pythagoräische Lehre von der Seelenwanderung zu glauben und hielten das erste Schiff, welches sie sahen, für den Geist eines ihrer unlängst verstorbenen Verwandten. Da man annahm, daß die Seele den Begräbnißort eine Zeitlang besuche, so wurden ihr Anfangs Lebensmittel und Wasser hingestellt und man glaubte, daß die Unterlassung dieser Pflicht üble Folgen nach sich ziehe. Die Zahl der Bewohner belief sich im Ganzen genommen, auf etwa 100 Seelen.

Die Industrie dieser Leute beschränkte sich auf das allernothwendigste, Matten, Körbe, Fischereigeräthe. Als Beechey den Häuptling fragte, wie er den Tag zubringe, sagte ihm dieser, er stehe früh oder spät auf, rufe dann seine Gottheit an, gehe hierauf zuweilen auf den Fisch- oder Schildkrötenfang, bleibe aber gewöhnlich im Schatten der Cocospalmen, und lege sich nach dem Abendessen schlafen.

Dreizehn Jahre nach Beechey's Fahrt durch die Inselwelt sah Wilkes am 13. August 1839 die Cocospalmen von Clermont-Tonnerre abwechselnd mit dem Schwellen der Wogen am dunkelblauen Horizont auftauchen und verschwinden. Ein größerer Contrast war kaum denkbar, als zwischen dem jüngst verlassenen südamerikanischen Gestade mit den ewig weißen Schneegipfeln der mächtigen Cordilleren im Hintergrunde, und diesem so niedrigen Eilande, welches man eher für ein täuschendes Spiel der Stimmung, als eine Wirklichkeit hätte halten sollen. Man war offenbar an den Grenzen einer neuen Welt angelangt, und mit gespanntem Interesse sah man die auf- und niedertauchenden Palmen endlich fast auf dem Meere wurzeln, dann den weißen Corallenstrand sichtbar werden, und zuletzt noch die schäumende Brandung gegen das Schiff anschlagen, während vom Mastkorbe aus der Blick über die ruhige, ungetrübte kreisförmig eingeschlossene Lagune schweifte. Es dauerte lange, ehe Spuren von Einwohnern sich zeigten, doch endlich tauchten zwei Gestalten zwischen dem zerstreuten niedrigen Gebüsch hervor und zogen sogleich die Aufmerksamkeit der Fernrohre auf sich. Sie machten keine Bewegung und schienen die fremden Schiffe nicht zu beachten. Vielleicht war es den hellen Tinten, welche sie umgaben — dem tiefblauen Ocean, dem blasseren Himmel, der schneeweißen Brandung, dem saftigen Grün — zuzuschreiben, daß ihre fast nackten Gestalten eine entschieden rothe Färbung zu haben schienen.

Am folgenden Morgen gesellte sich der Naturforscher Pidering zu einer kleinen Gesellschaft, die eifrigst das Ufer suchte, trotz der doppelten Gefahr der Brandung und der Menschen. So wie die Boote sich näherten, kamen die glänzenden Farben der unterseeischen Schöpfung zum Vorschein, ein ganz anderer Anblick wie der, den unsere trüben Küstenmeere darbieten. Doch trotz der unendlichen Verschiedenheit der Gegenstände waren es ausschließlich Bilder des animalischen Lebens, die mit jedem Ruderschlage in wechselnder Schönheit erschienen. Man landete, schritt über den schmalen, höchstens zwanzig Fuß hohen Rand bis zum Ufer der Lagune und kehrte nach einem zweistündigen Besuch, während dessen man keinen Eingebornen zu sehen bekam, zu den Booten zurück. Auch das eigentliche Mineralreich fehlte, und die ganze ungeheure Masse von thierischen Ueberresten, von unergründlichen Gewässern umringt, berechtigte vollkommen die Coralleninseln zu den Wundern der Schöpfung zu zählen.

Am dritten Tage wurde ein abermaliger Landungsversuch gemacht, in der Hoffnung, einigen Verkehr mit den Eingebornen anzuknüpfen, doch als das Boot sich näherte erschienen siebzehn Krieger am Strande, die mit bedrohlichen Mienen ihre Lanzen und Keulen schwangen und den Fremden Zeichen machten, sie möchten sich entfernen. Nun ließ Willes eine weiße Flagge aufziehen, und sah beim Heranrudern, daß noch andere Insulaner hinter den Gebüschen versteckt waren. Der tahitische Dollmetscher redete sie freundlich an, doch erhielt er keine andere Antwort, als daß mehrere zu gleicher Zeit mehr offenherzig als höflich schrieen: „Kehrt nach eurem eigenen Lande zurück! dieses gehört uns! wir wollen nichts mit euch zu thun haben."

Um zu landen war es nothwendig, eine kleine Strecke zu schwimmen, da das Boot wegen der Brandung und der scharfen Corallen nicht bis ans Ufer gelangen konnte, so daß man einen Angriff zu befürchten hatte, ehe es möglich gewesen wäre ein freundlicheres Verhältniß anzuknüpfen. Willes warf daher mit freundlicher Miene den Wilden Geschenke zu — welche sie sehr begierig aufrafften — doch nichtsdestoweniger fortfuhren das Landen zu verweigern. Endlich schwammen einige der Offiziere durch die Brandung, doch drei der Eingebornen sprangen mit ihren Lanzen so drohend herbei, daß sie sich eiligst zurückzogen, wodurch das Selbstvertrauen und die Wuth der Wilden so erhöht wurden, daß sie sogar anfingen Steine ins Boot zu werfen, wodurch mehrere von der Mannschaft verwundet wurden. Obgleich Willes durchaus keine Lust hatte diesen verwegenen Angriff strenge zu bestrafen, so wollte er die Insulaner doch nicht beim Wahne lassen, daß sie einen Sieg davongetragen hätten, und befahl daher, einige blindgeladene Gewehre abzufeuern, die jedoch keinen andern Eindruck auf die Wilden machten, als daß sie ein höhnisches Geschrei erhoben, und die „Feiglinge" zu landen herausforderten, wenn sie es wagten. Nun wurde mit Senfkörnern auf ihre Beine geschossen, worauf unter eifrigem Reiben der beschädigten Theile der wilde Schwarm davonlief. Es war eine schöne athletische Race von dunkelbrauner Farbe und mit langen, schwarzen, gerade herabhängenden Haaren, welche die Häuptlinge nach hinten in einem Knoten zusammenbanden. Bis auf einen schmalen Gürtel, der jedoch dem Anstande genügte, waren sie vollständig nackt.

Ihr unfreundliches Begegnen erklärte sich später, da man erfuhr, daß vorbeisegelnde Perlenfischer aus reinem Muthwillen auf sie geschossen hatten, ein Beispiel unter vielen von den Grausamkeiten, die fern vom wachsamen Auge des Gesetzes der rohe Weiße gegen seine wilden Brüder sich erlaubt.

Auf Houden-Eiland oder Henuake, der nächsten Insel, welche Willes berührte, verkündigten Myriaden von Seevögeln und die fehlenden Cocospalmen, so wie beim Landen die Abwesenheit der Hausvögel, daß hier der Mensch noch keine Hütte gebaut. Beim Landen zeigte sich aber eine neue Gefahr in den Haifischen, die hier zahlreicher als irgend sonstwo gesehen wurden. Sie folgten den Booten in langen Zügen und es sah bedrohlich aus, wenn das schwellende Meer die Raubfische mitunter höher als den Rand der Schaluppe hob. Die Spuren ihrer Zähne waren an den verstümmelten Schildkröten sichtbar, die sich auf den Strand vor ihnen geflüchtet hatten. Die Vögel zeigten dieselbe Zahmheit, wie auf den Galapagos, da man sie von ihren Nestern stoßen mußte, um die Eier zu bekommen.

Außer unzähligen Tölpeln, Meerschwalben und Tropikvögeln machte sich besonders der Fregattenvogel bemerkbar, der viele Bäume — Pandanus, Boerhaavia, Pisonia — mit seinen aus einigen Reisern erbauten Nestern bedeckte. Wenn die alten Vögel wegflogen, blähten sie ihre rothen Kehlsäcke zur Größe eines Kinderkopfes auf, so daß es aussah, als ob ihnen eine große Blutblase am Halse hinge. Das Geschrei und Geträtsch aller dieser Vögel war fast betäubend.

Es gewährte einen komischen Anblick, Krabben mit Eidechsen zwischen den Scheeren fortlaufen zu sehen, und wie dann beide zugleich von einem Vogel gepackt und weggetragen wurden. Schaaren von Einsiedlerkrebsen wanderten mit ihren erborgten oder gestohlenen Schneckengehäusen am Strande umher. Die vielfarbigen Fische, die großen Aale, die furchtbaren gefräßigen Haie, die Spinnen, deren Netze sich überall auf dem Boden ausbreiteten, die Mollusken und Crustaceen verbanden sich zu einem merkwürdigen, eben so neuen, als interessanten Naturbilde, welches nicht so leicht dem Gedächtniß wieder entschwand.

Nach mehrtägigem Segeln nach Westen kamen Weituhi und Otuho, Byron's Disappointment-Inseln in Sicht. Eine Menge Canoes näherten sich den Schiffen unter Singen, Lachen und vielen seltsamen Geberden, doch wollte keiner an Bord kommen, oder außer einigen alten Matten irgend etwas vertauschen. Die Boote waren ganz klein, nur 12 oder 13 Fuß lang, mit einem Ausleger und einem hervortretenden Schnabel hinten und vorn zum Festhalten beim Einsteigen. Jedes Boot enthielt gewöhnlich nur zwei Eingeborne und war so leicht, daß es von zwei Menschen bequem getragen werden konnte.

Diese Insulaner hatten ein eigenthümliches Aussehen, starke, borstige Bärte und Schnurrbärte und eine verschiedene Physiognomie von der, die bei den andern Eingeborenen der Gruppe bemerkt wurde. Ihre Wildheit und der elende Anblick ihrer vernachlässigten Personen erregten Zweifel, ob sie wirklich noch zu den Menschen gehörten. Auch sie widersetzten sich Anfangs der Landung, doch als die Boote längs der Nordwestküste Weiluhi's hinfuhren, erschienen sie am Ufer mit grünen Zweigen und führten einen Tanz auf, wobei sie ihre Keulen über die Köpfe schwangen. Der Häuptling erhob sich von seinem Lager im Schatten eines Pandanus, seine Beine waren von der Elephantiasis weiß angeschwollen und zwar so bedeutend und regelmäßig, daß man Anfangs glaubte, daß er weite Matrosenhosen trüge. Sein Haar war schneeweiß, so daß er für den Patriarchen seines kleinen Volkes gelten konnte. Als man ihm zu verstehen gab, daß ein Geschenk für ihn da sei, zeigte sich eine merkliche Veränderung in seiner Physiognomie und er näherte sich sogleich watend und schwimmend dem Boote; doch zeigte er sich sehr unruhig, bis er mit Willes den freundlichen Gruß des Nasenreibens gewechselt hatte, eine Ceremonie, die mit einer so schmutzigen und ekelhaft kranken Person für jenen nichts weniger als angenehm war. Für die erhaltenen Geschenke gab er sogleich seinen kurzen Mantel — eine schlechte Matte — her und machte während der ganzen Dauer der Zusammenkunft ein merkwürdiges Geräusch, etwa wie das Purren einer Katze. Beim Herumzappeln in der See, wobei der lange, weiße Bart in der Strömung wallte, hätte man ihn für den personificirten griechischen Neptun halten können.

Trotz einiger Widerrede des Alten fand die Landung dennoch statt. Die furchtsamen Insulaner ließen sich nur schwer beruhigen und zeigten den unverkennbaren Wunsch, daß der Besuch möglichst abgekürzt würde. Sie hatten offenbar schon früher mit Schiffen verkehrt, doch schwerlich mochte irgend ein Fremder schon auf ihrer Insel gelandet sein. Einige Cocospalmen, Brotfruchtbäume und Pandange standen unter den Pisonien, Tournefortien und sonstigem Gesträuch der dürftigen Insel, die weil weniger als die fischreichen Riffe zur Ernährung ihrer 80 bis 90 Bewohner beitragen mochte. Die Hütten waren elende Löcher, ungefähr 6 bis 8 Fuß lang, 4 Fuß hoch und 5 Fuß breit, kaum Schatten gegen die Sonne gewährend und gänzlich unvermögend, den Regen abzuhalten. Sie bestanden nur aus

Stäben oder Aesten, deren beide Enden in die Erde gesteckt waren und die auf diese Weise entstehende Wölbung war nachlässig mit Cocosblättern, Matten und Gras belegt. Die Geräthschaften waren klein und schienen dem Zweck nur schlecht zu entsprechen. Kein Tapatuch wurde gesehen, das Völkchen stand augenscheinlich auf einer der niedrigsten Stufen der polynesischen Cultur und doch schien es zugleich, als ob die früher bekannten Künste nur aus Mangel an Material auf diesem so dürftigen Boden eingeschlummert wären.

Sogar wo die wilden Coralleninsulaner, wie auf Weituhl, nur von geringer Anzahl sind, können sie sich doch den Schiffbrüchigen furchtbar erweisen, da sie Gestade besitzen, gegen welche eine mächtige Brandung antobt. Die Fluth der Civilisation mag sie vielleicht mit der Zeit noch erreichen, doch scheint wenig Gefahr für sie zu sein, daß eine andere Race sie ihrer einsamen Riffe beraube, deren Besitz ihnen durch ihre Armuth verbürgt wird.

Auf Rarala im westlichen Theile der Gruppen, welche einige Tage später besucht wurde, zeigte sich die angenehme Erscheinung der tahitischen Flagge, und an der Einfahrt der Lagune stand eine Anzahl Eingeborener, theilweise auf europäische Weise gekleidet, zum freundlichen Empfange bereit. Nichts konnte auffallender sein, als der Unterschied zwischen diesen schon etwas civilisirten Menschen und den eben verlassenen Barbaren; es war wie der Uebergang von Dunkelheit zum Licht — und bald zeigte es sich, daß diese günstige Veränderung dem Einfluß der Missionare zuzuschreiben sei. Da barbarische Mißtrauen war gewichen und der schiffbrüchige Seefahrer konnte hier in Zukunft auf eine menschliche Behandlung rechnen. Zutraulich näherten sich die Weiber und Kinder. Die Hütten, obgleich nicht viel besser, als die früher gesehenen, waren reinlich und Anpflanzungen junger Cocosnußbäume deuteten auf eine weise Sorge für die Zukunft.

Die meisten dieser Insulaner hatten jedoch nicht ihren beständigen Wohnsitz auf Rarala, sondern waren mit Doppelpirogen, um Perlenmuscheln zu fischen, von Anaa oder Chain-Island herübergekommen, welche zwar eine der kleinsten Inseln der Gruppe ist, aber bei weitem die bevölkertste, da ihre damals auf 5000 Seelen geschätzte Einwohnerzahl so groß war, wie die des ganzen übrigen Paumotu, sogar mit Einschluß der vulkanischen Mangarevagruppe.

Die ganze Insel ist ein dichter Cocospalmenhain, der durch beständige neue Anpflanzungen sorgsam unterhalten wird, und dessen Früchte nebst den Fischen der Lagune die Hauptnahrung der Bevölkerung ausmachen. Sein Uebergewicht in der kleinen Welt von Paumotu hatte jedoch Anaa weniger einer besonderen Begünstigung der Natur, als dem kriegerischen Geiste seiner Bewohner zu verdanken, der in diesem kleinen, abgelegenen Winkel der Erde ähnliche Umwälzungen hervorbrachte, wie etwa die Herrsch- und Eroberungslust der Römer oder Hunnen auf der großen Schaubühne der Welt. Durch ihn beseelt, waren die Anaer mit ihren Doppelpirogen von Insel zu Insel gesegelt und hatten den ganzen westlichen Theil der Gruppe, bis nach Lau oder Bow-Island hin ihrer Macht unterworfen. Sie begnügten sich jedoch nicht allein mit deren Unterjochung, sondern zerstörten überall, wo sie hinkamen, die nährenden Cocosbäume und führten den größten Theil der Bevölkerung als Sklaven mit sich fort. So erklärt es sich, daß Inseln, die einige Seefahrer früher bewohnt fanden, von andern später nur als Brüteplätze der Seevögel gesehen wurden, und daß auf so vielen die Zierde der Palmen fehlte.

Zur Zeit Pomare des Ersten steigerte sich sogar die Eroberungslust der Anaer zum großartigen Entwurfe, Tahiti zu erobern; und es gelang ihnen, sich der Halbinsel Tairabou zu bemächtigen. Doch ließen sie sich durch ein bedeutendes Geschenk von Schweinen und Tapatuch zum Rückzuge bewegen und sie fuhren fort, wie früher die nominelle Oberherrschaft Tahiti's anzuerkennen. Ihr kriegerischer Ruhm stand so fest, daß Pomare der Zweite sich eine Art Leibgarde aus ihnen bildete, die nicht wenig zur Befestigung seines Ansehens beitrug.

Früher waren die Anaer der Menschenfresserei ergeben, die vielleicht noch immer nicht gänzlich auf dem östlicheren Theile der Gruppe verschwunden ist, doch seit 1815, wo die ersten tahitischen Missionare sich auf Anaa niederließen, fand allmälig eine günstige Veränderung in ihrem Charakter statt. Mit dem Christenthum trat größere Friedfertigkeit ein und es wurde den Gefangenen erlaubt, auf ihre Inseln zurückzukehren, eine Gunst, die indessen nur von wenigen benutzt wurde, da die meisten sich bereits auf Anaa verheirathet hatten und nun nicht mehr ihre neue Heimath verlassen wollen.

Die dürftige Natur der „Inselwelt" bietet dem Handel nur wenige Anziehungspunkte dar — das Hauptprodukt ist die Perlmutterschale, die mit Hülfe von Tauchern aus Anaa auf den verschiedenen Inseln der Gruppe geübt wird.

Die dazu ausgerüsteten kleinen Schiffe gehören fremden, auf Tahiti ansässigen Kaufleuten, die gewöhnlich mit einem eingeborenen Dolmetscher einen Accord abschließen, wonach dieser für eine gewisse Summe sich verpflichtet, die nothwendige Anzahl Taucher — gewöhnlich 30 bis 40 — herbeizuschaffen. Außer der freien Kost, die in gesäuerter Brodfrucht, etwas Schweinefleisch und Cocosnüssen besteht — werden die Taucher mit einem kargen Monatslohn von einigen Ellen Kattun besoldet, der mit der schweren Arbeit in keinem Verhältniß steht.

Die Perlmuscheln sind an die kleinen Corallenbänke befestigt, die wie unterseeische Hügelchen aus dem Grunde der Lagunen hervorwachsen, und hängen sich mit ihrem starken Barte an die steinernen Aeste der Polypen, so daß es einiger Kraft bedarf, sie davon loszureißen. Das Boot wird an einem hervorragenden Steinklumpen festgebunden und nun untersuchen die Taucher nach allen Richtungen die Bank, bis die Seltenheit der Muscheln oder ihre eigene Erschöpfung sie an den Ortswechsel oder an das Ausruhen mahnt.

Es gewährt einen interessanten Anblick, diese amphibischen Menschen tauchen zu sehen; fast ohne eine andere Bewegung zu machen, schießen sie wie Pfeile auf den Grund, suchen unter jedem hervorragenden Corallenstock, und sind sie an einer Stelle fertig, so genügt ihnen eine einfache Armbewegung, um sich horizontal durch das Wasser nach einer andern fortzutreiben. Die längste Zeit, die sie unter der Seeoberfläche zubringen können, beträgt etwas über eine Minute. Beim Tauchen in tieferem Wasser klagen sie nicht selten über Ohrenweh. Auf diese Weise wird täglich ungefähr eine Tonne Muscheln gesammelt und nach einigen Monaten verläßt das Schiff das „gefährliche Meer", nachdem es erst noch die Taucher nach Anaa zurückgeführt hat.

Die gewonnenen Perlen sind gewöhnlich nur Saatperlen, welche unzenweise in Valparaiso für 10 bis 12 Dollars verkauft werden, doch wem das Glück wohl will, kann auch hier durch einen seltenen Fund sich um mehrere tausend Thaler bereichern.

Die Perlmutterschalen werden bekanntlich auf vielfache Weise zu eingelegten Arbeiten, Dosen, Messerheften, Spielwerken, Zierrathen ꝛc., benutzt, ihr gegenwärtiger Preis in Hamburg ist, je nach der Qualität, von 1½ bis 17 Schilling Banco das Pfund.

Die Perlenfischer reden von einer goldenen Zeit, wo man schöne Perlen für einen Fischhaken oder für ein schlechtes Messer von den Paumotuanern erhandeln konnte, und klagen, daß die Taucher ihre Forderungen jährlich erhöhen, doch sieht man nicht, daß Letztere reicher werden, oder daß Erstere Lust bezeigen, sich vom Geschäft zurückzuziehen.

Vom Jahre 1832 bis 1838 wurden etwa 900 Tonnen Perlmuschein von den Paumotu-Inseln nach Tahiti gebracht, um von dort aus nach Europa verschifft zu werden. Den Werth schätzte man auf 50,000 Dollars oder 55 Dollars die Tonne — allerdings ein hübscher Ertrag für die schlechten Baumwollenzeuge, um welche noch dazu unter verschiedenen Vorwänden die armen Taucher nicht selten betrogen wurden.

Da die Könige von Tahiti eine Art Oberhoheit über die Paumotu-Gruppe ausübten, ist es nicht zu verwundern, daß der französische Schutz, nachdem er jene Hauptinsel unter seinen schirmenden Fittig genommen, auch noch seine Wohlthaten über die niedrigen Coralleneilande ausgedehnt hat und auf Anaa einen Gendarmerieposten unterhält. Zu den protestantischen Glaubenslehrern hat sich auch seit der Einnistung der Franzosen auf Tahiti eine katholische Mission in Anaa zugesellt — die Nachrichten, die aus jenem abgelegenen Erdenwinkel zu uns herüberschallen, sind jedoch zu sparsam und selten, als daß ich im Stande wäre anzugeben, ob die Anaer der Confession, von deren Verkündern sie zuerst der Barbarei entrissen wurden, getreu geblieben oder zur Fahne des Papsthums übergegangen sind.

Ein englischer Perlenfischer (Rovings in the Pacific) mußte im Jahre 1848 die unangenehme Erfahrung machen, daß ihm das Landen seiner Ladung auf Tahiti untersagt wurde, da der Verkehr mit dem abhängigen Paumotu als zur Küstenfahrt gehörig betrachtet werde, die ein ausschließliches Recht der französischen Flagge sei.

Wenn Anaa sich in historischer Beziehung und durch die Dichtigkeit seiner Bevölkerung vor den übrigen Klossen der Paumotu-Gruppe auszeichnet, so finden wir in dem zwischen ihm in Tahiti liegenden Maitia das seltene Beispiel einer hoch über die Meeresfläche gehobenen Coralleninsel. Mit senkrechten, 250 Fuß hohen Mauern, die an manchen Stellen von der Brandung tief ausgehöhlt sind, entsteigt Maitia einem Meere, welches schon in

kurzer Entfernung mit einer 150 Klafter langen Lothleine sich nicht mehr ergründen läßt. Die Insel wäre fast unzugänglich, wenn nicht an der Nordseite die Felswände eine Einbuchtung machten, eine geneigte Ebene bildend, wo in einem üppigen Haine von Brodfrucht- und Cocosbäumen ein kleines, von etwa 300 Menschen bewohntes Dörfchen liegt. Man sieht einige wohlgefüllte Brunnen, doch fehlt es an allem fließenden Wasser. Von dieser Ebene führt ein Spalt im Felsen, dessen Besteigung durch ungeheuere Corallenstufen erleichtert wird, aufwärts zur oberen Platte der Insel, welche dicht mit Bäumen bewachsen und allem Anscheine nach tellerartig vertieft ist, wie man sich eine ausgetrocknete Lagune vorstellen kann. Die Oberfläche derselben ist seltsam verwittert, so daß die engen Pfade oder Gänge sich romantisch durch Nadeln und Felsenzinnen von Manneshöhe hindurch winden. An der Klippenwand ziehen sich zwei horizontale Streifen hin, längs welchen sie am meisten durch den Wogendrang zernagt und ausgehöhlt erscheint, so daß der ganze Fels dadurch in drei fast gleiche Schichten getheilt wird. Die Hebung muß also in verschiedenen Perioden oder wenigstens mit zwei großen Pausen vor sich gegangen sein, wodurch dem Meere die Zeit blieb, jene Merkmale in's Gestein einzugraben.

So lassen sich einige der interessantesten geologischen Phänomene an dieser kleinen Insel beobachten: die Bildung der Corallenriffe, die hebende plutonische Gewalt und endlich die felsaushöhlende Macht der Gewässer, die im Laufe der Jahrtausende so großartige Wirkungen hervorbringt und wetteifernd mit den vulkanischen Kräften die Oberfläche der Erde beständig verändert und umformt. Man wird dabei an Helgoland erinnert, welches ja ebenfalls mit wagerechten Gesteinsschichten aus den Fluthen sich erhebt, aber wie ganz anders ist das Material und wie verschieden die kleine Welt von Pflanzen, Vögeln und Menschen, die auf dem rothen Sandsteinfelsen der Nordsee sich angesiedelt hat.

Auf Maitia zeigte sich — im Boot- und Hüttenbau, so wie in der Cultur des Bodens — eine bedeutendere Annäherung an die polynesische Civilisation, als bei den Anaern und den noch ärmlicheren, ostwärts gelegenen Inseln. Der häufigere Verkehr mit fremden Schiffen oder mit Tahiti, welches kaum eine Tagereise davon liegt, verkündigte sich durch die Menge abgetragener Matrosenkleider, womit die Bewohner des Eilandes sich bei festlichen Gelegenheiten schmücken.

Als Wilkes die Insel besuchte, waren Keulen und Speere gar nicht zu sehen, denn seitdem der Missionar den Frieden geprediget, hatten alle Kriege aufgehört. Die meisten konnten lesen und schreiben. Außer der Brodfrucht und dem reichen Ertrage der Taropflanzungen war Ueberfluß an Fischen und Krabben, Geflügel und Schweinen vorhanden, und der amerikanische Seefahrer verließ die Insel mit dem angenehmen Eindruck, daß sie von glücklichen und zufriedenen Menschen bewohnt sei.

Die neuesten Nachrichten über Paumotu verdanken wir dem französischen Marinechirurgen de Rochas, der sie im Jahre 1857 besuchte (Nouvelles Annales des Voyages. Juillet 1860.)

Von der Ketteninsel wird gegenwärtig eine ziemliche Menge Cocosnußöl ausgeführt, aber die Perlenmuschelfischerei hat fast gänzlich aufgehört und wird nur noch auf andern weniger ausgebeuteten Atollen betrieben.

Faarava oder Faroua (Wittgenstein) nach Anaa die wichtigste und civilisirteste Insel des ganzen Archipels, wird von den Tahitiern die „Perle der Paumotu-Gruppe" genannt. Zwei enge Einfahrten gestatten sogar größeren Schiffen das Einlaufen in die Lagune; während das Riff von Anaa überall dem Meeresspiegel sich nähert, so daß nur Boote eindringen können und die Schiffe während des Einladens der Waaren nicht ohne Gefahr außerhalb des Corallengürtels kreuzen müssen.

Anaa, Faroua und noch einige der westlichen Inseln der Gruppe sind jetzt vollständig bekehrt und theilen sich in die protestantische und katholische Kirche, doch sollen sie leichtsinnig und der Laune des Augenblicks folgend sehr leicht von einem zum andern Glauben übergehen. Troß ihrer Bekehrung sind sie noch immer der altpolynesischen Sittenlosigkeit ergeben und verwenden den kleinen Verdienst, den der Cocosnußöl- und Perlenhandel ihnen verschafft, hauptsächlich auf den Ankauf von geistigen Getränken, die sie glücklicher Weise selbst nicht zu bereiten verstehen. Anaa soll 1800 Seelen haben, Faroua etwas weniger. Die übrigen Inseln sind noch in der alten Barbarei versunken und auf einigen herrscht sogar noch immer der Cannibalismus mit allen seinen Gräueln.

Vierzehntes Kapitel.
Tahiti.

Gebirgige Natur des Landes. — Excursion im Thal von Tia-aura. — Amphibilische Natur der Führer. — Gefährliches Erklimmen der Felswände. — Nachtlager im Gebirge. — Feueranmachen durch Holzreiben. — Methode der Gauchos Feuer anzumachen. — Polynesische Kochkunst. — Reiche Vegetation des Hochgebirges. — Rückweg zum Meere. — Besteigung des Koral. — Beschwerlicher Weg. — Herrliche Aussicht. — Fruchtbarkeit der Uferebene. — Der wuchernde Guavastrauch. — Der Brodfruchtbaum. — Das äußere Riff. — Die Lagune. — Der Hafen von Papeiti. — Die Motus oder Coralleneilande. — Eimeo. — Der durchlöcherte Berg. — Die Taloo-Bucht. — Borabora. — Die Gesellschaftsgruppe im Allgemeinen. — Klima. — Der tahitische Landbau. — Einheimische Fruchtbäume und andere nützliche Gewächse. — Der Vitaum. — Die Südseekastanie. — Der Kukui. — Der Tamanu. — Der Hutu. — Fischfang. — Einheimische Säugethiere. — Das Huhn. — Der Spinipapagei. — Die Kurukurutaube. — Seevögel wegen ihren Federn verfolgt. — Fische. — Der Teufelsrochen. — Kriegslisten einer Seekrabbe. — Merkwürdige Seeigel und Muscheln. — Insektenplagen.

Zwei ungleich große, fast kreisrunde Halbinseln durch eine lange schmale Landenge verbunden, mit einem Flächenraum von etwa 20 geographischen Quadratmeilen, bilden das weltberühmte Tahiti. Mit Ausnahme des schmalen ebenen Küstensaums besteht das ganze Land aus tiefausgehöhlten Thälern und hohen Bergkanten. In der nördlichen Halbinsel, welche zugleich die bedeutendste ist, steigen die Schluchten ringsherum zu den schroffen Centralgipfeln des 7843 Fuß hohen Aorai und des noch riesigeren Orohena hinan, und zerklüften die jähen Seiten des Gebirges.

Furchtbare Abgründe bilden die Wände der Felsengrathe, welche jene Thäler oder Schluchten von einander trennen und deren oberer Rand so spitzig verläuft, daß er dem Fuß des Menschen oft unzugänglich wird.

Die auf diese Weise durch steile Mauern eingeschlossenen Schluchten sind gewöhnlich so enge, daß sie dem Bächlein kaum Raum gewähren, welches auf ihrem steinigen Grunde hinabrauscht. Nach dem Meeresufer hin haben die Thalwände eine Höhe von 500 bis 1000 Fuß, doch weiter hinauf steigen sie immer höher und schroffer empor, bis endlich zwei bis dreilaufend Fuß tiefe Klüfte gegen die Mauer des Centralgipfels auslaufen. Der Versuch die Berge thalaufwärts zu besteigen, ist daher vollständig erfolglos. Denn wenn auch unüberwindliche Felsblöcke im Bette der Waldbäche dem Wanderer den Durchgang nicht verwehren, so sieht er sich plötzlich durch eine querliegende Bergwand vom erwünschten Ziele abgeschnitten.

Einige der Thäler schließen auf ihrem Grunde einen Streifen ebenen kulturfähigen Bodens ein, durch welchen ein Flüßchen sich nach dem Meere hinschlängelt. Doch auch diese haben dieselben abschüssigen Wände wie die engeren Bergschluchten, höher hinauf nehmen sie den weiter oben beschriebenen Charakter an, und das Flüßchen wird zum wilden Waldbache, der die ganze Tiefe der Felsenschlucht ausfüllt.

Unter dem kalten Himmel des Nordens würde ein Grundbau wie dieser in seiner zerklüfteten, nackten Starrheit ein düsteres Bild der trostlosen Verödung darbieten. Doch um einen richtigeren Begriff von Tahiti zu erhalten, darf man nicht vergessen, daß die Abhänge fast überall mit üppigem Laub bekleidet sind, denn es giebt auf der ganzen Insel kaum eine Thalwand, welche nicht mit Farnkräutern und Gesträuch sich verzierte oder mit rankenden Gewächsen überzogen wäre, und wo ein Baum nur wurzeln kann und hinreichende Feuchtigkeit findet, erhebt sich dichter Wald. Die Berggehänge bis zu einer Höhe von 1000 oder 1500 Fuß über der Meeresfläche sind jedoch grasbewachsen, und haben namentlich in der trockenen Jahreszeit ein dürres verbranntes Aussehen. Erst höher hinauf begünstigt die feuchtere Atmosphäre den Baumwuchs, der den flachen Ufersaum so lieblich auszeichnet, während die dazwischen liegende weniger reichlich bewässerte Zone durch verhältnißmäßige Unfruchtbarkeit absticht.

Nach dieser allgemeinen Uebersicht der tahitischen Thal- und Gebirgsbildungen, wollen wir sie nun in ihrer romantischen Schönheit kennen lernen, indem wir Naturforschern wie Darwin und Dana auf ihren Ausflügen in's Innere folgen.

Ersterer von zwei tahitischen Führern begleitet stieg das Thal von Tiaura hinauf, durch welches das Flüßchen herabfließt, welches an der berühmten Venusspitze in's Meer ausmündet. Auf seine Bemerkung, daß sie sich mit Kleidung und Lebensmitteln für die kleine Reise versehen sollten, antworteten die Tahitier, daß ihre Haut sie genugsam schütze und es in den Bergen niemals an Nahrung fehle. Anfangs führte der Weg durch das

Gehölz, welches beide Ufer des Flüßchens einfaßte, und die hohen Central-
hörner, welche von Zeit zu Zeit über den Wald hervorblickten, gewährten
eine höchst malerische Ansicht. Bald verengte sich das Thal, dessen Wände
höher und abschüssiger wurden. Nach einem Gange von 3 bis 4 Stunden
überstieg die Breite der Schlucht kaum noch das Bette des Baches. An
jeder Seite waren die Mauern fast senkrecht, doch Dank der reichen Natur
des verwitterten vulkanischen Gesteins, war ein jeder Vorsprung mit Bäumen
und einer üppigen Vegetation bewachsen. Diese steilen Wände waren jedenfalls mehrere tausend Fuß hoch, und das Ganze bildete eine Bergschlucht,
prachtvoller und großartiger als Alles was Darwin auf seiner Weltreise bis
dahin gesehen. Ehe die Mittagssonne senkrecht über der Schlucht stand, war
die Luft kühl und feucht, nun aber wurde sie drückend heiß. Unter dem
Schatten eines Felsenvorsprunges wurde das Mittagsessen genossen. Die
Führer hatten bereits einen Teller voll kleiner Fische und Süßwasserkrebse
gefangen. Sie trugen ein kleines Netz an einem Reife befestigt, und wo
das Wasser tief war, und in kleinen Strudeln wirbelte, tauchten sie wie
Seeottern unter, folgten den Fischen mit dem Auge in die Höhlungen und
Ritzen des Gesteins, und zogen sie denn mit der Hand hervor. Das amphibische Wesen dieser Menschen erinnerte an die Schwimmfertigkeit der Robben
und Walrosse einer andern Zone.

Etwas höher hinauf theilte sich das Flüßchen in drei Arme. Die beiden nördlichen waren unzugänglich wegen einer Reihe von Wasserfällen, die
vom schroffen Gipfel des höchsten Berges herabstürzten; der dritte war allem
Anschein nach nicht minder unwegsam, doch gelang es ihn auf einem höchst
merkwürdigen Wege zu verfolgen. Die Seiten des Thales waren hier fast
senkrecht, doch an manchen Stellen sprangen schmale Kanten hervor, dicht
bewachsen mit Bananen, lilienartigen Pflanzen und anderen üppigen Erzeugnissen der Tropennatur. Die Tahitier hatten beim Klettern auf diesen
Vorsprüngen, um Früchte zu suchen, einen Weg entdeckt, auf welchem die
ganze Bergwand erklommen werden konnte. Das Aufsteigen war indessen
sehr gefährlich, denn man mußte mit Hülfe von mitgebrachten Stricken den
nackten Felsen entlang von einer Kante zur andern klettern, so daß es Darwin unbegreiflich war, wie irgend jemand hatte entdecken können, daß diese
abschreckende Stelle die einzige sei, welche die Besteigung der Bergwand
zuließ. So kam man endlich zu einer kleinen Fläche, über welcher ein schöner

Wasserfall einige hundert Fuß tief herabstürzte, während unterhalb desselben eine andere hohe Cascade sich in den Hauptfluß ergoß. Von diesem kühlen und schattigen Ruhepunkte wurde ein Umweg gemacht um den Wasserfall zu vermeiden. Wie früher wurden kleine hervorspringende Kanten dazu benutzt, deren Gefahr zum Theil hinter einer dichten Vegetation sich verbarg. Beim Uebergange von einer dieser Kanten zur andern, mußte eine senkrechte Felsmauer erklommen werden. Einer der Tahitier, ein schöner, gewandter Mann lehnte einen Baumstamm dagegen, kletterte an diesem hinauf, und erreichte dann, indem er sich an den Ritzen festklammerte, die Höhe der Mauer. Dort befestigte er einen Strick an eine hervorragende Spitze, und zog mit dessen Hülfe die Gefährten zu sich hinauf. Unterhalb des Vorsprungs, auf welchem der Baumstamm gestellt wurde, stellte der Abgrund wohl 500 bis 600 Fuß tief hinab, und hätte ihn nicht zum Theil der üppige Wachsthum der Farnkräuter und Liliaceen verdeckt, so wäre Darwin unter keiner Bedingung weiter gegangen.

Der Weg aufwärts wurde nun theils auf vorspringenden Felsenkanten fortgesetzt, theils auf messerartig zugespitzten Grathen, die sich nach beiden Seiten in tiefe Schlünde hinabsenkten. In den Cordilleren hatte zwar Darwin eine weit riesigere Bergnatur gesehen, aber an Abschüssigkeit war kein Theil davon im geringsten mit dieser zu vergleichen. Als der Abend sich senkte, wurde eine kleine flache Stelle am Ufer des Baches erreicht, der, wie bereits erwähnt, in einer Kette von Wasserfällen herabrauschte, und zum Aufschlagen des Nachtlagers gewählt. An jeder Seite der Schlucht standen große Gruppen des Feyé oder der Bergbanane mit reifen Früchten beladen. Viele dieser Pflanzen hatten eine Höhe von 20 bis 25 Fuß und einen Umfang von 3 bis 4, obgleich der ganze Stamm nur das Produkt eines einzigen Sommers war. Mit Hülfe einiger Baststreifen, die als Zwirn, einiger Bambusstämme, die als Pfosten, und der großen Bananenblätter, die zur Bedachung benutzt wurden, hatten die Tahitier in kurzer Zeit eine treffliche Hütte gebaut, und aus vertrocknetem Laube ein weiches Lager aufgehäuft.

Feuer wurde angemacht, indem ein spitziges Stück Holz auf ein anderes gedrückt und mit beiden Händen in einer länglichen Spur hin und hergerieben wurde, bis endlich der sich lösende Staub Feuer fing. Das weiße und leichte Holz des Hibiscus tiliaceus wird allein zu diesem Zwecke benutzt, dasselbe dient auch als Stange zum Lasttragen und beim Pirogenbau als

Ausleger, wodurch das Umschlagen des Bootes verhindert wird. Das Feuer brannte schon nach einigen Sekunden, wer die Kunst aber nicht versteht, hat Mühe genug, wie Darwin es erprobte, bis es ihm endlich zu seiner großen Befriedigung den Staub anzuzünden gelang. Der Gaucho der Pampas, jener vollkommene Centaure, der auf seinen Rillen durch die weiten Savannen häufig in die Lage kommt, nur auf sich selbst angewiesen zu sein, macht Feuer auf eine andere Weise: ein elastisches, etwa 18 Zoll langes Stäbchen ergreifend, drückt er das eine Ende an die Brust, das andere zugespitzte auf ein anderes Holzstück, und dreht es dann wie einen Bohrer im Kreise herum.

Nachdem die Tahitier ein kleines Feuer aus Reisern angemacht hatten, legten sie einige Dutzend eigroße Steine auf das brennende Holz. Nach etwa zehn Minuten war letzteres verzehrt und das Gestein glühend heiß. Sie hatten einstweilen Stücke Fleisch, Fisch, reife und unreife Bananen und einige Köpfe des wilden Taro in Blätter eingewickelt. Diese grünen Päckchen wurden nun zwischen zwei Lagen der heißen Steine gelegt und das Ganze alsdann mit Erde bedeckt, so daß kein Dampf entweichen konnte.

In einer Viertelstunde war alles aufs vortrefflichste gebraten. Das herrliche Mahl wurde nun auf ein Tischtuch aus Bananenblättern ausgebreitet und eine Cocosschale, angefüllt mit dem kühlen Wasser des rauschenden Baches, diente als Trinkgefäß.

Darwin bewunderte die reiche Vegetation der Umgebung. Ueberall erhoben sich Bananen, deren Früchte, obgleich vielfach als Nahrung benutzt, haufenweise auf der Erde verfaulten. Im Vordergrunde breitete sich ein dichtes Gebüsch des wilden Zuckerrohrs aus, und den Bach überschatteten die dunkelgrünen knotigen Stämme der Kava oder Ava (Piper Methysticum) die gegenwärtig, seitdem die Missionare den Genuß des daraus bereiteten berauschenden Getränks verboten haben, nur noch in diesen abgelegenen Schluchten angetroffen wird, wo sie Niemanden mehr schadet. Daneben wuchs der wilde Taro, dessen gebackene Wurzeln gut zu essen sind, und dessen junge Blätter besser schmecken als Spinat. Weiterhin gedieh die wilde Igname und die lilienartige Tipflanze (Dracaena terminalis), deren weiche braune Wurzel an Form und Größe einem dicken Holzklotz gleicht. Diese diente zum Nachtisch, denn sie ist süß wie Zucker und hat einen angenehmen Geschmack. Außerdem waren noch andere wilde Früchte und nützliche Gewächse vorhanden. Der kleine Bach bot dem Besucher der Wildniß außer seinem kühlen, erfrischenden Wasser auch noch Aale und Krabben dar. Wie verschieden war dieser Ueberfluß an Naturgaben von den unangebauten Gegenden der gemäßigten Zonen, wo höchstens Beeren und Erdnüsse den Durst und Hunger des müden Reisenden stillen. Hier sah man deutlich, daß der Mensch in seinem wilden Urzustande ein Kind der Tropenzone war.

Als die Nacht hereinbrach, wanderte Darwin unter dem dunkeln Schatten der Bananen den Lauf des Baches entlang. Seinem Spaziergange wurde jedoch bald ein Ziel gesteckt durch einen 200 bis 300 Fuß hohen Wasserfall, über welchem noch ein anderer von der Höhe herabwallte.

Nach dieser Reihenfolge von Cascaden wird man sich einen Begriff von der schroffen Senkung des Thales machen können. In der vertieften Rinne, worin das Wasser herabrauschte, schien es, als ob noch nie ein Windhauch sich verloren hätte, da die Bananenblätter, feucht vom aufsteigenden Wasserstaube, ganze Ränder besaßen, statt wie gewöhnlich in laufend Fetzen zerrissen zu sein. Von diesem Standpunkt aus gab es herrliche Durchblicke in die Tiefen der benachbarten Thäler, und auf die hohen Gipfel der Centralriesen, die zum Zenith emporstellten und die Hälfte des abendlichen Himmels verdunkelten. In solcher Umgebung war es ein erhabenes Schauspiel die Schatten der Nacht allmählig bis zu den letzten und höchsten Spitzen emporklimmen zu sehen.

Am folgenden Morgen wurde der Rückweg auf einem anderen Pfade angetreten, der weiter unten ins Hauptthal mündete. An den weniger abschüssigen Stellen führte der Pfad durch Dickichte der wilden Bananen. Die Tahitier mit ihren nackten, tätowirten Körpern, die Köpfe mit Blumen verziert und im Schatten der dunkeln Bäume stellten ein schönes Bild des Naturmenschen im Urwalde dar. Die große Vorsicht, die bei jedem Schritt erforderlich war, machte den Gang höchst beschwerlich, wobei Darwin immer von Neuem über diese Schluchten und Abgründe staunen mußte, denn die Thäler sind eben so viele tiefe Spalten im Gebirge. Indem man von den spitzen Felsgrathen die Gegend überschaute, war der Standpunkt so beschränkt, daß der Eindruck kaum anders war, als ob man in der Luft schwebend von einem Luftballon auf die Erde herabblickte. Es wurde unter demselben Felsenvorsprunge übernachtet, wo man am vorigen Tage das Mittagsmahl genossen hatte; die Nacht war sternhell, doch wegen der Tiefe und Enge der Schlucht von der finstersten Dunkelheit.

Von großem Interesse ist Dana's Besteigung des Aorai, bis zu dessen Gipfel nur sehr wenige der Eingebornen jemals gedrungen waren, so daß es sehr schwer hielt einen kundigen Führer aufzutreiben. Die Besteigung wurde längs des Felsenkammes an der Westseite des Matavai-Thals begonnen, und durch die Geschicklichkeit des Führers gelang es, stets oben auf dem Grathe zu bleiben, ohne in die tiefen Thäler rechts und links hinabzusteigen. Bis zu den Bergbananen in einer Höhe von etwa 1000 Fuß führen verhältnißmäßig bequeme Pfade; doch weiter hinauf sind die Grathe mit einer großen Grasart bedeckt, die an einigen Stellen eine Höhe von 10 Fuß erreicht und fast undurchdringlich ist. Um durchzukommen mußte man das Gestrüpp niederbrechen, indem man sich der Länge nach darauf hinwarf, oder gewissermaßen maulwurfsartig sich einen Weg durch die dichten Halme bahnen. Ein anderer Uebelstand war der Wassermangel, der schon nach einigen trockenen Tagen in den höchsten dem Gipfel sich anlehnenden Thälern einzutreten pflegt.

Am zweiten Tage gegen Mittag hatte Dana eine Höhe von 5000 Fuß erreicht, und stand auf einer kleinen Fläche von 12 Fuß Quadrat, dem Scheitel eines vereinzelten Felsens. Nach Osten blickte er 2000 Fuß tief in das Matavai-Thal hinab; nach Westen etwa halb so tief in einen Zweig des Paraua-Thales, die Abhänge an beiden Seiten hatten eine Neigung von 70 und 80 Grad, und kamen also dem Senkrechten ziemlich nahe. Von diesem Punkte führte ein steiler Abhang von dreihundert Fuß zu einer schmalen Felsenkante, die alsdann wieder aufwärts zum Gipfel des Aorai sich erhob. Die Tahitier versicherten, daß der spitz zulaufende Rücken nicht breiter als eines Mannes Arm sei, und da dichte Nebel sich senkten, weigerten sie sich noch an demselben Tage weiterzugehen. Am folgenden Morgen hellte sich das Wetter wieder auf und gestattete das Fortsetzen des Ausflugs.

Der hohe Gipfel des Aorai hatte aus der Ferne ein kegelartiges Ansehen und schien von allen Seiten zugänglich; doch in der Nähe zeigte es sich, daß er nur an einer einzigen Stelle erreichbar sei, und zwar auf einer Mauer mit steilen 2000 bis 3000 Fuß tiefen Abgründen an beiden Seiten und oben selten breiter als zwei Fuß. An einer Stelle saßen die Wanderer auf der Zinne des Felsgrathes wie auf dem Rücken eines Pferdes und schoben sich auf diese Weise fort, bis endlich der Kamm sich wiederum erweiterte und zahlreiche Gebüsche ihnen eine Stütze gewährten, worauf sie es wiederum wagten aufrecht zu gehen. So standen sie endlich auf der höchsten Spitze des Riesen, wo sie kaum Platz genug fanden sich umzudrehen und das herrliche Panorama von allen Seiten zu bewundern. Nach Osten wurde die Aussicht durch die Gipfel des Orohena und des Pitohiti versperrt; nach Süden tauchte der Blick in zahlreiche Schluchten, oder übersah die schnell aufeinander folgenden Bergkämme, welche die tahitische Landschaft auszeichnen; nach Westen erhoben sich jenseits einer ähnlichen Reihenfolge von gezackten Felsgrathen die Inseln Eimeo und Tetuaroa mit kühnen Umrissen über den Meereshorizont; nach Norden endlich blickte man auf die Küstenebene hinab, mit ihren Cocospalmen-, Brodfrucht- und Orangenhainen, auf den belebten Hafen mit seinen Schiffen und Pirogen und auf die Corallenriffe, welche die Lagune vom jenseitigen unbegrenzten Meere trennen.

Ich erwähnte bereits, daß rings um die Insel, vom Seeufer bis an den Abhang der Berge, ein flacher Rand sich erstreckt, der sich meistens 6 bis 12 Fuß über die Fluthmarke erhebt und 1 bis 2 Seemeilen breit ist. Dieser Strandgürtel, der fast allein von den Insulanern bewohnt wird, verdankt seine ausnehmende Fruchtbarkeit sowohl seinem schwarzen aus verwittertem Basalt bestehenden Boden, als seiner wenig geneigten Fläche — so daß die allseitig von den Bergen herabströmenden Gewässer sich nur sehr langsam verlaufen können — und auf ihn beziehen sich vorzüglich die glänzenden Schilderungen der Reisenden von der tropischen Pflanzenüppigkeit Tahiti's.

. Im Schatten der hohen Palmen und dichtlaubigen Brodfruchtbäume, unter saftiggrünen Bananen und goldfruchtigen Orangen, von Ignamen-, Bataten-, Zuckerrohr- und Ananasfeldern umgeben, und durch die anmuthigsten, mit Sorgfalt unterhaltenen Fußpfade mit einander verbunden, ziehen sich die Hütten der Eingebornen die Küste entlang, von der kühlenden Seebrise angefächelt und von ewigen Frühlingslüften umweht. Herrliche Blumen erfüllen die Atmosphäre mit ihren Wohlgerüchen, und schöngefiederte Vögel wiegen sich auf den Zweigen und ergötzen das Ohr durch ihren angenehmen Gesang. Sogar das wildwachsende Gebüsch trägt Früchte auf diesem gesegneten Boden, denn der auf Tahiti durch seinen wuchernden Wachsthum so verhaßte Guavastrauch ist in andern Ländern ein geschätzter Obstbaum. Kaum vierzig Jahre sind verflossen, seitdem diese Wucherpflanze zuerst von der Norfolk-Insel eingeführt wurde, und nun beherrscht sie bereits den besten, fruchtbarsten Boden, trotz aller Bemühungen ihre Vermehrung zu verschobern. Das Dickicht in meilenweiter Ausdehnung besteht fast einzig und allein aus Guavasträuchern, welche das ganze Jahr lang Früchte tragen, nicht selten sogar reife Beeren und Trauben von großen, weißen Blüthen auf demselben Zweig. Die Tahitier lieben die Frucht und verzehren sie in großer Menge, doch in den Monaten März und April, wo die Ernte am ergiebigsten, ist es durchaus nicht möglich sie zu bewältigen, und haufenweise liegen die Guaven auf dem Boden herum, sogar von den Schweinen verschmäht, welche nur die schönsten derselben anrühren wollen. Die steinerne Härte der Samen, welche der Verdauungskraft der Thiere widersteht, trägt namentlich dazu bei, die Pflanze nach allen Richtungen zu verbreiten. Sie liebt besonders feuchte und windgeschützte Standpunkte und gedeiht nirgends so gut, als an den Ufern der Bäche. Sie verdrängt den Graswuchs vollständig von allen Plätzen, wo sie einmal Wurzel gefaßt hat, aber ihre Blätter sind ein gutes Viehfutter, und Ochsen und Pferde fressen die Frucht mit Begierde. Der Schönheit der Landschaft schadet sie bedeutend, da sie die früher so reizenden Aussichten nach der See durch die hohen Stämme der Palmen hindurch verwehrt. Kein Wunder, daß man in Samoa das Eindringen der Guava fürchtete, doch sah sie Wilkes auf den Fidschi-Inseln angebaut, und in Hawaii kann sie nur in einem einzigen Distrikt mit Erfolg gezogen werden.

In Brasilien bewundert man den Contrast verschiedenartiger Schönheit, welchen die Gruppen der Bananen, Palmen und Orangen darbieten, hier aber tritt noch der Brodfruchtbaum hinzu, ausgezeichnet durch sein großes, zierlich geformtes, wie Feigenlaub tief eingeschnittenes Blatt, welches zu einer weiten, schattenreichen Krone sich wölbt, und durch das schöne Ebenmaß seines Wuchses. Es ist reizend Haine eines Baumes zu sehen, dessen Aeste mit der kernigen Stärke der Eiche sich ausbreiten, und der zugleich mit großen, höchst nahrhaften Früchten beladen ist. So wenig im Allgemeinen der Nutzen das freudige Gefühl erklärt, welches eine schöne Landschaft in unserer Seele erweckt, so bildet er doch hier ein Element in unsern Gefühlen, denn beim Anblick einer solchen Vegetation ergötzt man sich unwillkürlich an dem Gedanken, daß die Natur hier so zuvorkommend und freundlich für den Menschen gesorgt hat. Ob aber der sogenannte „Herr der Schöpfung" in diesem Paradiese auch paradiesisches Glück genießt, ist eine Frage, welche die Geschichte Tahiti's auf eine eben nicht erfreuliche Weise beantwortet.

Ein großer Theil der Insel wird von breiten Uferriffen umsäumt, welche bei der weichenden Fluth gewöhnlich bloß liegen, und durch Eindämmung sich leicht für die Cultur gewinnen ließen, wenn nicht bereits Ueberfluß an fruchtbarem Boden für die Bedürfnisse oder die Arbeitsfähigkeit der geringen Bevölkerung vorhanden wäre.

Weiter in's Meer hinaus, oft ein paar Seemeilen vom Strande entfernt läuft ein Riff oder eine Ringmauer niedriger Corallenklippen, parallel mit dem Lande hin. Ueber diesen Außenwall bricht sich die See in schäumender Brandung, während der zwischen ihm und der Insel eingeschlossene Kanal von keiner Welle gekräuselt wird, und wenn auch der Sturm das hohe Meer bewegt, befährt sorglos und sicher die Piroge das stille Wasser der Lagune. Diese erweitert sich an manchen Stellen zu ansehnlichen Häfen oder Buchten, zu welchen Oeffnungen im Riffe sogar großen Schiffen den Eingang erlauben, und ist außerdem in ihrem ganzen Umkreise fahrbar.

Unter allen auf diese Weise gebildeten Häfen, kommt keiner dem von Papeiti an der Nordküste gleich, an welchem daher auch der Hauptort der Insel sich ansiedeln mußte, sowie der steigende Verkehr mit europäischen Schiffen seinen Einfluß geltend machte. Er hat eine fast kreisrunde Form, vortrefflichen Untergrund bis nahe an den Strand, bietet den Schiffen alle mögliche Bequemlichkeit, wenn sie zum Ausbessern auf die Seite gelegt werden sollen, und ist geräumig genug eine große Flotte aufzunehmen. So besitzt er alle Eigenschaften, die sich von einem sicheren und bequemen Porte nur erwarten lassen, und gleicht weil eher einem ungeheuren künstlich angelegten Dock als einem natürlichen Hafen.

Aber das Außenriff trägt nicht allein durch seine Lagunenbildung zur Sicherheit der Schifffahrt bei; es schützt nicht allein die Palmenhaine des lachenden Ufers gegen die verzehrende Wuth der zerstörenden Brandung, sondern dient auch wesentlich zur Verschönerung der Küstenlandschaft, durch die kleinen mit Cocospalmen und andern Littoralbäumen bewachsenen Corallen eilande oder Motus, die hier und dort, namentlich an beiden Seiten der Einfahrten auf seinem Rücken sich erheben.

Man stellt sich leicht vor, welchen neuen Reiz diese Smaragde des Oceans dem romantischen Tahiti verleihen; wie lieblich ihr helles Grün gegen die weißschäumende Brandung der Klippen und den Hintergrund des tiefblauen Meeres abstechen muß.

Die Westküste Tahiti's ist noch besonders bevorzugt durch den herrlichen Blick auf die etwa 12 englische Meilen entfernte Insel Eimeo, deren zackige Bergmassen sich schroff zu einer ansehnlichen Höhe emporthürmen. In einem der erhabensten Gipfel Eimeo's, einige hundert Fuß von der Spitze, sieht man den blauen Himmel durch eine Oeffnung schimmern. Diese soll nach einer alten Sage dem Gotte Oro ihre Entstehung verdanken, der eines Tages, wüthend gegen den Piu oder kleinen Gott von Eimeo, von Tahiti aus seinen Speer nach ihm schleuderte, den Flüchtigen jedoch verfehlte, denn im Zorne zielt auch ein Gott nicht auf's beste, so daß nun die furchtbare Waffe wie ein Donnerkeil durch den Berg flog. Merkwürdig ist es wie überall die schöpferische Phantasie des Volkes, vom hohen Norden bis zur Südsee an jede ungewöhnliche Naturerscheinung irgend eine Legende zu knüpfen weiß.

Die Umrisse Eimeo's sind noch weit zerrissener als die der großen Nachbarinsel, und es bedarf keiner sonderlichen Anstrengung der Phantasie diese schroff ausgezackten Felsmassen und Hörner in ein Riesenbollwerk von gothischen Bastionen und Thürmen zu verwandeln, deren steile Mauern vielfältig mit Grün bewachsen sind, welches aus der Ferne dem üppigsten Epheu gleicht.

Die Häfen Eimeo's, das nur durch eine einzige Oeffnung im Riff zugänglich ist, zeichnen sich vor denen Tahiti's dadurch aus, daß sie sich tief in's Land hinein erstrecken. So ist die Taloo Bucht ein etwa 3 englische Meilen langer Fiord von Bergen umschlossen, deren senkrechte Wände an einigen Stellen bis zu einer Höhe von 2000 Fuß emporsteilen. Der Hintergrund dehnt sich in eine weite Fläche des reichsten Alluvialbodens aus, der gegenwärtig zur Cultur des Zuckerrohres benutzt wird, und mit dem üppigsten Baumwuchs prangt. Das größte Schiff schrumpft zu einem Boote zusammen, wenn man es neben den hohen Bergen betrachtet, in deren unmittelbarer Nähe es vor Anker liegt.

Das Innere der Insel bildet einen Kessel von wunderbarer Erhabenheit. Vom Hintergrunde der Taloo-Bucht aufsteigend, gelangt man allmäldig zu diesem centralen Amphitheater, welches rings herum von steilen Anhöhen eingefaßt ist, deren Kämme aus nackten Felsen von ungeheuerer Größe und seltsamen Formen bestehen. Einige ruhen auf engen Grundlagen mit breiten und überhängenden Stirnen, und dem Hafen gerade gegenüber erhebt sich ein riesiger Thurm, dessen scharfe Spitze hoch in die Wolken ragt.

„Die Verhältnisse dieses Tempels des Himmels und der Erde," sagt Dana, „waren so harmonisch, daß dessen ungeheuere Größe uns anfangs nicht auffiel. Als wir aber nach dem Hafen uns umblickten und die steilen Abhänge, an welchen wir heraufgekommen waren, zu fast unmerklichen Erhabenheiten verkleinert sahen, trat uns die Größe der Berge, die hier unseren Horizont begränzten, klar vor Augen, so wie die Breite des eingeschlossenen Thales, in dessen Mitte wir standen."

Mit Ausnahme von Tubuai und Teiuarea, die auf niedrigen Corallenriffen ruhen, sind alle übrigen zur Gesellschaftsgruppe gehörigen Inseln — Maurua, Borabora, Tahaa, Raiatea, Huaheine, Tapamanu — gebirgig und romantisch, wie Tahiti und Eimeo. Sämmtliche hohe Inseln bestehen aus dunkelgrauen Basalten und basaltischen Laven, die zuweilen mit Schichten von groben und feinen Conglomeraten und Tuffen aus demselben basaltischen Material abwechseln. Alle diese Gesteine sind einer schnellen Verwitterung unterworfen, so daß auch die schmalsten Kanten und Vorsprünge mit einer tiefen Erdschicht bedeckt sind, wodurch der üppige Pflanzenwuchs bedingt wird, der, indem er die Gefahren dem Auge verbirgt und beim Besteigen Anhaltspunkte gibt, allein das Reisen im Gebirge möglich macht.

Es fehlt mir an Raum, eine jede dieser Inseln besonders zu schildern, auch würde es bei der Gleichheit der Bildung und Vegetation ein den Leser ermüdendes Unternehmen sein, doch verdient das Außenriff Borabora's bemerkt zu werden. Es ist nämlich nicht wie gewöhnlich abwechselnd überflossen und über den Meeresspiegel sich erhebend, an einigen Stellen nackt und an andern bewachsen, sondern überall mit Cocospalmen bedeckt, die einen vollständigen Gürtel um die Insel bilden. Eine einzige schmale Durchfahrt führt in die innere Lagune, aus deren Mitte der 3000 Fuß hohe zweispitzige Pik des Kegelberges sich erhebt, woraus die kleine Insel besteht. Am Fuße des Berges am niederen Ufer einer Bucht lagern anmuthig die Hütten der Eingeborenen unter Palmen, Brodfruchtbäumen und Bananen.

Die Oberfläche sämmtlicher Gesellschaftsinseln beträgt etwa 30 geogr. Quadratmeilen, und wenn man bedenkt, daß sie größtentheils aus steilen Gebirgen oder abschüssigen schmalen Schluchten bestehen, die einer jeden Cultur unzugänglich sind, und das ebene Land nur auf einen verhältnißmäßig schmalen Küstensaum und einige Thäler sich beschränkt, so ist es augenscheinlich, daß trotz aller Vorzüge der Fruchtbarkeit und des Klimas sie niemals eine ihrer Ausdehnung entsprechende Bevölkerung werden ernähren können. Als Wallis die Insel Tahiti entdeckte, war allerdings die Einwohnerzahl viel bedeutender als jetzt, wo sie unter dem französischen Protectorat noch fortwährend zusammenschmilzt, doch hat sie gewiß nie die Höhe der ersten übertriebenen Angaben von Cook und Forster erreicht, wonach sie aus 100,000 oder gar 150,000 Seelen bestehen sollte.

Das Klima der Gesellschaftsgruppe ist eins der angenehmsten und gesundesten auf Erden, denn obgleich Tahiti nur 17 Grad vom Aequator liegt, wird die Hitze durch die ewig wechselnden Einflüsse des Oceans und des Gebirges doch so gemildert, daß sogar Europäer sie sehr erträglich finden.

„Zu allen Zeiten," sagt Forster, „steigen Dünste aus dem Meer, hängen sich an die Berge und träufeln im Morgenthau herab. Zu allen Stunden des Tages kühlt der Seewind die Ebene und mildert die Gewalt der Sonnenstrahlen, und des Nachts fährt die wohlthätige Landluft mit thaudriefenden Schwingen von den Berggipfeln hernieder."

Im December und Januar, den tahitischen Sommermonaten, wird jedoch der Passat nicht selten durch heftige Nordwinde unterbrochen, die mitunter stark genug sind, Palmen und andere Bäume zu entwurzeln. Regen und Gewitter sind alsdann häufig, so daß man den hiesigen Sommer für den Winter ansehen könnte. Erdstöße werden selten verspürt und man kennt kein Beispiel, daß sie Schaden angerichtet hätten.

Nach Kotzebue sollen Ebbe und Fluth in der Matavai-Bucht sehr von der allgemeinen Regel abweichen und sich um den Mond nicht zu bekümmern scheinen. Jeden Mittag, das ganze Jahr hindurch, sobald die Sonne den Meridian erreicht, steht das Wasser am höchsten, und fällt mit dem sinkenden Tagesgestirn bis zur Mitternacht. Die Fluthhöhe beträgt übrigens nur einige Fuß. Die Ebbe läuft mit großer Gewalt aus den Rifföffnungen heraus, die Fluth dagegen mit geringer Stärke in die Lagune, wegen der vielen Bäche, welche in's Meer hinab strömen.

Wo die Natur schon so viel für den Menschen gethan, konnte sein Fleiß mit leichter Mühe ihr schönes Werk vollenden, dem fruchtbaren Schooß der willigen Erde die brauchbarsten Pflanzen anvertrauen und sie mit Wucher zurücknehmen. Doch während andere Nationen, welche eben so reiche, eben so schöne Inseln bewohnen, sogar diese leichte Arbeit nicht kannten und von den europäischen Seefahrern noch auf einer so tiefen Stufe der Barbarei gefunden wurden, daß sie kaum für das dringendste Bedürfniß sorgten, war der Tahitier in der Cultur schon so weit vorgerückt, daß er neben den Früchten, die ihn ernährten, auch noch die Staude pflanzte, die ihn mit Kleidung versorgte, und die Blume, deren Wohlgeruch ihn ergötzte. Außer der wohlthätigen Brodfrucht, welche ihm seine beste und reichlichste Nahrung gab und womit er die Ebenen weit und breit bedeckte; der hochwüchsigen Cocospalme, deren rauhen Stamm er mit unglaublicher Fertigkeit zu erklimmen verstand, indem der einfache Mechanismus die beiden Füße dicht über den Knöcheln mit einem Bast zu verbinden yle Stelle einer Leiter vertrat; und dem Pisang, von welchem nebst der in den oberen Thälern wildwachsenden Species er nicht weniger als 13 cultivirte Spielarten kannte, dienten auch noch zu seinem Unterhalt die knollige, süße Wurzel der Batate, einer Art von Winde (Convolvulus), die vortreffliche Yamswurzel (Dioscorea alata), welche zwei bis dritthalb Schuh lang wird und ein schneeweißes oder auch ein pfirsichfarbenes Fleisch hat, der Taro (Caladium esculentum et macrorhizon), den wir später auf Hawaii als wichtigsten Nahrungsstoff antreffen werden, und die Tacca, deren Wurzel ein vorzügliches schneeweißes Kraftmehl liefert. Zwar besaß er damals noch nicht die Ananas, die Orange und die peruanische Chirimoya, doch außer dem Zuckerrohr, welches seines süßen Saftes wegen gekaut wurde, erfreuten ihn verschiedene Obstbäume mit ihren schmackhaften Früchten. Der stattliche Bi (Spondias dulcis), der ebenmäßigste und malerischste aller polynesischen Bäume, der mit seinem weißen, kräftigen Stamm, seiner weiten Krone, seinem hellgrünen gefiederten Laube und den goldenen, angenehm säuerlich schmeckenden Pflaumen, welche seine Zweige belasten, das Auge des Naturfreundes entzückt, ist zugleich neben der Erythrina corallodendrum einer der seltenen polynesischen Gewächse, die in der unserm Winter entsprechenden Jahreszeit, wenn die Sonne mit ihren senkrechten Strahlen den nördlichen Wendekreis erhitzt, ihr Laub abwerfen, eine um so seltsamere Erscheinung, da viele unserer europäischen Bäume mit abfallenden Blättern immergrün werden, wenn man sie in ein wärmeres Klima verpflanzt. Die Früchte reifen im Mai und zwar in solchem Ueberfluß, daß trotz der bedeutenden Menge, die von Menschen und Schweinen verzehrt werden, eine Unzahl derselben auf dem Boden verfault.

Die hohe schattenreiche, dunkelgrün, belaubte Jambuse (Eugenia malaccensis) prangt mit scharlachenen Blüthen und rosenfarbenen, orangegroßen

Früchten, deren süßes, weißes Mark ungefähr die Dichtigkeit unseres Apfels hat. Die Südseekastanie (Inocarpus edulis), die ebenfalls ein dunkelgrünes Laub trägt, bildet ausgedehnte Haine und sticht in der Waldlandschaft durch ihren hohen Wuchs hervor. Ihre gelben Blüthen verbreiten einen angenehmen Duft. Die reife nierenförmige Frucht enthält einen Kern, der unserer Kastanie gleicht und ebenfalls von den Eingebornen gebraten und gegessen wird. Die alten Stämme bekommen einen bedeutenden Umfang und treiben, wie man es auch bei andern tropischen Bäumen, namentlich bei den Feigenarten bemerkt, nach allen Seiten senkrechte, leistenartige Auswüchse oder Stützen hervor, die dem Baume auf dem abhängigen Boden, den er gewöhnlich zu seinem Standort wählt, zur größeren Befestigung dienen.

So wie in Deutschland mancher fruchtbare Acker seine Kräfte für den unnützen Tabak vergeuden muß, waren früher in Tahiti große Stücke Landes mit dem berüchtigten Taumelpfeffer der Polynesier (Piper methysticum) angepflanzt. Die wohlmeinende Natur hatte die bösen Eigenschaften dieser Pflanze bis in die Wurzel verborgen, allein der Hang des Menschen, seinen eigenen Schaden zu suchen, war auch hier geschäftig gewesen und hatte in dieser Wurzel die kräftige Essenz gefunden, womit man alle Sinne überwältigen und die Vernunft, den Funken vom Himmel betäuben konnte.

Nützlicher war der Anbau von Flaschen- (Cucurbita lagenaria Linné) und Kugelkürbissen (Cucurbita pruriens) zum Aufbewahren des Oels und verschiedener flüssiger Sachen; des Papiermaulbeerbaums (Morus papyrifera), aus dessen feinem Splint die meisten tahitischen Zeuge verfertigt wurden; des Bambusrohrs (Arundo Bambus), welches sich bequem zu Angelruthen und verschiedenen andern Werkzeugen schneiden läßt; des Keulenbaums (Casuarina equisetifolia), aus dessen Holz die schönsten und dauerhaftesten Waffen und Geräthe gearbeitet wurden; des chinesischen Eibisches (Hibiscus Rosa sinensis), der schönen Guettarde (Guettarda speciosa) und besonders des sogenannten Cap Jasmins (Gardenia stellata), deren theils überaus schöne, theils herrlich duftende Blumen ein Schmuck der Mädchen und Jünglinge waren.

Unter den zahlreichen Bauhölzern, womit die Natur die Inseln begabte, zeichnen sich außer der Casuarine, dem Brodbaum, dessen leichtes Holz sich vorzüglich zum Kahnbau eignet, dem Inocarpus u. s. w., besonders der Kukui (Aleurites Triloba), der Tamanu (Calophyllum Inophyllum) und der Hutubaum (Barringtonia speciosa) aus.

Der Kului wächst sowohl auf dem Küstenrande als an den Bergabhängen, wo er sich durch sein breites, gelapptes, an der Unterseite braun-
behaartes Laub auszeichnet. Die steinharten Nüsse enthalten einen öligen Kern
und wurden früher von den Polynesiern zur Beleuchtung benutzt, indem man
sie auf einen hölzernen Pflock spießte und der Reihe nach abbrennen ließ.

Der Tamanu wurde wegen seines düsteren Laubes nebst der Casuarine
um die Gräber angepflanzt. Das Holz wetteifert mit dem unserer Ulme an
nützlichen Eigenschaften, ist von röthlicher Farbe und steht dem Mahagoni
an Schönheit nur wenig nach. Die Frucht wurde außerdem noch zum Gelb-
färben der Zeuge benutzt.

Der Hutu, ein stämmiger, schattiger Baum, wächst viel am Meeresufer,
am Wasserrande. Seine Blätter sind groß, ganzrandig und eirund, und die
zahlreichen weißen Blüthen, mit rosafarbenen Staubfäden verziert, haben ein
stattliches Aussehen.

Mit der gequetschten Frucht betäubt man die Fische, um sich deren Fang
zu erleichtern, und benutzt auch noch zu ähnlichem Zwecke den stinkenden
Jelland (Daphne foetida), die giftige Kresse (Lepidium piscidium) und das
betäubende Fledenkraut (Galega littoralis). Eine ähnliche Anwendung gif-
tiger Pflanzensäfte findet sich übrigens weit und breit durch die Tropenzone
verbreitet, auf den ostindischen Inseln und in Afrika, wie unter den wilden
Horden Brasiliens und der Guayana.

Ein Riedgras (Cyperus) mit hohem dünnen Halme und breiter Aehre,
dient zum Transport des Fanges, indem der Halm durch die Kiemen-
öffnungen der kleinen Fische gesteckt wird, die alsdann bis zur Aehre herab-
rutschten und auf diese Weise eingefädelt, bequem weggetragen werden.

Zum Fischfangen werden auch noch die dauerhaftesten Netze und Leinen
aus der Silbernessel (Urtica argentea) und andern mit starken Fasern versehenen Gewächsen verfertigt.

Auch zur Kleidung benützte der Tahitier viele der wilden einheimischen
Pflanzen. Er nahm dem Pandanus seine palmartigen Blätter und dem
Hibiscus seine Rinde um daraus Matten zu flechten, und er fand am Brodbaum sowohl als an dem großen und dem rauhen Feigenbaum einen netz-
förmigen Splint, den er, wie den des Papiermaulbeerbaums zur Verfertigung
des Tapatuches anwenden konnte.

Die Kunst des Färbens, wozu er verschiedenartige Pflanzensäfte benutzte, war ihm nicht fremd, und auch dem Geruchssinn verstand er Genüsse zu bereiten, denn nicht weniger als vierzehn Gattungen wilder Pflanzen, worunter das gelbe Sandelholz oben an stand, wurden dazu verwendet, das Cocosöl zu parfümiren, womit er, wie die alten Griechen mit dem Oel der Olive sein Haupthaar und seine Haut zu salben pflegte.

Jeden Strauch, jedes Kraut seiner Flora wußte er mit seinen besonderen Namen zu nennen und legte dadurch eine feine Beobachtung des Pflanzenreiches an den Tag, die sogar den cultivirtesten europäischen Völkern abgeht.

Wenn auch die tahitischen Gehölze an staunenswerther Üppigkeit den brasilianischen Wäldern durchaus nicht gleichkommen — und wie wäre es auch zu erwarten, daß auf dem beschränkten Raum einer Insel jene unzählige Fülle von Pflanzenformen sich entfaltete, welche ein unermeßlicher Continent hervorbringt — so sehen wir doch schon aus der stattlichen Reihe der angeführten auf verschiedene Weise nutzbaren Gewächse, daß die Flora der Gesellschaftsinseln mit vollem Rechte eine reiche genannt werden kann.

Aber nur wenige der einheimischen Pflanzen zeichnen sich durch die Schönheit und den Duft ihrer Blüthen oder durch arzneiliche Wirksamkeit aus, denn die außerordentliche Fruchtbarkeit des Bodens ertheilt der Vegetation einen wuchernden Charakter, so daß die Kraft des Wachsthums sich eher in der Bildung von Laub und gröberen Stoffen erschöpft, als daß sie jene feinen wirksamen Säfte, oder jene glühende Farbenpracht aromatischer Blüthen erzeugte, welche die Flora mancher dürren wasserarmen und in anderen Beziehungen weniger begünstigten Tropenländer auszeichnet.

Derselben Ursache ist es ohne Zweifel zuzuschreiben, daß der Brodfruchtbaum und der wilde Bergpisang samenlose Früchte hervorbringen, von einer mehligen und süßen Beschaffenheit, wie sie sonst nur die sorgfältigste Kultur erzielt.

Von Säugethieren fanden die ersten europäischen Seefahrer nur Ratten, Schweine und Hunde auf den Gesellschaftsinseln vor. Der tahitische Hund, von reiner vegetabilischer Nahrung lebend und nach Landessitte zwischen heißen Steinen gebacken, war eine köstliche Speise; durch Vermischung mit europäischen Racen ist aber seine ursprüngliche Güte verloren gegangen, so daß er zu diesem Zwecke ganz außer Gebrauch gekommen ist.

Die Schweine sind vortrefflich, doch in der gegenwärtigen gemischten Race ist es ebenfalls unmöglich noch eine Spur der ursprünglichen polynesilchen zu erkennen. Die zugespitzten Ohren der letzteren sind fast in allen Fällen durch die schlaff herabhängenden Ohrlappen, das Zeichen einer langen Knechtschaft verdrängt worden. Man läßt sie im Freien herumlaufen, wo sie vom Ueberfluß der Fruchtbäume sich nähren. Wenn sie die Pflanzenkost müde sind, wandern sie nach dem Seeufer um sich dort an Schalthieren zu ergötzen. Werden sie als lebender Proviant eingeschifft, so ist es nothwendig eine Menge reifer Cocosnüsse als Futter für sie mitzunehmen, da sie Getreide oder das gewöhnliche Schweinefutter nicht genießen wollen. Mit jener Nahrung versehen, halten sie aber die Reise vortrefflich aus und sterben nur selten während derselben an Krankheit.

Allen später eingeführten Säugethieren legten die Tahitier die Namen ihrer einheimischen Arten bei; indem sie die größeren buaa Schwein; die kleineren uri Hund oder ioro Ratze nannten. So heißt der Ochse: buaa toro „das Schwein mit dem langen Halse", das Pferd: buaa-horofeuua, „das Schwein, welches schnell über die Erde läuft"; die Ziege: buaa-niho, „das Schwein mit Zähnen auf dem Kopfe". Den Affen, den sie zuweilen zu sehen bekommen, nennen sie uri-taata, „der Hund-Mensch" und die Ratze: iore-pii-fore, „die Ratze, welche das Haus erklimmt."

Die Ochsen sind eine schöne Race, den englischen an Größe und Gestalt ähnlich, da die Stammthiere größtentheils aus Neu-Süd-Wales eingeführt wurden. Einige sind verwildert, aber die meisten werden als Hausthiere benutzt. Die Tahitier haben schon längst das Vorurtheil abgelegt, welches sie anfänglich gegen das Ochsenfleisch hegten, und genießen es mit demselben Wohlgefallen wie die Kuhmilch.

Das Pferd stammt aus Süd-Amerika, wird niemals beschuht und nur zum Reiten benutzt. Die Ziegen sind zahlreich, aber die Eingebornen haben einen unüberwindlichen Widerwillen dagegen, wegen des starken Geruchs, und sind nicht dazu zu bewegen das Fleisch zu genießen.

Alle Versuche das Schaf auf Tahiti einzubürgern sind mißlungen, da sowohl das Klima als die Weide den Gewohnheiten des Thieres widerstehen.

Das Huhn, moa, welches Wallis und Cook bereits antrafen, ist noch immer das nützlichste Geflügel der Inseln. Man läßt es frei umherlaufen und es bedarf durchaus keiner Pflege. Es wird besonders zum Verkauf an die fremden Schiffe gezogen und die Eier werden zu demselben Zwecke gesammelt. Truthühner und Enten sind eingeführt worden, aber von geringerem Bedeutung. Dagegen scheinen andere Vögel, die zur Zeit der Entdeckung gesehen wurden, verschwunden zu sein; der rothe Honigfresser (Melithreptes coeruleus), der sich noch auf Hawaii findet, ein grüner langschwänziger Papagei und eine blaue Taube, die aber vielleicht noch im verborgenen Innern leben. Das hübsche blaue evini Papagelchen mit weißer Brust und rothem Schnabel und Füßen, welches nur die Größe des Sperlings erreicht, kommt aber noch sehr häufig auf den Cocospalmen vor, an deren süßen Blumen es saugt.

Die kuru kuru Taube ist hier weniger schön als auf Nuka-hiva, ihre Farben sind nicht so lebhaft, und besonders die purpurne Haube ist sehr blaß.

Wasservögel kommen in größerer Menge als die Landvögel vor: man findet wilde Enten, Möven, Tölpel mit schiefergrauem Gefieder und rothen Beinen; den rußigen Sturmvogel (Procellaria fuliginosa), den gefleckten Eisvogel (Alcedo rudis) und Seeschwalben (Sterna stolida) von der Größe einer Taube, die sich leicht von den Eingebornen zähmen lassen, und mit kleinen Fischen gefüttert werden. Gewiß ein seltenes Glück für einen oceanischen Vogel, zugleich auch Freunde auf dem Lande zu haben!

Der blaue Reiher (Ardea coerulea) und eine gewöhnlichere Art derselben Familie, mit weißem Gefieder, zeigen sich zuweilen auf dem Außenriff, entweder in ihrer eigenthümlichen unbeweglichen, bildsäulenartigen Stellung auf die Beute lauernd, oder mit kurzem Fluge nach einem andern hoffnungsvolleren Fischgrunde eilend.

Der hochfliegende Fregattenvogel nistet auf den Felsen der Küste und fischt in den umgebenden Gewässern. Wie die Möve an unsern Küsten sieht man ihn häufig in großer Anzahl und mit unaufhörlichem Gekreisch über dem Meere schweben, dort wo eine reichlichere Beute ihn heranlockt. Die Eingebornen fangen diesen Vogel durch Erklettern der Klippen, auf welchen er brütet. Sein Gefieder (besonders die langen schwarzen Federn des Schwanzes), wurde früher zur Zierde der Häuptlinge benutzt; die meisten schwarzen Federn, welche die polynesischen Gewänder und Kleidungsstücke in unsern ethnographischen Museen schmücken, rühren vom Fregattenvogel her.

Der ätherische Tropikvogel (Phaëton aethereus) mit langen weißen, und die noch zierlichere Art (Phaëton phoenicurus) mit scharlachenen Schwanzfedern, kommen ebenfalls auf den Gesellschaftsinseln vor. Ihre Lebensweise ist aber durchaus oceanisch, und wie der Sturmvogel und der Albatroß suchen sie das Land nur zum Brüten auf. Sie fliegen ebenfalls hoch in der Luft, mit einem eigenthümlichen pfeifenden Getreisch, welches Tag und Nacht gehört wird, und dem sie ihren englischen Namen Bootsmann (Boatswain) verdanken.

Die erstere Art ist die gewöhnlichste, aber beide sind selten im Vergleich zu andern Seevögeln, und fast niemals werden mehr als 3 oder 4 zu gleicher Zeit gesehen. Früher wurde den Schwanzfedern dieser Vögel, besonders den rothen ein sehr hoher Werth beigelegt. Um sie zu erhalten, besuchte man die kleinen und unbewohnten Inseln der Gruppe zur Zeit wo der Tropikvogel brütet und sich am leichtesten fangen läßt. Der Vogel wurde dann vom Neste genommen, und nachdem man ihm die kostbaren Schwanzfedern ausgezogen, ließ man ihn wieder fliegen, wohl nicht aus Menschenfreundlichkeit, sondern um ihn später auf's Neue berauben zu können. Die ergiebigsten Inselchen, wie Tetuaroa, Tubuai und andere, gehörten als Privatdomänen den königlichen Häuptlingen von Tahiti.

Unter den an den Küsten vorkommenden Fischen, von denen Banks schon 150 verschiedene Arten kannte, bemerkt man Haie, Schwertfische, Boniten, Igelfische (Diodon), Angler (Lophius), Koffer (Ostracion), Papageifische (Scarus), fliegende Fische, Fellfische (Balistes) &c., also wie man sieht eine ganz andere gestoßte Welt als diejenige, welche unsere Gewässer belebt. Saugfische von über einen Fuß Länge werden nicht selten im Meere außerhalb der Riffe angetroffen. Sie sind also bedeutend größer als die berühmte Remora des Mittelmeeres, von der, wie von allen merkwürdig geformten Thieren so viel gefabelt worden ist.

Die Haie gehören meistens zur braunen oder weißen Art (Squalus carcharias), welche überall auf dem tropischen Ocean angetroffen wird. Sie besitzen die ganze Gefräßigkeit ihrer Gattung, werden aber selten länger als 8 Fuß. Das Fleisch wird von den Insulanern gegessen, und die Leber gilt als ein besonderer Leckerbissen.

Der Teufelsrochen oder Seeteufel kommt ebenfalls bei den Gesellschaftsinseln vor. Dieses Scheusal lebt truppweise, schwimmt mit Schnelligkeit und kommt häufig zur Oberfläche, wo sein schwarzer Rücken den Anblick eines flachen Felsenriffs gewährt. Er wird 12 bis 15 Fuß breit und Lesson erhielt von einem Fischer auf Borabora einen Schwanz dieses Thieres, der

5 Fuß lang war. Die Insulaner fangen den Teufelsrochen mit Harpunen, und bedienen sich seiner rauhen Haut zum Feilen.

Unter den zahlreichen kleinen Fischen von glänzenden Farben und seltsamen Formen, welche die Riffe umschwärmen, zeichnet sich die blutrothe, schwarz gestreifte Scorpäne (Scorpaena autonnota) aus, die durch ihre zahlreichen langen Stacheln weit eher einem Seeigel als einem Fische gleicht.

Obgleich Schildkröten auf diesen Ufern nicht brüten, so findet man sie doch oft in den benachbarten Gewässern, auch kommen sie nicht selten in die Lagunen geschwommen. Keine Schlange lebt im Schatten der Wälder, dagegen rascheln kleine Eidechsen im abgefallenen Laube und ein großer gelbgefleckter Gecko läuft schnell an den Wänden der Hütten herum und reinigt die Dächer von Insekten.

Unter den zahlreichen Crustaceen ist eine Hyas bemerkenswerth, die, um ihre Beute mit größerer Sicherheit zu überlisten, sich mit Korallensand, Schlamm und abgestorbenen vegetabilischen Substanzen bedeckt. Zu diesem Zwecke ist die ganze Oberfläche des Schildes und der Beine mit steifen gekrümmten Borsten oder Stacheln versehen, welche die fremde Decke festhalten, während die auf langen Stielen sitzenden Augen darüber hinwegschauen.

Aehnliche Kriegslisten werden bekanntlich von manchen andern Thieren niederer Ordnung verübt. So bedecken sich einige Kreiselschnecken (Phorus agglutinans) mit kleinen Steinchen, um sich das täuschende Ansehen einer leblosen Masse zu geben; eine europäische Seespinne (Macropodia phalangina) hüllt sich in Tangblättern ein, und die Larve einer Wanze (Reduvius personatus) sucht unter einer Staubdecke sich ihrer Beute um so leichter zu bemächtigen.

Eine andere bei Tahiti vorkommende Krabbenart (Calappa tuberculata) weiß sich, wenn sie beunruhigt wird, so gut zu verstellen und alle Füße so trefflich unter ihrem breiten Schilde zu verbergen, daß sie mitunter von Sammlern als ein seltsamer Stein in die Tasche gesteckt wird, später aber zur großen Verwunderung des Besitzers entweicht. Viele Arten von Einsiedlerkrebsen bewohnen die Riffe, deren größte ihren sonst schutzlosen Schwanz in das Gehäuse einer Kreiselmuschel (Turbo sctosus) steckt. Diese Krebse, die auf eine so merkwürdige Weise die Ergänzung ihres Daseins in einer ganz andern Thierklasse finden, wissen ihr Haus jedesmal so gut zu wählen, daß wenn sie sich in dasselbe zurückziehen, ihre größte Scheere die Oeffnung der

Muschel so genau verschließt, wie der Fußredel des ursprünglichen Besitzers und Erbauers es nur zu thun vermochte.

Der feuchte Küstensaum ist überall von kreisrunden Löchern durchbohrt, die von einer kleinen schwarzen Landkrabbe (Gelasimus Duporreyi) bewohnt werden, während andere Landkrabben weiter im Inneren sich in die Erde eingraben und den Zuckerpflanzungen sehr schaden. Es ist merkwürdig genug, daß eine Krabbe auf diese Weise dem Wachsthum einer großen Grasart hinderlich wird.

Unter den vielen Seeigeln, die auf den Riffen vorkommen, gibt es einige die dadurch ausgezeichnet sind, daß sie sich ihrer Stacheln sowohl zum Angriff als zur Vertheidigung bedienen. Wenn die Hand sich ihnen nähert, rütteln sie ihre Stacheln ungefähr auf dieselbe Weise wie es beim Igel oder Stachelschwein geschieht, und pflanzen sie in die Finger wie Pfeile in eine Schießscheibe. Pennett näherte sich oft den Stacheln mit so viel Vorsicht, daß, wären sie auch die feinsten Nadeln in einem festsitzenden Zustande gewesen, keine Verletzung hätte erfolgen können, doch jedesmal wurden die Spitzen schnell und schmerzhaft in die Hand gestoßen. Die Eingebornen wissen dieses recht gut und warnen den Fremden, der sie vielleicht ergreifen möchte.

Auf den Riffen und besonders bei Raiatea werden die schönsten Muscheln gefunden, von einer ganz andern Größe und Farbenpracht, als diejenigen, die man am Strande der Nordsee sammelt, oder an unsern Küsten mit dem Schleppsack vom Meeresboden abkratzt. Sie gehören größtentheils zu den Geschlechtern Cypraea, Purpura, Mitra, Cerithium, Conus, Pterocera, Oliva, Murex, die in den Sammlungen der Conchylienliebhaber eine so bedeutende Rolle spielen, zum Theil aber auch den bei uns einheimischen Gattungen Cardium, Mya, Chama und Turbo. Manche gewähren den Insulanern eine angenehme Speise, doch in den Augen des gewinnsüchtigen Europäers kommt keine der Perlmuttermuschel gleich.

Die gewöhnlichen Insektenplagen der Tropenwelt, welche früher den Tahitiern fast unbekannt waren, sollen in der letzten Zeit bedeutend zugenommen haben, unter andern die Schaben, deren Einführung die meisten polynesischen Inseln den fremden Schiffen verdanken. Myriaden von Hausfliegen belästigen die Wohnungen, und obgleich die Mosquitos sich weniger

in den Dörfern zeigen, so erfüllen doch ihre unzähligen Schwärme das feuchte
Dickicht, und führen sogleich einen blutigen Krieg gegen einen Jeden, der
kühn genug ist sich in ihr wildes struppiges Gebiet hineinzuwagen.

Fünfzehntes Kapitel.
Die Tahitier.

Ihr vortheilhaftes Aussehen. — Schmuck. — Das Tättowiren. — Beschreibung der
Operation. — Kleidung. — Verfertigung des Tapatuches. — Kunstfertigkeit im Färben desselben. — Zierliche Matten und Körbe. — Angelschnüre und Netze. — Angeln
aus Perlmutter. — Hüttenbau. — Gemeindehäuser. — Eigenthümliche Kopfunterlagen. — Die Iris oder Stühle. — Die Umetis oder Schüsseln. — Der Papahia. —
Der Peau. — Das Fata. — Nahrung der Tahitier. — Musikalische Instrumente. —
Gesänge. — Wettkämpfe. — Ringen. — Faustkampf. — Tänze. — Das Schwimmen
in der Brandung. — Meisterschaft im Bootbau. — Verschiedenartige Canots. — Gräß-
licher Schiffbruch. — Schiffahrtskunde der Tahitier. — Regierungsform. — Rang-
strömungen. — Göttliche Ehren, die dem Könige erwiesen wurden. — Huldigungsfeier. — Menschenopfer. — Mythologie. — Oro der Kriegsgott. — Hiro der Meergott. — Die Tiis. — Die Götzenbilder und deren rothe Schmuckfedern. — Größe
der Tempel. — Zauberei. — Beschwörungen. — Orakel. — Begriffe vom künftigen
Leben. — Begräbnisse. — Ungünstiges Urtheil Forster's über die Tahitier. — Grausame Kriegsführung. — Menschenopfer. — Schlachten. — Die Raatis. — Gesellschaft der Areois. — Kindermord. — Lockerheit des Ehebündnisses.

Wenn die tahitischen Inseln durch ihre malerischen Umrisse und die Pracht
ihrer tropischen Ufervegetation den angenehmsten Eindruck auf die europäischen Seefahrer machten, welche das bis dahin unbekannte Paradies zuerst
besuchten, so stellten sich deren Bewohner in Bezug auf körperliche Schönheit
und äußeren Anstand in einem nicht minder vortheilhaften Lichte dar.

Die Männer waren groß, stark und wohlgewachsen, und auch die Statur
der vornehmeren Frauen übertraf gewöhnlich das europäische Mittelmaß,
während bei den niedrigeren Ständen das weibliche Geschlecht meistentheils
unter demselben stand.

Die natürliche Farbe war jene Art von Braun, welche häufig in Europa
dem schönsten Weiß und Roth vorgezogen wird, dunkler bei denen, die sich

dem Wind und der Sonne aussetzen mußten, ungleich heller bei den vornehmeren Klassen, die sich außerdem noch durch feinere Züge auszeichneten. Das Gesicht hatte eine ansprechende, gefällige Form, ohne jene hervorstehenden Backen- und Stirnknochen, welche den mongolischen Typus bezeichnen; der einzige Zug, der unseren Schönheitsbegriffen nicht entsprach, waren die dickeren, aufgewulsteten Lippen und die etwas abgeplattete Nase, aber die ausdrucksvollen Augen, besonders bei den Frauen, entschädigten reichlich für diesen Mangel, so wie die blendend-weißen schöngeordneten Zähne.

Das Haar war fast allgemein rabenschwarz und grob; doch während in andern Ländern, deren Bewohner ein langes Kopfhaar besitzen, die Männer es kurz abschneiden und die Frauen es so üppig wie möglich wachsen lassen, fand hier das Gegentheil statt, indem das schöne Geschlecht es kurz abstutzte und die Männer, mit Ausnahme der Fischer, es lang über die Schultern herabwallen ließen oder es auf dem Scheitel in einen Knoten zusammenbanden.

Wenn schon der wilde Feuerländer, der nicht einmal Instinkt genug besitzt, um sich gegen die Kälte zu schirmen, dennoch durch die dem Menschen tief eingeborene Eitelkeit getrieben, seine ausgemergelte Gestalt durch einen Knochen im Nasenknorpel oder ein Muschelhalsband zu zieren versucht, so ließ es sich erwarten, daß der Tahitier, der gebildetere Sohn einer glücklicheren Natur seine angeborene Schönheit durch verschiedenartigen Schmuck erhöhen würde. Mit dem Oel der Cocosnuß salbte er seine Haare, umwand das Haupt mit zierlichen Federkränzen, und Blumen im Ohr schmeichelten sowohl dem Auge durch ihre lebhaften Farben als dem Geruchssinn durch ihre wohlriechenden Düfte.

Merkwürdiger war der Schmuck des Tättowirens, der sich nicht anders als durch Erduldung der heftigsten Schmerzen erwerben ließ und in größerer oder geringerer Vollkommenheit, bald zu meisterhaften Zeichnungen sich ausbildend, bald nur auf wenige Striche sich beschränkend, nicht allein bei den meisten Polynesiern, und zwar auf jeder Gruppe in verschiedenen Mustern, sondern auch bei den wilden Indianern Nord-Amerikas und den Malaien des indischen Oceans sich wiederfindet. Der Tahitier unterzog sich gern der Qual sich an den empfindlichsten Theilen des Leibes über und über bis auf's Blut stechen zu lassen, um eine schwarzblaue Farbe aus dem öligen Ruß der verbrannten Kukuinüsse in die Punkturen reiben zu können, welche niemals wieder ausging. Diese seltsame Operation wurde bei beiden Geschlechtern zwischen dem 12. und 14. Lebensjahre vorgenommen, und in verschiedenen Figuren, je nach dem Range des Patienten. Quadrate, Cirkel, Halbmonde und unförmliche Abbildungen von Menschen, Vögeln und Hunden waren auf diese Weise auf den Armen und Beinen eingedruckt; am meisten geziert jedoch war der Rücken, auf welchem breite Bogen mit ausgezackten Rändern, einer über dem andern bis zu den kurzen Rippen reichten. Diese Ornamente wurden mit Stolz den Fremden gezeigt, sei es ihrer Schönheit wegen, oder weil man gerne damit groß that als einen Beweis der Standhaftigkeit, womit man die Schmerzen ertragen hatte. Das Gesicht blieb frei. Banks war beim Tättowiren eines 13jährigen Mädchens zugegen. Das dazu gebräuchliche Instrument hatte 30 Zähne, und jeder Schlag darauf, der sich wenigstens hundert mal in der Minute wiederholte, zog eine blutige Feuchtigkeit hervor. Das Mädchen ertrug eine Viertelstunde lang die Qual mit stoischer Geduld, nun aber wurde der Schmerz der unzähligen Stiche so unerträglich, daß sie erst leise wimmerte, dann weinte, und endlich in lautes Wehklagen ausbrechend, mit inständigen Bitten sich an den Tättowirer wandte, sie doch ferner zu verschonen. Dieser aber blieb unerbittlich, und so wie sie anfing widerspenstig zu werden, wurde sie von zwei Frauen niedergehalten, die von Zeit zu Zeit ihr einen guten Schlag versetzten.

Als Banks nach einer Stunde sich zurückzog, war die Operation noch nicht zu Ende, obgleich sie nur auf einer Seite vollzogen wurde, da die andere früher schon punktirt war, und die Bogen auf den Lenden, in die sie ihren größten Stolz setzen, und welche die meisten Schmerzen verursachen, noch ausgeführt werden mußten.

Die Kleidung der Tahitier bestand aus Tapaluch, welches, da es die Nässe nicht verträgt, nur bei trockenem Wetter getragen wurde, und verschiedenartige Matten, die zu Zeiten wo es regnete, zur Bedeckung des Körpers dienten.

Die Verfertigung der Tapa war eine der Hauptbeschäftigungen der Weiber, und zeigte von einem bewunderungswürdigen Kunstfleiße. Sie wurde aus dem Baste dreier verschiedener Pflanzen bereitet: des Papiermaulbeerbaums, welcher die feinste Sorte lieferte; des Brodfruchtbaums, der hauptsächlich die unteren Volksklassen mit Tuch versorgte, und eines wilden Feigenbaums, der zwar nur einen gröberen, dem Auge und dem Gefühl minder gefälligen aber dennoch viel werthvolleren Stoff gab, da er die Näse vertrug. Diesen, der zugleich auch der seltenere war, trugen die Häuptlinge als Morgengewand.

Die abgestreiften Rinden wurden in Wasser geweicht und dann mit einer Muschel abgeschabt, so daß nur die langen Fasern des Bastes übrig blieben. Hierauf wurden diese auf ein langes Brett gelegt und mit viereckigen Klöpfern oder Schlegeln, deren vier Seiten, jede mit Einkerbungen von verschiedener Dicke gerelft waren, taktmäßig, etwa wie beim Dreschen, geschlagen, indem man mit der am gröbsten gekerbten Seite anfing und mit der feinsten aufhörte, welche dem Zeuge das Ansehen eines Gewebes gaben. Durch Zusammenlegen und Klopfen mehrerer Stücke übereinander, konnte es von einer beliebigen Dicke gemacht werden. Die Haupteigenschaften der Tapa waren ihre Weichheit, und die dem warmen Klima so angemessene kühle Tracht; die Hauptfehler, daß sie das Wasser aufsaugte wie Papier und fast eben so leicht zerreißbar war; so daß die Frauen einen großen Theil ihrer Zeit auf die Verfertigung des nöthigen Bedarfs verwenden mußten. Das auf solche Weise bereitete Tuch wurde verschiedenartig — roth, gelb, braun oder schwarz — gefärbt. Am schönsten war das Roth, welches auch noch die besondere Merkwürdigkeit hatte, daß es aus der Mischung zweier verschiedener Pflanzensäfte gewonnen wurde, deren jeder für sich durchaus andersfarbig war. Es wurde nämlich der milchweiße Saft einer Feigenart über die Blätter der Cordia Sebestina ergossen, und so wie diese hinlänglich davon durchweicht waren, drückte man sie ebenfalls aus, und der gemischte Saft, welchen man alsdann erhielt, war das glänzende Roth, mit dem gewöhnlich nur die Ränder des dünneren Tuches gefärbt wurden, während man bei den dickeren Zeugen es auf eine ganze Seite auftrug. Welcher Zufall mag wohl auf die Entdeckung dieser merkwürdigen chemischen Metamorphose geführt haben?

Die vollständige Kleidung der vornehmeren Frauen bestand aus mehreren Stücken solchen Tapatuchs, welche weder zu bestimmten Formen geschnitten noch zusammengenäht wurden. Ein Stück, ungefähr 2 Ellen breit und 11 Ellen lang, wurde mehrmals um die Mitte des Körpers geschlungen, so daß es wie ein Unterrock herabhing und wurde Parou genannt. Ein anderes Gewand, ungefähr zwei und eine halbe Elle lang und eine breit, war dem peruanischen oder chilenischen Poncho sehr ähnlich, indem es einen Einschnitt in der Mitte hatte, so groß, daß man den Kopf durchstecken konnte. Die Tiputa, wie man dieses Kleidungsstück nannte, hing also auf den Schultern, die eine Hälfte vorn, die andere hinten, während sie an den Seiten offen blieb und die freie Armbewegung gestattete. Die Männer trugen ebenfalls ein Stück Tapa um die Hüften, doch ließen sie dasselbe nicht wie einen Unterrod herabhängen, sondern befestigten es wie ein Beinkleid. In der Hitze des Tages trugen sie weiter nichts als diesen Maro, so wie die Weiber sich ebenfalls mit einem dünnen Parou begnügten.

Da derselbe Stoff von allen Rangordnungen getragen wurde, zeichnete sich der Luxus der Vornehmeren nur durch die größere Menge, die sie auf ihren Anzug verwendeten, aus. So wickelten die Häuptlinge, namentlich wenn sie Staatsvisiten machten, sich so viel Tapa um die Hüften, als zur Kleidung von 10 oder 12 Personen hingereicht hätte, und warfen auch noch ein Paar große Stücke mantelartig über die Schultern, während der Arme sich mit dem knappsten Maro begnügen mußte.

Die feinsten zum Anzuge dienenden Matten wurden aus den Blättern des Pandanus oder dem Baste des Hibiscus geflochten; die gröberen, welche zum Schlafen oder Sitzen benutzt wurden, aus verschiedenartigen Rinden und Gräsern. In diesen Arbeiten, so wie im Verfertigen der verschiedenartigsten Körbe waren die Tahitier so geschickt, daß sie darin alles übertrafen was Europa hervorbringen konnte.

Der Mangel an Säugethieren und Landvögeln gab ihnen nur wenig Gelegenheit zur Jagd, aber der Fischreichthum des Meeres bot ihnen eine um so ergiebigere Beute dar, und mußte um so mehr ihren Kunstfleiß zu deren Fange erwecken. So machten sie aus der Erowa, einer auf den Bergen wachsenden und daher nur mühsam zu sammelnden Nesselart Angelschnüre von einer solchen Güte, daß sie die stärksten und lebhaftesten Fische wie die Boniten und Albicoren festhielten, welche unfehlbar die kräftigsten seidenen Schnüre von der doppelten Dicke in weniger als einer Minute durchgerissen hätten.

Aus einer breiten, groben Grasart wurde ein loses Netz verfertigt, ungefähr so weit wie ein großer Sack und 60 bis 80 Klafter lang: dieses wurde im seichten ruhigen Wasser fortgeschleppt, und blieb durch sein eigenes Gewicht so nah am Boden, daß kaum ein Fisch entweichen konnte.

Eine Art von Angel, aus der schillernden Perlmutter verfertigt und mit einem Püschel von weißen Hundshaaren versehen, so daß es einige Aehnlichkeit mit dem Schwanz eines Fisches hatte, diente zugleich als Haken und Köder, und wurde vom Boote im Wasser nachgeschleppt. Der Fischer beobachtete den Flug der Vögel, welche die Schollen der Boniten stets zu begleiten pflegen, und den Lauf seiner Piroge nach diesen sicheren Wegweisern richtend, kehrte er selten ohne reichliche Beute wieder heim.

Andere Arten von Angeln, aus Perlmutter oder andern harten Muscheln, zwar nicht widerhakig wie die unserigen, aber mit einwärts gebogenen Spitzen und von den verschiedenartigsten Größen, wurden zum Fange der meisten übrigen Fische benutzt. Es bedurfte kaum einer Viertelstunde, um eine solche Angel mit Hülfe der harten Corallen, welche als Feile dienten, zu verfertigen.

Nachts wurden bei Fackelschein die Fische in den seichteren Lagunen mit Harpunen gespießt, die man aus Rohrhalmen verfertigte und mit Spitzen aus hartem Holze versah. Die Benutzung der giftigen Pflanzensäfte zum Fischfange wurde bereits im vorigen Kapitel erwähnt.

Die Häuser oder Hütten, obgleich von einfacher Bauart, hatten das Verdienst dem Klima sehr angemessen zu sein, eine Zweckmäßigkeit die manchem europäischen Prachtgebäude abgeht. Sie bildeten ein längliches Viereck, ruhten auf drei parallelen Reihen von Pfeilern aus Brodbaumholz, von welchen die mittlere die höchste war, und das nach beiden Seiten abschüssige Dach war mit Palmblättern so künstlich gedeckt, daß der stärkste Regenguß nicht durchzudringen vermochte. Um die Hütte, die in der Mitte höchstens 9 und an den Seiten nur etwa 3½ Fuß hoch war, wurde das Gehölz nur so weit gelichtet als nöthig war um zu verhindern, daß das Tränfeln der Aeste das Dach beschädigte: man trat daher sogleich in den Schatten der Brodfrucht- und Palmenhaine, und da die Seiten des Gebäudes rings umher offen waren, konnte die kühlende Brise, von welcher Seite sie auch wehen mochte, ungehindert eindringen. Der Fußboden wurde mehrere Zoll hoch mit trockenen Pflanzen bestreut, und auf darauf gelegten Matten schliefen die Einwohner in ihre Mäntel gehüllt. Das Innere der Hütte enthielt keine besonderen Abtheilungen oder Zimmer, denn getrennte Gemächer waren kein Bedürfniß bei einem Volke von so einfacher Lebensweise, und welches außerdem in seiner Sprache kein Wort für die Schamhaftigkeit hatte. Doch be-

hatten die Häuptlinge außer ihren gewöhnlichen Wohnungen auch noch kleinere Hütten, die von einem Ort zum andern geführt, wie Zelte aufgerichtet werden konnten, und an den Seiten mit Cocosnußblättern verschlossen wurden, doch nicht so dicht, als daß der Luftzug dadurch abgehalten worden wäre. In der Nähe des Hauses waren in einem umzäunten Raume mit Haken versehene Stangen aufgerichtet, woran man die Körbe und Säcke mit Lebensmitteln hing um sie der Gefräßigkeit der Ratten zu entziehen.

Schoppen von ähnlicher Bauart wie die Wohnhäuser, dienten um die Boote vor der Witterung zu schützen, doch mit dem Unterschiede, daß hier die Dächer bis zur Erde reichten.

Außer den Familienwohnungen gab es noch große Gemeindehäuser, die oft 200 Fuß lang, 30 breit und unter der Dachfirste 20 hoch waren, und für Berathungen oder andere öffentliche Zusammenkünfte dienten.

Das einfache Hausgeräth bestand fast nur aus Körben und Matten, und die Vornehmeren und Reichen prunkten mit den in Ballen aufgehäuften Vorräthen von Tapa, die sie dem Fleiß ihrer weiblichen Vasallen verdankten. Nebst der Schlafmatte durfte das Kopfkissen nicht fehlen, welches aber nicht wie man glauben sollte, aus einem weichen Polster bestand, sondern nur ein niedriger Schemel aus dem härtesten Holze war, etwa 1 Fuß lang, 4 oder 5 Zoll hoch und oben ausgeschweift, um den Kopf aufnehmen zu können. Obgleich man gewöhnlich mit gekreuzten Beinen auf Matten saß, so wurde doch auch ein Stuhl (iri oder noboroa) benutzt, der der Form nach dem Kopfkissen glich, aber viel größer und aus einem einzigen Block verfertigt war. Gewöhnlich wählte man das harte Holz des Tamanu, und ungeheure Bäume wurden oft zu diesem Zwecke gefällt. Ellis sah solche Iris 4 oder 5 Fuß lang, 3 Fuß breit und an jedem Ende 3 Fuß 6 Zoll hoch, die doch nur aus einem einzigen Baumstamm gemeißelt waren. Die Oberfläche war nach der Mitte ausgehöhlt, so daß sie der Krümmung eines Halbmondes glich und nur eine Person darauf sitzen konnte, so groß der Iri auch war. Dieses Möbel wurde immer sorgfältig polirt, und da das Holz an Farbe und Korn dem feinsten Mahagoni glich, so war es trotz seiner Einfachheit eine nicht unpassende, und wenn man die ungeheure Arbeit bedenkt auch eine recht kostbare Zierde für das Wohnhaus eines Häuptlings.

Je nach dem Range des Gastes bot man ihm einen größeren oder kleineren Iri zum Sitzen an.

Die Umetis oder Schüsseln wurden ebenfalls aus dem wohlpolirten Holz des Tamanu verfertigt. Die größten derselben, die man auch wohl Tröge nennen dürfte, waren 6 bis 8 Fuß lang, 1½ Fuß breit und 12 Zoll tief, gehörten natürlich nur den Häuptlingen, und waren nur für große Gastmähler bei öffentlichen Festlichkeiten bestimmt. Die gewöhnlicheren viel kleineren Umetis, die ebenfalls mit ihren vier Beinen aus einem Stück geschnitzt waren, dienten vorzüglich als Schüsseln, auf welche man die gebackenen Speisen beim Mittagsmahle legte.

Auf dem Papahia, einem niedrigen Block auf vier kurzen Beinen und mit polirter Oberfläche, wurden die Brodfrüchte, Bananen oder Tarowurzeln mit dem Penu, einer kurzen steinernen Mörserkeule aus schwarzem Basalte, zerstoßen.

Das Trinkwasser verwahrte man in großen Kürbissen, die in Netzen von Cocoszwirn an den Pfosten der Hütte aufgehängt wurden. Die Trinkgefäße machte man aus vollausgewachsenen aber noch nicht ganz reifen Cocosnußschalen, die in diesem weichen Zustande bis zur Durchsichtigkeit dünn geschabt wurden.

Das Fata, ein stangenartiges Gestell, mit mehreren Pflöcken und einer Einkerbung an der Spitze, diente zum Aufhängen der Speisekörbe und Schüsseln. Ungefähr einen Fuß von der Erde, war an der Stange ein runder, tellerartiger, an der unteren Seite concaver Vorsprung, um die Angriffe der Ratzen und Mäuse abzuwehren. Große Sorgfalt wurde auf die Verfertigung dieses Gestells verwendet, welches eines der zierlichsten Möbel eines tahitischen Haushaltes ausmachte.

Alle diese Geräthschaften wurden auf's sauberste gehalten, wie denn überhaupt der Tahitier sich einer Reinlichkeit befliß, die man bei vielen europäischen Völkern vergebens suchen würde. Vor und nach jeder Mahlzeit wusch er sich Hände und Gesicht, und dreimal täglich badete er den ganzen Körper im Fluß oder in den lauwarmen Wassern der Lagune. Von seiner Kochkunst ist bereits im vorigen Kapitel eine Probe gegeben worden, ich begnüge mich daher hier mit der Bemerkung, daß die auf tahitische Weise gebratenen Schweine und großen Fische dem Capitän Cook und seinen Gefährten wohlschmeckender erschienen, als wenn sie nach englischer Methode zubereitet worden wären. Die hauptsächlichste Nahrung der Tahitier bestand jedoch in vegetabilischer Kost, namentlich in Brodfrüchten, deren Gewinnung fast keine Mühe kostet als das Erklimmen des Baumes, denn wenn Einer nur 10 Sprößlinge in seinem ganzen Leben pflanzte, was gewiß keine Stunde Arbeit verlangte, so hatte er, wie der große Weltumsegler sich ausdrückt, seine Pflicht gegen sein eigenes und gegen sein nachfolgendes Geschlecht eben so vollständig und reichlich erfüllt, als ein Einwohner unseres rauhen Himmelsstrichs, der sein Leben hindurch während der Kälte des Winters gepflügt, in der Sommerhitze geerntet und nicht nur seine jetzige Haushaltung mit Brod versorgt, sondern auch seinen Kindern noch Etwas an baarem Gelde kümmerlich erspart hat. 7 bis 8 Monate im Jahr ißt man die Früchte frisch vom Baum, im Winter verzehrt man den durchgesäuerten Teig (Mahei) des vor der vollkommenen Reife abgepflückten, und in einer tiefen mit Steinen gepflasterten Grube aufgehäuften Wintervorraths. Weder den Mahei noch die frische Frucht kann man roh verspeisen, sondern die ungenießbare Schale muß entfernt und das lockere mehlige Fleisch geröstet oder gebacken werden.

Trotz dieser geringfügigen Mühe mochte der das behagliche Nichtsthun über alles schätzende Südländer sich ihrer doch gern entledigen, und träumte sich daher in seinem Paradiese eine Brodfrucht, die keiner Zubereitung bedurfte und frisch vom Baume weggegessen werden konnte. „Diese treffliche Legende", meint Forster, „ersann vielleicht ein gutmüthiger Einfall von einem Priester in dem behaglichen Stündchen, da ihm nach Landessitte ein Paar seiner Diener wechselweise die edle Brodfrucht, den süßen Pisang und den köstlichen Schweinsbraten bei Händen voll in den Mund stopften. Er gönnte wenigstens den Laien dieselbe glückliche Ruhe in deren Genuß er sich so wohl befand."

Für die Produkte des Meeres hatten die Tahitier eine große Vorliebe und deren Fang, zu welchem, wie bereits erwähnt, sie sich sehr kunstreicher Apparate bedienten, war eine Hauptbeschäftigung des Volkes. Die kleinen Fische wurden roh gegessen, und nicht nur die verschiedenartigsten Crustaceen und Muscheln, sondern auch Acalephen verspeist, obgleich letztere mitunter so zähe waren, daß sie erst gekaut werden konnten, nachdem man sie in Fäulniß hatte übergehen lassen.

Die allgemeine Sauce war Seewasser, welches von solchen, die etwas entfernter vom Meere wohnten, in großen Bambusröhren aufbewahrt, sonst aber zu jeder Mahlzeit frisch geholt wurde. Oft vermischte man es mit

Cocosnußkernen, die durch Gährung zu einer ranzigen Butter verschmolzen waren, und diese starkschmeckende Tunke, die anfangs den Europäern sehr widerlich vorkam, wurde bald bei ihnen so beliebt, daß sie dieselbe besonders zum Fisch ihren eigenen Saucen vorzogen. So merkwürdig sind die Launen des Geschmacks!

Zum Getränk diente nur Wasser oder die Milch der Cocosnüsse, denn außer der berüchtigten Kawa, deren Gebrauch nur bei feierlichen Gelegenheiten statt fand und den Vornehmeren vorbehalten blieb, war die verderbliche Kunst durch den Gährungsproceß berauschende Getränke zu gewinnen, ihnen völlig fremd geblieben.

Merkwürdig bei dem sonst so geselligen Volke war die Erscheinung, daß sie niemals die Freuden der Tafel zusammen genossen, sondern jeder für sich abgesondert und schweigsam seine Mahlzeit hielt.

Für die Frauen wurden sogar die Speisen besonders zubereitet. Niemand vermochte einen Grund für diese merkwürdige Sitte anzugeben, welche ihre Vorväter wahrscheinlich mit aus Indien herübergebracht hatten, und deren ursprüngliche Bedeutung in Vergessenheit gerathen war; sie sagten nur, daß sie allein äßen weil es so recht sei, doch auf die Frage warum blieben sie stets die Antwort schuldig.

Nach dem Mittagsmahl wurde die in allen heißen Ländern so übliche Siesta gehalten, und überhaupt bei der so leichten Befriedigung aller Bedürfnisse, der größte Theil des Tages dem Nichtsthun oder dem Vergnügen gewidmet. Musik, Tanz und verschiedenartige Spiele vertrieben die Zeit, denn hier brauchte der Mensch nicht im Schweiß seines Angesichts für das tägliche Brod zu sorgen.

Das hauptsächlichste musikalische Instrument war der pahu oder die Trommel, die aus einem einzigen ausgehöhlten Holzblock bestand, über dessen Mündung eine Haifischhaut gespannt wurde. Die heiligen Trommeln, die in den Tempeln aufgestellt waren, hatten eine bedeutende Größe und standen zuweilen 8 Fuß hoch. Schauerlich klang ihr Ton durch die finstere Nacht und erweckte die Furcht der Götter. Kleinere Trommeln dienten zur Begleitung der Gesänge, und waren wie die größeren schön ausgeschnitzt und polirt.

Das Muschelhorn, wozu eine Art von Murex gewählt wurde, die zuweilen über ein Fuß lang war und an der Mundöffnung einen Durchmesser ern 7 oder 8 Zoll hatte, gab einen noch eintönigeren, dumpferen und schrecklichern Ton als die große heilige Trommel. Um das Blasen dieser Trommel zu erleichtern, wurde nahe an der Spitze eine zollgroße Oeffnung gebohrt, durch welche man ein etwa 3 Fuß langes Bambusrohr steckte, das mit feingeflochtenem Bindfaden aus Coroßnußfasern befestigt und mit dem eingedickten Milchsaft des Brodfruchtbaumes luftdicht mit der Muschel verkittet wurde.

Ein anderes sehr lärmendes Instrument war die Lhara, die aus einem einfachen Gliede eines großen Bambus bestand, durch welches eine lange Oeffnung von einem Knoten zum andern geschlitzt wurde. Man legte es platt auf die Erde und schlug darauf mit Stöcken, welche einen rauhen unharmonischen Ton hervorbrachten.

Das angenehmste tahitische Instrument war die Flöte, die aber nicht mit dem Munde sondern mit der Nase geblasen wurde. Sie war gewöhnlich aus Bambusrohr verfertigt, und 12 oder 18 Zoll lang. Die Oeffnung, durch welche geblasen wurde, war nahe am Ende; die Flöte hatte selten mehr als vier Löcher, drei oben für die Finger und das vierte unten für den Daumen. Der Virtuose drückte gewöhnlich den Daumen der rechten Hand auf das rechte Nasenloch, brachte die Endöffnung der Flöte, die er mit den Fingern derselben Hand hielt an das linke, und lockte die angenehmen sanften Töne des Instruments hervor, indem er mit der linken Hand auf den Löchern spielte.

Die Gesänge waren meistens historische Balladen, dem Ruhm der Götter oder der Thaten ausgezeichneter Heroen gewidmet, manchmal aber auch verwerflicheren Inhalts. Die Erinnerungen vergangener Zeiten lebten auf diese Weise im Gedächtniß des Volkes fort, welches in Ermangelung geschriebener Annalen kein anderes Mittel besaß, die wechselnden Schicksale der Vorväter der Vergessenheit zu entreißen; auch wurden Streitigkeiten manchmal durch das Zeugniß dieser Urkunden entschieden.

Das Taupiti oder Oroa war ein Fest, zu welchem tausende beiderlei Geschlechts in ihrem besten Ornate zusammen kamen, um dem Schauspiel entschiedener Wettkämpfe beizuwohnen. Unter diesen war das Ringen der beliebteste. Oft forderten die Kämpfer eines Distrikts die eines andern heraus, oder besonders berühmte Ringer traten auch wohl gegen ihres gleichen auf. Während des Kampfes herrschte die ununterbrochenste Stille und Aufmerksamkeit, doch augenblicklich änderte sich die Scene, so wie einer der Ringer geworfen wurde; denn kaum war der Ueberwundene auf den Sand gestreckt, als die Freunde des Siegers ein lautes Triumphgeschrei erhoben. Furchtbar dröhnten und rasselten ihre Hörner und Trommeln, und die frohlockenden Weiber tanzten über den Gefallenen und sangen Lieder der entgegengesetzten Partei zum Hohne. Diese jedoch blieb auch nicht ruhig, sondern machte einen eben so betäubenden Lärm um die Gegner in ihrem Triumph zu stören. Man denke sich einige tausend Menschen unter dem Einfluß der größten Aufregung, alle durch einander trommelnd, tanzend, singend, die einen die Großthaten des Siegers bis zum Himmel erhebend, die andern seine baldige Niederlage verkündend!

Doch so groß der Tumult auch sein mochte, hörte er augenblicklich auf, so wie zwei neue Ringer hervortraten oder der Sieger in einen neuen Kampf sich einließ, um nach dessen Entscheidung wiederum mit derselben Furchtbarkeit loszubrechen. Wenn man bedenkt, wie lebhaft überhaupt die Polynesier im Ausdruck ihrer Gefühle sind, so daß wenn Freunde oder Verwandte nach langer Trennung sich wiedersehen, sie in lautes Weinen ausbrechen, wird man sich vielleicht einen Begriff vom wilden Getümmel der eben beschriebenen Scene machen können. Auch die Frauen nahmen zuweilen an diesen Kämpfen Theil, und rangen mit den Männern um die Ehre des Sieges.

Bei allen großen öffentlichen Feierlichkeiten folgte der Faustkampf auf das Ringen, wurde jedoch meistentheils nur von der niedrigsten Volksklasse ausgeübt.

Anmuthiger war das Wettlaufrennen, zu welchem die Theilnehmer mit gesalbtem Körper, festgeschürztem Maro und einer Blumenkrone um das Haupt sich stellten. Auch Regatten oder Wettbootfahrten auf den ruhigen Wassern der Lagune waren ein sehr beliebtes Vergnügen.

Zu den eigentlichen kriegerischen Spielen gehörten das Steinschleudern und das Speerwerfen. Im ersteren übertrafen die Tahitier die meisten polynesischen Völker, in letzterem scheinen sie es nicht zur Fertigkeit der Hawaiier gebracht zu haben. Die Tänze waren mannigfaltig, fanden gewöhnlich in den großen Gemeindehäusern statt, dauerten oft vom Abend bis zur folgenden Morgendämmerung, und obgleich sie gewöhnlich den Charakter einer religiösen Feier hatten, stimmten sie manchmal sehr wenig mit unsern Anstandsbegriffen überein. Auch das Schießen mit dem Bogen gehörte zu den heiligen Spielen, und diente nur zum Vergnügen, nicht in der Schlacht. Wer den schön gefärbten und polirten Pfeil am weitesten schnellte, trug den Sieg davon, und es wurde durchaus nicht versucht, irgend ein Ziel zu treffen.

Zu den ältesten und allgemeinsten tahitischen Spielen gehörten auch die Hahnenkämpfe, die nach den Volkstraditionen schon von den ersten Einwanderern herstammten. Wetten fanden dabei nicht statt, die Freude über den Sieg seines Vogels war schon hinreichend das volle Interesse des Eigenthümers ohne alle Nebenabsichten in Anspruch zu nehmen.

Bei der halbamphibischen Natur der Tahitier wird man sich nicht wundern, daß das Meer ihnen eine ewige Quelle des Vergnügens eröffnete. So war es einer ihrer beliebtesten Zeitvertreibe in der Brandung zu schwimmen. Gewöhnlich wurden die Oeffnungen in den Riffen dazu gewählt oder die Mündungen der Buchten, wo die langen schweren Wogen des Oceans in ungebrochener Majestät heranrollen. Sie benutzten dabei ein Brett, mit welchem sie oft ziemlich weit in's Meer hinaus schwammen, warteten dann das Anschwellen der Woge ab, und so wie sie von derselben erreicht wurden, ritten sie, die Brust an das kurze, flache, zugespitzte Brett anlehnend, auf dem Kamm der Wellen nach dem Ufer hin. So wie sie diesem nahe kamen, glitten sie vom Brette ab, welches sie mit der Hand erfaßten, und ließen die Welle dann weiter über ihre Köpfe weggehen. Zuweilen wurden sie dabei auf den Strand oder zwischen die Felsen an den Kanten der Riffe geworfen, doch waren sie so sehr mit dem Wasser vertraut, daß höchst selten ein Unglücksfall dabei statt fand. Wer die Wellen am Ufer der Nordsee sich hat brechen sehen, wird zugeben, daß kein Europäer so leicht ihnen das Kunststück nachmachen könnte!

Oft sah Ellis am Rande des Riffs, welches die Grenzlinie des Hafens von Fare auf der Insel Huaheine bildet, wohl hundert Personen zugleich, von jedem Alter wie Tümmler in der tosenden Brandung spielen, zuweilen auf der Spitze der Welle reitend und in Schaum fast eingehüllt, und dann wieder unter die Wassermassen tauchend, die sich bergartig über sie hinwälzten, frohlockend und sich gegenseitig ermunternd, so daß ihr jubelndes Geschrei fast das Brüllen der Wogen übertönte. Hier wie auf den Sandwich Inseln kam es zuweilen vor, daß das Vergnügen durch die Annäherung eines Haifisches gestört wurde, der unter der frohlockenden Menge sich ein unglückliches Opfer aussuchte.

An Stellen wo das Meer nahe am Ufer eine größere Tiefe hatte, wurde eine Art Gerüste errichtet, von welchem die Kinder in die See sprangen um sich dann tauchend und schwimmend zu verfolgen. Durch diese beständigen Uebungen vom zartesten Alter an, wurde jene Meisterschaft erlangt, welche die Bewunderung der europäischen Seefahrer erregte.

Die Kunstfertigkeit der Tahitier und anderer polynesischen Völker im Bau ihrer Kähne war um so erstaunlicher, wenn man bedenkt, daß eine kleine steinerne Art, die fast jede Minute wieder geschärft werden mußte, ein tadcherner Meissel, eine Raspel aus Corallen und eine Rochenhaut zum Feilen und Poliren ihre einzigen Werkzeuge dabei waren. Am meisten Mühe machte ihnen das Fällen der Bäume, welches die Arbeit vieler Hände und mehrerer Tage erforderte, und da sie nicht die Kunst besaßen das Holz mit Hülfe des Feuers zu biegen, mußten alle Theile des Bootes, sowohl die krummen und ausgehöhlten als die flachen mit der Hand geformt werden. Erwägt man alle diese Umstände, so war gewiß der Bau einer ihrer größeren Pirogen ein nicht minder großes Werk als der eines Linienschiffes mit Hülfe unserer vollkommenen Werkzeuge.

Die Kriegscanois waren bei weitem die größten, und Cook beschreibt deren, welche die ungeheure Länge von 108 Fuß hatten, obgleich das gewöhnliche Maas 60 bis 70 Fuß nicht übertraf. Das Vorder- und das Hintertheil ragten weit über die Mitte hervor, besonders letzteres, welches zuweilen einen 17 oder 18 Fuß hohen Schnabel bildete. Diese Boote gingen niemals einzeln zur See, sondern stets paarweise, indem sie Seite an Seite, jedoch mit einem Zwischenraum von einer Elle, durch starke Stangen fest verbunden waren. Auf diesen erhob sich ein 6 Fuß hohes Gerüste, auf welchem die mit Sperren und Schleudern bewaffneten Krieger standen, darunter saßen die Ruderer, welche die Verwundeten von oben empfingen und durch frische Streitkräfte aus ihrer Mitte ersetzten. Eine Flotte solcher Schiffe mit geschnitzten Figuren verziert, mit wehenden Flaggen und Wimpeln und den faltigen Gewändern der Krieger bot einen malerischen Anblick dar: so ungefähr mochten die Fahrzeuge ausgesehen haben, in welchen die Argonauten segelten oder die homerischen Helden nach dem bedrohten Troja fuhren.

Die Könige und vornehmen Häuptlinge hatten besondere Doppelboote zum Reisen, welche niedliche kleine Hütten trugen, unter deren Dach von Palmenblättern der edle Besitzer und seine Freunde Schutz gegen die Sonnen-

Stühlen oder den nächtlichen Thau fanden. Je höher der Rang, desto reicher war die Verzierung und desto größer die Anzahl der Ruderer.

Der gemeine Mann bediente sich nur einfacher Canots, welche ohne Ausnahme mit einem Ausleger zur Erhaltung des Gleichgewichts versehen und außerordentlich leicht waren. Ein jedes Canot hatte nur ein dreieckiges Segel und zu unterst am Mastbaum ragte ein Brett auf jeder Seite über den Bord hinaus. Wenn sie nahe am Winde segelten, so betrat einer das Brett, welches nach dem Winde hinstand, so daß es aussah als ob jede Undulation des Meeres ihn von seinem scheinbar unsicheren Standpunkte in die Fluthen schleudern müßte.

Zu längeren Reisen wurden die einfachen Canots für die sichersten gehalten, da die Doppelpirogen zuweilen im Sturme auseinandergerissen und man ganz unlenksam wurden. Wenn ein Canot umwarf sprang die Mannschaft in's Meer und drückte mit vereinten Kräften auf das eine Ende, so daß das andere sich hoch über die See erhob, wodurch eine große Menge des Wassers entleert wurde. Dann ließen sie plötzlich das Boot wieder fahren, welches auf diese Weise zum Theil entlastet auf's Meer zurückfiel. An den Seiten schwimmend, schöpften sie dann den Rest des Wassers heraus, kletterten wieder hinein und setzten ihre Reise fort. Am meisten wurden bei solchen Unfällen die Angriffe der Haie gefürchtet, die zuweilen unter den Schiffbrüchigen arge Verwüstungen zu Wege brachten.

So erzählt Ellis, daß einst ungefähr 30 Personen, die in einer großen Doppelpiroge von einer Insel zur andern fuhren, von einem schrecklichen Sturm überfallen wurden, der die Canots auseinander riß und von den horizontalen Sparren trennte, durch welche sie verbunden waren. Alle Bemühungen scheiterten die Boote wieder aufzurichten, und es blieb nichts anders übrig, als die zerstreuten Sparren und Planken zu sammeln und ein Floß zu verfertigen, auf welchem man hoffen konnte, von der Strömung an's Land getrieben zu werden. Das Gewicht so vieler Leute drückte schwer auf das Floß, welches so tief unter der Meeresoberfläche sank, daß sie bis über die Kniee im Wasser standen. Sie wurden nur sehr langsam fortgetrieben und bald durch Hunger und Ermüdung erschöpft. Zu dieser furchtbaren Lage gesellte sich nun noch das gräßliche Mißgeschick von einer Anzahl Haie überfallen zu werden. Ohne Messer oder andere Vertheidigungsmittel wurden sie eine leichte Beute der gefräßigen Ungeheuer. Einer nach dem andern wurde ergriffen und verzehrt, und die Ueberlebenden, die in der schrecklichsten Angst ihre unglücklichen Gefährten von ihrer Seite gerissen sahen, erwarteten jeden Augenblick die scharfen Zähne der Haie zu fühlen, bis endlich nur noch zwei oder drei übrig blieben. Aber das Floß vom größten Theil seiner Last befreit, erhob sich nun bis zur Oberfläche des Wassers und brachte sie außer dem Bereich jener erbarmungslosen Meerestyrannen. Die Reise ging nur von einer der Gesellschaftsinseln zur andern, so daß sie nicht fern vom Lande waren. Die Fluth und die Strömung trieben sie an's Ufer, wo sie das traurige Schicksal ihrer Unglücksgefährten erzählten. Die Seetüchtigkeit der polynesischen Pirogen war um so merkwürdiger, da weder Nägel noch Bolzen den leichten Bau zusammenhielten, sondern die Planken, woraus er bestand, nur durch Stränge aus Cocosbast mit einander verbunden wurden. Dieses geschah aber mit solcher Geschicklichkeit, daß sie weiter keines Kalfaterns bedurften.

In Bezug auf die Schifffahrtskunde der Tahitier bemerkt Cook, daß sie im Stande waren den bevorstehenden Windwechsel mit viel größerer Sicherheit als die Europäer vorher zu sagen, denn so wie der Indianer im Urwalde viele Zeichen der Natur zu deuten versteht, die unsern gröberen Sinnen entgehen, war auch der meerkundige Polynesier mit einem feineren Gefühl für die ewig veränderlichen Launen der Atmosphäre und des Oceans begabt. Auf längeren Reisen steuerten sie bei Tage nach der Sonne, bei Nacht nach den Sternen, denen sie besondere Namen gaben. Sie wußten an welchem Theil des Himmels jene leuchtenden Welten in jedem der Monate, wo sie über ihrem Horizont sichtbar waren, aufsteigen würden, sie wußten auch die Zeit ihres jährlichen Erscheinens und Verschwindens mit größerer Genauigkeit anzugeben als mancher europäische Astronom es glauben würde.

Die Regierungsform in den Gesellschaftsinseln war despotisch monarchisch, und eng mit dem herrschenden Religionssystem verwebt. Der Gott und der König theilten sich in die Herrschaft über die Masse der Menschen. Die Genealogie der fürstlichen Familien ließ sich gewöhnlich bis zu den dunkelsten Zeitaltern ihrer sagenhaften Geschichte zurückführen, und auf einigen Inseln leiteten die Könige ihre Herkunft in gerader Linie von den Göttern her.

Es gab drei verschiedene Rangordnungen: die der Artis, zu welcher die königliche Familie und der Adel gehörten, der Raatiras oder kleineren Land-

Eigenthümer und Pächter, und der Manahunes, zu welcher die niederen Stände gehörten.

Ein höchst merkwürdiger Gebrauch, den wir bereits auf Mangareva haben kennen lernen, war die Abdankung des Herrschers, so wie ihm der erste Sohn einer ebenbürtigen Gemahlin geboren wurde. Der Herold der Nation wurde dann rings um die Insel mit dem Banner des jungen Königs gesandt, um dessen Namen in jedem Kreise auszurufen.

Ließ man den Boten ungehindert weiter ziehen, so wurde es als eine Anerkennung der Nachfolge von Seiten der Raatiras und Häuptlinge, widrigen Falls als eine Empörung und Kriegserklärung angesehen. Die ganze vollziehende Gewalt blieb jedoch in den Händen des Vaters, der sie aber nur noch als Regent bis zur Volljährigkeit seines Sohnes ausübte, und diesem dieselben Huldigungen darbrachte, die er früher selbst vom Volke empfangen hatte.

Diese seltsame Sitte erstreckte sich sogar auf die Häuptlinge und Raatiras, da in beiden Klassen der älteste Sohn sogleich nach der Geburt die Titel erhielt und Ehrenbezeugungen empfing, die früher dem Vater dargebracht wurden. Ihr Grund mag vielleicht darin gelegen haben, dem Sohne frühzeitig ein unangefochtenes Erbe zu sichern.

Nach dem König hatte die Königin den höchsten Rang, und konnte auch das Herrscheramt übernehmen.

Beiden wurden fast göttliche Ehren erwiesen. Die Kleider, welche sie trugen, die Häuser, welche sie bewohnten, die Canots, in welchen sie reisten, wurden zu heiligen Gegenständen, und sogar die Sprachlaute, welche ihre Namen zusammensetzten, durften nicht mehr zu gewöhnlichen Benennungen benutzt werden, so daß die ursprünglichen Namen der gebräuchlichsten Dinge von Zeit zu Zeit bedeutende Veränderungen erlitten. Keiner vom Volke durfte die heilige Person des Königs berühren, und wer über ihm gestanden oder seinen Schatten über dessen Pfad geworfen hätte, würde sein Majestätsverbrechen mit dem Tode haben büßen müssen.

Oeffentlich erschien das königliche Paar stets auf den Schultern von Männern getragen, deren ehrenvolles Amt sie von jeder andern Arbeit befreite. Das Reisen auf diese Weise ging in vollem Trabe vor sich, so daß über eine deutsche Meile in der Stunde zurückgelegt wurde. Andere Träger zum Ablösen der Ermüdeten liefen nebst einem ansehnlichen Gefolge nebenher. Beim Wechseln der Lastträger, welches mit weniger Zeitverlust als das unserer Postpferde vor sich ging, setzte das königliche Paar niemals den Fuß auf die Erde, sondern sprang über die gebückten Köpfe der erschöpften auf die Schultern der neuen Träger, die sogleich mit kräftigem Lauf die Reise weiter fortsetzten. So wie der König erschien mußte ein jeder die oberen Kleider bis zum Gürtel abstreifen, und dieselbe Ehrenbezeugung fand auch beim Vorübergehen vor seinen Wohnungen so wie vor den Tempeln der Götter statt, denn beide wurden als geheiligte Räume angesehen.

Die Huldigungsfeier, der Krönungsceremonie bei den europäischen Nationen entsprechend, bestand im Umgürten des Königs mit dem Maro Ura oder dem heiligen Gürtel, wodurch er den Göttern gleich wurde. Diesen Gürtel verfertigte man aus den Fasern des Taumelpfeffers, und verwebte dazwischen eine Menge rother Federn, die man den Götzenbildern entlehnte. Um die Götter günstig zu stimmen, wurde ein menschliches Opfer beim Weben des Maro geschlachtet, und ein zweites, sowie er vollendet war. Ein drittes wurde am Morgen des Huldigungstages getödtet, während der König sein Bad nahm.

Die Theilnehmer an der Ceremonie versammelten sich im Maral oder Tempel des Oro, des Schutzgottes der Nation. Von hieraus setzte sich der feierliche Zug in Bewegung, das Götzenbild voran, der König unmittelbar dahinter. Dann folgte die große Sitzbank des Oro von vier Häuptlingen getragen, und endlich die gesammte Priesterschaft im höchsten Staat und mit Trommeln und Muschelhörnern einen heillosen Lärm anschlagend. So ging's nach dem Ufer hin wo eine Flotte von Pirogen in Bereitschaft stand, unter welchen das heilige Canot des Oro durch den Reichthum seiner Verzierungen sich auszeichnete. Das Götzenbild wurde nun an Bord getragen, von den Priestern und der Musik gefolgt, während der König am Ufer auf dem heiligen Stuhl des Oro sitzen blieb. Um ihn schaarten sich die Häuptlinge, so wie die Priester um den Gott, bis endlich auf ein gegebenes Zeichen der König aufstand und zum Baden in's Meer stieg. Hierauf trat auch der Hohepriester des Maro in's Wasser, um den Rücken des Königs mit einem Zweige des heiligen Mero Baumes zu schlagen, der in der Umzäunung des Tempels wuchs, und ihn dadurch von allen Sünden und Flecken zu reinigen. War dieses geschehen, so bestiegen beide das heilige Boot, wo vor dem grimmigen Götzenbilde der König unter dem lauten Zuruf der am Ufer und auf ten Schiffen versammelten Menge und dem kräftigsten Fortissimo aller Instrumente mit dem heiligen Maro, dem Zeichen der Majestät und der Herrschaft umgürtet wurde.

Gewisse Distrikte bildeten die Privatdomänen der königlichen Familie, den einzigen Theil der Insel, wo der König den Fuß auf die Erde setzen durfte. Der Ertrag dieser Ländereien reichte selten für den Unterhalt des königlichen Hauses aus; und so mußte was an Schweinen, Brodfrüchten und Tuch noch fehlen mochte von den Häuptlingen und Raatiras nach altem Herkommen geliefert werden.

Trotz der göttlichen Ehren, welche dem Könige erwiesen wurden, war seine Macht durch die der Häuptlinge und Raatiras doch sehr beschränkt, so daß er nichts bedeutendes vornehmen konnte ohne erst ihre Zustimmung zu erhalten. Jeder Häuptling oder Raatira war unumschränkter Herrscher auf seinem Gebiet, obgleich alle die Oberhoheit des Königs anerkannten. Wegen Hochverraths oder Empörung konnte ein Häuptling verbannt oder, dessen Vermögen eingezogen werden, doch war es dem Könige, dem das Recht zustand die Nachfolger des Verbannten zu ernennen, durchaus nicht gestattet mit dessen Ländereien seine eigenen Domänen zu erweitern. Da er keine beständige bewaffnete Macht außer etwa seine eigenen Vasallen zu seiner Verfügung hatte, war er nicht im Stande seinen Willen in allen Fällen durchzusetzen, so daß mitunter, wenn er das Verbannungsurtheil über einen widerspenstigen Raatira ausgesprochen hatte, und die anderen Raatiras diese Maßregel nicht billigten, der Verurtheilte ohne sich ferner darum zu bekümmern ruhig im Besitz seiner Ländereien blieb: ein Zustand, der lebhaft an die feudalen Zustände des europäischen Mittelalters erinnert, wo die mächtigen Barone dem Könige nur in so weit gehorchten, als es mit ihrem eigenen Interesse übereinstimmte.

Da ich voraussetzen darf, daß der Leser durchaus keine Lust haben wird mir in alle Irrgänge der polynesischen Mythologie zu folgen, werde ich mich mit einigen kurzen Bemerkungen begnügen.

Sowie sich bei den alten Griechen eine unsichtbare Götterwelt hinter den sichtbaren Erscheinungen der Natur verbarg, hatte auch die blühende Phantasie der Tahitier den Himmel und die Erde, den Ocean und die Berge mit einem mächtigen Geisterheer bevölkert. Sie erkannten dessen Gegenwart und Walten in der aufgehenden Sonne, dem milden Mondlicht, der vergänglichen Flamme des Meteors, dem Geheul des Sturms, der brüllenden Brandung und dem Säuseln des Abendwindes. Der Gipfel des Berges, die flottigen Dünste, die an deſſen Seite ſich ablagern, der ſchäumende Waſſerfall, die einſame Schlucht waren die Wohnſitze jener unſichtbaren Weſen. So verbreitete ſich ein poetiſcher Reiz über die ſchönen Inseln, und die Schöpfungen der Einbildungskraft erhöhten noch den romantiſchen Zauber der Natur.

Vor allen geehrt und gefürchtet war Oro der mächtige Schutzgeiſt der Hauptinſel Tahiti und Eimeo's, ein Sohn Taaroa's des von der Nacht gebornen Vaters der Götter — denn auch hier wie bei den Griechen ging alles aus einem Urzuſtande der Dunkelheit hervor.

Eine große Rolle in den Volksſagen ſpielte auch der Seegott Hiro. Einſt wurde dieſer mächtige Meergeiſt in den tiefſten Abgründen des Oceans von den dort hauſenden Ungeheuern eingeſchläfert, während der Gott der Winde einen furchtbaren Sturm erhob um ein Schiff zu zertrümmern, in welchem die Freunde des Schlummernden reiſten. Ihr Untergang ſchien unvermeidlich — ſie flehten ihren Gönner um Hülfe an — ein freundlicher Geiſt drang in die Meereshöhle wo er der Ruhe pflegte, erweckte ihn aus ſeinem Schlummer und benachrichtigte ihn von der Gefahr worin ſeine Anhänger ſchwebten. Sogleich ſtieg er an die Oberfläche der Gewäſſer, vertrieb durch ſein Erſcheinen den ſchwächeren Sturmgott und die geretteten Freunde erreichten glücklich den Hafen.

Jeder Diſtrikt, jeder Stand hatte ſeinen beſonderen Gott, und es gab keine vornehme Familie, die nicht ihren eigenen Schutzpatron oder Atua gehabt hätte.

Zwiſchen den Göttern und den Menſchen ſtanden die tiis, die in der Welt der Nacht ſich aufhielten und von den Zauberern zum Verderben der Menſchen heraufbeſchworen wurden. Zu dieſer Claſſe gehörten auch die oramatuas oder Geiſter der abgeſchiedenen Verwandten, deren man aber nicht in Liebe gedachte, ſondern welche als Dämonen gefürchtet wurden, deren böſen Willen man durch Opfer zu beſchwichtigen ſuchte. So wiederholte ſich auch auf Tahiti die Erſcheinung, daß der Menſch nicht zufrieden mit den wirklichen Uebeln des Daſeins, zur Trübung des Lebensgenuſſes auch noch die Schreckbilder der Phantaſie herbeiruft.

Die meiſten Götter waren ebenfalls rachſüchtige, ſtolze, jähzornige Weſen, welche die geringſte Vernachläſſigung ihres Dienſtes mit ſchweren Strafen tüchten, doch gab es einige von wohlwollender Natur, deren Hülfe man zur Entreibung der bösen Geister in Anspruch nahm.

Die Atuas und Tiis, obgleich unsichtbare, unkörperliche Wesen, wurden unter der Form von Götzenbildern verehrt — grobgeschnitzte Figuren oder rohe Holzblöcke mit rothen Federn geschmückt. Der Gott näherte sich gewöhnlich seinem Tempel unter der Gestalt eines Vogels, dessen Leib er alsdann verließ um in das Bild zu fahren, durch dessen Vermittlung er mit dem Priester in Verbindung trat.

Für die rothen Federn des Melithreptes vestiaruis sollen die Götter eine besondere Vorliebe haben, sie gehörten zu den kostbarsten Geschenken, die man ihnen machen konnte, die göttliche Kraft ließ sich ihnen mittheilen und wurde durch sie auch auf die Gegenstände ausgedehnt, welchen man sie anheftete. Sie boten daher ein bequemes Mittel zur Vervielfältigung der Hausgötter dar, da die rothen Federn, welche das Volk den Priestern brachte, von diesen in die ausgehöhlten Götzenbilder gestopft wurden, um später von der göttlichen Essenz durchdrungen wieder unter die Gläubigen vertheilt zu werden — eine Mühe, welche natürlich jenen Herren manches Schwein und manche Brotfrucht eintrug. Die auf solche Weise geheiligten Federn wurden in kleine Bambusröhren gesteckt, und herausgenommen, wenn man sie anbeten wollte. Ging es dem Besitzer gut, so wurde sein Glück ihrem Einfluß zugeschrieben und sie erhielten die Ehre einem Götzenbilde angeklebt oder vielleicht sogar auf einem kleinen Hausaltar aufgestellt zu werden. Das neue Bild mußte jedoch erst nach dem großen Tempel gebracht werden, wobei wiederum Geschenke nicht fehlen durften.

Die Nationaltempel oder Marais hatten einen bedeutenden Umfang und waren von hohen steinernen Mauern eingefaßt. Dem Eingange gegenüber erhob sich ein massiver pyramidenförmiger Bau, auf welchem die Götzenbilder und Altäre standen, und der nicht selten eine erstaunliche Größe hatte. Die Pyramide, welche eine Seite des Vierecks des großen Tempels in Atehuru bildete, war an der Basis 270 Fuß lang und 94 breit. Ihre Höhe betrug 50 Fuß und treppenartige Terrassen führten zur 180 Fuß langen und 6 Fuß breiten oberen Platte. Die äußeren Steine der Pyramide aus Corallen und Basalt waren mit der größten Sorgfalt und unendlicher Arbeit ausgehauen, besonders die Ecksteine. Ein solcher Bau muß um so bewunderungswürdiger erschrinen, wenn man die geringe Bevölkerung der Insel, sowie den Mangel an mechanischen Hülfsmitteln bedenkt.

Ruinen solcher Tempel werden überall gefunden, auf Hügeln, auf der Spitze von Landzungen oder in der Einsamkeit eines schattenreichen Haines. Die innerhalb der Mauern und um den Tempel wachsenden Bäume waren heilig. Außer den hohen cypressenähnlichen Casuarinen bestanden sie gewöhnlich aus Tamanus, Thespesien und Cordien, deren schattenreiches Laub durch sein ernstes Dunkel einen auffallenden Gegensatz zur lichten Helligkeit des tropischen Tages bildete. Die fantastischen Krümmungen der Stämme und gewundenen Zweige der alten Bäume; der klagende ächzende Laut des Windes, der, indem er die Blätter der Casuarinen durchsäuselte, die feierlichen Töne der äolischen Harfe nachahmte, so wie die dunkeln Mauern des Tempels mit den scheußlichen fratzenhaften Formen der Idole, vereinten sich einen heiligen Schauer einzuflößen, und nährten die tief eingewurzelten Gefühle der Furcht, die der Tahitier vor seinen blutdürstigen Gottheiten hegte.

Diesen wurden nicht nur die Früchte der Erde, die Thiere des Feldes, die Vögel der Luft und die Fische des Meeres, sondern auch häufig menschliche Opfer — zu Kriegszeiten, bei großen Volksfesten, während der Krankheit der Könige, und beim Aufbau der Tempel — dargebracht. Jede Säule, welche das Dach eines Tempelgebäudes trug wurde in die Leiche eines Menschen eingepflanzt der zu Ehren der grausamen Gottheit geschlachtet worden war, der das Gebäude gewidmet wurde. Die unglücklichen Opfer waren entweder Kriegsgefangene oder Personen, die sich den Priestern oder Häuptlingen mißliebig gemacht hatten — ein furchtbares Mittel die Tyrannei der Mächtigen zu stützen.

Die Grausamkeit der Sitte wurde jedoch durch den Umstand gemildert, daß das Opfer nicht durch lange Vorbereitungen gequält, sondern gewöhnlich unversehens durch einen Keulenschlag oder Steinwurf zu Boden gestreckt wurde, worauf die Leiche in einem großen Korb von Cocosnußblättern nach dem Tempel gebracht und vor das Götzenbild hingestellt wurde. Der opfernde Priester nahm ein Auge, wahrscheinlich weil es das Köstlichste aller Glieder ist, heraus, legte es auf ein Stück Bananenblatt und überreichte es dem Könige. Dieser näherte es seinem Munde als ob er es verspeisen wollte, gab es jedoch einem Priester, der zu dessen Empfange bereit stand. Nach der

Feierlichkeit wurde gewöhnlich die Leiche in Cocosnußblättern eingewickelt und auf den Aesten eines benachbarten Baumes der Verwesung überlassen.

Der Glaube an magische Künste war allgemein. Wer sich an einem Andern rächen wollte, suchte einige von dessen Haaren zu bekommen oder einen Theil der Früchte, die ihm zur Nahrung bestimmt waren, und brachte sie dem Zauberer, der seine Beschwörungsformeln darüber aussprach. Diese hatten zur Folge, daß der böse Geist hineinfuhr und dadurch die Person ergriff, die vom Zauber selbst sollte. Die Nahrungsmittel, die durch den Beschwörungsproceß vom Dämon inficirt waren, suchte man in den Proviantien der Person, für welche sie bestimmt waren zu stecken, und wurden sie gegessen, so war dessen Untergang unvermeidlich. Vor dem Tode hatte der Besessene erst an den furchtbarsten Qualen zu leiden, und nach demselben wurde im po, oder dem „nächtlichen Dunkel" das Werk der Peinigung von den grausamen Geistern fortgesetzt. Mancher Kranke mag durch den Glauben, daß er ein Opfer der unersättlichen Wuth eines Dämons sei, zur Verzweiflung und zu einem martervollen Tode gebracht worden sein; in andern Fällen mag Gift die gräßlichen Convulsionen oder die wüthende Raserei hervorgerufen haben, die der Macht der Dämonen zugeschrieben und von den frevelhaften Gauklern benutzt wurden um den Glauben an ihre Kunst zu stärken.

So wie einer an den vermeintlichen Folgen einer Beschwörung litt, suchte er, falls er Vermögen hatte, die Hülfe eines andern Zauberers auf. Das erste war die Person zu entdecken, welche das Uebel angestiftet hatte, worauf die Hülfe anderer Dämonen angerufen wurde, damit die Qualen und der Tod, die jene ihrem Opfer zugedacht hatte auf sie selbst zurückfielen. Waren die Geister des neuen Zauberers mächtiger als die des ersten so war der Erfolg gesichert: oder es ließen sich auch wohl die quälenden Dämonen durch reichlichere Geschenke zur Ruhe bringen. So übte die Bestechung ihre Macht auch auf die Geisterwelt, die man sich allen menschlichen Schwächen und Leidenschaften unterworfen dachte.

Wie im alten Griechenland gaben die Götter ihren Willen durch Orakelsprüche kund und kein wichtiges Unternehmen wurde begonnen ohne sich erst des Beifalls der unsichtbaren Mächte versichert zu haben. Der Orakelspruch wurde in einem Traume mitgetheilt oder im Geschrei eines Vogels, oder im Aechzen des Windes in den verflochtenen Zweigen der Casuarinen, oder es fuhr auch wohl der Gott in den Priester, der gleich der cumäischen Sibylle oder einem hochnordischen Schamanen, nachdem dieser durch Rühren der Zaubertrommel die Geister herangeschworen hat, zum willenlosen Werkzeug des übernatürlichen Einflusses wurde. Seine Glieder zuckten und schlotterten im furchtbaren Krampfe, seine Gesichtszüge verzerrten sich auf erschreckliche Weise, sein Auge rollte wild in den Höhlen umher. Oft wälzte er sich auf der Erde herum mit schäumendem Munde, als ob er gegen den Geist ankämpfte, der sein ganzes Wesen durchzuckte, bis endlich mit gellendem Geschrei und undeutlichen Lauten die göttliche Antwort aus seiner keuchenden Brust erschallte. Die umherstehenden in den Mysterien bewanderten Priester empfingen das Geisteswort und verkündigten es dem andächtigen Volke.

Die Begriffe vom künftigen Leben waren höchst unbestimmt. Es gab einen nächtlichen Ort, Po, wo die Seele drei Mal von den Göttern verschlungen, und dann selbst zu einem göttlichen und unvergänglichen Geiste wurde; sowie auch ein Elysium mit allen Schönheiten ausgestaltet, womit die Phantasie derartige Wohnsitze der Seligen zu schmücken pflegt. Doch hatte die Gerechtigkeit mit der künftigen Bestimmung des Menschen wenig zu thun, da sein moralischer Wandel dabei durchaus nicht in Betracht kam. Das einzige Verbrechen, welches den Unwillen der Götter erregte, war die Vernachlässigung irgend einer religiösen Feier, oder das schreckliche von allen, das Vorenthalten der ihnen schuldigen Opfergaben.

Die Leichen der geringeren Leute wurden begraben, die der vornehmeren und reicheren durch eine rohe Einbalsamirungskunst so lange wie möglich vor der Verwesung geschützt. Die vergänglichsten Theile wurden herausgenommen, die Säfte durch Auspressen und Druck entfernt, wohlriechende Oele eingerieben. Die an der Sonne oder auf einem hohen überdachten Gerüste, wo sie dem Luftzug ausgesetzt war, getrocknete Mumie wurde dann angekleidet und in eine sitzende Stellung gebracht, wo man ihr Monate lang tägliche Opfer von Früchten und Blumen darbrachte. Endlich wurde der Schädel sorgfältig aufbewahrt und die übrigen Knochen begrub man im Bezirk des Familientempels.

Der Schmerz beim Tode eines Verwandten oder Freundes offenbarte sich in den wildesten Ausbrüchen der Wuth, so daß die Trauernden wie Wahnsinnige sich geberdeten. Man begnügte sich nicht mit dem Zerraufen der Haare oder dem Zerreißen der Kleider, sondern zerschnitt oder zerhackte sich auf fürchterliche Weise, wozu man sich eines halbfußlangen Rohres bediente, welches an beiden Seiten mit scharfen Haifischzähnen besetzt war. Mit einem solchen Instrument versah sich jede Frau nach ihrer Heirath, um es vorkommenden Falles unbarmherzig zu benutzen. Gesicht, Brust und Arme wurden damit geschlagen und gekratzt bis das Blut in Strömen herausfloß, dabei stießen sie das fürchterlichste Geheul aus, und glichen mit ihren wilden Geberden, ihren zerzausten Haaren und verzerrten Zügen weit eher höllischen Furien als menschlichen Wesen. Die nächsten Verwandten fingen die dämonische Scene an, die herbeieilenden Freunde und Nachbarn, von der ansteckenden Wuth ergriffen, vermehrten den Tumult, der sich endlich zu einem solchen Grade steigerte, daß man mit Keulenschlägen und Steinwürfen einander angriff, wobei nicht selten einer von der rasenden Rotte erschlagen wurde.

Diese Art von Berserkerwuth zeigte sich auch, jedoch in einer milderen Form, bei fröhlichen Ereignissen, so daß wenn ein Sohn oder Vater nach längerer Abwesenheit oder überstandenen Gefahren zu den Seinigen zurückkehrte, er nicht nur mit herzlichen Begrüßungen empfangen wurde, sondern auch mit lautem Wehklagen, wobei die Haifischzähne, je nach dem Grade der empfundenen Freude, in Anwendung kamen. Fremden, die sich nach der Ursache dieser seltsamen Auftritte erkundigten, gab man zur Antwort, daß es so Sitte sei, ein Grund, womit man auch sonstwo das Unvernünftige zu entschuldigen pflegt.

Man darf sich keineswegs darüber wundern, daß die Seefahrer, welche die Gesellschafts-Inseln zuerst besuchten, ein so schmeichelhaftes Bild von deren Bewohnern entwarfen. Die zuvorkommende Liebenswürdigkeit des Volkes konnte bei oberflächlicher Bekanntschaft leicht eine allzu günstige Meinung von demselben erwecken, und die damals herrschenden Rousseau'schen Ansichten nach welchen alle Tugenden dem Naturzustande und alle Laster der Civilisation zugeschrieben wurden, hatten schon im Voraus das Urtheil bestochen. So hat unter anderen der jüngere Forster den häuslichen Tugenden und großartigen edlen Eigenschaften der Tahitier ein glänzendes Loblied gesungen, dessen Unrichtigkeit zum Theil schon aus dem bereits Mitgetheilten hervorgeht und durch folgende Züge noch klarer hervortreten wird.

Was zunächst die von unserem schwärmerischen Landsmann gepriesene Friedfertigkeit und Humanität betrifft, wird diese Behauptung wohl hinreichend durch die Thatsache widerlegt, daß während des 15jährigen Aufenthalts des Missionars Noll auf dem noch heidnischen Tahiti, die Insel nicht weniger als zehn Mal in Krieg verwickelt war. Je grausamer dieser geführt wurde, desto größer glaubte man sei die Befriedigung des vornehmsten Kriegsgottes Oro. Schon während der Berathschlagungen, ob es zum Kriege kommen sollte, wurde ein erstes menschliches Opfer diesem polynesischen Moloch dargebracht; ein zweites bei der Kriegserklärung, ein drittes so wie die Waffen in Bereitschaft waren: und alle diese Opfer mußten in ihrem eigenen Blute schwimmen, um den scheußlichen Götzen wohlgefällig zu sein.

Die Schlachten selbst hatten Aehnlichkeit mit den Kämpfen der homerischen Helden. Oft traten die berühmtesten Krieger aus den Reihen der sich gegenüberstehenden Heere hervor, und forderten sich gegenseitig zum Kampfe auf. Prahlerisch nannten sie ihre Namen und die Namen ihrer Väter, freuten sich den bereits erfochtenen Siegen einen neuen Triumph hinzufügen zu können, baten den Gegner nur schnell heranzurücken, damit sie ihn dem ungeduldigen Gotte opfern könnten, der über dem Kampfplatze schwebe, oder sprachen mit geringschätzigem Mitleide von seiner baldigen Niederlage. Der Wortwechsel wurde immer hitziger, die Speere flogen; sowie einer der Streitenden fiel, rannten andere herbei, wie die Trojaner und Griechen um den gefallenen Patroklus; diese um die Leiche zu retten, jene um sie als Siegstrophäe wegzuführen, bis endlich aus dem Zweikampf sich eine allgemeine Schlacht entspann. Diese wurde mit einer um so mörderischeren Wuth geführt, da ein jeder überzeugt war daß die Götter, von welchen das Schicksal des Gefechts abhing, wirklich in die Waffen, die er handhabte, gefahren seien und ihnen die erwünschte Kraft und Richtung gäben.

Das Getöse des tödtlichen Gemenges wurde durch die gewaltigen Anstrengungen der Rautis oder Schlachtenredner vermehrt, deren mächtiges Wort die Erbitterung der Kämpfenden zur höchsten Wuth aufstachelte. „Roll über sie hin wie die Wogen! werft euch auf ihre Reihen brüllend und schäumend wie der über die Riffe sich wälzende Ocean! fahrt über sie hin wie der zackige Blitz über den Gischt der Brandung! greift sie an mit aller Wuth, mit aller Raserei des gefräßigen wilden Hundes!" Mit solchen Worten, die nur ein schwaches Bild von der Kraft der ursprünglichen Anrede geben, eilten die Rautis von einem Krieger zum andern, und zwar mit so feurigem Eifer, daß sie nicht selten mitten im Schlachtgetümmel vor Erschöpfung hinsanken und starben. Es waren meistens Leute von imponirender Statur und großem Kriegsruhm; ihre Kleidung bestand nur aus einem Gürtel von

Blättern der Dracaena, von welchen sie auch einen kleinen Bündel in der rechten Hand hielten, während die linke, jedoch nicht immer, einen leichten Speer trug.

Der erste Gefangene wurde dem Oro geopfert und zwar nicht nach dem Tempel geführt, sondern lebend auf spitzigen Speeren hinter dem Heere getragen, während der Priester nebenher ging, dem Gotte seine Gebete darbringend und die Todeskrämpfe des Unglücklichen beobachtend, um daraus den Erfolg der Schlacht zu prophezeien.

Mit dem erfochtenen Siege war die Wuth der Kämpfer noch nicht geläutigt; einige stürmten den Fliehenden nach um sie bis an die Berge oder bis an's Meer zu verfolgen, andere eilten nach den Dörfern der geschlagenen Feinde um die wehrlosen Greise, Weiber und Kinder unbarmherzig niederzumetzeln, oder mit teuflischer Grausamkeit zu martern. Die Hütten wurden in Brand gesteckt, die Brodfruchtbäume umgehauen, die Blattknospe oder das Herz der Cocosnußbäume abgeschnitten, so daß noch lange nachher die entblätterten todten Stämme, nackt und wie vom Blitz getroffen, ein trauriges Zeugniß von der teuflischen Raserei der Menschen ablegten.

Am Tage nach der Schlacht wurden die Leichen der Erschlagenen gesammelt und dem Oro geopfert. Man legte sie auf einen Haufen oder in Reihen am Meeresgestade, um dort von den wilden Hunden zerrissen und der Verwesung überlassen zu werden. Die unteren Kinnladen der vornehmsten Krieger nahm man als Siegestrophäen mit, sowie auch einige Knochen um Werkzeuge für den Schiffbau oder Fischhaken daraus zu verfertigen.

Während der Schlacht steigerte sich zuweilen die Wuth zu einer so barbarischen Höhe, daß ein Krieger seinen gefallenen Feind mit der schweren Keule platt schlug und dann mit seiner steinernen Streitaxt ein Loch durch die Mitte hieb, durch welches er seinen Kopf steckte wie er es sonst mit der Tipuia zu thun pflegte. Auf diese schreckliche Weise, mit dem Kopf und den schlotternden Armen des Erschlagenen nach vorne und den Beinen nach hinten, stürzte der Rasende sich wieder in das Getümmel der Schlacht. So verbarg sich bei dem Tahitier unter einem äußeren Firniß von Liebenswürdigkeit die ganze Brutalität des Wilden.

Die besiegte Partei, die nach den schwer zugänglichen Bergthälern geflohen war, deren natürliche Stärke häufig noch die Kunst vermehrte, wurde auch hier noch von den übermüthigen Feinden verfolgt und belagert, bis sie entweder an den Beistand der Götter verzweifelnd sich ergab, oder bei kräftiger Vertheidigung und unüberwindlichen Hülfsmitteln den Frieden erzwang. Dieser wurde mit großen Ceremonien gefeiert; man hing die Waffen in den Wohnungen auf und nahm die gewöhnlichen Beschäftigungen des Lebens wieder vor, bis ein neuer Zwist zwischen benachbarten Inseln oder zwischen dem Könige und den Häuptlingen, oder zwischen diesen untereinander zur Erneuerung jener schauderhaften Scenen führte.

Wenn Forster die unverdorbenen Sitten der Tahitier rühmt, scheint er eben nicht an die Gesellschaft der Areois gedacht zu haben. Es war dieß eine Bande von Gauklern und Tagedieben beider Geschlechter, die von Insel zu Insel und von einem District zum andern zogen und überall wo sie erschienen, durch ihre zügellosen Tänze und Schauspiele die Keime des moralischen Verderbens ausstreuten. Ihre Schutzgötter Orotetefa und Urutetefa waren nach den Volksbegriffen Ungeheuer des Lasters und der ganze Lebenswandel der Jünger ging darauf hin, diesen unzüchtigen Vorbildern nachzustreben. Es gab unter diesen Areois sieben verschiedene Classen oder Grade, die durch die Verschiedenheit der Tätuirung sich zu erkennen gaben. Nur der niedrigsten Classe oder den Novizen wurden die ermüdenden Tänze und Pantomimen, womit sie oft Nächte lang das Volk belustigten, aufgebürdet, die höheren Rangordnungen hüteten sich wohl ihre Kräfte auf solche Weise zu vergeuden, sondern sparten sie für die Feier der geheimen Mysterien auf.

Da nach den Gesetzen der Gesellschaft jeder Areoi seine Kinder tödten mußte, konnte sich die Verbindung natürlich nur durch frischen Zuwachs von außen erhalten, der, wie man sich leicht denken kann, nicht schwer zu erlangen war. Individuen aus allen Classen durften sich als Candidaten melden, doch gingen der Aufnahme viele Ceremonien voran, das Noviciat war langwierig, und nur langsam und mühevoll wurde die Einweihung in die höheren Grade erlangt.

Man glaubte daß diejenigen, die Areois werden wollten, durch göttliche Eingabe dazu getrieben wurden. Wenn also jemand sich der Gesellschaft anschließen wollte, trat er bei einer ihrer öffentlichen Vorstellungen in einem Zustande von scheinbarem Wahnsinn auf. Gewöhnlich trug er einen Gürtel von gelben Tiblättern um die Lenden, sein Gesicht war mit Scharlach gefärbt, sein Haar mit starkriechendem Oel gesalbt und mit zahlreichen Blumen durchflochten. Auf diese Weise bekleidet, verunstaltet und verziert, stürzte er

durch die Menge, welche um das Haus versammelt war, wo die schamlosen
Gaukler ihre Spiele aufführten, und mitten in die Bande dringend, schloß
er sich dem Tanz oder der Pantomime mit erheuchelter Wildheit an. Dieses
wurde als eine Meldung zur Aufnahme angesehen, doch nicht immer wurden
die Candidaten angenommen und mußten erst lange den vornehmeren Mit-
gliedern der Gesellschaft dienen, ehe sie nur zum ersten Grade zugelassen wurden.

Die Areois, welche bei uns nur im Dunkel des Geheimnisses und fern
von der strafenden Hand des Gesetzes ihr Unwesen hätten treiben können,
standen in Tahiti im höchsten Ansehen, die Häuptlinge schätzten sich glücklich
wenn sie mit deren Besuche beehrt wurden, und die Mitglieder der ersten
Ordnung staunte man als übernatürliche Wesen an. Sogar mit dem Tode
hörten die Genüsse und Vorrechte der vornehmeren Areois nicht auf, denn
da es ihnen an Mitteln nicht fehlte, war es ein leichtes durch werthvolle
Geschenke die Dienste des Priesters des Gottes Romatane zu dingen, der
den Eingang des tahitischen Paradieses bewachte. Dort brachten sie in
Gesellschaft der Könige und Häuptlinge, denn nur Vornehmheit und Reichthum fanden den Weg zum Aufenthalt der Seligen, eine freudenvolle Unsterblichkeit, im Vollgenuß aller Vergnügungen und Ausschweifungen, denen
sie ihr Leben gewidmet hatten, zu, während der arme Mann im Po ver-
bleiben mußte. Die Idee einer vergeltenden Gerechtigkeit nach dem Tode
war den Tahitiern völlig fremd.

Wie groß die Anzahl der Areois gewesen sein muß, geht schon daraus
hervor, daß einst Cook auf Huaheine nicht weniger als 70 große Boote, die
alle mit diesem liederlichen Gesindel angefüllt waren, vom Ufer stoßen sah.
Nur ein Land, wo die Natur so freigebig für die Bedürfnisse des Menschen
sorgt, konnte den Druck einer solchen Horde von nichtswürdigen Faullenzern
ertragen. Wenn auch nicht ausschließlich auf die Gesellschafts-Inseln beschränkt, so standen doch hier die Areois in ihrer vollen Blüthe. Sie scheinen
den Marquesas und Hawaii fremd geblieben zu sein, doch werden wir sie
später im fernen Westen bei den ursprünglichen Bewohnern der Labronen,
und zwar unter dem fast gleichem Namen der Urilloys oder Ullitoys,
wiederfinden.

Wenn die Areois sich mit dem gräßlichsten Kindermord befleckten und
mit frevelhafter Hand ihre ganze Nachkommenschaft vertilgten, so herrschte
dieses Verbrechen, wenn auch in geringerem Grade, unter allen übrigen

Volksklassen von der königlichen Familie bis zu den Geringsten hinab. Die Häufigkeit des Kindermordes war schon Cook aufgefallen. Als die ersten Missionare auf Tahiti landeten, fanden sie, daß zuweilen Erwachsene ermordet wurden, daß Menschenopfer häufig vorkamen und daß viele im Kriege erschlagen wurden, aber alles dieses zusammengerechnet erreichte doch bei weitem nicht die Anzahl der von ihren Eltern erwürgten Kinder. Die Insulaner sprachen über diese Gräuelthaten mit der vollkommensten Gleichgültigkeit und Ruhe, und antworteten auf alle Vorstellungen daß es landesgebräuchlich sei. Nicht weniger als Zweidrittel aller geborenen Kinder sollen auf diese Weise umgekommen sein, und die glaubwürdigsten Zeugen wie Roll und Ellis, die jahrelang auf den Gesellschafts-Inseln sich aufhielten und durch ihren Beruf als Missionare in beständigem Verkehr mit dem Volke standen, behaupten, keine einzige Mutter gekannt zu haben, die nicht jenes unnatürliche Verbrechen oft mehr als einmal begangen habe. Manche Eltern hatten sechs, acht, zehn und sogar noch mehrere ihrer Kinder einem frühzeitigen Tode geopfert. Mädchen wurden besonders häufig ums Leben gebracht, Knaben schonte man eher, da der Mann als Fischer, Tempeldiener, Krieger oder Schiffer einen bei weitem höheren Werth als das schwache Weib besaß. Geschah der Mord nicht unmittelbar nach der Geburt, so war das Kind gerettet und wurde fortan, um den Tahitiern gerecht zu sein, mit der größten Liebe behandelt. Der Hauptgrund dieser teuflischen Unthaten lag in der allgemein herrschenden Faulheit. Obgleich die bereitwillige Fruchtbarkeit des Bodens und die freundliche Milde des Klimas, die zum Lebensunterhalte nothwendige Arbeit auf ein sehr geringes Maaß beschränkte — so war doch auch dieses für die meisten zuviel, so daß ein Mann mit drei oder vier Kindern, was schon ein seltener Fall war, als ein schwerbeladenes Lastthier angesehen wurde. Um den Eltern die geringe Anstrengung zu ersparen, welche eine etwas zahlreichere Familie ihnen verursacht hätte, wurden tausende von Kindern geopfert. Ein zweiter Grund war die Schwäche und lockere Natur des ehelichen Bandes, welches zwar in den Tempeln mit großen Ceremonien geknüpft, doch unter den geringsten Vorwänden wieder gelöst wurde. Unter den vornehmen Häuptlingen blieb zwar die Ehe nach erfolgter Trennung dem Namen nach bestehen, doch nahm der Mann andere Frauen und die Frau andere Männer. Dieses waren meistens Individuen von einnehmender Persönlichkeit aber geringeren Ranges, und alle Früchte dieser Verbindungen wurden unbarmherzig getödtet, damit der Familienstolz durch die Vermischung unedleren Blutes nicht zu leiden hätte. Forster's Behauptung, „daß die verehlichten Weiber wahre Muster der Treue waren", war jedenfalls viel weniger begründet als sein Geständniß, „daß die jungfräuliche Keuschheit bei den Tahitiern eben so wenig als bei vielen andern Völkern geachtet wurde." Schon beim oberflächlichsten Besuche konnte diese letztere Thatsache dem Fremden nicht verborgen bleiben, während Forster nach einem Aufenthalt von nur wenigen Wochen unmöglich ein gültiges Urtheil über die Tugend der Ehefrauen fällen konnte.

Sechzehntes Kapitel.
Die Geschichte Tahiti's von der Entdeckung durch Wallis bis auf unsere Zeiten.

Wallis entdeckt Tahiti (18. Juni 1767). — Erstes Zusammentreffen mit den Tahitiern. — Die Ziege und der entwendete Hut. — Angriff auf die Boote. — Blutige Kämpfe in der Matavai-Bucht. — Landung. — Entscheidendes Gefecht. — Friede. — Bougainville. — Aoturou. — Cook beobachtet den Durchgang der Venus auf Tahiti. — Der Hohepriester Tupia. — Omai. — Pomaré I. — Ankunft der Missionäre. — Pomaré II. — Dessen Bekehrung 1812. — Kehrt nach Tahiti zurück, wird aber von Neuem vertrieben. — Eimeo nimmt das Christenthum an. — Huaheine, Tahaa, Raiatea folgen dem Beispiele. — Die Götzendiener auf Tahiti geschlagen (11 Nov. 1815). — Vollständige Bekehrung der Insel. — Ankunft neuer Missionare, 1817. — Druck des tahitischen Alphabets und der Bibelübersetzung Pomaré's. — Missionshilfsgesellschaft gegründet. — Bau einer großartigen Kirche, in welcher Pomaré getauft und ein neues Gesetzbuch veröffentlicht wird. — Pomaré's Trunksucht und Habgier. — Dessen Tod und Grab. — Pomaré III. — Die Königin Pomaré. — Ankunft der Jesuiten Caret und Laval. — Ihre gewaltsame Vertreibung. — Französische Intervention. — Protectorat. — Besitznahme. — Krieg zwischen den Tahitiern und Franzosen. — Ueberrumpelung der tahitischen Lager 17. Dec. 1846. — Ende der Feindseligkeiten. — Traurige Zustände. — Tyrannei. — Skizzen über die Königin Pomaré 1852. — Die Novara in Papeiti (Febr. 1859).

Wenn nach langem Umherirren auf der grenzenlosen Wasserwüste, der Seefahrer endlich wieder Land, Berge, grüne Wälder und Gefilde sieht, wenn Singvögel die Stelle der heiseren Möven vertreten und sich ihm freundliche

Menschen nahen, dann schwillt sein Busen vor Freude und fast ist es ihm wie einem Verbannten, der aus der trostlosen Fremde zurückkehrt zu den heißersehnten Fluren der Heimath.

Doch wie müssen sich diese Gefühle steigern wenn das Land, welches am Rande des Oceans auftaucht und die wochenlange Einförmigkeit des Meereshorizontes unterbricht, der Welt bis dahin unbekannt geblieben war, und noch dazu ein Land ist wie Tahiti, geschmückt mit allen Reizen der tropischen Natur. Dieses dem Seefahrer nur selten beschiedene Glück wurde Capitän Wallis zu Theil, als er unverhofft am 18. Juni 1767 die hohen Gipfel Tahitis über den Wasserspiegel sich erheben, und beim Heransegeln zu immer malerischeren Umrissen sich gestalten sah. Möglich ist es, daß der spanische Seefahrer Quiros die Insel bereits früher gesehen, doch Europa blieb sie nichts destoweniger völlig unbekannt, und Wallis, der zuerst ihre verborgenen Schönheiten der Welt enthüllte, darf mit vollem Rechte als ihr Entdecker gelten.

In der folgenden Morgenröthe zeigte sich das schöne Land in einer Entfernung von etwa 5 Stunden, aber gegen acht Uhr als das Schiff schon nahe an der Küste war, wurde Wallis durch einen dichten Nebel genöthigt beizulegen, und als einige Stunden darauf der Dunstschleier sich verzog, sah er einige hundert Pirogen heranrudern. Sie waren von verschiedener Größe und hatten einen bis zehn Mann an Bord. So wie sie auf Pistolenschußweite sich genähert hatten, hielten die Ruderer an, und betrachteten staunend das fremde Meeresungeheuer, welches ihnen plötzlich eine völlig ungeahnte Welt offenbarte. Sie wußten zwar nicht, welche Folgen diese Erscheinung für ihr ganzes künftiges Schicksal haben, wie viel Gutes und Böses sich aus ihr noch entwickeln würde, und daß dieses einer der wichtigsten Tage in der Geschichte ihrer Insel sei. Hast du wohl schon darüber nachgedacht, lieber Leser, welche Umwälzung es in dem beschränkten Ideenkreise eines Wilden hervorbringen mag, wenn der enge Horizont seines bisherigen Daseins sich auf eine so wunderbare Weise erweitert, und urplötzlich die Macht der Civilisation mit ihrer unendlichen Ueberlegenheit wie aus den Wolken zu ihm herabsteigt. Wahrlich nicht anders müßte es uns zu Muthe sein, wenn die Bewohner eines fernen Sternes sich zu uns herabließen; und kein Wunder wenn der Polynesier wähnte, daß die ersten europäischen Schiffe, die flüchtig vor seinen Riffen erschienen und wie die Götter den Donner

Schmetterlen und den Blitz vom Himmel gekommen und dann wieder als sie zurückwandten zu ihm zurückgekehrt seien.

Durch freundliche Zeichen aufgemuntert wagten sich einige der rothhaarigen Insulaner auf's Verdeck, doch während einer derselben eben in seinen Betrachtungen vertieft war, stieß ihn eine der an Bord befindlichen Ziegen in die Hüfte. Erstaunt über diesen unvermutheten Angriff, drehte er sich rasch herum und sah die auf ihren Hinterbeinen stehende Ziege, bereit den Stoß zu wiederholen. Die drohende Erscheinung des nie gesehenen Thieres jagte ihm einen solchen Schrecken ein, daß er sogleich über Bord sprang, ein Beispiel, dem alle seine Gefährten folgten; bald aber erholten sie sich von ihrer Angst und kehrten auf's Schiff zurück. Nachdem Wallis sie mit dem Anblick seiner Ziegen und Schafe vertraut gemacht hatte, zeigte er ihnen seine Schweine und Hühner, worauf sie sogleich durch Zeichen zu verstehen gaben, daß ihnen diese Thiere wohl bekannt seien.

Unterdessen machten sie verschiedene Versuche einige der herumliegenden Gegenstände zu entwenden, wurden jedoch meistens noch zur rechten Zeit gehört, bis endlich ein Seekadet, der einen neuen galonirten Hut trug, sich ihnen näherte und mit einem von ihnen durch Zeichen zu reden anfing. Die Unterhaltung wurde jedoch bald unterbrochen, denn einer der Tahitier trat unbemerkt zum jungen Herrn heran, griff plötzlich nach dem Hut und sprang damit in die See! Schnell folgten ihm die andern, und so endete dieser erste freundschaftliche Besuch der liebenswürdigen aber leichtfingerigen Insulaner.

Da hier kein Untergrund war, fuhr das Schiff weiter längs der Küste hin, während zugleich die Boote in geringerer Entfernung von derselben den Meeresboden peilten. Nachmittags wurde vor einer großen Bucht beigelegt, in welche die Boote zur näheren Untersuchung des Grundes einliefen. Während sie auf diese Weise mit dem Senkblei beschäftigt waren, sah Wallis, daß eine große Anzahl Pirogen sich um sie versammelte, und da er böse Absichten besorgte und es ihm sehr darum zu thun war allen Feindseligkeiten vorzubeugen, machte er ein Signal, daß die Boote sofort zurückkehren sollten, und feuerte zugleich einen Neunpfünder über die Köpfe der Insulaner hinweg, um sie durch dieses Zeichen seiner Macht einzuschüchtern. Doch nichts destoweniger suchten die Tahitier den Booten die Rückkehr abzuschneiden, und schleuderten große Steine in das Boot, wodurch mehrere von der Mannschaft verwundet wurden. Hierauf feuerte der kommandirende Officier auf denjenigen, der den ersten Stein geworfen hatte und traf ihn in der Schulter. Die Gefährten des Indianers sprangen sogleich in die See, die übrigen Pirogen ruderten in aller Eile davon, und die Boote setzten nun ungehindert ihren Weg nach dem Schiffe fort. So wußten also auch die gutmüthigen Tahitier der Versuchung nicht zu widerstehen, Fremde, die sie für schwächer hielten, anzugreifen und zu berauben.

Das Senkblei hatte zwar erwiesen, daß innerhalb des Riffes gehörig tiefes Wasser war, da aber Wallis auf der Windseite der Insel sich befand, beschloß er die sicherere Leeseite aufzusuchen, und so vergingen noch ein paar Tage, bis er endlich am 23. Juni in die Matavai Bucht einlief. Auf dem Wege dahin war mit den Pirogen der Eingebornen ein lebhafter Tauschhandel getrieben worden, doch hatten letztere noch einmal einen Angriff auf ein Boot gewagt, so daß die Engländer zur Selbstvertheidigung Feuer geben mußten, wodurch ein Insulaner getödtet und ein anderer schwer verwundet wurden. Am Morgen des 24. Juni versammelten sich eine Menge Canots um das Schiff, mit Schweinen, Geflügel und Brodfrüchten beladen, die von zwei dazu beorderten Seecadetten gegen Messer, Nägel, Glasperlen und andere Kleinigkeiten getauscht wurden. Allen andern an Bord war das Handeln untersagt, um nicht den Markt zu verderben; so wie auch kein Insulaner mehr auf's Verdeck zugelassen wurde, da ihre früheren Besuche gezeigt hatten, daß nichts vor ihrer diebischen Geschicklichkeit sicher war.

Inzwischen nahm die Anzahl der Canots immer zu, und endlich kamen auch noch sehr große Doppelpirogen herbei, jede mit 15 bis 20 athletischen Gestalten bemannt, und wie Wallis mit einiger Besorgniß bemerkte, weit eher zum Kriege als zum friedlichen Austausch ausgerüstet, da sie offenbar mehr Steine als Lebensmittel an Bord führten. Andere Canots waren mit Weibern befrachtet, die sirenenartig durch freundliche Geberden die Aufmerksamkeit der Fremden von den großen Kriegspirogen abzulenken suchten, welche unter rauhem Gesange und dem hohlen Ton der Tritonshörner einen dichten Kreis um das Schiff schlossen. Nach einiger Zeit wurde von einem Manne, der auf einem Dache saß, welches über einer der Doppelpirogen sich erhob, wiederholte Zeichen gemacht, daß er sich dem Schiffe zu nähern wünsche, wozu Wallis sogleich die Erlaubniß ertheilte. Als das Boot herangerudert war, gab der Wilde einem der Matrosen einen Strauß von rothen und gelben Federn, mit der Bedeutung, ihn dem Befehlshaber zu überreichen.

Wallis empfing die Gabe mit freundlicher Miene und wollte sie mit einem passenden Gegengeschenk erwiedern, als er zu seinem Erstaunen wahrnahm, daß der vermeintliche Friedensbote sein Canol bereits vom Schiffe abgestoßen hatte, worauf sich ein allgemeines Geschrei aus allen Pirogen erhob, die sogleich mit schnellen Ruderschlägen sich dem Schiffe näherten und von allen Seiten Steine wie Hagel auf's Verdeck regnen ließen.

So war also der Krieg erklärt, und da viele von der Mannschaft durch den Scorbut geschwächt waren, sah man sich genöthigt gegen die numerische Uebermacht mit der ganzen furchtbaren Gewalt der europäischen Schießwaffen aufzutreten. Musketensalven und Kanonendonner erweckten den Widerhall der Gebirge, die solch ein Dröhnen noch nie gehört: und namentlich spieen einige schwere Geschütze unaufhörlich ihre Kugeln auf eine Stelle am Strande, wo eine große Menge Canots noch immerfort Leute aufnahmen und in aller Eile nach dem Schiffe abstießen. Als die schwere Artillerie zu spielen anfing waren nicht weniger als 300 Boote um das Schiff versammelt, mit wenigstens 2000 Mann an Bord, viele tausende waren außerdem noch auf dem Strande versammelt, und andere Pirogen ruderten von allen Seiten herbei: das Schießen vertrieb jedoch bald diejenigen die in der Nähe waren, worauf auch die andern umkehrten. So wie Wallis dieses bemerkte, gab er augenblicklich Befehl das Schießen einzustellen, da er hoffte, daß die Insulaner nach dieser Probe seiner Ueberlegenheit, den Kampf nun nicht wieder erneuern würden.

In dieser Erwartung fand er sich aber leider getäuscht, denn eine große Anzahl der auseinander getriebenen Pirogen näherten sich von Neuem dem Vordertheil des Schiffes, und fingen wiederum an aus ziemlich beträchtlicher Entfernung, aber mit großer Gewalt und Sicherheit etwa zweipfündige Steine auf's Verdeck zu schleudern.

Zu gleicher Zeit sah man einige andere wohlbemannte Canots dem Hintertheile des Schiffes zurudern, welches sie für dessen schwache Seite halten mochten, da noch kein Schuß von dorther gefallen war, doch Wallis ließ sogleich einige Kanonen auffahren um sie gehörig zu begrüßen. Eins dieser Boote, welches einen großen Häuptling an Bord zu haben schien, da alle Signale von demselben ausgingen, wurde durch einen glücklichen

Schuß in den Grund gebohrt, worauf alles mit solcher Eile auseinander floh, daß nach einer halben Stunde kein einziges Fahrzeug mehr zu sehen war, und zugleich das zahlreich am Strande versammelte Volk mit der größten Bestürzung auf die Berge floh.

So endete dieser für die Tahitier so verhängnißvolle Kampf, nnr die tiefste Stille herrschte, wo wenige Augenblicke zuvor der wilde Aufruhr der Schlacht getobt hatte.

Da nun nichts mehr der Landung sich widersetzte, wurde das Schiff nach einem bequemen Ankerplatz bugsirt, einem Flüßchen gegenüber, aus welchem die Wasserfässer mit Leichtigkeit gefüllt werden konnten. Eine Abtheilung bewaffneter Seesoldaten wurde an's Land geschickt, und an einer offenen Stelle unter dem Schutze des Schiffes und der Boote eine Stange mit der englischen Flagge aufgepflanzt. Am Tage wagten nur wenige Insulaner mit unterwürfigen Geberden sich herbei, denen man verständlich zu machen suchte, daß wenn sie nicht angriffen, man durchaus nichts Böses gegen sie vorhabe und nur Wasser und Lebensmittel verlange, die man mit Eisen und Glasperlen reichlich bezahlen würde.

Doch so wie die Nacht einbrach, erschallte das barbarische Getöse der Trommeln und Tritonshörner, und zahlreiche Lichter bewegten sich am Ufer hin und her. Am folgenden Morgen war die Stange fort; da aber kein Eingeborner sich sehen ließ, wurden Boote zum Wassereinnehmen an's Land geschickt, welches Anfangs ohne alle Störung vor sich ging; doch bald belebte sich die Scene auf eine sehr bedrohliche Weise, denn vom Schiffsverdeck aus konnte man mit den Ferngläsern deutlich sehen, wie eine große Menge Canots, sowohl den westlichen als den östlichen Eingang der Bucht umschifften, und wie zugleich das Dickicht hinter dem Landungsplatze von Insulanern wimmelte, die unter dem Schutze des Gehölzes sich näherten, während andere in bedeutender Anzahl von einem etwa vier englische Meilen entfernten Hügel herabstiegen. Da die Pirogen, sowie sie in die Bucht eingelaufen waren, öfters an's Land stießen um mit Steinen beladene Krieger an Bord zu nehmen, während eine Menge Frauen und Kinder auf einem Hügel sich gelagert hatten, der die ganze Bucht und den Strand beherrschte, konnte Wallis nun nicht mehr daran zweifeln, daß man das Glück der Schlachten in einem zweiten allgemeinen Angriff versuchen wollte. Die schnellste Entscheidung war offenbar die am wenigsten unheilvolle, und folglich auch die menschlichste, er beschloß daher den Kampf sogleich mit aller Energie zu eröffnen, und mit einem Schlage allen künftigen Feindseligkeiten ein Ende zu machen. Die Kartätschen, die er auf die nächsten Pirogen regnen ließ, hatten sogleich die Wirkung, daß die andern eiligst entweder auf den Strand liefen oder hinter den vorspringenden Landzungen sich versteckten; sowie die Kugeln, die in das Gehölz geschleudert wurden die Insulaner bald daraus vertrieben, welche nun dem Hügel zuliefen, wo die Weiber und Kinder sich gelagert hatten. Hier waren nun mehrere tausende versammelt, die in jener Entfernung sich vollkommen sicher hielten; um ihnen aber auch noch diesen letzten Irrthum zu benehmen, zerschmetterten alsbald einige Kanonenkugeln die Baumkronen über ihren Köpfen, und unter dem Gekrach der geborstenen Aeste floh der ganze Troß mit solchem Entsetzen, daß in weniger als zwei Minuten keiner mehr zu sehen war. So hatte denn „das letzte Wort der Könige" die Küste vollständig gesäubert, und um die Lehre zu vervollständigen, wurden die Schiffszimmerleute mit ihren Aexten an's Land geschickt, um die Pirogen, welche man an den Strand hatte laufen lassen, zu zerstören. Vor Mittag hatten sie die Arbeit bereits beendigt, und mehr als fünfzig große Boote zerschlagen. Nichts wurde an Bord gefunden als Steine und Schleudern, wodurch Wallis' strenges Verfahren sich vollkommen rechtfertigte.

Noch an demselben Tage erschienen zehn Eingeborene mit grünen Zweigen, dem Zeichen des Friedens, und von nun an wurde die Eintracht zwischen den Insulanern und den gefürchteten Fremden nicht mehr unterbrochen. Ein lebhafter Handel eröffnete sich, die Kranken wurden ans Land gebracht, wo unter einem ausgespannten Zelte ihre Gesundheit sich erholte, das Schiff ward in aller Ruhe vollständig ausgebessert, und als Wallis am 27. Juli die Insel verließ, legte sich bei den Tahitiern, die er bei seiner Ankunft so schwer gezüchtigt hatte, eine Trauer an den Tag, welche den sichersten Beweis lieferte, daß ihre Strafe nicht unverdient gewesen war, denn Ungerechtigkeit würde sie gewiß nicht so versöhnlich gestimmt haben.

Hätte Wallis die Insel nicht entdeckt, so wäre es schon neun Monate später durch den französischen Weltumsegler Bougainville geschehen, der im April 1768 in die Hitia Bucht an der Ostküste einlief und dort zehn Tage verweilte. Das freundliche Zutrauen der Eingebornen war so groß, daß einer derselben sogar den Wunsch ausdrückte Bougainville nach Europa zu begleiten; eine Bitte die ihm gerne gewährt wurde, da man auf diesem unbekannten Meere, wo man wahrscheinlich noch Menschen von derselben Race und Sprache finden würde, sich gute Dienste von ihm versprach, und auch noch hoffen durfte, ihn später mit Kenntnissen bereichert als Werkzeug der Bildung nach seinem Vaterlande zurückzuschicken. Aotourou blieb eilf Monate in Paris und wurde dann nach Ile de France gebracht, dessen Gouverneur Befehl erhielt ein Schiff auszurüsten, welches ihn wieder nach Tahiti führen sollte. Seine ferneren Schicksale sind indessen unbekannt.

Wie müssen die von der Welt so lange abgeschiedenen Insulaner gestaunt haben als Schlag auf Schlag, nach den so schnell auf einander folgenden Besuchen von Wallis und Bougainville, nun auch noch Cook am 13. April 1769 in die Matavai Bucht einlief. Die neuentdeckte Insel war nämlich von der britischen Regierung als der passendste Punkt gewählt worden, um den astronomisch so wichtigen Durchgang der Venus zu beobachten, bekanntlich ein Hauptzweck der ersten Erdumsegelungsreise des großen Seefahrers. Es war also diesmal keine flüchtige Erscheinung durch die Launen des Zufalls, oder die dringende Nothwendigkeit herbeigeführt, sondern ein längerer Aufenthalt, während dessen man auch Gelegenheit gewann, die Insel und ihre Bewohner gründlicher kennen zu lernen, als es durch die früheren Reisen möglich gewesen war.

Als Cook zum ersten Mal an's Land stieg, zeigten sich sogleich die heilsamen Folgen des früheren energischen Auftretens von Wallis, denn mit grünen Friedenszweigen und unterwürfigen Geberden kamen die Tahitier ihm entgegen. Keine Einwendungen wurden gemacht, als er auf der nördlichsten Landzunge der Insel, welche später wegen der hier gemachten Beobachtungen den Namen der Venus Spitze erhielt, ein kleines Fort zum Schutz seines Observatoriums erbaute; viele leisteten ihm sogar dabei hülfreiche Hand. Aus dem ganzen freundlichen und zutraulichen Benehmen der Insulaner ging hervor, daß sie zwar die Ueberlegenheit der weißen Männer fühlten, aber zugleich auch das feste Vertrauen hatten, daß man ihnen nichts zu Leide thun, sie vielmehr reichlich beschenken würde, wenn sie nur selbst aller muthwilligen Angriffe sich enthielten. Das Stehlen jedoch konnten sie nicht lassen, und Cook nennt sie die geschicktesten Diebe der Welt. Die Entwendung seines Quadranten hätte sogar fast den ganzen Zweck der Expedition vereitelt, doch glücklicher Weise gelang es nach vieler Mühe, das unschätzbare

Instrument wieder zu erlangen. Man kann sich denken mit welcher Spannung man der Stunde entgegensah, in welcher der Planet durch die Sonnenscheibe wandern sollte, denn eine einzige Wolke konnte alle Hoffnungen, um derentwillen man die weite Reise von einem andern Welttheil unternommen hatte, zu Nichte machen. Der größeren Sicherheit wegen schickte daher Cook eine Partei nach Eimeo und eine andere ostwärts vom Hauptobservatorium, damit das Beobachten wenigstens an einem jener Punkte gelingen möchte, wenn es an der Venus Spitze durch irgend eine Ungunst der Witterung verhindert würde.

Aber am Tage des Durchgangs (3. Juni 1769) hatte man die Freude, die Sonne klar und wolkenlos dem Ocean entsteigen zu sehen und der Planet, der beim reinsten Himmel Morgens um 9 Uhr 25 Minuten und 42 Secunden die Sonnenscheibe zuerst berührte, tauchte Nachmittags um 3 Uhr 32 Minuten 10 Secunden, bei gleicher Heiterkeit der Atmosphäre, wieder in's Luftmeer hervor.

Cook begnügte sich nicht wie seine Vorgänger mit dem Besuch der unmittelbaren Umgebung des Hafens, in welchem sein Schiff vor Anker lag, sondern er umfuhr mit seinem Hauptboot die ganze Insel, die er also zuerst genau geographisch aufnahm. Auf dieser Excursion, welche sechs Tage dauerte (26. Juni bis 1. Juli), wurde er überall freundlich empfangen, doch fehlte es auch nicht an Versuchen, ihm Kleidungsstücke und Instrumente zu entwenden.

Von Tahiti segelte Cook nach dem östlichen, von jener Hauptinsel entfernteren Theil der Gruppe, den vor ihm noch kein Europäer besucht hatte, und brachte mehrere Tage auf Huaheine, Raiatea und Borabora zu. Wegen ihrer großen Nähe bei einander gab er ihnen den Namen Gesellschaftsinseln, der später auf die ganze tahitische Gruppe überging.

Auf dieser Reise begleitete ihn Tupia, der ehemalige Hohepriester, ein Mann von bedeutenden geistigen Fähigkeiten, der, wie Aotourou, sich ohne Rückhalt den Fremden anvertraute, um die Wunder ihrer fernen Heimath zu beschauen. Es zeigte sich, daß dieser tahitische Seelsorger durchaus nicht in den Künsten unerfahren war, welche der böse Leumund seiner Caste auch wohl in andern Ländern vorwirft. Wenn die Brise ausblieb, pflegte er durch Gebete an seinen Gott Tane den Wind zu berufen, und behauptete, daß er es niemals ohne Erfolg gethan habe. Man merkte jedoch bald, daß er den passenden Augenblick für seine Beschwörungen recht gut zu wählen wußte, denn er hob erst dann zu beten an, als die Brise schon auf dem fernen Wasser zu spielen anfing und nothwendig das Schiff erreichen mußte, noch ehe seine Beschwörungen zu Ende waren. Als er aber merkte, daß die Engländer ihn auslachten, war er klug genug, den guten Tane nicht ferner zu belästigen.

Tupia machte Cook's Entdeckungen auf Neu Seeland mit; segelte mit ihm längs der damals noch unbekannten Ostküste Neu Holland's, fuhr durch die Endeavour Straße, und starb in Batavia an einem bösartigen Fieber.

Glücklicher war Omai, ein Eingeborner Kalatea's, den Cook mitnahm, als er zum zweiten Mal die Gesellschaftsinseln im September 1773 besuchte; und vier Jahre später auf seiner dritten Reise nach dem Vaterlande wieder zurückbrachte. Omai wurde dem Könige von England vorgestellt, von der vornehmen Gesellschaft gehätschelt, lernte die feinen Manieren eines Gentleman, und bildete sich zum tüchtigen — Schachspieler aus. Seine Gönner scheinen sich aber wenig darum bemüht zu haben, ihn in solchen Kenntnissen unterrichten zu lassen, die ihm und seinen Landsleuten später von größerem Nutzen hätten sein können — wie im Aderbau und den mechanischen Künsten. Er vergoß Thränen, als er von seinen Freunden, namentlich von Sir Joseph Banks, Abschied nahm, freute sich aber doch, das neblige kalte England mit dem sonnigen Paradiese seiner Heimath wieder zu vertauschen. Cook siedelte ihn auf Huaheine an und ließ ein Haus für ihn errichten, worin die zahlreichen Geschenke, die er mit sich führte, untergebracht wurden. Es befand sich kein einziges Aderbaugeräth, oder sonstiges nützliches Werkzeug darunter — wohl aber ein Harnisch, Gewehre und Pistolen, Pulver und Kugeln, Feuerwerke, eine elektrische Maschine und eine Drehorgel.

Leider erfüllte Omai durchaus nicht die Erwartungen, die man von seiner Einführung in die gebildete Gesellschaft hätte erwarten können, denn statt seine Landsleute in die europäischen Sitten einzuweihen, warf er gar bald seine englische Kleidung ab und kehrte ganz zu den ursprünglichen Gewohnheiten seiner Landsleute zurück. Der König der Insel, um sich des Beistandes seiner Waffen zu versichern, gab ihm seine Tochter zur Frau „und den Ehrentitel Paaria der Weise oder Gebildete". Aber dieser Weise scheint den Rest seines Lebens in unrühmlicher Trägheit zugebracht zu haben, und wird sogar beschuldigt, sich zum elenden Werkzeug der tyrannischen Launen des Königs erniedrigt zu haben, denn dieser machte sich nicht nur die Schießfertigkeit Omai's im Kriege zu nutzen, sondern ließ ihn häufig auch noch auf die Vorüberziehenden zielen, um zu sehen, wie weit die Kugel wohl treffen möchte. Auch an diesem Beispiel läßt sich erkennen, wie wenig der äußere Firniß der Civilisation bedeutet.

Als Cook die Gesellschaftsinseln besuchte, hatte vor Kurzem eine politische Revolution auf Tahiti stattgefunden, der rechtmäßige Thronerbe war beseitigt worden und ein Neffe des früheren Königs bekleidete die höchste Würde. Nach einem unter den Polynesiern häufig vorkommenden Gebrauche nahm dieser neue Machthaber einen anderen Namen an, der später auch auf seine Nachfolger überging. Auf einem Ausflug in's Gebirge nämlich, wo er die Nacht an einem windigen Orte zubrachte, erkältete er sich und sein Gefolge nannte deßhalb diese Nacht po mare „die Nacht des Hustens," ein Name, der dem König so wohl gefiel, daß er ihn sogleich annahm.

Die Verpflanzung des Brodbaums nach Westindien veranlaßte die nächsten Besuche der Europäer, und führte zu den bereits beschriebenen romantischen Begebenheiten, welche dem vereinsamten Felsen der Pitcairn Insel ein so hohes Interesse verleihen. Sie hatte auch noch für Pomare die wichtige Folge, daß er mit Hülfe der Meuterer der Bounty alle ihm noch feindliche Häuptlinge auf Tahiti und Eimeo unterwarf. Noch lebte dieser Herrscher († 1803), als im Jahre 1797 der „Duff", wie bereits erwähnt, die ersten englischen Missionare nach Tahiti brachte, doch der sonderbaren Landessitte gemäß, nach welcher der König abdankte, sobald ihm ein Sohn geboren wurde, regierte er nur noch als Regent. Unter dem Schutze des königlichen Hauses ließen sich die Missionare an der Matavai Bucht nieder, doch Jahre lang blieben alle ihre Bestrebungen fruchtlos, erst 1812, als Pomare II. sich offen zum Christenthum bekehrte, fing der Umschwung an, der rasch zum vollständigen Siege des Evangeliums führte. Eine schwere Zeit war diesem Ereigniß vorhergegangen. Nach dem Tode Pomare des Ersten hatte sich nämlich ein langwieriger Krieg zwischen dessen Nachfolger und einem Bunde der mächtigsten Häuptlinge entsponnen, der im Jahre 1808 für den jungen König eine so ungünstige Wendung nahm, daß er sich genöthigt sah, Tahiti zu räumen und im benachbarten, ihm treu gebliebenen Eimeo, bessere Zeiten abzuwarten. Auch die Missionare folgten seinem Beispiel und begaben sich nach Port Jackson, mit Ausnahme Nott's, der dem Könige folgte. Der kleinen, erst kürzlich aufgestellten Druckerei, welche sie in der Eile der Flucht zurückließen, ging es schlecht; denn aus den Typen ließen die empörten Häuptlinge Kugeln und aus den Alphabeten und Lesebüchern Patronen machen.

Doch auch hier zeigte es sich, daß das Unglück oft segensreiche Früchte trägt, denn Pomare's vorübergehender Sturz, der zugleich alle Hoffnungen der Missionare zu zertrümmern schien, trug wesentlich dazu bei, die Bahn zu ihren späteren Erfolgen zu ebnen. Oro hatte offenbar dem vertriebenen Pomare nur wenig genützt, sollte vielleicht der Gott der Weißen ihm einen kräftigeren Schutz gewähren? und sein jetziges Mißgeschick vielleicht nur die gerechte Strafe sein, daß er dessen Macht nicht anerkannt? Solche Gedanken bewegten die Seele des Vertriebenen mehr und mehr, und senkten ihn zu immer ernstlicheren Betrachtungen über das Christenthum. Er unterhielt sich oft mit den Missionaren, die sich wieder um ihn versammelt hatten, übte sich unter deren Leitung im Lesen und Schreiben und sprach immer kräftiger Gefühle und Ueberzeugungen aus, welche den ihn umgebenden Götzendienern eben so sehr mißfielen, als sie die Lehrer des Evangeliums mit Ueberraschung und Freude erfüllten.

Endlich am 12. Juli 1812 zögerte Pomare nicht länger seine Götzenverachtung öffentlich an den Tag zu legen.

Es war Sitte, die Schildkröten, die man im Meere fing, dem Könige darzubringen, doch mußten sie erst feierlich im Tempel gekocht werden. Ein Theil, und zwar nicht der schlechteste, wurde dem Götzen gewidmet, der sich das leckere Fleisch, natürlich durch den Mund seiner Priester, wohlschmecken ließ; den andern genoß die königliche Familie, die um keinen Preis vor jener Ceremonie davon zu kosten gewagt hätte, da, wie die Priester versicherten, ein solches Vergehen augenblicklich die furchtbarste Strafe nach sich ziehen würde.

Man denke sich also das Staunen des Volks, als an jenem Tage der König, einige ihm dargebotene Schildkröten ohne weiteres in seine eigene Küche zu tragen befahl. Die verdutzten Diener hielten es anfangs für einen Scherz, aber Pomare wiederholte seinen Befehl, und zwar mit so nachdrücklichem Tone, daß sie zitternd gehorchten. Der König setzt sich zu Tische und ladet die anwesenden Häuptlinge ein, die Schildkröten mit ihm zu theilen; doch eher hätte Don Juan sie vermocht mit dem steinernen Gaste anzustoßen. Sie glaubten nicht anders als den gotteslästerlichen Herrn am ersten

Bissen ersticken zu sehen — aber die Schildkröte schmeckte Pomare vortrefflich, der nun vollends vor dem ohnmächtigen Oro allen Respekt verlor.

Er berief eine Versammlung der Häuptlinge, erzählte ihnen die offenbare Schwäche des Götzen, verkündigte seinen Entschluß, fortan dem Gott der Christen zu dienen, ermahnte sie seinem Beispiele zu folgen, zugleich versichernd, daß er Niemand dazu zwingen wolle, und befahl sofort eine Kapelle zu errichten, in welcher das Evangelium gepredigt werden sollte.

Bald darauf kamen aus Tahiti zwei ihm ergebene Häuptlinge mit der erfreulichen Botschaft an, daß die Stimmung gegen ihn sich verbessert habe, und die Insel bereit sei, ihn wieder als Herrscher aufzunehmen. Pomare folgte der Einladung — als man aber seine Bekehrung erfuhr, wuchs wiederum die Macht seiner Feinde, und nach zweijährigen vergeblichen Versuchen seine Herrschaft auf der Hauptinsel seines kleinen Reiches wieder herzustellen, kehrte er wiederum nach Eimeo zurück. Hier hatte unterdessen das Christenthum reißende Fortschritte gemacht, besonders seitdem der Priester Pati die Götzenbilder aus dem unter seiner Aufsicht stehenden Tempel herauswarf und öffentlich verbrannte. (Juli 1813.) Eins dieser scheußlichen Idole nach dem andern ergreifend, entriß er ihnen das Tapatuch und die rothen Federn, welche ihre nackte Unform schmückte, drückte seinen Schmerz aus, sie jemals angebetet zu haben, verschmähte ihre Ohnmacht, und warf die häßlichen Holzklötze der Reihe nach in's Feuer. Man denke sich die verschiedenen Gefühle, welche die Brust der Zuschauer bewegten. Hier die Missionare zwischen Furcht und Hoffnung schwebend, denn wenn sie auch begriffen, wie sehr dieser seltsame Auftritt den Aberglauben der Eingebornen erschüttern mußte, so wußten sie doch, daß die Zahl ihrer Schüler noch sehr klein war, und wie leicht konnte die Volkswuth verderblich hervorbrechen: dort die Götzendiener, das Strafgericht des frevelhaften Pati erwartend. Aber die staunende Menge blieb unbeweglich, unbeweglich wie die lodernden Götter.

Die Kunde dieses Ereignisses verbreitete sich mit Schnelligkeit über die Inseln, und verfehlte ihre Wirkung nicht. Huaheine, Tahaa, Raiatea nahmen noch in demselben Jahre das Christenthum an; und auch auf Tahiti gewann die neue Lehre einen immer festeren Boden. Hier jedoch stieß sie auf einen heftigeren Widerstand, da die widerspenstigen Häuptlinge und die Oropriester sich gegenseitig stützten und erstere es sich nicht verhehlten, daß auch ihr Ansehen durch den Sturz der Götzen bedroht sei. So wurden die Neubekehrten erst verspottet und verhöhnt, dann ihres Eigenthums beraubt und wie die wilden Thiere verfolgt, um dem blutigen Kriegsgott geopfert zu werden. Es wurde sogar eine förmliche Bartholomäusnacht (7. Juli 1814) beschlossen; doch glücklicher Weise erfuhren die Christen noch zeitig genug die drohende Gefahr und entkamen nach Eimeo.

Nach ihrer Flucht entzweiten sich die Heiden unter einander; das Christenthum griff aller Verfolgungen ungeachtet weiter und weiter um sich. Pomaré kehrte im Juli 1815 abermals nach Tahiti zurück und am 11. November wurde die entscheidende Schlacht geliefert, in welcher Upufara, der Anführer der Götzendiener, getödtet wurde. In der Trunkenheit des Sieges wollten schon die Krieger Pomaré's die fliehenden Feinde verfolgen, um sie nach dem alten Kriegsbrauch niederzumetzeln, doch mit donnernder Stimme rief der König: „Halt! die Gebirge gehören mir, verfolgt die Besiegten nicht dahin; mir gehören auch die Corallenfelsen, wohin ihre Weiber und Kinder geflohen sind, laßt sie dort in Ruhe! Tödtet Niemanden! Nur die Beute sei euer, die ihr auf dem Schlachtfelde findet."

Diese unerhörte Barmherzigkeit rührte des Feindes Herz, und manche, die am Morgen noch für Oro gefochten hatten, wohnten am Abend dem Dankgebet der siegreichen Christen bei.

Nun wurden überall die Tempel der gestürzten Götzen verbrannt, Schulen gegründet und Kapellen erbaut. Ein Geist des Gebetes und der Buße verbreitete sich über das Volk, und die strenge Sonntagsfeier ward eingeführt; oder wie Chamisso sich ausdrückt: „der Tabou des Sabbaths senkte sich über die Kinder der Freude."

Im Jahre 1817 langten neue Missionare mit einer Druckerpresse in Tahiti an, um ihre dort bereits thätigen Brüder in deren erweitertem Wirkungskreise zu unterstützen.

Unter der Leitung des Missionars Ellis, des berühmten Verfassers der „Polynesian Researches", der das Drucken erlernt hatte um dadurch seine Zwecke desto besser zu fördern, setzte Pomaré eigenhändig die erste Seite des tahitischen Alphabets und zog die ersten Bogen unter der Presse ab. Monate lang wurde die Werkstatt von den Eingeborenen umlagert, da man nur wenige zugleich hereinlassen konnte, und bald war es nicht mehr die Neugierde allein, welche die Menge herbeizog, denn von allen Punkten der Insel kamen sie lehrgierig heran, um sich das Alphabet zu lausen oder schreiben zu lassen.

Diesem ersten Elementarwerk folgte bald eine wichtigere Schrift, die man mit vollem Rechte zu den Merkwürdigkeiten der Presse rechnen darf. Während seiner Verbannung auf Eimeo hatte nämlich Pomaré mit dem Missionar Nott an einer Uebersetzung des Evangelii Lucä gearbeitet, welche nun in einer ersten Auflage von 3000 Exemplaren, nach des Königs eigenhändigem Manuscript, abgezogen wurde.

In kurzer Zeit bildete Ellis unter diesem begabten Volke Buchbruder aus, und zum Binden der Bücher wurde Jagd auf die wilden Katzen gemacht, eine Benutzung derselben, die Cook schwerlich ahnte, als er die ersten zwanzig Stammeltern des Geschlechts auf der Insel zurückließ.

Rüstig schritt man auf der Bahn der Reformen oder vielmehr der gänzlichen Umgestaltung aller früheren Lebensbegriffe vor. Das früher untergeordnete Weib genoß nun gleiche Rechte mit dem Manne, und das verderbliche Awa trinken wurde abgeschafft, sowie man schon früher die ausschweifende Gesellschaft der Areops aufgehoben hatte.

Auf dem noch vor wenigen Jahren dem Götzen Oro blindlings ergebenen Tahiti, entstand 1818 unter Pomaré's Präsidentschaft eine Missionshülfsgesellschaft, deren Gaben dazu beitragen sollten, auch fremden Völkern die Wohlthaten des Christenthums mitzutheilen; und der mit voller Seele dem neuen Glauben anhängende König, beschloß ihn durch den Bau einer großartigen Kirche zu verherrlichen. Da der Nutzen hiervon nicht sehr einleuchtend war, suchten die Missionare ihn von diesem Gedanken abzubringen. Doch Pomaré erwiederte, man habe auf der Insel so viel Großes für die Götzen gethan, daß es ihm wohl erlaubt sei auch etwas Großes für den wahren Gott zu thun. Das kolossale Gebäude, welches man die Cathedrale von Tahiti nannte, ward am 11. Mai 1819 eingeweiht. Es war 712 Fuß lang und 54 breit, zählte 133 Fenster und 29 Thüren; 36 hohe Brodbaumstämme stützten die First des Daches und 280 kleinere Säulen trugen dessen abschüssige Seiten rings herum. Auf drei Kanzeln konnte zu gleicher Zeit gepredigt werden, ohne daß die Stimmen der Prediger sich gegenseitig störten; doch das eher für eine Rennbahn als eine Kirche passende Gebäude wurde nicht lange benutzt, und 1838 fand D'Urville nur noch dessen Trümmer. Hier war es, wo Pomaré in Gegenwart seines ganzen Volkes am

16. Juli (oder nach anderen Berichten am 16. Mai 1819) getauft wurde, obgleich er sich schon seit Jahren zum Christenthum bekannte. Dieser feierlichen Handlung war die Veröffentlichung eines Gesetzbuches vorangegangen, in welchem unter andern auch das altsächsische Schwurgericht mitten in die Südsee verpflanzt wurde. Nur Mörder und Rebellen sollten mit dem Tode bestraft werden, und später wurde auch diese äußerste Strenge des Gesetzes zur lebenslänglichen Verbannung nach der Palmerston Insel gemildert. Fast alle übrigen Vergehen wurden mit Zwangsarbeit auf der Landstraße bestraft, doch während der Bigamist nur 40 Klafter Weges zu machen hatte, kam der Sabbathbrecher nicht unter 50 davon. Auch der Trunkenbold mußte den Weg um 5 Klafter verlängern, und die dem Spiritus übermäßig ergebene Schöne zwei große Matten, die eine für den König, die andere für den Distriktsvorsteher flechten.

Leider muß bekannt werden, daß wenn dieser letzt erwähnte Artikel des Gesetzes auf Pomaré selber angewendet worden wäre, keiner fleißiger als er am Wege hätte bauen müssen. In der letzten Periode seines Lebens ergab er sich vollständig dem Trunke, und zog sich dadurch eine tödliche Wassersucht zu, an welcher er am 7. December 1821 im 47. Lebensjahre starb. D'Urville erzählt, daß wenn er des Morgens nach dem kleinen Rietl sich begab, wo er sich mit Bibelübersetzungen beschäftigte, er unter einem Arm die heilige Schrift und unter dem andern die Rumflasche trug. Wurde ihm dann bei der Arbeit der Kopf durch den allzu reichlichen Genuß des verführerischen Lebenswassers verwirrt, so pflegte er selbstanklägerisch auszurufen: „O Pomaré! dein Schwein ist jetzt vernünftiger als Du!"

Auch eine unersättliche Habgier wird ihm vorgeworfen, so daß er in seinen letzten Lebensjahren sich das Handelsmonopol aller Produkte des Landes aneignen wollte. Er kaufte zum Verkehr mit Port Jackson ein paar Schiffe zu unmäßigen Preisen und belud sie mit Cocosnußöl und Arrowroot, die seine Unterthanen ihm zu einem festen niedrigen Preise liefern mußten und keinem andern verkaufen durften. Diese Speculationen brachten jedoch nur den Abenteurern Nutzen die ihn dazu überredet hatten; ihm selbst aber Widerwärtigkeiten und Verdruß, da eines seiner Schiff in Port Jackson angehalten wurde und die Veranlassung zu einem langwierigen Processe gab.

Trotz der Strenge seiner Regierung war Pomaré kein eigentlicher Despot und obgleich das Volk im allgemeinen ihn eher fürchtete als liebte, wurde er doch von denen, die ihm näher standen, aufrichtig betrauert.

In einem einfachen Mausoleum mit Kalk übertüncht, mit Mauern von Corallen und einem Dache von Laub, ruhen die Gebeine des Königs von Tahiti. Auf der Landspitze Papaoa, von dunkeln Casuarinen beschattet erhebt sich das Denkmal am Saum der stillen Lagune, dem Bilde der ewigen Ruhe, während draußen am Riff, den Stürmen des Lebens gleich, die wüthende Brandung tobt.

Pomaré II. hinterließ einen Sohn, der aber schon 1827 im Knabenalter starb, worauf dessen 16jährige Schwester Aimata unter dem später so bekannten Namen der Königin Pomaré den kleinen tahitischen Thron bestieg. Noch sehr jung hatte sie sich mit Tamatoa, dem Könige von Borabor verehelicht, wurde aber später von ihm geschieden und heirathete einen unbedeutenden Häuptling, der den Namen: „Pomaré-tané" oder „Mann der Pomaré" führte, aber von der Regierung ausgeschlossen blieb.

Slogman (1852) schildert ihn mit ziemlich unehrerbietigen Ausdrücken als einen großen grobgestalteten Kerl, mit gebogener Nase und höchst einfältigem Aussehen. Den starken Getränken ergeben, hatte er häufig Vorwürfe und sogar Schläge von seiner königlichen Ehehälfte zu erdulden, die er aber, wie die böse Welt behauptete, mit reichlichen Zinsen zurückzahlte. Die damals 42jährige Königin war von mittlerer Größe, etwas zur Korpulenz geneigt, und zeichnete sich weder durch edlere Gesichtszüge noch durch einen feineren Anstand vor den übrigen tahitischen Frauen aus.

Die protestantischen Missionare blieben im Besitz eines unbestrittenen Einflusses bis zum Jahre 1835, wo die französischen Jesuiten Caret und Laval auf Tahiti landeten, doch wurde letzteren auf Grund eines Gesetzes, nach welchem es keinem Fremden gestattet war, ohne Erlaubniß der Regierung das Land zu betreten, der fernere Aufenthalt untersagt. Auf ihre Weigerung, sich gutwillig zu entfernen, brachte man sie mit Gewalt an Bord der Goelette, auf welcher sie angekommen waren, und nach wiederholten fruchtlosen Landungsversuchen, kehrten sie endlich nach Manga-Reva, woher sie gekommen, zurück. Bei ruhiger Erwägung dieser Thatsachen hält es schwer, sagt Wilkes, zu entscheiden, welche Partei am entschiedensten unrecht hatte.

Der protestantische Glaube war die anerkannte Landesreligion, und nur Zeloten, welchen die sogenannte Ketzerei noch schlimmer als das Heidenthum erscheint, können die Zudringlichkeit entschuldigen, womit die katholische Missionare sich auf ein Feld drängten, welches bereits vollkommen dem Christenthum gewonnen war. Gab es doch noch Inseln genug, wo sie ohne ärgerliche Collisionen hervorzurufen, wirken konnten!

Dagegen läßt sich nicht verkennen, daß trotz der gerechten Erbitterung der protestantischen Glaubenslehrer die gewaltsame Entfernung ihrer Gegner von einem unduldsamen Geiste zeugt, der mit der christlichen Liebe nur wenig übereinstimmt, und die Folge hat bewiesen, daß dieser übereilte Schritt ihnen weit schädlicher geworden ist, als wenn sie sich von vorn herein zu die Gegenwart der katholischen Missionare auf den Inseln gefügt hätten.

Die Veranlassung, die dadurch der schwachen Regierung Louis Philipps gegeben wurde, durch ein prahlerisches Auftreten im fernen Weltmeer der Nationaleitelkeit zu schmeicheln, welche damals in Europa so viele bittere Pillen schlucken mußte, war zu lockend, als daß man sie unbenutzt gelassen hätte: kein Wunder also, daß am 27. August 1838 die Fregatte Venus auf der Rhede von Pareiti erschien, um zu verlangen:

1) daß die Königin von Tahiti einen Entschuldigungsbrief an den König der Franzosen schreibe,

2) daß eine Summe von 2000 schweren spanischen Piastern ausbezahlt werde, um Laval und Caret für ihre Verluste zu entschädigen, und

3) daß die französische Flagge am 1. September Mittags auf der Insel Mutuala aufgezogen und mit 21 Kanonenschüssen begrüßt werde.

Allen diesen Forderungen mußte binnen 24 Stunden genügt werden, widrigenfalls die Feindseligkeiten sofort beginnen sollten.

Man begreift, daß die arme Pomaré, die nicht einmal das nöthige Pulver für die ihr abverlangten Ehrenschüsse besaß, gegen eine Fregatte von 60 schweren Kanonen nur wenig ausrichten konnte, und sich daher genöthigt sah nicht nur in allen Punkten nachzugeben; sondern noch obendrein einen Vertrag zu unterzeichnen, nach welchem das bereits erwähnte Gesetz aufgehoben und es fortan allen Franzosen, welches auch ihr Gewerbe sei, gestattet wurde auf den Inseln sich niederzulassen.

Endlich wurde noch beim Abschiede die Königin gezwungen einen gewissen Moerenhout, der sie in seinen Schriften gröblich beleidigt und an ihrer Demüthigung einen gehässigen Antheil genommen hatte als französischen Konsul anzuerkennen.

Dieser Moerenhout, ein Belgier von Geburt und schon seit 1829 als Kaufmann auf Tahiti ansässig, hatte übrigens durch mannigfache Dienste sich

Frankreich zu Dank verpflichtet, wühlte, wo er nur konnte, gegen die protestantischen Missionare und das Ansehen der Königin, und stand in enger Verbindung mit den Häuptlingen Paofai, Hitoté und Tana, die, von dem alten Königshause abstammend, welches durch Pomaré I. beseitigt worden war, natürlich an der Spitze der Mißvergnügten standen.

Ungefähr 8 Monate nach Dupetit-Thouars erschien die Artémise, Capitän La Place, um das von jenem eingefädelte Werk einen Schritt weiter zu fördern. Beim Umsegeln der Venus Spitze stieß das Schiff auf ein Riff und war dem Sinken nahe, so daß es volle zwei Monate bedurfte, ehe es mit Hülfe der Eingebornen ausgebessert werden konnte. Zum Danke berief der Capitän die Königin und die Häuptlinge zu einer Zusammenkunft, befahl ihnen das Gesetz, welches den protestantischen Glauben zur Staatsreligion erklärte, aufzuheben und verlangte die Abtretung von Ländereien zur Erbauung katholischer Bethäuser.

Hierauf sehen wir im Jahre 1842 Dupetit-Thouars zum zweiten Mal als Rächer des gekränkten Nationalgefühls vor Papeiti erscheinen, wozu ihm die Prügelei des französischen Seecapitäns Maurue, mit einem tahitischen Senkabler, die Veranlassung gab.

Obgleich jener offenbar im Unrecht war, verlangte er für ihn eine Entschädigung von 10,000 Dollars (so viel Geld war auf der ganzen Insel nicht vorhanden), oder im Fall der Nichtzahlung die Annahme der französischen Schutzherrschaft, um welche die mißvergnügten Häuptlinge ihn bereits schriftlich gebeten hatten. Erfolgte das Eine oder das Andere nicht binnen 24 Stunden, so drohete er Papeiti zu beschießen.

So sah sich die Königin zur Unterwerfung gezwungen, und die Herrschaft ging nun in die Hände einer provisorischen Regierung über, an deren Spitze Morrenhout als französischer Commissär gestellt wurde.

Doch auch dieses schien noch nicht genügend, denn im folgenden Jahre, als Dupetit-Thouars zum dritten Mal in den Hafen von Papeiti einlief, nahm er unter dem Vorwande, daß die Königin Pomaré die englische Flagge aufgezogen habe, ihr Land förmlich in Besitz. Die arme Königin flüchtete mit ihren Kindern erst nach dem Hause des englischen Consuls Pritchard und später an Bord einer englischen Kriegsschaluppe, welche sie nach Raiatea führte. Pritchard wurde in's Gefängniß geworfen und Bruat, der neue Commissär, theilte die Lokalverwaltung unter die für die französische Sache gewonnenen Häuptlinge.

Der Unwille, den diese Gewaltthaten in England erregten, war so groß, daß er unfehlbar zum Kriege geführt hätte, wenn nicht Louis Philipp noch rechtzeitig eingelenkt. Das gewaltsame Verfahren des Admirals Dupetit-Thouars wurde als eine Ueberschreitung seiner Befehle mißbilligt, dem Consul Pritchard ein bedeutendes Schmerzensgeld bezahlt, und die Souveränität der Königin über Tahiti und Eimeo wieder eingeführt, dagegen aber das französische Protectorat beibehalten und von England wenigstens als factisch bestehend anerkannt.

Doch obgleich die Königin Pomaré auf alle Hoffnung fremden Beistandes verzichten mußte, wollte sie sich der französischen Vermundschaft nicht unterwerfen, sondern verblieb auf Raiatea, während ihre treuen Unterthanen auf Tahiti den heiligen Krieg für's Vaterland führten.

Die Franzosen beherrschten zwar den größten Theil der ihren Schiffen zugänglichen Küsten, die sie mit kleinen Forts und Blockhäusern befestigten, doch wurden sie fortwährend von den Tahitiern beunruhigt, die durch das dichte Guavagebüsch begünstigt, sich bis in die Nähe der Vorposten schlichen, und manche Schildwache über den Haufen schossen, während ihnen selber in ihren zwei befestigten Verschlagern schwer beizukommen war. Doch fehlte es ihnen an Munition, da die Franzosen alle Zugänge bewachten, so daß sie endlich fast ausschließlich Steine zum Laden ihrer Flinten benutzen mußten, auch litten sie häufig Mangel an Lebensmitteln, denn die wilden Bergbananen reichten nicht immer aus. Endlich am 17. Dec. 1846 gelang es den Franzosen das Lager auf dem Berge Tahawai zu überrumpeln, indem eine Schaar von 80 Mann, von einem verrätherischen Tahitier geführt, einen bisher ungekannten Bergpfad erstieg und der Besatzung sodann in den Rücken fiel, während eine andere Abtheilung, die dadurch im Lager entstandene Verwirrung benutzend, auf dem gewöhnlichen Wege bergan stürmte. Sobald die Tahitier sahen, daß es zum Handgemenge und offenem Kampf kommen würde, verloren sie den Muth und ergaben sich auf Gnade und Ungnade; nur zwei Helden zogen den Tod der Unterwerfung vor und stürzten sich in den Abgrund. Die Franzosen marschirten nun über die Berge nach dem Lager bei Punavia, das sie ebenfalls überraschten und zur Unterwerfung zwangen, worauf die Tahitier der Protectoratsfahne den Eid der Treue leisteten, und bald auch die Königin dem Schicksal sich fügend, nach ihrem Erblande zurückkehrte.

Es sind nun bereits 14 Jahre verflossen, seitdem Frankreich sich der schönen Insel bemächtigte, und es wird nicht uninteressant sein, einige Blicke auf deren gegenwärtigen Zustand zu werfen. Vielleicht, lieber Leser, wirst du erwarten, daß unter der schützenden Aegide der Nation, die sich vorzugsweise berufen wähnt, der Menschheit auf der Bahn der Civilisation voranzuleuchten, Tahiti eines wachsenden Glückes, einer Blüthe des Wohlstandes sich erfreut, die ihm weder zu den Zeiten des Heidenthums, noch unter der Leitung der protestantischen Missionäre zu Theil wurde; doch leider zeigt auch hier die Erfahrung, daß die schönsten Erwartungen nicht immer erfüllt werden. Nach der Protectoratsurkunde vom 9. September 1842 hatte die Königin Pomaré Frankreich zwar die Leitung der auswärtigen Angelegenheiten, sowie die Gerichtsbarkeit über alle fremden Residenten überlassen, sich jedoch ausdrücklich alle Souveränitätsrechte über ihre eigenen Unterthanen vorbehalten, die nach den bestehenden Landesgesetzen regiert werden sollten. Dieser Vorbehalt mußte jedoch gar bald dem Recht des Stärkeren weichen. Es wurde den einheimischen Gerichten die Befugniß entzogen, in letzter Instanz alle Streitigkeiten in Betreff des Grundbesitzes, zu schlichten, und dieser wichtige Punkt fortan der Willkür der französischen Behörden überlassen. Die den Häuptlingen gehörenden Ländereien, die bisher von Vater auf Sohn sich vererbten, wurden nun als dem Amte zugehörig betrachtet, zu welchem irgend ein Mitglied der Familie durch Stimmenmehrheit im Distrikt gewählt werden konnte.

In Folge dieses Spoliationsgesetzes ist es schon öfters vorgekommen, daß nach dem Tode eines Häuptlings die Bewohner eines Kreises durch Drohungen gezwungen wurden, eine der Regierung zusagende Person zu wählen, und als die Königin ihre Zustimmung versagte, der französische Commissär nichtsdestoweniger die Wahl bestätigte und den neuen Häuptling in Besitz von Ländereien setzte, die dem rechtmäßigen Erben entzogen wurden.

Es ist also nicht zu verwundern, daß das Land unbebaut bleibt, denn wer wollte Mühe und Kapital auf einen Boden verwenden, der einer solchen Willkür preisgegeben ist.

Vor dem französischen Protectorat sah man auf der Insel viele kleine Zucker- und Kaffeepflanzungen, sowie auch Gemüsegärten, welche den Wallfischfängern und andern Schiffen die Mittel, sich zu mäßigen Preisen zu verproviantiren, darboten. Es war durchaus nicht selten, 35 bis 40 Fahrzeuge zugleich auf der Rhede von Papeiti zu sehen; jetzt aber haben die zahlreichen

Hafenpladereien und unmäßige Gebühren den aufblühenden Handel größtentheils nach andern Inseln vertrieben, die das Glück genießen, von den Franzosen noch nicht beschützt zu werden.

Die Orangen, die gegenwärtig fast den einzigen Ausfuhrartikel ausmachen, und deren Export seit 1852 eine ziemliche Bedeutung erlangte, wurden 1856 von der Schutzmacht mit einem Exportzoll belastet, der zwar später wieder aufgehoben wurde, aber nichtsdestoweniger diesem aufblühenden Handelszweig bedeutenden Schaden zufügte.

In Europa werden Zoll- und Handelsfragen nur mit der größten Vorsicht behandelt, und Veränderungen des Bestehenden nur mit der äußersten Behutsamkeit vorgenommen, da sie von zarter Natur sind und in ihrer ganzen Tragweite nur von Leuten übersehen werden können, die sie zu ihrem besonderen Studium gemacht haben, während in Tahiti ein aus Land-, See- und Gendarmerieofficieren bestehender Rath, unter Präsidentschaft des Gouverneurs, nach Willkür die bestehenden Verordnungen umstößt und durch neue ersetzt.

Die Eingebornen haben zwar eine gesetzgebende Versammlung, einen Landtag — aber diese Versammlung ist völlig machtlos, und wird nur noch dazu berufen um die von der Schutzgewalt vorgeschlagenen Gesetze in aller Demuth zu genehmigen.

Vor einigen Jahren hatte die französische Verwaltung Bauholz nöthig. Sie ließ daher in den höheren Gebirgsthälern einige hundert Bäume fällen, die der Königin gehörten, ohne jedoch erst um ihre Erlaubniß zu fragen. Nun mußten diese Stämme nach dem Ufer geschafft werden, aber die väterlichen Beschützer Tahiti's, die so wenig Umstände mit dem Eigenthum der Königin machten, konnten unmöglich um die nöthigen Transportmittel verlegen sein und beorderten die Bewohner des ganzen Distrikts, unter Androhung von Geldstrafen, sich in's Gebirge zu begeben, um die Bäume zu holen. Man mußte gehorchen und mehrere Wochen diesem harten Frohndienst widmen. Es bedarf wohl kaum bemerkt zu werden, daß weder die Königin für ihre Bäume, noch die Leute für ihre verlorene Zeit, oder die schweren Verlegungen, die einige von ihnen zu erleiden hatten, auch nur im geringsten entschädigt wurden.

Die Brutalität der Polizei übersteigt alle Grenzen, so daß man häufig blutig geschlagene Personen — Männer oder Weiber — in's Gefängniß schleppen sieht. Der Sold dieses Gesindels ist nur sehr gering, es erhält aber einen Theil des Geldes, welches die Verhafteten zu entrichten haben, man kann sich also denken, wie eifrig das Arretiren vor sich geht.

Kein Eingeborner darf sich nach acht Uhr Abends außer dem Hause sehen lassen, oder er wird eingesperrt und muß am folgenden Morgen eine Geldbuße von 10 Franken entrichten. Den Europäern dagegen ist es erlaubt, die ganze Nacht frei umherzugehen. Ein seltsamer Schutz, der den Leuten in ihrem eigenen Lande einen Zwang auferlegt, von welchem Fremde befreit bleiben!

Aus der Bitterkeit, mit welcher französische Seefahrer wie D'Urville, La Place, sich über die Unduldsamkeit der protestantischen Missionare geäußert haben, sollte man erwarten, daß die französische Regierung, wenigstens in religiösen Angelegenheiten, eine echt evangelische Liberalität an den Tag legen würde. Aber auch hier stehen die Thatsachen mit den Worten im schreienden Widerspruch. Es ist den protestantischen Geistlichen, die bereits vor der Occupation auf der Insel sich befanden, zwar nicht verboten zu predigen, jedoch sind ihre Vorträge einer so strengen Censur unterworfen, daß die meisten freiwillig aufgehört haben ihrem Berufe zu folgen und einige, in Folge der unaufhörlichen Plackereien, sich sogar genöthigt sahen, die Inseln zu verlassen. Die eingebornen Prediger, denn fremde läßt man unter keiner Bedingung zu, werden nicht mehr von den Gemeindemitgliedern gewählt, sondern müssen sich vom weltlichen Distriktsvorgesetzten ernennen und vom Statthalter bestätigen lassen, auch kann der Gouverneur sie wieder absetzen, so wie es ihm beliebt. Es soll sogar schon vorgekommen sein (Lettre concernant l'état actuel de Taïti 1858), daß bereits im protestantischen Glauben getaufte Kinder, von katholischen Missionaren, die zugleich als Distriktslehrer angestellt waren, aufs Neue, ohne Wissen der Eltern und gegen deren ausdrücklichen Willen, katholisch getauft worden sind. Trotz aller Klagen bei der Schutzgewalt wurden dennoch diese Lehrer in ihrem Amte beibehalten, so daß die armen Eltern sich genöthigt sahen, ihre Kinder noch immer zu denselben in die Schule zu schicken, weil sie sonst in Strafe verfallen wären.

Trotz aller Verfolgungen sind aber dennoch mit wenigen Ausnahmen die Tahitier dem protestantischen Glauben treu geblieben und haben sich in dieser Hinsicht wenigstens glänzend gegen den ihnen oft gemachten Vorwurf der Unbeständigkeit gerechtfertigt. Die Könige und die Häuptlinge haben dem Kaiser Louis Napoleon die gewiß nicht unbescheidene Bitte zukommen lassen, man möchte ihnen doch französisch-protestantische Missionare schicken — doch sollen sie noch immer auf die Antwort warten.

Was die Königin Pomaré betrifft, so kann sie (Slogman Erkumsegelung der schwed. Fregatte Eugenie 1852) nicht aus der Thür gehen, ohne Gendarmen auf den Fersen zu haben. Noch weniger kann sie den Theil ihres Reiches besuchen, nach dem gerade ihre Lust steht; die ritterliche Sorgfalt des Gouverneurs für die Sicherheit ihrer hohen Person erlaubt ihr dieses nicht. Auch darf sie ohne dessen Genehmigung nicht einen einzigen Besuch empfangen, nicht einmal ihre tägliche Umgebung. Als sie sich dem Protectorat fügte, wurde festgesetzt, daß sie für die ihr früher zufließenden Tribute und Gebühren mit einer jährlichen Rente von 26,000 Franken entschädigt werden sollte; neuerdings heißt es jedoch, daß die Auszahlung dieser Summe nicht mehr stattfinden wird.

Die letzten zuverlässigen Nachrichten über Tahiti verdanken wir der „Novara", die vom 11. bis zum 28. Februar 1859 sich im Hafen von Papeiti aufhielt. Die Bevölkerung der Insel war in den letzten 10 Jahren von 8082 auf 5988 Seelen herabgesunken, eine Verminderung, die der schrecklichen Unsittlichkeit zugeschrieben wird. Die amerikanischen und englischen Walfischfänger, die früher bis zu hundert jährlich in Papeiti einliefen und den Bewohnern Gelegenheit zu einem reichlichen Erwerbe gaben, sind durch die drückenden Zolleinrichtungen und die kleinen Chicanen der französischen Polizei vollständig verscheucht worden, und suchen gastlichere Häfen auf. Die Insel zählt ungefähr 5900 Protestanten und nur 60 bis 80 Katholiken, ohne die europäische Bevölkerung, die mit Einschluß der Besatzung etwa 400 Seelen beträgt.

Siebzehntes Kapitel.
Die Marquesas.

Erster Anblick. — Schönheit der Thäler. — Riesige Feigenbäume. — Aussicht von der Höhe. — Der Hafen Anna Maria. — Die Comptroller Bucht. — Der Tschitschagow-Busen. — Klima der Marquesas. — Producte. — Die Nukahiver. — Unvortheilhafte Meinung Krusenstern über ihren moralischen Charakter. — Schönheit der Race. — Kleidung. — Reicher Schmuck der Krieger. — Eigenthümlicher Fächer. — Wohnungen. — Ehemalige Verfassung. — Religiöse Begriffe. — Zauberkünste. — Kriege. — Kanibalismus. — Geringe Bevölkerung.

Sechs bewohnte Inseln — Hiva-oa, Nuka-hiwa, Houapoou, Fatouhiwa, Taouata und Houaouna — nebst einigen wüsten Felseneilanden, die nur den Seevögeln als Brüteplätze oder Ruhepunkte mitten in der weiten Wasserwüste dienen, bilden die kleine abgeschiedene Welt der Marquesas, deren Gesammtoberfläche ungefähr vierzig deutsche Quadratmeilen beträgt.

Nicht von Corallen erbaut wie der niedrige Archipel von Paumotu, der ihnen von allen Landen am nächsten liegt, sondern durch vulkanische Kräfte hoch in die Lüfte gehoben, sind ihre Bergspitzen schon aus weiter Ferne dem Seefahrer sichtbar. Denn fast 4000 Fuß hoch steigt der Gipfel von Hivaoa zum Himmel empor, und die Scheitel von Nouka-hiwa und Houa-Poou stehen jenem Culminationspunkte der Gruppe nur wenig nach.

Der erste Anblick der Inseln zeichnet sich im allgemeinen weder durch malerische Schönheit noch freundliche Anmuth aus. Die schroffen Basaltklippen, gegen welche die Brandung anlebt, und die kahlen Abhänge des Gebirges, wo außer falben Gräsern nur zerstreute Gruppen trauernder Casuarinen zum Vorschein kommen, gewähren vielmehr einen düstern Anblick, der nur hier und dort durch einige schöne Cascaden aufgehellert wird, die von dem Hochgebirge herabrieselnd wie Silberfäden über die schwarzen Küstenmauern sich in's Meer stürzen. In den geschützten Thälern und verborgenen Schlünden dagegen, die von den hohen Bergrücken, welche die Inseln der Länge nach durchlaufen, sich nach der Küste abdachen, und die gewöhnlich durch steile fast unzugängliche Felsgrathe von einander geschieden sind, erscheint die tropische Vegetation in ihrer ganzen üppigen

Pracht und bekleidet die malerischen Formen des Gesteins mit einem ewiggrünen Gewande.

Eine ähnliche Gebirgsformation, und zwar in einem kolossaleren Maasstabe, haben wir bereits auf Tahiti kennen gelernt, doch fehlt auf den Marquesas das schützende Corallenriff, dem die „Königin der Südsee" ihre kanalartigen Lagunen verdankt, sowie der flache Streifen Alluvialbodens, der mit seinen herrlichen Brodfrucht- und Cocoshainen das steilaufsteigende Gebirge so anmuthig umrandet und auch zu Lande die Verbindung von Thal zu Thal erleichtert. Auf den Marquesas dagegen sind die einzelnen Thäler und Schluchten nur von der Seeseite zugänglich und die steilen Küsten steigen fast überall aus blauen unergründlichen Tiefen empor, so daß auch das größte Schiff innerhalb einer Kabellänge daran vorbeisegeln kann.

Nur dort wo die Thäler in schützende Buchten ausmünden, hat sich ein flacher Strand gebildet, wo Cocospalmen ihre luftigen Wedel hoch über das dunklere Gebüsch erheben, in dessen Schatten die zerstreuten Hütten der Eingebornen ruhen, und mit dem Hintergrunde von grauen zerrissenen Felsmassen zu reizenden Landschaftsbildern verschmelzen.

Wer jedoch die ganze Schönheit der Inseln kennen lernen will, muß tiefer in die Geheimnisse des Thales eindringen und den Bach verfolgen, der klar und munter aus dem verborgenen Dickicht hervormurmelt. Ein schmaler Pfad schlängelt sich durch das verworrene Gestrüpp der Guaven und Zwergpalmen, der großblätterigen Pothosgewächse und unentwirrbaren Lianen, die bis zu den Spitzen der höchsten Bäume hinanklimmen. Mitten im Grün wird der Blick durch eine liebliche Leguminose (Abrus precatorius) gefesselt, deren halboffene Hülsen, Körner von blendendem Scharlach mit schwarzem Auge hervorblicken lassen, oder folgt auch wohl dem lebhaften Fluge eines zierlichen Fliegenfängers, der mit schwachem Gezirp bei der Annäherung des Wanderers flieht, bald aber einige Schritte weiter auf einen Zweig sich niederläßt und ihm Gelegenheit gibt seine anmuthige Erscheinung näher zu betrachten. Auch noch andere gefiederte Waldbewohner ziehen die Aufmerksamkeit auf sich. Allerliebste kleine blaue Papageien mit corallenrothem Schnabel und Füßchen, wiegen sich in den Kronen der Cocospalmen, deren Blüthenhonig ihre Lieblingsnahrung ausmacht, und die schöne grüne Kurukurulaube mit dem rothen Flecken auf der Brust und der zierlich scharlachernen Haube girrt lebenslustig im dunkeln Laube der Banianen. Dieser Baum, der hier Kon genannt wird, erreicht nicht selten eine riesige

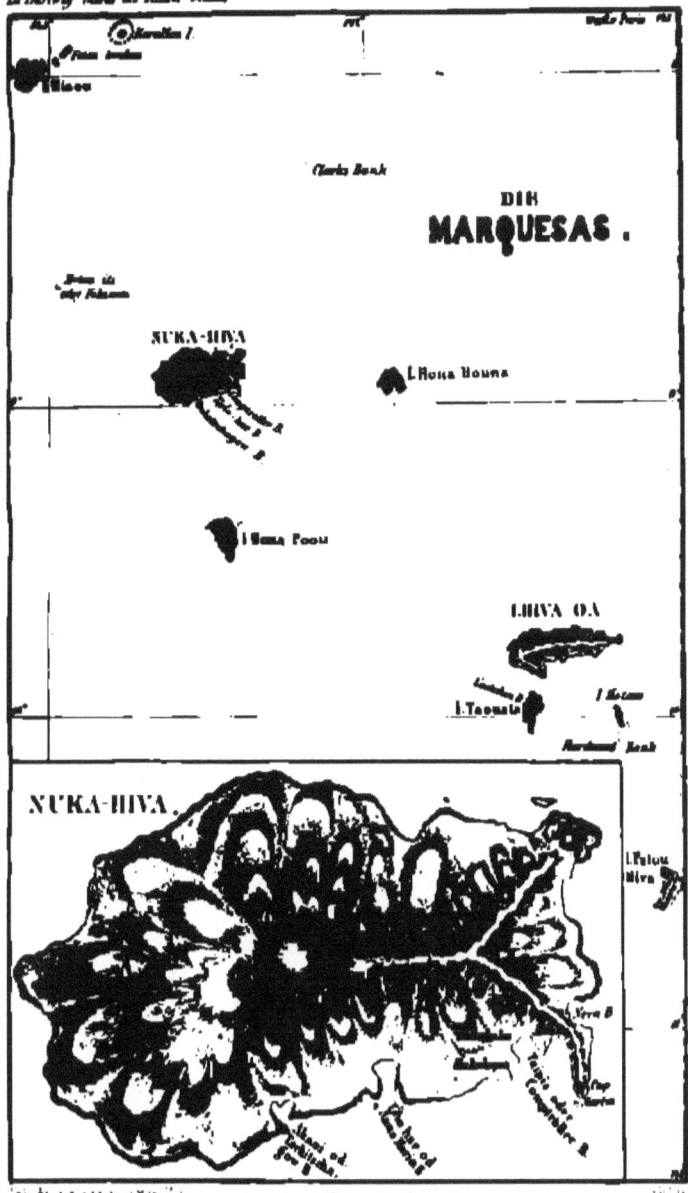

Größe und zeugt von der Fruchtbarkeit des Bodens, wo seit Jahrtausenden eine Pflanzengeneration nach der andern zur Bildung einer tiefen nie gestörten Humusdecke beigetragen hat. In dem Thale, welches in die Bucht Tay-hae einmündet, maß Dumont D'Urville eine Baniane, die 6 Fuß über der Erde einen Umfang von 77 Fuß hatte und denselben Durchmesser bis zu einer Höhe von etwa 40 Fuß beibehielt, wo der Stamm ungefähr 15 dicke Zweige bildete, die wagerecht sich ausbreitend einen kreisrunden Raum von mehr als 300 Fuß im Durchmesser beschatteten. Dieser Riese stand vielleicht schon groß und mächtig da, ehe noch die ersten Ansiedler auf der Insel landeten. Der Hauptbach des Thales benetzte den vielwurzeligen Fuß des königlichen Baumes, und dort pflegte Dumont während seines kurzen Aufenthaltes auf den Marquesas jeden Abend auf einem Basaltblock zu lagern, den friedlichen Träumereien hingegeben, welche die idyllische Umgebung in seiner Seele hervorrief.

Doch wir ziehen weiter das Thal hinauf, wo mit jeder Minute das Ansteigen durch das dichte Gestrüpp beschwerlicher wird. Endlich ist die freie Anhöhe erreicht, und eine Aussicht entfaltet sich vor unseren Blicken, die uns reichlich für alle Mühe des Bergsteigens entschädigt. Tief unten liegt die Bucht von der anrollenden Brandung weiß umrandet, während das vor Anker liegende Schiff schwarze und zitternde Linien über den azurnen Wasserspiegel wirft, den kaum die Brise kräuselt. Weit hinaus schweift das Auge über das dunkelblaue unermeßliche Meer, von der wolkenlosen Himmelskuppel überwölbt und verliert sich in den dunstigen Horizont. Am Fuße einiger Casuarinen hingestreckt, die einförmig melancholisch im Winde rauschen, verträumt der Wanderer die Zeit im Anschauen des anmuthigen Bildes, und gedenkt dabei der unermeßlichen Ferne die ihn vom geliebten Vaterlande trennt!

Wenn die steilküstigen Marquesas dem Schiffer nur wenige unterseeische Gefahren darbieten, so findet er dagegen auf allen Inseln mit Ausnahme der Südlüste von Nuka-Hiwa nur offene Rheden oder wenig geschützte Ankerplätze. So gewähren die an der Westküste von Tacuala gelegene Buchten Paitaou und Amanoa nur während der Herrschaft des Passates dem Seefahrer die erwünschte Sicherheit.

Als bester Hafen an der Südküste von Nuka-Hiwa wird die in deren Mitte gelegene vielbesuchte Bucht Taio-hae oder Anna-Maria geschildert, an deren schmalen Eingang zwei nackte schwärzliche Felsen, durch schmale

Kanäle vom Lande getrennt, wie zwei riesige Schildwachen sich erheben. Das Innere der Bucht erweitert sich zu einem fast kreisförmigen, von hohen Bergen rings umschlossenen Amphitheater, und das Auge, eben noch von dem einförmigen Bilde der nackten Felsenküste ermüdet, weilt nun mit Entzücken auf einem lieblichen Gestade, zu welchem mehrere anmuthige Thäler sich herabsenken. Ein herrlicher Pflanzenteppich, dessen Schattirungen vom dunkelsten Grün zum Lichtgelb abwechseln bedeckt überall den Boden der Thalgründe, der Bergabhänge und sogar der hohen Gipfel, welche den Horizont begrenzen und zeigt in malerischer Abwechselung die federförmig getheilten Wedel der Palmen, die zerfetzten Riesenblätter der Bananen, des Brodbaums köstliche Früchte, das stachelige Laub des Hibiscus und die mannigfaltigen Formen einer Menge anderer, theils nützlicher, theils schöner Gewächse.

Am Südostende der Insel liegt die Comptroller Bai, ein ansehnlicher Meereseinschnitt, der durch zwei vorspringende Felszungen in drei kleinere Buchten getheilt wird; und etwa drei Meilen westwärts von Taio-hahe finden wir den von Krusenstern entdeckten Tschitschagon Busen, einen kleinen aber mit malerischen Reizen reichlich geschmückten Hafen. Im Hintergrunde desselben liegt ein ebenes Sandufer und hinter diesem eine Matte, die mit dem schönsten Rasen eines Parks verglichen werden kann und durch das von den Bergen herabquellende Wasser in ewiger Frische grünt.

Trotz seiner tropischen Hitze soll das Klima der Marquesas eins der gesündesten Polynesiens sein und das frische Aussehen aller Einwohner scheint dieser Behauptung nicht zu widersprechen. So wie überall zwischen den Wendekreisen, wo keine besonderen Lokalverhältnisse die gewöhnliche Ordnung stören, stellt sich der periodische Regen in den Wintermonaten ein, von November bis April, nur soll er hier seltener und weniger anhaltend sein. Die alsdann ziemlich häufig vorkommenden Nordweststürme, die mitunter auf andern Inseln die Brodfruchtbäume umwehen und sonstige Verheerungen anrichten, sind hier minder verderblich, da die angebauten Thäler größtentheils durch hohe Bergzüge vor dem Winde geschützt sind. Im Sommer herrscht der Südostpassat, dessen Dünste durch die Gipfel des Hochlandes verdichtet, der entsprechenden Seite der Inseln ein frischeres grüneres Ansehen verleihen.

Die natürlichen Produkte der Marquesas haben große Aehnlichkeit mit denen der Gesellschaftsinseln. Das Schwein zeigt noch in großer Reinheit die hagere Gestalt, die längliche Schnauze, den gewölbten Rücken, den aufrechten Schwanz, die spitzigen Ohren und die kleinen rehartigen Füße der ursprünglichen polynesischen Race. Die vorherrschende Farbe ist schwarz oder grauschwarz, die Borsten sind lang und die Haut darunter hat eine dichte Decke von kurzen gekräuselten Haaren, die der Wolle sehr ähnlich sind. Die alten Eber haben gewaltige Hauer, mit welchen sie die Cocosnüsse zerschlagen, und ein Fell von außerordentlicher Dicke. Einige sind zum Theil gezähmt, doch irren die meisten in wilder Freiheit auf den Bergen umher. Noch vor zwanzig Jahren waren Katzen und Ziegen die einzigen exotischen Vierfüßer; doch sind ihnen später das Rind und das Pferd zugesellt worden. Außer den bereits erwähnten Vögeln zeichnen sich auch noch eine kleine schwarze Salangane aus, die mit unablässigem Fluge die Insekten verfolgt, sowie ein eigenthümlicher gleichmäßig weißer Tölpel, der mit ähnlicher Gier den Fisch im Meere beunruhigt. Der schöne Tropikvogel wiegt sich in den Lüften hoch über den tiefen Gebirgsschluchten und nistet vorzüglich auf den kleinen unbewohnten Nebeninseln, wo er wie auch auf Tahiti und andern polynesischen Gruppen seiner langen schwarzen Schwanzfedern wegen verfolgt wird.

Von Reptilien findet man eine kleine kaum zwei Fuß lange Boaschlange; einen Stink, dessen ultramarinblauer Schwanz herrlich in der Sonne glänzt, und einen kleinen dunkelfarbigen Gecko, der bei der Annäherung des Menschen unter den Steinen sich verbirgt. Keines dieser Thiere ist schädlich.

Unter den Fischen war der einzige, den Bennett nicht auch auf Hawaii und Tahiti sah, eine Art Caesio an Größe und Form unserem Häring ähnlich, aber schön lila und blau gefärbt mit einer gelben Lateralllinie. Dieser Fisch wird in großen Mengen gefangen und verzehrt.

Das Insektenreich scheint nur durch wenige Arten vertreten zu sein, unter welchen ein riesiger Tausendfuß und eine eigenthümliche kleine Schabenart mit vollständig, wie bei den Käfern, ausgebildeten Flügeldecken die bemerkenswerthesten sind.

Das Pflanzenreich auf den Marquesas begreift alle nahrhaften Gewächse der Gesellschaftsinseln mit der einzigen Ausnahme des Spondias dulcis. Fruchtbäume, wie die Cocosnuß, die Brodfrucht, die Eugenia und die Südseekastanie, bedecken so weite Strecken, daß sie den Namen von Wäldern verdienen und kaum mag sonstwo auf Erden noch ein Fleck sich finden, der so wie diese Thäler eine solche Fülle von Nahrungsstoffen freiwillig hervorbrächten. Der Papiermaulbeerbaum und der Curcuma werden gebaut, jener zur Verfertigung des Tapaluchs, dieser zum Färben und zum Schminken.

Der Berg- und Sumpftaro wachfen wild und vernachläffigt, wogegen man die Batate als Nahrungspflanze zieht.

Die mehr geschützten feuchten Abhänge find dicht bewachfen, mit Pandangen, Aleuriten, Feigenbäumen und Bergplatanen, während die dürren fonnenverbrannten Hochlande wie die ähnlichen Lagen auf Hawaii und Tahiti, mit der Glaiohemia Hermanni, einer niedrigen Baumfarrenart, oder mit Dickichten des wilden Zuckerrohrs bedeckt find, über welchen hier und dort düftere Cafuarinen hervorragen oder die zerftreuten Kronen einer Fächerpalme, die auf jenen Gruppen nicht vorkommt und fich vor allen übrigen Gewächfen durch den fchönen wahrhaft orientalifchen Charakter ihres Blätter baldachins auszeichnet.

Von der körperlichen Befchaffenheit der Marquefasinfulaner entwerfen uns die Reifenden ein viel fchmeichelhafteres Bild als von ihrem moralifchen Charakter. „Der Nukahiwer", fagt Krufenftern, ift durchgängig von großem Wuchs und fehr wohl gebaut; er hat ftarke Muskeln, einen fchönen langen Hals und äußerft regelmäßige Gefichtszüge, in denen man etwas Gutes vermuthen könnte, welches fich auch wirklich im Umgange mit ihnen äußerte; wenn man aber weiß, welcher Abfcheulichkeiten diefe fchönen Menfchen fähig find, fo verfchwindet das gute Vorurtheil von ihrem Menfchenwerthe, zu welchem man fo leicht durch die fchöne Form des Körpers verleitet wird und man endeckt in ihren Gefichtszügen nur ftumpfe Gleichgültigkeit." Das fehr ftarke Tätulren, welches fogar auf das Gefcht fich erftreckt, giebt ihrem Körper ein fchwärzliches Anfehen, fonft ift ihre Haut nicht viel dunkler gefärbt als die der Südeuropäer.

Die Frauenzimmer fehen durchgehends fehr wohl aus, wenigftens läßt fich an ihren Gefichtszügen nicht viel ausfetzen. Ein wohl proportionirter Kopf, ein mehr rundes als längliches Geficht, ein großes funkelndes Auge, eine blühende Geichtsfarbe, fehr fchöne Zähne und gekräufeltes Haar, welches fie mit einer weißen Binde gefchmackvoll zu zieren wiffen, zeichnen fie fogar vor den Tahitierinnen vortheilhaft aus, doch läßt fich ihnen eine verhältnißmäßig dicke Taille und ein etwas plumper Wuchs der unteren Körpertheile vorwerfen, wogegen ihre Arme und Hände äußerft fchön geformt find. Auch durch den beneidenswerthen Befitz einer kernigen Gefundheit zeichnen fich die Nukahiwer vor den meiften Polynefiern aus; fie leiden weniger an Krankheiten als die Tahitier, und die Elephantiafis, die fonft auf allen Gruppen und Inseln des großen Oceans fast ohne Ausnahme einen Theil der Bevölkerung verunstaltet, scheint bei ihnen fast unbekannt zu sein.

Die spärliche Kleidung beider Geschlechter besteht gewöhnlich nur aus einem schmalen Maro, der um die Hüften gegürtet und zwischen den Schenkeln durchgezogen wird, und einem Stücke Tapa oder einer Matte die um die Schultern gehängt, den Rücken gegen die Sonnenstrahlen schützt; um so mannigfaltiger sind aber die Zierrathen, womit unserer Sitte entgegen die Männer sich viel reichlicher schmücken als die Frauen.

Im festlichen Ornate erscheint der Krieger mit einem hohen Helme von schwarzen Hahnenfedern, wodurch seine martialische Gestalt noch mehr gehoben wird, auf seiner Stirn prangt ein halbmondförmiges, mit Perlmutter gezierte oder über und über mit dem scharlachrothen Samen des Abrus precatorius bedecktes Diadem; und ein auf ähnliche Art verzierter Kragen oder auch wohl eine Schnur von künstlich geschnitzten Schweins- oder Menschenzähnen hängt vorne auf seine Brust herab. Seine Ohren schmückt er mit großen weißen Muscheln, deren Höhlung er mit dem Harze des Brodbaums ausfüllt, so daß ein durchbohrter Schweinszahn daran befestigt werden kann, der durch die Ohrlappen gesteckt und vermittelst eines hölzernen Stiftes am Herausfallen verhindert wird. Bänder aus fein geflochtenen Menschenhaaren, die Trophäen erschlagener Feinde, umfassen die Hand- und Fußgelenke oder umgürten auch wohl den Leib, und ein kurzer weißer Mantel aus gebleichten Bastfasern künstlich geflochten, wallt über den Rücken herab.

So schreitet der geputzte Nukahiwer zur Schlacht, die schwere Keule auf der Schulter, das große Tritonshorn an der Seite, mit dessen rauhen Tönen er den Wiederhall des Gebirges erweckt, sein Auge flammt, Kraft und Entschlossenheit malen sich in allen seinen Geberden, in der edlen majestätischen Haltung, im leichten geflügelten Gange: nirgends fände der Bildhauer ein schöneres Vorbild um das Ideal eines wilden Kriegers, eines braunen Apollons darzustellen.

Eigenthümlich ist der große rauten- oder halbkreisförmige, künstlich aus Cocosnußblättchen geflochtene und mit Muschellack weißgefärbte Fächer, den die Häuptlinge gewöhnlich mit sich herumtragen. Der Stiel ist entweder aus Holz oder aus dem Arm- oder Beinknochen eines erschlagenen Feindes, in welchen fratzenhafte Götzenfiguren eingeschnitzt sind.

Die Nukahiwer rasiren ihren Bart, lassen aber am Kinn einen kleinen Büschel von Haaren stehen. Den Kopf rasiren sie bis auf zwei Stellen an jeder Seite, von welchen sie das Haar in zwei Loden aufbinden, die sie dann mit gebleichtem Tapatuch umwickeln. Diese kleinen weißen Hörner über dem schwarztätowirten Gesichte hervorragend, haben ein seltsames, fast diabolisches Aussehen.

In Größe, Bauart und Reinlichkeit nehmen die Wohnungen der Nukahiwer ungefähr die Mittelstufe zwischen denen der kunstfleißigeren Gesellschaftsinsulaner und der weniger industriösen Hawaiier ein. Sie sind länglich viereckig, mit einem schräg nach vorn sich senkenden Dache, so daß die hintere Wand 10 bis 12 Fuß hoch ist, und die vordere, in welcher der niedrige Eingang sich befindet, nur noch 3 oder 4.

Das Fachwerk besteht aus Bambus- oder Hibiscusstöcken, und das Dach und die Wände sind mit einer dicken Lage von Pandanus-, Cocos-, Brodfrucht- oder Fächerpalmblättern bedeckt, welche nicht nur den Regen, sondern auch den Luftzug und das Licht ausschließt. Jede Hütte ruht auf einer etwa 2 Fuß hohen Plattform von Steinen, die weit genug von den Wänden der Wohnung absteht, um zum Sitzen benutzt zu werden. Das Innere ist ebenfalls mit schwarzen Steinen belegt, auf welchen die ganze Familie schläft. Das Hausgeräthe ist, wie man sich denken kann, von der einfachsten Art, und rings herum hängen von den Wänden herab die feineren Matten, die Kleidungsstücke, die Waffen, die Beile, die Trommeln und die Calebassen, welche das ganze bewegliche Eigenthum der Familie ausmachen.

Der Schiffbau der Nukahiwer zeigt weniger Kunstfertigkeit als der der westlicheren Gruppen, welches vielleicht dem Mangel an Lagunen, die so sehr zur Uebung des Schiffers beitragen, oder auch wohl dem Umstande zuzuschreiben ist, daß ein jeder, der nur ein Stück Land von einiger Größe besitzt, das Fischen verachtet und es der ärmeren Classe überläßt, auf diese Art ihren Unterhalt zu erwerben.

Auch der Ackerbau zeigt geringere Fortschritte als auf Tonga oder Hawaii, da der Brodbaum, die Cocospalme und die Bananen, die sämmtlich keine Pflege erfordern, den genügsamen Nukahiwer fast ausschließlich mit Nahrung versehen, und die Freigebigkeit der Natur fast jede Arbeit überflüssig macht. In der Zubereitung der Speisen, dem Flechten von Schnüre, dem Schlagen von Tapatuch und dem Verfertigen von Matten finden die Weiber etwas mehr Beschäftigung als die Männer, die den größten Theil des Tages in Müßiggang zubringen, besonders seitdem durch die allgemeine Einführung der Muskete, die alten künstlich geschnitzten Waffen außer Gebrauch gekommen sind, deren Berzierung in früheren Zeiten manche müßige Stunde in Anspruch nahm.

Die geologische Bildung eines Landes, wo das Gebirge in zahlreiche, durch ihre Fruchtbarkeit sich selbst genügende und durch ihre schwere Zugänglichkeit leicht zu vertheidigende Thäler sich zerklüftet, mußte natürlich der Einführung einer Monarchie sehr hinderlich sein. Die Seefahrer fanden daher nicht auf den Marquesas wie auf den Sandwich Inseln oder auf Tahiti eine allgemein anerkannte königliche Familie, deren Macht zwar sehr beschränkt war, die aber doch als die höchste im Range anerkannt wurde und fast göttliche Ehren genoß, sondern fast jedes Thal stand unter der Herrschaft eines unabhängigen Häuptlings, der mit Hülfe des Tabous und unter Mitwirkung der Priester eine fast unumschränkte Herrschaft über das ihm untergebene Volk ausübte.

Die Würde des Häuptlings war erblich, doch während auf Tahiti und einigen andern Gruppen, nach dem bereits erwähnten höchst merkwürdigen Gebrauch, der älteste Sohn gleich nach seiner Geburt als Herrscher anerkannt wurde, und der Vater nur noch als Reichsverweser die Zügel der Regierung führte, dankte der marquesanische Despot, wie unsere europäische Regenten, nur mit dem Tode ab.

Die religiösen Begriffe der Nukahiwer waren wenig dazu geeignet ihren moralischen Charakter zu heben. Auch sie hatten, wie die Hawaiier und die meisten andern Polynesier, ein reich bevölkertes Pantheon, aber auch ihre Götter waren grausame Wesen, die nur nach dem Grade von Furcht, welchen sie einflößten verehrt wurden, und deren Wuth nur durch menschliche Opfer besänftigt werden konnte.

Der Glaube an Zauberei war allgemein, und auch hier wie auf Tahiti und Hawaii gründete sich die Macht der Priester größtentheils auf die gewaltigen Wirkungen, die man ihren magischen Künsten zuschrieb.

Da nach einem bewährten Sprichworte der Müßiggang aller Laster Anfang ist, und der von seinen Leidenschaften stets hin und her bewegte Mensch beim Mangel an nützlicher Beschäftigung um so leichter zum Bösen verleitet wird, ist es nicht zu verwundern, daß ewige Kriege die verschiedenen Thalbewohner der Inseln entzweiten. Nur selten kam es dabei zu größeren offenen Schlachten, sondern nach Art der reißenden Thiere, lauerte der Nukahiwer auf seinen Feind und suchte ihn durch plötzlichen Ueberfall zu verderben. Wer in diesen Künsten und Kriegslisten die größte Geschicklichkeit zeigte; wer am längsten ohne die geringste Bewegung zu machen im hohen Grase liegen oder im Dickicht sich verbergen konnte; wer am leisesten Athem schöpfte, am hurtigsten lief oder am geschicktesten von einem Felsen zum andern sprang, um unversehens seine Beute mit der Mordkeule zu treffen, erwarb sich, wie der hellenische Ulysses, nicht weniger Kriegsruhm unter seinen Kameraden, als ob er der tapferste und heldenmüthigste Achill gewesen wäre.

Die erschlagenen Feinde wurden mit kannibalischer Freude verzehrt und Krusenstern, der überhaupt auf die Polynesier nicht so gut zu sprechen ist wie Georg Forster, beschuldigt sogar die Nukahiwer zur Zeit einer Hungersnoth ihre Weiber, Kinder und abgelebte Eltern gewürgt, das Fleisch gebacken und es dann mit dem größten Wohlgefallen verzehrt zu haben, ein Grad der Verworfenheit, wie er sich in der ganzen Südsee nur bei den Fidschi Insulanern wiederfindet, und der den Menschen, der sich mit einer solchen Abscheulichkeit befleckt, noch eine Stufe niedriger als das Thier erscheinen läßt.

In einem Lande wo fast ununterbrochene Blutfehden herrschten, konnte natürlich die Bevölkerung niemals eine der Fruchtbarkeit des Bodens angemessene Stärke erreichen, doch hat auch hier die schon früher verhältnißmäßig geringe Volkszahl noch um ein bedeutendes abgenommen, seitdem die Einführung des Schießgewehrs die Kriege mörderischer machte und der wachsende Verkehr mit den Weißen der ursprünglichen barbarischen Sittenlosigkeit auch noch die schlimmsten Laster der Civilisation hinzufügte.

Im Jahre 1842 schätzte Dupetit-Thouars die Bevölkerung der Marquesas, deren Oberfläche etwa 127,000 Hectaren (500,000 preuß. Morgen) beträgt, auf nicht mehr als 20,000 Seelen, so daß wenn wir auch mit Vincendon-Dumoulin annehmen, daß Dreiviertel des Landes aus steilen des Anbaus unfähigen Felsen bestehen, doch nur ein Mensch auf 6 Morgen eines Bodens kam, dessen üppige Fruchtbarkeit eine wenigstens zehn Mal stärkere Bevölkerung ernähren könnte.

Achtzehntes Kapitel.
Die Geschichte der Marquesas, seit ihrer Entdeckung durch Mendana.

Mendana entdeckt Fatou-hiva (1595). — Gefecht mit den Wilden. — Cook 1774. — Ingraham 1791. — Marchand 1791. — Hergeſt 1792. — Ankunft der Miſſionare 1797. — Ihr Schickſal. — Crook entflieht auf der „Betſy". — Kruſenſtern 1804. — Herr Porter in der Taio-hae Bucht 1813. — Krieg mit den Happas und den Taipis. — Die Amerikaner müſſen ſich zurückziehen, erneuern jedoch den Angriff über die Berge — tringen in das Thal — zerſtören die Dörfer. — Crook's abermalige Bekehrungs-verſuche. — Dupetit Thouars und Dumont d'Urville 1838. — Katholiſche Miſſionare. — Franzöſiſches Protectorat 1842.

Die Habſucht iſt bekanntlich von jeher eine viel mächtigere Triebfeder zu geographiſchen Entdeckungen als die reine Liebe zur Wiſſenſchaft geweſen. Sie war der unwiderſtehliche Magnet, der die Ruſſen bis zum äußerſten Ende Sibiriens und von dort durch das neblige Aleütenmeer nach dem gegenüberliegenden Amerika zog, ſie war es auch, die mit gebieteriſcher Kraft die goldgierigen Spanier von den Antillen nach Mexiko und von Panama nach Peru führte. Je weiter dieſe letzteren vordrangen, je mehr ſie beſaßen, deſto mehr wuchs ihre Begierde nach neuen Entdeckungen, nach neuem Beſitz, und nicht damit zufrieden, die ganze Weſtküſte Amerika's von einem Wende-kreiſe zum andern zu beherrſchen, warfen ſie ſehnſüchtige Blicke auf das uner-forſchte Meer, deſſen Größe ihnen Magellan zuerſt offenbarte, und in deſſen geheimnißvollem noch unerforſchten Schooße ſie ſich noch reichere Länder, als die bereits beſeſſenen, träumten.

Sogar die herrſchenden Winde begünſtigten dieſen Trieb, und es war als ob der beſtändige Paſſat ſie zu ihrem Glücke hinauslocken wollte in immer weitere Fernen. Schon im Jahr 1526 ſehen wir daher Saavedra, einen Verwandten des berühmten Cortez, in den großen Ocean hinausſteuern und einige wahrſcheinlich zum Rabak Archipel gehörige Inſeln entdecken, welche natürlich den gehegten Erwartungen nur wenig entſprachen. Ebenſo unfruchtbar war eine Expedition, welche im Jahre 1567 unter Alvaro Men-dana da Neira den Hafen von Callao verließ, denn wenn ſie auch die Spanier zuerſt mit den Salomon's Inſeln bekannt machte, ſo war dieſes doch nur ein sehr geringer Erfolg für Abenteurer, welche eine jede Reise für verunglückt hielten, die nicht zur Entdeckung neuer Goldschätze führte. Acht und zwanzig Jahre später versammelte sich jedoch in demselben Hafen und unter demselben Befehlshaber ein kleines Geschwader, wovon jedes Schiff zwar den Namen eines Heiligen trug, aber nichts destoweniger mit dem Auswurf Peru's bemannt war, um auf jener fernen Inselgruppe eine neue Kolonie zu gründen.

Am 9. April 1795 verließ die kleine Flotte Callao, und am 21. Juli, als schon die Sonne dem westlichen Horizont sich näherte, erblickte sie die über 300 Fuß hohe Bergspitze von Fatou-hiva, der südlichsten der Marquesas. Manches Herz pochte mit schnelleren Schlägen als die unsicheren Formen des unbekannten Landes aus dem dunstigen Ocean emporstiegen; manche Hoffnung wurde wach. Obgleich Mendana es wohl wußte, daß die neuentdeckte Küste vom Ziele seiner Reise noch weit entfernt lag, so steuerte er doch auf sie zu, und bald waren seine Schiffe von mehr als 400 Wilden umringt, die theils in Pirogen, theils auf Flößen, oder sogar der eigenen Schwimmkraft vertrauend, herbeikamen um das nie gesehene Meereswunder anzustaunen. Sie brachten Cocosnüsse und Bananen, die Geschenke des Friedens, und als die Spanier sie dazu einluden, kamen ungefähr 40 Männer, große schöne Gestalten, an Bord. Anfangs betrachteten sie die ihnen so fremden Gegenstände mit der Neugierde von Kindern, doch mit dem Eigenthumsrechte wenig vertraut, erlaubten sie sich bald eine Menge kleiner Diebstähle, welche die Geduld der nicht sehr langmüthigen Spanier auf eine zu harte Probe stellten. Es ward ihnen befohlen sich zurückzuziehen, aber sie weigerten sich ganz entschieden. Um sie einzuschüchtern wurden nun einige Flinten über ihre Köpfe abgeschossen, doch wenn auch ein Theil der Zudringlichen vom ungewohnten Knall erschreckt sogleich in's Wasser sprang, widersetzten sich andere und wurden nur durch Gewalt über Bord geworfen. Ein Greis zeichnete sich vor allen durch seine Hartnäckigkeit aus, und fest an das Tauwerk sich anklammernd, gab er nur nach, nachdem man ihn an der Hand mit einem Säbel verwundet hatte. Nun erhob sich auch das Kriegsgeschrei der Wilden, die sogleich zu den Waffen griffen, welche sie in ihren Pirogen versteckt hielten, und mit einer Tollkühnheit, die aus ihrer Unwissenheit entsprang, es versuchten das Admiralschiff als gute Prise nach der Küste zu schleppen. Eine Musketensalve war die Antwort auf diesen frechen Angriff; 5 oder 6 Wilde, unter welchen jener muthige Greis, wurden getödtet und eine noch größere Anzahl verwundet. So ward auch hier das erste Zusammentreffen der Europäer mit den Polynesiern durch Blut besiegelt, und Mord war das erste Geschenk, welches der Christ seinem unwissenden Bruder brachte. Nur ein Spanier wurde leicht in jenem so ungleichen Gefecht verwundet. Ohne sich aufzuhalten segelte Mendana weiter, entdeckte drei neue Inseln (Motane, Hiva-oa, Taouata), die er San Pedro, Santa Christina und La Dominica nannte, und ankerte am 28. Juli im Hafen Madre de Dios auf Taouata. Eine feierliche Messe wurde am Strande gelesen und dann unter dem üblichen Kanonendonner und dem Aufpflanzen des Kreuzes im Namen seiner katholischen Majestät Besitz von den Inseln genommen. Doch auch hier entstanden bald Mißhelligkeiten zwischen den Wilden und den Europäern; auch hier folgten bald Flintenschüsse dem ersten freundlichen Begegnen: die erschreckten Insulaner flohen auf die Berge, und kaum hatten die Spanier der Mutter Maria für die Entdeckung der Inseln gedankt, als schon die unglücklichen Taouataner ihre Götter anflehten sie von diesen furchtbaren Fremden zu befreien. Morgens und Abends hörte man ihren Kriegsgesang, doch ihre Wurfspieße flogen aus zu großer Ferne, als daß sie den Spaniern hätten schaden können, welche ihrerseits wahrscheinlich mit besserem Erfolg auf alle Wilde schossen, die sich aus ihren rohen Verschanzungen hervorwagten. Endlich zeigten sich die Taouataner zum Frieden geneigt, denn der Wunsch in ihre Hütten am Strande zurückzukehren, überwog allmälig die gerechte Erbitterung. Sie legten Geschenke von Bananen und Brodfrüchte in die Nähe der spanischen Vorposten hin; und da ein gutes Einverständniß auch im Vortheil Mendana's lag, ward ihrem Entgegenkommen freundlich begegnet. Man reichte sich die Bruderhand, und Namen wurden nach polynesischer Sitte gewechselt, doch nichts destoweniger war die Freude groß als die Spanier am 5. August die Anker lichteten und bald darauf, um nimmer wiederzukehren, aus dem Gesichtskreis verschwanden.

Mendana gab den vier von ihm entdeckten Inseln den Namen der Marquesas de Mendoza, seinem Gönner, dem Vicekönig von Peru zu Ehren; er errichtete drei Kreuze auf dem blutbefleckten Boden, und ließ nach Sitte der damaligen Seefahrer, seinen Namen und das Datum seiner Ankunft, als Zeichen der Besitznahme in die Rinde einer ungeheuren Bantane einschneiden.

Faſt zwei Jahrhunderte vergingen ehe wiederum ein europäiſches Schiff bei der Inſelgruppe erſchien; doch als am 8. April 1774 Cook in denſelben Hafen einlief, wo früher die Spanier gelandet waren, gaben die Eingebornen durch ihr ſcheues Betragen zu erkennen, daß der Zorn der fremden Himmelsſöhne oder Atouas, der ihren Vorvätern ſo furchtbar geweſen, noch immer in der Volksſage fortlebte. Dennoch näherten ſie ſich mit den Zeichen des Friedens, und einige wagten ſich ſogar an Bord der „Reſolution", obgleich die mit Steinen beladenen Boote und die Schleudern, womit alle Männer bewaffnet waren, ihr Mißtrauen genügſam verkündeten. Zahlreiche Geſchenke beſchwichtigten die Furcht, doch nun erwachte die Habgier; Waaren wurden anfangs getauſcht, aber bald kam auch der Diebſtahl an die Reihe: ein werthvoller Gegenſtand wurde entwendet, und in der erſten Aufwallung des Zorns der Schuldige durch einen Flintenſchuß getödtet. Nun wirbelten die ſchaurigen Kriegstrommeln und die Wilden eilten mit ihren Waffen kampfluſtig herbei; einige Geſchenke ſtellten jedoch die Ruhe wieder her, und von nun an bis zur Abfahrt der Engländer, am 12. April, blieb der Frieden ungeſtört.

Einige Jahre nach dem Beſuch des großen Seefahrers fingen auch Handelsſchiffe an häufiger in dieſen Gegenden zu erſcheinen. 1791 entdeckte der Amerikaner Ingraham die noch unbekannten nördlichen Inſeln der Gruppe; einen Monat früher als ſie von dem Franzoſen Marchand geſehen wurden, welcher dem Archipel, den er zuerſt erblickt zu haben glaubte, den Namen der Revolutionsinſeln gab.

Im darauf folgenden Jahre lief am 22. März der engliſche Lieutenant Hergeſt mit dem „Daedalus" in den Hafen Madre de Dios ein. Starke Windſtöße von den hohen Bergthälern herabſauſend, riſſen das Fahrzeug vom Anker, und zugleich brach auch Feuer an Bord des gefährdeten Schiffes aus. Der Eifer womit die Mannſchaft die doppelte Gefahr glücklich bekämpfte, ward ohne Zweifel durch den Gedanken erhöht, wie ſchrecklich ihr Loos ſein würde, wenn das Schiff ſtrandete und ſie wehrlos in die Gewalt von Wilden geriethen, deren Morgluſt nur durch die Uebermacht gezügelt werden konnte. Am folgenden Morgen landete Hergeſt mit 4 Mann um friſches Waſſer einzunehmen. Die heftige Brandung war ihm dabei ſehr hinderlich, und ſowie er Fuß an's Land ſetzte, konnte er ſogleich erkennen wie traurig es ihm im Fall des Schiffbruchs ergangen wäre, denn die zahlreich am Strande verſammelten Wilden benutzten ſofort die Schwäche der gelandeten Mannschaft, um Alles was sie nur ergreifen konnten zu stehlen, so daß bald kein einziger Eimer zur Füllung der Wasserfässer mehr übrig blieb. Die Vorsicht gebot diese Unsitten mit Geduld zu ertragen, und man war froh ohne größeres Unglück vom Ufer wieder abzustoßen. Die Sicherheit der Engländer erforderte zwar die schleunige Bestrafung dieses frevelhaften Betragens, doch begnügte sich der menschenfreundliche Hergest, als er mit seinen bewaffneten Booten an's Land ruderte, über die Köpfe der am Strande versammelten Eingebornen zu schießen. Alle flohen mit Ausnahme eines einzigen Kriegers, der mit der Schleuder in der Hand seinen Platz behauptete und nicht aufhören wollte Steine gegen die Engländer zu schleudern. Die Bewunderung, welche sein Muth einflößte, rettete ihm das Leben. Einige über das Dorf geschossene Kanonenkugeln vollendeten den Schrecken der eilig in die Berge fliehenden Menge, und so endete der blutlose aber um so ehrenvollere Kampf. Noch an demselben Abend schwamm ein Wilder mit einem grünen Friedenszweige nach dem Daedalus, und am folgenden Morgen ruderten zahlreiche mit Lebensmitteln beladene Pirogen herbei. Die Eingebornen waren dießmal ruhiger aber nicht minder diebisch, und ihre Menge ward endlich so lästig, daß sie mit Gewalt vom Bord vertrieben werden mußten, wobei das schöne Geschlecht sich besonders durch seine Widerspenstigkeit auszeichnete, und nur als einige harmlose Schüsse fielen, entschlossen sich die zahlreichen Raiaten, so wie sie gekommen waren, der Küste wieder zuzuschwimmen.

Geschenke und Versprechungen wurden vergebens angewandt um die Rückgabe der gestohlenen Gegenstände zu erlangen. Am 20. März, als schon die Anker gelichtet waren, ergriff man daher einige Häuptlinge, die sich eben noch an Bord befanden und sperrte einen derselben in die große Cajüte ein, mit der Drohung, daß wenn das vermißte Eigenthum nicht sofort zum Vorschein käme, man ihn mitnehmen würde. Dieses Kraftmittel half, denn schon nach einer halben Stunde erschien ein Boot mit den verlangten Gegenständen, und einige kleine Geschenke entschädigten den armen Häuptling für die ausgestandene Angst. Der brave Hergest drückt in seinem Berichte die lebhafte Freude aus einen Hafen friedlich verlassen zu haben, wo wiederholte freche Diebstähle so leicht zu blutigen Conflikten hätten führen können.

Mit den bereits von Ingraham gemachten Entdeckungen unbekannt, besuchte er die nördlichen Inseln der Gruppe und gab ihnen Namen, welche man ebensowenig beibehalten hat, wie diejenigen, die von seinem Vorgänger

Marchand oder seinem unmittelbaren Nachfolger, dem Amerikaner Roberts (26. Juni 1792) den einzelnen Inseln ertheilt wurden, da bekanntlich der ursprünglich von Mendana gegebene Name der Marquesas auf den ganzen Archipel ausgedehnt worden ist, und man hier wie überall es vorzieht den verschiedenen Inseln ihre alten polynesischen Namen zu lassen.

Der 5. Juni 1797 ist in den Annalen der Marquesas denkwürdig durch die Ankunft des uns bereits wohlbekannten „Duff" im Hafen Madre de Dios. Bis jetzt hatte sich Niemand um die moralische Verbesserung der Eingeborenen bekümmert, nun aber erschienen Lehrer des Evangeliums in ihrer Mitte, die von reiner Menschenliebe beseelt, es versuchen wollten ein höheres Seelenleben unter den sinnlichen Polynesiern zu erwecken. Als dem Häuptling der Bucht Tenai, der Zweck der Reise mitgetheilt wurde, erklärte er sich sogleich bereit die Missionare Harris und Crool unter seinen Schutz zu nehmen, und überließ denselben eine Hütte und ein Stück Land. Doch Harris, durch die Zügellosigkeit der Insulaner fast bis zum Wahnsinn erschreckt, schiffte sich sogleich auf dem „Duff" wieder ein; während sein mit stärkeren Nerven und beharrlicherem Muthe begabter Gefährte allein unter den Wilden zurückblieb; doch auch Crool mußte, noch ehe ein Jahr verflossen war, das Feld seiner Bestrebungen verlassen, ohne eine einzige Bekehrung vollbracht zu haben.

Am 22. Mai 1798 befand sich nämlich die „Betsy", Capitän Fanning, bei der Insel Taouata und war bereits von mehreren Pirogen angesprochen worden, deren Mannschaft den Befehlshaber durch Zeichen und freundliches Zurufen bringend einluden sich von ihnen nach dem Ankerplatze führen zu lassen. Dieses war auch der Wunsch des Capitäns, aber er zauderte noch immer, da ihm die Häfen der Insel gänzlich unbekannt waren. Heftige Regengüsse vertrieben die Wilden, doch kaum hatten sich diese entfernt als man ein kleines Boot mit nur 2 Mann in aller Hast herbeirudern sah. Man wartete dessen Ankunft ab; aber wer schildert das Erstaunen des Capitäns als er einen dieser Leute, der nackt wie die Insulaner und fast ebenso kupferfarbig war, mit lauter Stimme ausrufen hörte: „Herr! ich bin ein Engländer und komme zu ihnen um mein Leben zu retten!"

Dieser einem Wilden so ähnliche Europäer war kein anderer als der ehrenwerthe William Pascoe Crool, der, so wie er an Bord stieg, mit tiefer Bewegung das Haupt beugte um der Vorsehung für seine Rettung zu danken, und dann erzählte, daß er ein Missionar sei, und wie seit einigen Wochen

das Betragen der Eingebornen so bösartig geworden, daß er sein Leben nur
der Vermittlung des ihn nun begleitenden Häuptlings verdanke. Als seinen
Hauptverfolger bezeichnete er einen italienischen Matrosen, der einem Handelsschiffe entlaufen war, welches bald nach der Abfahrt des „Duff" sich
eine Zeit lang bei Taouata aufhielt. Dieser Schurke hatte ein Gewehr
nebst einem guten Vorrath von Schleßpulver und Kugeln vom Schiffe ge-
stohlen, und sich mit Hülfe seiner Waffe einen großen Einfluß auf die Häuptlinge zu verschaffen gewußt. Um sein Ansehen zu vermehren munterte er sie
stets zu neuen Kriegen auf, und verleitete die bereits zum Bösen so sehr
geneigten Insulaner zu den größten Grausamkeiten. Vergebens wollte der
Missionar sich diesem Manne des Verbrechens widersetzen, sein Eifer hatte
weiter keine Folgen als Feindschaften zu erwecken, die sein eigenes Leben
bedrohten. Der Italiener wünschte aber um so mehr ihn umzubringen, da
sein Pulvervorrath bereits auf die Neige ging und mit diesem auch sein Einfluß schwinden mußte. Um sich frischen Schießbedarf anzuschaffen, hatte er
den Plan gefaßt mit Hülfe der Eingebornen sich des ersten Schiffes zu bemächtigen, welches die Insel besuchen würde. Eines jeden Verbrechens fähig
hatte der Elende keine andere Furcht, als daß es Crool noch gelingen möchte
seine teuflischen Absichten zu durchkreuzen, und diese trieb ihn dazu sein fre-
velhaftes Unternehmen so bald wie möglich auszuführen. Nichts konnte ihm
daher erwünschter sein als die Ankunft der „Betsy", eines kleinen, schwachen
Schiffes von nur hundert Tonnen. Beim ersten Erscheinen des Fahrzeuges
wäre der Missionar ohne allen Zweifel von seinen Feinden ermordet worden, wenn der Häuptling, zu welchem er geflohen war, ihn nicht auf's eif-
rigste beschützt hätte, doch wurde ihm streng untersagt das Land zu verlassen,
und da alle seine Bewegungen sorgfältig überwacht wurden, so verzweifelte
er fast daran, den Capitän des Schiffes noch zeitig genug warnen zu können,
als glücklicher Weise der heftige, die Luft verdunkelnde Regen es ihm erlaubte unbemerkt zur Betsy heranzurudern.

Nun erschienen die dringenden Einladungen der Eingebornen in ihrem
wahren Lichte; weit entfernt aus einer freundlichen Gutmüthigkeit hervorzu-
gehen, sollten sie nur dazu dienen das Mißtrauen der Europäer einzuschläfern.
In der Nacht sollte ein Seil an's Schiff befestigt werden und zugleich ein
geschickter Taucher die Ankertaue durchschneiden; worauf die am Ufer versammelte Menge das Fahrzeug auf den Strand gezogen hätte, wo die Mannschaft der so sehr gefürchteten Kanonen sich nicht bedienen und ebenso wenig

einem plötzlichen Angriff widerstehen konnte, besonders unter Leitung eines Europäers, der noch barbarischer als die Wilden selbst war. Um alle Spuren seiner Unthat zu verwischen, sollte keinem der Ueberfallenen das Leben geschenkt, und nach der Plünderung das Schiff verbrannt werden.

Man kann sich denken, daß nach diesen Mittheilungen dem Capitän Fanning alle Lust verging auf Taouata zu landen. Er belohnte mit reichen Geschenken den edlen Häuptling, der vielleicht mit Lebensgefahr den Missionar an Bord gebracht hatte, und durch sein schönes Betragen den erfreulichen Beweis lieferte, daß gute Menschen auch unter den wildesten Horden leben. Die Trennung dieser beiden Männer, die an Kenntnissen sich so fern standen aber durch ihre Gefühle sich näherten, war rührend. Der Häuptling bat seinen Freund doch ja wiederzukommen und versprach auch ferner alle Schiffe zu warnen, die dieser ungastlichen Küste sich nähern möchten.

Ueberglücklich einer solchen Gefahr entronnen zu seyn richtete nun Fanning seine Fahrt nach den nördlichen Inseln der Gruppe und erschien schon am folgenden Tage vor Houa-poou. Während er einen sicheren Ankerplatz suchte, und ein ausgesetztes Boot mit der Untersuchung des Grundes beschäftigt war, ward das Schiff von einer großen Anzahl Pirogen umringt, und bald hörte Crool bedrohliche Worte, denn auch diese Wilden dachten an Raub und Mord und drängten sich mit verrätherischen Absichten zwischen die Betsy und das Boot. Doch zum Glück hatten sie sich selbst dem sprachkundigen Missionar verrathen; eine Flinte wurde abgefeuert, es blitzten die Säbel und die Mündungen der Kanonen erschienen an den geöffneten Lulen. Diese kriegerischen Vorbereitungen schüchterten die Wilden ein, welche sogleich ausriefen: „dieses Schiff kommt vom Himmel, denn es führt den Donner mit sich, und seine Waffen kommen von der Sonne, denn sie haben deren Glanz."

Am 25. Mai erreichte die Betsy ohne fernere Abenteuer den Hafen von Taio-hae auf der Hauptinsel Nuka-hiwa. Während ihres dortigen Verweilens schienen die Eingebornen so gutgesinnt, daß der edelmüthige Crool, trotz aller erlittenen Drangsale dort zu bleiben verlangte, um wie er hoffte mit besserem Erfolge sein Belehrungswerk fortzusetzen, und Capitän Fanning die aufopfernde Pflichttreue des Mannes bewundernd, der kaum dem Tod entronnen, dennoch bereit war sogleich wieder allen Gefahren im Dienste seines Herrn zu trotzen, beschenkte ihn mit einem Gewehre, damit er wenigstens nicht ganz schutzlos unter den Wilden verbliebe.

Doch auch dieser Versuch des wackeren Missionars blieb erfolglos; und er sah sich genöthigt die Vorbeifahrt des nächsten Handelsschiffes zu benutzen, welches ihn glücklich nach Port-Jackson brachte. Von dort aus begab er sich später nach Tahiti wo Dumont D'Urville ihn im Jahre 1838 noch antraf.

Im Mai 1804 machte Krusenstern einen kurzen Aufenthalt auf Nukahiwa. Damals wurden die Inseln noch nicht so häufig von fremden Schiffen besucht, und das Eisen, womit der russische Weltumsegler die ihm zugeführten Lebensmittel bezahlte, erregte eine lebhafte Freude. Der Verkehr mit den Eingebornen war fortwährend freundlich und Krusenstern erwies ihnen stets alles mögliche Gute, um ihnen, wenn nicht Gesinnungen der Dankbarkeit doch wenigstens des Wohlwollens einzuflößen, doch nichts destoweniger als sich beim Absegeln das falsche Gerücht verbreitete, daß eins von den russischen Schiffen gescheitert sei, hatte sich in weniger als zwei Stunden eine Menge von Insulanern am Ufer versammelt, die alle mit Streitkolben, Aexten und Spießen bewaffnet waren, offenbar mit keiner andern Absicht als bei der ersten sich darbietenden Gelegenheit zu rauben und zu morden. Es bestätigte sich also auch hier, daß die vielgepriesene Gutmüthigkeit der Südseeinsulaner nur dort sich zeigte wo sie den Stärkeren fürchteten, sich aber sofort gegen den Schwachen und Hülfsbedürftigen verleugnete.

Während des letzten Seekrieges zwischen England und den Vereinigten Staaten zeichnete sich bekanntlich der amerikanische Capitän Kerr Porter dessen ich schon bei der Beschreibung der Galapagos flüchtig erwähnte, als einen der gefährlichsten Feinde der Engländer im stillen Ocean aus. Wie der Fregattenvogel auf die fliegenden Fische oder der Hai auf die Häringe machte er mit seinen kanonenbespickten Schnellseglern auf ihre Wallfischfänger Jagd. Doch auch Haifische und Fregattenvögel bedürfen der Ruhe, und theils um seine zahlreichen Prisen in Sicherheit zu bringen, theils um seine Schiffe auszubessern und seinen vom langen Hin- und Herkreuzen ermüdeten Matrosen einige Rast zu gönnen, erschien am 23. October 1813 der berühmte Seeheld vor der Bucht Taio-hae, die er jener Zwecke wegen zu einem längeren Aufenthalte gewählt hatte. Seine vollständig zum Kriege ausgerüsteten Schiffe, sowie die große Anzahl seiner Mannschaft setzten ihn über alle Befürchtungen von Seiten der Eingebornen hinweg, und der vortreffliche Hafen ließ sich leicht gegen einen möglichen Angriff der Engländer befestigen.

Porter fand drei Europäer auf Nuka-hiwa, deren zwei mit dem Fällen des kostbaren Sandelholzes beschäftigt waren. Der dritte, ein englischer Ausreißer erregte anfangs sein Mißtrauen, wurde aber später von ihm als Dollmetscher benutzt. Durch Vermittlung dieses Mannes gab Porter den Eingebornen zu verstehen, daß er ein Lager in einiger Entfernung vom Dorfe errichten wolle, und daß er jeden als einen Feind behandeln würde, der es wagte mit den Waffen in der Hand sich demselben zu nähern. Eine Demarkationslinie wurde festgestellt, eine Werkstätte errichtet, und bald darauf die Schiffssegel gelandet um dort ausgebessert zu werden.

Unterdessen erfuhr Porter, daß der Krieg zwischen den Tays oder den Bewohnern des Thales, in welchem er sich niedergelassen, und ihren Nachbarn den Happas ausgebrochen sei, und um allen Störungen vorzubeugen, ließ er sogleich den kriegführenden Stämmen verkünden, daß, so lange er dort bleibe, er ihnen bei schwerer Strafe alle Feindseligkeiten untersage. Zugleich lud er die Happas ein an Bord seiner Schiffe zu kommen und dort ihre Schweine und Früchte zu vertauschen, und versprach ihnen vollständigen Schutz, wenn es den Tays einfallen sollte sie unterwegs zu belästigen. Doch am folgenden Tage kamen die Happas, die sich wenig aus den Drohungen des Amerikaners machten, von den Bergen herab und fingen an die Brodbäume der Tays zu zerstören. Sie waren in voller Arbeit als Porter ihnen einen Boten sandte, der aber sehr schlecht empfangen wurde. „Die Fremden" sagten sie, „wagen es nicht uns zu stören, sie fürchten sich, wir werden sie bald in ihrem eigenen Lager angreifen."

Unter diesen Umständen mußten offenbar außerordentliche Vorsichtsmaßregeln getroffen werden; so daß jeden Abend der vierte Theil der Mannschaften zur Bewachung des Lagers gelandet wurde. Von den Berghöhen, welche die beiden Thäler trennten, wurden die Amerikaner von den Happas beständig mit Schimpfworten herausgefordert, und da die Tays über Porter's langes Zögern auch schon an seiner Macht zu zweifeln anfingen, so war es nothwendig ihnen zu beweisen, daß er nicht nur drohen sondern auch strafen könne.

Mouina, der Hauptkrieger der Tays bat inständig man möchte ihm doch die so hoch gepriesene Wirkung der Kanonen zeigen. Ein ferner Baum wurde als Ziel gewählt — und sogleich flog die zersplitterte Rinde in Stücken umher.

Einige Krieger der Happas wohnten diesem Versuche bei, ließen sich aber dadurch nicht einschüchtern und als der versöhnliche Porter ihnen sagen ließ wie thöricht es von ihnen sei, gegen solche Waffen zu kämpfen, da sie doch sogleich den Frieden haben könnten wenn sie sich nur von den Kämmen der benachbarten Berge zurückzögen, so antworteten sie mit stolzem Selbstgefühl, daß die Happas sich vor keinem Feinde fürchteten.

Ein Kampf war also unvermeidlich und die Amerikaner säumten nun nicht länger den Uebermuth der Wilden zu züchtigen. Eine Kanone wurde gelandet und den Tays der Vorschlag gemacht sie auf eine hervorragende Spitze zu tragen um von dort aus ihre Feinde von den Anhöhen zu vertreiben. Außer sich vor Freude sprangen sogleich diese Menschen herbei, umarmten die Kanone als ob sie ihre Liebkosungen hätte fühlen können, hoben sie jauchzend empor, und schleppten sie mit erstaunlicher Kraft und Gewandtheit auf eine fast unzugängliche Felsenplatte.

Es galt einen lang genährten Haß zu befriedigen, ein Werk der Zerstörung zu vollbringen, und in solchen Fällen weiß die menschliche Kraft durch Leidenschaft gesteigert auch die größten Hindernisse zu überwinden. Als später die Amerikaner die Stelle betrachteten, konnten sie ihr Erstaunen nicht unterdrücken; die Lage schien ihnen schon für unbeladene Männer unerreichbar, um wie viel mehr für das Hinaufschleppen einer solchen Last. Nun rückte unter dem Befehl des Lieutenant Downes eine Abtheilung Seesoldaten und Matrosen vor und wurde mit Steinwürfen empfangen, welche ihren Anführer zu Boden streckten. Dieser Unfall hielt die Amerikaner einige Minuten auf doch sich bald wieder erholend, setzte Downes den Anmarsch fort, die Happas vor sich hertreibend, die hinter einen steinernen Wall sich zurückzogen. Dort hielten sie sich für vollkommen sicher und drückten ihre Zuversicht durch Schimpfworte und verächtliche Geberden aus, doch die Amerikaner, die nach dreimaligem lauten Hurrahrufen mitten durch den Stein- und Lanzenregen der Wilden auf das Bollwerk losstürmten, ließen sie bald ihren Irrthum erkennen. Fünf Leichen der Happas lagen auf dem blutgetränkten Boden, zur großen Freude der Tays, die ohne gefochten zu haben, alle Vortheile des Sieges genossen. Sie banden die gefallenen Krieger an lange Stangen um sie desto bequemer fortzutragen, und stürzten dann auf ein benachbartes Dorf, aus welchem sie bald darauf, beladen mit Trommeln, Matten, Calebassen und anderem geplünderten Hausgeräth, und Schweine vor sich hertreibend, wieder zum Vorschein kamen. Unterdessen verfolgten die Amerikaner den fliehenden Feind über die Anhöhen, Mouina, den muthigen Tay als Bannerträger voran. Aller Widerstand war gebrochen und schon am folgenden Morgen erschien ein Häuptling der Happas in Porter's Lager, mit der demüthigen Bitte das Vergangene zu vergessen, und ihm dieselbe Freundschaft wie den Tays zu gewähren. Man kann sich denken, daß der Amerikaner sogleich auf diese Wünsche einging, doch wurde der Friede nur unter der ausdrücklichen Bedingung geschlossen, daß die Happas einmal in der Woche ihre Schweine und Früchte zum Lager bringen sollten, wo man deren vollen Werth bezahlen würde. Andere benachbarten Stämme folgten diesem Beispiel, bis auf die zahlreichen kriegerischen Taypis, welche sich rühmten noch keinen Feind in ihrem Thale gesehen zu haben, und deren Priester sie überzeugt hatten, daß sie stets den alten Ruf ihrer Unüberwindlichkeit behaupten würden. Nicht damit zufrieden sich durchaus von den Amerikanern fern zu halten, hinderten sie sogar ihre Nachbarn den Fremden Proviant zuzuführen und betrugen sich auf eine so herausfordernde beleidigende Weise, daß Porter um sein Ansehen unter den befreundeten Stämmen zu behaupten, sich endlich genöthigt sah jene übermüthigen Wilden zu bekriegen. Unterdessen war sein ursprüngliches Lager zu einem kleinen aus sechs Häusern und einer Bäckerei bestehenden Dorfe herangewachsen, und ein kleines Fort auf einer Anhöhe erbaut worden, dessen Geschütze den Eingang der Bucht bestrichen.

Am 19. November 1813 ward unter Kanonendonner die amerikanische Flagge feierlich aufgezogen, und mit voller Zustimmung der Eingebornen, welche von der ganzen Ceremonie nur wenig begreifen mochten, Nukahiwa zum amerikanischen Besitzthum erklärt.

Dem Feste des Friedens folgte bald der Krieg, denn am 27. Nov ward den Happas und Tays der Entschluß des Commandanten mitgetheilt, die Taypis am folgenden Morgen anzugreifen.

Noch an demselben Nachmittage legte sich der „Essex Junior" vor die feindliche Bucht, und in der Nacht verließ auch Porter den in der Talohae Bucht zurückbleibenden „Essex Senior," mit 8 Schaluppen und 10 mit Kriegern der Tays beladenen Pirogen. Bei Tagesanbruch stießen noch 10 Pirogen der Happas zu ihm, und bald darauf war der Strand der Taypis, der Schauplatz des nahenden Gefechts erreicht. Die Höhen ringsherum waren mit den Verbündeten der Amerikaner gekrönt, deren Lanzen, Keulen und Schleudern allen Rückzug zu Lande abschnitten, während der „Essex Junior" mit seinem Gefolge von Booten und Pirogen die Bucht vollständig versperrte. Alle diese Vorkehrungen waren der Wachsamkeit der Taypis nicht entgangen, doch keiner von ihnen ließ sich sehen. Der einige 100 Fuß breite flache Strand, das sumpfige Dickicht dahinter, der schmale Steg, der durch das verworrene Gebüsch sich in's Thal hinauf schlängelte, alles war still und einsam, und kein Laut ließ ahnen, daß der Feind dort versteckt sei.

Ehe man sich in Marsch setzte, wurde das Frühstück vertheilt, und die Amerikaner waren eben beschäftigt sich für die Strapatzen des Tages zu stärken, als einige Steinwürfe aus unsichtbarer Hand die Nähe ihrer Gegner verkündeten. Nun wurde noch ein Eingeborner mit einer letzten Aufforderung in's Dickicht geschickt, kam aber bald wieder in vollem Laufe zurück, während ein ihm nachfolgender Steinregen den deutlichsten Commentar zu seiner Flucht lieferte. Das erste Kriegsopfer war jedoch ein vorwitziger Taipi der aus dem Gebüsch hervortretend sogleich durch einen Flintenschuß zu Boden gestreckt wurde.

Nun drang Porter von 35 der Seinigen gefolgt in's Dickicht hinein, während Steine und Wurfspieße ununterbrochen um ihn her flogen, ohne daß man sehen konnte von wem sie ausgingen. Ueberall hielt sich der Feind sorgfältig verborgen, keinen Laut, kein Geschrei ließ er vernehmen. Ein solches Gefecht gegen unsichtbare Gegner machte Porter's Lage bedenklich. Das Stillestehen setzte ihn um so mehr den feindlichen Angriffen aus, und ein Rückzug wäre von den verderblichsten Folgen gewesen, indem er nicht nur die Frechheit der Taipis vermehrt, sondern auch noch die wankende Treue der Verbündeten auf eine zu schwere Probe gesetzt hätte. Es blieb also nichts übrig als so rasch wie möglich durch das gefährliche Wespennest vorzudringen. So ward eine englische Meile zurückgelegt, bis man an eine Stelle kam wo ein Bach den Weg versperrte, und ein Steinwurf das linke Bein des Lieutenant Downes zerschmetterte. Dieser Unfall machte die unerfreuliche Lage der Amerikaner noch unangenehmer, denn die Happas und Taïs hatten sich bis jetzt begnügt dem Gefechte zuzusehen, und bei der zweifelhaften Treue und dem veränderlichen Charakter dieser Wilden wäre es höchst unvorsichtig gewesen, den Verwundeten ihrer Obhut anzuvertrauen. Von der ohnehin schon schwachen Angriffskolonne mußten also 4 Mann sich trennen, um jenen Officier an Bord des Essex Junior zu tragen.

Es war eine schwierige Aufgabe über den Bach zu setzen, dessen Tiefe, schnelle Strömung und abschüssige Ufer ein starkes, natürliches Bollwerk bildeten, doch blieb zur längeren Ueberlegung wenig Zeit. Eine Generalsalve wurde abgefeuert, dann stürzte man mit lautem Hurrah vorwärts durch das Wasser, und es gelang ohne Verlust den jenseitigen Rand zu erreichen.

Noch eine Viertelmeile weit zog sich der sumpfige Boden hin, bis man endlich durch das Gebüsch in's Freie dringend, sich mit neuem Muth und neuen Kräften belebt fühlte.

Schon hoffte man recht bald ein Dorf zu erreichen, als ein neues unerwartetes Hinderniß den Marsch der Amerikaner aufhielt, denn eine 6 Fuß hohe starke Mauer, an beiden Enden an ein undurchdringliches Dickicht sich anlehnend, versperrte den Weg und setzte den Widerwärtigkeiten des Tages die Krone auf. Ein schreckliches Kriegsgeheul und ein Stein- und Wurfspießregen, dichter als je zuvor, bewiesen, daß der Feind hier seine Hauptmacht zusammengezogen habe und sich zum hartnäckigsten Widerstande bereite.

Auch war schon das meiste Pulver verschossen, so daß Porter sich genöthigt sah den Lieutenant Gamble mit 4 Mann nach dem Essex Junior zurückzuschicken um einen neuen Vorrath an Schießbedarf zu holen.

Sein kleiner Trupp war nun auf etwa 20 Mann zusammengeschmolzen, denn alle seine Verbündeten hatten sich schon längst, wie die Ratzen von einem den Einsturz drohenden Gebäude entfernt, mit Ausnahme Mowina't, der zum Rückzug mahnte und von den verwundeten Amerikanern lebhaft unterstützt wurde. In dieser Verlegenheit brauchte Porter eine List, die im Kriege schon sehr oft mit Erfolg angewendet worden ist.

In scheinbar eiliger Flucht zog er sich zurück, der in die Falle gehende Feind stürzte mit gräßlichem Siegesgeheul hervor, doch statt die Weißen niederzumetzeln, lichtete ein mörderisches Gewehrfeuer seine eigenen Reihen, und manchen Todten und Verwundeten auf dem Platze zurücklassend, floh er schleunig seinen schützenden Wällen wieder zu, während Porter den Schrecken benutzte, um mit seinen Verwundeten das jenseitige Ufer des Baches ungestört zu erreichen. Die Kräfte seiner Leute waren erschöpft, manche von ihnen verwundet; sie hegten nicht mehr gegen die Wilden jene stolze Zuversicht, welche das Gefühl der eigenen Ueberlegenheit einflößt, sondern hatten vielmehr eine hohe Meinung von deren kriegerischen Thätigkeit gewonnen. Unter diesen Umständen war an eine Erstürmung des Bollwerks nicht zu denken, und die Züchtigung der Taypis mußte offenbar auf einen andern Tag verschoben werden.

Die von den Amerikanern erlittene Schlappe, durch das Gerücht vergrößert, konnte natürlich ihren schlimmen Eindruck auf das veränderliche Gemüth der Wilden nicht verfehlen, und man mußte befürchten, daß die bereits schwankenden Happas sich bald zur Partei schlagen würden, welche sie für die stärkste hielten. Sowohl Porter's Sicherheit als seine gekränkte Ehre verlangten dringend eine schleunige Rache. Kaum war er daher mit dem Essex Junior zur Bucht Taio-hae zurückgekehrt, als alle Vorkehrungen getroffen wurden um mit 200 Mann die Taypis mitten in ihrem Siegesrausch zu überfallen.

Dießmal sollte der Angriff über die Berge geschehen, auch wurde er vor allen Verbündeten verheimlicht, um sich von einem lästigen und vielleicht auch gefährlichen Gefolge zu befreien. Sichere Führer leiteten noch am Abend diese neue Expedition zum Kamme der das Taypithal begrenzenden Berge auf schwierigen Wegen, durch Dickichte und Bäche, am schroffen Abhang der Felsen hin. Das Geräusch des Zuges hatte einige Eingeborne herbeigezogen, aber es wurde ihnen Stillschweigen befohlen, und so durfte man hoffen, daß den Taypis das heranrückende Gewitter unbekannt bleiben würde, bis es mit seinem plötzlichen Donner sich über ihre Häupter entlud. Um Mitternacht konnte man das Trommelgeraffel und den lauten Triumphgesang im feindlichen Thale hören, und heller Fackelschein bezeichnete die Stellen wo die siegestrunkene Menge sich versammelt hatte.

Nur ein einziger schmaler Paß führt von jenen Bergen in's Thal hinab, aber seine fast senkrechte Neigung, die ihn schon bei Tage gefährlich machte, ließ seine Benutzung bei Nacht vollends unmöglich erscheinen. Hier also mußte die Morgendämmerung abgewartet werden, ein Aufschub der nicht unerwünscht war, da er den von ihrem langen Marsche erschöpften Amerikanern die nöthige Ruhe gönnte. Die sorgfältige Bewachung des Passes gab übrigens auch die volle Sicherheit, daß die Taypis keine Nachricht von der Nähe des Feindes erhalten würden. Porter schlummerte, als ein Führer ihn mit den unwillkommenen Worten weckte: „es wird regnen, deine Gewehre sind verloren". Zugleich wies er auf eine schnell heraufziehende Wolke, die bald darauf sich in tropischen Strömen ergoß.

Auf dem engen Bergkamm, wo sie sich gelagert, und festgebannt auf den schlüpferig gewordenen Felsen, hatten die durchnäßten Amerikaner auch noch die empfindliche Kälte eines starken Windes zu ertragen, doch ihre Hauptsorge war ihre Waffen und Pulver möglichst trocken zu erhalten. Dennoch fand sich am Morgen der größte Theil ihrer Patronen durchnäßt, und der Führer wiederholte fortwährend, daß die Flinten nun nichts mehr taugten und das beste sei sich so schnell als möglich zurückzuziehen.

Die Vorsicht gebot diesem Rathe zu folgen, doch um den bösen Eindruck des Mißlingens auf das Gemüth der Verbündeten zu mindern und den gefährdeten Ruf seiner Waffen zu heben, befahl Porter vorher noch eine Generalsalve abzufeuern, in der Hoffnung, daß man die Fehlschüsse unter dem allgemeinen Knall und Pulverdampf nicht bemerken würde. Dieses gelang über Erwartung, und der Widerhall der Berge warf den verzehnfachten Donner in's Thal der Tarpis hinab.

Kriegshörner dröhnten, Trommeln wirbelten, lautes Geschrei erhob sich von einem Ende des Grundes zum andern. Man hörte das Grunzen der Schweine, die eilig fortgetrieben wurden, das Wehklagen der geängsteten Weiber. Mit dem vorläufigen Schrecken zufrieden, den er seinem stolzen Feinde eingejagt, zog sich nun Porter in ein Dorf der Happas zurück. Der böse Wille dieses Stammes zeigte sich bald, indem der verlangte Proviant gar nicht erscheinen wollte. Endlich sogar versammelten sich die Happas mit ihren Waffen um die Hütte, wo die Amerikaner von ihren Strapazen ausruhten, ihre Weiber entfernten sich und alles deutete auf einen bevorstehenden Angriff. Nun ließ Porter den Häuptlingen sagen, daß sie die Waffen augenblicklich strecken müßten, und wenn sie ihn nicht sofort mit Lebensmitteln versorgten, er dieselben mit Gewalt nehmen würde. Dem Wort, welches keinen Eindruck machte, folgte alsbald die That, die von besserem Erfolge war, denn als die Amerikaner anfingen ohne weitere Complimente die Schweine ihrer abtrünnigen Verbündeten zu tödten und die Brodfrucht- und Cocosbäume des Dorfes umzuhauen, beeilten sich die durch diese energische Demonstration eingeschüchterten Happas, unter Betheuerungen ewiger Freundschaft, das Verlangte im Ueberfluß herbeizuschaffen.

So wie am folgenden Tage der Morgen zu grauen anfing, setzten sich die vollkommen erfrischten und mit Schießbedarf reichlich versehenen Amerikaner wiederum in Marsch, doch als sie den Bergkamm, wo sie eine so üble Nacht zugebracht hatten, erreichten, machten sie Halt um den lieblichen Anblick des Tarpithales in der frühen Morgenstunde zu bewundern. Wie ein breites smaragdenes Band zog es sich zwischen hohen Bergen hin, deren steile oft senkrechte Wände in dämmernde Abgründe sich vertieften. Eine mehrere 100 Fuß hohe Cascade stürzte ihre schäumenden Gewässer das Thal entlang, und erreichte endlich nach vielen Krümmungen das den Horizont begrenzende Meer. Ein sanftes Licht ergoß sich harmonisch über das reizende

Pils, dessen idyllische Ruhe nun so bald durch Tod und Verwüstung gestört werden sollte.

Der Befehl in's Thal hinabzusteigen setzte jedoch allen ferneren sentimentalen Betrachtungen ein Ziel, und einer nach dem andern schlängelten sich die Amerikaner durch den engen Pfad. Die Ermüdung des höchst beschwerlichen Herabsteigens verlangte eine kurze Ruhe als sie unten angekommen waren: alsdann rückten sie nach dem Flüßchen vor, an dessen Ufern ein zahlreicher Kriegertrupp den Zugang zu einem befestigten Dorfe verwehrte. Doch trotz einer hartnäckigen Vertheidigung ward in kurzer Zeit der Bach überschritten, und bald darauf das Dorf genommen. Von hieraus wurden kleine Abtheilungen nach verschiedenen Richtungen ausgeschickt um das benachbarte Gebüsch zu säubern; doch nun rückten die Taypis zum Angriff wieder vor. Man ließ sie auf Pistolenschußweite heran kommen, dann fiel ein mörderisches Kreuzfeuer in ihre Reihen, welches sie wie Spreu vor dem Winde auseinander jagte.

Indessen bewies die Anzahl der aus dem Dickicht geworfenen Steine und Lanzen, daß der Widerstand der Taypis noch immer nicht gebrochen sei. Porter ließ also seine Verwundeten unter gehöriger Bedeckung zurück, und zog weiter nach einem andern Dorfe, größer und schöner als alle, die er bisher auf der Insel gesehen. Nach einem hartnäckigen Widerstand ward auch dieses genommen und den Flammen überliefert. Bis zum Fuß des Wasserfalls zogen die Amerikaner verwüstend und brennend das Thal hinauf, und kehrten erst nach vierstündigem Marsche nach dem zuerst genommenen Dorfe zurück, welches gerade in der Mitte des Thales lag. Die dort verbliebenen Verwundeten waren unterdessen beständig beunruhigt worden, doch hatten die Schleudern und Wurfspieße des Feindes ihnen nichts anhaben können.

Da nach den Strapatzen des Tages der Weg über die Berge viel zu mühselig gewesen wäre, entschloß sich Porter das Thal entlang nach dem Meere zurückzukehren. Noch einige Dörfer wurden zerstört, aber sogar unter den rauchenden Trümmern ihrer Hütten hörten die Taypis nicht auf zu kämpfen. Endlich erreichten die Amerikaner die Rückseite der Verschanzung, welche sie bei ihrem ersten mißlungenen Versuch von der Seeseite aus aufgehalten hatte; und als Porter die Stärke und Anlage der Mauern sah, konnte er sich nicht glücklich genug schätzen den Angriff von der Bergseite gemacht zu haben.

Nur drei Zugänge führen in das Thal der Taypis; der von den Amerikanern benutzte Gebirgspaß, der dadurch gefährlich wird, daß er im Fall einer Niederlage den Rückzug unmöglich macht; ein zweiter, der zu verwandten engverbundenen Stämmen führt; und endlich der Weg von der Bucht aus, der zu jener fast uneinnehmbaren Verschanzung leitet. Daher kam es, daß die Taypis noch nie in ihrem Thale waren angegriffen worden, sondern alle ihre Fehden auf der offenen Ebene am Strande ausgefochten hatten: nur die Macht der Fremdlinge vermochte ihre Zuversicht und ihren Stolz zu demüthigen.

Die Nacht wurde bei den Happas zugebracht, deren feindselige Kälte plötzlich in die zuvorkommendste Gastfreundschaft umgewandelt war, und am folgenden Tage trafen die siegreichen aber erschöpften Amerikaner in Madisonville (so hatten sie ihre kleine Niederlassung getauft) wieder ein, nachdem sie auf ihrem kurzen Kriegszuge mehr als 12 Meilen über die Berge zurückgelegt hatten. Sieben ihrer kräftigsten Leute lagen lange krank und einer starb sogar an den Folgen der ausgehaltenen Strapazen. Die gedemüthigten Taypis baten nun um Frieden, den man ihnen unter der Bedingung gewährte, daß sie sofort 100 Schweine als Kriegssteuer auslieferten.

Indessen waren die nothwendigen Reparaturen beendigt und Porter sehnte sich nach neuen Kreuzfahrten gegen die Engländer. Nach einem sechswöchentlichen Aufenthalt segelte er also am 13. December ab, doch um sich einen Zufluchtsort auf Nukuhiwa zu sichern, ließ er unter dem Befehl des Lieutenants Gamble eine Abtheilung von 20 Mann mit drei englischen Prisen und einigen Kriegsgefangenen in der Talo-hae Bucht zurück.

Es würde mich zu weit führen die Schicksale dieses kleinen Postens ausführlicher zu erzählen; mit kurzen Worten sei daher nur erwähnt, daß die zunehmenden Feindseligkeiten der nun nicht mehr durch eine gebieterische Uebermacht in Zaum gehaltenen Wilden, welchen endlich auch noch eine Empörung der gefangenen Engländer sich anschloß, die Lage der Amerikaner nach einigen Monaten unhaltbar machte, und der Befehlshaber Gamble nur mit genauer Noth auf dem „Sir Andrew Hammond" aus dem Hafen sich rettete, wo noch vor kurzem das Banner der Vereinigten Staaten so stolz geweht. Um sein Unglück zu vollenden, ward sein Schiff auf dem Wege nach den Sandwich Inseln von einer britischen Corvette genommen, und das Erste was er hörte, nachdem er dem englischen Befehlshaber seinen Degen überreicht hatte, war die Nachricht, daß auch Porter's Geschwader nicht mehr das gestreifte Sternenbanner, sondern den siegreichen Union Jack an der Mastenspitze trage.

Die nächstfolgenden Jahre liefern nur wenige interessante Beiträge zur Geschichte der Marquesas. Der damals so einträgliche Sandelholzhandel und die zunehmende Menge der auf den unermeßlichen Wassergefilden der Südsee den scharfzähnigen Cachalot verfolgenden Schiffe, brachten die Insulaner immer häufiger mit Europäern in Berührung, die leider nur zu oft zum Auswurf der Gesellschaft gehörten, und zunehmende Entsittlichung war die unausbleibliche Folge. Die Zeit lag fern wo sie sich für die Erzeugnisse ihres Landes mit unschädlichen Glasperlen oder bunten Tüchern begnügten; Flinten und Pulver, deren erstaunliche Wirkungen sie schon so oft erprobt, waren die einzigen Gegenstände, die sie nun noch im Tausch annehmen wollten, und diese boten ihnen die Mittel zu immer mörderischeren Kriegen.

Unter diesen Umständen erneuerte der würdige Crook seine menschenfreundlichen Bemühungen den Marquesanern Begriffe einer höheren Sittlichkeit beizubringen, und erschien am 27. Februar 1825 mit vier tahitischen Lehrern in der Bucht von Vaitahou, wo er vor 26 Jahren so manche Trangsale erlebt hatte. Dort ließ er die Lehrer zurück, doch auch diese folgten ihm nach mehreren Monaten, da ihnen das Feld zu undankbar schien; und ebenso erfolglos blieben die Bekehrungsversuche, die in den folgenden Jahren öfters wiederholt wurden.

Anfangs August 1838 lief die von Dupetit Thouars befehligte Venus mit zwei katholischen Missionaren in den Hafen von Vaitahou ein.

Joiété, der Häuptling der umliegenden Gegend, der vom Commandanten mit der größten Auszeichnung behandelt wurde, und namentlich für die französische Küche eine solche Vorliebe an den Tag legte, daß er bei keiner Mahlzeit fehlte, erklärte sich bereit die Sendboten des römischen Stuhls unter seinen besondern Schutz zu nehmen, worauf Dupetit Thouars wieder absegelte.

Einige Wochen später wurde die Bucht Taiohae von Dumont D'Urville besucht. Er fand dort einige Europäer und Amerikaner, größtentheils Ausreißer oder entlaufene Sträflinge, die unter dem Schutz verschiedener Häuptlinge eine kleine Colonie bildeten, welche mit ihren Producten die Walfischfänger versorgte, davon jährlich 14 bis 16 in jenen Hafen einzulaufen pflegten.

Die häufigen Berührungen mit Fremden hatten die Neugierde der Eingebornen abgestumpft, sie blickten die Franzosen gleichgültig an, als diese an ihren Hütten vorbeigingen, oder begnügten sich ihnen einige Kleinigkeiten zum Kauf anzubieten, wobei sie den Beweis lieferten, daß sie sich nicht schlecht auf den Handel verstanden.

Wiederholte Diebstähle würden leicht zu ernsteren Collisionen geführt haben, wenn der Aufenthalt Dumont's auf der Insel sich verlängert hätte. Die ewigen Kriege der Tays und Happas gegen die Taypis dauerten fort, und der Kannibalismus stand noch immer in voller Blüthe. Fünf Wochen vor Ankunft der Franzosen hatten die Taypis eine Frau vom Stamme der Happas verzehrt; dagegen zeigte man die Stelle wo vor zwei Monaten die Tays an einem Mann, einer Frau und einem kleinen Kinde ihrer Erbfeinde ein gräuliches Mahl gehalten.

Am 29. April 1840 erschien die französische Brigg „Le Pylade, Capitän Bernard", vor Taouata, um sich nach den katholischen Missionaren umzusehen und eine Kirche zu bauen, welche den Namen der Königin Amélie von Frankreich führen sollte. Es fand sich, daß der Häuptling Poïélé, seitdem er nicht mehr unter dem Einfluß der französischen Küche stand, an Zuvorkommenheit gegen seine Schutzbefohlenen sehr abgenommen hatte, und zwischen den englischen und französischen Missionaren schwankend, die Geschenke beider Confessionen bereitwillig annahm, gegen ihre Lehren aber äußerst gleichgültig blieb.

Doch es nahte nun die Zeit wo die Unabhängigkeit der Marquesas mit dem Protectorat der Franzosen vertauscht werden sollte. Nicht um eine Niederlassung im Dienste des Handels zu gründen, sondern um eine feste Station zu erwerben, von wo aus man im nächsten Kriege mit England den Handel dieser Macht stören könnte, erhielt Dupetit Thouars den Auftrag die Inselgruppe unter den Schutz der Tricolore zu stellen.

Am 27. April 1842 wurden auf Taouata Verhandlungen mit Poïélé eröffnet, der unter dem Einfluß der französischen Küche sich bereitwillig erklärte das Protectorat anzunehmen, aber schon nach einigen Tagen sich vor seinen Beschützern in eine Höhle verkroch. Magazine und hölzerne von Valparaiso mitgenommene Baracken wurden in der Bucht Baitahou aufgerichtet, und als der Posten gegen alle Angriffe der Eingebornen gehörig gesichert schien, segelte der Admiral am 30. Mai nach Talohae, wo gleichfalls die Oberhoheit Seiner Majestät Louis Philipps von den dortigen

Häuptlingen anerkannt und den Franzosen ein Stück Land zum Bau eines Forts abgetreten wurde.

Bald jedoch fanden Mißhelligkeiten statt, die zu wiederholtem Blutvergießen führten, und da ohnehin die Marquesas sich als ein Besitz herausstellten, der viel kostete ohne irgend einen entsprechenden Nutzen zu liefern, so wurden sie im Jahre 1855 bis auf einen einzigen Posten in der Taiohae Bucht verlassen. Seit den letzten Jahren hat der Katholicismus Fortschritte gemacht, aber noch größere die Sterblichkeit, da die Bevölkerung an der Taio-hae Bucht, die am meisten mit den Europäern in Berührung gekommen, seit 1843 auf ein Drittel ihrer früheren Größe zusammengeschmolzen ist.

Neunzehntes Kapitel.
Die hawaiische Gruppe.

Umfang der Gruppe. — Die Insel Hawaii. — Der Mauna Loa. — Hilo. — Fälle des Wailuki. — Excursion nach dem Krater Kilauea. — Willes auf dem Gipfelkrater des Mauna Loa. — Beschwerden der Reise. — Der hohe Norden in der Tropenwelt. — Ausbrüche des Mauna Loa in den Jahren 1840, 1843, 1845, 1852, 1855, 1859. — Die Insel Maui. — Der Haleakala, wahrscheinlich noch in den historischen Zeiten ein thätiger Vulkan. — Die Insel Oahu. — Steile Bergmauern. — Korallenriffe. — Die Insel Kauai. — Das schöne Hanapepe-Thal. — Die Fälle des Hanapepe. — Herrlicher Stoff für einen noch ungeborenen Bädeker. — Vortreffliche Bewässerung der Insel. — Erloschene Krater. — Vulkanische Höhlen. — Vegetation der Hawaii Gruppe. — Drei Zonen derselben. — Die Tarowurzel. — Das Sandelholz. — Don Francisco de Marini. — Wilde Hunde. — Verwilderte Stiere. — Trauriger Tod des Botanikers Douglas. — Vögel. — Fische. — Muscheln. — Eingeführte Insekten.

Von allen Inselgruppen Polynesiens kommt keine der hawaiischen an geologischem Interesse gleich. Die Wirksamkeit sowohl des Feuers als des Wassers in der Bildung von Felsen zeigt sich hier nicht nur in längst vollendeten, bereits abgeschlossenen Ergebnissen, sondern auch in noch fortdauernden Entwicklungen, und der Naturforscher kann auf Hawaii vor Augen sehen, wie Berge sich gestalten und Inseln sich erheben. Für ihn ist es einer jener merkwürdigen Punkte, die ihm Aufschluß geben über die Vergangenheit unseres Planeten und ihm gestatten, mit dem Senkblei der Wissenschaft die Tiefen der früheren Geschichte unseres Erdballs zu ergründen.

Die hawaiische- oder Sandwichgruppe (19°—22 ¹/₄°N.B. 217 ¹/₂—222 ¹/₂° O. L.), deren Gesammtareal 6050 englische oder etwa 250 deutsche Quadratmeilen beträgt, besteht aus acht großen Inseln (Hawaii, Maui, Kahoolawe, Lanai, Molokai, Oahu, Kauai und Nihau) nebst mehreren kleinen, kahlen und unbewohnbaren Felseneilanden, den Brüteplätzen unzähliger Seevögel. Dem Raume nach kommt sie also ungefähr dem Königreiche Sachsen gleich; doch steht die Bevölkerung weit hinter jener Größe zurück und möchte kaum die des Lippe-Detmoldschen Staates erreichen. Sämmtliche Inseln können als die Culminationspunkte einer mächtigen vulkanischen Gebirgskette angesehen werden, die in west-nord-westlicher Richtung von Hawaii bis Nihau sich erstreckt, und deren Fortsetzung man über die Felseneilande Bird und Necker und einige jenseitige Corallenriffe verfolgen kann, wo sie endlich nach einem Laufe von 2000 geog. Meilen sich unter das Meer verflacht.

Höher als der Mont-Blanc, der Koloß der europäischen Berge, erheben sich auf Hawaii der Mauna Loa (13,760 Fuß) und der Mauna Kea (13,950 Fuß) die Zwillingsriesen der Gruppe, während ein dritter Gigant, der Mauna Huararai fast 10,000 Fuß hoch emporsteigt.

Auf der benachbarten Insel Maui wird letzterer im östlichen Theile derselben vom Mauna Haleakala (10,217 Fuß) übertroffen, während im westlichen der Eka auf 6130 fällt. Die großgezeichneten Berglinien senken sich auf Molokai noch niedriger bis zu der ganz flachen westlichen Spitze dieser Insel, erheben sich dann wieder auf Oahu zu Gipfeln von 4000 Fuß und thürmen sich endlich auf Kauai zu einer Höhe von 8000 Fuß empor. Selten wird man auf einem so kleinen Raume so viele Bergriesen antreffen als hier.

In dreieckiger Form wie Sicilien entsteigt Hawaii dem Ocean und wendet seine drei Seiten nach West, Südost und Nordost. Die westliche hat eine Länge von ungefähr 85 geographischen Meilen, die südöstliche von 65, die nordöstliche von 75. Das eingeschlossene Areal beträgt 200 geog. Quadratmeilen. Die ganze Insel mit Ausnahme der kleinen Kohala-Kette in ihrem nördlichsten Theile ist nur aus den drei bereits erwähnten Bergen gebildet, deren Abhänge bis zum Meere verlaufen, und die in der Mitte ein Tafelland umfassen, welches fast gänzlich wie das Innere Island's aus einer Wüstenei von Laven besteht und von keines Menschen Fuß betreten wird.

Das Klima ist nicht nur nach der Höhe, sondern auch nach der Lage sehr verschieden. Nach Westen, wo der Regen seltener fällt, erscheinen die Abhänge der Bergkolosse gewöhnlich kahl und sonnengebrannt; schwarze Felsen kommen überall zum Vorschein, und mit seltenen Ausnahmen bietet sich nur eine Abwechselung zwischen ebenen, festen Lavafeldern mit vielen abgerundeten Hügeln oder Domen, deren eingefallene Decken oft lange unterirdische Gänge erblicken lassen, und Gegenden, wo ungeheure Massen von Lavablöcken und Schlacken in der größten Unordnung durcheinander geworfen sind. Sie sehen aus, als ob der Berg zu einem Chaos von Ruinen zersplittert wäre.

Die Bruchstücke wechseln von der Größe eines mittelmäßigen Steines zu der eines gewaltigen Felsblocks, von einem Cubikfuß zu zehntausend, und erscheinen in allen möglichen Formen der Zerrissenheit oder Zerklüftung. Man kann diese Distrikte, die oft ein paar englische Meilen breit sind, nur überschreiten, indem man von einem Block zum andern springt; ein nicht minder mühevolles als gefährliches Unternehmen, da beim Ausgleiten mit dem Fuße der unglückliche Wanderer sehr leicht in eine tiefe Höhlung auf spitzige Felsenkanten stürzen kann. Oft sieht man, so weit das Auge trägt, nur eine Einöde von grauer und schwarzer Verwüstung, welche keine Worte zu schildern vermögen.

Doch auch auf den nacktesten Lavafeldern wächst hier und dort Grünes aus den Spalten und Höhlungen hervor, vereinzeltes Gesträuch oder ein Baum, der zwischen den Lavablöcken ein kümmerliches Dasein fristet.

Ein großer Theil der Küste besteht aus nackten Lavafelsen, die etwa fünfzig oder hundert Fuß hoch über dem Saume der weißen Brandung emporsteigen. Tiefe Höhlen öffnen sich nahe am Wasserrande, und das sich brechende Wogengetümmel, über die schwarzen Felsen brausend und schäumend, stürzt wühlend in ihre gähnenden Schlünde und spritzt oft in hohen Springbrunnen aus offenen Gängen in ihrer Decke hervor. Solche Scenen erwecken im Zuschauer ein Gefühl trunkener Freude, an welchem der wilde Ocean sich jauchzend zu betheiligen scheint. Die spärlichen Regengüsse, welche in den Wintermonaten und besonders bei Südweststürmen diesen im allgemeinen so steinigen und unfruchtbaren Theil Hawaii's benetzen, werden sogleich von der porösen Lava verschluckt, so daß fließende Bäche an dieser Seite der Insel fast gar nicht vorkommen und Wasser meistentheils nur in einzelnen Tümpeln angetroffen wird.

Mit dieser dürren Beschaffenheit der westlichen Abhänge bilden die Ostküsten, die neun Monate im Jahre vom feuchten Passate bestrichen werden, einen erfreulichen Contrast; denn dem wohlbewässertem Lande fehlt es nicht an rauschenden, nimmer versiegenden Bächen. Sonnenschein und Regen üben ihren befruchtenden Einfluß in fast gleichem Maße aus, und überziehen Berg und Thal mit ausgedehnten Wäldern, dichtem Gesträuch oder üppigem Graswuchs. Die häufigen Regengüsse, die an einigen Stellen sogar zu Morästen sich ansammeln, beschleunigen die Verwitterung der Laven, welchen eine reiche Vegetation entspringt; und diese befördert ihrerseits das Zersetzen der Gesteine und die Bildung eines fruchtbaren Bodens. Von der reizenden Hilo-Bucht, die Byron zuerst vor etwa 40 Jahren besuchte, und an deren Ufer, von Palmen beschattet, sich gegenwärtig eine niedliche Missionskirche erhebt, sieht man die Berge bis zu den Gipfeln bewachsen, und eine unendliche Menge klarer Waldbäche rauscht an ihren Seiten herab. Grün in allen möglichen Schattirungen begegnet dem Blick, der erst an dem über den Berggipfeln schwer herabhängenden Wolkengürtel im Forschen anhält. Wenn aber der siegreiche Sonnenstrahl einen hellen Schein durch den Nebelschleier in's Thal hinabwirft, glänzt es in den stürzenden Gießbächen gleich Myriaden von Juwelen, und über dem Ganzen steht in seiner herrlichsten Pracht der Regenbogen am dunkeln Hintergrunde. Er scheint so nahe zu sein, daß man ihn mit Händen greifen möchte; man wähnt fast, unter das prächtige Portal hindurch gehen zu können — doch im Nu verschwindet die schöne Lufterscheinung, und nur die grauen feuchten Nebeldünste bleiben, die in ewigem Gestaltenwechsel an den Bäumen und Anhöhen auf und ab schweben. Plötzlich aber sammeln sie sich zu einer einzigen Wolke, die mächtig und ernst wie ein Krieger, der den Angriff erwartet, fast unbeweglich über dem Thale steht. Doch oben von jenem Gebirge durch Wälder und tiefe Felsklüfte steigt ein dicht geschlossenes Gewölk wie ein heranrückender Feind herab, die Dunstwasser stoßen zusammen, der Regen stürzt hervor und der angeschwollene Strom, mit abgerissenen Blättern und Blumen bedeckt, rollt eiliger dem Meere zu. Indessen steht hoch über den in's Thal sich hineinwälzenden Wolken der blaue Himmel, und gegen ihn zeichnet sich der Riesenkörper des Mauna Kea ab, lichtgrün mit schneeweißen Flecken, welche die tropische Sonne nach wenigen Stunden mit der dunkeln Farbe des Gesteins vertauscht. Dieser herrliche Kampf der Elemente wiederholt sich Tag für Tag mit nie ermüdendem Reize.

Der Wailulufluß am südlichen Abhang des Mauna Kea entspringend, und zwischen diesem und dem Mauna Loa verlaufend, ergießt sich in die Hilo-Bucht. Er ist nicht nur als der größte Strom der Insel bemerkenswerth, sondern auch wegen des prachtvollen Wasserfalls, den er ungefähr eine Seemeile von seiner Mündung bildet. Etwa hundertzwanzig Fuß tief schießen die Gewässer in zwei Armen von einer verspringenden Felskante in ein kreisrundes Becken herab. Der düstere, ausgehöhlte Hintergrund der Bergwand läßt die weißschäumenden Gießbäche um so schärfer hervortreten, in deren aufsteigenden Dunstwolken der Sonnenstrahl in unzähligen Regenbogen sich bricht, manche in den hellsten Farben glänzend; andere in unsicheren zarten Tinten verschwimmend. Die säulenartige Basaltbildung der einschließenden Felsmauer, deren schwarzes Gestein an manchen Stellen hinter einem reichen Teppich von rankenden Gewächsen, Farrenkräutern und Moosen sich verbirgt, erhöht den Eindruck dieser lieblichen Naturscene.

Es ist ein Hauptvergnügen der halbamphibischen Eingebornen, mit dem Wasserfall von oben herabzustürzen. Freudejauchzend lassen sich die Mädchen von Hilo von der Flußschnelle fortreißen, fallen die Hände anmuthig über den Kopf zusammen, indem sie hoch oben auf dem Kamme der gährenden Wasserschicht flüchtig erscheinen, und tauchen im nächsten Moment wie Nixen aus dem Strudel des Beckens hervor. Doch finden zuweilen die kühnen Schwimmerinnen ihren Tod bei diesem gewagten Spiel; denn eine verborgene Strömung soll sie bisweilen an sich reißen und nicht wieder zum Vorschein kommen lassen. Drei englische Matrosen vom Kriegsschiff, mit welchem Walpole (Four Years in the Pacific) die Sandwich Inseln besuchte, versuchten es mit dem Wasserfall herabzuschießen: das Wagestück lief glücklich ab, aber Keiner von ihnen hatte Lust es noch einmal zu wiederholen.

Nordwärts von Hilo wird das Reisen an der Nordwestküste sehr beschwerlich wegen der vielen tiefen Schluchten, in welchen Waldbäche rauschen, die in der nassen Jahreszeit bedeutend anschwellen. Eine Felsenmauer, mehrere hundert Fuß hoch, setzt ihre Stirn der Brandung entgegen, so daß dem Reisenden nichts Anderes übrig bleibt, als einen Berggrath nach dem andern zu besteigen und die zahlreichen Bäche zu durchwaten.

Die vulkanischen Gewalten, die in unvordenklichen Zeiten die hawaiische Kette aus den Tiefen des Oceans emporhoben, und aus zahlreichen Feuerschlünden die Schlackenwolken und Lavaströme ausstießen und ergossen, wodurch im Laufe der Jahrhunderte das Hochgebirge aufgethürmt wurde, sind gegenwärtig nur noch auf der Hauptinsel im mächtigen Mauna Hualalai und dem noch riesigeren Mauna Loa thätig.

Mit der Idee eines feuerspeienden Berges verbindet man gewöhnlich das Bild eines zuckerhutförmigen Kegels, aus dessen oberstem, zugespitzten Gipfel hohe Dampf- und Rauchsäulen emporwallen; der Mauna Loa entspricht jedoch keineswegs dieser Vorstellung, da er auf einer breiten Grundlage von 70 geographischen Meilen den ganzen südlichen Theil der Insel von Ost nach West einnimmt, und sehr allmälig und regelmäßig aufsteigend sich zu einem flachen Dome wölbt. Der Seefahrer, der ihn von ferne aus dem Ocean emportauchen sieht, kann daher kaum an die furchtbaren Gewalten glauben, die unter einer scheinbar so ruhigen Oberfläche schlummern, oder daß er in jener am Horizont so sanft anschwellenden Anhöhe, einen der merkwürdigsten Bergkolosse der ganzen Erde vor sich hat. Sogar wenn man auf den flachen Seiten des Mauna Loa wandert, täuscht man sich leicht über die Entfernung seines Gipfels und wird versucht, den Giganten für einen gewöhnlichen Hügel zu halten. Es bedarf fast immer der Berechnung und des Nachdenkens, um sich von der gewaltigen Höhe des Berges zu überzeugen und das voreilige Urtheil des Gesichtssinnes zu verbessern.

Die Abhänge des Mauna Loa sind mit zahlreichen Schlackenkegeln und Kratern vorzüglich nach der Süd- und Südostseite übersäet. Unter letzteren zeichnet sich besonders der tief ausgehöhlte Kilauea aus, der etwa 12 Stunden von Hilo entfernt liegt. Kein Reisender, den sein Schicksal nach Hawaii führte, läßt ihn unbesucht, und keiner geht von dannen, ohne sich glücklich zu preisen, eines der merkwürdigsten und erhabensten Schauspiele auf dem ganzen weiten Gebiete der Natur geschaut zu haben.

Der Weg schlängelt sich anfangs durch ein tiefes Thal, dessen Fruchtbarkeit unendlich sein würde, wenn der Mensch hier schon gelernt hätte, die Reichthümer des Landes zu benutzen und goldene Ernten dem üppigen Felde zu entlocken. Doch außer einigen Bananen- und Taroanpflanzungen sieht man nur einzelne Zucker- und Kaffeeplantagen; denn hier wird allein für das unmittelbare Bedürfniß gesorgt, alles übrige Land bleibt unberührt, und so entstehen große undurchdringliche Justicia-Gebüsche, die sich längs des ersten Theils des Weges erstrecken, und späterhin durch verkrüppelte baumartige Farren abgelöst werden.

Nachdem man etwa anderthalb Stunden auf dem morastigen Boden zurückgelegt hat, tritt man in einen anderthalb Meilen langen Wald, durch welchen ein schnurgerader Weg gehauen ist, in die Quere mit Farrenstämmen belegt und an den Seiten mit Lavasteinen eingefaßt. Schon am Eingang des Waldes wird man von hohen Arelapalmen begrüßt und der schattenreichen, fast weißlichen Blätterkrone des Kukuibaumes (Aleurites triloba), dessen Nüsse ein bereits im Handel geschätztes, austrocknendes Oel liefern. An den Seiten des Holzweges stehen förmliche Beete von Malvaceen, und um die mächtigen Baumstämme schlingen sich in unglaublicher Menge die schönsten Freycinetien mit großen Büscheln orangenrother Blüthen. Am Ende des Waldes eröffnet sich eine überraschende Aussicht: links in weiter Ferne der stille Ocean; rechts zwischen mehreren Anhöhen hin und wieder kleine Guava-Gehölze; geradeaus eine unabsehbare Lavafläche mit niedrigen verkümmerten Farrenbüschen. Hin und wieder blickt ein Helbekraut mit seinen weißlichrothen Blüthen zwischen dem Gestein hervor und bleibt von nun an der treue Gefährte der Farren.

Mit dem Walde endet das hölzerne Pflaster, und man folgt nun einem schmalen Fußpfade der auf dem dunkeln Lavaboden wie ein schwarzer Streifen durch das Gras und die üppig gedeihenden Farren sich hinschlängelt. Man muß unabweichlich dem Pfade folgen; denn tiefe Löcher sind manchmal im weichen Grase verborgen. Die Hochebene ist anfangs eine ruhige Fläche; nach und nach wird sie zum sturmbewegten Meere mit Wellenthälern- und bergen, auf deren steilem glattem Gestein man auszugleiten Gefahr läuft und bald in ein von einer Pfütze angefülltes Loch, bald in eine der vielen Ritzen und Spalten zu fallen, über die eine Pflanze sich hinterlistig gelegt hat.

Etwa halbwegs (20 englische Meilen von Hilo, 16 vom Kilauea) liegen einige erbärmliche Hütten, wo die erschöpften, gewöhnlich ganz durchnäßten Reisenden ein höchst willkommenes, wenn auch aller Bequemlichkeit entbehrendes Nachtquartier finden.

Von hier aus geht der Weg bei sich gleich bleibender Vegetation und auf einem fortwährend mit Lavablöcken übersäeten Boden über die Hochebene fort, in welcher 3970 Fuß über die Meeresfläche der Krater Kilauea liegt. Diese Höhe hat man von Hilo aus fast unbemerkt bestiegen, und da der Mauna Loa bis zum höchsten Gipfel eben so langsam steigt, ist der Kilauea als eine an seiner Seite liegende offene Wunde zu betrachten, aus welcher die im Innern wüthende Gluth hervorbricht. Das Aufsteigen des Bodens ist hier so unmerklich, daß er einer fast vollständigen Ebene gleicht, und man sich daher eben so unmerklich dem ungeheuren Schlunde nähert. Die ersten Zeichen, daß man dem Ziele nicht mehr fern ist, sind kleine Dampfwolken, die einigen Erdspalten in der Nähe des Weges entsteigen; und kaum hat man sie bemerkt, so sieht man plötzlich am Rande des Abgrunds.

Ein riesiges Amphitheater, 7½ geog. Meilen im Umkreis, eröffnet sich mit einem Male den erstaunten Blicken. Ringsherum senken sich die steilen Felswände 650 Fuß tief in den Abgrund bis zu einer schmalen Kante verhärteter Lava, dem sogenannten „schwarzen Rande" (black ledge), die wie eine ungeheure Gallerie um den ganzen inneren Raum sich schlingt. Unterhalb dieser Gallerie, die den mächtigen Schlund gewissermaßen in zwei Stockwerke theilt, senken sich wiederum die steilen Felswände 340 Fuß tief bis zum Grunde des Kraters, eine weite Fläche nackten Gesteins, mehr als zwei englische Meilen lang. Hier ist Alles einförmige, schwarze Verwüstung, bis auf einige blutrothe Flecken, die in beständiger, aber sanfter Bewegung begriffen sind.

Als der Geologe Dana den Kilauea besuchte (Dezember 1840), sah er von oben herab den größten dieser Flecken oder Pfühle, der 1500 Fuß in der Länge und 1000 in der Breite maß, also wenigstens zwanzig Mal den Raum des Kölner Domes bedeckte, fast mit der Beweglichkeit des Wassers auf und nieder wallen. Es war aber flüssiger Fels, der in diesem unvergleichlichen Kessel siedete. Dabei ging Alles so still vor sich, daß kein Flüstern sich hören ließ, und erst beim späteren Heruntersteigen auf den schwarzen Rand ein gurgelndes Geräusch herauftönte. Graue Dunstwolken hingen hoch über dem brodelnden Höllenpfuhle. So war der Anblick bei Tage, — großartig, melancholisch und düster — bei Nacht aber entfaltete er eine alle Begriffe übersteigende Pracht. Vom oberen Rande des Kraters aus sah man nun den ganzen riesigen Kessel mit feurigem Glanze glühen, und dazwischen Punkte vom blendendsten Lichte durch die aufspritzende Lava gebildet wie funkelnde Sterne erscheinen und verschwinden. Der breite Wolkenbaldachin und das tiefere Felsenamphitheater waren auf's hellste erleuchtet, während ein dunkles Blutroth die höheren Ringmauern färbte, ohne jedoch die tieferen Schatten und Finsternisse der zahlreichen Höhlungen und Spalten zu verscheuchen. Hoch darüber wölbte sich der schwärzeste Himmel. Bei einem solchen Schauspiel ist es wahrlich nicht zu verwundern, daß trotz aller Bemühungen der Missionare die Bewohner von Hawaii bis auf den heutigen Tag die unterirdischen Gottheiten des Mauna Loa für die mächtigsten Beherrscher der Insel ansehen. Für sie ist die furchtbare Pele, die Königin des „großen Berges", noch immer da, so lange der Vulkan seine Feuerwogen wälzt, und daß das

Christenthum sie zu vertreiben noch nicht vermocht, gilt ihnen als der schlagendste Beweis ihrer Macht. Nicht schwinden wird der Glaube an Pélé, bis der brennende See des Kilauea erlischt, und sein Krater mit dichter Waldung überwächst.

Sogar in ihren ruhigsten Launen ist die Feuergöttin schrecklich erhaben; in den Anfällen ihres Zornes, wenn ihre überströmenden Lavaschichten durch den ganzen Krater sich verbreiten, muß sie über alle Beschreibung fürchterlich sein. Der längste Durchmesser des Schlundes beträgt 10,000 Fuß, die durchschnittliche Breite 7500. Er umfaßt daher einen Flächenraum von fast vier englischen Quadratmeilen, worauf manche Stadt von 150,000 Einwohnern Platz fände. Doch da es an allen Gegenständen zur Vergleichung fehlt, findet eine wunderbare Augentäuschung statt, und man hält es kaum für möglich, daß man 1000 Fuß über dem Boden steht, und das entgegengesetzte Ende über eine Stunde weit entfernt liegt. Keiner würde auf den ersten Blick es glauben, daß 400 solcher Gebäude wie St. Peter innerhalb dieser Felsenmauern Raum fänden, oder daß die hohe Kuppel jenes Riesendoms mit der äußersten Spitze den schwarzen Rand nur um 120 Fuß überragen würde.

Zwei Wege führen in den Krater hinab: der kürzeste fast senkrecht an der Felsenwand, der andere in vielfachen Windungen zwischen tiefen Rissen oder Mauern, mehr oder weniger mit Farrenkräutern bewachsen. So erreicht man den „schwarzen Rand", über welchen bisweilen die überfluthenden Lavaströme rollen. Diese neueren Laven krachen unter dem Fuße bei jedem Schritt, da sie über dem härteren Gestein darunter eine nur lose anliegende, 2 bis 4 Zoll dicke Schicht bilden, die zerbrechlich und glänzend wie grünlich schwarzes Glas in großen Stücken sich abschälen läßt. Außer den gewöhnlich untiefen Höhlungen, in die der Wanderer unversehens fallen kann, unterbrechen oft mehrere 100 Fuß tiefe Spalten plötzlich seinen Weg, aus welchen Ströme heißer Luft oder erstickende Dämpfe emporsteigen. Nahe beim Rande des unteren Kraters nehmen die Spalten an Anzahl und Größe zu, und an einigen Stellen wanken morgengroße Stücke der „schwarzen Kante" dem Sturze nah.

Lang fortgesetztes rollendes Geräusch von den fallenden Steinmassen unterbricht nicht selten die tiefe Stille des Schlundes. Auf einer Strecke von ungefähr 500 Ellen war der innere Rand der Kante gesunken, so daß Dana die geneigte Fläche benutzen konnte, um den Grund des Kraters zu erreichen. Ein breiter Riß trennte den Lavasturz von der Kante, und andere tiefe Spalten durchfurchten dessen Oberfläche; dennoch war das Herabsteigen möglich, und so wurde endlich die Region der siedenden Pfühle erreicht. Obgleich Alles ruhig in diesen niederen Tiefen war, trat man doch nicht ohne ein unheimliches Gefühl über die verhärteten aber doch noch heißen Lavaströme, und hörte nicht ohne Grausen den dumpfen Wiederhall der unterirdischen Höhlungen, über die man hinwegschritt. Sogar die herrschende Stille erhöhte den Eindruck der finsteren Mächte, die zwar gegenwärtig dort unten ruhten, aber bald mit um so verheerenderer Gewalt aus der Tiefe hervorbrechen konnten.

Dichte weiße Dünste stiegen an manchen Stellen aus der schwarzen Lavaebene empor, und die Pfühle kochten und kochten ruhig fort. Zuweilen wurde das Sieden heftiger, die flüssige Masse stieg über den Rand des Kessels; glühende Lavaschichten, wie wenn bei steigender Fluth die Welle sich über den flachen Strand ergießt, flossen weit weg über den schwarzen Lavaboden; aber bald legte sich das Aufwallen, und der Kessel kochte wie früher mit seinem gewöhnlichen dumpfen Gemurmel ruhig fort.

In der ganzen Umgegend von Kilauea kommt eine merkwürdige mineralogische Bildung vor, ein haarförmiges Glas, welches der aufspritzenden flüssigen Lava seine Entstehung verdankt. Die Luftströmungen, die über den brennenden See hinwegblasen, reißen kleine Lavatröpfchen von der Oberfläche fort, und diese ziehen einen glasigen Faden nach, der vom Winde weiter getragen wird, bis das schwerere Ende zu Boden sinkt. Dieses Gebilde, welches von den Eingebornen "Pélé's Haar" genannt wird, kommt in den Ritzen gleich losen Büscheln feiner Hede vor, oder hängt sich auch auf der Ebene an dem Gebüsche fest. Unter dem Winde des Kraters ist dieses Glas so häufig, daß an einigen Stellen der Boden dadurch wie mit Spinnengewebe bedeckt erscheint.

Ueber alle Beschreibung herrlich soll das Schauspiel der Morgendämmerung am Kilauea sein, wenn bei stillem schönen Wetter hoch in der Luft die Riesenberge Mauna Loa und Mauna Kea im durchsichtigen Aether sich abzeichnen. Ersterer erhebt sich langsam und nur an einem einzigen Punkte unterbricht ein konischer Ausbau die sanftsteigende Linie; letzterer steigt kühner in die Höhe mit sieben zackigen, auf langen Strecken schneebedeckten, von der aufgehenden Sonne stark beleuchteten Gipfeln. Zugleich herrscht unten im Krater tiefe Nacht, die Flamme lodert noch aus dem brennenden See herauf und wirft ihr Licht bis hoch an die schwarzen Lavawände empor. Nirgends in der Welt möchte sich ein solches Zusammentreffen von Himmel und Hölle — von freundlichem Tageslicht und unheimlichen vulkanischen Gluthen wiederfinden.

Wenn der verhältnißmäßig leicht zu erreichende Kilaura sich eines ziemlich zahlreichen Fremdenbesuchs erfreut, so ist dagegen der Gipfelkrater des Mauna Loa, der Moku-A-Weo-Weo nur von wenigen Naturforschern besucht worden, da das Besteigen des Berges mit großen Schwierigkeiten verbunden ist, besonders wenn man wie Willes, der berühmte amerikanische Südpolfahrer und Erdumsegler, sich nicht mit einem flüchtigen Besuche begnügt, sondern längere Zeit zur Ausführung physikalischer Beobachtungen auf jenen unwirthbaren Höhen verweilen will.

Dieser wackere Seefahrer machte sich am 14. Dezember 1840 von Hilo mit einem Gefolge auf den Weg, welches weit eher einer morgenländischen Karavane als einer gewöhnlichen Reisegesellschaft glich. Denn außer einigen Officieren und Matrosen vom „Vincennes", seinem Flaggenschiff, begleiteten ihn nicht weniger als 250 eingeborne Lastträger; eine nicht übertriebene Anzahl, wenn man bedenkt, daß alle Bedürfnisse eines mehrwöchentlichen Aufenthalts in der Einöde auf den 13,000 Fuß hohen und 60 englische Meilen von der Küste entfernten Rücken des „großen Berges" geschafft werden mußten.

Schon am dritten Tage zeigte sich ein aufrührerischer Geist unter den Lastträgern, und da ihrer Ausdauer offenbar nicht zu trauen war, sandte Willes einen Boten nach dem Schiffe mit dem Befehl, ihm unverzüglich 30 Matrosen mit Lebensmitteln nachzuschicken: eine Vorsicht, die, wie wir bald sehen werden, durchaus nicht überflüssig war.

Indessen setzte er mit seinem unlustigen Troß die Reise weiter fort über ein zerrissenes, mit losen Steinblöcken gleich den Schlacken aus einem Hochofen überfäetes Lavabett. Ein Führer, der Douglas und Löwenstern, die ersten Besteiger des Berges (1835) begleitet haben wollte, legte bald eine völlige Unkunde an den Tag, so daß Willes selbst mit dem Kompaß in der Hand sich an die Spitze der Karavane stellte, um sie durch das Steinlabyrinth zu geleiten.

Nebel und Kälte und die mit der zunehmenden Höhe sich einstellende Kraftabnahme machten das Besteigen immer beschwerlicher und langsamer, bis endlich am 24. Dezember und nur noch einige Stunden vom Ziel, der Wind bei — 3° R. die zähneklappernden, dürftig bekleideten Lastträger so schneidend kalt anwehte, daß Kisten und Zelte, Instrumente und Säcke von sich werfend, sie in wilder Flucht den Berg herabliefen, als ob Pélé selbst mit ihren Feuerströmen sie verfolge.

So sahen sich die Amerikaner auf dem öden Bergrücken verlassen, ohne anderes Obdach gegen ein hinanrückendes Schneegestöber, als ein kleines Zelt. Die Meisten litten sehr an der Bergkrankheit mit Kopfschmerzen und Fieber und waren durchaus unfähig, Hand an's Werk zu legen, so daß Wilkes, obgleich selbst von einem starken, schmerzhaften Pochen in der Schläfengegend und ängstlicher Kurzathmigkeit befallen, mit den wenigen noch Arbeitsfähigen das herumliegende Lavagestein zu einer kreisrunden Mauer aufbaute, über welche das Zelttuch ausgebreitet wurde, während man mit Hülfe einiger wollenen Decken, die man an der innern Wand aufhing, den erstarrenden Wind abzuhalten hoffte. Diese Anstalten gaben volle Beschäftigung bis zum Abend, worauf ein Feuer angemacht wurde, um eine dürftige Mahlzeit und Thee für die Kranken zu kochen. Nun erst bemerkte Wilkes, daß drei seiner Leute fehlten, die wieder herabgestiegen waren in der Hoffnung, sein Zelt zu finden, welches, wie sie glaubten, etwa eine englische Meile tiefer unten liegen geblieben war. Man kann sich seine Besorgniß denken, da es stockfinster geworden, und viele gefährliche Spalten den Weg durchklüfteten. Er hatte kaum Holz genug, etwas Wasser zu wärmen, und nur einige Lichtstümmel, so daß es schwer hielt Signale zu machen. Da aber die Nothwendigkeit die Mutter der Erfindungen ist, entleerte er eine große Kalebasse, welche seine Wäsche enthielt und nun als Laterne dienen sollte. Nachdem das Licht mehrmals erloschen war und jedesmal mit großer Mühe wieder angesteckt wurde, gelang es endlich ein Leuchtfeuer herzustellen, das, wenn auch nur schwach, den gewünschten Erfolg hatte. Als die Verlorenen das Licht zuerst sahen, waren sie schon vom Wege abgewichen und hätten ohne dasselbe ihre Gefährten nicht wieder erreichen können. Sie kamen nach dreistündiger Abwesenheit auf Händen und Knieen kriechend zurück, und obgleich Wilkes sehr unzufrieden war, daß sie sich ohne Erlaubniß entfernt hatten, so war er doch über ihr Wiedererscheinen zu sehr erfreut, als daß er ihnen viele Vorwürfe gemacht hätte, besonders da sie seinetwegen sich so großen Mühseligkeiten und Gefahren ausgesetzt hatten.

Der Schnee fing nun an stark zu fallen, und nach beendigtem Abendessen krochen sie alle unter die Zeltdecke, während draußen auf einer Höhe von 13,190 Fuß bei — 8° R. ein furchtbarer Sturmwind heulte. Bald lagen alle im tiefsten Schlaf außer Willes, den die Sorgen über seine schwierige Lage wach hielten. Gegen 4 Uhr Morgens gab die Zeltdecke unter dem Gewicht des aufgehäuften Schnees nach und fiel nebst einigen Steinen auf die Schlafenden herab. Das Wegräumen des Schnees und Wiederaufrichten der Decke war eine höchst unangenehme Arbeit; doch ging sie noch leichter von Statten als das Wiedererwärmen der erstarrten Glieder. Bei Tagesanbruch ließ die Heftigkeit des Sturmes etwas nach, und Willes schickte nun seine Leute hinab, um unter den Gegenständen, welche die ausreißenden Lastträger von sich geworfen hatten, einige Erquickung für den Morgen zu suchen. Etwas Holz und eine Kalebasse mit Lebensmitteln wurden bald heraufgebracht, so daß ein unerwartetes Frühstück bereitet werden konnte.

Sehr erfreulich war die rasche Erholung der Kranken sowie der gute Muth, der sie zu ferneren Anstrengungen beseelte. Um 11 Uhr machte man sich also auf den Weg, und nach 2 Stunden beschwerlichen Steigens stand man endlich am Rande des Gipfelkraters. Noch immer fiel Schnee, mit dem der Boden fußhoch bedeckt war, und ein rauher Südwestwind wehte die Wanderer unfreundlich an. Man hatte gehofft, auf dem Boden des Kraters das Lager aufschlagen zu können; aber nachdem man einen langen Weg längs des rauhen Randes zurückgelegt, fand es sich, daß das Herabsteigen unmöglich war. Endlich wurde das Zelt etwa 60 Fuß vom Rande des Kraters aufgeschlagen, auf der ebensten Stelle, die noch zu finden war, und mit großen Lavablöcken befestigt. Als diese Arbeiten vollendet waren, schickte Willes seine Matrosen nach einer tiefer liegenden Station hinab und blieb mit zwei Dienern eben allein zurück. Da gegen Abend der Sturm nachließ, schmeichelte er sich mit der Hoffnung einer ruhigen Nacht; bald aber nahm der Orkan an Heftigkeit wieder zu. Das Feuer wurde verweht, das Licht ausgeblasen, das Zelt schwankte und schlug hin und her, als ob es in Stücke zerrissen und von der heulenden, an den Wänden des Kraters fürchterlich wiederhallenden Windsbraut weggefegt werden sollte. Doch es widerstand glücklich den wüthenden Angriffen des Sturms, und wahrhaft erfrischend war am folgenden Morgen der Anblick der aufgehenden Sonne.

Der Weihnachtstag, der erste, den jemals Christ oder Heide auf dem Gipfel des Mauna Loa zubrachte, war stürmisch und kalt. Man konnte sich gegen die rauhe Witterung nur durch Einhüllen in wollene Decken schützen; denn es war kaum Brennholz genug da, etwas Chololade zu wärmen.

Die folgende Nacht war fürchterlich. Stundenlang heulte der Orkan, und das ewige Hin- und Herschlagen der Zelttücher, verbunden mit dem unheimlichen Brüllen des Windes in den Schlünden des Kraters, erhöhte den Schauer der Dunkelheit und machte den Schlaf unmöglich. Das Thermometer fiel auf — 7° R. innerhalb des Zeltes, eine merkwürdige hochnordische Erscheinung auf einer tropischen Insel.

Doch trotz aller Widerwärtigkeiten ließ Wilkes sich nicht vom Gipfel verscheuchen, sondern setzte die Arbeiten zur Einrichtung seines Lagers mit unermüdlicher Ausdauer fort, bis endlich am 29. December die sehnlichst erwartete Hülfe vom Schiff eintraf, wodurch aller Mühe und Noth auf einmal abgeholfen wurde.

Am 30. benutzte Wilkes das schöne Wetter, um den Krater zu umgehen, der ungefähr eine elliptische Form hat mit Durchmessern von 13,000 und 8000 Fuß. Der tiefere Theil der ungeheuren Grube ist jedoch fast kreisrund und hat die Breite des kleineren Durchmessers. Die Wände waren in einem großen Theil des Umkreises steil oder sogar senkrecht; an der westlichen Seite betrug ihre Höhe 784 Fuß, an der östlichen 470. Der Boden bestand aus fester Lava von zahlreichen Spalten und Fumarolen durchzogen, welche Wasser- und Schwefeldämpfe in großen Mengen ausfließen. Zwei Schlackenkegel, aus leichter Asche aufgethürmt und von sehr regelmäßiger Form, erhoben sich vom Grunde. Kein brennender See erinnerte wie am Kilauea an die furchtbaren Feuergewalten, die im Innern des Berges toben: es war die stillste, einförmigste, traurigste, aber auch die großartigste Steinwüstenei, die man sich denken kann.

Um 2 Uhr erreichte Wilkes die westliche Seite des Doms vom Mauna Loa, der hier viel steiler als auf der östlichen ist. Die Lüfte waren ruhig und es herrschte eine todtenähnliche Stille. Die Aussicht war über alle Beschreibung erhaben. In der Ferne unterbrach das Gebirge der Insel Maui die Linie des dunkelblauen Horizonts, während ein weißlicher Nebel das Tiefland umschleierte und mit der Insel Hawaii zu verbinden schien. Derselbe Dunst umhüllte die Hügel von Kohala und die westliche Spitze von Hawaii. In größerer Nähe erhob sich der Mauna Hualalai, der dritte

Rielenberg der Insel, längs dessen Seite die Seebrise eine dichte Masse weißer flockiger Wolken herauftrieb. Zur Rechten stieg kühn gegen den Himmel Mauna Kea mit seinem Schneemantel empor, und zwischen den drei großen Bergen erstreckte sich die noch von keinem Menschen betretene Hochebene schwarzer Lava mit einem düsteren Leichentuch von Wollen überzogen. — Alle diese großen Züge der Landschaft waren durch die Nebelbünste so miteinander verschmolzen, daß dadurch ein harmonischer Farbenton von unbegreiflicher Schönheit entstand. Man kann sich die Gefühle denken, womit Wilkes seinen Messungsapparat auf dem höchsten Punkt des Mauna Loa nur wenige Fuß vom Krater aufstellte und ihn auf Mauna Kea richtete, um den Höhenunterschied dieser Zwillingsriesen des stillen Oceans zu bestimmen. Schon der Gedanke, auf einem so merkwürdigen Punkte zu stehen, hätte hingereicht einen starken Mann aufzuregen, er war fast überwältigend für Nerven, die durch langwierige Strapazen bereits erschüttert waren.

Wir haben den riesigen Feuerberg in seiner majestätischen Ruhe betrachtet, lernen wir ihn nun auch kennen in den furchtbaren Ausbrüchen seines Zorns.

Gegen Ende Mai 1840 verwandelte sich die ganze Oberfläche des Kilauea in einen Feuersee, dessen rasende Wogen furchtbar tosten und gegen die Wand des ungeheuren Kessels so entsetzlich anschlugen, daß große Felsenstücke sich losrissen. Am 30. Mai bemerkte man in Puna Rauch und Feuer aus dem Innern einer öden gebirgigten Gegend aufsteigen. Anfangs wurde die Erscheinung für einen Waldbrand gehalten, doch nahm sie bald so zu, daß nicht mehr an ihrer wahren Natur zu zweifeln war. Am 1. Juni begann der Strom, der aus mehreren Punkten aus einem langen Bergspalt hervorquoll, in nordöstlicher Richtung abzufließen und am dritten Tage erreichte er die See, wo er über einen 40 bis 50 Fuß hohen Abgrund springend mit entsetzlichem Getöse in die Tiefe stürzte. Man denke sich einen dunkelblutrothen Feuerstrom, so breit und tief wie der Niagara. Die Luft war nach allen Richtungen mit Asche, Dünsten und Gasen angefüllt, denn die Lava zerstob, indem sie das Wasser berührte, in Millionen von Atomen und fiel durch die Luft zurückgeworfen als Flugsand über die ganze Umgegend hin. Die Küste erweiterte sich eine Viertelmeile in die See und es entstand ein sandiger Strand mit einer neuen Landspitze. Drei Wochen lang ergoß sich dieser mächtige Lavastrom ohne bedeutend abzunehmen. An der See war er eine halbe engl. Meile breit, vordem abwechselnd in seiner Größe, indem er gleich wie ein Fluß sich nach den Gegenden formte, die er durchströmte. Je nach den Unebenheiten des Bodens wechselte natürlich auch die Tiefe von 10 bis über 200 Fuß.

Könnte man sich einen Strom wie den Ganges oder den Mississippi in flüssiges Feuer verwandelt denken, bald schneller, bald langsamer, bald zu einem See sich ausdehnend, bald durch Engpässe brausend, oder sich durch mächtige Urwälder und Wüsten schlängelnd, so würde man sich vielleicht eine Vorstellung von der hehren Großartigkeit jenes Lavaflusses machen. Als der Strom sich fortbewegte war auf dem ganzen östlichen Hawaii Nacht in Tag verwandelt, das Licht verbreitete sich wie die Morgenröthe über die Gebirge, und warf seinen Glanz selbst auf die entgegengesetzte Seite der Insel: mehr als 100 Meilen in See konnte die Beleuchtung deutlich wahrgenommen und in einer Entfernung von 40 Meilen sogar gedruckte Schrift gelesen werden. Kein Menschenleben und nur wenig Eigenthum ging durch diesen großartigen Ausbruch verloren, da er sich über eine fast unbewohnte Wüste ergoß.

An der Windseite konnte man sich dem Strom bis auf einige Ellen nähern, während man im Lee davon auf eine Ferne von vielen Meilen nicht leben konnte. Bisweilen ließ die Lava auf einen unterirdischen Gang vom Hauptkanal abweichend, drückte sich in denselben hinein, bis sich ihr auf ihrer dunklen Wanderung irgend ein Hinderniß entgegenstellte, worauf sie mittelst ihrer ausdehnenden Kraft die Erdrinde 15 bis 20 Fuß hoch kuppelförmig in die Höhe hob, die Schale durchbrach und sich herauswälzte. Ein Mann, der vom Hauptstrom weit entfernt stand und sich mit gespannter Erwartung in das Schauspiel vertiefte, ward plötzlich 10 Fuß hoch gehoben und hatte nur eben Zeit zu entkommen als die Erde dort wo er gestanden, sich öffnete und einen Feuerstrom ergoß.

Die Ausbrüche des Gipfelkraters, die in den Jahren 1843, 1846, 1852 und 1855 statt fanden, waren besonders auch dadurch merkwürdig, daß sie ohne alle vorhergehende oder begleitende Erdbeben, ohne alles furchtbare Getöse oder Emporschleudern von glühendem Gestein, vor sich gingen, — Erscheinungen, die bekanntlich bei den Ausbrüchen des Vesuvs oder des Aetna beständig wahrgenommen werden. Es war wie das ruhige Ueberfieben eines vollen Kessels. Ein Lichtschein an der Spitze des Berges verkündigte jedesmal den Erguß der feuerigen Massen.

Ein amerikanischer Missionar, welcher Augenzeuge vom Ausbruch des Jahres 1843 war, beschreibt uns (Jahresberichte der amerikanischen Missionsgesellschaft) wie der Strom nach jener ersten Lichterscheinung von Tag zu Tag an Größe und Stärke wuchs, und große Säulen flüssigen Feuers vom Berge herabrollten. Später sah man auch an einigen tiefer liegenden Punkten die Lava hervorbrechen und mit reißender Gewalt nach der Richtung des Mauna Kea dahinfließen. Der Ort des Ausbruchs konnte von der Schlafstube des Missionars aus deutlich gesehen werden, so daß der ehrwürdige Herr auf seinem Lager den phantastischen ewig wechselnden Bewegungen des Feuers folgen konnte. Das schnelle Hervorwälzen des Flusses, die strahlenden Säulen, das unheimliche Gelbse, alles trug dazu bei, die Seele zu bewegen, und hielt den Beobachter oft ganze Nächte wach. Volle vier Wochen hielt diese großartige Naturerscheinung unverändert an.

Beim Ausbruch von 1855 wälzte sich der Feuerstrom in der Richtung von Hilo herab und drohte den kleinen anmuthigen Ort mit seinen Lavawogen zu überschwemmen.

Am 11. August 1855 hatte man den leuchtenden Punkt am nordwestlichen Gipfel des Mauna Loa zuerst erblickt, und am 15. October war die langsam aber rastlos durch den dichten Urwald fortrückende Lava nur noch 10 englische Meilen von Hilo entfernt. Sie verfolgte das rechte Ufer des Wailuki, und ihre Quellen hatten noch immer nichts von ihrer furchtbaren Kraft verloren.

Am 22. October hatte sich die befürchtete Katastrophe noch nicht verwirklicht. Der große Gipfelkrater spie zwar noch immer seine feurige Massen aus, aber der Lauf des Lavastromes hatte sich bedeutend verlangsamt, sei es, daß die Becken, Schluchten und Schlünde, die er auszufüllen hatte, ihn aufhielten, oder auch die mit der Entfernung von den Quellen zunehmende Abkühlung sein Fortschreiten verhinderte.

Am 16. November war der Strom so langsam fortgerückt, daß trotz der unverminderten Thätigkeit des Vulkans die Sorge für Hilo fast ganz aufgehört hatte. Wo die Steigung des Bodens sehr gering war oder wo Wälder und Vertiefungen der Lava häufige Hindernisse in den Weg legten, betrug ihr Fortschritt kaum mehr als eine englische Meile in der Woche. Herrlich war es, die uralten Waldriesen von 6 Fuß Durchmesser aufflackern zu sehen, wenn der Feuerstrom sie vernichtend umarmte. An manchen Stellen hatte die darunter fließende Masse die verhärtete Rinde des Stroms durchbrochen, so daß die Oberfläche der eines sturmbewegten Meeres glich. Der Missionar Coan versuchte über die Lava zu gehen, mußte aber bald davon abstehen, denn es gab keine Quadratruthe auf der ganzen Oberfläche, wo nicht aus tausend Ritzen die flüssige Materie hervorgequollen wäre. Am 20. November war der Strom 8 Meilen von Hilo; am 2. Januar 1856 rückte er noch immer 3 Meilen breit vor, am 1. Februar war er dem Orte bereits auf 5 Meilen nahegerückt, so daß die Einwohner Anstalten zur Auswanderung trafen. Coan, der den Strom öfters besuchte, sah Lavagießbäche in die Schluchten mit derselben Schnelligkeit hinabstürzen wie das Wasser des Wailulifalles. Am 20. März, nach mehr als siebenmonatlichem Ueberfließen, war die Thätigkeit des Vulkans noch nicht erschöpft.

Es ist bemerkenswerth, daß in demselben Jahre 1855 auch ein Ausbruch des Vesuvs vom 1. bis zum 29. Mai statt fand, der eine für jenen Berg erstaunliche Lavamasse auswarf, die auf 17 Millionen Cubikmeter geschätzt wurde. Doch die von Mauna Loa ausgespieenen Materien übertreffen jene um das siebenunpzwanzigfache, da sie nach Coan's Berechnung sich auf 460 Millionen Cubikmeter oder 12,669 Millionen Cubikfuß beliefen — ein Maß, von dem unsere Einbildungskraft sich kaum eine Vorstellung machen kann.

— ·—··—

Die Insel Maui, welche ungefähr 20 Meilen nordwestlich von Hawaii liegt, ist nach dieser die größte und höchste der Gruppe. Sie besteht aus zwei Halbinseln, durch eine so niedrige Landenge verbunden, daß zuweilen Schiffe in der Nacht den verderblichen Versuch gemacht haben, hindurch zu segeln. Die östliche Halbinsel, auf welcher der riesige Haleakala „das Haus der Sonne" thront, gleicht einem der allmälig ansteigenden Kegelberge Hawaii's, während die westliche aus einer Masse von wild durcheinander geworfenen Gipfeln und Felsgrathen besteht. Das Klima zeigt je nach der Lage dieselben bedeutenden Verschiedenheiten wie auf Hawaii. Wo der Passat weht sind Regengüsse häufig, und zahlreiche Bäche haben im Lauf der Zeiten tiefe Furchen in die Bergseiten eingegraben; während in Lahaina, nach Honolulu dem bedeutendsten Hafen der Hawaiischen Gruppe, eine fast ewige Dürre herrscht. Jährlich wird Lahaina von ungefähr 50 amerikanischen Walfängern besucht, und schon vor 20 Jahren fand Bennett dort mehrere schöne steinerne Häuser und ein Lesezimmer für fremde Seeleute. Die mit einer Neigung von nur 8 bis 10 Grad sich erhebenden Seiten des Haleakala sind wie die seiner mächtigen Brüder auf Hawaii mit parasitischen Kegeln und frisch aussehenden Lavafeldern bedeckt, doch deuten die tiefen nach der Windseite gelegenen Thäler auf ein langes Erlöschen seiner Feuer. Die Eingebornen haben eine Sage, daß Pélé, die Göttin des Kilauea, einst auf dem Haleakala ihren Wohnsitz hatte, die durch das Heranrücken des Meeres erschreckt, sie nach Hawaii floh. Es läßt sich also vermuthen, daß der Vulkan erst vollständig erloschen ist, seitdem die Insel bevölkert wurde, also innerhalb der letzten zweitausend Jahre.

Der Gipfelkrater hat eine Tiefe von 1 bis 2000 Fuß, und übertrifft also in dieser Hinsicht den berühmten Kilauea, auch ist der Umfang bedeutender, da man, um ihn zu umwandern, ungefähr 15 engl. Meilen zurücklegen muß. Die Wände sind steil, doch kann man an allen Seiten, obgleich mit Schwierigkeit, heruntersteigen.

Ein Theil der Küsten von West-Maui ist von Corallen umrandet, doch sind die Riffe nicht so ausgedehnt als auf Oahu.

Diese letztgenannte Insel, welche einen Umfang von 600 engl. Quadratmeilen hat, besteht gleich Maui aus zwei getrennten Gebirgsmassen, zwischen welchen ein niedriges fast ebenes Land sich erstreckt. Die Berge haben unregelmäßige ausgezackte Formen, und sind von tiefen Thälern durchschnitten. Die Bergabhänge, bis zu einer Höhe von 600 oder 1000 Fuß, sind meistens mit Gras bewachsen, worauf die Waldregion anfängt. Wegen des eigenthümlichen Charakters des Gebirges sind die Thäler, sogar unter dem Winde wohl bewässert und mit dem üppigsten Grün verziert, nur die Uferebenen leiden an Dürre und sind fruchtbar nur so weit die künstliche Bewässerung reicht.

Die entgegengesetzten Abhänge der östlichen Bergreihe haben eine ganz verschiedene geologische Bildung. Von Süden her steigt das Land allmälig von der Uferebene empor, und zahlreiche breite Thäler durchfurchen das Gebirge, sich nach dem Meer hin erweiternd, während nach Norden die 1 bis 4000 Fuß hohen Bergwände steil, fast senkrecht hinabstürzen. Unterhalb liegt nur ein schmaler Landstreifen, dessen Breite von einer halben bis 2½ Meilen wechselt, eine geringe Ausdehnung im Vergleich zur Breite der südlichen Abhänge.

Die Ansicht dieser Bergmauer ist eine der merkwürdigsten im großen Ocean. Im kalten Norden bestünden die hohen Wände wahrscheinlich nur aus nacktem Fels, aber in diesem tropischen Klima kommt das Gestein nur hier und dort durch das dunkle Laubgehänge zum Vorschein.

Das westliche Gebirge fällt steil nach Südwesten ab; nach Osten dagegen senkt es sich allmälig zur Ebene hin. Zahlreiche Krater liegen auf dieser Insel zerstreut und zeugen von den vulkanischen Stürmen, die ehemals hier getobt haben.

Oahu ist nicht nur zum großen Theil von lebenden Corallenbänken umrandet, sondern auch am Fuß der Bergabhänge bilden an manchen Stellen gehobene Riffe weite Ebenen, 5 bis 25 Fuß hoch über dem Meer. Sie sind aus noch gegenwärtig vorkommenden Arten gebildet, und beweisen, daß die Insel in den jüngsten Perioden der Erdgeschichte im Steigen begriffen war, und wahrscheinlich noch immer gehoben wird.

Die Insel Kauai hat eine fast kreisrunde Form und ein Areal von 640 Quadratmeilen. Das Land steigt sehr allmälig von der Küste abwärts, ausgenommen an der westlichen Seite, wo ein 1000 Fuß hoher Abgrund sich steil in's Meer hinabsenkt. An andern Stellen besteht die Küste gewöhnlich aus 2 bis 300 Fuß hohen Klippen, hinter welchen eine sanft aufsteigende, 2 bis 5 Meilen breite Uferebene beginnt. Die Klippen ziehen sich auch zuweilen landeinwärts zurück, eine weite Strand- oder Uferfläche mit einer steilen Ringmauer einschließend. Die Höhe des Waialeale, des höchsten Pics, wird auf 8000 Fuß geschätzt. An der Westseite der Insel liegt ine Hochebene etwa 4000 Fuß über dem Meer.

Schon aus diesen allgemeinen Zügen läßt sich erkennen, daß Kauai mit romantischen Reizen reichlich ausgestattet sein muß, und die Erwartungen, die seine kühnen Bergformen aus der Ferne erregen, werden nicht getäuscht, so wie man in's Innere dringt. Besonders zeichnet sich durch seine reichen Naturschönheiten das herrliche Hanapepe Thal aus, welches an der südlichen Küste ausmündet, und dessen Gewässer zum Theil vom Bergriesen Waialeale entspringen. Bis 4 Meilen von der Küste bildet das Thal nur eine Furche durch die grasige Ebene; doch nun verengt es sich plötzlich zu einem spaltenartigen Hohlweg zwischen steilen, 1000 Fuß hohen Bergwänden, die bisweilen sich oben fast begegnen, so daß nur ein schmaler Himmelsstreifen durchschimmert. Das Bächlein rauscht vorüber, nun an dieser Seite des engen grünbewachsenen Grundes, nun an jener, und zwingt nicht selten den Wanderer die Bergwand hinanzuklimmen und an die Ritzen der Felsmauern sich festzuklammern um den rauschenden Gewässern zu entgehen, dort wo sie zu tief oder reißend sind, als daß man sie bequem durchwaten könnte.

Die steilen Wände, welche diesen schattigen Hohlweg einschließen, buchten sich an einigen Stellen halbkreisförmig aus, und diese Seitenschluchten ziehen sich dann bis zu den hohen Berggipfeln hinauf, reichlich verziert mit Schlinggewächsen und Blumengehängen, Farnkräutern und Gesträuch, ja sogar mit Waldbäumen wo ihre Neigung geringer ist. Sie sind durch die Bäche entstanden, welche an den Seiten des Hohlweges hinabströmend, den Basalt im Laufe der Zeiten zersetzt haben, und lassen uns in eine Vergangenheit von unberechenbarer Ferne zurückschauen. An Wasserfällen fehlt es nicht, oft sieht man viele zugleich die hohen Wände herabrauschen, und abwechselnd zwischen dem dichten Laube erscheinen und verschwinden: einige wie weißschäumende Fäden, andere wie breite Bänder, nur unvollkommen die schwarze Oberfläche des darunter liegenden Basaltes verbergend.

Nach einer Wanderung von etwa 4 Meilen durch diese romantische Schlucht kommt man zu den Fällen des Hanapepe. Eine hohe Bergwand, einen weiten Bogen beschreibend, schließt plötzlich den Hohlweg und bildet ein Amphitheater von unvergleichlicher Großartigkeit, zu welchem der lange Engpaß mit seinen säulenartig kanellirten Mauern und seinem reichen Schmuck von Laub, Blumen und lebendigem Wasser eine würdige Vorhalle bildet. Die hohen Wände des Amphitheaters sind mit einer dichten Vegetation verziert, gleich mannigfaltig in ihren Schattirungen und Formen. Zur linken neigt sich ein säulen- oder thurmartiger, weit vorspringender Fels über den Thalkessel. Seine abschüssigen Seiten sind nackt, außer hier und dort einigen Farnkräutern und anklebenden Moosen, während schönlaubiges Buschwerk den Gipfel krönt. Zur rechten stürzt aus einer hohen Schlucht, von Basaltsäulen wie von einem gothischen Portale eingefaßt, ein Wasserfall in träufelndem Schaum den Abgrund hinab, sammelt dort unten wieder seine Kräfte und setzt dann seinen schattigen Weg durch den Hohlpaß weiter fort.

Andere Thäler von ähnlichem romantischen Charakter, aber noch von keinem Reisenden beschrieben, ziehen sich durch das Innere Kauai's. Die Phantasie verweilt gerne beim erfreulichen Blicke der Zukunft, wo eine gebildete, wohlhabende Bevölkerung die Inseln besitzen und alle diese Naturreize genießen wird; wo Dampfboote von San Francisco, Vancouver und China zahlreiche Touristen dorthin führen und ein noch ungeborener Bädeker ihnen die Wege erleichtern wird.

Kauai wird der Garten der hawaiischen Gruppe genannt, und wer eben das sonnverbrannte Ufer Süd-Oahu's verlassen hat, erfreut sich doppelt des frischen Grüns jener romantischen Insel. Die Berge und die Thäler sind mit Wäldern bedeckt, und die hohe Küstenebene, die auf der südlichen, östlichen und nördlichen Seite die Insel umgürtet, ist meistens mit Gras und Gesträuch bewachsen und an einigen Stellen mit Pandanus- und Kuluihainen beschattet. Die niedrigen Gegenden der Insel befinden sich alle an der Windseite der Berge, wodurch die Fruchtbarkeit ihres verwitterten Gesteins hinreichend erklärt wird. Die hohen Gipfel und das erhabene Bergplateau im Westen liegen in einer Region von häufigen Nebeln und Regen, und zahlreiche Wasserfälle fließen wie Silberfäden längs der senkrechten Abhänge, oft aus Höhen von mehreren 1000 Fuß herab. So ist ganz Kauai mit seltenen Ausnahmen vortrefflich bewässert, und die niedrigen Gegenden versagen fast niemals ihre Früchte.

Ostwärts vom Dorfe Koloa erheben sich im südwestlichen Winkel der Insel acht erloschene Krater, auf den Raum einer einzigen geographischen Meile zusammengedrängt. Schwarze Lavamassen, noch ganz so nackt wie viele der Lavaseeen vom Mauna Loa, bedecken einen großen Theil dieses vulkanischen Distrikts, während an andern Stellen lose Steinblöcke mit kaum einem Strauch dazwischen in wilder Unordnung umher liegen. Oft sind die Lavaschichten, wie bei den jüngsten Ausbrüchen auf Hawaii, dom- oder gangartig aufgebläht, und viele der auf diese Weise gebildeten Höhlen haben einem ziemlich bedeutenden Umfang.

Die erste, welche Dana besuchte, war 10 Fuß hoch, 20 Fuß breit, 60 lang, und die gehobene Decke des Gewölbes, die zwar sehr rauh aber ohne Stalactiten war, hatte eine Dicke von 5 Fuß. Wo Höhlen dieser Art in's Meer ausmündeten, bilden sie Seebilder von ergreifendem Eindruck. Die Wellen des wellen Oceans, über die schwarzen Felsen daherbrausend, in den dunkeln Abgrund verschwindend und endlich in hohen Wasserstrahlen oder Schaumgarben aus dem durchlöcherten Gewölbe hervorspritzend, gewähren überall einen majestätischen Anblick, wo sie nur am Gestade dieser vulkanischen Inseln vorkommen, doch haben mehrere der Spritzlöcher von Kauai einen besonders großartigen Charakter. Mit Ausnahme der westlichen Steilküste sind die Ufer der Insel von einem schmalen Riff umrandet, welches durch die Aufhäufung des Corallensandes und das Anhalten des durch die

Flüsse von den Bergen herabgeschwemmten Schlammes zu ihrer allmäligen Vergrößerung beiträgt. So haben an der Mündung des Haualei Thales die vereinten Kräfte des Meeres, der Winde, des Flusses und des Riffs eine Ebene von 4 Quadratmeilen gebildet, auf deren reichen Fluren ein schönes Dorf sich erhebt.

Bedenkt man die bedeutende Ausdehnung und vereinsamte Lage der hawaiischen Gruppe, mitten im großen Ocean und hunderte von Meilen vom nächsten hohen Lande entfernt, so wird man sich nicht wundern, daß eine beträchtliche Anzahl Pflanzenarten diesen Inseln eigenthümlich ist und sonst nirgends in der Welt wildwachsend vorkommt. Bei der ansehnlichen Höhe der Gebirge läßt sich die Flora in drei Regionen eintheilen: die der Küsten oder niedrigen Ebenen, die des Waldgürtels unterhalb 6000 Fuß, und die der darüber liegenden Zone, wo der Baumwuchs sich bereits zum Gebüsch verkrüppelt und endlich nur noch dürftige Moose und Lichenen das zerklüftete Gestein der windumwehten Bergkuppen überziehen. Eigentliche alpinische Pflanzen fehlen gänzlich; denn in der Tropenzone fangen diese erst auf der Andenkette in Höhen an, welche die des Mauna Kea überragen. Mit dem des nächsten Continents, der Küste von Californien, hat der Vegetationscharakter nichts gemein, und obgleich er in mancher Hinsicht den indischen und· polynesischen Typen sich anschließt, so unterscheidet er sich doch schon wesentlich von der tahitischen Flora, was nicht zu verwundern ist, da beide Gruppen nicht weniger als 37 Breitegrade von einander entfernt und in verschiedenen Hemisphären liegen. So gedeiht der so üppig auf den Gesellschaftsinseln sich verwildernde Orangenbaum nur in einem einzigen Distrikt auf Kauai; der auf Tahiti zur Landesplage gewordene Guavastrauch hat auf den Sandwichinseln nur eine lokale Verbreitung; und die Brodfrucht endlich, die auf den südpolynesischen Gruppen die Hauptnahrung der Eingebornen ausmacht, wird fast nur bei Hilo in ihrer Vollkommenheit angetroffen. Eine um so größere Rolle im Haushalte der Hawaiier spielt die ergiebige Tarowurzel (Arum esculentum), die mit Hülfe kunstvoller Bewässerungen auf überschwemmtem Boden gezogen wird, doch auch auf den Bergen im Trockenen wächst und hierin dem Reis gleicht, dessen verschiedene Arten ebenfalls sowohl in Sümpfen als auf Bergen angebaut werden.

Die Feigenbäume, die in Südpolynesien oft zu riesigen Exemplaren auswachsen, fehlen gänzlich auf Hawaii. Die Orchideen sind äußerst selten, und die epiphytischen Arten dieser wunderbaren Familie kommen gar nicht vor, während die Compositae viel häufiger als auf den südpolynesischen Gruppen erscheinen.

Vorherrschend sind außerdem die Familien der Rubiaceen, Contorten und Urticeen, aus welcher letzten viele verschiedene wildwachsende Arten zur Verfertigung verschiedenartiger Fahrzeuge benutzt werden. Auch zeichnen sich im Charakter der Landschaft die baumartigen, milchigen Lobeliaceen aus, welche in großer Verschiedenheit vorkommen und sogar einige eigenthümliche Ordnungen bilden. Ferner zeigt sich ein bedeutender Unterschied in den baum- oder krautartigen Farren, die hier in ganz andern Gattungen als in den südlichen Gruppen auftreten.

Der äußere Saum der Inseln bringt häufig nur wenige Arten Gräser hervor, doch verleihen ihm an manchen Stellen die Cocospalme und der Pandanus den reizenden Schmuck, den sie gewöhnlich den polynesischen Gestaden gewähren. Die Früchte der ersteren werden nur wenig genossen; der Pandanus aber ist einer der nützlichsten Bäume der Inseln, da mit den Blättern die Häuser bedeckt, und Körbe und Matten daraus verfertigt werden. Die kleinen Nüsse reiht außerdem noch das schöne Geschlecht zu Halsbändern aneinander.

Auf den Uferebenen von Kauai bildet mitunter der Kukuibaum (Aleurites triloba) wundervolle Haine, wo schon einige Baumriesen mit ihren weitverbreiteten Aesten große Räume bedecken. Gottesdienst wird oft im Schatten eines solchen hehren Naturtempels gehalten, dem das grenzenlose Meer im Hintergrunde, sein Brausen mit dem Säuseln des Windes im Laube vermählend, einen noch erhabeneren Charakter gewährt.

Auf den wohlbewässerten Bergabhängen ist die Flora reich, ohne jedoch an üppiger Fülle der brasilianischen Natur vergleichbar zu sein.

Man findet hie und da in den Bergschluchten herrliche Bananenhaine, die Stamm an Stamm gepreßt eine dunkle Nacht unter ihren großen ausgebreiteten Blättern hegen. Diese Pflanze, die am Strande kultivirt kaum 5 Fuß hoch wird, erreicht an solchen Orten eine dreifache Höhe. Die Kazie, aus deren Stamm die großen Canots der Eingebornen ausgehöhlt wurden, vor Einführung der nach unserer Weise erbauten Boote, erreicht nur im hohen Gebirge die dazu erforderliche Größe, und es findet sich auch nur da der Sandelbaum, der früher so sehr zur Verdrückung des Volkes beitrug. Man weiß wie hoch jenes wohlriechende Holz von den Chinesen gepriesen wird, die es in ihren Tempeln vor den Götzenbildern verbrennen, und obgleich das auf Hawaii wachsende dem indischen an Güte nachsteht, so wurde es dennoch in Canton theuer genug bezahlt, um die Häuptlinge, den König, und vor allen die fremden Kaufleute auf Kosten der armen Unterthanen zu bereichern. Diese mußten ihren Feldbau vernachläßigen, um in der unwegsamen Wildniß das fluchbeladene Holz zu sammeln und es dann auf blutigen Schultern nach der Küste zu schleppen. Tausende erlagen den Mühseligkeiten dieses harten Frohndienstes, andere dem aus der versäumten Tarokultur entstandenen Mangel und manche verließen ihre Wohnungen und irrten wie wilde Thiere umher, um sich jener verhaßten Arbeit zu entziehen. Die Bevölkerung, der wahre Reichthum des Landes, schmolz zusammen, während der solcher Art erpreßte Tribut auf unsinnige Weise verschwendet wurde oder Niemanden zu Gute kam, da reiche mit dem Sandelholz angekaufte Ladungen europäischer Waaren häufig schlecht untergebracht wurden und verdarben. Nur als alles passende Holz nach Verlauf nur weniger Jahre erschöpft war, athmeten die Hawaiier wieder auf, denn das junge hat keinen Geruch und wächst nur langsam zur brauchbaren Güte heran. Es wird zwar noch immer Sandelholz ausgeführt, da der Nachwuchs sich bereits erholt hat, doch jetzt wo die Frohndienste aufgehört haben und sogar der König den in seinen Zucker- und Kaffeepflanzungen beschäftigten Arbeitern einen angemessenen Lohn bezahlt, können glücklicher Weise die ehemaligen Bedrückungen nicht mehr statt finden.

Zu den nutzbaren Gewächsen, welche bereits früher den Eingebornen bekannt waren — Pandanus, Broussonetia, Dracaena, Hibiscus, Curcuma, Tacca, Amomum, Saccharum u. f. w. — haben die Weißen noch manche neue hinzugefügt: die Yamswurzel, die Batate, die Kartoffel, den Tabak, den Kaffee nebst vielen Obstarten, Gemüsen und Zierpflanzen, die im allgemeinen recht gut fortkommen. Besonders verdient in dieser Hinsicht machte sich schon unter Tameamea dem ersten der Spanier Don Francisco de Paula Marini. Dieser war noch sehr jung als er in einem Hafen der amerikanisch-spanischen Küste, wahrscheinlich San Francisco, mit Früchten und Gemüsen auf ein Schiff geschickt ward, das im Begriff stand auszulaufen. Die Matrosen ließen den Knaben trinken, er schlief ein, sie verbargen ihn. Das Schiff war auf hoher See, als erwachend er hervorkam. Der Wurf, der sein Schicksal entschied, war geschehen, doch war es kein unfreundlicher gewesen.

Auf den Sandwich Inseln an's Land gesetzt, wurde Marini auf demselben zu einem Häuptling von Ansehen, der als betriebsamer Landwirth unablässig mit den Arten nutzbarer Thiere und Pflanzen, die er einführte, neue Quellen des Wohlstandes schuf, und als betriebsamer Handelsmann die damals schon zahlreich in Honolulu einlaufenden Schiffe mit allen ihren Bedürfnissen versorgte. Er besaß bei Honolulu zahlreiche Rinderheerden, Pferde, Esel und Maulthiere. Viele ausländische Bäume und Gewächse wurden in seinen Pflanzungen gehegt. Nach mehreren mißlungenen Versuchen gelang es ihm den Reis aus chinesischen Samen zu ziehen, auch legte er Weinberge von beträchtlichem Umfange an, wo die Traube zum Besten gedieh. Als Nonng 1835 starb, war Marini der Patriarch aller ansässigen Europäer, und 1828 machte Bennet noch seine Bekanntschaft, sowie ihn 20 Jahre früher Chamisso hatte kennen lernen. Seine Familie blüht wahrscheinlich noch immer auf Hawaii, denn er war vier Mal verheirathet und hatte 37 Kinder gehabt.

Aus der geologischen Beschaffenheit der hawaiischen Inseln geht schon hervor, daß ein großer Theil ihres Areals sich stets der Cultur rebellisch erweisen wird. Die höheren Gebirgsgegenden sind höchstens als Weide zu benutzen, und die wüsten Lavafelder Hawaiis trotzen dem Spaten und dem Pflug. Wo aber das verwitterte Gestein hinreichend bewässert wird, sei es durch häufige Regengüsse oder durch menschliche Nachhülfe, steht der Boden keinem andern an Fruchtbarkeit nach und bringt in den niederen Küstengegenden und tieferen Thälern viele der werthvollsten Erzeugnisse der Tropenwelt in der größten Menge und von vorzüglicher Güte hervor.

Wie auf allen polynesischen Inselgruppen, fanden die Europäer die hawaiischen Säugethiere nur auf ein Paar Arten — den Hund, die Ratze und das Schwein — beschränkt.

Der hawaiische Hund, der ausschließlich mit Tarobrei gefüttert wurde und gebacken eine Lieblingsspeise der Häuptlinge ausmachte, ist jetzt schon sehr selten geworden. Er zeichnet sich durch Kleinheit, braune Farbe, einen Fuchskopf, langen Rücken, krumme Vorderbeine und ein träges Wesen aus. Dagegen haben sich die europäischen Hunderacen sehr vermehrt und sind sogar zu einer förmlichen Landplage geworden, da sie auf den Bergen wie die Wölfe in Rudeln umherirren, die jungen Kälber und Ziegen zerreißen und sogar dem Menschen gefährlich werden.

Die erſten Rinder wurden bekanntlich von Vancouver eingeführt und haben ſich im verwilderten Zuſtande, namentlich an den graſigen Abhängen des Mauna Kea außerordentlich vermehrt. Von Hawaii ſind ſie über die übrigen Inſeln der Gruppe vertheilt worden und werden hin und wieder als Hausthiere benutzt, die meiſten aber, mit dem eingebrannten Zeichen des Beſitzers, durchwandern ohne Aufſicht die Savannengegenden, wo ſie auf ſüdamerikaniſche Weiſe mit der Wurfſchlinge (lasso) eingefangen werden — beſonders wegen der Häute die einen nicht unbeträchtlichen Ausfuhrartikel bilden. Man legt ihnen auch Fallgruben, in einer von welchen der verdienſtvolle ſchottiſche Botaniker Douglaß beim Pflanzenſammeln einen ſchauderhaften Tod fand (1833), da er beim Hereinſtürzen von einem bereits vor ihm hinabgeſunkenen wilden Stier durchſtoßen wurde.

Das braunwollige kaliforniſche Schaf ſcheint völlig eingebürgert zu ſein, obgleich die Welde und das Klima ihm nicht ſo zuſagen wie dem Pferde und dem Rinde. Auch die Ziege hat ſich ſtark vermehrt, ſowie die Katze, die zum Schrecken mancher Vögel ſich in der Wildniß vervielfältigt.

Die einheimiſchen wilden Vögel werden am meiſten im Innern und in den abgelegenen Waldungen angetroffen. Es zeichnen ſich unter ihnen die ſcharlachene Certhia mit ſchwarzen Schwanz- und Schwungfedern aus; die olivengrüne Certhia peregrina; ein kleiner Bergpapagei von reichpurpurner Farbe, und der berühmte ſchwarze moho (Melithroptes pacifica), deſſen paar gelbe Flügelfedern die herrlichen Mäntel der hohen Häuptlinge zierten und auch jetzt noch den geſuchteſten Kopfſchmuck der vornehmen Damen liefern, der häufig mit 60 bis 100 Dollars bezahlt wird. Außerdem kommen noch eine Art Eule und eine Ralle (Rallus ecaudatus) häufig vor, ſo wie auch wilde Enten und Regenpfeiler, die im October und November anlangen und nach andern unbekannten, wahrſcheinlich weit entfernten, Ländern ziehen. Eine Gans (Bernicla sandvicensis) iſt der Gruppe eigenthümlich, ein großer und ziemlich ſchöner Vogel, der von dort bereits nach England ausgeführt worden iſt, und auf den brittiſchen Inſeln ein zweites Vaterland gefunden hat.

Gewöhnliche Enten, Piſamenten und Truthähne, erſt in dieſem Jahrhundert eingeführt, haben ſich ſtark vermehrt; Hühner und Tauben wurden vorgefunden.

Die widerliche Klaſſe der Reptilien wird nur durch einige Eidechſen vertreten.

Das Meer ist reich an Fischen, deren viele mit einer außerordentlichen Farbenpracht begabt sind — an Boniten, Crocoeten, Haien, an großen scheußlichen Aalen, an verschiedenen Trigla Arten von abenteuerlichen Formen.

Unter den Krebsen zeichnen sich schöne Squilla- und Palinurus Arten aus, unter den Muscheln die kleine Perlmuttermuschel, die nur in einer einzigen Bucht in Oahu gefischt wird, und aus der nur kleine Perlen von geringem Werth gewonnen werden.

Den reichsten und interessantesten Theil der Fauna möchten die Seewürmer und Zoophyten ausmachen. Der Bohrwurm kömmt so häufig vor, daß er einem Boote, welches nur eine einzige Nacht seinen Angriffen ausgesetzt bleibt, schon namhaften Schaden beibringen kann. Angenehmer wäre die Gegenwart der gemeinen eßbaren Auster (Ostrea edulis), die in den hawaiischen Gewässern fehlt. Die an einheimischen Arten kärglich vertretene Insektenwelt ist durch eingeführte Arten auf widerwärtige Weise vermehrt worden. Dem Verkehr mit den Weißen verdankt Hawaii unter andern den Floh und die Plage der Schaben. Der Tausendfuß und der Hausscorpion, die sich in Honolulu eingebürgert haben, sind von Mazatlan eingeführt worden, und derselben Quelle werden auch die Mosquitos zugeschrieben. Pickering überzeugte sich, daß die Larven dieser Mücken viele Tage an Bord eines Schiffes leben, nachdem es den Hafen verlassen hat — so daß ihrer Verpflanzung nach andern ihnen zusagenden Oertlichkeiten durchaus nichts im Wege steht.

Zwanzigstes Kapitel.
Die Geschichte von Hawaii.

Gaetano 1542. — Cook 1778. — Sein Verweilen in der Karakakoa Bucht. — Es werden ihm göttliche Ehren erwiesen. — Feierlicher Besuch des Königs Kalaniopuu. — Cook's Ermordung 1779. — Zustand des Volkes zu Cook's Zeiten. — Hohe Vorrechte der Geburt. — Düstere Religion. — Peld, die Feuergöttin und ihr Gefolge. — Heiaus oder Tempel. — Menschenopfer. — Kriegerischer Sinn. — Das Speerwerfen. — Anecdote Kameamea's. — Kostbare Federmäntel. — Freistätten oder Buhonouas. — Kunstvolle Bewässerungen. — Fischweiher. — Wohnungen. — Hausgeräth. — Vielseitiger Gebrauch des Flaschenkürbisses. — Bonitenfang. — Tauschhandel. — Messen. — Gedrückter Zustand des Weibes. — Tod Kalaniopuu's 1780 — Kameamea König von Hawaii. — Empörung auf Hawaii. — Seltsames Naturphänomen. — Davis und Young. — Dreimaliger Besuch Vancouver's. — Dessen günstiger Einfluß auf Kameamea. — Unterwerfung der Inseln Maui, Kauai und Molokai. — Kameamea's Staatsklugheit. — Sein Versuch direct mit Canton zu handeln. — Große Unternehmungen. — Kameamea des Großen Tod 1819. — Kameamea II. — Unterdrückte Empörung auf Hawaii. — Protestantische Missionäre 1820. — Reise Kameamea's II. nach England, wo er mit seiner Gemahlin stirbt. — Kameamea III. — Landung einiger Jesuiten. — Gewaltsame Einführung des katholischen Kirchendienstes. — Hawaiische Verfassung 1840. — Europäisches Ministerium. — Ungebundene Manieren des hawaiischen Hofes.

Für uns fängt die Geschichte Hawaii's erst mit dem Augenblicke an, wo Cook am 19. Januar 1778 vor Kauai und Nihau erscheint. Wohl lebte in den Gesängen des Volkes die Erinnerung an eine lange Reihe von Königen; wohl hatte schon früher Gaetano (1542) die Inselgruppe entdeckt, doch erst Cook brachte Licht wo früher Dunkelheit herrschte, und förderte zu Tage was die Spanier aus Furcht vor den Flibustiern verheimlichten.

Der erste Besuch des großen Seefahrers war nur von kurzer Dauer, und beschränkte sich auf den genannten nordwestlichen Theil des Archipels. Der Anblick der ungeheuren Schiffe, der "schwimmenden Inseln" erregte namenloses Staunen bei den Eingebornen, welche schon längst die Spanier vergessen hatten; der Reichthum an Eisen erweckte ihre Habsucht, wiederholte Diebstähle fielen vor, und wurden mit Flintenschüssen bestraft.

Am 2. Februar segelten die Schiffe von Nihau ab, um neue Entdeckungen im Norden zu machen und jenseits der Behringsstraße in's Eismeer vorzudringen.

Indessen verbreitete sich die wunderbare Nachricht von Insel zu Insel und erreichte endlich das Ohr Kalaniopuu's, des Herrschers von Hawaii. Man erzählte ihm von den göttergleichen Fremden, von dem Donner und Blitz, den sie mit sich führten, wie sie vom Himmel gekommen und wieder dorthin zurückgekehrt seien. Bald darauf machte der König Tameamea, von seinem Liebling und Neffen begleitet, einen Eroberungszug nach Maui, wo er am 26. November 1778 eine große Schlacht gewann. Die Sieger brachten die Nacht an der Nordküste von Maui zu, und am folgenden Morgen erschienen, vom Norden zurückkehrend, die fremden Götter auf ihren schwimmenden Inseln. Ein lebhafter Tauschhandel wurde betrieben, und am 30. machte Kalaniopuu einen Staatsbesuch an Bord. Sein Neffe Tameamea blieb die Nacht auf dem Schiffe, zur großen Besorgniß des Volkes, welches, da das Fahrzeug sich von der Küste entfernte, ihn schon für verloren hielt. Doch der folgende Morgen zeigte ihnen die Grundlosigkeit ihrer Befürchtungen, denn der junge Häuptling stieg unverfehrt an's Land, und Cook, dem der hohe Rang seines Besuchers unbekannt blieb, segelte nach Hawaii, welches erst am vorigen Tage entdeckt worden war. Am 2. December erreichte er bei Kohala die Küste jener großen Insel, und setzte dann langsam seine Fahrt um die Ostspitze derselben fort, von Zeit zu Zeit mit den Eingeborenen verkehrend, deren Diebesgelüste nur durch die vielgefürchteten Feuerschlünde in Zaum gehalten werden konnten. Am 17. Januar ging er in der Karakakoa Bucht vor Anker, und da mit jedem Tage die Erregung und Neugierde des Volkes zunahm, waren bald unzählige Menschen und mehr als 300 Pirogen in der Nähe der englischen Schiffe versammelt.

Unter den zahlreichen Göttern Hawaii's nahm Rono eine hohe Stelle ein. Er war einst König auf der Insel gewesen und hatte seine Frau in einem Zornanfall erschlagen, sie nachher aber so tief betrauert, daß sein wohl nie sehr starkes Gehirn darüber in vollständige Zerrüttung gerieth. In diesem Zustande wanderte er durch die Insel, kämpfend und ringend mit allen die ihm in den Weg kamen. Endlich setzte er sich in ein Boot, fuhr in die hohe See und kehrte zur allgemeinen Zufriedenheit — nicht wieder zurück. Nichts destoweniger ward er nach seinem Verschwinden vergöttert und sein Andenken durch jährliche Kampfspiele, wahrscheinlich zum Andenken an seine Lieblingsneigungen, gefeiert.

Für diesen aus dem Himmel wieder herabgefahrenen Rono ward Cook gehalten und mit entsprechenden Ehren überhäuft. Wo er sich nur sehen ließ, stürzte das Volk vor ihm nieder oder kroch ihm auf Händen und Füßen nach. Am Tage seiner Ankunft ward er nach dem Haupt heiau oder Tempel geführt, und in aller Form den fratzenhaften Idolen vorgestellt, deren Dienst der heilige Ort gewidmet war. Man brachte ihm ein Schwein zum Opfer, salbte ihn und kleidete ihn mit den heiligen Gewändern des Gottes.

Am 24. Januar kam Kataniopuu von Maui zurück und besuchte Cook am 26. Drei große Doppelpirogen bildeten den stattlichen Zug des wilden Monarchen. In der ersten befanden sich der König und die vornehmsten Häuptlinge mit ihren prächtigen Federmänteln und Helmen geschmückt; in der zweiten der Hohepriester mit seinen Gehülfen und scheußlichen Götzenbildern; in der dritten und letzten, aber durchaus nicht unwillkommensten, die Schweine und Früchte, die Cook zum Geschenk bestimmt waren. Nachdem sie erst um die Schiffe geruderт, wobei die Priester mit großer Feierlichkeit sangen, begab sich die ganze Gesellschaft nach dem Lande zurück, wo Cook sie unter einem Zelte empfing. Kataniopuu warf ihm seinen eigenen Mantel um die Schultern, und von den Priestern ward ihm wie einem göttlichen Wesen gehuldigt. Hierauf wurde der König mit seinem hohen Gefolge an Bord des Flaggenschiffs geführt und mit allen ihm gebührenden Ehren empfangen, doch erhielt er von Cook, der eben nicht durch Freigebigkeit glänzte, für seine werthvollen Gaben nur das Gegengeschenk eines leinenen Hemdes und eines ganz gewöhnlichen Hirschfängers.

Man kennt den feinen Takt der Engländer, und wie sorgsam sie im Verkehr mit fremden Völkern alles vermeiden, was deren Vorurtheile oder Eigenliebe beleidigen könnte — man wird es daher auch ganz in der Ordnung finden, daß Cook, der eben um Brennholz verlegen war, zwei eiserne Peile für das hölzerne Geländer anbot, welches die steinerne Mauer des heiau's bekränzte. Als aber sein Anerbieten mit Entrüstung abgewiesen wurde, gab er Befehl ohne Weiteres die Umzäunung abzubrechen und nach den Booten zu tragen. Hierbei wurden von einigen rohen Matrosen auch die Götzenbilder zertrümmert, die auf dem Geländer aufgesteckt waren, ohne daß die anwesenden Priester und Häuptlinge es gewagt hätten sich der Entweihung ihrer Heiligthümer zu widersetzen. Cook bot nun noch einmal seine Beile an, doch der Priester den er anredete, wies sie von sich, worauf sie ihm auf rohe Weise in den Gürtel gesteckt wurden. Offenbar hatte Kono auf Reisen an Liebenswürdigkeit nicht gewonnen.

Mit jedem Tage wuchs die Unzufriedenheit und verminderte sich bei näherer Bekanntschaft die ursprüngliche Ehrfurcht. Der Tod und das Begräbniß eines Matrosen trug ebenfalls nicht wenig dazu bei den Glauben an die Göttlichkeit der Fremden zu schwächen. Man murrte über den entsetzlichen Verbrauch der leckersten Speisen, und da die weißen Menschen, die mager und hungrig vom Himmel gekommen, nun abgerundet und wohlgenährt aussahen, gab man ihnen nicht undeutlich zu verstehen, daß es an der Zeit sei dorthin zurückzukehren. Als die frohe Kunde sich verbreitete, daß Kono zur Abfahrt sich anschicke, wurden als Abschiedsgeschenk volle Bootsladungen von Schweinen, Früchten und Kleidungsstücken an Bord gebracht; eine Freigebigkeit, die auch nicht mit der allergeringsten Gegengabe erwiedert wurde.

Am 4. Februar lichteten die Schiffe die Anker, wurden aber noch in der Nähe des Landes durch eine Windstille zurückgehalten und bei dieser Gelegenheit auf's Neue mit Schweinen beschenkt. Endlich verschwanden sie am Horizont, doch war die Freude der Eingeborenen über ihre Entfernung nur von kurzer Dauer, denn ein Sturm, der am 6. und 7. Febr. wüthete, brachte den Fahrzeugen einige Beschädigungen bei, so daß sie genöthigt wurden nach der Insel zurückzukehren, und am 11. wieder an ihrem früheren Ankerplatze lagen. Dießmal jedoch war der Empfang bei weitem nicht so herzlich, und statt der lauten Freude bewillkommte Cook ein bedeutsames Schweigen. Das Betragen der Eingebornen wurde immer dreister und herausforderader, die Diebstähle nahmen zu, und endlich wurde bei Nacht sogar der große Kutter der „Discovery" entwendet, worauf Cook, um derartigen Vorfällen ein für alle Mal ein Ende zu machen und sich Sicherheit und Ruhe für die noch übrige Dauer seines Aufenthaltes zu verschaffen, den Entschluß faßte sich der Person des Königs zu bemächtigen und ihn als Geißel an Bord zu führen. Er landete daher mit einer Abtheilung bewaffneter Seesoldaten, und marschirte sogleich nach der Wohnung Kalaniopuu's. Die Kanaken oder Eingebornen, die noch immer nicht alle Ehrfurcht vor Rono verloren hatten, warfen sich wie gewöhnlich vor ihm nieder, kein Zeichen der Furcht oder Feindseligkeit gab sich kund und der König erklärte sich bereitwillig ihm an Bord zu folgen. Bald darauf jedoch sah man die Krieger ihre langen Speere und eisenharten Keulen ergreifen, und die dichten Matten anziehen, die ihnen als Panzer dienten, und die Aufregung ward noch vermehrt als die unglückliche Nachricht sich verbreitete, daß die Boote der „Discovery" auf eine Piroge geschoffen und einen der ersten Häuptlinge getödtet hätten. Da Cook nun anfing seine Lage für bedenklich zu halten, gab er dem ihn begleitenden Marinelieutenant Befehl nach dem Ufer zu marschiren, während er selbst voranging, den König an der Hand führend, der von seiner Gemahlin, zwei Söhnen und einigen Häuptlingen begleitet war. Die Kanaken wichen an beiden Seiten vor dem Zuge aus, und da dieser kaum 50 Schritt zu machen hatte, und die Boote nur eine kurze Strecke vom Lande entfernt lagen, ließ nichts das bald zu erfolgende traurige Ereigniß erwarten. Des Königs jüngster Sohn Keowa stieg ohne weiteres in die Schaluppe und Kalaniopuu war auf dem Punkt zu folgen, als seine Gemahlin sich ihm um den Hals warf und mit Hülfe zweier Häuptlinge ihn zurückhielt. Cook hätte nun noch in voller Sicherheit auf sein Schiff zurückkehren können, doch zögerte er die Hand des Königs fahren zu lassen — und diese eine Minute entschied über sein Schicksal. Ein Kanake warf ihn mit einem Steine, und Cook der etwas jähzornig war, schoß sogleich auf den Wilden. Dieser, den seine dicke Matte gegen das Schrot geschützt hatte, erhob nun seinen Speer, worauf Cook ihn mit dem Kolben zu Boden schlug. Da unterdessen Keowa sich noch immer auf der Schaluppe befand, hätte seine Verwahrung die Hawaiier gewiß noch in Schach gehalten und dem großen Seefahrer das Leben retten können, doch unglücklicher Weise ließ man ihn auf sein Verlangen an's Land gehen, so wie der erste Schuß gefallen war.

Nun schleuderten die Kanaken einen Steinregen auf die Marinesoldaten, die mit einer Musketensalve den Angriff erwiederten, worauf sogleich auch aus den Booten gefeuert wurde. Cook drückte sein Erstaunen hierüber aus, schwenkte mit der Hand um dem Schießen Einhalt zu thun und rief den Leuten in den Booten zu, näher heran zu kommen um die Marinesoldaten aufzunehmen. Doch nur eine der Schaluppen verstand den Befehl, die andern stießen vielmehr weiter vom Lande ab, und schnitten dadurch dem unglücklichen Cook den letzten Rettungsanker ab, denn die Kanaken, durch das Schießen zur Wuth gereizt, stürzten sich auf die Marinesoldaten und trieben sie in's Wasser, während Cook allein auf einem Felsen zurückblieb. Es wurde zwar fortwährend aus beiden Booten gefeuert, aber das eine war zu weit und das andere, mit Marinesoldaten überfüllt, konnte nicht mit der gehörigen Sicherheit schießen. Nun sah man Cook auf das Boot zukommen die Flinte unter dem Arm und die andere Hand auf den Hinterkopf gelegt, um ihn gegen die Steinwürfe zu decken. Es folgte ihm ein baumstarker Kanake, doch unentschlossen und wie es schien zwischen Mordlust und Ehrfurcht kämpfend, da man ihn ein paar Mal stille stehen sah. Endlich jedoch versetzte er dem unglücklichen Seefahrer einen Keulenschlag auf das Hinterhaupt und zog sich dann schnell zurück, als ob er jetzt schon die That bereue. Jener taumelte einige Schritte weit und fiel dann auf eine Hand und ein Knie, wobei zugleich die Flinte ihm entglitt.

Ehe er sich wieder aufrichten konnte verfetzte ihm ein anderer Kanake einen Dolchstich in's Genick. Hierauf fiel er in das seichte Wasser am Uferrande, wo man ihn zu ertränken suchte, doch noch immer kräftig um sein Leben ringend, erhob er den Kopf und blickte wie um Hülfe bittend nach dem Boote. Letzteres lag kaum fünf Armslängen davon, doch so groß war die Unordnung und das Gedränge, daß nichts für seine Rettung geschehen konnte. Die Kanaken überwältigten ihn noch einmal — noch einmal brachte er den Kopf in die Höhe — doch völlig erschöpft sank er auf den Felsen nieder — wo ein zweiter Keulenschlag ihn wahrscheinlich von seinen Leiden erlöste, da er von nun an keine Bewegungen mehr machte.

Die Leiche wurde triumphirend fortgeschleppt und mit unzähligen Dolchstößen durchbohrt. Erst nach mehreren Tagen gelang es durch Unterhandlungen und Gewaltmaßregeln, einen Theil der Gebeine zu erhalten, der in einen Sarg gelegt und am 21. Februar 1779 mit allen Ehren in's Meer versenkt wurde.

Nach Ellis hatten die Hawaiier das Fleisch von den Knochen getrennt und verbrannt, nicht aus barbarischer Wuth, sondern um dem Erschlagenen die höchste Ehrfurcht zu erweisen. Die Ueberreste, die den Engländern nicht ausgeliefert wurden, brachte man nach einem dem Rono geweihten Heiau an der entgegengesetzten Seite der Insel, um sie dort wie Heiligthümer anzubeten. Jährlich wurden sie in feierlichem Umzuge herumgetragen, wobei die Priester nicht ermangelten Opfergaben einzusammeln. Ein kleiner Korb ganz mit rothen Federn, dem nothwendigen Schmuck aller Götzenbilder überzogen, enthielt die ehrwürdigen Reliquien. Was später daraus geworden darüber gibt uns Ellis keinen Aufschluß.

Einige Schritte vom verhängnißvollen Felsen sieht man noch heutigen Tages den Stumpf der Cocospalme, an deren Fuß, der Sage nach, Cook sein Leben aushauchte. Der Stamm selbst wurde abgehauen und nach England gebracht, wo er im Greenwich Hospital neben Franklin's und Nelson's Reliquien aufbewahrt wird.

Es läßt sich nicht leugnen, daß das traurige Ende des großen Seefahrers, der bekanntlich von niederer Herkunft und ohne alle Schulbildung aufgewachsen, weit eher seinen eigenen Mißgriffen, als der Bösartigkeit der Hawaiier zuzuschreiben war. Hätte er sie rücksichtsvoller und humaner behandelt, so würden sie auch die ursprüngliche Ehrfurcht bis an's Ende beibehalten haben. „Auf Cook's früherer Reise", bemerkt J. R. Forster „begleiteten ihn Banks und Solander; auf der zweiten ich und mein Sohn; auf der dritten und letzten lauter ihm untergebene Leute, daher kein Wunder, daß er die sich selbst und seinem Charakter schuldige Achtung vergaß, und einige höchst grausame und unmenschliche Handlungen beging."

Zur Zeit als Cook Hawaii besuchte, lastete das doppelte Joch der weltlichen und priesterlichen Tyrannei mit aller Schwere auf dem unglücklichen Volke. Jede Insel hatte einen oder mehrere unabhängige Herrscher, die häufig unter sich oder mit ihren eigenen Unterthanen im Kriege waren. Jeder suchte mit Gewalt das Eigenthum seines Nachbars an sich zu reißen: Sicherheit war für Niemanden vorhanden. Wie in den düstersten Perioden des europäischen Mittelalters galt nur das Recht des Stärkeren. Doch wurde die Willkür der Mächtigen bis zu einem gewissen Grade durch gewisse althergebrachte Gebräuche oder Gesetze beschränkt, die kein Despot zu verletzen wagte. Hierdurch wurden die Abgaben oder Frohndienste bestimmt, die den Häuptlingen von ihren Untergebenen entrichtet oder geleistet werden mußten, so wie die Verpflichtungen jener gegen diese. Besonders bindend waren sie auch in Bezug auf die Bewässerung der Felder, auf die Wassermenge, die jeder sich aneignen durfte.

Die Geburt genoß Vorrechte und Ehren wie der anmaßendste hinterpommersche Krautjunker sie nur wünschen oder träumen könnte. Der Adel war erblich und pflanzte sich besonders von der mütterlichen Seite fort. Den ersten Häuptlingen und Priestern wurden die sclavischsten Huldigungen von dem leibeigenen Volke dargebracht. Wo sie erschienen mußte sich alles vor ihnen niederwerfen: ohne ihre Erlaubniß durften weder ihre Personen berührt noch ihre Wohnungen betreten werden. Um sich noch mehr vom gemeinen Volke abzusondern, hatten sie sogar eine eigene Sprache, Speisen, die sie nur allein genießen, Badeplätze, die sie nur allein benutzen konnten. Kein Verdienst, keine Gunst vermochte den Gemeinen zu jener bevorzugten Klasse zu erheben, nur die Geburt gab den Adel: kein Hawaiier hätte unsere modernen Barone von der Börse begreifen können. Die Natur selbst schien ihren Siegel auf das angeborene Vorrecht gedrückt zu haben und das Vorurtheil der Kasten zu begründen, denn während der gemeine Mann von mittelmäßiger Größe war, wuchs die Statur der Häuptlinge von beiden Geschlechtern zu einer mehr als sechsfüßigen Höhe mit entsprechender Stärke und Breite. Man hat von einigen Häuptlingen behauptet, daß wenn sie einen Mann bei Kopf und Bein ergriffen, sie im Stande waren dessen Rücken über ihr Knie zu brechen. Ein Körpergewicht von 3 bis 400 Pfund war nichts ungewöhnliches für eine vornehme Dame, die im reiferen Alter durch ihre Wohlbeleibtheit fast so unbehülflich wie eine chinesische Schöne wurde. Ihr Gang war ein unsicheres Taumeln; doch zeigte sich in der Haltung der angeborene Stolz der Geburt und des Ranges.

Eine düstere Religion voller Strafen für das gegenwärtige Leben und dunkler Drohungen für die Zukunft fügte ihr eisernes Gewicht den übrigen Lasten des gedrückten Volkes hinzu. Menschenfreundlichkeit und Güte gehörten nicht zu den Attributen der hawaiischen Gottheiten; sie waren nur da um Furcht und Schrecken zu verbreiten, und dieser Charakter drückte sich getreulich in ihren scheußlichen Bildnissen aus, grotesken Ungethümen einer höllenbreughelischen Einbildungskraft würdig, deren klaffende Rachen mit Garnituren von Hundszähnen bewaffnet waren.

In den brennenden Kratern des Mauna Loa hielten die vornehmsten Gottheiten der Hauptinsel sich auf, denn welche Naturerscheinung konnte sich an furchtbarer Großartigkeit mit den Ausbrüchen des unterirdischen Feuers vergleichen und mächtig vor allen mußten die geheimnißvollen Gewalten sein, die sich auf solche Weise offenbaren konnten.

Dort lebte Pelé, die schreckensreiche Göttin des Feuers und mit ihr ein ganzes Gefolge untergeordneter Wesen, unter welchen Kamoho „König des Dampfes", Teoahitamatana „der feuerspeiende Kriegssohn", Tanchetiri „der Gott des Donners" lauter Brüder, deren zwei wie der griechische Vulkan einen verunstalteten Körper hatten, eine hervorstechende Rolle spielten. Diesem unbändigen Kleeblatte gesellten sich die nicht minder liebenswürdigen Schwestern: Makore wawahi „die feueräugige Bootbrecherin"; Hiatawawahilani, Hiiata-taarava-mata und Hiiata hoi to pori a Pelé: „die himmelzerreißende, die schnell um sich blickende und die Pelé umfassende Wolkenhalterin."

Das Brüllen des unterirdischen Feuers war die Musik wonach diese Gottheiten tanzten, und jauchzend schwammen sie in den Wogen des Flammenmeeres. Niemals verließen die Furchtbaren ihre Wohnungen zu wohlthätigen Zwecken, stets nur um Opfer zu empfangen oder Rache auszuüben; das Zittern der Erde, der sich ergießende Lavastrom verkündeten ihre Ankunft. Die ganze Insel war verpflichtet ihnen Tribut zu zahlen, und wenn die Häuptlinge oder das Volk mit den erwarteten Opfern säumten oder auf sonstige Weise die Unzufriedenheit jener dämonischen Mächte auf sich gezogen hatten, wanderten sie auf unterirdischen Wegen zum nächstliegenden Krater und überschütteten von dort aus die Schuldigen mit ihren schrecklichen Plagen.

Außer den allgemein verehrten Gottheiten hatte jeder vornehme Häuptling seine eigenen Idole, denen gewöhnlich auf Anhöhen oder in der Nähe des Meeres Tempel oder Heiaus errichtet wurden, welche hervorstehende Gegenstände in der Landschaft bildeten. Sie waren mit einem großen Aufwand von Arbeitskräften aus losen Steinblöcken gebaut, die kunstreich auf einander gehäuft, sich zu festen Mauern zusammenschlossen und hatten gewöhnlich die Form eines unregelmäßigen Parallelograms.

Der Heiau zu Kawaihae auf Hawaii, den Tameamea seinem Kriegsgotte Kaili widmete, war 224 Fuß lang, 100 breit, mit 8 bis 20 Fuß hohen Mauern an der Basis 12 Fuß dick, oben 2 bis 6 breit. Der schmale Eingang führte durch zwei hohe Mauern hindurch. Am Südende befand sich das Allerheiligste, wo von einer Menge untergeordneter Gottheiten umgeben das mit rothen Federn reichlich geschmückte Bildniß Kaili's sich erhob. Scheußliche Idole von allen Größen und Formen grinsten von der Ringmauer herab. Am Tage wo der Tempel vollendet wurde schlachtete man elf Menschen auf dem Altare des blutdürstigen Götzen.

Der Kannibalismus, der früher herrschte, war zwar schon zu Cook's Zeiten allmälig außer Gebrauch gekommen, doch noch immer wurden beim Tode der Könige, Fürsten und vornehmen Häuptlinge menschliche Opfer aus der niedrigsten Kaste geschlachtet und mit ihren Leichen bestattet, damit es ihnen auch jenseits nicht an der nöthigen Bedienung fehle. In gewissen Familien erbte nach bestimmten Gesetzen das Schicksal mit den verschiedenen Gliedern dieser oder jener vornehmen Familien zu sterben, so daß von der

Geburt an verhängt war, bei weſſen Tode einer geopfert werden ſollte. Die Schlachtopfer wußten ihre Beſtimmung, doch ſchien ihr Loos nichts abſchreckendes zu haben, denn der Menſch gewöhnt ſich leicht an das Unvermeidliche, beſonders wenn es in weiter unſicherer Ferne vor ihm liegt. Wer von uns läßt ſich den Genuß des Tages durch den Schlagfluß oder das böſe Fieber, die Schwindſucht oder die Entzündung verderben, welcher er dereinſt doch unterliegen muß?

Die Prieſterkaſte wußte den Aberglauben des Volkes auf mannigfache Weiſe auszubeuten. Ehe ein neues Haus bezogen wurde, mußten die böſen Geiſter erſt daraus verbannt werden. Opfer oder Geſchenke wurden dem Prieſter dargebracht, der betend und verſchiedene Ceremonien verrichtend eine Zeit lang im Hauſe verweilte und dieſem dadurch eine ſolche Weihe gab, daß es von nun an gegen alle ſchlimmen Einflüſſe der Geiſterwelt geſichert war. Der Glaube an zauberiſche Beſchwörungen, durch welche man ſeinen Feind zu Tode beten könne, und den wir bereits auf Tahiti und den Marquesas angetroffen haben, war auch hier allgemein verbreitet.

So lebte der Hawaiier ein Sclave der Tyrannei oder ſeines eigenen Aberglaubens — doch würde man ſehr irren wenn man ihn dabei für beſonders unglücklich gehalten hätte. Mit kindiſcher Sorgloſigkeit genoß er, ohne die Jahre zu zählen, die Freuden, die ſchon allein das Daſein unter jenem licht- und farbreichen Himmel, in jenen lauen würzigen Lüften mit ſich bringt — kam Schmerz und Tod, ſo wußte er ſie mit ſtoiſcher Unempfindlichkeit zu ertragen.

Wie an der Schifffahrt hatte er, kriegeriſchen Sinnes, an ſeinen Waffen, an ſeinen Wurfſpießen Luſt. Mit kurzen leichten Rohrhalmen übten ſich ſchon die Knaben ſicher nach einem wandernden Ziele in die Weite zu werfen und Jünglinge und Männer erfreuten ſich, gleich unſern alten Rittern im Turniere, an Waffenſpielen, die nicht ohne Gefahr waren.

Jährlich an einem beſtimmten Feſttage, kam der König an's Land gerudert, wo eine große Volksmenge ſeiner wartete, vornean drei Häuptlinge vom höchſten Range, jeder mit dem Wurfſpieß in der Hand. So wie er ausſtieg und ſich dem Ufer näherte, warf einer nach dem andern, dem Range nach ihm ſeine Waffe mit voller Kraft entgegen und zwar mit ſolcher untrüglichen Sicherheit, daß die geringſte Ungeſchicklichkeit ſeinerſeits ſich mit dem Tode beſtraft hätte. Den erſten Wurfſpieß fing er im Fluge auf und wehrte damit die beiden folgenden ab.

Als Tameamea bereits den Gipfel der Macht erklommen hatte, und dem Alter sich näherte, ward er oft gebeten diesen alten Gebrauch fallen zu lassen: „Nein," war die Antwort, „derjenige ist unwürdig zu herrschen, der sich nicht selbst zu vertheidigen vermag. Ich kann auffangen so gut wie werfen." Im Steinschleudern waren die Kawalier so vortrefflich eingeübt, daß sie vier Mal unter fünfen einen dünnen Stock, in einer Entfernung von fünfzig Ellen treffen konnten. Eine dichtgeflochtene Matte schützte den Leib des streitenden Kriegers, der Häuptling schmückte sich für die Schlacht mit seinem prächtigen Federmantel und Helm, dem kostbarsten Ornate mit dem ein wilder Despote sich nur zieren konnte. Besonders hochgeschätzt waren die gelben Federn des Moho (Melithreptes pacifica), von welchen wie ich bereits erwähnte der braune Vogel auf jedem Flügel nur ein Paar besitzt. Diese wurden auf's künstlichste über eine Art Stramin dachziegelartig zusammengelegt, so daß sie eine vollkommen glatte Oberfläche bildeten, die wie der reichste Goldbrokat schimmerte. Wenn man bedenkt, daß auch jetzt noch fünf solcher Federn mit anderthalb Dollars bezahlt werden, und daß der berühmte Königsmantel Tameamea's, 10 Fuß lang und 6 bis 7 Fuß breit gänzlich damit bedeckt ist, so dürfte kaum irgend ein Fürstenschmuck diesem Gewande an Kostbarkeit gleich kommen. Die Häuptlinge trugen minder werthvolle Mäntel, die auf schwarzem oder dunkelpurpurnem Grunde mit Figuren aus gelben und rothen Federn (letztere von Nectarinia coccinea) eingewirkt waren: der Kopfputz hatte die Form eines griechischen Helmes und war auf ähnliche Weise verziert.

So wie vor dem Gefechte menschliche Opfer geschlachtet wurden um die Mitwirkung der Kriegsgötter zu erwerben, so wurden auch nach demselben keine Gefangene gemacht, sondern die Fliehenden unbarmherzig niedergemetzelt. Gelang es ihnen aber die Freistätte eines Puhonoua zu erreichen, so waren sie in diesem unverletzlichen Heiligthum vor jedem ferneren Angriff sicher, denn so wie sie die Schwelle betraten, erlahmte der Wurfspieß in der Hand des grimmigsten Verfolgers. Von diesen der Milde geweihten Asylen gab es zwei auf der Hauptinsel, zu Waipio und Honaunau. Ellis staunte über die Größe des letzteren. Die Freistätte war 715 Fuß lang 404 breit und bildete ein unregelmäßiges Parallelogram mit 12 Fuß hohen und 15 Fuß dicken Mauern. Innerhalb dieser Einfriedigung befanden sich drei große heiaus, zwei von welchen aber schon ziemlich zerstört waren. Der dritte erhob sich auf einer festen Steinmasse 126 Fuß lang, 65 Fuß breit und 10 Fuß hoch. Viele Lavablöcke von einem Gewicht von zwei Tonnen und darüber wurden mindestens 8 Fuß hoch vom Boden in den gewaltigen Mauern bemerkt. Dieser l'uhonoua wurde auf Befehl Keave's erbaut, der vor etwa drei Jahrhunderten in Hawaii regierte. In Kriegszeiten zogen gewöhnlich die Frauen, Kinder und Greise der Nachbarschaft in den l'uhonoua und erwarteten dort in voller Sicherheit das Ende der blutigen Fehde. Der flüchtige Krieger ging auf das Hauptgötzenbild zu und empfahl sich dessen Schutze oder drückte seinen Dank aus durch ein kurzes Gebet. Verließ er nach einiger Zeit oder nach beendigtem Kriege das gastliche Dach, so zog er unbelästigt wieder heim, denn Niemand wagte den Tabu, der ihn noch immer schützte, zu brechen. Wunderbar sind allerdings jene cyklopischen Mauern bei den geringen mechanischen Hülfsmitteln der Hawaiier; aber noch wunderbarer scheint mir die Macht einer milderen Gesinnung, die bei so barbarischen Sitten die Menschen zu solchen Bauten bewegen konnte.

Wenn nach Chamisso nur derjenige den Namen eines Wilden verdient, der ohne festen Wohnsitz, Feldbau und gezähmte Thiere, keinen andern Besitz kennt als seine Waffen mit denen er sich von der Jagd ernährt, so paßte allerdings jene Benennung durchaus nicht auf die Hawaiier, die wie die stammverwandten Tahitier, in manchen Künsten des Friedens bedeutende Fortschritte gemacht hatten. Die Kultur der fruchtbaren Thäler war bewunderungswürdig. Kunstvolle Bewässerungen unterhielten selbst auf den Hügeln Taropflanzungen, die zugleich Fischweiher waren und allerlei nutzbare Gewächse wurden auf den sie scheidenden Dämmen angebaut. Man fing die Seebarben ganz jung im Meere und brachte sie in ein von Corallenblöcken eingeschlossenes Becken, durch welches süßes Wasser floß. Dann wurden sie an immer weniger salziges Wasser gewöhnt bis man sie endlich nach fünf oder sechs Wochen in die Taropflanzungen versetzte, wo sie außerordentlich groß, fett und wohlschmeckend wurden. Mit Werkzeugen, die nur aus hartem Stein, geschliffenen Muscheln, oder geschärften Knochen bestanden, verstanden die Hawaiier große, schöne Pirogen, und nette Häuser zu bauen, Holz und Stein kunstreich zu schnitzen und auszuhauen. Sie hatten bestimmte Handwerker, deren einige sich nur mit dem Schiffbau beschäftigten, so wie andere ausschließlich mit dem Zimmern, Schnitzen oder Dachdecken der Häuser. Die bestgebauten Häuser dauerten 10 bis 12 Jahre. Die der Häuptlinge standen in großen Hofräumen auf steinernen Terassen. Um das Hauptgebäude waren kleinere Hütten errichtet, zum Essen, Schlafen oder Verwahren der Vorräthe. Das Ganze glich einer Sammlung von Heuschobern. Große, schöne, feine Matten dienten als Lager, Schirme oder Scheidewände. Die Frucht des Flaschenkürbisses (Cucurbita lagenaria) spielte eine bedeutende Rolle im einfachen Hausrath des Hawaiiers. Sie diente ihm als Trinkgefäß, als Maske, als musikalisches Instrument. Sie ersetzte den Mangel des Eisens, des Glases, der Töpferwaaren, der hölzernen Geschirre. Auf Reisen war sie sein Tornister, zu Hause seine Lade. Er wußte sie während des Wachsthums in alle dienstlichen Formen zu bringen und sie stand ihm in allen Größen zu Gebote von der kleinsten Wassertasse bis zur großen Tarobreischüssel, die 10 Gallonen und darüber faßte.

Die einfache Kleidung war dem Klima angemessen; sie bestand gewöhnlich aus Tapa oder Papiermaulbeertuch, dessen Verfertigung ich bereits beschrieben habe. Männer trugen den Maro oder Schamgürtel; Weiber den pail, der um die Mitte befestigt war und bis zu den Knieen herabreichte. Nur die Vornehmeren trugen schwarze, schönfaltige Mäntel von demselben Zeuge, welchem das färbende Harz, die vortreffliche Eigenschaft verlieh nicht naß zu werden. Auch feine Matten wurden zur Kleidung benutzt.

Zum Fischfange bediente man sich der Netze oder der Haken von Perlemutter. Der Bonitenfang war, wie bei uns die hohe Jagd, ein königliches Vergnügen. Ein Canot wurde mit größter Gewalt der Ruder in dem schnellsten Lauf erhalten. Am Hintertheile desselben saß der fürstliche Fischer und hielt die schießende Perlmutterangel schwebend über dem Meer. Der Bonite, voller Gier einen fliegenden Fisch zu verschlingen, sprang dann aus dem Wasser der vermeintlichen Beute nach — doch nur um bitter getäuscht an dem spitzigen Widerhaken zu zappeln.

Wie auf Tahiti, auf Java und unter den wilden Volksstämmen am Orinoko und Amazonas, wurde auch auf Hawaii Pflanzengift zum Fischfange benutzt. Das verderbliche Gewächs, seiner Rinde entblößt und gequetscht, wurde unter das Corallengestein gelegt wo die Fische viel herumschwammen. So wie sie betäubt zur Oberfläche kamen, reinigte man sie sogleich, damit das Gift sich nicht im Körper verbreite.

Ein ziemlich lebhafter Tauschhandel wurde zwischen den verschiedenen Inseln getrieben. Das Tapatuch von Oahu fand guten Absatz auf Kauai, welches mit seinen sehr geschätzten Pirogen und Handrudern bezahlte. Ein besonders starkes Tuch mamuka genannt, welches für kaltes Wetter paßte wurde auf Hawaii verfertigt, wo die übrigen Inseln sich damit versahen.

es gab sogar Messen oder Jahrmärkte zu bestimmten Zeiten. Der berühmteste fand am Ufer des Waikiki statt und zog Besucher aus allen Theilen der Insel herbei, die dort ihre verschiedenen Artikel zum Tausch ausboten. Wenn also nach allem diesem die Hawaiier keine eigentlichen Wilden waren, so zeugte doch die gedrückte Stellung des Weibes von einem barbarischen Zustande. Die hochgeborene Fürstin war wie die niedrigste ihres Geschlechts den Gesetzen des Tabu unterworfen. Keine von beiden durfte jemals mit den Männern essen, oder auch nur deren Speisehaus betreten. Die gröbste und gewöhnlichste Kost war für die Damen, während die ungalanten Herren sich den ausschließlichen Genuß von Schweinefleisch, von Bananen, Cocosnüssen und Schildkröten vorbehielten.

Der moralische Zustand der Hawaiier war beklagenswerth. Wenn das Weib durch Zuchtlosigkeit und Kindesmord sich befleckte, so ergab sich der Mann dem unmäßigen Kavatrinken. Während ihre Sprache überreich an Wörtern für alle Schattirungen des Lasters und des Verbrechens war, fehlte es ihr an jedem Ausdruck für die Dankbarkeit, eine jenen verwahrlosten Gemüthern ganz unbekannte Tugend.

Ich greife nun den unterbrochenen Faden der Geschichte wieder auf, die uns mit einem großen Manne, dem berühmtesten Polynesiens, bekannt machen wird. Als König Kalaniopuu im Jahre 1780 starb, hinterließ er die Hälfte der Insel Hawaii seinem Sohne Kiwalao, die andere seinem Liebling und Neffen Tameamea. Kiwalao mochte sich vielleicht die Theilung nicht gefallen lassen, oder der ehrgeizige Tameamea das Ganze der Hälfte vorziehen — genug, es kam zwischen beiden zum Kriege, und eine einzige mörderische Schlacht, in welcher Kiwalao erschlagen wurde, machte seinen Nebenbuhler zum Herrn der Insel. So viel konnte zwar das Glück einem jeden Barbaren schenken, aber Tameamea verband mit dem Muthe des Kriegers die Klugheit des Staatsmannes, der die Vortheile zu erhalten und zu vermehren weiß, die der launische Schlachtengott ihm verlieh. Der Handel war den Spuren von Cook nach der Nordwestküste von Amerika gefolgt und die Sandwich Inseln, die den dahin fahrenden Schiffen alle Arten Erfrischungen darboten, erhielten sofort eine Wichtigkeit wie keine andere Gruppe Polynesiens. Der weitsichtige Tameamea begriff sehr bald wie vortheilhaft die Freundschaft der weißen Männer für ihn sein mußte: sie fanden Schutz und Sicherheit so weit sein Einfluß reichte, und ihre überlegenen Waffen und Kenntnisse dienten zur Befestigung seiner Macht.

Die angeborene Gabe des Herrschers ließ ihn stets die tüchtigsten Männer zu seinen Werkzeugen wählen. Es fesselte er Kiana, einen Häuptling von Kaui, den 1787 der englische Capitän Meares mit nach Canton genommen hatte, und der sowohl durch seine Tapferkeit und seinen unternehmenden Geist als durch den Besitz von Flinten und Schießbedarf, eine sehr wichtige Erwerbung für ihn war, durch die Verleihung eines hohen Ranges und bedeutender Besitzungen an seinen Dienst.

Kahikili, König von Oahu und Maui, hatte den Feinden Tameamea's Beistand geleistet. Dieser benutzte dessen Abwesenheit (1789) auf Oahu um die Insel Maui zu überfallen. Kahikili's jugendlicher Sohn zog dem Angriff entgegen, ward aber gänzlich geschlagen, denn es war nicht leicht einem Krieger wie Tameamea zu widerstehen.

Unterdessen hatte Keoua, des letzteren Hauptgegner auf Hawaii sich empört. Ein seltsames Naturphänomen erleichterte Tameamea den Sieg über den rebellischen Häuptling und ließ ihn bei der abergläubigen Menge als den besonderen Günstling der Feuergöttin Pélé erscheinen. Als nämlich Keoua mit seinen Kriegern über den Abhang des Mauna Loa zog, bebte der Berg und schweflige Dünste dem Erdboden entsteigend, streckten plötzlich die ganze mittlere Abtheilung des kleinen Heeres nieder. Ueber 400 Mann erstarrten im Tode, während die gröbere Natur eines in der Nähe wühlenden Schweines dem giftigen Qualme glücklich widerstand. Bald darauf (1791) kehrte Tameamea zurück und schlug vollends das entmuthigte Heer Keoua's, der von nun an, ein Flüchtling im Gebirge, 1793, durch die Hand eines Meuchelmörders fiel.

Die Engländer Young und Davis haben eine zu bedeutende Rolle auf Hawaii gespielt, als daß ich mit Stillschweigen übergehen könnte, wie sie in Tameamea's Dienste gerathen waren. Ein gewisser Capitän Metcalf, Befehlshaber des Schiffes „Elenor", der mit den Einwohnern von Maui in Streit gerathen war, lockte mehrere Hundert derselben aus dem Dorf heraus und richtete dann mit Kanonen und Musketen ein furchtbares Blutbad unter den Betrogenen an. Was war natürlicher als Rache? und wer wird es den sogenannten Wilden verargen, daß, als bald darauf (1790) der Sohn jenes Scheusals, der in Begleitung des Vaters den Schooner „Fair American" kommandirte, an ihrer Küste erschien, sie das kleine Fahrzeug überrumpelten und die ganze Mannschaft ermordeten, bis auf den Matrosen Isaac Davis, den sie als Gefangenen an's Land führten. Als später der mit dieser blutigen Vergeltung seiner Unthat unbekannte ältere Metcalf nach Hawaii kam, schickte er zur Erkundigung den Bootsmann John Young an's Land. Dieser ward freundlich aufgenommen, doch als er zu seinem Schiffe zurückkehren wollte, befahl ihm Tameamea zu bleiben, mit der Versicherung, daß ihm nichts Böses geschehen, man ihn vielmehr als Freund und Rathgeber mit Gütern und Ehren überhäufen, aber den ersten Versuch zu entfliehen mit dem Tode bestrafen würde. Davis und Young, obgleich nur rohe und unwissende Seeleute, waren doch den aufgeklärtesten Hawaiiern bei weitem überlegen. Durch Güte und Dankbarkeit an ihr neues Vaterland gefesselt, bewährten sie sich stets als treue zuverlässige Diener Tameamea's; und der gemeine Hawaiier wie der fremde Schiffer hatten alle Ursache ihren humanen Einfluß zu segnen.

Davis starb 1810, doch Young erst am 17. December 1835 im 93. Lebensjahre. Auf seinem Leichensteln steht der schöne Ehrentitel „Freund und Waffengefährte Tameamea's" eingegraben. Er heirathete die Tochter eines der ersten Häuptlinge, ward selbst ein hieri nac oder „Großer Herr", und seine Söhne gehören noch zu den Vornehmsten des Landes.

Drei Mal (März 1792; Februar 1793, Januar 1794) wurde Hawaii von Bancouver besucht. Dieser berühmte Seefahrer hatte Cook auf dessen letzter Reise begleitet und erinnerte sich noch des jungen Häuptlings Tameamea, den er nach 15 Jahren sehr zu seinem Vortheil verändert fand. Der Wild hatte viel von seiner früheren Wildheit verloren, doch der Muthigste konnte kaum den Glanz des dunkeln, feurigen Auges ertragen, welches seine verborgensten Gedanken zu errathen schien. Die Haltung war majestätisch und jede Handlung sprach von einem überlegenen Geiste. Offenherzig, heiter, freigebig, an Form und Statur ein herkulischer Wilder; an Fähigkeiten und Charakter ein Mann auf den jedes Land hätte stolz sein können, so stellte sich der König Hawaii's dar. Das freundlichste, ungetrübteste Einverständniß fand zwischen beiden statt. Vancouver bestärkte den „großherzigen Barbaren" in seinen guten Gesinnungen gegen europäische Schiffer und setzte mit ihm gewisse Regeln fest zur Verhinderung aller Störungen, welche sowohl der Mangel an Disciplin auf der einen Seite, als die Raubsucht bösartiger Eingeborener auf der andern hervorbringen könnten. Er sah ein, daß die vollständige Herrschaft Tameamea's den fremden Schiffern die sicherste Bürgschaft gewährte, und suchte dessen Macht so viel er nur konnte zu befestigen. Er rieth ihm sich eine mit Musketen bewaffnete Leibgarde anzuschaffen, und ließ sie selbst einüben und mit dem Nöthigen versehen. Er empfahl Young und Davis seinem besonderen Zutrauen, da er sich überzeugt hatte, daß sie es verdienten und legte letzteren an's Herz einen humaneren Geist den Sitten und der Kriegsführung der Insulaner einzuflößen, ihrem Wohlthäter stets getreulich zu dienen und den boshaften Absichten selbstsüchtiger Fremden sich zu widersetzen. Seine religiöse Lehren machten indessen nur wenig Eindruck auf Tameamea's Herz, der aus Ueberzeugung oder Politik dem heimathlichen Götzendienst bis an's Ende treu ergeben blieb. Seine Unterthanen hielten ihn für einen Günstling der Götter, und er vergalt diesen vermeintlichen Beistand durch eine Ehrfurcht vor ihrem Dienste, welche das Ansehen der Priester bedeutend vermehrte. Um die allgemeine Eintracht zu befestigen wurden die Häuptlinge, die sich früher gegen Tameamea vergangen hatten, nach gehöriger Abbitte an Bord des Schiffes empfangen und zum ferneren Gehorsam ermahnt. Endlich suchte Tameamea des Schutzes von Großbritannien sich noch dadurch zu versichern, daß er nach gepflogenem Rath mit seinen Häuptlingen in die Hände seines Freundes Vancouver, selbstständig, freiwillig und feierlich dem König Georg huldigte. Alle innerlichen Souveränetätsrechte blieben vorbehalten, nur im Fall des Angriffs einer fremden Macht sollte England ihm seine mächtige Hülfe gewähren. Keine 15 Jahre nach dem Tode Cook's blickte also das früher so vereinsamte Hawaii schon mit Hoffnung oder Besorgniß nach dem fernen Ausland. Vancouver's Besuche waren ein glückliches Ereigniß in Tameamea's Leben, sie vermehrten seine Hülfsmittel und erleichterten seine ferneren Eroberungen. Es war die Absicht des Seefahrers nach Hawaii, welches er liebgewonnen, mit Missionaren und Handwerkern zurückzukehren, doch sein früher Tod vereitelte den menschenfreundlichen Plan. Wer weiß auch ob nicht die alte Freundschaft darunter gelitten hätte?

Wie gut Tameamea Vancouver's Lehren in Bezug auf kriegerische Angelegenheiten zu benutzen wußte, bewies er schon im Jahre 1794, bald nach dessen letztem Besuche, wo er mit einem Heere von 16,000 Mann und einem Haufen Europäer unter dem Befehl von Young und Davis die Inseln Maui, Lanai und Molokai seinem Scepter vollständig unterwarf.

Das folgende Jahr (1795) zog er mit einem Theil seiner Armee nach Oahu, wo Kalanikupuli, Kahikili's Neffe und Erbe sich zurückgezogen hatte; die übrigen Truppen unter Kiana's Befehl sollten unverzüglich folgen. Doch der treulose Kiana ging mit allen seinen Anhängern zum Feinde über, denn er wußte, daß wenn es ihm gelänge mit deſſen Hülfe Tameamea zu ſchlagen — die Oberherrſchaft der Inſel ihm zufallen würde. Die Lage war gefährlich, aber Tameamea rückte unverzagt dem Feinde entgegen, der im Auanu Thale eine ſtarke Stellung eingenommen hatte. Eine ſteinerne Mauer deckte die Fronte; ſteile Felswände an den Seiten ſchützten vor einem Flankenangriff; man hielt ſich ſo ſicher in der Bergſchlucht, daß man mit höhniſchen Geberden den Angriff herausforderte. Doch der Hohn dauerte nicht lange, denn Young mit ſeinen Feldſtücken zertrümmerte die ſteinerne Barrikade und als eine Kugel Kiana niederſtreckte, trat vollends Verwirrung und Schrecken in die Reihen. Nun ſtürmte Tameamea mit ſeiner Leibgarde heran, ſtieß allen Widerſtand nieder und trieb die Fliehenden über den Rand des Abgrundes, wo über 400 derſelben herabſtürzten und zerſchmettert den Tod fanden.

Die Felsplatte wird noch gezeigt wo Kalanikupuli ſeinen letzten Speer warf, und mancher Vorbeigehende verläßt dort den Fußpfad, nimmt die Stellung eines Kämpfenden an, und erzählt ſeinen Kindern oder Begleitern wie Oahu's letzter König fiel.

Es war Tameamea's Abſicht, nachdem er die Eroberung der ganzen Gruppe vollendet, nach Tahiti zu ſegeln und ſeine ſiegreichen Waffen über den Aequator hinaus zu tragen, doch dieſer Plan, des Ehrgeizes eines Cäſar oder Alexander würdig, ward durch die Nachricht eines Aufſtandes auf Hawaii (1790) vereitelt, der auf gefährliche Weiſe um ſich greifend, die Anweſenheit des Königs erforderte. Tameamea ſchlug die Rebellen, und von nun an wagte keiner mehr ſich ſeiner Herrſchaft zu widerſetzen. Er befeſtigte ſeine Macht indem er die beſiegten Häuptlinge durch Belehnungen und Ehren ſich verbindlich machte. Diejenigen, deren Ehrgeiz er fürchtete, verſammelte er um ſeine Perſon, nöthigte ſie ihm überall auf Reiſen zu folgen, und entfernte ſie auf dieſe Weiſe von ihren erblichen Beſitzungen.

Freiwillig unterwarf ſich der König von Kauai und Nihau dem Mächtigen, dem er nicht widerſtehen konnte, ward zwar in ſpäteren Jahren zur Empörung unter der Flagge der Ruſſiſch-Amerikaniſchen Compagnie verleitet (1817), ſühnte aber bald wieder ſein Vergehen und huldigte ſeinem Lehnsherrn auf's Neue.

Tameamea's Regierungsſyſtem war durchaus despotiſch, wie es von dem halbwilden Häuptling eines wilden Volkes durchaus nicht anders zu erwarten war, aber keine Grauſamkeit iſt ihm jemals vorgeworfen worden.

Alles Land gehörte ihm, er belehnte damit seine Anhänger nach Rang und
Verdienst, die ihm dafür Kriegsdienste leisten mußten. Die Erben wurden
gewöhnlich im Besitz des väterlichen Gutes bestätigt. Jede Insel hatte ihren
eigenen Statthalter, der mit der Genehmigung des Königs, die Kreishäupt-
linge, Dorfvorsteher, Tributeinsammler und andere kleine Officianten ernannte.
So bekleidete Young, der als Fremder allen Intriguen der eingebornen
Fürsten um so ferner stand, viele Jahre lang den wichtigen Posten eines
Gouverneurs der Insel Hawall, zur Zufriedenheit des Königs, des Volkes
und der europäischen Seefahrer.

Eine Anzahl erfahrener tüchtiger Männer bildeten eine Art Minister-
rath, der das vollste Zutrauen des Königs genoß. Unter diesen war Ka-
reimolu aus dem königlichen Hause von Maui, der bemerkenswertheste.
Nach der Eroberung seiner heimathlichen Insel ward er, noch ein Knabe,
von Tameamea verschont, liebreich behandelt und auferzogen. Er erhielt
Güter, Macht, eine Größe die kaum der des Königs wich: das Recht über
Leben und Tod zu sprechen ward in seine Hände niedergelegt. Die Treue,
die er dem Vater stets bewahrte, trug er später auf den Sohn über. Die
Engländer nannten ihn Billy Pitt nach ihrem eigenen großen Minister.

So wie die Macht Tameamea's zunahm, umgab er sich mit einer stren-
geren Etiquette, denn der Götterglanz der früheren kleinen Könige traf mit
blendenderem Lichte in seiner geheiligten Person zusammen. Wo er vorüber-
ging mußten Kopf und Schultern entblößt werden, und dasselbe geschah,
wenn man seiner Residenz sich näherte. Wenn sein Essen vorbeigetragen
wurde, mußten alle, welche die Ankündigung der Diener hörten, sich entblößen
und setzen. Sein Trinkwasser wurde aus besonderen Quellen geschöpft, die
mehrere Meilen landeinwärts lagen und von Niemand anders benutzt werden durften. Sowie die Träger damit vorbeiliefen, fanden dieselben Huldigungen statt. Niemand durfte seinen Schatten oder den seines Hauses
betreten. Ueber ihm zu stehen war das höchste Verbrechen. So hätte keiner
seiner Unterthanen es gewagt den Theil des Schiffsverdecks zu betreten,
unter welchem er sich befand. Mit derselben Strenge wurden auch die religiösen Pflichten eingeschärft.

Besonders im Umgang mit Fremden legte Tameamea seinen gesunden
Verstand an den Tag. Er wußte durch würdige Haltung Ehrfurcht einzuflößen, enthielt sich aller Gewaltthätigkeiten wider dieselben und strafte streng
jede Verletzung des Gastrechts. So vermied er alles was ein Einschreiten

fremder Waffenmacht hätte zur Folge haben können; die durch Cook's Ermordung berüchtigten Inseln wurden Jahr für Jahr von einer wachsenden Anzahl Schiffe besucht und noch vor seinem Tode war Hawaii schon ein wichtiger Punkt des Welthandels geworden.

Gegen Kriegsschiffe und wissenschaftliche Expeditionen war er der gastfreie Fürst; den fremden Handelsleuten gegenüber der kluge aber durchaus ehrenvolle Kaufmann. Als Kotzebue 1816 die Inseln besuchte, hatte Tameamea die gerechteste Ursache über die Russen aufgebracht zu sein, die den König Tamari von Kanai vermocht hatten sich unter russischer Flagge gegen seinen Lehnsherrn zu empören, doch wußte er sich gegen den Entdeckungsreisenden mit einem Takte zu benehmen, der jedem europäischen Fürsten zur Ehre gereicht hätte.

„Unser Capitän war angelangt", sagt Chamisso. „Der alte Herr empfing ihn mit Herzlichkeit. Er verstand sehr wohl das Verhältniß und wußte es großartig, ehrfurchtgebietend, und leicht zu behandeln. Herr Cook, ein Europäer, der sein Vertrauen besaß, diente ihm zum Dollmetscher. Er verhielt seinen Ingrimm gegen die Russen nicht, die seiner königlichen Gastfreiheit mit so schnödem Undank gelohnt; in uns aber, die wir auf Entdeckung ausgesandt, mit jenen nichts zu theilen hatten, wolle er keine Russen sehen, sondern nur die Söhne und Nachkommen Cook's und seines Freundes Vancouver. Wir seien keine Kaufleute; er wolle es auch gegen uns nicht sein; er werde für alle unsere Bedürfnisse Sorge tragen, frei, unentgeltlich. Wir brauchten dem Könige nichts zu geben, und wollten wir ihm ein Geschenk machen, so sei es nur nach Belieben. So Tameamea, König der Sandwich Inseln."

Durch die Lage seines Reichs und die Menge Sandelholz, die es damals besaß, begünstigt, sammelte der große Polynesier erstaunliche Schätze. Er kaufte schweres Geschütz um den Eingang seiner Häfen zu vertheidigen, und baute Schiffe, die er theils mit Eingeborenen, theils mit Europäern bemannte, unter welchen er mit großer Menschenkenntniß wählte. Freigebig mit Löhnen und Gehalten war er gegen die Fremden, die er in seinen Dienst nahm, entband sie aller lästigen Etiquette, verlangte aber zugleich strenge Unterwerfung dem Gesetz und pünktliche Pflichterfüllung.

Er hatte von dem großen Nutzen gehört den der Sandelholzhandel in Canton einbrachte, und schickte auf eigene Rechnung eine Ladung hin, deren Ertrag durch die unmäßigen Hafenspesen und die Verschwendung des Capitäns und Supercargos verloren ging. Doch auch diese verunglückte Spekulation wußte er zu seinem Vortheil zu benutzen, indem von nun an alle fremden Schiffe Hafengebühren zu entrichten hatten, so wie es seiner Flagge im Auslande ergangen war.

„Nach mir die Sündfluth!" soll der elende Louis XV. gesagt haben: wie ganz anders dachte Tameamea, der es nicht erlaubte, daß das junge Sandelholz geschnitten würde, damit es seinem Nachfolger zu Gute käme; und nach dem Ausrupfen der gelben Flügelfedern, die seltenen Mohovögel wieder fliegen zu lassen befahl, damit sie später noch einmal nützlich werden könnten.

Von schönen Aepfeln aus San Francisco, die Kotzebue mitgebracht hatte, ließ er die Kerne mit großer Sorgfalt sammeln und pflanzen.

Nach Art der Eroberer erfreute es ihn sowohl die Hindernisse der Natur als den Widerstand der Menschen zu besiegen. Bei Halaua ließ er einen 100 Fuß hohen Felsen durchhauen oder sprengen, um einen Weg nach der Küste zu bahnen. Tiefe Lavaschichten wurden durchbrochen um Brunnen anzulegen. Bei Kloho legte er einen großartigen Fischweiher 2 Meilen im Umfang an. Eine starke Steinmauer, 3000 Fuß lang, 6 Fuß hoch und 20 breit, versperrt die Mündung der kleinen Bucht. Durch Bögen die mit einem starken Pfahlwerk verschlossen sind, fließt das Wasser ein und aus, während den Fischen der Durchgang versperrt wird.

Tameamea starb am 8. Mai 1819 im 67. Lebensjahre; einen Namen hinterlassend wie kein anderer Polynesier vor und nach ihm. Noch jetzt sind die Kanaken stolz über ihren alten Kriegerkönig, lieben sein Andenken und erzählen selbstgefällig von seinen großen Thaten.

Keine Schlachtopfer fielen bei seinem Tode (so viel hatte schon die Berührung mit der europäischen Civilisation vermocht), doch äußerte sich nach alter Unsitte die allgemeine Trauer auf eine entsetzlich rohe Weise. Die große Menge schlug sich die Vorderzähne im Munde ein; viele verstümmelten sich durch Abhauen eines oder mehrerer Finger; noch andere ließen sich zum Andenken den Anfangsbuchstaben seines Namens auf die Zunge tätuiren. Wie von Wahnsinn ergriffen, ohne alle Bekleidung, eher Dämonen als Menschen gleich, raste das Volk zügellos umher, brannte Häuser nieder, plünderte, gab allen lasterhaften Gelüsten freien Lauf. Das gänzliche Vergessen aller Zucht und Ordnung sollte die Größe der Trauer verkünden, als ob nach einem solchen Verluste der Mensch zum Zustande des wilden Thieres herabsinken müsse.

Mit Tameamea's Tode stürzte auch das Gebäude des alten Götzendienstes zusammen. Schon lange vorher hatte durch den Verkehr mit Europäern der Unglaube um sich gegriffen, und keiner trug eine größere Verachtung gegen die Religion der Vorväter zur Schau als der neue König Liho-Liho (Tameamea II.). Dieser schwache, dem Trunk ergebene Fürst, der den Tabu haßte, nicht aus Liebe zur Aufklärung, sondern weil er ihm Zwang auflegte, führte seinen Vorschlag ihn zu brechen bereits im fünften Monate seiner Regierung, trotz allen Gegenvorstellungen Kareimoku's, auf eine brutale Weise aus. Er veranstaltete eine große Mahlzeit, zu welcher er alle Vornehmsten des Landes einlud. Nachdem Wein und Rum die Gemüther gehörig erhitzt hatten, wurden Weiber herbeigeholt und gezwungen, nicht nur an der Mahlzeit Theil zu nehmen, sondern auch das ihrem Geschlecht streng untersagte Schweinefleisch zu essen. Zwar entstand ein Murren, aber der größte Theil der Gäste war durch die geistigen Getränke gewonnen, und nun verkündete der König mit lauter Stimme seine Abtrünnigkeit vom alten Glauben. Furcht und Entsetzen ergriff einen Theil der Versammlung: man fragte ihn was die Götter ihm denn Böses gethan und warnte vor deren Zorn. Da sprang der König mit wüthender Geberde auf und rief aus: „ihr seht, der strenge Tabu ist gebrochen und doch ist keine Strafe erfolgt. Kommt, laßt uns die heraus zerstören und von nun an sei keine Religion mehr auf Hawaii." Die Anhänger des Königs eilten sogleich mit ihm nach dem nächsten Tempel, wo zwar einige beim Anblick der Götzenbilder erschraken, da aber der König die greulichen Fratzen zu mißhandeln anfing und abermals unbestraft blieb, folgten sie bald seinem Beispiel um die Wette.

Der Bildersturm griff um sich und bald waren überall die Idole zertrümmert; doch ein durch Jahrhunderte hindurch tief eingewurzelter Glaube läßt sich nicht ohne Kampf und Widerstand stürzen. Die Priester wirkten auf die Furcht der Menge, eine Reaction fand statt und ein Vetter des Königs Kekuokalani stellte sich an die Spitze der Empörung. So hätte Liho-Liho's thörichtes Verfahren ihm Thron und Leben kosten können, wenn nicht der treffliche Kareimoku die Rebellen auf Hawaii geschlagen (1819) und somit den Anhängern des alten Glaubens den klarsten Beweis geliefert hätte, daß ihre Götter völlig machtlos seien.

Lange blieb die Schlacht unentschieden, bis endlich Kekuokalani durch Blutverluſt geſchwächt, ohnmächtig auf einen Stein hinſank. Doch erholte er ſich bald, und obgleich unfähig zu ſtehen lud er zweimal, auf dem Cavablock ſitzend, ſeine Flinte und feuerte zweimal auf den heranrückenden Feind. Nun traf ihn eine Kugel in die linke Bruſt, und ſich in ſeinen Federmantel hüllend, hauchte er die Heldenſeele aus. Seine Frau Manona ſocht an ſeiner Seite mit unerſchrockenem Muthe. Einige Augenblicke nach ihres Mannes Tode, als ſie Karelmoku herankommen ſah, wollte ſie ſich ihm ergeben, doch kaum war das Wort ihren Lippen entſtohen, als eine Kugel ihre linke Schläfe durchbohrte und ſie leblos über die Leiche ihres Mannes hinſtreckte. Uebrigens begleiteten die hawaiiſchen Weiber, den Frauen der alten Germanen gleich, ihre Männer ſehr häufig in die Schlacht. Gewöhnlich folgten ſie hinter der Fronte, Kalebaſſen mit Waſſer und Speiſen zur Stärkung der ermüdeten Krieger mit ſich führend. Einige mit noch größerem Muthe, oder noch ſtärkerer Liebe begabt ſtanden ſogar während des Kampfes ihren Männern zur Seite, und blieben den Labetrunk in einer Hand, den Wurfſpieß in der andern.

Einige Monate nach dieſem entſcheidenden Treffen landeten die erſten amerikaniſchen Miſſionare auf Hawaii und fanden zu ihrem Erſtaunen die Götter bereits beſiegt zu deren Sturz ſie die weite Reiſe unternommen hatten. Die Aufmerkſamkeit der American Board of Commissioners for foreign missions war durch einen Zufall auf die fernen Inſeln gelenkt worden. Junge Hawaiier kamen öfters mit Walfängern nach den Vereinigten Staaten, wo es ihnen mitunter unter Chriſten und Republikanern weit ſchlimmer als in der heidniſchen, despotiſch regierten Heimath erging. Einer derſelben, ein Prieſterſohn, Namens Opulohora ſaß eines Tages hungernd und weinend auf der Treppe des Yale College. Der Vorſteher Dr. Dwight, der zugleich einer der einflußreichſten Mitglieder der Miſſionsgeſellſchaft war, redete den jungen Menſchen an, gewann ihn lieb und faßte den Entſchluß das Chriſtenthum nach jenem Ende der Welt zu verpflanzen. So entſchied eine geringfügige Begebenheit über das Schickſal eines ganzen Volkes. Opulohora ſelbſt ſtarb ohne ſeine Heimath wiedergeſehen zu haben, aber 4 ſeiner Landsleute, die mit ihm in der neuen Lehre erzogen wurden, begleiteten die Miſſionare. Dieſe erſchienen im April 1820 vor Honolulu, der König aber, der ihre Abſicht erfuhr, und allem Anſchein nach das Organ der Religioſität nur in ſehr ſchwacher Entwickelung beſaß, erlaubte ihnen nicht zu landen, und verlangte, daß sie wieder absegeln sollten. Da legte sich der vernünftigere Kareimoku wiederum in's Mittel und suchte den König zu überzeugen, daß die christliche Religion eine der größten Wohlthaten für seine Unterthanen sein würde, die sich doch zu irgend einer Glaubenslehre bekennen müßten, wenn sie nicht unter das Vieh herabsinken sollten. Hierauf wurde den Missionaren ein Stück Land mit der Erlaubniß eingeräumt eine Kirche zu bauen, doch unter der Bedingung, daß wenn ihre Predigten eine schlechte Wirkung auf das Volk ausübten sie die Insel sogleich wieder verlassen sollten. Die Missionare erlernten schnell und gründlich die Sprache der Eingebornen, unterrichteten sie im Lesen und Schreiben, und ließen bereits 1822 das erste in hawaiischer Sprache gedruckte Buch erscheinen. Es gelang ihnen in kurzer Zeit den König, die königliche Familie und die ersten hierin zu belehren, die durch ihr Beispiel eine zahlreiche Menge nach sich zogen — und schon nach einigen Jahren war die Regierung factisch in ihren Händen.

Ende 1823 unternahm der junge König mit seiner Gemahlin eine Reise nach England, wahrscheinlich um durch ein engeres Bündniß mit der Meereskönigin sich gegen russische oder nordamerikanische Einverleibungsgelüste beste wirksamer zu schützen. Er hatte 25,000 Dollars mit an Bord genommen, als aber bei der Ankunft in London (Mai 1824) die Kisten aufgemacht wurden, fanden sich nur noch 10,000. Der ehrliche Capitän Starbuck mochte vielleicht wissen was aus den übrigen geworden war, doch hat er das Geheimniß getreu bewahrt. Nach dieser ersten Probe, wie leicht Dollars auf Reisen verschwinden, war es ohne Zweifel ein großes Glück für die hohen Fremden, daß der ehrenwerthe F. Byng ihnen von der Regierung als Führer und Protector beigegeben wurde. Ihre Erscheinung war anfangs auffallend genug, da die Königin Kamamala ihren kolossalen Gliederbau in weite Pumphosen gehüllt hatte, und einen langen Schlafrock von bunter Seide trug. Doch bald hatten die fashionabelsten Schneider die Herren mit Anzügen nach dem neuesten Schnitt versehen, und Pariser Modistinnen die Damen auf's geschmackvollste ausgeputzt. Hierauf wurden sie die Löwen der Saison und als die Hauptmerkwürdigkeiten des Tages von einem Feste zum andern geführt, bis unerwartet die kalte Hand des Todes dazwischen griff. Am 12. Juni bekam der Haushofmeister die Masern und am 19. war die ganze Gesellschaft angesteckt. Alle genasen bis auf das königliche Paar, welches am 8. und 14. Juli starb. Rührend war ihre gegenseitige Trauer beim letzten Abschiede: sie hielten sich lange innig umarmt und der Gedanke so jung und so weit von der Heimath zu sterben, entpreßte ihnen reichliche Thränen.

Die Ueberlebenden wurden mit großer Güte behandelt, und man unterließ nicht, ihnen alle Merkwürdigkeiten zu zeigen, welche zur Aufklärung ihres Geistes beitragen konnten. Am 11. September hatten sie Audienz beim Könige in Windsor und auch der Minister Canning empfing sie freundlich. Alle Unkosten der Reise wurden von der Regierung getragen, welche außerdem noch die Fregatte „Blonde", unter Anführung des Capitäns Lord Byron (Vetter und Titelerbe des weltberühmten Dichters) dazu bestimmte die Leichen und das Gefolge nach der heimathlichen Insel zurückzuführen. Byron erreichte am 4. Mai 1825 den Hafen von Lahaina und am G. Juni fand ein großer Rath zur Regelung der Nachfolge statt. Der junge neunjährige Bruder des verstorbenen Königs folgte ihm unter dem Namen Tameamea III. auf den Thron, während der alte Karaimoku und die herrschsüchtige Kahumana, Lieblingsgemahlin des großen Tameamea, in der Regentschaft, welche sie während der Abwesenheit Liho-liho's verwaltet hatten, bestätigt wurden. Byron ließ es bei dieser Gelegenheit an gutem Rath nicht fehlen; er empfahl eine gleichmäßige Besteuerung, Aufhebung der Leibeigenschaft, Sicherheitsgesetze für den gemeinen Mann, bedeutende Ermäßigung der ungeheuren Hafengebühren. Er lobte das Streben der Missionare und versicherte die Hawaiier, daß ihre Unabhängigkeit durchaus nicht angetastet werden sollte. Mit Vancouver lebt er noch immer in der achtungsvollen Erinnerung des Volkes.

Während der Minorennität Tameamea's des Dritten sehen wir den Missionar Bingham einen überwiegenden Einfluß ausüben. Die strengste Kirchendisciplin wird mit rastloser Thätigkeit ausgebreitet. Singen und Tanzen bestrafen puritanische Gesetze als Verbrechen; und sogar Greise werden gezwungen lesen zu lernen. Diese unvernünftigen Uebertreibungen eines fanatischen Eifers führten später zu einer Reaction, welche das Christenthum mit dem Umsturz bedrohte, da der junge König, der 1833 die Zügel der Regierung ergriff, sogleich die Schulen schließen ließ, die Götzenbilder wieder hervorholte, und die Wenigen, die dem Christenthum treu blieben, sich in das Fort von Honolulu einzuschließen zwang. Doch zum Glück war dieser leidenschaftliche Ausbruch nur ein schnell verglimmendes Strohfeuer, der Zorn eines ohnmächtigen Kindes, denn schon nach kurzer Zeit ging der junge König plötzlich in sich, unterwarf sich wiederum dem Christenthum und ließ von nun an die Missionare schalten und walten wie sie wollten.

Die nächsten Stürme, welche letztere in ihrem Wirkungskreise bedrohten, kamen von außen. Bereits 1827 waren die Jesuiten Bachelot und Short auf den Inseln gelandet um durch confessionellen Widerstreit die armen Köpfe der Kanaken noch mehr zu verwirren. Die Erlaubniß zum Bleiben ward ihnen jedoch nicht gewährt und da sie sich durchaus nicht gutwillig entfernen wollten, ließ sie endlich (1831) die Regierung auf einem kleinen Schiffe nach Californien bringen. Doch schon 1837 kamen die Herren wieder zurück und hofften mit Hülfe eines sehr langen Bartes und breitkrämpiger Hüte sich unerkannt an's Land schleichen zu können. Aber der luchsäugige Statthalter erkannte sie trotz ihrer Verkleidung und befahl ihnen das Schiff auf dem sie gekommen sogleich wieder zu besteigen. Da der Capitän erklärte, daß er das niemals zugeben werde, schiffte man sie mit Gewalt ein, worauf jener das Commando niederlegte und die Jesuiten allein auf dem Schiffe zurückließ. Alles war, wie man leicht begreift, eine vorher verabredete Comödie, die noch nicht zu Ende war, als ein englisches und ein französisches Kriegsschiff erschienen um für die ihren Landsleuten widerfahrenen Kränkungen Genugthuung zu verlangen, worauf der König bewilligte, daß die Jesuiten ohne beunruhigt oder belästigt zu werden, so lange auf der Insel blieben, bis sich eine gute Gelegenheit fände, das Land zu verlassen. Letztere dagegen mußten versprechen sich während ihres ferneren Aufenthaltes auf Hawaii alles ferneren Predigens zu enthalten.

Bald darauf bewirkten die protestantischen Missionare ein Gesetz gegen die Propaganda „weil deren Verfahren den Zweck habe unter den Unterthanen des Königs Uneinigkeit zu stiften" und begnügten sich nicht von der Kanzel und in Vorlesungen gegen den Katholicismus zu donnern, sondern trieben ihre Verfolgungen so weit, daß unter andern dreißig Eingeborene, Männer und Frauen die der römischen Kirche nicht entsagen wollten, unter die gemeinen Verbrecher eingereiht wurden. Zwar lernte man endlich einsehen, daß das Verharren auf einem solchen Pfade gefährlich sei, und ließ am 9. Juli 1839 ein Toleranzedict ergehen — jedoch zu spät, denn schon Tags darauf erschien die Fregatte „Artemise" in der Bai von Honolulu, um hier dieselben Forderungen, wie auf Tahiti durchzusetzen. Vollständige Freiheit des katholischen Gottesdienstes, Abtretung eines Platzes zum Bau einer Kirche für die französischen Priester und außerdem ein Pfand von zwanzigtausend Piastern für die künftige Duldsamkeit der Regierung wurden peremptorisch verlangt — und im Weigerungsfalle mit Krieg und Verheerung bedroht. Gegen schweres Geschütz läßt sich nur mit noch schwererem mit gutem Erfolge protestiren, und da es an diesem fehlte, blieb nichts anders übrig, als sich geduldig in die Forderungen des Capitäns Laplace zu fügen. Die katholischen Priester, die sich an Bord der Artemise befanden, wurden nun ausgeschifft und am 14. Juli feierte der irländische Jesuit Walsh in einem Hause des Königs eine militärische Messe, welcher der Commandant und 150 Mann mit aufgesteckten Bajonetten beiwohnten. So wurde der Katholicismus, den man mit Gewalt hatte verbannen wollen, gewaltsam eingeführt und gewann schon in wenigen Jahren eine bedeutende Ausbreitung. Im Jahre 1850 gab es im hawaiischen Reiche, außer mehreren höheren Lehranstalten, wo sogar Griechisch, Lateinisch und Philosophie gelehrt wurden 543 Volksschulen, unter welchen 441 protestantische mit 12,949 und 102 katholische mit 2,359 Schülern. Doch trotz allem Wetteifers der streitenden Religionslehrer soll sich namentlich in den abgelegeneren Gegenden von Hawaii noch sehr viel Heidenthum erhalten haben, und wie unklar im allgemeinen die Begriffe noch sind, geht unter andern aus folgendem hervor. Vor etwa 20 Jahren verkündigten nämlich einige junge Männer, daß es drei Götter gebe: Jehova, Jesus Christus und Hapu, eine verstorbene Prophetin. Die Knochen der alten Sibylle wurden ausgegraben, nach der Weise der Väter mit Federn verziert, und in einem heiau niedergelegt, den man den „Ort der Zuflucht" nannte. Hierauf reisten die Prediger des neuen Glaubens durch die Insel und mahnten das Volk nach jener geweihten Stätte zu fliehen, da Himmel und Erde sich bald begegnen würden, und alle, die nicht dort wären, unfehlbar umkommen müßten. Ganze Schaaren gehorchten, ein Tempel wurde errichtet, und Tag und Nacht die Gebeine der Prophetin von der andächtigen Menge verehrt. Da aber der erwartete allgemeine Untergang zur festgestellten Zeit ausblieb, zwang der Hunger manche den Ort zu verlassen. Die Mahnungen der Missionare bestimmten die Uebrigen zum Rückzuge, der Tempel wurde verbrannt, und die bethörte Menge ging ruhig aus einander.

Mitten unter allen Schwierigkeiten hat sich die Organisation der Regierung mit großen Schritten entwickelt, da beim wachsenden Verkehr mit den Fremden und den dadurch hervorgerufenen Verwicklungen der König und die Häuptlinge früh genug die Nothwendigkeit einsehen lernten, daß Personen mit genauerer Kenntniß der europäischen Zustände als sie besaßen im Dienste des Reiches angestellt würden; denn, wie Kotzebue bemerkt, sind die Hawaiier frei von der Unart, welche hochcivilisirte europäische Nationen mit den Grönländern gemein haben, sich nämlich für das gescheidteste Volk des Erdbodens zu halten.

Der Missionar Richards wurde 1838 als Dollmetscher der Regierung angestellt und mit der Bearbeitung einer Verfassung beauftragt, die am 8. October 1840 erschien und eine seltsame Mischung des alten Feudalismus und angloamerikanischer parlamentarischer Formen war.

Neben dem König stand eine Erdpremierministerin (die Schwester oder nächste Verwandte) die beide nichts vollziehen konnten ohne sich gegenseitig davon in Kenntniß zu setzen. Das Veto des ersteren war aber entscheidend. Ein erbliches Oberhaus wurde aus den vornehmen Häuptlingen gebildet, ein Unterhaus durch allgemeines Stimmrecht aus dem Volke gewählt. Das Schwurgericht ward eingeführt, nahm sich aber ziemlich sonderbar neben den Frohndiensten aus, welche die Missionare um es nicht mit ihren Gönnern, den mächtigen Häuptlingen zu verderben, natürlich nicht abzuschaffen wagten. Sechs Tage monatlich (3 für den König, 3 für seinen Häuptling) mußte der Kanake arbeiten, konnte sich jedoch mit 5 Piastern jährlich loskaufen.

Als Steen Bille 1846 die Sandwich Inseln besuchte, fand er dort bereits ein vollständiges europäisches Ministerium. Der Gesetzgeber Richards war Cultusminister; Wyllie, ein schottischer Doctor, früher in Mexico etablirt, besorgte die auswärtigen Angelegenheiten; John Young, ein Sohn des uns bereits bekannten Freundes des großen Tameamea, stand als Premier dem Ministerrathe vor, die Seele der Regierung war aber der Finanzminister Judd, der als Arzt mit der amerikanischen Mission herübergekommen war, und auch in Europa seine neue Rolle gewiß nicht schlecht gespielt hätte, da unter seiner Aufsicht ohne neue Steuerausschreibungen die Staatseinkünfte, die in 1842 nicht mehr als 41,000 Piaster betrugen, in 1852 auf 284,000 angewachsen waren.

Wenn die Missionarregierung (denn so darf man sie wohl nennen) es schwerlich allen Eingebornen recht that, so waren doch die auf den Inseln ansässigen Weißen oder Blancos ihre erbittertsten Feinde. Diese Menschen hatten meistentheils ganz andere Tendenzen als zur Verbreitung der christlichen Moral beizutragen, und es war ihnen ein verhaßter Gedanke, daß sie sich Gesetzen unterwerfen sollten, die sie mit der einheimischen Bevölkerung gleichstellten. Die Regierung wehrte sich nach Kräften gegen den Andrang dieser Klasse, indem sie die Einwanderungsfreiheit sehr beschränkte. Der Erwerb jedes Grundbesitzes wurde unmöglich gemacht, und jeder Fremde, der eine Pachtung übernahm, mußte erst den Unterthaneneid ablegen. Um zugleich der königlichen Macht mehr Ansehen zu verschaffen, wurde eine strengere Etiquette eingeführt, und bei Audienzen das europäische Hofceremoniel beobachtet. Bei solchen Gelegenheiten mußte sich der König dazu bequemen eine goldstrotzende Uniform anzuziehen, und die fremden Seeofficiere, welche von Zeit zu Zeit Honolulu besuchten, in einem auf europäische Weise möblirten Pallast zu empfangen, während er sonst am liebsten in einer bescheidenen Hütte nach Art seiner Vorväter sich aufhielt. Die Kultur Ihrer Majestäten und deren hohen Gefolges schien Steen Bille noch nicht recht zu diesen Formen zu passen. Die Königin und ihre Damen kauten Zuckerrohr auf der Straße. In einer Abendgesellschaft mochte der Thee der Königin nicht geschmeckt haben, denn er sah zu seinem großen Schrecken wie sie die Tasse wegsetzte, und was sie im Munde hatte mit gewaltigem Pusten in den Saal hinauswarf. Einer der Schiffsärzte hatte für 5 Piaster wöchentlich das Haus des hawaiischen Admirals gemiethet. Eines Tages lief der Seeheld sehr geschäftig am Fenster des Arztes vorbei, und sagte, ihn gewahr werdend und zugleich auf ein großes Packet unter dem Arm zeigend: „ich habe ein Ferkel gebraten und will nun das beste Stück meinem Freunde, dem Könige bringen." Der Wäscher des Malers der Expedition hatte eines Tages seine Sachen so schlecht gemacht, daß er vom erzürnten Apelles vor die Thür geworfen wurde: als bald darauf der Künstler zum König ging um ihn der geschehenen Verabredung gemäß zu malen, fand er seine polynesische Majestät mit dem Delinquenten am Billardtische spielen.

Diplomatische Agenten sind bereits aus Honolulu nach England, Frankreich und den Vereinigten Staaten geschickt worden, um die förmliche Anerkennung des hawaiischen Thrones zu erlangen; Handelsverträge mit fremden Mächten abgeschlossen: nichts ist versäumt worden das Reich der Sandwich Inseln unter den Schutz des Völkerrechts zu stellen; die Eifersucht der Seemächte gewährt ihm jedoch den sichersten Schirm, denn keine gönnt der andern den Besitz eines jetzt schon so wichtigen und in der Zukunft bei weitem noch wichtigeren Landes.

Der rasche Aufschwung Californiens hat der hawaiischen Landwirthschaft einen mächtigen Antrieb gegeben, da sich plötzlich in verhältnißmäßiger

Nähe der reichste Markt für alle Produkte aufsteht. Die Zucker- und Kaffeepflanzungen haben seitdem bedeutend zugenommen, und da die trägen Kanaken eine jede anhaltende Arbeit scheuen, werden Chinesen eingeführt, die man für die Passage bindet. Für 3 Dollars monatlich und die Nahrung müssen sie sich verpflichten 5 Jahre zu dienen, dann sind sie frei. Wie überall werden auch hier diese fleißigen sparsamen Menschen verhaßt, weil sie mit geringerem Lohne vorlieb nehmen — und dadurch den faulen Kanaken den Erwerb erschweren. Häute, Arrowroot von der Tacca pinnatifida, Sandelholz, Salz gehören außerdem noch zu den vorzüglichsten Ausfuhrartikeln, sowie das Oel des Kukuinußbaums (Aleurites triloba), welches in New York für vorzüglicher zum Malen als das Leinöl gehalten wird; und das Pulu, eine Pflanzenwolle von bräunlicher Farbe, die an den Blattstielen eines namentlich in Hawaii wild wachsenden Farrnbaums (Cibotium glaucum) vorkommt. Die Wolle ist zu kurz um gesponnen zu werden, doch läßt sie sich sehr gut zu Polsterarbeiten verwenden, und in San Francisco sollen auch Hüte daraus gemacht werden. Ein nicht ganz unbedeutender Ausfuhrartikel ist endlich auch noch eine Schwammart, die in den Urwäldern an den moderigen Baumstämmen gesammelt und als beliebte Speise der Chinesen, unter dem Namen fungus, nach China und Californien ausgeführt wird.

So gibt der steigende Verkehr mit fremden Ländern früher verachteten Gegenständen einen ungeahnten Werth!

Die neuesten Nachrichten aus Hawaii (1857—58) verkündigen uns eine Erweiterung des kleinen Reiches durch die Besitznahme der nordwestlich, etwa 300 deutsche Meilen von Honolulu gelegenen, über und über mit Gras bewachsenen, unbewohnten Inseln Lapsan und Lisiansky, so wie der in ungefähr gleicher Entfernung südwestlich liegenden Johnston Eilande. Das Areal des Reiches wird zwar durch diese Erwerbungen nur sehr unbedeutend vermehrt, doch sollen sich Guanolager darauf finden, welche ihren Besitz schätzenswerth machen.

So sehen wir den Handel und die Landwirthschaft in voller Blüthe stehen — aber zugleich schwindet die Urbevölkerung auf eine schreckliche Weise dahin. Als Cook die Inseln entdeckte oder besuchte, sollen sie 300,000 Einwohner gehabt haben. Die Volkszählung im Jahre 1832 ergab schon nicht mehr als 130,000 Seelen, 1850 fanden sich nur 85,000 und 1854 war die Bevölkerung auf 71,000 vermindert. Verderblich wie auf Tahiti ist also auch hier die Ankunft des weißen Mannes gewesen, der in seinem

Gefolge außer neuen Krankheiten und dem giftigen Feuerwasser größere Bedrückungen und Lasten mit sich führte. Die Wohlthaten, die er seinen braunen Brüdern erwiesen, sind zweifelhaft; sicher und unläugbar die vermehrten Gräber! Die Kultur auf Hawaii wird zunehmen, aber Weiße und Chinesen werden sich in den Besitz des Landes theilen: Honolulu, welches jetzt schon 20,000 Einwohner zählt, wird mit der Zeit ein zweites Sincapore und ein reicher Gürtel von Gärten und Pflanzungen sich um die Inseln ziehen — dann wird aber auch der Kanake verschwunden, oder nur noch ein Knecht und Fremdling im Lande seiner Väter sein!

Einundzwanzigstes Kapitel.
Honolulu.

Der beste Hafen in Hawaii. — Aufblühen der Stadt. — Wichtigkeit des Verkehrs zwischen Bremen und Honolulu. — Beschreibung des Hafens. — Das Einlaufen in denselben. — Der Landungsplatz. — Der Markt. — Die Gebäude. — Das fehlende Straßenpflaster. — Die Methodistenkirche. — Die katholische Kirche. — Kapelle der Seamon's Friends Society. — Wie entstand die Gesellschaft? — Ihre Wirksamkeit. — Die Einwohner der Stadt. — Fähigkeiten und Fehler der Kanaken. — Eigenthümliche Equipagen. — Schöne Reiterinnen. — Umgegend. — Weg nach dem Salzsee. — Das Nuanu Thal. — Der Pali.

Honolulu hat zwar weder prächtige Gebäude noch bedeutende historische Erinnerungen aufzuweisen; es zeichnet sich unter den Städten der Erde weder durch seine Größe noch seine Schönheit aus — und doch ist es in manchen Beziehungen so äußerst interessant und merkwürdig, daß ich nicht umhin kann der bescheidenen Metropole des hawaiischen Reiches ein besonderes Kapitel zu widmen.

Denn der Ort von ganz Polynesien, wo die europäische Kultur am entschiedensten und mächtigsten Fuß gefaßt hat, ist wohl dazu geeignet die Aufmerksamkeit und Theilnahme eines Jeden auf sich zu ziehen, der es liebt mit prüfendem Blicke die wechselnden Schicksale der Völker zu verfolgen.

Nur allein seinem Hafen, der 1794 von dem englischen Capitän Brown entdeckt wurde, und der einzige eigentlich gute auf allen hawaiischen Inseln ist, verdankt Honolulu sein rasches Aufblühen aus dem Nichts, seine gegenwärtige Bedeutung und die Hoffnung einer noch glänzenderen Zukunft. Nicht die Willkür hat es geschaffen, sondern die Natur selbst hat den Grundstein zu seiner Entwicklung gelegt, denn dort wo die aus dem Nuanu Thale herabströmenden Bergwasser die tiefste und geräumigste Furche im Riff eingruben, welches sonst überall der Südlüste Oahu's eng sich anschließt, und dadurch selbst größeren Schiffen Schutz vor der zerstörenden Brandung gewährten, mußte nothwendig Hawaii's bedeutendste Stadt entstehen.

Uebrigens kommen noch ein paar andere, auf gleiche Weise entstandene Häfen auf den hawaiischen Inseln vor, jedoch erlauben ihre schmalen Einfahrten nur kleineren Fahrzeugen das Einlaufen; alle andern Unterplätze sind weiter nichts als offene Rheden, auf denen man aber fast das ganze Jahr hindurch ohne jede ernste Gefahr liegen bleiben kann, weil das Vorkommen aller anderen Winde, als der Nordostpassat, zu den seltensten Ausnahmen gehört.

Ein natürlicher Hafen von so seltener Güte zog bald die Aufmerksamkeit der Schiffer auf sich; die Besuche der Walfänger, die immer häufiger ihre riesige Beute in den Gewässern des nördlichen stillen Oceans verfolgend, im Schooß jenes unermeßlichen Meeres weit und breit keinen anderen Erfrischungsort und Ruhepunkt als die hawaiischen Inseln fanden, und welchem die fruchtbaren Thäler Oahu's den nothwendigen Bedarf an Lebensmitteln und Wasser lieferten, mehrten sich von Jahr zu Jahr; Fremde siedelten sich an, der wachsende Verkehr zog eine wachsende Bevölkerung herbei, und so entstand ein Städtchen, welches bei den zunehmenden Beziehungen zu den Vereinigten Staaten und Europa endlich zum Schwerpunkt des kleinen Reiches, zum Sitz der Regierung und zur gewöhnlichen Residenz des Königs wurde.

Wer jetzt nach dem vor kaum 50 Jahren noch unbekannten Honolulu kommt, glaubt in eine bedeutende europäische Handelsstadt versetzt zu sein: so lebhaft und bewegt ist der dortige Verkehr. Im Jahr 1856 legten 637 amerikanische Schiffe an, 32 englische, 24 französische: meistentheils Walfänger, deren durchschnittliche Ausgaben auf 700 bis 800 Dollars gerechnet wurden.

Die jährliche Einfuhr an fremden Waaren beträgt mehrere Millionen, denn Honolulu ist wie Valparaiso eine Hauptniederlage, von wo aus die verschiedenartigsten Waaren nach den Ländern und Inseln des stillen Meeres welcher ausgeführt werden. In der neuesten Zeit bildet es sich sogar zu einem Centralpunkt für den Borsten-, Thran- und Walrathhandel aus, denn während früher die Walfischfänger dort nur zur Verproviantirung einliefen, und die Producte ihrer Jagd nach Europa oder den atlantischen Häfen der Vereinigten Staaten auf den Markt brachten, findet man es jetzt vortheilhafter in Honolulu abzuladen und sogleich wieder von Neuem die Ungeheuer des Meeres zu verfolgen, wodurch das so kostspielige und zeitraubende Hin- und Herreisen um das Cap Horn vermieden wird. Den Verkauf der abgelagerten Waare besorgt natürlich ein Kaufmann in Honolulu, und sie findet dann später mit den andern Producten der Insel ihren Weg nach Europa.

Es gereicht der Thätigkeit und dem Unternehmungsgeiste der in Honolulu etablirten bremischen Handelshäuser zur großen Ehre die ersten Walfischfänger dort ausgerüstet zu haben, und die natürlichen Vortheile der Lage für diesen wichtigen Handelszweig zuerst erkannt zu haben.

Die Wichtigkeit des Verkehrs zwischen Bremen und Honolulu läßt sich daraus ermessen, daß im Jahre 1859 fünf Bremer Schiffe mit einer Tragfähigkeit von 1418 Last in den polynesischen Häfen einliefen, und vier mit einem Gehalt von 1164 Last wieder nach Bremen abfuhren.

Außerdem segelten in demselben Jahre 3 Seeschiffe unter fremder Flagge von Bremen nach Honolulu, während 5 nach Bremen expedirt wurden.

Deutsche Seidenwaaren, Schuhzeug, in Hamburg fabricirter Madera zur Erfrischung der durstigen Seemannskehlen, und andere Producte unserer Industrie wandern auf diesem Wege nach dem großen Ocean.

So weiß auch ohne den Schutz einer deutschen Flotte der deutsche Kaufmann sich in den entlegensten Weltgegenden Bahn zu brechen.

Der Hafen von Honolulu oder die sackartige Erweiterung am Ende des zur Stadt führenden Kanals kann etwa hundert größere Schiffe gleichzeitig aufnehmen, und bietet sicheren Untergrund bei einer Tiefe von ungefähr fünf Faden. Doch trotz seiner Geräumigkeit ist die Anzahl der Schiffe oft so groß, daß ihr Platz genau abgemessen werden muß. Namentlich ist dies in der Jahreszeit der Fall, in der die Walfischfänger vom großen Jagdrevier der einen Hemisphäre nach dem der andern unterwegs, in Honolulu einlaufen um Proviant einzunehmen und ihre Mannschaften für den neuen Jagdzug zu erfrischen. Alsdann liegen die Fahrzeuge so eng gepackt neben einander, wie nur in den gefüllten Docks einer großen europäischen Handelsstadt, und die Zuletztankommenden müssen sich bequemen einen weiten Weg über die Verdecke der bereits eingetroffenen und reihenweise neben einander geordneten Schiffe zurückzulegen, ehe sie zum Landungsplatze gelangen können. Das Einlaufen in den Hafen geht nicht ohne Mühe und Kosten vor sich, denn es giebt keine schwellende Fluth, die das Schiff durch den Kanal trüge, so daß es durch Menschenkraft sich hineinziehen lassen muß. Man wählt dazu am liebsten den frühen Morgen, weil der später am Tage wehende, und mitunter sehr frische Landwind, welcher in heftigen Stößen und mit Ungestüm aus den Thälern hervorbrauset, das Einholen häufig ungemein erschwert.

Namentlich beim Einlaufen eines Kriegsschiffs ist die Scene äußerst belebt. Acht bis zehn große Boote, jedes von 16 bis 20 Mann gerudert, nehmen den Koloß in's Schlepptau und führen ihn lachend, jauchzend, lärmend, aber in bester Ordnung und mit bewunderungswürdiger Gewalt und Sicherheit durch den Kanal dahin. Das ganze Ufer, der Hafen, das Fort, die Schiffe, die Dächer sind mit Menschen angefüllt, die mit nie endendem Geschrei und Hurrahrufen den Ankömmling begrüßen, denn die Ankunft eines Kriegsschiffs ist ein Ereigniß, welches ganz Honolulu in's Freie ruft. Nicht daß es jetzt noch eine so gar ungewöhnliche Erscheinung wäre, da die Flaggen der Seemächte sich hier öfter sehen lassen, aber man freut sich im Voraus des schönen erquickenden Dollarregens, und frohe Erwartung und ein herzliches Willkommen stehen auf allen Gesichtern geschrieben.

Man kann sich denken, daß namentlich zur Zeit wo die Walfänger einzulaufen pflegen, es in der Nähe des Landungsplatzes äußerst lebhaft hergehen muß. Solche Lokalitäten pflegen zwar in Europa nicht die allerangenehmsten zu sein. Doch hier findet sich so viel Neues und Interessantes beisammen, daß der Fremde nicht ungern beim Beschauen des regen Treibens verweilt. Hat er sich erst durch die Masse der Matrosen hindurchgedrängt, die sich durch die verschiedensten Hautfarben und durch das Sprechen in allen Mundarten der Welt auf's Deutlichste als amerikanischen Walfischfängern angehörend verkünden, so wird er von einer Schaar halbnackter schwarzbrauner Knaben umringt, die laut schreiend Conchylien, Corallen und Seethiere aller Art zum Verkauf anbieten, während Lohndiener und Zwischenhändler mit Anpreisungen und Empfehlungen von Herbergen und Kaufläden auf ihn losstürmen. Hier sucht ein wohlgekleideter Europäer mit seinem Tuchrock, Glacéhandschuhen und enganschließenden Pantalons sich durch die

Menge Bahn zu brechen; dort steht ein schrägäugiger Chinese mit breitgerandetem Strohhut und bunter weiter Jacke und Hosen. Am Verwundersamsten jedoch sind die bizarren Kostüme der Eingebornen. Dieser hat sich mit einer goldgalonirten Mütze geschmückt, ist aber zugleich bis zum Gürtel nackt oder nur in sein blaues wollenes Hemd gekleidet; jener in eine ungeheure mit einer Masse Kragen versehene, vom ursprünglichen Besitzer längst abgedankte, Kutschercheniüe gehüllt, muß zwar in der brennenden Sonnenhitze furchtbar schwitzen, tröstet sich aber wahrscheinlich mit dem großen Eindruck, den sein fadenscheiniges, über und über seltbeflecktes Prachtkleid hervorbringt. Hier hat einer ein Dutzend in einem Stück zusammenhängenden Taschentücher als Gewand um sich geworfen, während neben ihm ein anderer bis auf den engen Maro vollkommen nackt dasteht, und ein dritter zwar ohne Beinkleider einhergeht, aber eine Matrosenjacke trägt oder den südamerikanischen Poncho sich um den Hals gehängt hat.

In der Nähe des Landungsplatzes liegt der Markt, der von ähnlichen Gestalten und einer Menge barfüßiger Weiber in grellgefärbten Blousen wimmelt. Hier werden in einer dem Europäer unverständlichen Sprache, gleich fremdartige Gemüse und Obstarten — Ananas und Bananen, Tarowurzeln und Ignamen, bunte Fische von seltsamer Gestalt, Kürbisse zu Gefäßen aller Art und Größe, nebst den bekannteren Formen von Kartoffeln und Mais, Trauben und Melonen feilgeboten; und bei Allen — Käufern und Verkäufern herrscht die froheste Laune, sie lachen und schreien durcheinander, und die Jugend belustigt sich mit allen nur möglichen Scherzen und kurzweiligen Spielen. Hier wäre das reichste Feld für einen geschickten Künstler, der die Gabe hätte die interessanten rasch wechselnden Momente und Episoden des lebensvollen Schauspiels rasch zu fassen und mit ihren charakteristischen Zügen aufzunehmen.

Honolulu kann mit der Zeit eine hübsche, angenehme Stadt werden, einstweilen wäre es eine unbescheidene Anmaßung, wenn es Ansprüche darauf machte eine solche genannt zu werden. Die Straßen sind regelmäßig abgestochen, breit, passend von einander entfernt, und einzelne große Plätze mit Aussichten sowohl auf den belebten Hafen als auf das Gebirge versprechen die Stadt dereinst zu schmücken, wenn sie erst mit passenden Gebäuden eingerahmt sein werden. Doch gegenwärtig besteht die Stadt größtentheils noch aus den niedrigen grasgedeckten Hütten der Eingebornen, die zwar von außen Heuschobern ähnlich sehen, von innen aber einen hohen weiten Raum umfassen, der mit einheimischen Matten belegt, durchaus nicht unwohnlich ist und eine kühlere Temperatur besitzt. Noch immer ziehen sogar die vornehmsten Häuptlinge, der König selbst nicht ausgenommen, diese urväterlichen Grashütten zur Wohnung vor und betrachten die steinernen Häuser als ein belästigendes Galakleid, wie denn überhaupt die europäische Kultur noch immer nur wie ein dünner Firniß die ursprüngliche Barbarei überzieht. Nach den Grashütten sind kleine Häuser mit Wänden von „adobes" oder Lehm und gehacktem Stroh die zahlreichsten, doch sieht man auch schon manche größere von Corallenblöcken aufgemauerte Wohnungen, die ganz das Ansehen europäischen Comforts darbieten, ja selbst oft mit Sinn für architektonische Schönheit gebaut sind. Sie gehören mit wenigen Ausnahmen den eingewanderten blanken Kaufleuten, die natürlich weit mehr Nutzen aus der blühenden Handelsbewegung Honolulu's als die trägen in den Kunstgriffen Merkur's weniger bewanderten Eingebornen ziehen, und durch ihren Luxus und Reichthum die alten vornehmen Geschlechter des Landes verdunkeln.

Namentlich hat das fremde Element seit dem Jahre 1850 an Bedeutung gewonnen, wo das Monopol des Bodenbesitzes aufgehoben wurde, welches die Häuptlinge bis dahin besaßen. Sogar im Repräsentantenhause, dessen Geschäftsgang ganz dem in England üblichen nachgebildet ist, spielen die Fremden eine hervorragende Rolle, denn die Hälfte der Mitglieder besteht aus angesiedelten Amerikanern.

Das Zurücktreten des nationalen Elements neben dem eingewanderten gibt sich auch noch durch die drei Wochenblätter kund, die in Honolulu in englischer Sprache erscheinen. Der „Polynesian" ist das halbofficielle Organ der Regierung, doch wichtiger scheinen der „Neu Era" und der „Pacific Commercial Advertiser" zu sein. Man glaubt beim Durchblicken des letzteren eine Neu Yorker Zeitung in Händen zu haben, denn von den paar hundert Anzeigen, welche drei Viertel des großen, 4 seitigen und 28 spaltigen Blattes ausfüllen, lautet jede auf Dollars und Cents.

Alle Gewerbe preisen ihre Leistungen im reinsten Englisch, selbst die meisten Straßen haben englische Namen. Nutz- und Luxusgegenstände aus allen Theilen der Welt, alles was den verwöhntesten Gaumen reizen oder der Eitelkeit der gefallsüchtigsten Modedame fröhnen kann ist in Honolulu so gut vorräthig wie in Neu York, und sogar der Buchhandel, jener Thermometer der geistigen Bewegung fängt an einige Lebenszeichen zu geben.

So finde ich im Pacific vom 8. März 1860 die Ankunft einer Menge neuer Bücher angekündigt, unter welchen auch die englische Uebersetzung von Liebig's chemischen Werken.

Umsonst sehe ich mich jedoch in den mir vorliegenden Blättern aus Honolulu nach einer einzigen in hawaiischer Sprache abgefaßten Ankündigung um, und obgleich Seine Majestät Tameamea IV. am 15. Mai 1860 von den freiwilligen Scharfschützen in Honolulu zum Obersten gewählt wurde, so finde ich auch nicht einen hawaiischen Namen unter den übrigen 17 Officieren und Unterofficieren.

Alles deutet darauf hin, daß wenn der weiße Mann sich noch nicht zum nominellen Herrn der Sandwich-Inseln gemacht hat, er es in der Wirklichkeit schon ist und auf die ursprüngliche Bevölkerung bereits mit der Macht der Waffen und des Reichthums herabblickt.

Doch verlassen wir das Feld der politischen Betrachtungen um uns etwas weiter in der Stadt umzusehen. Die meisten Häuser liegen nicht unmittelbar an der Straße, sondern gewöhnlich in einem kleinen Gärtchen oder Hofraum von schlecht unterhaltenen Adobes-Mauern umzogen, die durch ihr Zerfallen den unerträglichen Staub vermehren, der in diesen regenlosen Ebenen von den ungepflasterten Straßen vom geringsten Luftzuge aufgewirbelt wird.

Daß eine Stadt, auf deren Wegen man bis hoch an den Stiefeln hinauf im Sande watet, und wo von Trottoirs, Abzugscanälen und Straßenbeleuchtung noch gar nicht die Rede ist, daß eine solche neugeborene, gewissermaßen nur noch roh skizzirte Stadt auch keine großartige öffentliche Gebäude aufzuweisen hat, wird man leicht begreiflich finden, und sich wohl eher darüber wundern, daß bereits für ihre Verschönerung so viel geschehen ist.

Außer dem königlichen Palais, welches aber trotz dieses stolzen Titels das gewöhnliche Wohnhaus eines reichen Privatmannes nicht übertrifft, ragen, sobald man von der See aus die Stadt gewahr wird, die Gotteshäuser der rivalisirenden Confessionen kenntlich über alle anderen Gebäude empor. Die Methodistenkirche, dem allen Grazien abholden Charakter des angloamerikanischen Puritanismus getreu, sieht aus wie ein großer schmuckloser Kasten, während die katholische Kirche, den Grundsätzen eines Ritus gemäß, der auch den Sinnen schmeicheln will, sich durch eine gefälligere Bauart auszeichnet.

Seit 1836 hat die amerikanische Seamen's Friend Society auch auf Honolulu eine Kapelle gegründet. Die Entstehung und Wirksamkeit dieser

menschenfreundlichen Gesellschaft, die vielleicht manchem Leser unbekannt sein
möchte, ist zu merkwürdig, als daß ich ihr nicht bei dieser Gelegenheit einige
Worte widmen sollte. Sie wurde vor etwa 30 Jahren von einigen frommen
Amerikanern in der Stadt Neu York gegründet, um gleichzeitig die Seelen
und die Schillinge der laufende von Matrosen zu retten, die früher ohne
Schutz und Leitung allen Lockungen und Gaunereien jenes berüchtigten Welt-
hafens ausgesetzt waren. Die humane Idee war kaum ausgesprochen, als
schon die reichlichsten Beiträge zusammenflossen, und alsbald entstand ein
koloffales Sailors' Home, wo hunderte von Seeleuten Wohnung, Kost,
und jene guten Rathschläge finden, deren diese Menschenklasse so sehr zu
Lande bedarf, wo sie unerfahren und leichtgläubig ist wie die Kinder. Zum
Bau einer Kirche fehlte es an Platz, die Amerikaner sind jedoch keine Freunde
der langen Berathungen, das bescheidene Bethaus, welches keine Wurzeln
auf der festen Erde fand, erhob sich daher ohne Zeitverlust auf dem schwankenden Grunde eines Floßes und die sogenannte Bethelflagge, auf welcher ein
Regenbogen, die aufgehende Sonne, und die Taube mit dem Oelzweig, den
Tag einer neuen Zeit verkündeten, lud sofort alle Seeleute zur Andacht und
zur Enthaltsamkeit von feurigen Getränken ein.

Durch ihren Erfolg ermuthigt, dehnte die Gesellschaft ihren Wirkungskreis weiter und weiter aus, pflanzte die Bethelflagge in Havre, in Honolulu und Lahaina, in Valparaiso, in Sydney und in Gothenburg auf. Der
von ihr angestellte Geistliche in Honolulu hat freie Wohnung und 700 Dollars jährlich, predigt zwei Mal Sonntags und einmal in der Woche, fährt
nach den Schiffen hinaus, besucht die Gefängnisse der Seeleute, und steht
ihnen getreulich in allem bei mit Rath und Thal. Er stiftet so viel Gutes
als sich nur von einem Schwimmer erwarten läßt, der gegen eine starke
Strömung ankämpft.

Ehe wir die Stadt verlassen, um uns in ihrer Umgegend umzusehen,
werfen wir erst noch einen Blick auf ihre Bewohner. Die „Kanaken" zeigen
sich meistens als schön gewachsene, kräftige Leute von edler Gesichtsform und
offenem Ausdruck, doch haben sie im Verkehr mit Fremden, von denen sie Vortheil ziehen wollen, die natürliche Gastfreundlichkeit verlernt. Schon Chamisso
fand sie eigennützig; wie müssen sie jetzt erst nach so vielen hinzugekommenen
Lehrjahren und unter solchen Meistern wie die Amerikaner geworden sein!

Pickering bemerkte unter ihnen im allgemeinen ein merkwürdiges Talent
und große Neigung zur Mathematik. Einige waren als Drucker unter fremder

Oberaufsicht beschäftigt. Sie lieben das Lesen, und obgleich schon viele
nützliche Bücher in's hawaiische übersetzt worden sind, hält es schwer mit
der Nachfrage gleichen Schritt zu halten. Doch ist noch kein Eingeborener
gefunden worden, der die nöthigen Eigenschaften besäße einen Laden zu halten
oder irgend einem kaufmännischen Unternehmen vorzustehen. Daß es in
ihrer Sprache kein Wort für „Gewissen" gibt, möchte leider wohl weniger
auf eine Unfähigkeit für den Handelsstand hindeuten als die Unmöglichkeit
das geringste Geheimniß zu bewahren. Leichtsinn und Gedankenlosigkeit sind
allgemein, und der Hang zum Müßiggange so vorherrschend, daß es fast
nicht möglich ist, taugliche Arbeitsleute unter den Eingebornen zu finden.
Wenn sie auch anfangs bereitwillig sind, und munter an's Werk gehen, er-
müden sie doch immer innerhalb weniger Tage und gehen dann ihres Weges. So werden sie als Taglöhner und Feldarbeiter von den Chinesen
verdrängt, während die eingewanderten Europäer und Amerikaner sich neben ihren Häuptlingen breit machen. Zur Seefahrt eignen sie sich besser,
und schon mancher eingeborene Schiffsbefehlshaber hat sich das Zutrauen
der fremden Kaufleute durch seine Tüchtigkeit und sein richtiges Urtheil in
nautischen Angelegenheiten erworben. Auch als Soldaten machen sie sich gut,
doch sind die Waffenübungen sehr komisch, da es ihnen an aller Accuratesse
und allem Appell fehlt.

Ihrem Fortschreiten in der Kultur ist besonders ihre Bedürfnißlosigkeit
hinderlich, da sie fast nur von Tarobrei oder „Poï" leben, und die europäischen Kleidungsstücke und Lumpen, welche ihre kindische Begierde reizen, sich
am Hafen auf erlaubten und unerlaubten Wegen, ohne anhaltende Thätigkeit und Anstrengung erwerben lassen. Keiner sucht höher hinaus zu kommen,
und das ehrgeizige Streben nach Geld, Rang oder Ruhm, welches zwar
die Thatkraft des Europäers anspannt, ihn aber auch häufig sehr unglücklich
macht, ist den Hawaiern unbekannt, die wie echte Naturphilosophen lachen
und sich des Lebens freuen, so lange es Taro zu essen gibt und die Sonne
scheint. Außer jenem Nationalgericht sammelt die ärmere Volksklasse auch
noch wilde Kräuter von den Weideplätzen, namentlich eine Art Ampfer,
und zur Ebbe sieht man sie in großer Menge am Riffe tauchen, schwimmen
oder waten, um Muscheln, Krabben, Seetang und andere Meeresfrüchte
für die nächste Mahlzeit zu suchen.

Die Frauen sind schön aber ohne Reiz. Sie haben etwas schwereres
und plumperes im Bau des Halses, weßhalb europäische Maler von den

Eingeborenen **Langhälse** genannt werden. Ihre frühere Tracht mag ihnen besser gestanden haben als das lange, grellgefärbte Kattunhemd womit die Missionare sie bekleidet haben. Bei den Vornehmeren wechseln übrigens die Moden wie in Europa und glücklich der fremde Speculant, der mit seiner Waare gerade die Laune des Tages trifft. Der Schmuck, den die Königinnen und Vornehmen tragen, steigt alsbald außerordentlich in Werth. Als Bennett (1835) in Honolulu sich aufhielt war schwarze Seide am gesuchtesten, und als Chamisso dort war, trugen alle Damen Spiegel und Pfeifenkopf an einem europäischen Tuch um den Hals gebunden.

Gelb bleibt übrigens stets die Lieblingsfarbe und steht auch den rostfarbigen Gesichtern am besten.

Die Art und Weise wie die Lasten zu Markt getragen werden, fällt dem Fremden auf. Auf einer Schulter ruht, wie ein Wagebalken, eine lange Balancirstange an deren beiden Enden in Netzen von Segelgarn zwei ungeheure Kalebassen (ausgehöhlte Kürbisse) hängen, die quer durchgeschnitten sind, so daß der obere Theil ihnen als Deckel dient, während die geräumige Höhlung Milch, Obst, Gemüse, Krabben oder sonstige Lebensmittel frisch und wohl erhalten umfaßt. Diese Art des Lasttragens, die wie die Hieroglyphen uns belehren, auch bei den alten Egyptern gebräuchlich war, und auch noch gegenwärtig in Hindostan üblich ist, findet sich übrigens in ganz Polynesien, nur nicht in Neu Seeland wieder, und kommt auch nicht auf den Fidschi Inseln vor, die aber wie wir später sehen werden, von einer andern Menschenrace bewohnt werden. Eigenthümlich sind die Equipagen denen man auf den Straßen von Honolulu begegnet; kleine offene, zweistühlige Wagen auf vier Rädern ruhend und mit einem zwischen vier Stäben ausgespannten Stück Baumwollenzeug oder einer Matte als Dach. Diese Fuhrwerke werden indessen nicht von Pferden, sondern von einem oder zwei großen Kanaken gezogen, die mit ihrer Last, einer höchstens zwei Personen, in vollem Laufe von dannen eilen. Sowohl europäische als vornehme einheimische Damen benutzen diese, am besten mit großen Kinderwagen zu vergleichende Fuhrwerke, in denen Männer sich nur selten sehen lassen. Anfangs staunt der Fremde über diese seltsame Beförderung, später gewöhnt er sich daran und findet es dann nicht anstößiger, daß Damen in einem Wagen von Menschen gezogen, als daß Männer wie Frauen in Palantins und Portechaisen von ihnen getragen werden. Wagen mit Pferden sieht man bis jetzt nur äußerst selten, wahrscheinlich wegen der Schlechtigkeit der Wege.

Beide Geschlechter sind leidenschaftliche Reiter. Besonders Sonnabends Nachmittags wird diesem Vergnügen gefröhnt und Straßen und Wege bieten alsdann ein sehr lebhaftes Schauspiel dar, da ein Jeder, der ein Pferd besitzt, oder sich eins miethen kann, sich zu Reitparlien hinaus begibt. Die Pferde sind ohne Sattel; eine Decke auf dem Rücken und ein Zaum im Maule — das ist alles! Die schönen Reiterinnen ziehen den Rock in der Mitte hinauf und wickeln ihn um beide Beine, die dadurch bis zu den Knöcheln herab eingehüllt werden; der Shawl wird um den Leib festgebunden und flattert wie ein langes Flügelpaar nach; das Haar ist mit Blumen geschmückt. Und nun setzen die kolossalen Häuptlingsgestalten sich mit auseinandergesperrten Beinen auf die hübschen Pferde, jagen in fliegender Carriere über Stock und Stein dahin — und der Fremde folgt ihnen mit wohlgefälligen Blicken nach. In der Stadt ist es verboten scharf zu reiten, aber man hält sich dafür auf der Landstraße schadlos, denn dort geht es allgemein im schnellsten Galopp. Die Damen sind dabei eben so übermüthig als die Herren, und sitzen gleichfalls ausgezeichnet sicher und schön zu Pferde. Es gewährt in der That einen höchst malerischen Anblick eine Anzahl solcher Amazonen mit ihren um die Schultern fliegenden Haaren unter Lachen und Schreien mit Windeseile an den Meeresstrand herankommen zu sehen, an welchem sich die Brandung schäumend bricht. Die Pferde sind theils von chilenischer, theils von californischer Race, von mittlerer Größe oder etwas darunter, aber wohlgebaut, lebhaft und ausdauernd.

Die unmittelbare Umgegend von Honolulu, kahl und sonnenverbrannt bietet nur wenig anziehendes dar, vergebens würde man sich hier nach den üppigen Cocos- und Brodfruchthainen umsehen die das paradiesische Tahiti so lieblich umranden. Der nächste, niedrige Hügel hinter der Stadt ist ein alter Vulkanenkrater, dessen verschütteter Mund, wie die äußeren Abhänge mit dichtem Grase bewachsen ist. Hier erhebt sich ein Fort, ein zweites dicht an der See bestreicht den Eingang des Hafens. Ein anderer ähnlicher aber größerer und höherer Krater begrenzt als ein meerbespültes Vorgebirge die Aussicht nach Osten.

Der berühmte Salzsee — Alia paakai — eine der Hauptmerkwürdigkeiten Oahu's liegt nach Westen, ungefähr acht englische Meilen von Honolulu und dreiviertel Meilen vom Meere entfernt. Ein paar Brücken von höchst bedürftiger Beschaffenheit führen zunächst über den Nuanu Strom, worauf die Straße ein Stück weiter zwischen Taropflanzungen und Fischteichen hindurchgeht, bald aber über dürre und sonnenverbrannte Hügel zieht, auf denen Pferde und Rindvieh das verwelkte und versengte Gras abweiden. So gelangt man endlich, müde und durstig zu einem von niedrigen Felswänden umschlossenen Becken, dem wahrscheinlichen Ueberbleibsel eines alten verfallenen Kraters, auf dessen flachem Grunde der See sich ausbreitet. Als dieser von Pickering besucht wurde, nahm er bei einer Länge von einer englischen Meile und der halben Breite, ungefähr den halben Raum des Beckens ein, doch waren die Ufer so flach, daß das Steigen des Wassers um einen Fuß schon hingereicht hätte, den ganzen Grund bis zu den einschließenden Felswänden auszufüllen. Man hatte den amerikanischen Forschern von einer Tiefe von fünfzig Klaftern vorgefabelt; doch erreichte zu ihrem Erstaunen die lange Leine die sie zum Pellen mitbrachten schon nach 10 Zoll den Boden (November 1840) und als im folgenden Jahre um dieselbe Jahreszeit Dana den Ort zum zweiten Mal besuchte, fanden sich sogar nur noch 6 Zoll Wasser. Doch während damals das Salz nur dünn zwischen den Steinen am Ufer zerstreut war, bildete es jetzt über den ganzen Grund eine drei Zoll dicke Rinde der schönsten kubischen Krystalle, auf welchen der gebrochene Sonnenstrahl in allen Tinten des Prismas glänzte.

In der Mitte des See's befindet sich eine Grube von einigen Faden im Durchmesser deren Grund noch nicht gefunden wurde. Bei trockenem Wetter bemerkt man keine außerordentliche Bewegung in diesem natürlichen Schachte, doch so wie die Regenzeit eine Weile angedauert hat, soll das Wasser mächtig daraus hervorsprudeln und den See 4 bis 5 Fuß zum Steigen bringen, so daß er alsdann von Nachen befahren wird. Er steht also offenbar mit den Bergströmen in Verbindung, eine bekanntlich an den Küsten der Südseeinseln oft vorkommende Erscheinung, wo das unterirdisch von den Anhöhen herabfließende und durch die Erde sickernde Wasser häufig erst am Ufer oder sogar auf dem Meeresgrunde selbst hervorquillt, nur daß es hier mit aufgelösten Salzen reichlich geschwängert zum Vorschein kommt. Die Behauptung, daß der See mit der Ebbe und Fluth des Meeres steige und falle, und dadurch seine Verbindung mit demselben an den Tag lege, erwies sich als eine von jenen unbegründeten Sagen, die von Tausenden gläubig aufgenommen und verbreitet worden, ohne daß irgend einer sich die Mühe gäbe, durch eigene Beobachtung sie zu bestätigen oder zu widerlegen. Unfruchtbarkeit und Todesstille herrschen um die Ufer des Alia-paakai — auf denen nur einige dürftige Gebüsche wachsen, doch entschädigt er für seinen

Mangel an romantischer Schönheit durch den Nutzen den er gewährt, da das aus ihm gewonnene Salz dem Könige nicht unbeträchtliche Summen einbringt. Es wird für das Beste zum Einsalzen von Lebensmitteln gehalten und steht daher höher im Preise, als das aus den Meereslagunen gewonnene, welches jetzt schon in bedeutenden Mengen nach Chili und Kamtschatka ausgeführt wird.

Wenn die staubigen Wege und die Kahlheit der unmittelbaren Umgebungen von Honolulu ihm durchaus nicht zur Zierde und Annehmlichkeit gereichen, so besitzt es dagegen vor manchen andern Städten den beneidenswerthen Vorzug, daß es nur eines kurzen Rittes in's Nuanu Thal hinauf bedarf, um die Tropenhitze der nackten sonnedurchglühten Ebene mit der lieblichen Frische des angenehmsten gemäßigten Klimas und allen Reizen der romantischsten Natur zu vertauschen.

Der Weg führt anfangs durch Taroanpflanzungen, die dem vom unbedeutenden Nuanu Strome abgeleiteten Wasser ihre Fruchtbarkeit verdanken, doch bald verengt sich das Thal und der Anbau des Grundes verschwindet allmälig, so wie der steilere Pfad zwischen den höheren Felswänden hinanklimmt. Maulbeerarten, Erythrinen, Farne und Palmen von schönblumigen Lianen umschlungen und unter einander verflochten bekleiden die Abhänge, deren Gestein überall unter dem üppigen Pflanzenwuchs verschwindet, und während das Auge sich am herrlichen Anblick der edlen Pflanzenformen ergötzt, erfreut sich das Ohr des lieblichen Murmelns der Gewässer, die in tausenden von Silberfäden von den grünbehangenen Bergmauern herabrieseln.

So steigt man höher und höher durch den reizendsten Naturpark hinan, bis endlich beim Wenden um einen Felsenvorsprung man von einem herrlichen fast überwältigenden Anblick überrascht wird. Denn der Pali, jener unvergleichliche Abgrund, entfaltet plötzlich seine ganze großartige Pracht. An beiden Seiten des Passes steilen die ungeheuren basaltischen Felsmassen des Konahuanui und des Woolani, der höchsten Gipfel auf Oahu, fast 3000 Fuß hoch empor, und 1200 Fuß tief senkt sich vor dem Zuschauer der jähe mit üppigen Schlinggewächsen bekleidete Absturz hinab. Durch die düsteren Bergmassen, die drohend zum Himmel sich erheben, stürzt der Passat, dessen feuchtem Athem das Nuanu Thal seine erfrischende Kühlung und den Reichthum seiner Kaskaden verdankt, und wirft die Dünste der Luft gewaltsam gegen die Felswände um bald diese in dichte Wolken einzuhüllen, bald sich in Regen aufzulösen, oder als große Nebelmassen über das Thal hinzutreiben, während die Nordseite der Insel, auf welche man vom Paß herabblickt, von der tropischen Sonne beschienen in den hellsten Farben prangt. Während oben Licht und Schatten, graue Dünste und Regenbogen, Nebel und heller Sonnenschein in ewigem Kampfe wechseln — liegt dort unten das Thal in idyllischer Ruhe. Ein freundlicher Fußsteig schlängelt sich mit seiner rothen Spur zwischen den zerstreut liegenden Hütten hin und rings um diese erheben sich größere Baumgruppen meist Pandanusse, vermischt mit dunkellaubigen Hibiskussträuchen und den hellgrünen Kronen der Aleurites triloba.

Wie die Wellen eines versteinerten Meeres ragen bewaldete Hügelreihen und Bergkämme aus der Ebene empor, und den äußersten Rahmen der lieblichen Landschaft bildet das blaue Meer, welches weißschäumend gegen den Saum der Corallenriffe anbrandet.

Erst seit wenigen Jahren ist ein Weg für Pferde in den steilen Absturz des Pali ausgehauen worden, den früher auf gefährlichem Pfade nur die Eingebornen, jene unvergleichlichen Turner, nackten Fußes und mit Hülfe der Lianen erkletterten. Am oberen Rande des Abgrundes standen ehemals zwei steinerne Götzenbilder „Akua no ka Pali" „die Götter des Abgrundes" eins an jeder Seite des Weges. Wer den Paß herauflam oder hinabstieg, pflegte aus Dankbarkeit oder um die Mächtigen gnädig zu stimmen, grüne Zweige oder Blumenkränze vor sie hinzulegen, durch dasselbe Gefühl geleitet, welches im hohen Norden den reisenden Jakuten bewegt einige Haare aus der Mähne seines Pferdes dem „Berggeiste" zu opfern.

Als das Christenthum zuerst in Hawaii eingeführt wurde, stürzte man mehrmals die Idole, welche die Gläubigen immer wieder aufrichteten, bis endlich die neue Lehre den Sieg behauptete und die Götzen auf ewig unterlagen. Ich habe bereits im vorigen Kapitel erwähnt, daß im Nuanu Thale die entscheidende Schlacht geliefert wurde, welche die Insel Oahu dem Scepter Tameamea des Großen unterwarf, und wie die Besiegten nach dem Tode ihres Königs in wilder Flucht bis über die Felsenkante getrieben wurden und in den Abgrund stürzten. So kommt auch noch das historische Interesse hinzu um dem romantischen Thale einen neuen Reiz zu verleihen, und nach Jahrhunderten vielleicht wird der Führer noch dem Fremden erzählen wie erfolgreich Tameamea hier kämpfte und wie heldenmüthig Oahu's letzter König ihm erlag.

Zweiundzwanzigstes Kapitel.

Die Cook's Gruppe.

Entdeckungsgeschichte von Rarotonga. — Hungersnoth auf Rurutua. — Der nach Maurua verschlagene Häuptling. — Das Christenthum nach Rurutua verpflanzt — nach Aitutaki, Mangaia, Atiu ꝛc. — Rarotonga von Williams entdeckt. — Schönheit der Insel. — Vollkommenheit des Landbaues. — Schattige Wege. — Patriarchalische Ruhesitze. — Barbarei der Rarotonganer. — Abnahme der Bevölkerung. — Furchtbarer Sturm 1831. — Uebersetzung der Bibel in den rarotonganischen Dialekt. — Abstammung der Rarotonganer von Tahiti und Manuka. — Legende von Karika und Mangiia. — Die „Bounty" vor Rarotonga. — Die Hervey Inseln. — Zusammenschmelzen der Bevölkerung. — Atiu. — Aitutaki. — Die Höhle Taketake auf Atiu.

Von den Sandwich Inseln, die fast den Wendekreis des Krebses berühren, bitte ich nun der Leser mir mit einem weiten Fluge nach der kleinen Cook's Gruppe zu folgen, die beinahe unter demselben Meridian dem Wendekreis des Steinbocks sich nähert. Sie hat zwar nicht die Bedeutung Hawaii's, doch hoffe ich wird auch hier einiges Interessante sich finden, welches die darauf verwandte Aufmerksamkeit nicht gänzlich unbelohnt lassen wird.

Rarotonga, die schönste und wichtigste Insel des Archipels, verdankt ihre Entdeckung einem merkwürdigen Zusammenfluß von Ereignissen. Vor ungefähr 40 Jahren nämlich wurde Rurutu'a, (Austral Inseln) welches ungefähr 350 Seemeilen südwärts von den Gesellschaftsinseln liegt, von einer furchtbaren Seuche heimgesucht. Da die noch heidnischen Polynesier alle derartige Leiden dem Zorn einer beleidigten Gottheit zuschreiben, beschlossen zwei unternehmende Häuptlinge sich einzuschiffen und mit so vielen ihrer Leute als zwei schmale Pirogen nur aufnehmen konnten, eine neue glücklichere Heimath im Schooß des großen Oceans aufzusuchen. Sie waren überzeugt, daß wenn sie blieben, die Götter, deren Zorn sie vergebens durch Opfer zu besänftigen sich bemüht hatten, sie unfehlbar vertilgen würden und schlimmeres konnte ihnen auf dem Meere nicht begegnen.

Als alles bereit war stießen die kleinen Fahrzeuge vom Lande ab, die Segel wurden aufgespannt und bald hatten sie das liebliche Rurutua aus den Augen verloren. Ein günstiger Wind führte sie nach Tubuai, und nachdem sie sich hier gekräftigt hatten, beschlossen die Häuptlinge nach der Heimath zurückzukehren, wo sie hofften, daß die Seuche nunmehr aufgehört habe. Noch einmal vertrauten sie sich daher dem südischen Ocean an, die Drangsale nicht ahnend, welche der launische Meergott ihnen vorbereitete. Denn kaum waren die Bergspitzen Tubuai's hinter dem Horizont verschwunden als ein furchtbarer Sturm sich erhob, der sie weit weg von ihrem Cours verschlug. Eins der Boote wurde bald von den empörten Wogen verschlungen, das andere aber, auf welchem der Häuptling Auura sich befand, irrte drei Wochen lang auf dem pfadlosen Meere umher, bis endlich ein glückliches Schicksal es auf das Corallenriff von Maurua, der westlichsten der Gesellschaftsinseln trieb, gerade noch zeitig genug um die von Hunger und Durst gefolterte Mannschaft vor dem Tode zu retten. Die Gastfreiheit der Insulaner hatte bald die Kräfte der erschöpften Reisenden wieder hergestellt, welche ihnen nun die Geschichte der furchtbaren Leiden mittheilten, die sie sowohl in der bedrängten Heimath als später auf dem Meere erlitten hatten.

Die Mauruaner erwiederten, daß auch sie früher den Zorn jener Götter gefürchtet hatten, denen sie alles Böses, welches sie befiel, zuschrieben; nun aber Jehovah, als den einzigen wahren und lebenden Gott anerkannten; und erzählten ausführlich wie sie von weißen Männern zum Christenthum bekehrt worden wären, die auf großen Schiffen von einem fernen Lande gekommen seien und nun auf den Inseln wohnten, deren Gipfel man von Maurua aus sehen konnte.

Im höchsten Grade über diese Nachrichten erstaunt, beschloß Auura sogleich jene fremden Männer aufzusuchen und den günstigen Westwind zu benutzen, der ihn auch glücklich nach Raiatea brachte. Hier wurde das Erstaunen der Fremden von Neuem erregt; die Missionare und ihre Familien, die europäische Kleidung, die niedlichen weißgetünchten Hütten, die verschiedenen nützlichen Künste, der feierliche Gottesdienst erfüllten sie mit Bewunderung; sie wurden sogleich von der Ueberlegenheit der christlichen Religion durchdrungen und baten den Missionar Williams um Belehrung. Die große Aehnlichkeit ihres Dialects mit dem tahitischen erleichterte den Unterricht, und nach drei Monaten konnten die Meisten schon richtig lesen und schreiben.

Um diese Zeit wurde ihr dringendes Verlangen nach ihrer hartgeprüften Heimath zurückzukehren durch das freundliche Anerbieten eines englischen

Capitäns erfüllt, sie baten jedoch um Religionslehrer, worauf zwei Tahitier sich sofort bereitwillig erklärten sie zu begleiten.

Ein amerikanischer Wallfischfänger, der bald darauf auf dem Riff von Rurutua scheiterte, hatte alle Ursache sich des günstigen Umschwunges zu erfreuen, den das Christenthum dort bereits hervorgebracht hatte, denn die Eingebornen leisteten beim Retten der Ladung, die sie früher unbarmherzig geplündert hätten, die uneigennützigste Hülfe, und trugen alle die geretteten Sachen nach dem Missionshause, ohne daß irgend etwas entwendet worden wäre. Als aber 15 Monate später die Untersuchungscommission der Londoner Missionsgesellschaft Rurutua besuchte, fand sie dort kein einziges Götzenbild mehr, wohl aber eine große Kirche, woran die ganze Bevölkerung der kleinen Insel unter der Leitung der beiden tahitischen Lehrer freiwillig gearbeitet hatte. Auch war schon am Hafen ein bequemer 500 Schritt langer Landungsplatz aus großen Corallenblöcken erbaut worden.

Die wunderbare freiwillige Belehrung der Rurutuaner trug sehr dazu bei den Eifer der auf der Gesellschaftsgruppe stationirten Missionare auch auf die benachbarten Inseln zu richten, und bewog den ehrenwerthen John Williams zwei tahitische Lehrer nach Aitutali, der nördlichsten der Cook's Inseln zu senden, welchen er zwei Jahre später (1823) selber folgte, um von dort aus das Christenthum über die ganze Gruppe zu verbreiten, und womöglich das dem großen Seefahrer unbekannt gebliebene, von den Gesellschaftsinsulanern hochgepriesene Rarotonga zu entdecken. Auf Aitutali fand Williams die ganze Bevölkerung von 2000 Seelen bereits vollständig belehrt, und nachdem das Christenthum auch auf den südlicher gelegenen Inseln Mangaia, Mitiero, Mauti und Atiu ohne großen Widerstand die alten Götzen entthront hatte, beschloß er das gute Werk mit Rarotonga zu krönen, welches wie er auf Atiu hörte, nur einen Tag- und eine Nachtreise entfernt lag.

Ich bemerke beiläufig, daß wenn die Polynesier von einer Insel zur andern reisen wollen, sie nicht von irgend einem beliebigen Punkte der Küste absegeln, wie wir es thun würden, sondern stets nur von einer bestimmten Stelle, von wo aus sie ihren Cours nach gewissen Landzeichen richten, bis die Sterne, wonach sie ferner steuern, sichtbar werden. So sah sich denn Williams genöthigt sein Schiff erst nach der gewöhnlichen Abfahrtsstelle herumführen zu lassen, wo die kundigen Eingebornen den Cours nach Rarolonga so richtig angaben, wie es vom erfahrensten Seemann nach den besten Karten nur hätte geschehen können.

Fast schien es aber als ob die bedrohten Götzen von Rarotonga sich gegen ihren gefährlichen Feind verschworen hätten, denn statt die Insel schon binnen 24 Stunden zu erreichen, hatte das Schiff mehrere Tage mit widrigen Winden zu kämpfen. Die Lebensmittel gingen auf die Neige und endlich erklärte der Capitän, daß sie umkehren mußten, wenn sie nicht noch auf dem Meere verhungern wollten, gab jedoch auf Williams' Bitten noch eine kurzen Frist bis acht Uhr zu, nach welcher, wenn alsdann noch nichts sich zeigte, das fernere Suchen unwiderruflich aufgegeben werden sollte.

Es waren Stunden der peinlichen Erwartung, vier Mal hatte Williams schon vergebens einen Eingebornen auf die Mastspitze geschickt, und schon war der Späher zum fünften Mal heraufgeklettert und es fehlte nur noch eine kleine halbe Stunde, als plötzlich die Wolken, die bis dahin die hohen Gipfel Rarotonga's verschleiert hatten, durch die Hitze der steigenden Sonne verscheucht wurden und der frohe Ausruf: „Teie, teie, tana, fenua nei!" „Hier! hier ist das Land, das wir gesucht haben!" allen Sorgen ein Ende machte. Der Empfang war freundlich, und die Erfolge der auf der Insel zurückgelassenen tahitischen Lehrer so lohnend, daß kaum ein Jahr nach der Entdeckung die ganze Insel bereits dem Heidenthum entsagt hatte.

Eine Eigenthümlichkeit des schönen Rarotonga, dessen romantisches Gebirge 2740 Fuß emporsteigt, und welches ungefähr 30 Seemeilen im Umfang hat, ist die bedeutende Ausdehnung der an das Hochland sich anlehnenden Niederungen. Auf den meisten vulkanischen Inseln sind die Berge dem Meere so nahe gerückt, daß nur ein schmaler Streifen urbaren Landes übrig bleibt, dieses ist aber nirgends der Fall auf Rarotonga — wo außerdem noch Boden und Klima den Wachsthum der eßbaren Pflanzen gleich sehr begünstigen. Auch fand Williams die Insel im höchsten Zustande der Kultur, so daß der Anblick von den Bergabhängen nach dem Seeufer hin ein wahrhaft entzückender war. Vom Fuß des Gebirges bis an's Meer erstreckten sich regelmäßig angepflanzte Reihen der prächtigsten Südseekastanien (Inocarpus edulis) ungefähr 1000 Schritt von einander entfernt. Die Zwischenräume waren in Tarofelder eingetheilt, die 4 Fuß tief gegraben waren, und nach Belieben bewässert werden konnten. Die Dämme um die Felder hatten geneigte Abhänge und oben eine 6 bis 8 Fuß breite Fläche. Auf diesen Abhängen wuchs der Kape oder riesige Taro, während die flachen

Dammrüden in regelmäßigen Abständen mit schöngeformten Brodfruchtbäumen bepflanzt waren. Die erbsengrünen Blätter des die Niederungen anfüllenden Taro; die außerordentliche Größe und dunkle Farbe des Kape und die stattlichen Baumreihen bildeten Contraste von der lieblichsten Wirkung. Um die ganze Insel schlang sich ein bequemer Weg, ara modus oder „Mutterpfad" genannt, an beiden Seiten mit Bananen und Bergplatanen eingefaßt, die mit den Parringtonien, Inocarpen und anderen dichtlaubigen Bäumen den Wanderer vor den Strahlen der tropischen Sonne schützten und sogar in der heißen Mittagsstunde das Vergnügen eines kühlen schattigen Spazierganges gewährten. Die Häuser der Eingebornen lagen 10 bis 30 Schritt vom Hauptwege entfernt und hatten ein äußerst niedliches Aussehen. Jeder Pfad, der zu den vereinzelten Wohnungen führte, war mit schwarzem und weißem Steingeröll bestreut, und an beiden Seiten mit Dracaenen und riesigem Taro eingefaßt. Ruhesitze oder Bänke aus zwei glatten Steinen gebildet, deren einer zum Sitzen der andere in die Erde eingesenkt als Rücklehne diente, standen vor den Häusern längs dem Mutterpfade aufgereiht. Es waren meistens Reliquien des Alterthums, für welche das Volk oft große Ehrfurcht bezeugte, und darauf hindeutend zu sagen pflegte: „Hier saß mein Vater, mein Großvater, oder dieser oder jener große Häuptling!"

Auf diesen Bänken genossen die Bewohner des Hauses die frische Kühle des Nachmittages, mit blumenumkränzten Häuptern und der festlichen Tiputa geschmückt und plauderten mit den Vorbeigehenden über die Tagesereignisse ihrer kleinen abgelegenen Welt.

Wenn irgendwo auf Erden, so hätte man erwarten können, das idyllische Glück des Landmanns, wie Virgil, Theokrit oder Geßner es beschrieben haben, auf dem paradiesischen Rarotonga verwirklicht zu sehen; und wer sollte nicht erwarten, daß ein Volk, welches in den friedlichen Künsten des Ackerbaus so wohl bewandert war, nicht auch in seinen Gesinnungen und Sitten eine höhere Kulturstufe errungen hätte?

Aber die Rarotonganer standen weit hinter jenem dichterischen Ideal zurück, und die ungezähmte Wuth der Wilden zeigte sich in ihren häufigen Kriegen, welche stets die Verwüstung der Ländereien der Besiegten zur Folge hatten. So kam es, daß in den zwanziger Jahren keine einzige alte Cocospalme auf der nordwestlichen Seite der Insel zu sehen war, und nur wenige bejahrte Brodfruchtbäume ihre einsamen Kronen emporhoben.

Die gefangenen Weiber wurden häufig getödtet und den kleinen Kindern Speere durch die Ohren gestoßen, um sie im Triumph nach den Marais zu tragen. So wie einer seinen Gegner in der Schlacht überwunden hatte, schlug er ihm den Schädel ein und nahm einen Theil des Gehirns heraus, den er auf Brodfruchtblätter legte und sofort als eine Art von Vorgenuß des zu erwartenden Opfers seinem Götzen darbrachte.

Diese barbarische Sitte herrschte noch nicht lange auf der Insel, und war daher entstanden, daß ein Krieger der seinen Feind durch einen Keulenschlag nur betäubt hatte, und ohne weiteres nach allem Brauch mit Brodfruchtblättern triumphirend nach dem Tempel rannte, später die vermeintliche Leiche nicht mehr fand, welche indessen nach Hause zurückgekehrt war, und durch ein Spottgedicht sich über den übereilten Sieger lustig machte. Seit jener Zeit wurde allgemein beschlossen, auf die gegebene gründliche Weise zu verhindern, daß die zu Boden geschlagenen Feinde nicht noch einmal singend und tanzend die unvollständigen Ueberwinder verhöhnten. Nach der feierlichen Darreichung des Gehirns versammelten sich die Freunde des Siegers und schleppten mit wildem Geheul die Leiche an einem um die Fußknöchel gebundenen Strick nach dem Marai.

Noch andere höchst barbarische Gebräuche zeugten von der entsetzlichen Wildheit der Rarotonganer. So wie ein Sohn vollständig erwachsen war und sich stark genug fühlte, focht und rang er mit dem Vater um die Herrschaft, und gelang es ihm sich dieselbe anzueignen, so nahm er gewaltsamen Besitz des Kainga oder Grundeigenthums, welches jenem früher gehört hatte, und jagte ihn ohne alle fernere Entschädigung oder Hülfsleistung aus dem Hause.

Wenn eine Frau ihren Mann verloren hatte, so erschienen sofort die Verwandten des letzteren, nicht um der armen Wittwe einen Condolenzbesuch abzustatten, sondern um sich des Eigenthums des Verblichenen zu bemächtigen und die trostlose Mutter mit ihren Kindern zu verjagen.

Auch fiel überhaupt die gewaltsame Besitzergreifung der Ländereien der Schwächeren so häufig vor, daß, als später auf Betrieb der Missionare ein mit den Grundsätzen des Christenthums übereinstimmender Gesetzcodex eingeführt wurde, man es für nöthig hielt das bereits geschehene Unrecht nicht näher zu untersuchen, damit die Ruhe der Insel nicht gefährdet würde.

Wie auf den Gesellschaftsinseln wurden die Frauen als untergeordnete Wesen angesehen. Mehrere Speisen blieben ihnen untersagt, und während ihre tyrannischen Männer am Fett des Landes und dem Ueberfluß des Meeres sich sättigten, mußten sie in ehrerbietiger Entfernung ihr dürftiges Mahl verzehren. In einer Hinsicht war ihre Behandlung aber bei weitem schlimmer als die der Tahitierinnen, denn letztere erbten einen Theil des väterlichen Gutes, während auf Rarotonga die Töchter nichts erhielten.

Die Vielweiberei war gebräuchlich und der reiche Mann, der viele Kaingas oder kleine Güter von mehreren Morgen besaß, erfreute sich einer großen Anzahl Genossinnen, die er mit der Willkür eines orientalischen Despoten behandelte.

Es versteht sich von selbst, daß sowie das Christenthum auf der Insel Wurzel faßte, was jedoch begreiflicher Weise nicht ohne manche Kämpfe und Rückfälle geschah, auf die ich nicht weiter eingehen will, sowohl der Zustand des Weibes gehoben wurde, als die barbarischen Kriege und Gewaltthätigkeiten des groben Faustrechts aufhörten. Doch obgleich seit jener Zeit der Friede auf Rarotonga weilt, welches außerdem noch durch seine abgelegene Lage von manchen moralischen und socialen Uebeln befreit geblieben ist, woran die von den weißen Schiffern häufiger besuchten Inseln zu leiden haben, so hat doch die Bevölkerung reißend abgenommen, da sie von 7000 Seelen im Jahre 1823 auf weniger als 3000 in 1848 zusammengeschmolzen war.

Ein furchtbares Naturereigniß, welches gegen Ende des Jahres 1831 die reizende Insel befiel und noch lange im Gedächtniß des Volkes fortleben wird, mag wohl nicht wenig zu jener bedauernswerthen Verminderung beigetragen haben.

Noch am Morgen des 21. December stand Rarotonga in der vollen Pracht seiner üppigen Flora da, als plötzlich ein Sturm sich erhob, der mit unvergleichlicher Wuth drei Tage lang raste und mit seinen Verwüstungen nur aufhörte als kaum noch etwas zu verwüsten übrig blieb.

Von den hunderttausenden von Bananen, Brodfruchtbäumen und stattlichen Kastanienreihen, die zum Theil den Stürmen der Jahrhunderte Trotz geboten hatten, blieben auf der Ebene, in den Thälern oder auf den Bergen nur noch wenige völlig entlaubte Stämme stehen, und in der wildesten Unordnung lagen zahllose Bäume auf der Erde umher, wie die Leichen erschlagener Krieger nach einer mörderischen Schlacht. Ueber tausend Hütten wurden durch diesen unwiderstehlichen Orkan dem Boden gleich gemacht. Das empörte Meer überschwemmte die Ebenen und warf ein den Missionaren gehörendes Schiff mehrere hundert Ellen weit landeinwärts gegen einige mächtige Kastanienbäume, die es noch glücklicher Weise in seinem wilden Laufe aufhielten. Kein Theil der Insel entging der Zerstörung, denn der Orkan drehte allmälig um die ganze Insel herum. Sowohl der Sturm selbst als der daraus entstehende Mangel rafften sonder Zweifel manches Leben dahin.

Im Jahre 1839 überbrachte Williams den Rarotonganern das in ihren Dialect übersetzte neue Testament, dessen Druck er selbst in England beaufsichtigt hatte, und von welchem die Bibelgesellschaft 5000 Exemplare abziehen ließ. Die Schrift wurde von den Bemittelten eifrig für drei Schillinge gekauft; andern ertheilten sie unentgeldlich oder auf Credit. Auch das alte Testament ist bereits vollständig von den Missionaren übersetzt, doch nur zum Theil gedruckt worden.

Die Fortschritte der Schüler im Lesen und Schreiben waren sehr erfreulich. Da es an Schiefertafeln und Griffeln fehlte, hatten sie dem Mangel auf eine sehr sinnreiche Weise abgeholfen. Sie holten sich steinerne Platten im Gebirge und rieben sie mit Sand und Corallen bis sich eine glatte Fläche gebildet hatte, die alsdann mit dem purpurnen Saft der Bergplatane gefärbt wurde, um ihr das Ansehen einer englischen Schiefertafel zu geben. Einige schnitten sogar ihre Platten viereckig und rahmten sie ein, so daß fast kein Unterschied bemerklich war. Als Griffel dienten die starken Stacheln eines Seeigels, die im Feuer verbrannt, so gut wie Kreide schrieben.

Kurz nach diesem letzten Besuch auf dem von ihm entdeckten Rarotonga begab sich der unermüdliche Williams nach Erromango, um auf den neuen Hebriden das Christenthum zu verkünden, ward aber von den wilden Kannibalen erschlagen und verzehrt.

Nach einer alten Legende stammen die Rarotonganer von Tahiti im Osten und von Manuka im Westen her.

Aus letzterem kam Karika, der Vorvater der jetzt noch regierenden Makea Familie, ein mächtiger Krieger, ein Menschentödter und großer Seefahrer, der auf seinen Reisen Rarotonga entdeckte. Er fand die Insel unbewohnt, verließ sie nach kurzem Verweilen und begegnete auf der Rückreise dem tahitilischen Häuptling Tangiia, der durch das Umhauen eines Lieblingsbaumes seinen Bruder Tutabu so erzürnt hatte, daß dieser ihn von einer Insel zur andern, von Huaheine nach Raiatea und von Raiatea nach Borabora verfolgte und ihn endlich zwang sich dem pfadlosen Ocean anzuvertrauen. Sogleich machte Karika sich bereit den armen Tanglia anzugreifen, doch dieser, der wie es scheint zur Schule des Elihu Burrit gehörte, unterwarf sofort sich der Oberhoheit des gewaltigen Kriegers, worauf beide einen Freundschaftsbund schlossen.

Karika benachrichtigte seinen neuen Genossen von der lieblichen Insel die er entdeckt hatte, zeigte ihm die Richtung, in welcher sie lag, und versprach später zurückzukehren und sich dort neben ihm niederzulassen.

Tangiia steuerte sogleich nach Rarotonga und siedelte sich auf der Ostseite an, während der später ankommende Karika den nördlichen Theil der Insel in Besitz nahm. Aber sie hatten nicht lange die Wohlthaten der Ruhe genossen, als zu Tangiia's großem Schrecken die Flotte seines Bruders Tutabu „des unerbittlichen Verfolgers" vor dem Hafen erschien. Sofort schickte er einen Boten an Karika, damit dieser ihm in der drohenden Schlacht beistünde. Das Gefecht war hartnäckig, doch endlich wurde Tutabu besiegt und getödtet. Die Wahrheit, welche dieser Legende zum Grunde liegt, wird durch verschiedene Thatsachen bekräftigt.

Der wesentlich tahitische Dialect ist auf Rarotonga mit den harten Consonanten und Nasenlauten vermischt, welche die Idiome des Westens charakterisiren. Auch ist bis auf den heutigen Tag das Volk in zwei verschiedene Stämme, die Ngati Karika und die Ngati Tangiia getheilt, wovon die ersteren die Nordseite der Insel besitzen, und letztere die Südseite. Endlich ist bis auf den heutigen Tag die Oberherrschaft der Karikafamilie verblieben, denn obgleich die Ngati Karika sehr häufig von den Nachkommen des Tangiia geschlagen worden sind, so überlassen ihnen doch die Sieger den Vorrang, der ihnen seit uralten Zeiten gehört. Vor zwanzig Jahren war der damals regierende Makea der neun und zwanzigste Nachfolger des Makea Karika, und ein jeder dieser langen Herrscherreihe hatte eine eigene, seinen Charakter bezeichnende Benennung, wie es bei den egyptischen Pharaonen der Fall war. Im Volksgesange lebte die Geschichte der Väter von einer Generation zur andern fort, doch auf Rarotonga wie auf Tahiti wird wahrscheinlich manches, wodurch die dunkle Vergangenheit der Polynesier hätte beleuchtet werden können, verloren gehen, ehe der historische Forscher den Spuren der Missionare folgt.

Obgleich Cook die Insel Rarotonga nicht entdeckte, so hatten doch deren Bewohner schon vor Williams' Ankunft vom großen Seefahrer gehört. Ein

Sturm hatte ein tahitisches Boot nach Rarotonga verschlagen, welches die Nachricht brachte von weißen Männern, die Tute oder Cookees genannt wurden, die Monate lang den Ocean durchfurchten als ob er trockenes Land wäre, und deren ungeheure Schiffe, die nicht mit Cocosbaſt zusammengebunden, sondern mit Eisen „kurima" beschlagen waren, obgleich ohne Ausleger dennoch nicht umschlugen.

Zugleich erzählten die Tahitier, daß die Cookees ein sehr gottloses Volk seien, welches sich nichts aus den heiligen Bildern mache, sondern unbekümmert in den Marais umherziehe, und sich nicht scheue sogar die Opferfrüchte zu verzehren. Als hierauf die erstaunten Rarotonganer ausriefen: „warum man jene Fremden denn nicht verjagt und ihnen ihr Eigenthum abgenommen habe?" antworteten die Tahitier, daß dieses mit dem besten Willen nicht gut möglich gewesen, weil die Cookees mächtig wie die Götter seien, und lange pupuhis hätten, aus welchen sie Feuer und einen schweren Stein spieen der augenblicklich tödte, noch ehe man mit den Wurfspießen ihnen etwas anhaben könne. Zur Bekräftigung des Erzählten reichten die Tahitier dem Häuptling eine Axt, die von Cook's Schiffe herrührte, und vom Rarotonganer sorgfältig bewahrt wurde.

Als die Insulaner alle diese Wunder vernahmen, beteten sie zu ihren Göttern, daß diese ihnen doch den Capitän Cook in seiner großen Piroge ohne Ausleger zuschicken möchten, damit er auch ihnen Aexte, Nägel und Gewehre brächte.

Bald nachher erschien wirklich ein großes Schiff, welches nach der Beschreibung kein anderes gewesen sein kann, als die uns bereits bekannte „Bounty", nachdem sich die Meuterer derselben bemächtigt hatten. Das Riesenfahrzeug ankerte nicht vor Rarotonga, aber einer der Insulaner ruderte ihm mit seinem kleinen Boote entgegen und wagte sich an Bord. Als er zurückkehrte erzählte er seinen erstaunten Landsleuten, daß es eine schwimmende Insel sei mit zwei fließenden Strömen, und zwei Brodfrucht- und Zuckerrohrgärten, und daß der Kiel bis zum Meeresgrund reiche, da er hinabgetaucht sei und doch das Ende davon nicht gesehen habe. Ohne Zweifel waren während dieses Besuchs die Pumpen des lecken Schiffs in voller Thätigkeit, deren herausströmendes Wasser die blühende Phantasie des Rarotonganer's sofort in rieselnde Bäche verwandelte, und was die Gärten betrifft, so weiß man, daß die Bounty wirklich mit Brodfruchtbäumen beladen war, als Christian und seine Gefährten den wohlthätigen Zweck der Reise durch ihre Meuterei vereitelten.

Von jenem Schiff erhielt man ein zugespitztes, etwa drittehalb Fuß langes Stück Eisen, welches sogleich den Göttern gewidmet wurde; da es sich aber zeigte, daß der Boden beim Pflanzen sich viel leichter damit bearbeiten ließ, als dieses mit Hülfe der gewöhnlichen hölzernen Geräthschaften geschehen konnte, so pflegte man es den Göttern abzuborgen, welchen man dann später einen Theil der eingesammelten Früchte darbrachte, sowohl aus Dankbarkeit als um die hohen Mächte zu bewegen noch andere Schiffe zu schicken, die noch mehr von jenem kostbaren Steine brächten.

Doch viele Jahre vergingen, ehe jener Wunsch in Erfüllung ging und der entlegenen Insel außer dem erwünschten Eisen auch noch die gänzliche Umwälzung aller früheren Begriffe und Zustände — neue Sitten, neue Gebräuche, neue Kenntnisse, neue Thiere und Pflanzen, einen neuen Glauben aber auch neue Krankheiten und neue Keime der Zerstörung zuführte.

Ueber die Naturgeschichte der Cook's Gruppe sind unsere Nachrichten äußerst dürftig, denn keine der wissenschaftlichen Expeditionen nach der Südsee hat sie eines Besuchs gewürdigt und die einzige Quelle überhaupt, die ich über jene abgelegenen Inseln ausfindig machen konnte, war Williams' Narrative of Missionary Enterprises, ein Buch, welches sich natürlich weit mehr mit der Verbreitung des Christenthums als mit geographischen Notizen oder mit der Thier- und Pflanzenwelt beschäftigt.

Aus den Mittheilungen des ehrwürdigen Mannes geht hervor, daß die Gruppe aus sieben Inseln besteht, von welchen Hervey Island, Atiu, Mangaia und Aitutaki von Cook, Rarotonga aber und die kleinen Coralleneilande Maute und Mitiaro von ihm selber entdeckt wurden.

Die Hervey Insel, welche unverdienter Maßen der ganzen Gruppe ihren Namen gegeben hat, besteht eigentlich aus zwei kleinen Eilanden Manuai und Auotu, — die von demselben Riff umschlossen sind. Sie wurde im Jahr 1823 von Williams besucht, der in der Erwartung eine zahlreiche Bevölkerung zu finden, dort einen tahitischen Lehrer anzusiedeln beabsichtigte, seinen Plan aber aufgab, als er fand, daß das Völkchen in Folge mörderischer Kriege auf 60 Personen zusammengeschmolzen war. Sechs Jahre darauf wiederholte er seinen Besuch und fand, daß dieser elende Rest der früheren Bevölkerung so oft und so wüthend gefochten hatte, daß nur noch 5 Männer, 3 Frauen und einige Kinder am Leben blieben, und auch dann noch dauerte der Haber über die große Frage fort: „wer König des erbärmlichen Reiches sein sollte?"

Es ist zu bedauern, daß wir keinen historischen Bericht über jene Kämpfe besitzen: wie viel Gloire mag da nicht in Ermangelung eines Moniteur's in Vergessenheit gerathen sein?

Auch die früher zahlreichen Bevölkerungen von Maute und Mitiaro waren durch den Krieg auf weniger als 300 und 100 Seelen gesunken.

Atiu, welches ungefähr 20 Seemeilen im Umkreise hat, ist ein herrliches grünes Hügelland, dessen Bevölkerung Williams auf weniger als 2000 schätzte.

Noch größer und bevölkerter ist Mangaia, welches mit Atiu, Maute und Mitiaro die Eigenthümlichkeit theilt, daß das umgebende Riff dicht anschließt und es also dort weder eine Einfahrt für Boote noch einen sicheren Ankerplatz für Schiffe gibt.

Aitutaki dagegen besitzt ein Riff, welches weit vom Ufer aus sich erstreckt und an der Westseite eine gute Booteinfahrt gewährt. Die hügelige Insel mit landschaftlichen Schönheiten reichlich geschmückt, mißt 18 Seemeilen im Umfang und hat eine Bevölkerung, die Williams auf 2000 Seelen schätzte.

Von der Größe und Bevölkerung von Rarotonga ist schon die Rede gewesen; und so wie hier in den letzten Jahren die Menschenzahl auf weniger als die Hälfte zusammengeschmolzen ist, läßt sich befürchten, daß auch auf Atiu, Aitutaki und Mangaia die Volksmenge seit Williams' Besuchen sich bedeutend verringert hat.

Atiu ist seiner großen prächtigen Höhlen wegen bemerkenswerth. Williams besuchte die bedeutendste derselben, welche den Namen Taketake führt. Mit einigen einheimischen Wegweisern, die einen Vorrath von Reisern zur Beleuchtung mitnahmen, stieg er ungefähr zwanzig Fuß tief durch eine Felsenkluft, an deren Ende sich ein majestätisches Portal eröffnete. Er trat in die Höhle, und verfolgte sie ungefähr eine englische Meile weit, wo noch immer kein Ende derselben zu sehen war. Unzählige Gänge öffneten sich nach allen Seiten, unter welchen es viele gab, die der durchwanderten Höhle an Höhe, Schönheit und Größe nicht nachzustehen schienen. Das Gewölbe war reichlich mit Stalactiten besetzt, die manchmal fast bis zum Boden reichten, oder den von unten aufwärtswachsenden Stalagmiten zu begegnen strebten. Der Glanz der krystallenen Wände vom Licht der Fackeln in prismatischen Reflexen zurückgeworfen, erhöhte noch das Dunkel der in schwarze Finsterniß verschwindenden Räume. Gerne hätte Williams noch länger in diesen düstern Palästen der Natur, dem Sitze der ewigen Einsamkeit und Stille verweilt, denn er sehnte sich die unterirdischen Wunder zu erforschen, auf welchen noch nie eines Menschen Auge verweilt hatte.

Da aber die Fackeln bereits zu Ende gingen, mußte er sich mit der Untersuchung einer einzigen Höhle begnügen, deren Anblick ihn mit Verwunderung und Freude erfüllte. Die fantastischen Formen und funkelnden Krystalldrusen des Kalksinters boten der Phantasie manche Aehnlichkeiten mit den Verzierungen eines majestätischen Bauwerks dar, aber der Effect wurde nicht so sehr durch einzelne Gegenstände oder Gruppirungen derselben hervorgebracht als durch die Größe, Tiefe und labyrinthische Verzweigung dieser unterirdischen Welt. Die feierliche Stille und erhabene Dunkelheit der Höhle erhöhten den Eindruck ihrer gewaltigen Ausdehnung.

Dreiundzwanzigstes Capitel.
Samoa.

Schönheit des Landes. — Größe der Samoa Gruppe. — Die erloschenen Krater von Opolou. — Der Lafua Krater. — Der Lanuto See. — Savoii. — Landschaftlicher Charakter von Opolou. — Meerquellen. — Höhlen. — Manono. — Apolima. — Natürliche Festung. — Manua. — Tutuila. — Der Hafen Pagopago. — Der Hafen von Apia. — Klima der Samoagruppe. — Charakter der Vegetation. — Thiere. — Gezähmte Tauben. — Die Samoer. — Ihre Vorzüge und Fehler. — Betteleí der Häuptlinge. — Kunstfertigkeit. — Die Fale-téléa oder Versammlungshäuser. — Aristokratische Regierungsform. — Der Fono oder die berathende Versammlung der Häuptlinge. — Rangordnungen. — Kriege. — Waffen. — Religion. — Sage von der Schöpfung. — Begriffe von einem künftigen Dasein. — Glaube an Vorbedeutungen. — Das Lupē Spiel. — Lafo-litupa. — Tano-fua. — Tui-muri. — Pilia. — Lafe. — Samoa von Bougainville 1768 entdeckt. — La Peyrouse 1787. — Ermordung des Capitäns De Langle in der Baia da Massacre. — Späte Einführung und rasche Verbreitung des Christenthums. — Jüngste Vorfälle auf Samoa.

Reizend ist die kleine tahitische Inselwelt, lieblich der Schmuck, den Flora ihr gewährt, aber noch reizender, noch lieblicher ist Samoa. Die Schönheit des Pflanzenwuchses auf Opolou erregte die Bewunderung D'Urville's, der nirgends eine solche Pracht der Vegetation gesehen, nicht einmal in

Neu-Seeland oder Neu-Guinea, die doch durch ihre herrlichen Waldungen so ausgezeichnet sind. Leichter zu durchwandern ist hier der Forst, denn unter dem dichten Schatten der hohen Baumkronen wächst spärlicher das niedrige Gesträuch und Schlingwerk, welches so häufig den tropischen Urwald unwegsam macht. Eine Menge schöner Tauben, langschwänziger Papageien, Picafloren und anderer buntgefiederten Vogelarten bringt Leben und Bewegung in die Majestät des Haines und mildert deffen feierlichen Ernst. An manchen Stellen stürzen rauschende Wasserfälle über die Basaltblöcke herab und vollenden den Reiz diefer zugleich erhabenen und lieblichen Natur. Die Anzahl der verschiedenen Pflanzenarten ist bedeutender als auf Tahiti, so daß die durch ein fruchtbares Klima begünstigte Vegetation nicht nur üppiger gedeiht, sondern auch in mannichfaltigeren Formen erscheint. Es gibt größere Ebenen und die Berge sind im allgemeinen weniger steil, der Cultur wird also auch dereinst ein weiteres Areal zu Gebote stehen, wenn Kaffeegärten, Zuckerfelder und Baumwollenplantagen den Urwald verdrängen, der gegenwärtig fast die ganze Oberfläche des Landes bedeckt.

Die Samoa-Gruppe besteht aus vier größern Infeln — Savai, Opolou, Tutuila, Manua — und mehreren Eilanden, unter welchen Manono und Apolima die bemerkenswerthesten sind. Der ganze Flächenraum beträgt ungefähr zwei und dreißig geogr. Quadratmeilen, übertrifft demnach um ein Drittel das Areal der Gesellschaftsgruppe. Sämmtliche Infeln bilden eine Reihe, die in westnordwestlicher Richtung fortläuft, und sind ohne allem Zweifel über einer der zahlreichen Spalten entstanden, welche Vulkan in unvordenklichen Zeiten im klaffenden Boden des großen Oceans gerissen hat. Sie bestehen, wie Tahiti, aus Basalten, basaltischen Laven und Tuffen, und zahlreiche erloschene Krater zeugen von den gewaltigen Ausbrüchen des inneren Feuers, die einst hier gewühlet haben.

So wie auf dem länglichen Rücken des Hella sechs Krater sich aneinander reihen, so ziehen sich auch die zahlreichen erloschenen vulcanischen Schlünde von Opolou auf dem hohen Bergrücken der Insel in einer Linie fort. Doch während in den isländischen Einöden die nackte Lava überall nur das einförmige, düstere Bild der Verwüstung darstellt, ist hier alles mit der üppigsten Vegetation bekleidet. Als Dana vom Rande des 2136 Fuß hohen Tafuakraters in dessen Schlund hinabblickte, konnte sein Auge nirgends den Boden erreichen, da mächtige Waldbäume oft über hundert Fuß hoch ihn beschatteten und überall das Gestein unter einer dichten Pflanzendecke verschwand. Obgleich Wolken fast stets über dem Gipfel der Berge lagern und der Regen sehr häufig in Strömen sich ergießt, fand er doch den Boden des Kraters viel weniger schlammig als er erwartet hatte, da das poröse Gestein alsbald das Wasser verschluckt.

Im Becken des 2578 hohen Canulokraters dagegen, der hinter dem kleinen Hafenort Apia sich erhebt, hat sich ein kreisrunder See gebildet, etwa 2000 Fuß im Durchmesser und sehr regelmäßig von einem hundert Fuß hohen Felsenkranz umschlossen. Die größte Tiefe des Wassers beträgt 60 Fuß, an der Nordwestseite verflachen sich die Ufer, während sie an der entgegengesetzten schroffer emporsteigen.

Kein altes Kloster ragt, wie am Laachersee, dicht über den Rand dieses friedlichen Gewässer empor; noch nie hat feierliches Glockengeläute die Stille dieser Bergeinsamkeit unterbrochen; doch wenn ihr der Reiz entgeht, den ehrwürdige Denkmäler von Menschenhand auch der herrlichsten Gegend hinzufügen, so hat sie dagegen vor unserm rheinischen Kratersee den prächtigen Waldwuchs voraus, dessen Schönheit erhöht wird durch die breiten Kronen der feingefiederten Baumfarne und die zierlichen Wedel der Bergpalmen. Die Dichter der Insel rühmen das ewig frische Grün, welches die Ufer des See's so anmuthig umkränzt, und die Klarheit seines Wassers, welches niemals von verwelktem Laub verunreinigt wird. Nichtsdestoweniger haben die Eingebornen eine abergläubische Furcht vor dem See, da sie ihn für den Aufenthalt von bösen Geistern halten, die aalförmig, so dick wie Palmenstämme und mehrere Klafter lang, dessen Gewässer durchstreichen. Der Versuch der Amerikaner ihn zu untersuchen wurde für eine solche Verwegenheit gehalten, daß ihre Führer sie verließen, um nicht gleichfalls die Rache der Geister auf sich zu laden. Die Aale sollten so grimmig sein, daß sie eines Mannes Bein abzubeißen vermöchten; Dana fand jedoch im See weder Aale, noch irgend andere Fische und kam vollständig ungebissen davon, wie so mancher, der es wagt dem Aberglauben eine kühne Stirn zu bieten.

Savaii, die größte Insel der Gruppe, besteht eigentlich nur aus einem einzigen 8 Meilen langen und 2 bis 3 Meilen breiten vulkanischen Berge. Das Land steigt sehr allmälig von der See aufwärts und erreicht fast im Mittelpunkt der Insel seine größte Höhe, die von Dana auf 6000 Fuß geschätzt wird. Viele kleine Kegel, die Ueberreste früherer Ausbrüche, bedecken die Abhänge des Berges, den an der Ostseite einige breite und tiefe Thäler durchfurchen.

Die unterirdischen Feuer, die einst auf der Inselreihe zum Ausbruch
kamen, sind zuletzt auf Savaii erloschen, denn viele der Krater haben ein
ziemlich junges Aussehen und ungeheuere Lavaströme von verhältnißmäßig
geringem Alter können auf der Oberfläche verfolgt werden. Mit Ausnahme
dieser unfruchtbaren Felder ist die ganze Insel, so wie Opolou, jedoch weniger
dicht, mit einem einzigen großen Walde bedeckt, der nicht nur die Abhänge,
sondern auch die kleinen parasitischen Kegel von innen und außen bekleidet.
Bäche fehlen fast gänzlich wegen der porösen Natur des Gesteins, welches
die fallenden Regengüsse verschluckt, die tiefer unten am Meeresufer als
Quellen hervorsprudeln, während auf Opolou und Tutuila — den Perlen
der Gruppe — zahlreiche Bäche durch die Thäler und Schluchten herabrauschen. Daher ist denn auch die Vegetation minder üppig auf Savaii,
während auf den beiden letztgenannten Inseln durchaus kein offenes Weide-
land vorkommt und die am Meeresufer sich hinziehenden Cocos- und Bananenpflanzungen der Eingebornen unmittelbar an den Urwald stoßen. Dem
Mangel an Flüssen ist es wahrscheinlich auch zuzuschreiben, daß keine größere
Oeffnungen durch das äußere Korallenriff führen, welches den größten Theil
Savaii's umsäumt, und da auf diese Weise europäische Schiffe vom Verkehr
mit der Insel ausgeschlossen sind, haben die ursprünglichen Sitten sich hier
auch reiner erhalten.

Die Bergabhänge Opolou's sind von ungleichartigem Character. Im
mittleren Theil der länglichen und schmalen Insel, vorzüglich an der Nordseite, sind sie schroff und eckig, von tiefen Thälern durchfurcht oder steile
Mauern bildend, von deren Zinnen zahlreiche kleine Wasserfälle wie Silberfäden herabrieseln. Hohe Felsenwände steigen unmittelbar vom Meere empor
und bilden große, tief in's Land einschneidende Buchten oder Fiorde. Im
westlichen und östlichen Theil der Insel hingegen sind die Abhänge flacher
und die Ufer sanfter wellenförmig. Statt der langen vorspringenden Spitzen,
die in zerrissene Felsen ausgehen, wird hier das Meer von niederen Ebenen
begrenzt, die allmälig und fast unmerklich zum Bergrücken emporsteigen. Auch
fehlen fast gänzlich die zahlreichen Bäche, welche den mittleren Theil der
Insel durchschlängeln, wegen des zelligen Charakters des vulkanischen Gesteins und der vielen Höhlungen und Gänge, die unter dem Boden sich
fortziehen. Die verschluckten Gewässer sprudeln auch hier als Quellen am
Ufer hervor und bilden nicht selten große Becken, in welchen die Eingebornen
das Vergnügen eines erfrischenden Bades genießen. Mehrere Bäche fließen

eine Zeit lang in den Bergen und versinken dann plötzlich in die Erde, um später erst im Meere wieder hervorzuquellen.

Dieselbe Erscheinung kommt übrigens an vielen andern Küsten vor, überall, wo die Natur des Gesteins sie auf gleiche Weise begünstigt. Am englischen Gestade sieht man an mehreren Stellen das süße Wasser auf dem von der weichenden Fluth verlassenen Strande hervorsprudeln. Im Golf von Spezzia befindet sich eine bedeutende Quelle; eine andere im Hafen von Syracus, und Plinius erzählt, daß die Bewohner des alten Aradus ihr Trinkwasser von einem unterseeischen Brunnen erhielten, der fünfzig Klafter tief unter der bitteren Salzfluth aus dem Meeresboden floß. Unser unsterblicher Humboldt macht uns in seinen Ansichten der Natur mit einer noch merkwürdigeren Quelle dieser Art bekannt, die 2 oder 3 Meilen von der südlichen Küste von Cuba mit solcher Gewalt das darüber sich wälzende Salzwasser zertheilt, daß Boote, die der Stelle sich nähern, große Vorsicht anwenden müssen, um nicht von dem kochenden Sprudel überwältigt zu werden, und Handelsschiffe nicht selten den Ort aufsuchen, um seltsamer Weise mitten im Ocean sich mit einem Vorrath süßen Wassers zu versehen. Dort kommen merkwürdiger Weise auch Seekühe vor, die sonst nur an den Mündungen der südamerikanischen Flüsse oder weiter den Strom hinauf gefunden werden und deren Anwesenheit die Aufmerksamkeit der Seefahrer wohl zuerst auf jenes merkwürdige Phänomen gelenkt haben mag.

Im westlichen Theile Cyolou's ist der Boden dermaßen unterhöhlt, daß dumpfe Töne oft unter dem Fuß des Wanderers erklingen. Einer dieser unterirdischen Gänge hat, ungefähr anderthalb englische Meilen vom Meer, einen senkrechten Eingang, der wahrscheinlich durch das Einstürzen der Decke entstanden ist. Die Höhle bildet ein regelmäßiges 15 Fuß breites und 8 Fuß hohes Gewölbe, welches in südöstlicher Richtung sich nach der See hinabsenkt und 906 Fuß weit verfolgt werden kann, wo das Wasser die Decke erreicht und aller ferneren Untersuchung ein Ende macht. Die Decke, die Wände und der Boden dieser Lavahöhle sind an manchen Stellen mit weißlichen oder gelblichweißen Incrustationen bedeckt, einer Bildung des durchsickernden Wassers. Bergaufwärts läßt sich die Höhle ebenfalls, vom Eingange aus, eine Strecke weit verfolgen. Sie dient zahlreichen Schwalben zum Brüteplatz und man sieht die Vögel beständig ein- und ausfliegen. Die aus Moos zusammengeleimten Nester bedecken alle Vorsprünge des Gewölbes.

Diese und alle ähnliche Höhlen scheinen dadurch entstanden zu sein, daß, nachdem die Außenrinde der von den Bergen herabfließenden Lavaströme bereits abgekühlt und verhärtet war, der noch flüssige Einschluß seinen Weg weiter fortsetzte und auf diese Weise einen natürlichen Tunnel bildete. Aehnliche vulkanische Grotten finden sich auch am Aetna, am Mauna Loa und andern feuerspeienden Bergen.

Westwärts von Opolou und von demselben Korallenriff umschlossen liegt die kleine Insel Manono, die allmälig zu einer Centralhöhe von 400 Fuß emporsteigt. Sie bildet einen fortlaufenden Hain von einem Ende zum andern und ernährt eine zahlreiche Bevölkerung. Trotz ihres geringen Umfanges hatte sie früher einen überwiegenden politischen Einfluß über die ganze Gruppe, den sie besonders dem Besitz der natürlichen Festung Apolima verdankte, eines zwischen ihr und Savaii liegenden Felseneilandes. Apolima ist offenbar ein erloschener Krater. Ringsherum steigt es senkrecht aus dem Meere, nur einen einzigen Punct an der Nordseite ausgenommen, wo der eingestürzte Kraterrand das Wasser in eine kleine Bucht einläßt, die einen sicheren Hafen gewährt. Der Eingang in dieses Becken läßt sich leicht gegen einen jeden feindlichen Angriff vertheidigen, denn er ist nur bei völlig ruhigem Meere gefahrlos und so schmal, daß nur eine einzige Piroge auf ein Mal einlaufen kann. Von diesem innern Hafen steigen die Ufer unter einem ziemlich steilen Winkel bis zum Rande des Kessels empor, der an der Südseite sich 472 Fuß über dem Meeresspiegel erhebt. Die senkrechten der Brandung zugewandten Klippen an der Außenseite sind natürlich ohne alle Vegetation, sonst ist das ganze Eiland mit Cocos-, Brodfrucht- und andern Bäumen, oder mit Taro- und Ignamen-Pflanzungen bedeckt. Nach dieser Beschreibung wird man leicht einsehen, welche Vortheile den Insulanern von Manono eine solche uneinnehmbare Feste gewährte, wo sie in Zeiten der Noth eine sichere Zuflucht fanden, und aus welcher sie dann später, wenn die Wuth des Feindes sich gelegt hatte, oder Zwietracht und Unentschlossenheit ihn schwächten, mit unverminderter Kraft wieder hervorbrechen konnten.

Die Insel Manua hat die Form eines regelmäßigen Domes und steigt an den meisten Stellen senkrecht aus dem Wasser bis zur Höhe von 300 oder 400 Fuß, worauf bis zum 2500 Fuß hohen Gipfel die Erhebung des Landes sanfter und ebener erscheint. Die Insel hat 18 Seemeilen im Umkreise und ist mit einer üppigen Vegetation geschmückt. In der Nähe befinden sich die kleinen Eilande Osou und Olosinga. Letztere ist eigentlich nur ein schmaler Felsenrand, etwa eine halbe Meile lang, mit fast senkrecht aufsteigenden Wänden. Der ungefähr 500 Ellen breite bewohnbare Landstreifen ist dicht mit Cocosnuß- und Brodfruchtbäumen bewachsen.

Tutuila, dessen höchster Gipfel sich 2327 Fuß über den Meeresspiegel erhebt, bietet dieselben allgemeinen Züge wie Tahiti, aber in einem geringeren Maßstabe dar. Die schöne Insel ist etwa siebzehn Meilen lang und mißt fünf Seemeilen in ihrer größten Breite. Die Bergrücken des Hochlandes sind steil scharfkantig und steigen oft in senkrechten, 300 bis 400 Fuß hohen Mauern aus den Fluthen empor. Ueber diese Wände hinaus ist die Oberfläche des Landes bis zu den höchsten Gipfeln mit einer prachtvollen Vegetation bedeckt, deren üppiger Wachsthum durch die zahlreichen Bäche begünstigt wird, die überall von den Bergen herabrieseln." Dort, wo die Thäler ausmünden, hat sich gewöhnlich ein außerordentlich fruchtbares Flachland gebildet, welches zuweilen fast drei Meilen weit landeinwärts sich erstreckt ehe es den Fuß des Hochgebirges erreicht.

Die Insel hat viele gute Häfen und Buchten an der Nordseite, wo die einlaufenden Schiffe einen Vorrath an Holz, Wasser und Lebensmitteln einnehmen können. Der beste und sicherste Hafen jedoch ist der von Pagopago an der Südseite, der sich so tief in's Innere erstreckt, daß er die Insel fast durchschneidet. Wilkes schildert uns die Bucht als eine der merkwürdigsten von ganz Polynesien. Die Küste in der Nähe hat ein besonders schroffes Aussehen, ohne Spur von Einschnitten, und der schmale Eingang ist nicht leicht zu erkennen, so daß man hier am allerwenigsten einen Zufluchtsort für Schiffe erwarten sollte. Ist man jedoch durch den engen Hals gedrungen, so erweitert sich das Binnenwasser in Form einer rechtwinklich gekrümmten Retorte. Unzugängliche Steilmauern, 800 bis 1000 Fuß hoch, unten kahl und höher hinauf üppig bewachsen, umschließen von allen Seiten die Bucht, deren schmaler Flachrand mit schönen Pflanzungen und schlanken Cocospalmen bedeckt, eine ziemlich zahlreiche Bevölkerung ernährt und auch fremde Schiffe mit Lebensmitteln versorgt. Doch wird Pago-pago weniger von den Walfängern besucht, als Apia an der Nordküste von Opolou, denn obgleich äußerst leicht zugänglich, hält es außerordentlich schwer, den Hafen zu verlassen wegen des Südostpassats, der geradezu in den Eingang bläst, so daß ein Schiff oft erst nach vielstündigem Laviren wieder in die offene See zu stechen vermag. Während der nach Apia steuernde Seefahrer längs der Küste der schönen Insel hinfährt, erfreut er sich einer reizenden Reihenfolge von lieblichen Buchten und volkreichen Dörfern. Diese sind gewöhnlich auf den vorspringenden Landzungen erbaut, von prächtigen Cocoshainen umgeben und häufig von klaren Bächen durchrieselt, die nicht selten von den benachbarten Bergen als rauschende Wasserfälle sich herabstürzen. Die vom Strande aus sanft aufsteigenden Bergabhänge sind überall culturfähig, wodurch Opolou einen großen für die Zukunft viel versprechenden Vorzug vor Tahiti erhält, welches dem Anbau nur einen verhältnißmäßig schmalen Uferrand und einzelne Thalgründe darbietet, während das steil aufsteigende Binnenland der Cultur stets die größten Hindernisse entgegensetzen oder den Anbau wohl gar völlig unmöglich machen wird.

Das Klima der Samoa-Gruppe ist veränderlich und das Wetter oft unfreundlich, besonders in den Wintermonaten, wo gewaltige Regengüsse herabströmen. Auch kommen mitunter verheerende Orkane vor, welche die Brodfruchtbäume zerstören, die hohen Cocospalmen entwurzeln und die einfachen Hütten zertrümmern. Die Luft ist feuchter und die mittlere Temperatur wärmer als auf den Gesellschaftsinseln, wodurch eine noch üppigere Vegetation erzeugt wird.

Auf Opolou scheinen die Wälder dunkler belaubt als in Brasilien. Die Bäume verzweigen sich erst in der Nähe des Gipfels, wodurch die Nachforschungen der Botaniker erschwert werden. Die Stämme und sogar die Kronen sind oft bis zu den Endzweigen mit einem dichten Polster von Pfefferarten, Flagellarien und anderen Schlingpflanzen bedeckt, und zahlreiche Farne und Pothosgewächse umkleiden den Fuß der Waldriesen. Bunte Blumen werden fast überall in diesen Urforsten vermißt, die meisten Blüthen sind weiß oder haben eine grauliche Färbung, wahrscheinlich weil die Sonnenstrahlen das dichte Laubdach nur selten zu durchbrechen vermögen. Unter den Bäumen zieht eine Bananenart, von den Eingebornen O h w a genannt (Ficus religiosa) vorzüglich die Aufmerksamkeit des Reisenden auf sich. Man findet Exemplare, deren Luftwurzeln zu tausenden von einem Zoll bis zu zwei Fuß im Durchmesser sich in den Boden senken, sich in einer Höhe von mehr als 80 Fuß zum Hauptstamm vereinigen und ein ungeheures Dach von horizontalen Aesten tragen, welches schirmartig sich über die Gipfel der andern Bäume ausbreitet. Zu den bemerkenswerthesten Gewächsen gehören auch noch eine Cerberaart mit prachtvollen Trauben weißer wohlriechender Blüthen, aus deren klebrigem Saft vielleicht Caoutchouc zu gewinnen wäre, und eine Urticee, vor welcher die Eingebornen eine große Furcht hegen, da das Berühren der ägenden Blätter einem schmerzhaften Ausschlag hervorbringt, besonders wenn die Haut feucht war. Dieses Gewächs kommt nicht auf Tahiti vor.

Bambusen und das wilde Zuckerrohr sind sehr häufig; letzteres wird zum Dachdecken benutzt. Auch der wilde Ingwer wächst überall in den Wäldern. Die Baumfarren sind nicht so zahlreich als auf Tahiti, erreichen aber eine bedeutendere Größe. Das verschiedenartige Laub der Palmen ertheilt der Landschaft einen üppigen Charakter, und hundert Fuß lange Rotlange (Flagelarien) durchschlängeln die hohen Baumkronen. Zwei verschiedene Arten des wilden Muskatnußbaumes kommen vor und erregen die Aufmerksamkeit durch ihre in regelmäßigen Abständen quirlförmig hervorwachsenden Aeste.

Im Ganzen nähert sich der Charakter der Vegetation mehr dem ostindischen als dem der Gesellschaftsinseln, und die blätterlosen Akazien erinnern an Neu-Holland. Angebaut werden: die Brodfrucht, von der es mehr als zwanzig Spielarten giebt; die Cocospalme, der Tibaum (Dracaena), überhaupt alle Kulturpflanzen, die bereits bei der Beschreibung Tahitis erwähnt worden sind. Die Orangen und Citronen sind von vorzüglicher Güte und versprechen ein bedeutendes Ausfuhrartikel zu werden. Auch bemühen sich die Missionare die Cultur des Zuckerrohrs einzuführen.

Außer den cosmopolitischen Ratten und einem großen fliegenden Hunde (Pteropus rufioollis), der den Brodfrüchten sehr nachstellt, giebt es auf Samoa keine ursprünglich einheimischen Säugethiere. Schweine und Rinder sind jetzt im Ueberfluß vorhanden und versorgen reichlich die einlaufenden Schiffe. Auch das Pferd ist neuerdings auf Opolou eingeführt worden.

Die Taube wird als heilig angesehen und nicht als Speise benutzt. Merkwürdig ist es, daß von den zahlreichen Spielarten dieses Vogels keine unter den auf Tahiti vorkommenden Varietäten sich wiederfindet. Den Häuptlingen dienen die Tauben zum beliebten Zeitvertreib, indem man sie mit einem etwa zwölf Fuß langen Bindfaden an einen Stock befestigt. Man lehrt sie vom Stocke wegfliegen und wieder darauf zurückkehren und eine gut eingeschulte Taube wird vom Eigenthümer mit demselben Wohlgefallen zur Schau gestellt, wie etwa bei uns ein mit überflüssiger Zeit versehener Junker oder Student am Lobe sich ergötzt, welches den Künsten seines vortrefflich abgerichteten Pudels gespendet wird.

Ein ähnliches Spiel mit Sperlingen und Finken ist auch bei den Kindern in Flandern sehr beliebt, und es ist merkwürdig genug dasselbe Vergnügen, an welchem die Knaben und Mädchen an den schlammigen Ufern der Schelde sich erfreuen, bei den erwachsenen Kindern am Palmengestade Opolou's wieder zu finden.

Schlangen sollen in den Wäldern Samoa's vorkommen und giftige Hydrophiden durchziehen die benachbarten Gewässer.

Der sehr ergiebige Fischfang wird auf verschiedene Weise betrieben. So wie es auch auf den weit entfernten Koralleninseln geschieht, stellen die Weiber Fangkörbe auf den Riffen in der Nähe der Aushöhlungen, welche den Fischen als Zuflucht dienen. Auch werden sie bei Fackelschein gespeert und in dem tieferen Wasser mit der Angel gefangen. Unter den Meerfischen sind die Seebarben die häufigsten und oft sieht man sie von Boniten oder Haifischen verfolgt, schaarenweise aus dem Wasser springen.

Die Samoer sind ein herrlicher Menschenschlag; die Männer groß, stark, kühn, würdevoll, ernsthaft wie die Tonganer, der einzige polynesische Stamm, dem sie an äußerer Schönheit nachstehen. Der Bau der Weiber ist etwas zu stämmig, doch sind hübsche Gesichter nichts seltenes unter den jungen Mädchen und der Reiz einer gewissen Schamhaftigkeit erhöht das Wohlgefallen, welches der angenehme Gesichtsausdruck erweckt. Ueberhaupt ist die ausschweifende Lebensart, die den Südseeinsulanern vorgeworfen wird, mehr auf die östlichen Gruppen (Tahiti, Marquesas, Hawaii) beschränkt, während die edleren Volksstämme von Samoa und Tonga sich durch größere Sittlichkeit auszeichnen. Schon frühere Seefahrer fanden auf Samoa und Tonga eine Höflichkeit, wie sie vielleicht bei keinen andern Naturvölkern besteht. Als D'Urville der Frau eines Häuptlings ein kleines Geschenk überreichte, freute er sich über den gefälligen Anstand, womit sie ihm nach tonganischer Weise dankte, indem sie den Gegenstand über ihren Kopf hob und sich dann leicht und anmuthig verneigte. Die Frauen wurden gut behandelt und beschäftigten sich nur mit solchen Arbeiten, die ihrem Geschlechte zukommen. Die Eltern gaben ihren Töchtern keine Mitgift, sondern erwarteten Bezahlung vom Eidam. Ehebruch fand sehr selten statt und wurde mit dem Tode bestraft.

Als im vorigen Jahrhundert die Inseln zuerst entdeckt wurden, ward der Charakter der Samoer in Folge ihres mörderischen Anfalls auf einen Theil der Gefährten von La Peyrouse als besonders wild und verrätherisch verschrieen; spätere Seefahrer fanden sie jedoch nicht weniger gastfrei und gutmüthig als die Bewohner von Hawaii oder Tahiti. Beide Geschlechter erweisen ihren Kindern große Zärtlichkeit und Liebe, und das Alter steht in solcher Achtung, daß nur Männer von reiferen Jahren an den Jonos oder berathenden Versammlungen Theil nehmen. Als Fehler wirft man den Samoern Trägheit, Habsucht, Veränderlichkeit und Neigung zum Betruge vor.

Wenn die Häuptlinge ihren Besuchern Geschenke freigebig anbieten, so sind sie auf der andern Hand durchaus nicht blöde, um alles zu bitten, was sie sehen. An Bord des „Vincennes" fingen sie gewöhnlich ihre Bettelreien mit den Matrosen an, um mit den höchsten Officieren zu enden, und hatten sie auf diese Weise so viel erlangt, wie sie nur konnten, verließen sie das Schiff, die Amerikaner verspottend, weil diese sie so reichlich beschenkt hatten.

Oft wurde Walpole beim Spazierengehen (Four Years in the Pacific) von irgend einem Häuptling angeredet, der sich ihm mit wichtiger Miene näherte, doch nur um ihn um — seinen Hut, seinen Degen oder seine Handschuhe — zu bitten. Die rundweg abschlägige Antwort des Lieutenants verringerte indessen durchaus nicht die Freundlichkeit des polynesischen Bettlers, und als dem edlen Samoer bemerkt wurde, daß er doch unmöglich die Gewährung seiner Bitte habe erwarten können, erwiederte derselbe ganz einfach, daß er durch Fragen, die ihm ohnedieß nichts kosteten, wenigstens die Möglichkeit, das Erwünschte zu erhalten, sich eröffne, während Stillschweigen von vorn herein alle Hoffnungen dazu benehme.

An Kunstfertigkeit standen die Samoer vielleicht nur den Tahitiern und Tongarern nach. Im Flechten von Matten, die jetzt vielleicht schon größtentheils durch englische Kattune verdrängt worden sind, waren die Frauen außerordentlich geschickt. Obgleich der gewöhnliche Anzug in einem Gürtel von Dracaenablättern bestand, der um die Lenden gebunden, an den Schenkeln herabreichte, so trugen die Frauen doch auch häufig lange, weiße, zottige Mäntel, die sie aus den Fasern des Hibiscus webten. Die feinsten und schönsten Matten jedoch, die mit einem Saum von rothen Federn geziert und so reich waren, daß sie sich wie Baumwolle anfühlen ließen, wurden nur bei großen Festen von den Häuptlingen als Mäntel getragen. Sie machten zugleich deren werthvollstes Eigenthum aus, denn zu ihrer Verfertigung waren oft über anderthalb Jahre erforderlich. Sie vererbten sich als Familienkleinode von Vater auf Sohn, und um sie zu gewinnen, wurden in früheren Zeiten nicht selten blutige Kriege geführt.

Wenn die Frauen sich durch ihre Kunstfertigkeit in weiblichen Handarbeiten auszeichneten, so waren die Männer nicht minder geschickt im Schiff- und Häuserbau. Die größten Pirogen hatten eine Länge von 60 Fuß und konnten 10 bis 12 Personen fassen. Sie bestanden aus verschiedenen, so sorgfältig mit einander verbundenen Stücken, daß es oft einer genauen Untersuchung bedurfte, ehe man an der Außenseite die Fugen entdecken konnte. Statt der Nägel dienten Bindfäden aus Cocosnußbast, um die Planken zu einem Ganzen zu verbinden, und das Harz des Brodfruchtbaumes auf die Ränder gestrichen, verhinderte das Leckwerden des Fahrzeuges, dessen kunstreicher Bau um so merkwürdiger erscheint, wenn wir den Mangel an allen eisernen Werkzeugen bedenken.

An beiden Enden des schmalen zugespitzten Bootes war ein kleines Bret ded, auf dessen Mittellinie eine Reihe von Erhabenheiten oder Pflöcken sich erhob, auf welchen die großen weißen Muschelschalen der Cypraea ovula als Zierrath angebracht waren. Es versteht sich von selbst, daß der Ausleger nicht fehlte; und zum Auffangen des Windes diente ein dreieckiges, an die 10 Fuß langes aus Pandanusblättern geflochtenes Segel mit dem kleinsten Winkel nach unten. So flog vom Passate getrieben, oder durch Schaufelruder fortgeschnellt das leicht bewegliche Canot dahin — ein Meisterstück in seiner Art, wie die Baidare des nordischen Aleuten. Doppelcanots wurden nicht auf der Gruppe erbaut sondern von Tonga oder Fidschi eingeführt.

Eine nicht geringere Sorgfalt wurde auf den Bau der Hütten und namentlich der großen Falo-telos oder Versammlungshäuser verwendet, die ebenfalls zur Aufnahme von fremden Gästen dienten. Das an die 30 Fuß hohe Dach, zierlich mit Zuckerrohr- oder Pandanusblättern bedeckt, ruhte in der Mitte auf drei mächtigen Brodfruchtbaumstämmen und ringsherum auf niedrigen, ungefähr 3 Fuß von einander abstehenden Pfosten. Die Dachsparren künstlich und regelmäßig mit Bindfäden aus Cocosnußbast unter einander verbunden, bestanden gewöhnlich aus dem leichten und dauerhaften Holze des Hibiscus, und die zahlreichen Querbalken, welche den hohen Bau befestigten, dienten zugleich als Niederlagen für Tapaluchvorräthe, Matten und sonstiges Eigenthum. Zuweilen fand dort auch das Lieblingscanot des Häuptlings seinen Platz. Die kleineren Häuser hatten gewöhnlich geschlossene Seiten; bei den Fale-telos standen dieselben ringsherum offen, doch konnte man sie nach Belieben mit Matten versperren. Der Boden war mit Steinen, etwa von der Größe eines kleinen Eies belegt und um das ganze Gebäude lief gewöhnlich eine drei Fuß breite gepflasterte Terrasse. Ungefähr die Hälfte des inneren Raumes war mit groben Matten bedeckt, über welche dann feinere, die man nach dem jedesmaligen Gebrauch wieder aufrollte gelegt wurden. An den Pfeilern hingen Körbe und Cocosnußschalen, die als Wasserkrüge dienten. Zur Nachtzeit war jeder Schläfer mit einem Vorhang versehen, der zeltartig von einem Querpfosten oder Seil herabhängend die lästigen Mosquitos abhielt. An einer und zuweilen an beiden Seiten des mittelsten Stützbalkens befand sich ein kleiner zirkelförmiger Heerd von größeren Steinen eingefaßt, in welchem die getrockneten Cocosnußblätter verbrannt wurden, die zur nächtlichen Beleuchtung dienten. Zu demselben Zwecke benutzte man ebenfalls wie auf Tahiti die Nüsse der Aleurites triloba, die auf einem dünnen Stäbchen aufgespießt, der Reihe nach abgebrannt wurden. Die Betrachtung eines solchen Gebäudes konnte nicht anders als eine höchst vortheilhafte Meinung vom Fleiß und von der Kunstfertigkeit der Samoer erwecken, und es ist gewiß zu bedauern, daß durch den wachsenden Einfluß der Weißen, der überall in Polynesien die alten Sitten, Gebräuche und Industrien verdrängt, auch der ursprüngliche meisterhafte Pirogen- und Häuserbau zu Grunde geht.

Die Inseln der Samoa Gruppe werden nicht von Königen regiert, sondern von einer hohen Aristokratie erblicher Häuptlinge, deren Versammlung oder fono, den Gang der öffentlichen Angelegenheiten bestimmt. Nach den großen vornehmen Familien folgen im Range die kleinen Dorfhäuptlinge, und auf diese die tulafales oder geringeren Grundbesitzer — eine Classe die zwischen dem Adel und dem Volke steht, großen Einfluß besitzt, mit ihrem Rath den Häuptlingen an die Hand geht und deren Befehle vollstreckt. Das gemeine niedriggeborene Volk hat als Classe keinen besondern Namen, und wenn ein Vornehmer davon spricht, ist es stets nur mit einem verächtlichen Beiwort. Der Stolz der Geburt verband sich übrigens mit dem schönen Grundsatz, dem einzigen, der ihn allenfalls rechtfertigen konnte, den Ruhm der Vorfahren von allem Makel frei zu erhalten, und unbefleckt den Nachkommen zu überliefern.

Kriege pflegten sehr häufig auf Samoa zu herrschen, wie es bei dem Mangel einer mächtigen Centralgewalt nicht anders zu erwarten stand. Sie wurden mit derselben Wuth, derselben Grausamkeit wie auf Tahiti und den andern Gruppen geführt, und die Besiegten mußten vom Olo oder der Bergfeste, wohin sie, um sich vor der gänzlichen Vernichtung zu retten, geflüchtet waren, ihre Häuser in Flammen aufgehen, und ihre Cocos- und Brodfruchthaine verwüstet sehen. Die Waffen bestanden aus Lanzen und Keulen vom harten Casuarinenholz. Erstere waren mit Spitzen aus Rochenstacheln versehen, von welchen es hieß, daß wenn sie in der Wunde abbrachen, der Tod unvermeidlich war. Des Bogens und verschiedenartiger zugespitzter oder kleiner abgestumpfter Pfeile bediente man sich nur um allenfalls einen fliegenden Hund von einem Fruchtbaum herabzuschießen oder eine Taube betäubt zur Erde zu bringen, ohne sie zu tödten.

So wie die schöne Helena die Veranlassung zum ersten Kriege gab, den die Dichtkunst besang, so verdankten auch die Fehden auf Samoa nicht selten ihren Ursprung einer ihrem Gemahl entlaufenen oder entführten Dame. Es kam zuweilen vor, daß in Folge häuslicher Uneinigkeit Frauen mit Hülfe zweier hohlen Cocosnüsse von Upolou nach Savall schwammen — was noch mehr heißen will, als wie Leander oder Byron über den Hellespont zu setzen. Pickering erzählt uns von einer solchen Schwimmerin die drei Tage im Wasser blieb.

Die Samoer erkannten einen Hauptgott Tangaloa, doch huldigten sie ihm weit weniger als ihren Kriegsgöttern Tamafanga, Sinleo und Onasanua. Der erste schürte die Kriegsflamme an, der zweite führte die Streiter in's Gefecht, der dritte ermuthigte sie während der Schlacht. So sehen wir das hellenische Kleeblatt Eris, Mars und Bellona unter andern Namen über Samoa herrschen. Mafuie war der Gott der Erdbeben und so wie sein griechischer Vetter Vulkan mit einem Beine hinkte, so hatte dieser Mafuie nur einen Arm. Wenn die Erde von unterirdischen Stößen erschüttert wurde, was noch immer auf den Inseln vorkommt, obgleich kein Fall bekannt ist, daß die Stöße Schaden angerichtet hätten; so riefen die Eingebornen aus: „Großen Dank, daß Mafuie nur einen Arm besitzt, denn hätte er deren zwei, so würde er das Land aus einander schütteln."

Der Gott Safu stützte die Erde und von Mesua, Faana, Tinitini und Lamanau den Göttern des Blitzes, des Regens und des Orkans hieß es, daß sie ihren Wohnsitz auf einer nach Westen liegenden Insel hätten, da von jener Richtung das schlechte Wetter nach Samoa kommt. Außerdem gab es noch eine Menge kleiner Götter, so daß der samoische Olymp wie der polynesische überhaupt nicht minder reich bevölkert war, als der des alten Griechenlands. Den verschiedenen Gottheiten waren besondere Vierfüßer, Reptilien, Fische und Vögel gewidmet, so wie der stolze Pfau der herrischen

Juno oder die nachdenkliche Eule der weisen Minerva. In einigen Distrikten wurden auch leblose Gegenstände verehrt, unter andern die behauenen Stein- oder Holzblöcke, die dem Andenken der angesehensten Häuptlinge geweiht waren.

Die samoische Sage von der Schöpfung ist merkwürdig genug, um angeführt zu werden, und unterscheidet sich wesentlich von der Cosmogonie der westlicheren Gruppen, nach welcher die Länder an einer Angel aus dem Abgrunde des Meeres herausgefischt wurden. Tangaloa, der große Gott der im Himmel wohnt, schickte den Vogel Tuli, eine Art Schnepfe, seine Tochter herab, um zu sehen, wie es dort unten zugehe. Sie brachte die Nachricht zurück, daß sie nichts als das Meer gefunden habe. Hierauf rollte Tangaloa einen Stein vom Himmel herab, der Savaii bildete; einen andern, aus welchem Opolou entstand, und so fort bis endlich die ganze Inselgruppe aus den Meeresfluthen sich erhob.

Dieses genügte jedoch nicht dem Vogel Tuli, der wiederum zum Vater hinaufflog, und ihn um Bewohner für die neugebildeten Länder bat. Hierauf befahl Tangaloa den wilden fue-fue Strauch zu pflanzen, ihn später auszureißen und auf einen Haufen zu werfen, woraus die Würmer entstanden. Diesen wurden dann später durch Tuli Geister einverleibt, so daß sie zu Mann und Weib sich herausbildeten. So fanden die alten semitischen oder orientalischen Sagen von der Entstehung des Menschen ihren Wiederhall auf den weit entfernten Inseln des großen Oceans.

Die Begriffe von einem künftigen Dasein waren, wie sich's nicht anders erwarten läßt, höchst dunkel und unbestimmt. Das Elysium der Häuptlinge befand sich auf Bulotu, einer westlichen Insel, dem Wohnort der Götter, die mit allen Vorzügen und Reizen geschmückt war, welche die Phantasie auch sonstwo dem Aufenthalt der Seligen andichtet.

Es herrschte eine große Furcht vor den Aitus, den Geistern der Abgeschiedenen, die zu nächtlicher Weile um ihre früheren Wohnsitze umherirren sollten, so daß kein Samoer sich nach Sonnenuntergang herauswagte, ohne eine brennende Fackel zu tragen.

Wie auf den übrigen Gruppen glaubte man auch hier an gute und schlechte Vorbedeutungen. Wenn der schwarze Storch oder Matu vor einem Kriegerzuge in derselben Richtung herflog, galt es für ein Zeichen des Gelingens, im entgegengesetzten Fall mußte man sich auf Unglück gefaßt machen.

Ein verschleierter Mond, eine besonders helle Sternennacht, ein Comet bedeuteten stets den Tod eines Häuptlings, und der friedliche Regenbogen der Bibel galt hier als Zeichen des Krieges.

Das Gequiek der Ratzen war von ungünstiger Vorbedeutung und wenn ein Mitglied einer Reisegesellschaft unglücklicher Weise nieste, kehrte man augenblicklich wieder um.

Die sanfte wohlklingende Sprache der Samoer ist der einzige polynesische Dialect, in welchem das s vorkommt, doch genügten den Missionaren vierzehn Buchstaben um alle Laute dieser Mundart schriftlich zu bezeichnen. Wenn die Samoer die Worte einer andern Sprache aussprechen wollen, so sagen sie L für R, S für H und P für B. Das G wird durch die Nase gesprochen. Das Samoische hat fast dieselbe Construction wie das Tahitische, doch wird es von den Eingebornen der Gesellschaftsinseln nicht leicht verstanden, auch sollen diese es nie gut sprechen lernen, weil, wie die Samoer behaupten, „ihre Kinnladen zu steif sind."

Es läßt sich erwarten, daß ein kräftiges lebenslustiges Volk, dem die freigebige Natur und die glückliche Milde eines sonnigen Himmels die saure Arbeit des Nordländers größtentheils erspart, einen bedeutenden Theil seiner Zeit den geselligen Vergnügungen widmen werde.

Wie die Tahitier brachte auch der Samoer manche Nächte mit Singen und Tanzen zu, und widmete wie jener die meisten Stunden des Tages dem erfrischenden Bade, dem angenehmen Schlafe nach der Mittagsmahlzeit oder verschiedenartigen Spielen, bei welchen auf leichte gefällige Weise die Zeit verging. Tanz und Musik sind größtentheils seit Einführung des Christenthums verschwunden, doch mögen die ursprünglichen Spiele noch immer fortbestehen, da sie nicht wie jene einen unsittlichen Charakter haben, oder mit den altheidnischen Begriffen eng verflochten sind.

Das beliebte Lupe Spiel ist dem Mourro, dem gewöhnlichen Zeitvertreib des gemeinen Provençalen und Italieners auffallend ähnlich. Es wird von zwei Personen gespielt, die sich gegenüber sitzen. Der eine hält seinem Gegner die geballte Faust vor, und streckt dann schnell eine beliebige Anzahl Finger aus, zugleich mit dem Rücken der Hand auf die Matte schlagend. Wenn der Gegner nicht augenblicklich dieselbe Anzahl Finger vorzeigt, verliert er einen Stich, und zehn Stiche entscheiden das Spiel.

Lafo-litupa wird gleichfalls von zwei Personen gespielt, die einige fünfzig Bohnen der Mimosa scandens vor sich liegen haben. Jeder nimmt

vier dieser Bohnen wirft fie in die Luft und sucht sie auf dem Rücken der
Hand aufzufangen. Wer die ersten hundert auffängt hat gewonnen.

Tane-fua wird von fünf oder sechs Personen gespielt. Acht Orangen
werden schnell nach einander in die Luft geworfen, und durch Wiederauf-
fangen und Wiederemporwerfen in beständiger Bewegung erhalten. Wer
dreimal einen Ball fallen läßt, hat verloren.

Das beliebte Tui-muri wird ebenfalls von einer größeren Anzahl Personen gespielt. Sie setzen sich in einen Kreis und theilen sich in zwei
Parteien. Eine Orange hängt an einem Bindfaden mitten im Kreise, ungefähr zwei Fuß von der Erde und jeder Spieler ist mit einem kleinen zugespitzten Stäbchen versehen. Die Orange wird im Kreis herumgeschwungen,
und so wie sie an ihm vorbeigeht, sucht nun jeder sie mit seinem Stäbchen zu
durchbohren, dieser mit Ungestüm, jener mit schlauer Kaltblütigkeit, zur großen
Belustigung der Mitspielenden. Die Partei gewinnt, der es zuerst gelingt
die Orange fünfzig Mal zu treffen. Man spielt am gewöhnlichsten für ein
gebratenes Schwein, an dessen Genuß nach vollendetem Spiele auch die
verlierende Partei Theil nimmt.

Wie schön, wenn der grüne Tisch unserer Spielhöllen am Rhein durch
einen solchen unschuldigen Zeitvertreib verdrängt würde, wenn die Herren
Blanc oder Benazet statt ihre Schafe zu scheeren sich mit ihnen zum Oran-
genstechen niedersetzten — und das Spiel dann nicht mit Verzweiflung und
Selbstmord, sondern mit Trüffeln und Champagner endigte.

Auch das Lilia Spiel könnte zur Belustigung unserer Badegesellschaften
in Vorschlag gebracht werden. Ganze Dörfer nehmen daran Theil. Zwei
Parteien versorgen sich mit leichten Stäben des Hibiscus tiliaceus, ungefähr
10 Fuß lang und so dick wie der Finger. Man stellt sich in einer Reihe
auf, sucht die leichten Speere so weit wie möglich zu werfen, und die Partei,
welche fünfzig Mal die besten Würfe macht, hat gesiegt. Die gewöhnliche
Wurfweite beträgt an die 40 Ellen, und man begreift kaum wie die leichten
Spieße so weit reichen können. Ein allgemeines Fest beendigt den Wett-
streit, dessen Kosten zwar von den Besiegten getragen werden, an welchem
sie aber auch als Mitgenießende Theil nehmen.

Lafo ist ein vornehmes, den Häuptlingen vorbehaltenes Spiel. Vier
Personen sitzen an den Ecken einer 10 oder 12 Fuß langen Matte, in deren
Mitte eine andere kleine viereckige Matte liegt. Die Zwei an den entgegen-
gesetzten Ecken machen gemeinschaftliche Sache, und jede Partei ist mit fünf

kreisrunden, schön polirten und geschnitzten Stücken von Cocosnußschalen versehen, von 2 Zoll im Durchmesser bis zur Größe einer halben Nuß. Der erste Spieler legt sein kleinstes Stück auf die kleine Matte, worauf sein Gegner dasselbe durch einen glücklichen Wurf zu verdrängen und sein Stück an die Stelle zu bringen sucht. Die Partei, welcher dieses zuerst hundert Mal gelingt, hat die Ehre des Sieges.

Scheingefechte mit Keulen und Wettstreite im Ringen, jetzt wahrscheinlich durch das Christenthum verdrängt, fanden häufig Statt und endigten oft mit Knochenbrüchen und eingeschlagenen Zähnen.

Die Männer trugen früher ihr Haar lang, schön gekämmt und in einen Knoten auf dem Scheitel gebunden: die Frauen umrandeten ihre Locken mit Blumenkränzen wie auf Tahiti, gegenwärtig jedoch tragen beide Geschlechter das Haar kurz geschoren, denn die lieblichen Geschenke der Flora finden wenig Beifall bei den strengen Missionaren.

Der östliche Theil der Samoa Gruppe wurde bekanntlich von Bougainville im Jahre 1768 entdeckt. Am 3. Mai sah der französische Weltumsegler in der Morgendämmerung die Gipfel von Manua aus dem tiefblauen Ocean emporsteigen, segelte am 4. längs der Nordküste dieser Insel und der kleinen Nachbareilande Olosinga und Ofou in westlicher Richtung fort und erblickte noch vor Sonnenuntergang die hohen Bergspitzen von Tutuila, welches sich ihm am folgenden Tage aus geringer Entfernung als eine reizende, dichtbewaldete und palmenumgürtete Insel darstellte. Die Südküste von Opolou wurde am 6. mehrmals aus der Ferne gesehen, doch ein dichter Nebel, der Nachmittags emporstieg und den ganzen folgenden Tag andauerte, verschleierte sie von nun an seinem Blicke. Nirgends versuchte er zu landen, denn überall schlug eine hohe Brandung an's Ufer, doch näherten sich ihm mehrere Pirogen der Insulaner, von denen jedoch keiner sich an Bord wagte. Pamswurzeln, Cocosnüsse, Tapatuch, aber viel weniger schön als das tahitische; schlechte Angelhaken aus Perlmutter verfertigt, einige Matten, und 6 Fuß lange Lanzen aus einem harten Holze wurden gegen kleine Stücke rothen Tuchs vertauscht, welches diese Wilden den in Tahiti so beliebten Nägeln, Messern und Ohrhängen vorzogen. So wie der spielende Delphin ein Schiff in vollem Laufe umkreist, segelten die Pirogen um Bougainville's Fregatte herum, der, diese nautische Geschicklichkeit bewundernd, der neuentdeckten, nur flüchtig beschauten Gruppe den Namen der Schifferinseln gab.

Neunzehn Jahre später (1787) wurden sie von La Peyrouse genauer untersucht und durch ein entsetzliches Blutbad berüchtigt. Der Capitän De Langle, der mit 63 wohlbewaffneten Männern in einer Bucht auf Tutuila — sie wurde später Baic du Massacre „Bucht des Gemetzels" genannt — gelandet war, um Wasser einzuholen, wurde nämlich unvermuthet von den Eingebornen, die sich anscheinend freundlich am Ufer versammelt hatten, überfallen. Mit genauer Noth rettete sich ein Theil der Mannschaft in die Boote, doch De Langle selbst, der Naturforscher Lamanon und zehn Matrosen verloren das Leben. Vergebens hatte La Peyrouse vor der Gefahr gewarnt, sich außer Schußweite der Fregatten unter ein Volk zu wagen, welches bereits Proben seiner trotzigen Verwegenheit abgelegt hatte, und stolz auf seine physische Kraft auf die weißen Pygmäen herabblickte. „Ich bin tausendmal erzürnter", schreibt der Seefahrer, „über unsere Philosophen, welche die Wilden herausstreichen als über die Wilden selbst. Noch am Vorabende seines Todes sagte mir der unglückliche Lamanon, daß „sie besser seien als wir". Uebrigens soll nach den Berichten der Eingebornen ein Diebstahl an Bord der Boote, welcher sofort durch Waffengewalt bestraft wurde, das Blutbad hervorgerufen haben, aus Rache gegen einen Angriff, den man für ungerecht hielt.

Nach diesem unglücklichen Ereigniß blieben die Inseln lange von allem wissenschaftlich gebildeten Reisenden unbesucht, so daß D'Urville 1838 sich rühmen konnte, einen Boden zu betreten, auf welchem noch kein Naturforscher Früchte geerntet. Um so häufiger wurden aber schon damals die Häfen von Apia und Pago-pago von den Walfängern besucht, die in diesem Lande des Ueberflusses zu geringen Preisen sich mit frischen Lebensmitteln, Holz und Wasser für die Fortsetzung ihrer Streifzüge zu versorgen pflegten.

Das Christenthum wurde erst spät in den dreißiger Jahren nach Samoa verpflanzt, fand aber um so leichteren Eingang, da die Insulaner merkwürdiger Weise keinen eigentlichen Gottesdienst besaßen, keine Tempel, keine Altäre, keine Priester, die dessen Verbreitung sich widersetzten. An Gottheiten fehlte es ihnen übrigens nicht, wie wir bereits wissen, außer welchen jeder Häuptling seine besonderen Aitus oder Geister verehrte. Als solche wurden von Anfang an die weißen Männer angesehen, und auch dieser Umstand trug nicht wenig zum Erfolge der Missionäre bei, die sogleich den Schutz der vornehmsten Häuptlinge genossen, und keine Beleidigung, keine

Verfolgung zu erdulden hatten. Nachdem ihnen einige Lehrer aus Tahiti den Weg gebahnt, landeten die ersten englischen Missionare im Jahre 1834 oder 1835 auf Opolou; und als Wilkes 1830 die Inseln besuchte, deren Gesammtbevölkerung auf 60,000 Seelen geschätzt wurde, zählte der neue Glaube bereits 14,850 Bekenner. Elf Missionare und 138 polynesische Lehrer waren über die Gruppe vertheilt. Eine Druckerpresse arbeitete auf Opolou und die Schulen wurden von 12,300 Zöglingen besucht. Die Wißbegierde war so allgemein, daß man alle grauhaarige Männer sah, die über das Alphabet sich den Kopf zerbrachen oder von den jüngsten der Familie sich belehren ließen. — Von allen europäischen Artikeln wurde Schreibpapier am meisten verlangt, ein merkwürdiger Umstand bei einem Volke, welches noch nicht einmal den Gebrauch der Münze kannte.

Nach der Besetzung Tahiti's durch die Franzosen wurde Samoa zur Hauptstation der Londoner Missionsgesellschaft; dort versah auch der aus Papeiti vertriebene und viel besprochene Pritchard Jahre lang das Amt eines britischen Consuls. Seit 1849 besitzen die Eingebornen eine in eigenen Lande gedruckte Uebersetzung des neuen Testaments und mehrerer Bücher des alten. Es erschien damals schon eine Zeitschrift, „der Samoa Reporter", die in ethnographischer Beziehung manches Interessante darbot. Später brach zwischen der christlichen Partei und den sogenannten Teufelsanhängern (devil's party) ein Krieg aus, der aber im April 1853 mit dem Siege der ersteren endete — so daß wahrscheinlich gegenwärtig das ganze Volk sich zum Evangelium bekennt. Im Samoa Reporter vom Jahre 1854 wird die Bevölkerung der Gruppe auf 33,901 Seelen angegeben, so daß auch hier die Entvölkerung, wenn auch nur langsam, um sich greift. In Apia waren etwa 60 Weiße ansäßig und eben so viele andere über die Gruppe zerstreut. Man zählte 177 protestantische Kapellen, 170 Wochen- und 147 Sonntagsschulen. Außerdem waren 7 Kapellen für etwa 500 Katholiken errichtet.

In jenem Jahre ereignete sich ein Vorfall, der auf die Mäßigung der Seemächte den schwächeren Völkern gegenüber eben kein sehr günstiges Licht wirft. Van Kamp, ein amerikanischer Handelsmann, verlangte vergebens von den Häuptlingen 36 Dollars Schadenersatz für eine Kuh, ein Schwein und einige entwendete Bretter. Hierauf drohte der Commodore Mervin von der „Independance" Apia zu beschließen, benahm sich auf's brutalste und machte nach der Bezahlung noch allerlei kleinliche Chikanen.

Es blieb den „Wilkes" nichts übrig als der Gewalt zu weichen, doch sandten sie eine Schrift an den Präsidenten der Vereinigten Staaten, worin sie erklärten, daß sie civilisirt genug seien zu wissen, daß, obgleich in ihrem vollen Rechte, sie sich doch einem Kriegsschiffe hätten fügen müssen.

Vierundzwanzigstes Kapitel.
Tonga.

Die Vavao Gruppe. — Die merkwürdige Hunga Höhle. — Die Hapai Gruppe. — Eisuka. — Der Vulkan von Tufoa. — Tonga-tabou oder das heilige Tonga. — Anblick der Insel. — Küstenbildung. — Riesiger, historisch merkwürdiger Feigenbaum. — Gua. — Der Opfferteifelsen. — Klima. — Verwüstung von Amargura durch ein Erdbeben. — Die Tonganer. — Ihr Charakter. — Rangunterschiede. — Der Tuitonga. — Die Familie Fata-fai und Toubo. — Häuptlinge. — Die Maraboulen. — Die Moua. — Die Tuabū. — Feierliches Ceremoniell beim Kava trinken. — Tonganische Schöpfungsgeschichte. — „Die Insel der Seligen". — Schicksal einer dorthin verschlagenen Piroge. — Die Priester. — Menschliche Opfer. — Furchtbare Selbstquälereien bei Begräbnissen. — Abhauen der Fingerglieder. — Das Low-low Fest. — Tonganische Saturnalien. — Verkehr mit den Fidschi Inseln. — Pirogen- und Hüttenbau. — Die Mausoleen der Tui-tongas. — Seltsames Urmonument. — Kriegszüge und Reisen der Tonganer. — Vogelschießen. — Rattenjagd. — Lockvögel. — Taubenfang mit Netzen. — Geschickter Bonitensang. — Spiele. — Steintragen auf dem Meeresgrunde. — Entdeckung Tonga-tabou's durch Laëman 1634. — Cook. — Maurelle. — Bligh. — Ermordung der Missionare. — Bekehrung Toubo's. — D'Urville 1827—1828. — Taholo „King George". — Dessen Thatkraft und Beredsamkeit. — Krieg auf Tonga. — King George, Herrscher des ganzen Archipels 1845. — Zustände im Jahre 1853. — Abtretung der Souveränität an England 1855.

An Ausdehnung ist Tonga weder mit Samoa, noch mit Tahiti zu vergleichen, denn unter den zahlreichen Inseln und Eilanden des von Norden nach Süden sich erstreckenden Archipels sind nur drei — Vavao, Tonga-Tabu, Eua — fünfzehn bis zwanzig Seemeilen lang — während alle andern fast nur als Punkte auf der Karte des großen Oceans erscheinen.

Auch kommt es an romantischer Naturschönheit weder dem hochgebirgigen Tahiti, noch dem herrlichen Opolou gleich, denn es hat weder die schroffen, tiefausgehöhlten Schluchten der Königin der Südsee aufzuweisen, durch welche von wilden Bananen beschattet der brausende Wasserfall von Stufe zu Stufe stürzt, noch die majestätischen Urwälder, welche die erhabenen Bergrücken Samoa's bekleiden, und deren wunderbare Ueppigkeit sogar mit der Pracht der brasilischen Forste wetteifert.

Doch auch hier bietet sich dem Naturfreunde des Interessanten gar vieles, und auch der Tonga-Archipel läßt in der Erinnerung des Reisenden manches großartige oder liebliche Bild zurück.

Die Bavao-Gruppe, welche den nördlichsten Theil desselben bildet, besteht aus einer großen Menge nackter Felseneilande, die zum Theil wüst und unzugänglich sind, zum Theil kleine, sandige Buchten umfassen, wo der Mensch in einer der Größe der bewohnbaren Fläche entsprechenden Anzahl sich angesiedelt hat.

Die Hauptinsel erhebt sich in gleichmäßiger Höhe einige hundert Fuß über das Meer und wird von einer tiefen, mäandrisch sich windenden Bucht, an deren Eingang einige kleine Eilande liegen, fast in zwei Hälften getrennt. Der hereinfahrende Schiffer sieht nichts als steile Klippen, an welche kein Riff sich anlehnt, doch an einigen Vorsprüngen der Küste stehen isolirte Korallenfelsen, welche der ewige Wellenschlag in die Form ungeheurer, auf mächtigen Stengeln ruhender Hutpilze ausgewaschen hat. Diese wilden durch die nie rastende Brandung tief ausgehöhlten Ufer sind der ungestörte Wohnsitz unzähliger Seevögel und fliegender Hunde, deren Geschrei, mit der Stimme des Meeres sich mischend, nur allein die erhabene Stille dieser Einsamkeiten unterbricht. Doch so wie man den inneren Hafen erreicht hat, wird man aufs Anmuthigste durch eine schöne Ebene überrascht, die wie ein großer Garten aufs sorgfältigste angebaut, eine zahlreiche Bevölkerung ernährt.

Bei der kleinen Insel Hunga, südwärts von Bavao, befindet sich, unter den Meeresfluthen verborgen, eine der merkwürdigsten Höhlen der Welt. Sie zeichnet sich vor allen bekannten Grotten, sogar vor der azurnen auf Capri, die doch bei ruhigem Wetter über der Seefläche ausmündet, dadurch aus, daß ihr Eingang selbst bei niedrigem Wasser, wenigstens einen Faden tief unter der Oberfläche des Meeres liegt. Ein junger Häuptling, der nach einer Seeschildkröte untertauchte, war ihr zufälliger Entdecker, denn nur der Zufall konnte das unter der Wasserfläche ruhende Geheimniß enthüllen.

Mariner, den wir bald näher werden kennen lernen, erzählt, daß einst als Finow mit seinen Häuptlingen auf der kleinen Insel verweilte, um das Vergnügen der Rattenjagd zu genießen, der König den Vorschlag machte, in dieser Höhle Kawa zu trinken. Mariner, der ihn begleitete, sich aber gerade von der Gesellschaft etwas entfernt hatte, war seltsam überrascht, als er wieder an den Strand kommend, die jungen Häuptlinge ihren Siapo ablegen und einen nach dem andern untertauchen und nicht wieder zum Vorschein kommen sah. Er hatte eben noch Zeit den letzten, ehe er in's Wasser sprang, zu fragen was man hier vorhabe. „Folge mir," sagte der Häuptling, „und ich will dich mit an einen Ort nehmen, wo du noch niemals gewesen bist und wo Finow und die andern jetzt versammelt sind." Mariner vermuthete sogleich, daß hier die berühmte Höhle sei, von welcher er schon hatte sprechen hören, warf schnell die Kleider ab und erreichte glücklich mit dem untertauchenden Häuptlinge die Felsenöffnung, durch die man in die Höhle hinaufschwamm. Als er wieder auf der Oberfläche des Wassers war, hörte er schon Finow's und seiner Freunde Stimmen und erkletterte, seinem Wegweiser folgend, einen Vorsprung des Felsens, auf welchem er sich niedersetzte. Alles Licht der Höhle wurde nur vom unterliegenden Meeresboden zurückgeworfen, reichte jedoch hin, nach einigen Minuten die umgebenden Gegenstände zu unterscheiden, wenigstens konnte Mariner, durch die Stimmen geleitet, die dämmerigen Schattengestalten der Gefährten erkennen, die sich so wie er rings in der Höhle niedergesetzt hatten. Da indessen eine bessere Beleuchtung wünschenswerth war, tauchte er abermals unter, schwamm an den Strand, holte seine Pistole, that reichlich Pulver auf die Pfanne, umwickelte sie dicht mit Tapatuch und Pisangblättern und kehrte, nachdem er durch einen der begleitenden Aufwärter auch eine Fackel hatte machen lassen, so schnell als möglich wieder in die Höhle zurück. Hier wickelte er den Tapa, wovon ein guter Theil völlig trocken war, wieder ab, entzündete ihn mit der Flamme des Schießpulvers und steckte darauf die Fackel an. So war die Höhle, wahrscheinlich zum ersten Male seit ihrer Erschaffung, mit künstlichem Lichte erleuchtet. Sie schien in ihrem Haupttheile, der sich aber auf einer Seite in zwei engere Höhlen verästelte, 40 Fuß Weite zu haben, und als die Mittelhöhe konnte man auch ungefähr 40 Fuß annehmen. Die Decke war auf eine sehr merkwürdige Art mit Stalaktiten behangen, ähnlich den lanellirten Schwibbögen und fantastischen Zierrathen einer gothischen Halle.

Vom Entdecker dieser merkwürdigen unterseeischen Grotte erzählt die Sage, daß er hier seine Geliebte vor der Wuth eines damals auf Vavao herrschenden Despoten rettete. Die Fluthen bewahrten treulich sein Geheimniß; er floh nach einigen Wochen weiter mit ihr nach den Fidschi-Inseln und als er nach dem Tode des Tyrannen nach der Heimath zurückkehrte, hörten seine Landsleute mit Erstaunen vom wunderbaren Zufluchtsort, den der seine Liebe beschützende Meeresgott ihm offenbart hatte.

Hapai, die Centralgruppe des Tonga-Archipels, ist ein Gewirr von kleinen, flachen Inseln, von einem Korallenriff umschlossen. Mehrere Eingänge führen in die innere Lagune, in welcher zahlreiche Untiefen die Schifffahrt erschweren. Die Hauptinsel Lifuka ist zwar ohne alle romantische Schönheit, doch staunt man bei einem Gange durchs Innere über die reiche, gartenähnliche Cultur. Breite Pfade mit stattlichen Dracaenen regelmäßig eingefaßt durchziehen die üppigen Brodfrucht- und Bananenpflanzungen und die Cocoshaine des Ufers sind so dicht bewachsen, daß sie dem heransegelnden Schiffer den Anblick der Häuser verbergen, über welchen ihre schattenreichen Kronen sich wölben.

Sieben bis acht Stunden westwärts von Hapai erheben sich die 2530 und 1435 Fuß hohen vulcanischen Inseln Kao und Tufoa. Erstere scheint ausgebrannt zu sein, während auf letzterer hohe Dampfsäulen die fortdauernde Thätigkeit des unterirdischen Feuers bezeugen. Nur einige trüppelhafte Casuarinen entspringen dem undankbaren Boden der kegelförmigen Insel, auf welcher Dumont d'Urville beim Vorbeifahren (1838) nirgends eine Spur von Einwohnern sah. Eine einzige elende Hütte an der Ostseite schien ihm gänzlich verlassen.

Tonga-tabou oder das „heilige Tonga," die bedeutendste und berühmteste Insel des ganzen Archipels, hat die Gestalt eines unregelmäßigen Dreiecks und wird an der Nordseite durch eine fünf Seemeilen breite und drei Seemeilen tiefe Lagune oder Bucht eingekerbt. Ungeheure Korallenriffe erstrecken sich längs der ganzen Nordküste der Insel bis zu einer Entfernung von 8 Meilen in's Meer hinein und bilden verschiedene Kanäle, durch welche der Schiffer zu einer sicheren Rhede gelangen kann. Auf den Riffen erheben sich hier und dort kleine Inselchen, die meistentheils mit Cocospalmen bewachsen sind. Die beiden andern Seiten des Dreiecks bieten einen ganz verschiedenen Anblick dar, indem der Korallengürtel sich selten über eine Kabelweite vom Lande entfernt. Tonga-tabou ist eine niedrige, flache Insel, deren bedeutendste Höhen kaum sechzig Fuß betragen. Es fehlt ihr daher an allen romantischen Schönheiten, aber der äußerst fruchtbare Boden, der zwar von keinen Bächen durchrieselt, aber von häufigen Regengüssen benetzt wird, ist mit dem üppigsten Pflanzenteppich bedeckt und bringt im Ueberfluß alle

Gewächse hervor, die der Südseeinsulaner zur Befriedigung seiner einfachen Bedürfnisse verlangt.

Der riesige, historisch merkwürdige Mea, eine Art Feigenbaum, unter dessen Schatten unmittelbar nach seiner Krönung der Tui-tonga sich begab, um dort die heiligen Ceremonien zu feiern, gehört sogar zu den vegetabilischen Wundern des Erdballs. Der niedrige Stamm, obgleich tief gefurcht und dem Anschein nach aus mehreren Säulen zusammengesetzt, bildet eine compacte Masse von 100 Fuß im Umkreis und steht also hinsichtlich der Dicke weder den mächtigsten Baobabs, noch den kolossalsten Wellingtonien nach. Der ganze Baum ist ungefähr 120 Fuß hoch. D'Urville fand ihn noch in vollster Lebenskraft (1827), doch hatte ein Sturm einen der größten Aeste abgebrochen, der nun zum Theil von den Wassern der Lagune bespült wurde und selbst für einen Riesenbaum hätte gelten können, da er nicht weniger als 18 Fuß im Umfange maß. Vielleicht grünte und blühte der kolossale Mea noch ehe die ersten Ansiedler auf Tonga landeten und wie viele Generationen mochte er nicht nacheinander haben entstehen und verschwinden sehen.

Südöstlich von Tonga-tabou steigt Eua 660 Fuß hoch über die Meeresfläche empor. Herrliche Baumgruppen in malerischer Unordnung zerstreut bedecken die grasigen Abhänge und ringsherum sind die Ufer von Fruchtbaumhainen umsäumt, unter welchen die Bewohner ihre Hütten aufgeschlagen haben.

Zum Tonga Archipel kann man endlich noch den fern im Süden liegenden Pylstaertinseln rechnen, der nach den pfeilschwänzigen Seeschwalben benannt worden ist, die dort mitten im Ocean eine Freistätte zu finden hoffen, in welcher sie jedoch nicht selten vom Menschen gestört werden.

Hinsichtlich des Klimas steht Tonga in keinem besonderen Rufe. Die Uebergänge von Hitze zur Kälte sind rasch und bedeutend, und die thaureichen Nächte oft von so niedriger Temperatur, daß man der wollenen Decken bedarf. Man merkt bereits in den Wintermonaten, daß die Gruppe sich dem südlichen Wendekreise nähert. Der Südostpassat ist vorherrschend, aber durchaus nicht beständig und kann zu jeder Zeit in den Westwind umschlagen, der gewöhnlich mit heftigen Regengüssen sich verbindet. Die Wuth der Winterstürme ist zuweilen so groß, daß sie Häuser umwerfen, starke Bäume entwurzeln, Schiffe auf den Strand werfen, und Boote hunderte von Seemeilen weit nach andern Inseln verschlagen. Der Wind wechselt oft während desselben Orkanes, so daß einige Bäume nach Süden, andere nach Norden niedergeschmettert werden. Diese Stürme dehnen sich selten über den ganzen Archipel aus; wüthet ein Orkan auf Vavao so bleibt Tonga gewöhnlich verschont und umgekehrt; während das dazwischen liegende Hapai in beiden Fällen zu leiden hat. Zuweilen werden eine solche Menge Bananen und Brodfruchtbäume zerstört, daß Hungersnoth erfolgt.

Auch Erdbeben kommen häufig vor; der Missionar Prool erlebte deren zehn in zwei Jahren. Zuweilen ist es nur eine leichte Wellenbewegung, gewöhnlich aber ein starker Stoß. So wurde Amargura oder Fanna-lei (18 S. B.) nördlich von Vavao im Juni 1846 durch einen vulkanischen Ausbruch dermaßen erschüttert, daß gegenwärtig Boote in den eingestürzten Krater ein- und ausfahren können, und die bis dahin mit Fruchtbäumen reichlich bedeckte Insel im folgenden Jahre nur noch als ein wüster Schladenhausen erschien. Lawry (Friendly and Feejee Islands) versichert, daß das Getöse des feurigen Ausbruchs deutlich auf dem 130 Seemeilen davon liegenden Niua gehört wurde, und dessen verdörrender Einfluß auf die Pflanzungen und Fruchtbäume Vavao's in einer Entfernung von 60 Meilen sehr bemerklich war. Ein amerikanisches Schiff, der „Charles W. Morgan" war auf einer Strecke von 40 Meilen durch einen Aschenregen gesegelt, aus welchem es erst in 11°2 S. B. und 171°45 W. L. v. G. wieder hervortauchte, und auf dem „Massachusetts" der zur selben Zeit 60 Meilen weiter nach Osten sich befand, mußte die Mannschaft das Verdeck mehrmals von der niederfallenden Asche reinigen. So zeigte sich auch hier, daß wenn die Elemente sich regen, ihre Kämpfe mit so riesiger Gewalt geführt werden, daß der lauteste Schlachtendonner dagegen verstummt.

Die Tongauer gehören zu den schönsten polynesischen Stämmen, und dürften in mancher Beziehung als das Kernvolk der ganzen Race angesehen werden. Nach Willes haben sie hinsichtlich der Körperbildung, der Physionomie, der Sitten und Gebräuche große Aehnlichkeit mit den Samoern, welche vieles von ihnen angenommen haben, besonders den Siapo, das lange Tapa Gewand, welches in malerischen Falten von der Brust bis zu den Fußknöcheln herabreicht, und der hochwüchsigen Gestalt der Häuptlinge so gut steht. Beide Völker kommen auch darin überein, daß sie keine Kopfbedeckung tragen. Die Tonganer sind weniger dunkelgefärbt, die Kinder sogar fast weiß und Willes versichert, daß man kaum irgendwo anders sowohl bei den Männern, als den Frauen ein größeres Verhältniß von schönen kräftigen Gestalten finden dürfte.

Der Rutahiwer hat vielleicht eine noch hellere Haut, aber eine weniger entwickelte Stirn als der Tonganer. Nach D'Urville steht letzterer dem Neu Seeländer an Intelligenz nicht nach, besitzt aber einen weniger edlen Charakter, so daß während jener bei näherer Bekanntschaft gewinnt, bei diesem das Entgegengesetzte eintritt. Er ist sanft, höflich, liebenswürdig, gefällig, gastfrei aber zugleich auch habgierig, falsch und ein Meister in der Verstellungskunst. Seine Charakterstärke und Energie sind ausgezeichnet. Sein Muth steigert sich nicht selten zum tollkühnsten Wagen, ohne daß er dabei in Prahlerei und Selbstüberhebung verfiele. In Betreff der weiblichen Sittlichkeit war schon zu Mariner's Zeiten der Tonga-Archipel der auf den Sandwich- und Gesellschaftsinseln herrschenden Zügellosigkeit fremd geblieben.

Ein gewisser Ernst herrscht gewöhnlich in den Zügen und Geberden der Tonganer vor, wird aber durch und ein freundliches, zuvorkommendes Benehmen gemildert. Erlauben sie sich zuweilen einen Scherz, so übertreten sie dabei niemals die Grenzen des Anstandes. Nach den alten Sitten war Gastfreiheit eine heilige Pflicht, und wer sie nicht erfüllt hätte würde sich die Verachtung seiner Mitbürger zugezogen haben. Die Frauen werden von ihren Männern mit der ihnen gebührenden Achtung behandelt, und die Kinder sind der Gegenstand der liebevollsten Pflege von Seiten der Eltern. Das gewöhnliche Betragen der Häuptlinge gegen ihre Untergebenen ist milde und wohlwollend und sichert ihnen deren anhängliche Treue.

Schon Forster fiel es auf, daß wenn auch das Land nicht so reich an Naturgütern war als Tahiti, diese Reichthümer doch mit mehr Gleichheit unter dem Volk vertheilt sein müßten. Dort konnte man den Vornehmen gleich an der helleren Gesichtsfarbe und an dem wohlgenährten Körper erkennen: hier aber war aller äußere Unterschied aufgehoben. Der Häuptling war an gewöhnlichen Tagen, selbst der Kleidung nach, nicht vom gemeinen Manne verschieden, und nur an dem Gehorsam, den das Volk gegen seine Befehle zeigte, konnte man erkennen, daß er von höherem Stande sein müsse.

Doch trotz diesem äußerlichen Anschein der Gleichheit war das Kastenwesen und das nach dem Range sich richtende Ceremoniell vielleicht nirgends so vollkommen ausgebildet als auf Tonga. An der Spitze des ganzen Volkes stand der Tui-tonga, eine geheiligte, von einem der Hauptgötter in gerader Linie abstammende Person, welcher göttliche Ehren nicht nur auf dem ganzen Archipel gezollt wurden, sondern deren Nimbus sich sogar bis

Uea (Wallis Insel) und auf einen Theil der Samoa und Fidschi Inseln erstredte. Die vornehmsten Häuptlinge mußten sich auf die Erde setzen, bis er an ihnen vorüber gegangen war, ein Zeichen der Ehrerbietung, welches sie selber vom gemeinsten Bauer erwarteten. Besondere Feierlichkeiten fanden bei seiner Heirath und seinem Begräbniß statt; wenn man von ihm sprach, bediente man sich besonderer Ausdrüde; er war nicht wie andere Menschen tätowirt. An einem bestimmten Festtage endlich wurden ihm von allen Inseln die ersten Früchte der Erde dargebracht, die bis dahin mit einem allgemeinen Verbot oder Tabon belegt worden waren.

Die Würde des Tui-tonga war erblich in der Familie der Fat a-fai, die seit undenklichen Zeiten dieses Vorrecht besaß. Der Tui-tonga residirte auf Tonga-tabou, welches nur aus diesem Grunde das „heilige" genannt wurde, denn der Abglanz der göttlichen Herrlichkeit jenes polynesischen Papstes verbreitete sich über das Land, welches er mit seiner Gegenwart beehrte.

Doch wenn der höchste Rang dem Tui-tonga gebührte, so stand er an weltlicher Macht hinter dem Tui Hala Kalawa und dem Tui Kana Kabolo zurück, die beide zur Familie der Toubo gehörten, aus welcher der Tui-tonga stets seine vornehmste Gemahlin wählte; so wie jene gleichfalls durch Heirathen sich mit den Fala-fays verbanden, wodurch die oberste Gewalt in beiden Familien erhalten und befestigt wurde.

Die Eguis oder Häuptlinge, die alle näher oder entfernter mit den Fala-fais oder Toubos verwandt waren, theilten sich mit diesen fast ausschließlich in den Grundbesitz und die Herrschaft des Landes. Um die ersten Häuptlinge zu bezeichnen, wurde dem Namen des Distrikts oder der Insel die ein jeder verwaltete, das Wort Tui, „Herr oder erster Häuptling", vorgesetzt. So gab es einen Tui-Bavao, Tui-Lefuta u. s. w., während der Name Tui-Tonga das heilige Oberhaupt der ganzen Gruppe bezeichnete.

Nach den Eguis folgte die Classe der Mataboulen, die eine Art von Ehrenbegleitung der Häuptlinge, deren Gefährten und Rathgeber waren. Sorgfältig sahen sie darauf, daß die Befehle und Wünsche der Eguis ausgeführt wurden, und nicht uneigentlich konnte man sie deren Minister nennen. Der Rang des Häuptlings, dem sie sich ergeben, bestimmte auch den ihrigen, und da sie unter keiner Bedingung zur Würde eines Eguis sich emporschwingen konnten, und selber durch ihre Verwandschaften im Volke wurzelten, machten sie sich als uneigennützige Vermittler um beide wohl verdient.

Sie verwalteten die Ceremonien, kannten die Sagen des Landes, und überlieferten sie ihren Söhnen. Ihr Rang war erblich; sie wurden sorgfältig für ihren künftigen Wirkungskreis erzogen, und da Niemand das Amt oder den Titel eines Mataboulen annehmen konnte, als bis nach dem Tode seines Vaters, waren es meistens Männer von Erfahrung und reiferem Alter, ohne deren Zustimmung nichts wichtiges vorgenommen wurde.

Die Classe der Muaþs bestand aus allen Verwandten der Mataboulen, die nicht zu deren Amte berufen wurden. Sie standen ihnen jedoch bei den öffentlichen Ceremonien bei, sorgten ebenfalls dafür, daß Ordnung in der Gesellschaft erhalten würde und führten die Aufsicht über die Sitten der jüngeren Häuptlinge, die zuweilen, wie es auch wohl bei uns geschieht, sich Ausschweifungen zu Schulden kommen ließen und den gemeinen Mann unterdrückten; in welchem Falle jene sie ermahnten, und wenn nicht darauf geachtet wurde, es an die älteren Häuptlinge berichteten.

Die meisten Muaþs, sowie auch häufig die Mataboulen, beschäftigten sich außerdem noch mit dem Schiff- und Häuserbau, der Errichtung von Grabmonumenten, der Verfertigung von Netzen; Gewerben, die zu den geachtetsten auf Tonga gehörten.

Die Tuaþs endlich machten die unterste Classe des Volkes aus. Diejenigen, die mit Muaþs verwandt waren, und folglich die Möglichkeit vor sich sahen Muaþs zu werden, standen höher als solche, die sich keiner solchen Verwandtschaft rühmen konnten. Sie durften gemeinschaftlich mit den Muaþs ein edleres Gewerbe treiben, oder machten sich auch wohl als Tätowirer, Keulenschnitzler oder Barbierer nützlich, wobei sie sich scharfer Muscheln bedienten. Den letzten Rang unter den Tuaþs nahmen die Köche und die Feldarbeiter ein, denen es verboten war ihren Herrn oder ihre Beschäftigung zu wechseln, und die also auf der Stufe der Leibeigenen standen. Eigentliche Sclaven gab es nicht.

Das weit und breit unter der kupferfarbigen polynesischen Race gebräuchliche Kavatrinken fand bei feierlichen Gelegenheiten nirgends unter so strenger Etiquette statt als auf Tonga, und der aristokratische Geist, der die ganze gesellschaftliche Ordnung durchwehte, trat hier am auffallendsten hervor.

Die Kava oder Ava ist bekanntlich ein aus der mit Wasser vermischten und zerkauten Wurzel eines pfefferartigen Strauches gewonnenes fades, süßliches, pikantes Getränk, welches dem europäischen Geschmack ekelhaft vorkommt, von den Polyneſiern aber, und ſogar von Weißen, die ſich daran gewöhnt haben, leidenſchaftlich geliebt wird. In zu großer Menge genoſſen bringt es Berauſchung hervor, und der übermäßige, zur Gewohnheit gewordene Gebrauch führt endlich wie der des Branntweins oder des Opiums zu thieriſcher Stumpfſinnigkeit.

Bei großen öffentlichen Kavapartien führte jedesmal der oberſte der anweſenden Häuptlinge den Vorſitz, und rechts und links ſchloſſen ſich dann ihrem Range gemäß die übrigen Theilnehmer des Feſtes an ihn an, einen Kreis bildend, in deſſen Mitte dem Präſidenten gerade gegenüber der Kavamiſcher ſaß, während außerhalb des genußfähigen Cirkels das zuſchauende Volk, welches bei außerordentlichen Gelegenheiten wohl aus 3 bis 4000, meiſtens Männern beſtand, ſich ehrerbietig verſammelte.

Die Malabouten des Vorſitzenden, welche das Amt der Ceremonienmeiſter verrichteten, mußten beſonders darauf ſehen, daß Jeder den ihm gebührenden Platz erhielt.

War der Kreis geordnet, ſo wurden die Kavabündel hereingebracht, zerſchlagen und zum Kauen unter die geringeren Leute vertheilt, wobei jedoch die Wurzel möglichſt trocken erhalten wurde, da es ſich nur um die Trennung der Faſern handelte. Nach einigen Minuten legte Jeder ſein gekautes Stück auf ein Feigen- oder Bananenblatt, und ſandte es von Hand zu Hand dem Kavamiſcher zu, der es in die große flache Bowle legte, und ſo wie eine hinreichende Menge geſammelt war, das Gefäß erhob, ſo daß der Oberhäuptling den Inhalt ſehen konnte, und es dann auf ein beifälliges Zeichen deſſelben wieder auf den Boden ſetzte.

Nun wurde ihm Waſſer in Cocosnußſchalen gebracht und von zwei Männern rechts und links langſam in die Bowle gegoſſen, während er mit der flachen Hand die Wurzeln gegen den Boden des Gefäßes knetete. War dieſes hinreichend geſchehen, ſo nahm er eine Menge weißer Faſern von der inneren Rinde des Hibiscus und ſprengte ſie leicht über die Oberfläche der Flüſſigkeit, ſo daß ſie ganz damit bedeckt war. Alsdann drückte er die Faſern an die Seiten der Bowle und ringsherum, ſo daß alle auf dem Boden liegende Wurzeln hineingewickelt wurden. Auf dieſer Stufe der Bereitung nahm die allgemeine Aufmerkſamkeit zu, jedermann folgte mit neugieriger Spannung den Bewegungen des Künſtlers, und ſogar die älteſten Häuptlinge, die bis dahin wie regungsloſe Mumien da geſeſſen hatten, gaben nun Zeichen des Lebens von ſich und richteten ihre Augen auf die Bowle.

Zugleich nahm auch das Gesicht des Kavabereiters einen ernsteren Ausdruck an, wie es einem Manne geziemte, der es fühlte, daß die Blicke von ganz Tonga auf ihm ruhten.

Nachdem er ringsherum die Rinde vollkommen gleichmäßig um die Wurzeln gewickelt hatte, faßte er die ganze Masse fest von unten an und hob sie langsam über die Bowle. Es war dieses der kritischste Augenblick, der Höhepunkt der ganzen Zubereitung, denn sein Ruf wäre für immer verloren gewesen, wenn er auch nur einen Tropfen der Flüssigkeit außerhalb des Randes hätte fallen lassen. Mit jedem Augenblick wuchs die Spannung der Zuschauer, die in athemloser Stille die tröpfelnde Masse beobachteten. War auf diese Weise die meiste Flüssigkeit entfernt, so bog der Künstler sich zurück und fing an seine ganze Kraft anzuwenden um den letzten Tropfen auszudrücken. Seine Brust keuchte; seine Zähne schlossen fest auf einander, die Muskeln seiner Arme schwollen deutlich hervor, seine Augenbrauen zogen sich zusammen, und so wie er sich mehr und mehr zurücklehnte schienen alle Theile seines mächtigen Körpers von der gewaltigen Anstrengung zu beben. Ein Murmeln des Beifalls durchflog die ganze Versammlung, als er endlich den trockenen Bündel von sich warf.

Das Getränk wurde nun in Becher vom Laube des Bananenbaumes gegossen und mit sorgfältigster Berücksichtigung des Ranges vertheilt, indem der vorsitzende Mataboule jedesmal den Namen der Person ausrief, welcher der Becher überreicht werden sollte.

Fast niemals wurde eine religiöse Feierlichkeit begangen oder ein bedeutendes Geschäft unternommen, dem nicht ein Kavafest vorausgegangen wäre, und die höchste Auszeichnung, die man einem Fremden gewähren konnte, war ein solches ihm zu Ehren zu veranstalten.

Die Tage des Kava's sind zwar auf Tonga wie auf allen übrigen Inselgruppen Polynesien's, die dem europäischen Einfluß sich unterworfen haben, gezählt, doch war vor zehn Jahren der Gebrauch noch ziemlich verbreitet, und auch noch heutigen Tages mag mancher christliche Häuptling trotz aller Verbote und Mahnungen der Missionare, sich im Stillen am Lieblingsgetränk seiner Vorväter ergötzen.

Die religiösen Begriffe der Tonganer hatten große Aehnlichkeit mit denen die auf Tahiti und auf den benachbarten Gruppen herrschten.

Außer einer großen Anzahl Götter oder Atuas, die man für ewig hielt, und die zum Theil ihre besonderen Tempel und Priester hatten, lebten auch die Seelen aller abgeschiedenen Edlen und Matabouten mit den göttlichen Attributen Gutes und Böses zu erweisen fort.

Das Firmament, die Gestirne und der Ocean waren älter als die bewohnbare Erde, welche der Gott Tangaloa erst mit einer Angel aus dem Wasser fischte. Das Menschengeschlecht kam zuerst aus Boloтуh, dem Wohnsitze der Götter, einer nordwestlich gelegenen Insel und nahm auf Befehl des Tangaloa seinen Aufenthalt auf den Tonga Inseln, die man für den Mittelpunkt der bewohnbaren Erde hielt. Auf Bolotuh genossen auch die Seelen der abgeschiedenen Edlen die Freuden des Paradieses, denn der elende Bauer starb vollständig mit dem Tode und rettete kein geistiges Princip in das jenseitige Leben hinüber.

Alle Arten von nützlichen und schönen Früchten und Blumen, die, wenn man sie pflückte, sogleich wieder durch neue ersetzt wurden, entsprangen jenem seligen Boden. Diese unsterblichen Pflanzen erfüllten die Atmosphär mit dem köstlichsten Dufte, Vögel mit den herrlichsten Farben saßen auf allen Zweigen, und die Wälder waren voller Schweine, die ebenfalls unsterblich waren und von Neuem entstanden, so wie sie für die Göttertafel geschlachtet wurden.

Die Insel Bolotuh war so weit entfernt, daß kein Kahn sie erreichen konnte, und wäre es dem Schiffer auch möglich gewesen eine so lange Reise zurückzulegen, so würde er doch, wenn es nicht der ausdrückliche Wille der Götter wäre, sie immer verfehlen.

Nur von einer einzigen Piroge erzählt die Sage, daß sie vor langer Zeit auf ihrer Rückkehr von den Fidschi Inseln nach Bolotuh verschlagen wurde. Da die Mannschaft den Ort nicht kannte, und großen Mangel an Lebensmitteln litt und das Land reich an allen Arten von Früchten war, so landete man, als sie aber Brodfrucht pflücken wollten, konnten sie zu ihrem unaussprechlichen Erstaunen dieselbe eben so wenig greifen, als wenn es ein Schatten gewesen wäre. Sie gingen durch die Bäume und die Mauern der Häuser hindurch, die denen von Tonga glichen, ohne irgend einen Widerstand zu fühlen. Endlich bemerkten sie einige Atuas, die durch ihre Körper hindurchgingen, als ob ihnen nichts im Wege gestanden hätte. Diese rietheu ihnen, sich sogleich wieder hinweg zu begeben, da sie keine passende Nahrung für sie hätten, und versprachen zugleich guten Wind und eine schnelle Ueberfahrt. Doch in ihr Vaterland zurückgekehrt, starben alle schon nach wenigen Tagen, nicht etwa zur Strafe, weil sie in Bolotuh gewesen waren, sondern als eine natürliche Folge der Luft in jener Insel, die sterblichen Körpern schnellen Tod bringt. Wie weit stand ein Volk, welches solche Legenden erfinden konnte, über den elenden Australier oder den thierischen Feuerländer! Die Atuas bedurften keiner Kähne wie die Menschen, denn wenn sie wünschten irgendwo zu sein, so waren sie auch im Augenblicke dort.

Die moralischen Ansichten der Tonganer näherten sich in manchen Punkten den unserigen, in andern wichen sie bedeutend davon ab. Die Tugend bestand vorzüglich in Ehrfurcht gegen die Götter, in der schuldigen Achtung gegen edle und ältere Personen, in Vertheidigung seiner Erbrechte, in Ehre, Gerechtigkeit und Vaterlandsliebe, in Freundschaft, Sanftmuth und Bescheidenheit; in ehelicher Treue von Seiten der Weiber, in Eltern- und Kindesliebe, in Beobachtungen aller religiösen Feierlichkeiten, im geduldigen Ertragen des Unglücks und in der Beherrschung der Leidenschaften; wogegen manche Handlungen, die alle civilisirten Völker als Verbrechen betrachten, hier unter gewissen Umständen für unbedeutende Dinge gehalten wurden, z. B. Rache, Ermordung eines Dieners oder sonst eines Menschen, wenn man dazu gereizt würde, es müßte denn ein vornehmer Häuptling sein; Diebstahl, ausgenommen an heiligem Gute.

Vorbedeutungen sah man als unmittelbare Eingebungen der Götter an. Magische Ceremonien um Unglück über Jemand zu bringen, wurden hier wie auf dem entfernten Hawaii für wirksame Mittel gehalten, die Götter den bösen Wünschen des Anrufers geneigt zu machen, und die Anwendung des Zaubers galt zwar für feig und unmännlich, aber nicht für ein Verbrechen.

Belohnungen und Strafen erhielten die Menschen nur in dieser Welt und zwar unmittelbar von den Göttern, denn die künftigen Freuden Bolotuh's, gehörten dem Range und nicht der Tugend. Der feste Glaube, daß jedes menschliche Ungemach eine Strafe für ein Verbrechen ist, und meistens Krankheit oder Tod auf eine Schandthat folgt, war unstreitig die wirksamste Stütze der großen und allgemeinen Verehrung die den Göttern in den Tonga Inseln gezollt wurde. Den Tuahs, die keine Hoffnung auf das Jenseits setzen konnten, mußte er besonders furchtbar sein und sie stets in den Schranken ihrer Pflichten erhalten, doch auch den Häuptlingen war das Leben süß, so lange noch Zwecke des Ehrgeizes oder Genusses zu erreichen waren, und trotz aller Lockungen Bolotuh's sehnten sie sich doch selten danach sie vor dem Alter mit den Gütern der Gegenwart zu vertauschen.

Die Priester genossen das Vorrecht, sowohl von den hohen Göttern, als den Seelen der hingeschiedenen Edlen begeistert zu werden. Diese Inspirationen geschahen häufig und bei solchen Gelegenheiten erwies man einem Priester dieselbe Ehrerbietung als wäre er der Gott selbst. Sogar der Tui-tonga zog sich in demüthiger Entfernung zurück und setzte sich mitten unter die Zuschauer, denn man war überzeugt, daß in diesem Augenblicke ein Gott in dem Priester sei, und aus seinem Munde spreche.

Auch auf Tonga wie in so manchen Ländern, die einer höheren Civilisation sich rühmen, führten falsch religiöse Begriffe zu unnatürlichen Grausamkeiten. Um die Wiederherstellung eines kranken Häuptlings zu erlangen wurde jedesmal ein Kind als Opfer für die Götter erdrosselt, und zwar geschah dieses nicht aus Mangel an Gefühl, sondern aus übertriebener Verehrung und Furcht vor den Atuas. Das unschuldige Opfer wurde mit den zärtlichsten Gefühlen des Mitleids betrachtet, aber sie hielten es für Recht ein Leben hinzugeben, welches bis jetzt der menschlichen Gesellschaft noch keinen Nutzen brachte, damit ein wichtigeres Dasein erhalten würde. Gewöhnlich wurde zum Opfer ein Kind des Kranken, jedoch von einer Mutter niedrigeren Ranges auserlesen, und der Mord von einem nahen Verwandten vollzogen, worauf die kleine Leiche in feierlicher Procession von einem Tempel zum andern getragen, und jedesmal der Gott um die Erhaltung des theuren gefährdeten Lebens angefleht wurde.

Ein ähnliches Opfer fand auch statt, um den Zorn der Götter zu beschwichtigen, wenn dieser die ganze Nation bedrohte. Am liebsten wählte man dazu das Kind eines Häuptlings, da man dieses als ein angenehmeres Geschenk betrachtete, und der Vater war der erste der seine Zustimmung gab und bereitwillig dem allgemeinen Wohl ein schmerzliches Opfer brachte.

Beim Tode des Tui-tonga wurde auch dessen vornehmste Frau erdrosselt, damit sie ihn sofort nach Bolotuh begleite, ein Gebrauch, der gleich dem Kastenwesen, an das ferne Indien erinnert.

Beim Erkranken eines nahen Verwandten oder hohen Häuptlings pflegten die Tonganer den Göttern ein Glied des kleinen Fingers zu opfern, ein Gebrauch, den sie wahrscheinlich von den benachbarten Fidschi Inseln eingeführt hatten. Der Finger wurde flach auf ein Stück Holz gelegt, ein spitziger Stein auf das Gelenk, und mit einem schweren Schlage war die kleine

Operation geschehen. Um das Bluten zu stillen, hielt man den amputirten Finger über den dicken Rauch einiger angezündeten frischen Kräuter, und wusch die Wunde erst nach zwei Tagen rein, die nach ein paar Wochen ohne weitere Behandlung vollkommen geheilt war.

Da diese Ceremonie bei jeder schweren Krankheit eines nahen Verwandten sich wiederholte, sah man eine Menge Leute, die nicht nur die zwei ersten Glieder beider kleinen Finger, sondern auch noch das Erste des Folgenden eingebüßt hatten. Das Opfer wurde übrigens ohne Widerstreben gebracht, und Kinder wetteiferten oft, wer sein Fingerglied verlieren solle, - da sie es für eine Ehre hielten ihre Liebe für ihre Eltern auf diese Weise an den Tag zu legen.

Bei dem Tode eines hohen Häuptlings fanden nach einem in der Südsee weit verbreiteten Gebrauch, den wir bereits auf Tahiti und auf dem entfernten Hawaii haben kennen lernen die barbarischten Selbstquälereien statt.

Die leidtragenden Weiber versammelten sich um die Leiche, in die allerältesten und zerrissensten Matten eingehüllt, die sie hatten auftreiben können, weil bei einem so großen Trauerfalle stets die zerlumpteste, die willkommenste war, und für ein Sinnbild eines durch den Schmerz ganz gebrochenen und gesunkenen Muthes gehalten wurde. Ihr fürchterliches Aussehen konnte selbst die des Schauspiels nicht Ungewohnten mit Schauder und Entsetzen erfüllen. Ihre Wangen waren von den unzähligen Schlägen, die sie ihnen mit den Fäusten gegeben hatten, ganz schwarzblau und so geschwollen, daß die armen Gelchöpfe kaum aus den Augen sehen konnten, aus welchen tagelang die heißen Zähren der Wehmuth flossen. Auch die Brust schlugen sich die wahnsinnigen Selbstquälerinnen braun und blau.

Wie in einem Paroxysmus von Raserei sprangen die Anhänger des Todten hervor, brachen in die kläglichsten Ausrufungen aus, und zerhackten sich mit scharfen Steinen, oder Muscheln, so daß das Blut stromweise herausfloß. Einige schlugen sich mit ihren Streitkolben so gewaltig auf den Kopf, daß sie völlig verwirrt wurden; andere steckten Pfeile durch die Backen, so daß die Spitzen in den Mund ragten. Diese gräulichen Scenen erreichten ihren Gipfelpunkt, als die Leiche in's Grabgewölbe gesenkt wurde, und erst zwanzig Tage nach der feierlichen Bestattung wurden die Trauergewänder abgelegt.

Bei dem Tow-tow Feste, wobei Opfer von Jamswurzeln, Cocosnüssen und anderen Vegetabilien dem Gott des Wetters Alo-alo dargebracht wurden, um sich eine fortdauernd günstige Witterung zu sichern, fand der seltsame Gebrauch statt, daß am Schluß der Ceremonie die Männer einen allgemeinen Faustkampf anfingen, in welchem sich sowohl die größten Häuptlinge als die niedrigsten Tuahs einließen, so daß sogar der Tui-tonga bei dieser Gelegenheit unbarmherzig durchgeprügelt werden konnte, ohne ihn im geringsten zu beleidigen. Diese Kämpfe wurden bisweilen sehr ernstlich und dauerten oft mehrere Stunden fort, wobei jedoch alles in der besten Laune blieb. Wurde einer zu Boden geschlagen, so stand er lächelnd wieder auf, wurde sein Arm zerbrochen, so ging er fort um sich verbinden zu lassen, und ärgerlich sein oder mit der geringsten Bitterkeit kämpfen, würde für das Zeichen eines sehr schwachen Geistes gehalten worden sein. Die Ceremonie und folglich auch die Prügelei wurde 7 oder 8 Mal alle zehn Tage wiederholt, so daß der sonst so heilige Tui-tonga eben so häufig vom Geringsten des Volkes mit Faustschlägen begrüßt werden konnte. Man würde ein solches Fest kaum für möglich halten, wenn nicht unser Carneval und die Saturnalien der Alten schon einigermaßen an das Tow-tow erinnerten.

In den eigenthümlichen Künsten und Handwerken Polynesiens standen die Tonganer keinem andern Volke nach, und als Schiffer kamen ihnen vielleicht nur die Caroliner gleich. Das harte, feste, dem Wurmfraße nicht unterworfene Holz, woraus sie ihre große Doppelpirogen bauten, wuchs nicht auf ihren Inseln: sie mußten sich daher nach den 120 Seemeilen entfernten Fidschi Inseln begeben, und dort verweilten die Kähnebauer oft mehrere Jahre ehe sie mit ihrer Arbeit fertig waren. Ein von Tonga aus verschlagenes Boot hatte wohl ursprünglich die Verbindung zwischen beiden Gruppen eingeleitet, die seitdem zu einer regelmäßigen wurde, und einen großen gegenseitigen Einfluß auf beide Völker ausübte.

Die Ueberlegenheit der Tonganer zur See war so groß, daß kein Bewohner von Fidschi sich je anders nach Tonga, oder von dorther zurück wagte, als in einem von jenen Insulanern bemannten Kahne. Auch die Samoer besuchten Tonga nur in Kähnen, die mit Tonganern bemannt waren, so daß der Name der Schiffer Inseln, den Bougainville der Samoa Gruppe gab, jedenfalls viel besser für Tonga gepaßt hätte.

Die größte Sorgfalt wurde auf den Schmuck und die Erhaltung der Kähne verwendet, die man zu dem kostbarsten Besitz der Häuptlinge rechnete;

man glättete sie mit Bimsstein und gab sehr darauf acht, daß sie dem Wetter nicht mehr ausgesetzt wurden, als durchaus nöthig war.

Nicht minder kunstfertig erwiesen sich die Tonganer im Bau ihrer Häuser, deren Balken geschmackvoll mit einem schwarz, roth und gelbgefärbten Flechtwerk aus Cocosnußbast befestigt waren. Um die Gärten und Pflanzungen liefen die niedlichsten Zäune von Rohrstäben, die kreuzweis geflochten und fest mit einander verbunden waren, Thüren, die so eingerichtet waren, daß sie von selbst hinter den Ein- und Ausgehenden zuschlugen, führten in den eingezäunten Raum, und das Rohrgehege war mit Zaunwinden überwachsen deren himmelblaue Blüthen ihm zum anmuthigsten Schmucke gereichten. Der sorgfältige Anbau der Felder, so wie die verschiedenen Handarbeiten der Frauen legten einen höheren Grad von Fleiß und Geschicklichkeit als bei den Tahitiern an den Tag, die zwar wohlhabender aber auch träger waren, als die Tonganer.

Die Fai-tokas oder die großartigen Mausoleen der Tui-tongas standen keinen andern Monumenten in Polynesien nach. Es waren rechtwinklige Bauwerke mit ungeheuren Steinblöcken eingefaßt, die bisweilen 15 bis 20 Fuß lang, 6 bis 8 Fuß breit und 2 Fuß dick waren, also wahrhaft cyklopische Dimensionen hatten. Die prachtvollsten dieser Denkmäler bestanden aus vier oder fünf Stufenreihen, so daß die Höhe des Ganzen 18 bis 20 Fuß betrug. Das Innere war mit Steinen und rohen Corallenblöcken ausgefüllt. Ein von D'Urville gemessener Fai-toka hatte eine Länge von 180 Fuß und eine Breite von 120. Oben auf dem Mausoleum stand eine kleine Hütte, die als Bethaus oder auch wohl dem hingeschiedenen Geiste als Aufenthalt diente, wenn es ihm beliebte den Ruheplatz seiner Gebeine zu besuchen. Die ungeheuren Corallenblöcke, die zum Bau der Fai-tokas dienten, wurden auf dem Strande gehauen, auf großen Pirogen in die Nähe des Ortes gebracht, wo sie verwendet werden sollten, gelandet und endlich auf Rollen weitergeführt. Bedenkt man den Aufwand an Arbeitskräften, welchen jene Monumente erforderten, so wird man ihnen seine Bewunderung nicht versagen, und auch den Tonganern den Besitz einer höheren Culturstufe nicht abstreiten können. Der Mensch muß sich schon zu Ideen heraufgeschwungen haben, welche den Gedankenkreis eines einfachen Wilden weit überschreiten, um auf eine solche Weise das Andenken seiner großen Verstorbenen zu ehren.

Früher wurden die Umgebungen der Fai-tokas sorgfältig rein gehalten, jetzt nimmt sich keiner ihrer an: hohe Waldbäume umschatten sie, und dichtes Gesträpp entwächst den Fugen des Gesteins.

Vor einigen Jahren ist im dichten Walde ein seltsames Denkmal entdeckt worden, welches an Alterthum über die Zeit der Tui-tongas hinausreicht. Auf zwei riesigen hohen Steinblöcken ruht ein eben so kolossaler horizontaler Block, von dem es unbegreiflich ist, wie er mit den wenigen vorhandenen mechanischen Hülfsmitteln dorthin gebracht sein mag. Keine Volkssage gibt Rechenschaft über das Entstehen oder die Bedeutung des einfachen Denkmals, welches vielleicht noch von einer Nation herstammt, welche den jetzigen Tonganern im Besitz des Landes voranging? So gibt es auch hier geschichtliche Räthsel zu lösen! So zeugen auch hier Ruinen von der Vergänglichkeit der Völker und der unwiderstehlichen Allmacht der Zeit!

Während der gemeine Mann sich oft mühseligen Arbeiten unterwerfen mußte, suchten die Häuptlinge, wie die bevorzugten Stände Europas, sich die Zeit auf die angenehmste Weise zu vertreiben. Kavapartien, religiöse Feierlichkeiten, Tanz, Musik, Gesang und verschiedene Spiele füllten fast alle Stunden aus, die nicht der Ruhe gewidmet waren.

Da früher, bei der allgemein anerkannten Herrschaft der beiden regierenden Familien der Fata-fai und Toubo Bürgerkriege nur selten vorfielen, sahen sich Heldennaturen genöthigt ihre Thatkraft auf einem andern Schauplatze zu entwickeln. So vereinigten sich oft mehrere hundert junge Leute um nach den Fidschi Inseln hinüberzuschiffen, wo sie zuweilen Jahre lang, dann mit der einen, dann mit der andern Partei sich verbanden und Krieg führten, ohne anderen Zweck als ihre Tapferkeit zu zeigen. Oder sie besuchten auch wohl Samoa, Nua und Rotuma, und diejenigen, die von jenen langen und gefährlichen Reisen zurückkamen, erwarben dadurch ein hohes Ansehen unter ihrem Volke.

Zu den bemerkenswerthesten Vergnügungen der Tonga-Häuptlinge gehörten das Vogelschießen und die Rattenjagd. Zu jenem wurde ein Lockvogel gebraucht, auf dessen Abrichtung dieselbe Sorgfalt wie früher in Europa auf die Dressur der Falken verwendet wurde. Der Jäger mit Bogen und Pfeilen bewaffnet, schloß sich in einer Art von Käfig ein, der aus Weiden geflochten und mit grünem Laube überdeckt war, durch welches er hindurchsehen konnte. Der Lockvogel, ein Hahn, saß oben und war mit einem Fuße angebunden. Das Geräusch womit er tödte war ein Flügelschlagen, wodurch er andere Vögel gleichsam zum Kampfe herausforderte. Im Käfig war ein kleinerer Behälter eingeschlossen worin sich eine Henne befand, die ebenfalls ein sonderbares Geräusch machte, welches dem des oben sitzenden Hahnes zu antworten schien, und so wurden beide Geschlechter, Hähne und Hennen, durch diese beiden Lockvögel herbeigelockt und vom Jäger geschossen. Nur die bedeutendsten Häuptlinge waren im Stande sich das Vergnügen dieser Jagd zu gönnen, weil das Abrichten und Erhalten der Vögel großen Aufwand erforderte. Für jedes Pärchen war ein eigener Wärter angestellt, der nur allein diesem Geschäfte oblag, und die Vögel immer in Uebung erhalten mußte; denn unterließ man diese, so wurden die Vögel unachtsam und gaben nicht mehr die zum Locken nöthigen Töne von sich.

Die Rattenjagd dagegen war ein mehr volksthümlicher Zeitvertreib, da sie nur den Luahs untersagt war und stets eine größere Gesellschaft sich dazu vereinigte. Erst wurden einige Leute nach dem Platze geschickt wo die Jagd statt finden sollte, um die aus gebratenen Nüssen bestehende Lockspeise auszustreuen, und Stäbe am Eingange des Pfades aufzupflanzen, damit die Ratten von den Vorübergehenden nicht verscheucht würden. Hierauf setzen sich die Jäger, welche zwei Parteien bildeten, aber in einer Reihe marschirten, in Bewegung, mit Bogen und Pfeilen versehen. Beide Parteien folgten abwechselnd auf einander, so daß der angesehenste Häuptling den Zug eröffnete und gleich hinter ihm der Anführer der Gegenpartei folgte. Nur der Reihenanführer durfte geradeaus schießen, die Andern mußten sich die Ratten zum Ziele wählen, die zur Seite oder hinter ihnen liefen. Wer geschossen hatte, wechselte sogleich mit dem Nächstfolgenden den Platz, so daß nach einer Weile der ursprüngliche Zug vollständig verändert war. Der Partei, welcher es gelang die zehn ersten Ratten zu erlegen, hatte gesiegt. Die Jagd endete mit einem freundschaftlichen Mahl, wobei aber nicht die erlegten Ratten sondern ein gebratenes Ferkel nebst Bananen, Brodfrüchten oder Taro verzehrt wurde.

Der Taubenfang mit Netzen war ebenfalls ein beliebtes Vergnügen. Das dazu gebrauchte Netz war klein mit einer engen Oeffnung und am Ende einer etwa 12 Fuß langen Ruthe befestigt. Acht bis zehn, etwa 5 Fuß hohe, bienenkorbförmige Behälter mit einer Querspalte, so daß die darin verborgenen Jäger die Ruthe von einer Seite zur andern bewegen konnten, waren im Kreise auf einem aufgeworfenen Erdhügel errichtet. Außerhalb eines jeden Behälters war eine zahme Taube an einem Beine festgebunden, und in der Mitte stand ein Mann mit noch einem zahmen Vogel, der an einer sehr langen Schnur angebunden war, und den der Träger so weit fliegen ließ als die Schnur reichte. Die Taube beschrieb auf diese Weise einen ansehnlichen Kreis in der Luft, rund um den Erdhügel. Der Flug dieses Vogels und das beständige Girren der festgebundenen zogen eine Menge wilder Tauben aus der Nachbarschaft herbei, worauf der Mann durch Anziehen der Schnur seine Taube zu sich nahm, und sich in einem Verschlag auf der Spitze des Erdhügels verbarg. Die wilden Tauben näherten sich nun den zahmen und wurden auf eine geschickte Weise mit den Netzen gefangen.

Man kann sich denken, daß die Tonganer, welche die Vierfüßer und Vögel befriegten, auch die Fische des Meeres nicht unverfolgt ließen. Zum Bonitenfang, einem der Lieblingszeitvertreibe der Häuptlinge, wurde wie auf Hawaii mit größter Gewalt der Ruder ein Canot im schnellsten Lauf erhalten. Eine Perlmutterangel ohne Widerhaken und Köder, berührte nur eben die Oberfläche des Wassers und täuschte den räuberischen Boniten durch die schillernde Oberfläche, die er für eine rasch fliehende lebendige Beute ansah. So wie der Fisch angebissen hatte, schwang der Fischer durch eine geschickte Wendung der Ruthe die Schnur in die Höhe und der Fisch flog ihm in die Hand. D'Urville sagt uns, daß er diese Art des Fischfanges auch auf der Insel Amboina von den dortigen Malaien mit bewunderungswürdiger Geschicklichkeit ausführen sah.

Ein eigenthümliches Spiel, welches ebenfalls große Gewandtheit erforderte, war das Aufwärtswerfen eines gewichtigen Speeres, so daß er im Herabfallen auf einer kleinen Holzscheibe die oben an einem Pfahle befestigt war, stecken blieb. Gewöhnlich waren 6 oder 8 Spieler auf jeder Seite, und die Partei von der nach dreimaligem Wurfe die meisten Speere stecken blieben, gewann das Spiel. Der Pfahl war etwa 5 oder 6 Fuß hoch, und die Fläche der Holzplatte ungefähr 9 Zoll im Durchmesser.

Die meisten andern Zeitvertreibe und Belustigungen glichen denen, die wir bereits bei andern polynesischen Völkern haben kennen lernen; ich will daher schließlich nur noch ein höchst merkwürdiges Spiel anführen, welches von der Schwimm- und Taucherfertigkeit der Tonganer ein glänzendes Zeugniß gibt. Es galt einem großen Stein 10 Fuß tief unter dem Wasser von einer Stelle zur andern fortzuschaffen, so daß die, welche den Stein trugen auf dem Boden des Wassers hinliefen, wobei es nicht leicht war das Gleichgewicht zu bewahren. Wer zuerst das Ziel erreichte, hatte natürlich gewonnen.

Die Insel Tonga-tabou wurde am 20. Januar 1643 vom berühmten holländischen Seefahrer Abel Tasman entdeckt, der ihr den Namen Amsterdam gab, so wie er bald darauf den Inseln Eua und Nemuka gleichfalls die vaterländischen Namen Rotterdam und Middelburgh ertheilte. Sein Verkehr mit den Eingebornen wurde durch seine Feindseligkeiten gestört, und als nach fast anderthalb Jahrhunderten sein großer Nachfolger Cook das vergessene Tonga wieder aufsuchte, lebte die Erinnerung seines Vorgängers noch immer in den Sagen und Gesängen des Volkes. Den bereits bekannten Inseln fügte der englische Seefahrer auf seiner zweiten Weltreise die Entdeckung der Hapai Gruppe hinzu (Juni 1774), und verwendete auf seiner dritten Erdumsegelung (April bis Juli 1777) mehrere Monate auf die genauere Untersuchung des interessanten Archipels.

Bekanntlich wurde er durch das zuvorkommende, liebenswürdige Betragen der Tonganer bewogen ihrem Lande den Namen der freundschaftlichen Inseln zu geben, eine Benennung jedoch, die sehr wenig mit ihren wahren Gesinnungen übereinstimmte, da, wie sie später selbst eingestanden, es ihre Absicht gewesen war ihren anerkannten Freund und Wohlthäter während seines Aufenthalts auf Lefuka zu ermorden, und nur die Uneinigkeit der Häuptlinge den verrätherischen Plan zum Scheitern brachte.

Im Februar und März 1781 entdeckte der Spanier Maurelle die Gruppe Babao, und man weiß mit Bestimmtheit, daß auf seiner letzten unglücklichen Fahrt, von welcher er nicht mehr zurückkehrte (1788) La Perouse bei Nemuka beilegte. Auch Bligh (1789) auf den guten Ruf der Tonganer bauend, suchte bei ihnen sein Heil nach Christian's gelungener Meuterei (siehe Pitcairn Insel), doch ein verrätherischer Angriff belehrte ihn seines Irrthums und nöthigte ihn zur schleunigen Flucht.

Im Jahr 1797 brachte der uns bereits rühmlichst bekannte „Duff" 10 protestantische Missionare nach Tonga-tabou. Sie wurden Anfangs freundlich behandelt, bald aber auf Anstiften eines amerikanischen Ausreißers zu Gegenständen des Mißtrauens und der Feindschaft. Denn dieser Bösewicht erzählte den Häuptlingen, daß der König von England jene Männer gesandt habe um das Volk von Tonga durch mörderische Seuchen zu verderben, und sie sich zu diesem Zwecke in ein Haus einschlößen, nicht um zu beten, wie sie heuchlerisch behaupteten, sondern um ihre teuflischen Zauberkünste zu treiben. Eine Seuche, die gerade damals auf der Insel herrschte und manches Opfer fortraffte, verschaffte der Verläumdung einen um so günstigeren Boden, so daß endlich die Tonganer über die Missionare herfielen und sie alle erschlugen, bis auf drei, die von einem der vornehmsten Häuptlinge beschützt und gerettet wurden.

Aber auch diese verloren in einem späteren Bürgerkriege das Leben. Sie hätten zwar mit Hülfe einiger Eingebornen auf eine andere Insel flüchten können, wagten es jedoch den heranrückenden Feind zu erwarten, denn „Keinem sei von ihnen etwas zu Leide gethan, und folglich brauchten sie auch von Keinem Böses zu fürchten". Vergebens suchte man sie zu belehren, daß es der Gebrauch auf Tonga sei nicht blos den Feind zu tödten, sondern auch Alles was nah und fern mit ihm zusammenhing, sie blieben hartnäckig bei ihrem Entschluß, und wurden überfallen und mit Streitkolben zu Boden geschlagen, während ihre Freunde sich noch schnell genug in den Kahn retteten.

Der goldene Friede, der zu Cook's Zeiten noch auf Tonga weilte, war nämlich verschwunden als gegen Ende des vorigen Jahrhunderts der regierende Tui-Kanakabolo von Finow, dem Häuptling von Hapai und dessen Bruder Toubo-Nlouha ermordet wurde. Es entspannen sich lang nachhallende Bürgerkriege, und das kleine Reich zerfiel, denn nur Hapai und Vavao unterwarfen sich der Herrschaft Finow's, während Tonga-tabou unter verschiedene Häuptlinge sich zersplitterte, die zwar unter einander in ewiger Fehde lebten, aber dennoch mit Erfolg den alljährlichen Angriffen oder Raubzügen jenes ehrgeizigen Fürsten sich widersetzten und ihre Unabhängigkeit zu bewahren wußten.

Die Anarchie, die auf dem früher so glücklichen Tonga-tabou herrschte, wurde nicht wenig durch die Abwesenheit des Tui-tonga genährt, der die Partei des Finow angenommen und sich nach Vavao zurückgezogen hatte, wo ihm noch immer der jährliche Tribut bezahlt wurde, der seinem göttlichen Charakter gebührte. Seine Anwesenheit in den Reihen des Usurpators gab dessen Sache den Anschein des guten Rechtes, und Finow benutzte sie um die Häuptlinge von Tonga-tabou als Rebellen darzustellen, welche mit frechen Waffen ihre eigenen Götter bekriegten.

Dieses war die Lage der Dinge als am 1. December 1806, das englische Caperschiff von 30 Kanonen „Port au Prince", welches mit einem starken Led in Pefula eingelaufen war, von den Eingebornen überfallen wurde. Der größte Theil der Mannschaft ward niedergemetzelt; nur Mariner, ein junger Mann von guter Familie, den ein abenteuerlicher Geist zum Seemannsleben bewogen hatte, wurde mit noch einigen andern verschont um die erbeuteten Schiffskanonen gegen die Feinde des Königs Finow zu bedienen. Er erwarb sich in einem hohen Grade die Gunst dieses grausamen Wilden so wie seines Sohnes und Nachfolgers, wurde den Häuptlingen gleichgestellt und als Freund behandelt, war aber nichts destoweniger höchst erfreut, als nach einem mehr als dreijährigem Aufenthalt auf Tonga ein englisches Schiff vor Pavao erschien, welches ihm die Rückkehr in's Vaterland ermöglichte. Die später von ihm herausgegebenen Nachrichten über die freundschaftlichen Inseln gehören zu den schätzbarsten Beiträgen zur polynesischen Völkerkunde, und es ist nur zu bedauern, daß nicht auch gleich gute Quellen über die früheren Zustände der anderen bedeutenderen Inselgruppen vorliegen. Von Mariner's Abreise im Jahre 1810 bis 1827 wo Dumont d'Urville Tonga besuchte, sind die Annalen des Archipels höchst lückenhaft und dürftig. Als der französische Weltumsegler dort eintraf, war die heilige Insel noch immer in kleine Staaten zersplittert, die jeder einem besondern Häuptling gehorchten.

Methodistische Glaubenslehrer hatten im Jahre 1822 den Versuch ihrer unglücklichen Vorgänger erneuert, ohne jedoch irgend eines Erfolges sich zu rühmen. Zwei derselben waren daher nach Port Jackson zurückgekehrt, und nur einer verharrte unter dem Schutze des Häuptlings von Hifo wie ein standhafter Soldat auf seinem Posten. Im Jahre 1826 kamen zwei neue Missionare hinzu, doch auch diese vermochten keinen Eindruck auf die Insulaner zu machen.

Glücklicher jedoch waren zwei von ihnen mitgebrachte tahitische Lehrer, welchen es gelang Toubo, den Häuptling von Natualofa, zu belehren. Dieser, der durch die Schwäche und Zaghaftigkeit seines Charakters schon sehr an Ansehen verloren hatte, wurde nun vollends von den übrigen Häuptlingen der Insel verachtet, blieb jedoch nach einigen Schwankungen seinem neuen Glauben treu, und im Jahre 1829 wohnten 500 Proselyten dem christlichen Gottesdienste in Natualofa regelmäßig bei.

D'Urville verweilte ungefähr einen Monat auf Tonga, und auch er wäre fast ein Opfer der Treulosigkeit der Insulaner geworden, die er durch das Niederbrennen einiger Dörfer und die Zerstörung der heiligen Grabmäler züchtigte.

Als er 11 Jahre später (1838) den Tonga Archipel zum zweiten Mal besuchte, fand er dort Manches zu Gunsten des Christenthums verändert. Die Hapai- und Vavao Gruppen waren vollständig bekehrt und nach langen Bürgerkriegen unter dem energischen Scepter des Tahofa-nao oder „King George", eines Häuptlings aus der Familie der Finow vereinigt. Dieser Herrscher zeichnete sich eben so sehr durch seine majestätische Gestalt als durch eine derselben entsprechende Thatkraft aus. Man erzählt, daß, als einst ein über seine Abtrünnigkeit erzürnter Götzenpriester ihm vorhersagte, daß er unfehlbar den Haifischen zur Beute fallen würde, das erste Mal, daß er es wieder wagte in offener See zu baden, Tahofa statt aller Antwort den Wahrsager aufforderte ihm zu folgen und dreist über das Corallenriff hinausschwamm, vor welchem die Meereshyänen sich zu zeigen pflegten. Das Ergebniß dieses Gottesurtheils war, daß der Götzendiener von einem Haifisch aufgeschnappt wurde, während der König unverletzt unter dem Jauchzen der Menge den Wellen entstieg.

Die den Polynesiern häufig verliehene Rednergabe besaß Tahofa in einem hohen Grade. Ein vortrefflicher Prediger, denn er liebte es den Priester mit dem Herrscher zu verbinden, zeichnete er sich auf der Kanzel durch die Würde und den Ernst seines Vortrags aus; während in den Volksversammlungen sein energisches Wort trotz einem homerischen Helden allen Widerstand gegen das königliche Ansehen niederschmetterte. „Was sprichst du von deinem elenden Eilande", redete er einst einen vorlauten Widersacher an; „und wie wagst du es dessen Besitz in Anspruch zu nehmen? Wer bist du? Was waren deine Väter? Soll ich dir die meinigen nennen? (Hier folgte eine lange Aufzählung.) Siehe die Helden von denen ich abstamme! Deine Väter waren die Köche der meinigen." Man glaubt einen Agamemnon zu hören, der den frechen Thersites niederdonnert!

Ein Jahr vor Dumont d'Urville's Besuch war Krieg zwischen Tahofa und den Heiden auf Tonga ausgebrochen. Der Missionar Rawbone hatte in Hifo einem am westlichen Ende der Insel gelegenen befestigten Dorfe mehrere Einwohner bekehrt, welche der Häuptling aus seinem Gebiet verjagte. Die Flüchtlinge erbauten sich ein kleines Fort, wurden aber auch hier von ihrem Feinde verfolgt, worauf sie den christlichen Häuptling von Natualofa um Hülfe anriefen. Aber auch dieser bedurfte eines mächtigeren

Schutzes und erbat sich Tahofa's Beistand, der gerne die Gelegenheit ergriff den ganzen Archipel seiner Herrschaft zu unterwerfen. Er landete mit 1560 Kriegern, bemächtigte sich Hifo's durch List und erzwang nach vier Monaten einen Frieden, der die heidnischen Häuptlinge verpflichtete die Christen nicht ferner zu verfolgen und den Missionaren überall freien Zutritt zu gewähren. Diesen ersten Erfolg verdankte King George vorzüglich der besseren Bewaffnung seines kleinen Heeres, welches 120 Flinten besaß. Die Häuptlinge hatten indessen nur Frieden geschlossen um Zeit und Kräfte für einen erneuerten Kampf zu gewinnen, so daß Tahofa zum Schutz des schwachen Tubou und der Missionare bald darauf nach Raluolofa zurückkehrte. Hier erlitt er zwar eine bedeutende Niederlage (1840), so daß er gezwungen wurde sich wieder einzuschiffen; doch die christliche Partei gewann bald wieder die Oberhand, und nach dem Tode Tubou's wurde Tahofa unter dem Namen George Tubou (1845) als König sämmtlicher Tonga Inseln eingeweiht.

Ein interessanter Bericht des Missionars R. Young aus dem Jahre 1853 gibt uns Kunde von den ferneren Schicksalen jener kleinen abgelegenen Welt.

„Nach einer etwas ungestümen Reise auf dem nichts weniger als stillen Meere kam ich auf der Tonga Gruppe eines Morgens früh an, und zählte vom Verdeck des Schiffes auf ein Mal zwanzig liebliche Eilande, die eben von den Strahlen der aufgehenden Sonne vergoldet waren, und gleich eben so vielen Smaragden auf dem Abgrund des jetzt stillen Meeres da lagen. Die ganze Gruppe besteht aus etwa 200 Inseln mit einer Volkszahl von 20 bis 30,000 Seelen. Mit Ausnahme von ungefähr 50 Leuten hat die ganze Bevölkerung das Evangelium angenommen. Achttausend unter ihnen sind im Stande die Schrift zu lesen und 5000 können die Muttersprache schreiben. Ich prüfte einige Schüler, welche schöne Kenntnisse in der Geographie, Arithmetik, Naturgeschichte und einigen andern Zweigen des Wissens an den Tag legten. Auch hatte ich das Vergnügen die Zöglinge unserer Musterschule zu prüfen, unter welchen drei Frauen sich befanden — Frau Hemans, eine Dichterin von Tonga; die Frau eines Oberrichters und die Königin Charlotte.

Diese treffliche Frau richtet sich genau nach den Schulregeln, und beugt sich unter all die Arbeit, die ein fleißiger Zögling übernehmen muß, um gleichen Schritt mit ihren Mitschülern zu halten.

König Georg ist ein sehr merkwürdiger Mann. Da ich von seinem Verlangen Australien zu besuchen hörte, lud ich ihn ein auf dem „John Wesley" sich einzuschiffen. Er nahm das Anerbieten an, erklärte jedoch, daß er das Schiff verproviantiren müsse.

Während der beinahe zwei Monate, welche ich mit ihm unterwegs zubrachte, habe ich kein thörichtes Wort aus seinem Munde gehört. Er ist auch Prediger, und ich hörte von ihm auf den Fidschi Inseln eine sehr interessante und mächtige Ansprache.

Vor ungefähr zwei Jahren weigerte sich der damals noch heidnische Theil seines Volkes seiner königlichen Autorität sich zu unterwerfen (durch einige Sendlinge von Rom bearbeitet und aufgestachelt), und nachdem er lange Geduld mit seinen Widersachern getragen, sah er sich endlich genöthigt zur Vertheidigung der Gesetze und Freiheiten seines Landes die Waffen zu ergreifen. Ich besuchte den Baum, unter welchem der König saß um seine aufrührerischen Unterthanen vor ihm erscheinen zu lassen. Mit Furcht und Zittern waren sie herangekommen, wohl wissend, daß sie nach dem Landesgesetz den Tod zu erwarten hatten, doch großherzig sprach der König: „ihr sollt leben." Sie dankten mit freudigem Entzücken, doch „Dankt Jehovah", erwiederte der König, „dessen Wort mich gedrungen hat so zu handeln. Sein Wort ist die einzige Ursache. Ohne dieses wäre keiner von euch am Leben geblieben." Sie begehrten jetzt alle den Hausgottesdienst des Königs anzunehmen. Sein wahrhaft christlicher Wandel überhaupt hat in jenem Theil der Welt einen tiefen Eindruck gemacht, und scheint in seinen Wirkungen sowohl dem Heidenthum als dem Papsthum eine völlige Niederlage beigebracht zu haben."

Im Jahre 1855 erklärte sich Georg Toubo bereit seine Souveränitätsrechte an Groß-Britannien abzutreten, und obgleich Tonga noch nicht unter den anerkannten englischen Colonien aufgezählt wird, so ist es doch ganz dem britischen Einfluß unterworfen. Auch hier ist eine parlamentarische Verfassung nach englischem Muster eingeführt worden, und das altsächsische Schwurgericht hat sich eingebürgert, wo noch vor einigen Decennien die Willkür der Häuptlinge das einzige Gesetz war.

Fünfundzwanzigstes Kapitel.
Die Fidschi Inseln.

Biti Levu. — Der Rewafluß. — Das Rewa Delta. — Antimonminen. — Vanua Levu. — Mangrovewälder. — Warme Quellen. — Die schwarze Flußbarbe. — Die Laval Wurzel. — Die Yula Wurzel. — Die Dava Pflaume. — Die Corypolepalme. — Größerer Reichthum der Vegetation als auf den östlicheren Gruppen. — Die Dammara Fichte. — Schnelligkeit des Wachsthums. — Klima. — Die Gruppe durch Tasman entdeckt 1643. — Cook. — Dumont d'Urville 1827. — Willes 1840. — Ursachen des Uebergewichts von Ambau. — Tanoa König von Ambau. — Unsägliche Barbarei der Fidschlaner. — Gräuel des Kannibalismus. — Unsicherheit des Lebens. — Einige Mordgeschichten. — Unerhörter Despotismus. — Götter. — Die Mbures oder Tempel. — Die Mbetlis oder Priester. — Elternmord. — Fremde Spelulanten. — Trepangsammler. — Schildpatt. — Schälen der Schildkröten. — Verrätherische Uebersälle fremder Schiffe. — Die „Aimable Josephine". — Der „Sir David Ogilby". — Kunstsleiß. — Große Doppelpirogen. — Häuserbau. — Waffen. — Töpferei. — Figur der Fidschlaner. — Merkwürdiger Kopfschmuck. — Nationalstolz. — Kleidung. — Der Sravo. — Der Lilu. — Der Arulentanz. — Sprache. — Aderbau. — Anfang des Missionswerkes 1820. — Fortschritte bis zu den Jahren 1840 und 1848 nach Willes und Elphinstone. — Reise Macdonald's auf dem Rewaflusse 1856. — Thakombau. — Abtretung der Souveränität an England. — Der deutsche Botaniker Dr. Sermann. — Der Missionar Jonns auf Fidschi 1853. — Seltsame Widersprüche.

Die Fidschi oder Viti Inseln bilden dem Umfange nach den bedeutendsten der in diesem Werke besprochenen Archipele, da ihre Oberfläche an die 300 geographische Quadratmeilen beträgt. Sie bedecken einen größeren Raum als Hawaii, Tahiti, Samoa und Tonga zusammengenommen, und werden eine ihrer Ausdehnung entsprechende Wichtigkeit erlangen, wenn einst unter britischem Schutz ihre natürlichen Reichthümer zur gehörigen Benutzung kommen.

Selten wird man auf irgend einem andern Punkte des Erdballs ein solches Inselgewirr vereinigt finden, und nirgends stößt der Schiffer auf größere Gefahren. Auf diesem dicht übersäeten Felde hat er stets eine Menge Inseln in Sicht, vom schroffen Basaltberge, der bis zu einer Höhe von 5000 Fuß emporsteigt, zu dem niedrigen Coralleneilande, dessen Oberfläche sich kaum über die Fluthen des Oceans erhebt — und dazwischen und ringsumher liegen unzählige Klippen und Untiefen ausgebreitet. Fast jede Insel ist von weit ausgedehnten Corallenbänken umsäumt, und sehr viele sind von unregelmäßigen Riffen umschlossen, die oft meilenweit in spitzige Zungen auslaufen. Außerdem werden die Gefahren der Schifffahrt durch die zahlreichen vereinzelten Klippen vermehrt, die entweder bei niedrigem Wasser zum Vorschein kommen, oder nur einige Fuß tief unter der Oberfläche liegen. Ein klarer Himmel und die größte Vorsicht sind erforderlich, um den Seefahrer mit Sicherheit durch viele Theile dieses Corallenlabyrinthes zu geleiten.

Der ganze Archipel besteht nach Willes aus 154 Inseln; eine Anzahl, die sich leicht verdoppeln ließe, wenn man alle die isolirten und bescheidenen Eilande hinzurechnen wollte, die als Außenwerke, Felsen oder Vorposten an die größeren Landmassen sich anlehnen. Nur 65 jener Inseln sind bewohnt, die übrigen werden nur von Zeit zu Zeit des Fischens oder des Trepangsammelns wegen besucht.

Biti Levu („Groß Witi") und Banua Levu („Das große Land") die zwei beträchtlichsten Inseln der Gruppe liegen in deren westlichem und nördlichem Theil. Erstere ist 94 Seemeilen lang und 55 breit, letztere hat bei einer Länge von 105 Meilen eine durchschnittliche Breite von 25. Westwärts von diesen beiden Hauptlanden finden wir ein ungeheures Areal von zahlreichen Corallenriffen durchzogen, die bis 20 Meilen weit von Biti Levu nach der Asaua Gruppe sich erstrecken und 10 bis 15 Meilen weit im Westen und Norden von Banua Levu den Meeresboden bedecken.

In diesem unermeßlichen Corallenpark — ein wohlverdienter Namen — hat das Wasser in den Canälen zwischen den Riffen eine durchschnittliche Tiefe von 12 bis 15 Klaftern; während jene selbst an manchen Stellen die Oberfläche berühren.

Die andern Inseln des Archipels die ostwärts von „Groß Witi" und dem „Großen Lande" liegen, sind verhältnißmäßig klein und fast überall durch ein tiefes Meer von einander geschieden.

Die Fidschi Gruppe stellt fast alle Formverschiedenheiten dar, welche Basaltfelsen nur annehmen können.

Rauhe Kanten mit steilen Abhängen und nadelförmigen Spitzen charakterisiren einige Theile der Gruppe, während andere, verhältnißmäßig flach, längs der Küste eine Stirn von Basaltsäulen dem Meer entgegenstellen. Gewöhnlich jedoch haben die Berge sanftabgerundete Rücken, oder dort wo ihre Umrisse sich unruhiger gestalten, fehlt ihnen doch jene Mannigfaltigkeit

von hohen Spitzen und tiefen Zerklüftungen, welche den Hauptreiz der tahitischen Gebirgslandschaften ausmachen.

Die größeren Inseln scheinen dem vorüberfegelnden Beobachter aus einer
ununterbrochenen Reihenfolge von Berg und Thal zu bestehen. Die Abhänge
sind meistens sanft geneigt und oft fast bis zum Gipfel culturfähig. Unter
dem Winde sind sie bis zu einer gewissen Höhe mit Gras bedeckt, dessen
falbes Gelb dem Laube ein trockenes, verdörrtes Aussehen gibt. Nach dem
Gipfel hin treten mitunter schwarze Basaltfelsen hervor oder überragen auch
wohl die Bergkämme gleich den Ruinen alter Burgen. Uppige Wälder
bedecken gewöhnlich die oberen Gegenden, wo die häufigen Regengüsse und
noch häufigeren Nebel und Wolkendünste ihnen die Wohlthat der ernährenden
Feuchtigkeit verleihen, die den tieferliegenden Abhängen zu kärglich zu Theil
wird. Das Land bietet indessen nicht überall denselben Anblick dar, denn
der hohe Wuchs steigt tiefer herab an den östlichen Abhängen, die der
feuchte Passat reichlicher mit Nässe versorgt. Einige der kleineren Basalt-
eilande sind sogar überall mit einer üppigen Vegetation bedeckt, und Buna
oder Somu-Somu, eine der bedeutenderen Inseln wird sogar wegen ihres
reichen Pflanzenwuchses mit Opolou, der Königin der Samoa Gruppe verglichen. Die Ausbuchungen und Einbuchtungen der Küsten sind zahlreich
und oft von bedeutender Größe; doch nur wenige dieser Meereseinschnitte
würden sichere Häfen bilden, wenn nicht an den davorliegenden Corallenriffen
die Macht der Brandung zerschellte.

Biti Levu, die größte Insel der Gruppe, wird von verschiedenen Berg-
ketten durchschnitten, deren Gipfel bis zu einer Höhe von 5000 Fuß emporsteigen. Zahlreiche Bäche entspringen auf diesen Höhen besonders an der
Ostseite, und erweitern sich mitunter ehe sie das Meer erreichen zu bedeutenden
Flüssen. Einer der merkwürdigsten dieser Ströme ergießt sich durch verschiedene
Arme theils in die Ambau Bucht, theils bei Rewa, an der Südostküste in's
Meer. Pickering berechnete die Wassermenge, die er in der trockenen Jahreszeit durch alle seine Mündungen in die See wälzt, auf 1,500,000 Cubikfuß
in der Minute, eine Masse, die in den nassen Monaten sich verfünffacht.
Nach dem englischen Arzte Macdonald, der im Jahre 1855 den Rewa Fluß
hinauffuhr, sollen die atmosphärischen Niederschläge zuweilen so gewaltig
herabstürzen, daß sie Boote versenken, trotz aller Bemühungen der Mannschaft
das Wasser auszuschöpfen. Es bedarf aber auch solcher unendlichen Regengüsse um auf einer beschränkten Insel Ströme von solcher Mächtigkeit zu

erzeugen. Der vom Rewafluß abgesetzte Alluvialboden bedeckt ein Areal von 4 bis 5 geogr. Quadratmeilen. Wie die Deltaländer anderer Flüsse wird er durch zahlreiche Canäle in Inseln getheilt. Er besteht aus dem verwitterten Basalt, den die Gewässer von den Bergen herabschwemmen, und seine Fruchtbarkeit verspricht der Ankunft goldene Ernten. Die Ufer des Flusses, während er noch das Gebirge durchschlängelt, werden als höchst romantisch geschildert und prangen mit einem Pflanzenwuchs, dessen Ueppigkeit alle Vorstellungen übertrifft.

Auch an unterirdischen Schätzen sind diese Gegenden reich. Zwei große Adern oder Gänge des nur sparsam über die Oberfläche des Erdkörpers verbreiteten Antimons kommen an einem Bergabhang zu Tage, und müssen äußerst ergiebig sein nach der Menge des Erzes zu schließen, welches die Eingebornen in Bambusröhren aus dem Gebirge zum Flusse herabbringen.

Banua Lewu hat ruhigere Formen als Witi Lewu. Nur wenige Gipfel erheben sich über 2000 Fuß hoch über den Meeresspiegel und keiner übersteigt 3000. Im Allgemeinen ist eine ermüdende Einförmigkeit der vorherrschende Charakter der Bergketten und der trockenen Grasfelder, welche die Abhänge bis zur Region der Waldbäume hinauf bekleiden, obgleich hier und dort die Küste mauerartig emporsteilt und einige Bergrücken kegelartig auf die benachbarten Höhen herabblicken. Die Flüsse, wenn auch nicht so groß wie die auf Witi Lewu, wälzen ebenfalls in der Regenzeit ungeheure Wassermassen in's Meer und setzen an ihren Mündungen bedeutende Alluvialebenen ab, deren Wachsthum durch die Mangrove Gebüsche (siehe „Die Tropenwelt" Kapitel 39) sehr befördert wird. Diese bilden dichte meilenlange Waldungen am Ufer, senken ihre unzähligen Wurzeln in den Schlamm und befestigen oder binden die Erdpartikelchen, welche der Regen von den Bergen herabwäscht. Ist einmal der neugewonnene Boden befestigt, so verschwinden allmälig die seewärts fortrückenden Mangroven und werden durch die Vegetation des trockeneren Landes ersetzt.

Wenn auf diese Weise das Areal der Inseln sich vergrößert, so erhält es auch außerdem noch einen beständigen Zuwachs durch die ununterbrochene Thätigkeit der Steinpolypen, und obgleich es bis jetzt im Fidschi Archipel nur wenige und unbedeutende niedrige Inseln gibt, so wachsen doch unzählige Riffe nach der Oberfläche des Meeres hin und deuten auf eine künftige kleine Welt von palmenbeschatteten Corallenellanden.

Es gibt gegenwärtig keinen thätigen Vulkan auf der Fidschi Gruppe und auch in den Volksüberlieferungen ist von keinem solchen die Rede. Die einzigen Spuren vulkanischer Hitze, welche die Inseln jetzt noch aufzuweisen haben, befinden sich an der Südostseite von Vanua Levu, wo auf einer großen Ebene in der Nähe des Ufers zahlreiche warme Quellen hervorsprudeln. Einige derselben entspringen sogar aus dem Meeresboden. In der Savu-Savu Bucht ungefähr 100 Ellen vom Strande steht ein kleiner Basaltkegel, den das Meer zur Fluthzeit bedeckt. Aus dessen kraterartig ausgehöhlten Mitte quillt kochendes Wasser hervor, und die Wärme des Felsens ist so groß, daß die Hand sie nicht vertragen kann. Noch weiter in's Meer hinein gibt es eine Stelle wo auf einem Quadratraume von 40 Ellen heißes Wasser zwischen den Kieseln und dem Sande hervorquillt. Die Eingebornen glauben, daß die Geister des Berges ihnen diese kochende Sprudel zusenden, damit sie ihre Speisen darin kochen können; so geneigt ist überall der Mensch sich für den Günstling der unsichtbaren Gewalten zu halten. Der Geschmack dieser warmen Quellen ist bitter und salzig; und wer weiß, welche wunderbare Heilkräfte darin schlummern mögen.

Die geologische Bildung der Fidschi Inseln hat große Aehnlichkeit mit der der ostwärts liegenden Gruppen. Basalte von verschiedener Farbe und Dichtigkeit bisweilen zum Trachyt übergehend, vulkanische Conglomerate und Tuffe sind die hauptsächlichsten Gesteine, und erzeugen durch ihre Verwitterung den fruchtbarsten Boden, der überall, wo er durch Feuchtigkeit begünstigt wird sich mit der reizendsten Vegetation bedeckt. Nirgends auf den Fidschi Inseln erblickt man Lavaströme wie auf Hawaii und Samoa, so daß man annehmen darf, daß ihr Ursprung in eine entferntere geologische Periode hinaufreicht.

Sowohl das Thier- als das Pflanzenreich sind auf Fidschi durch zahlreichere Arten als auf den andern in diesem Werke beschriebenen Gruppen vertreten. So gibt es hier fünf verschiedene Flederthiere und 6 Schlangen. Das Meer wimmelt von Fischen, die auf kunstreiche Weise gefangen werden, und in den Flüssen hält sich die köstliche schwarze Barbe auf, die niemals zur Oberfläche kommt, sondern stets auf dem Felsengrunde verweilt. Taucher suchen die seichten Stellen auf, bilden einen Kreis, der sich immer näher zusammenzieht und treiben auf diese Weise die erschreckten Fische in die einfachen Netze, die für ihren Empfang bereit stehen. So werden oft in einem Zuge an die 100 Pfund gefangen.

Eine merkwürdige große Hummerart gräbt sich Löcher in den Strand, und eine Unzahl von Muscheln wird auf den Riffen für die Nahrung des gemeinen Mannes gesammelt. Auf den weiten überflossenen Corallenfeldern treibt sich überhaupt ein mannigfaltiges Leben von Seegeschöpfen herum, wie es vielleicht im ganzen großen Ocean sich nicht wiederfindet, und verspricht bereinst dem Naturforscher die reichlichste Ernte.

Alle nutzbaren Gewächse Polynesiens kommen auf Fidschi vor und dazu noch eine Menge anderer, die der Gruppe eigenthümlich zu sein scheinen.

Die mehlige Kaval Wurzel hat Aehnlichkeit mit der Malayischen Batate. Die Knollen sind länglich und von brauner Farbe; die harte Oberhaut läßt sich nach dem Kochen abschälen wie die Rinde der Birke. Beim Ausgraben der größeren Knollen lassen die vorsorglichen Eingebornen die kleineren für die folgende Ernte in der Erde zurück. Diese Wurzel wurde von den Botanikern der Willes'schen Expedition so hoch geschätzt, daß sie den Wunsch ausdrückten, sie möchte nach ihrer Heimath verpflanzt werden, welches vermittelst eines direkt von Fidschi nach den Vereinigten Staaten segelnden Schiffes leicht vollbracht werden könnte.

Im marschigen Alluvialboden von Rewa wächst die eigenthümliche perennirende Jola Wurzel, welche zu einer solchen Größe anschwillt, daß sie die Dicke eines Mannes erreicht und einige Ellen lang wird.

Die Pflanze hat viele Wurzeln, aus welchen andere hervorsprossen, und aus allen keimen Blätter in verschiedenen Richtungen empor, so daß ein einzelnes Gewächs endlich ein förmliches Dickicht bildet. Die Knollen sind gewöhnlich zähe und nicht sehr schmackhaft, doch schützen sie das Volk vor der Möglichkeit einer Hungersnoth. Eine einheimische Solanee trägt eine gelbe Frucht von der Größe einer Pfirsich, deren Geschmack dem der Erdbeeren ähnlich sein soll.

Die Dava oder Indava, die sowohl von den Fidschianern als den Weißen sehr geschätzt wird, wächst auf einem 50 Fuß hohen Baume, und hat ungefähr die Größe und die Form eines Hühnereies, nur daß sie an beiden Enden abgeflacht ist, besitzt einen Kern, und ihr Fleisch strotzt von einem klebrigen, honigsüßen Safte. Man vergleicht sie mit dem Leechee, dem köstlichsten Obste der Chinesen.

Die Tarabou, eine pflaumengroße Frucht, die ebenfalls auf einem hohen Baume wächst, hat einen bitteren, etwas scharfen Geschmack, der den Eingebornen sehr zusagt, und an welchen auch der Weiße sich bald gewöhnt.

Von der Brodfrucht, die Willes nirgends wohlschmeckender fand, als hier, werden neun verschiedene Arten kultivirt, und auch von der Banane gibt es 5 oder 6 Spielarten. Die auf Tahiti und Samoa wild wachsende Bergbanane oder fáo wird sorgfältig gezogen, und erfreut das Auge durch ihre schöne orangefarbigen, an einem großen, aufrechtstehenden Kolben hervorwachsenden Früchte.

Auf morastigem oder künstlich überflossenen Grunde wird überall der Taro wie auf Hawaii in großer Menge angebaut, während der Bergbewohner größtentheils von der sogenannten tahitischen Kastanie (Inocarpus edulis) lebt.

Die Yamswurzel gedeiht vortrefflich in fünf oder sechs verschiedenen Spielarten, und bildet nicht nur eine Hauptnahrung der Insulaner, sondern wird sogar nach Sidney mit Vortheil ausgeführt.

Der Papiermaulbeerbaum, der Tabak und die Curcuma gehören ebenfalls zu den Gegenständen einer etwas sorgfältigeren Cultur, während das Zuckerrohr, die süßwurzelige Dracaena, der wohlriechende Pandanus überall im wilden Zustande auf dem ihnen zusagenden Boden wachsen. Von der Cocospalme gibt es mindestens zwei Spielarten, die eine mit braunen, die andere mit grünen Nüssen, und die auf den östlichen Gruppen — Tonga, Samoa, Tahiti — fehlende Carpotapalme liefert dem Zimmermann ein vortreffliches Holz. In den Wäldern wachsen überhaupt nicht weniger als 63 Baumarten die zum Bau von Pirogen sich eignen, und namentlich im Gebirge von Viti Levu kommt die vortreffliche Dammara Fichte vor, eins der vorzüglichsten Bauhölzer der Welt, die einen Durchmesser von 5 Fuß erreicht und ohne große Kosten bis an's Meer fortgeflößt werden könnte.

Ein Rottang (Flagellaria), dessen Stengel ungefähr 4 Zoll im Umfang mißt, wird zur Verfertigung zierlicher Körbe gespalten, oder dient auch wohl wie die Lianen in Süd-Amerika, statt der Nägel um Pfosten und Latten anzubinden.

Der Bambus wird zu Wasserbehältern, zu Dachsparren oder wegen seiner Leichtigkeit zum Bau von Flößen verwendet; das harte Casuarinenholz zu Speeren und Keulen; die zähen und elastischen Mangrove Wurzeln zu Bogen, und das nun fast gänzlich ausgerottete Sandelholz, um dem Cocosnußöl seinen Wohlgeruch zu ertheilen. Auch verschiedene Baumwollenpflanzen wachsen wild auf den Inseln, unter andern ein 15 Fuß hoch werdender Baum (Gossypium herbaceum) und eine Art mit nankinfarbigen Fasern.

Während Wilkes' Aufenthalt in Fidschi ließ er dort einen Garten anlegen, wo einige interessante Erfahrungen über die Schnelligkeit der Vegetation gemacht wurden. Von Rüben, Rettigen und Senf erschienen die Samenlappen über dem Boden schon 24 Stunden nach der Aussaat. Melonen und Gurken kamen schon nach 3 Tagen zum Vorschein. Bohnen und Erbsen nach vieren, und innerhalb eines Monats waren Rettige und Gartensalat schon genießbar.

Vom Reichthum der Flora wird man sich überhaupt einen Begriff machen können, wenn man erfährt, daß, obgleich es den Botanikern der Wilkes'schen Expedition durchaus nicht gestattet war das Innere der großen Inseln zu bereisen, sie dennoch binnen wenigen Monaten über 650 verschiedene Pflanzenarien sammelten, und es ist nicht daran zu zweifeln, daß eine Menge der nutzbarsten Gewächse der tropischen und subtropischen Zone sich diesen einheimischen Schätzen noch anreihen könnte, da die verschiedenen Temperaturverhältnisse an den Küsten und im höheren Gebirge eine große Mannigfaltigkeit der Vegetation zuläßt.

Das Klima des Fidschi Archipels kann wie auf allen größeren polynesischen Inseln je nach der östlichen oder westlichen Lage in ein nasses oder trockenes unterschieden werden, da die dem Passate zugekehrte Seite durch häufige Regengüsse bewässert wird, während die westlichen Bergabhänge an oft lange anhaltenden Dürren leiden. Der Unterschied der Temperatur ist jedoch gering, und die Verschiedenheit des Klimas zeigt sich viel auffallender im Charakter der Vegetation. Vom April bis November herrschen die östlichen Winde vor; während von November bis April die nördlichen häufig sind. Im Februar kommen manchmal orkanartige Stürme vor.

Man kann sich denken, daß in einem solchen Inselgewirr die Fluthen sehr unregelmäßige Erscheinungen darbieten. Ihr höchstes Steigen und Fallen beträgt ungefähr 6 Fuß.

Erdbeben kommen häufig vor.

Die ersten Endeckungen im Fidschi Archipel verdanken wir dem vortrefflichen holländischen Seemann Abel Tasman, der im Jahre 1643 die nördlichen Inseln zuerst erblickte, und ihnen die Namen Prinz Wilhelm Inseln und Heemsterk's Untiefen gab. Erst lange nach ihm erschienen Cook (1773—1777), Bligh (1789), Barber (1794) und Wilson in diesen Gewässern, wo sie ihren rühmlichen Pfad durch neue Entdeckungen bezeichneten; der erste jedoch, der den Archipel genauer untersuchte war Dumont D'Urville, der 1827 alle noch unbekannten größeren Inseln des Archipels der Dunkelheit entriß, in welcher sie damals noch für den Geographen schwebten, während der abenteuerliche Sandelholzsammler sie längst schon kannte.

Noch größere Verdienste um die Kenntniß des Archipels hat sich jedoch der Amerikaner Willes erworben. Monate lang hielt er sich dort auf, und während dieses ganzen Zeitraums waren außer den 4 Schiffen seines Geschwaders 17 Boote mit der Aufnahme der Küsten und andern hydrographischen Arbeiten fortwährend beschäftigt. Oft blieben die Boote wochenlang von den Schiffen entfernt, wobei Offiziere und Matrosen nur selten an's Land stiegen und beständig vor der Treulosigkeit der Eingebornen auf der Hut sein mußten. An Fußexcursionen in's Innere der Inseln war damals noch gar nicht zu denken, nur was in der unmittelbaren Nachbarschaft der Küste gewissermaßen unter den Kanonen der Schiffe lag, konnte ohne Gefahr betreten werden.

Von der früheren Geschichte der Inseln wissen wir wenig. Zu Anfang dieses Jahrhunderts war Berata die Hauptstadt, deren Beherrscher der ganzen Gruppe Gesetze vorschrieb. Um das Jahr 1809 brachten aber Pulver und Schießgewehr eine nicht minder bedeutende Umwälzung in den fidschischen Zuständen hervor als im Mittelalter auf der großen historischen Bühne unseres Welttheils. Die Brig „Elisa" scheiterte auf einem Riff der kleinen Insel Nairal gegenüber, und da die gerettete Mannschaft mit Flinten und Munition wohl versehen war, so erlangte sie dadurch ein bedeutendes politisches Gewicht. Ulivau, Häuptling von Pao oder Ambau, fesselte sie durch vielfache Begünstigungen an seinen Dienst. So genoß der Schwede „Charley Savage" der eine Zeit lang die größte Rolle spielte, das Vorrecht gleich den Ersten des Landes 100 Frauen zu besitzen. Mit Hülfe der Europäer schüttelte Ulivau das Joch von Berata ab, und schwang sich zum Range des bedeutendsten Häuptlings der Inseln empor. Er starb 1829, die Herrschaft seinem Sohne Tanoa überlassend, der zwar später vertrieben wurde aber im Jahr 1837 das Reich zurückgewann.

Als Willes die Gruppe besuchte (1840) gehorchte sie den sieben großen Häuptlingen von Ambau, Rewa, Berata, Muthuata, Somu-somu, Kailasiri und Mbua. Die geringeren Häuptlinge auf den verschiedenen Inseln waren mehr oder weniger einem jener Potentaten verbunden oder unterthan, und wechselten die Herrschaft oder die Allianz je nach den Schwankungen der ewig fortdauernden Kriege. Der mächtigste von allen war damals Tanoa König von Ambau, der von dieser kleinen aber vortheilhaft gelegenen Insel aus die Küsten weit und breit beherrschte.

Die Bevölkerung der ganzen Gruppe wurde von Wilkes auf 130,000 geschätzt, wobei er die Bemerkung macht, daß die überall zwischen Nachbarn herrschende Feindschaft, die es nicht zuließ, daß die Einwohner verschiedener Distrikte sich gleichzeitig um die Schiffe versammelten, eine größere Sicherheit der Rechnung als es sonst wohl auf andern Gruppen der Fall sein möchte, gestattete. Bei der ansehnlichen Größe der Inselgruppe und der außerordentlichen Fruchtbarkeit ihres Bodens, könnte natürlich die Bevölkerung ungleich bedeutender sein, aber die ewigen Fehden, die das unglückliche Land verwüsten und ein rücksichtsloser Despotismus, wie er vielleicht auf Erden sich nicht wiederfindet, haben sie bis jetzt stets in enge Schranken zurückgehalten.

Vergleicht man die unendlichen Reize, welche die verschwenderische Natur über diese lieblichen Inseln ergossen hat, mit der unsäglichen Barbarei ihrer Bewohner, so gibt es wahrlich kein Land und kein Volk von dem mit größeren Rechte Byron hätte sagen können:

> Strange that where Nature lov'd to trace
> As if for Gods a dwelling-place,
> And every charm and grace hath mix'd
> Within the paradise she fix'd,
> There man enamour'd of distress
> Should mar it into wilderness ....
> It is as though the fiends prevail'd
> Against the seraphs they assail'd,
> And fix'd on heavenly thrones should dwell
> The freed inheritors of hell;
> So soft the scene, so form'd for joy
> So curst the tyrants that destroy!

Die meisten oceanischen Völker waren mehr oder weniger der Menschenfresserei ergeben, und einige sind es auch noch, aber sie begnügten sich die im Kriege gefallenen oder gefangenen Feinde zu verzehren, oder von dem Fleische der Opfer zu kosten, die bei außerordentlichen religiösen Festen geschlachtet wurden, während die Fidschianer bis in die jüngste Zeit Cannibalen mit Luſt und Liebe waren, und trotz der neueſten Fortſchritte des Chriſtenthums, es wohl größtentheils noch immer ſind. Das Verlangen nach Menſchenfleiſch iſt oft der einzige Beweggrund ihrer Kriege, und Gefangene werden nur gemacht, um für die Schlachtbank gemäſtet zu werden. Iſt die Opferſtunde gekommen, denn das ſcheußliche Mahl geht immer unter gewiſſen religiöſen Ceremonien innerhalb des Mbure oder Tempels vor ſich, ſo werden die Unglücklichen mit dicht anſchließenden Armen und Beinen ſo feſt geknebelt, daß ſie kein Glied rühren können. Dann ſetzt man ſie in den gewöhnlichen Ofen auf heiße Steine, bedeckt ſie mit Blättern und Erde, und bratet ſie langſam zu Tode. Nur die Häuptlinge und Prieſter genießen das Vorrecht, an dieſen Mahlzeiten Theil zu nehmen; die Weiber dürfen nicht den Mbure betreten, doch ſollen die Lieblingsfrauen der Großen im Geheimen vom verbotenen Gerichte koſten. So ſehr iſt Menſchenfleiſch bei dieſem Volke beliebt, daß wenn ſie den Geſchmack einer Speiſe rühmen wollen, ſie von ihr ſagen, daß ſie jenem an Zartheit und Wohlgeſchmack gleich kommt. Das Fleiſch der Weiber wird dem der Männer vorgezogen; und das Gehirn, ſowie der Oberarm über dem Ellbogen und die Schenkel gelten für die köſtlichſten Biſſen. Einige der unter dieſen Wilden lebenden Weißen verſicherten Wilkes, daß die Leichen der gefallenen Feinde zuweilen aus ſo weiter Ferne hergebracht würden, daß ſie ſchon ganz grün ausſähen und das Fleiſch von den Knochen fiele, man ſie aber dennoch mit Gier verzehre. Glücklicher Weiſe findet das Fleiſch der Weißen bei dieſem ſcheußlichen Kannibalenvolk keinen Beifall, da es einen ſalzigen unangenehmen Geſchmack beſitzen ſoll. Wenn der Krieg nicht hinreichende Opfer liefert, ſo werden ſie durch Ankauf gewonnen, und das Leben eines Menſchen wird dort ſo gering geachtet, daß man es mit einem Cachalotzahn theuer genug zu bezahlen glaubt.

Gemeinſchaftliche Feſte werden manchmal von den Häuptlingen veranſtaltet, wozu jeder ein Schwein liefern muß; bei ſolchen Gelegenheiten pflegte aber der mächtige Tanoa aus Stolz und Prahlerei ſtets einen Menſchen herzugeben. Bei beſonders großen Feierlichkeiten ſind ſchon hundert Weiber und Mädchen auf einmal gebraten und verzehrt worden.

Als Rivaleila, Tanoa's jüngſter Sohn, einſt mit ſeinem Canot um die nördliche Spitze von Ovolau fuhr, ſah er einige Leute am Ufer mit Fiſchen beſchäftigt. Er beſchloß ſogleich ſich ihres Fanges zu bemächtigen, ließ eilig an's Land rudern, und ſchoß auf die Fliehenden. Seine Kugel tödtete einen jungen Neffen Tui Levula's, des mit Tanoa verbündeten Häuptlings von

Orolau, doch wurde nichts destoweniger die Leiche nach Ambau gebracht, um dort verzehrt zu werden, nachdem man zuvor das Gesicht durch Rösten über einem Feuer unkenntlich gemacht hatte. Tanoa jedoch erfuhr den Mord und schickte sogleich dem Tui Levuka einen Cachalotzahn zur Sühne, nebst einer Anzahl kleiner Finger, die er seinen Vasallen in Ambau abschneiden ließ. Diese Gaben wurden als eine vollkommen hinreichende Genugthuung angesehen, und des Vorgefallenen ward keines Wortes mehr erwähnt.

Wie es in Europa im rohesten Mittelalter nur in befestigten Städten oder Burgen Sicherheit für Eigenthum und Leben gab, so sind auch überall auf Fidschi die Dörfer mit Mauern umschlossen und auf schwer zugänglichen Felsen erbaut. So groß ist die Furcht vor feindlichen Ueberfällen, daß sie glücklicher Weise häufig deren Gelingen verhindert, da bei dem geringsten Anschein von Gefahr die schwächeren Stämme sogleich sich hinter ihre Verschanzungen flüchten, wo sie nur selten mit offener Gewalt angegriffen werden, denn wenn das listige Heranschleichen mißlingt, wird gewöhnlich die ganze Expedition für verfehlt erachtet und der Angriff bis zu einer günstigeren Gelegenheit verschoben. Von den unzähligen Mordgeschichten, welche die Annalen des Landes beflecken, will ich nur ein paar Beispiele anführen. Die Insel Maliti war einst von zahlreichen Fischern bewohnt, welche jährlich eine gewisse Anzahl Schildkröten dem Tanoa liefern mußten. Unglücklicher Weise erlaubten sie sich eines Tages eins dieser für den König bestimmten Thiere zu essen. Um ein solches Majestätsverbrechen zu bestrafen ward sogleich eine Expedition ausgerüstet, welche alle Männer und Frauen auf der Insel tödtete und alle Kinder in die Gefangenschaft fortschleppte. Als die Pirogen nach Ambau zurückkehrten, ließ man eine Anzahl dieser unglücklichen Geschöpfe als Siegestrophäen von den Masten und Segeln herabhängen, während man den andern einstweilen das Leben ließ, damit die heranwachsende Generation sich in der Kunst des Mordens an ihnen üben könnte.

Im Jahr 1841 stellte sich Ramosimalua, Häuptling von Biwa, als ob er Krieg mit Ambau anfangen wollte, und sandte einen Boten an die Fischer von Verata, um sich deren Mitwirkung zu erbeten, die ihm bereitwillig versprochen wurde. Ramosimalua und Seru, Tanoa's Sohn, setzten indessen das heuchlerische Spiel der Feindschaft fort, und am Tage wo die Schlacht geliefert werden sollte, fielen beide auf die nichts weniger als einen solchen Angriff von Seiten ihrer falschen Verbündeten erwartenden Fischer und tödteten 180 der Petrogenen. Doch griffen die Andern nach der ersten Ueberraschung so energisch zu den Waffen, daß sie die Mörder mit großem Verlust in die Flucht schlugen.

Die feudale Unterdrückung hat auf Fidschi eine Höhe erreicht, wie sie vielleicht sonst nirgends in der Welt vorkommt, und so sehr ist das Volk durch die Gewalt der Häuptlinge und Priester eingeschüchtert, daß es die frechste Willkür mit stumpfer Ergebung erträgt. Wenn Tanoa mit seiner mächtigen Doppelpiroge das blaue Meer durchschnitt, machte er sich oft ein Vergnügen daraus kleinere Boote, die ihm begegneten, im vollen Segeln in den Grund zu bohren.

Der bereits erwähnte Rivaletta kam einst in ein ihm gehörendes Dorf und befahl man solle ihm sogleich zu essen geben. Die armen Einwohner, welche aus Erfahrung wußten, daß es nicht gerathen sei den gnädigen Herrn lange warten zu lassen, beeilten sich dem Befehl zu gehorchen, und setzten ihm in ihrem allzugroßen Eifer nur unvollkommen gebratene Speisen vor.

Sogleich riefen die Höflinge — denn diese Schmarotzerbrut begleitet überall die Gewaltigen — daß das Fleisch ganz roh sei, und die Frechheit dieser Leute nicht unbestraft bleiben müsse. Rivaletta über die vermeintliche Beleidigung erzürnt, befahl daß augenblicklich alle Dorfbewohner sich vor der Hütte versammeln sollten, wo er sich eben aufhielt, und auf deren Vorplatz zufällig eine Menge Bimsteine herumlagen. Die Unglücklichen kamen auf Händen und Knieen herangekrochen und erwarteten stillschweigend den Ausbruch seines Zornes. Nachdem er sie eine Zeitlang in dieser Stellung hatte warten lassen, trat endlich Rivaletta aus der Hütte hervor, überhäufte sie mit einem Strom von Schmähungen und sagte zuletzt, er wisse nicht wie er sie bestrafen solle, da sie mit dem einfachen Tode viel zu wohlfeilen Kaufes davon kommen würden. Ein Höfling machte hierauf die gehorsamste Bemerkung, daß für solche elende Sclaven der Bimstein, auf welchem sie krochen, eine passendere Speise sei als ungares Schweinefleisch für den großen Häuptling Rivaletta, worauf dieser mit beifälligem Lächeln den armen Kaisis (Sclaven) befahl, ihr unverdauliches Mahl augenblicklich zu beginnen, was sie auch mit so thätigem Gehorsam thaten, daß in kurzer Zeit aller Bimstein vom Boden verschwunden war.

Wenn ein bedeutender Häuptling ein Haus bauen ließ, wurde am Fuß eines jeden Tragebalkens ein Mensch lebendig begraben, um durch dieses den bösen Geistern gefällige Opfer die Dauer des Gebäudes zu sichern. Aus

demselben Grunde befahl Tanoa jedesmal zehn oder mehr Menschen auf dem
Verdeck eines neugezimmerten Canots zu schlachten, damit es gehörig mit
Blut gewaschen würde; auch ließ man dasselbe über hingestreckte Sclaven,
die als Rollen dienten, zum ersten Mal in die See gleiten.

Die religiösen Begriffe der Fidschianer, statt die sanfteren Gefühle des
Herzens zu nähren, wirkten nur auf deren Unterdrückung hin, und man gab
sich alle Mühe eine gründliche Verachtung aller mitleidigen Regungen und
eine Bewunderung für unbarmherzige Grausamkeit der jugendlichen Seele
einzuflößen, da nur auf diese Weise das Wohlgefallen der böswilligen Götter,
welche das wildische Pantheon bevölkerten, erworben werden konnte. Ihnen
zu Ehren wurden unzählige Schlachtopfer gemordet, und wehe dem Schiffbrüchigen, bei dem das geringste Zeichen seines Unglücks zum Vorschein kam,
denn wäre er nicht augenblicklich erschlagen worden, so hätte die allzu
menschliche Versäumniß seines Todesurtheils, wie ein schweres Verbrechen,
den Zorn und die Rache der empörten Geister auf sich gezogen.

Der Hauptgott des wildischen Heidenthums ist Ové der Schöpfer aller
Menschen, der im Himmel oder im Monde wohnt. Alle bekannte Menschenracen stammen nach einer für die Fidschianer, eben nicht sehr schmeichelhaften
Sage von einem einzigen Paare ab. Der Erstgeborene war der Fidschianer,
der sich schlecht aufführte und daher schwarz wurde und nur wenig Kleidung
erhielt; auf diesen folgte der Tonganer der sich schon besser benahm, und zum
Lohn eine etwas hellere Haut bekam und mit einer reichlicheren Garderobe beschenkt wurde; endlich kam der Weiße zur Welt, den Ové wegen seines guten
Betragens mit der lichten Farbe und einem Ueberfluß von Kleidern begabte.

Nach Ové ist Rdengei, der in der Form einer Schlange eine Höhle
auf Vili Levu bewohnen soll, der am allgemeinsten anerkannte Gott. Vor
seinem Richterstuhl muß die Seele sofort nach dem Tode erscheinen, um gereinigt zu werden, oder das Urtheil zu empfangen. Doch können nicht alle
Seelen ihn erreichen, denn ein mit einer ungeheuren Axt bewaffneter Riese
hält beständig Wache und sucht alle zu treffen, die an ihm vorbeigehen wollen.
Die Verwundeten dürfen sich aber nicht dem Rdengei vorstellen und irren
trostlos im Gebirge umher, während die Freigesprochenen nach ihren früheren
Wohnsitzen zurückkehren und in der Nähe des Tempels am Dufte der Opfer
sich laben. Uebrigens hängt es nicht vom guten oder bösen Betragen
während des Lebens ab, ob die Seele dem Axthiebe des Riesen entgeht,
sondern einzig und allein vom guten Glück.

Der wohlthätige Ratumaimbuia bringt den Brodbaum zur Blüthe, sonst zeichnen sich fast alle Götter durch blutdürstige Grausamkeit aus, und geben ihren Charakter schon durch ihren Namen zu erkennen, wie Malnatavasara „der eben vom Schlachten gekommene" und Batimona „der Menschenhirn Liebende." Kein Wunder, daß die Verehrer solcher Götter sich endlich zu den scheußlichsten Cannibalen herausbildeten, die vielleicht die Welt jemals gesehen hat.

Jedes Dorf hat wenigstens ein Mbure oder Geisterhaus, welches auch zu öffentlichen Versammlungen, zu geselligen Zusammenkünften oder zur Beherbergung der Fremden dient. Vor jeder wichtigen Unternehmung wird der Mambelli oder Priester feierlich zu Rathe gezogen. Der erste Häuptling eröffnet die Sitzung, indem er ihm einen Cachalotzahn reicht. Diesen empfängt der heilige Mann und betrachtet ihn eine Zeitlang mit stieren Blicken, ohne die geringste Bewegung zu machen. Doch bald verzerrt sich sein Gesicht, seine Glieder fangen an zu zittern, seine Augäpfel rollen wild in ihren Höhlen umher; Todtenblässe und apoplectische Röthe wechseln in seinem krampfhaft zuckenden Antlitze, die Thränen rollen über seine Wangen herab, seine Brust keucht, und sein ganzes Aussehen gleicht dem eines Wahnsinnigen. Ein heftiger Schweiß bricht aus allen Poren hervor, die Zeichen der höchsten Aufregung mäßigen sich allmählig, Erschlaffung tritt ein, und durch einen Keulenschlag auf den Boden verkündigt der Priester, daß der Gott von ihm gewichen sei, für dessen unmittelbare Eingebung alle die unzusammenhängenden Worte gehalten werden, die er in seinem verzückten Zustande aussprach. Das Priesteramt ist gewöhnlich erblich, manchmal jedoch geht es auch auf andere Personen über. Wenn zum Beispiel ein Mambelli ohne männliche Nachkommen stirbt, so nimmt irgend ein Candidat, der gerne ein bequemes Leben führen möchte, eine geheimnißvolle Miene an, zieht sich von der menschlichen Gesellschaft zurück und gibt zu verstehen, daß er mit den Geistern verkehre. Nachdem er gehörig auf nervöse Paroxysmen eingeübt, öffentliche Proben seiner Tüchtigkeit zum Dienste abgelegt hat, nimmt er dann ohne weiteres theologisches Examen den leeren Mbure in Besitz.

Gewöhnlich wird von den Fitschianern der Tod als der Uebergang zu einem glücklicheren Zustande angesehen, so daß, wie Wilkes versichert, die Mehrzahl sich danach sehnt, um den Schwächen des hohen Alters oder einem schmerzhaften Krankenlager zu entgehen. Es gehört daher zu den alltäglichen Ereignissen, daß ein Vater oder eine Mutter ihren Kindern zu verstehen geben, daß sie zu sterben wünschen, oder daß ein Sohn seine Eltern daran erinnert, daß es endlich einmal hohe Zeit für sie sei ans jenseitige Leben zu denken. Den Alten bleibt dabei die Wahl überlassen, lebendig begraben oder vorher noch erdrosselt zu werden. Freunden und Verwandten wird der Entschluß mitgetheilt, und der Tag festgesetzt, den man gewöhnlich zu einer Zeit wählt, wo Igname und Tarowurzeln reichlich vorhanden sind, damit es dem Feste am nöthigen Glanze nicht fehle. Am bestimmten Tage bringen die Eingeladenen Tapatuch, Matten und Oel als Geschenke mit, und werden wie bei gewöhnlichen Begräbnissen empfangen. Die Gesellschaft bleibt traurig im Kreise sitzen, bis endlich der Alte, dem alle diese Ehren gelten, sich erhebt und die Stelle zeigt, wo er wünscht, daß ihm sein Grab gegraben werde. Während einige mit dieser Arbeit beschäftigt sind, schmücken ihn andere mit einem neuen Maro und Turban. Hierauf wird er ins Grab geführt, während die Verwandten und Freunde laut klagen, sich die Brust zerschlagen oder sich mit Messern zerschneiden. Einer nach dem andern nimmt Abschied von ihm mit einem letzten Kuß, dann deckt man ihn mit Matten und Tapa zu, und wirft Erde darüber, welche sogleich festgestampft wird. Ist dieses geschehen, so ziehen sich alle schweigend zurück. In der folgenden Nacht besucht der Sohn das Grab und legt ein Stück Ava Wurzel darauf, welches der Beilala oder letzte Abschied genannt wird.

Beim Tode eines Häuptlings werden stets auch mehrere seiner Frauen geopfert, damit es ihm im künftigen Leben nicht an Gesellschaft und gehöriger Pflege fehle; manchmal sogar geschieht es auf die eigene Bitte der Weiber, denn diejenige, welche den Tod mit der größten Standhaftigkeit empfängt wird im Reiche der Geister auch die Lieblingsgemahlin sein. Nach diesen Gebräuchen wird man sich nicht wundern, so wenige Greise unter den Fitschianern anzutreffen; und eben so selten kommen Krüppel und verstümmelte oder mißgestaltete Personen vor. Einem Knaben wurde das Bein von einem Haifisch abgebissen, und obgleich ein Weißer ihn pflegte, erdrosselten ihn dennoch die Verwandten, damit seine Verstümmelung der Familie keine Schande brächte. Einem langwierigen Krankenlager wird auf gleiche Weise vorgebaut.

Sich unter Wilde von einem so blutdürstigen Charakter zu wagen, setzt gewiß einen seltenen Grad von Muth oder Tollkühnheit voraus, dennoch hat es, seitdem die Fitschiinseln der Handelswelt bekannt wurden, niemals an waghalsigen Speculanten gefehlt, welche die Hoffnung eines reichen Gewinnstes nach jenem berüchtigten Archipele lockte.

Gegen Ende des vorigen Jahrhunderts zog die Entdeckung des Sandelholzes eine Menge Schiffe aus Calcutta, Manilla und den australischen Häfen nach der Bua Bucht auf Vanua Levu, bis endlich die gänzliche Erschöpfung dem damals noch viel einträglicheren Handel ein Ende machte.

Später wurden der gleichfalls von den Chinesen so beliebte Trepang und das reichlich vorkommende Schildpatt zu den hauptsächlichsten Artikeln.

Zum Einsammeln des Trepang oder der eßbaren Holothurien wird erst mit einem der Häuptlinge ein Akkord abgeschlossen.

Dieser übernimmt den Bau eines großen Schoppens zum Trocknen und läßt seine Unterthanen fischen oder tauchen, da die beste Sorte sich in Tiefen von 6 bis 12 Fuß aufhält, während die geringere bei der Ebbe auf den bloßgelegten Riffen umherkriecht. Nicht nur bei Tage, sondern auch bei hellem Mondschein oder Fackellicht, so groß ist die Durchsichtigkeit jener crystallenen Gewässer werden die Thiere auf dem Corallengrunde eingesammelt, da sie um diese Zeit sich lebhaft nach Beute umsehen. Der gewöhnliche Preis, den der Häuptling für ein ganzes Faß Holothurien, so wie sie gelandet werden, erhält, ist ein Pottfischzahn oder dessen Werth an Flinten, Schießbedarf, Zinnober, Glasperlen und blauen Colonnaden.

Nachdem die Thiere aufgeschlitzt und gereinigt worden sind, wirft man sie in große Kochtöpfe, wo sie etwa eine halbe Stunde in ihrem eigenen Safte schmoren, legt sie dann auf Gitterplatten zum Abträufeln und bringt sie endlich in das Darrhaus, wo sie über einem langsamen Feuer vollständig ausgetrocknet werden.

Man kann sich denken, daß diese Arbeit in der glühenden Tropenzone eben nicht zu den angenehmsten gehört; doch danach wird der Häuptling eben so wenig fragen, wie der Pflanzer, ob das Abhauen des Zuckerrohrs in der Sonnenhitze seinen Sclaven gefällt. Capitän Eagleston, ein Amerikaner der schon öfters die Reise gemacht hatte, erzählte seinem Landsmann Wilkes, der ihn auf den Fidschiinseln antraf, daß er auf diese Weise in einem Zeitraum von 7 Monaten mit einer Auslage von etwa 3000 Dollars eine Ladung von 1200 Pekols (à 125 Pfund) gesammelt habe, die er in Canton für 25,000 Dollars zu verkaufen hoffe.

Die schieferige Meerschildkröte, welche das kostbare Schildpat liefert, wird von den Häuptlingen in großen Behältern und zum Schälen aufbewahrt, ungefähr so, wie man bei uns die Schaafe scheert. Ein brennendes Stück Holz wird nah an die äußere Schale gehalten, bis sie sich aufkräuselt und von der darunterliegenden etwas abißt. In den auf solche Weise entstehenden Spalt werden nun kleine Holzplättchen getrieben, welche das ganze Schuppenfield vom Rücken entfernen. Nach dieser sehr schmerzhaften Operation, die aber durchaus nicht löblich ist, wird das Thier wieder in den Behälter gesteckt, wo es alle Zeit hat sich zu erholen und von Neuem zu beschuppen. Das Schildpatt ist so werthvoll, daß man in Manilla den Pekul mit 2 bis 300 Dollars bezahlt. Der bereits erwähnte Capitän Eagleston der auf seinen verschiedenen Reisen 4488 Pfund Schildpatt von den Fidschianern gegen Waaren verhandelte, die ihm 5700 Dollars gekostet hatten, verkaufte es später in New York für 29,050 Dollars.

Allerdings kein zu verachtendes Geschäft, aber zugleich auch ein wohlverdienter Lohn, wenn wir bedenken, daß die Fidschiinseln in einem so schlechten Rufe stehen, daß kein dorthin handelndes Schiff versichert werden kann, und daß die Führung eines solchen Unternehmens einen seltenen Grad von Vorsicht, Wachsamkeit, Geistesgegenwart und Festigkeit, nebst einer vollständigen Kenntniß des Volkscharakters erheischt um allen dort drohenden Gefahren gewachsen zu sein. Keiner großen Piroge darf jemals gestattet werden, sich ans Schiff zu legen. Netze zum Verhindern des Enterns müssen stets rings um das Verdeck ausgespannt sein; besonders wichtig ist es einen hohen Häuptling als Geißel beständig an Bord zu haben und nur in stark bewaffneten Gesellschaften darf man es wagen ans Land zu gehen. Wenn die Wilden am freundlichsten sind — dann muß die Wachsamkeit wo möglich sich verdoppeln.

Schon mancher Seefahrer hat seine Nachlässigkeit oder sein blindes Zutrauen mit dem Leben gebüßt. So war im Jahre 1833 der französische Capitän Bureau mit seinem Schiff „Aimable Josephine" bereits Monate lang zwischen den Inseln umhergekreuzt, als ein junger Fidschianer, den er in der Zwischenzeit mit nach Tahiti genommen und von dort wieder zurückgeführt hatte, und der ihm außerordentlich zugethan schien, mit einigen Bewaffneten an Bord kam.

Der Jüngling näherte sich mit lächelnder Miene und sagte dem Capitän er solle doch mit dem Fernglase nach dem Lande sehen, wo eben eins seiner Boote gestrandet sei. Bureau nahm sogleich das Telescop zur Hand, doch so wie er es auf den bezeichneten Ort richten wollte, erhielt er einen Keulenschlag auf den Kopf, der ihn leblos hinstreckte. Auch die übrige Mannschaft wurde ermordet, und das Schiff ausgeplündert, welches später ein Amerikaner laufte, der die Gelegenheit ein gutes, wenn auch eben nicht sehr ehrenvolles Geschäft zu machen, nicht versäumen wollte. Bureau war schon öfters auf die Gefahr aufmerksam gemacht worden, so viele bewaffnete Insulaner an Bord zu dulden, hatte jedoch immer nach der leichtsinnigen Weise seines Volkes alle Warnungen verschmäht. Bei seiner zweiten Reise nach Fidschi (Oct. 1838) rächte D'Urville das verrätherische Attentat durch die Einäscherung des Ortes Piva, doch ohne großen Eindruck auf die Wilden zu machen. Ein ähnlicher Angriff auf die englische Brig "Sir David Ogilby" wäre fast auf dieselbe Weise geglückt. Der Capitän Hutchins hatte bereits alle nöthigen Anstalten zur Errichtung eines Trepanghauses zu Verata in der Bucht von Ambau getroffen, welches unter der Aufsicht eines Rewa Jack genannten Europäers gestellt werden sollte, während das Schiff zwischen den Inseln herumkreuzte. Ein großer Kessel war schon gelandet und die Handelskiste mit Manufacturwaaren, Flinten und Sachalotzähnen stand auf dem Verdeck, bereit ans Ufer gebracht zu werden. Unterdessen waren viele Eingeborne, unter andern Finowlangi, der Häuptling von Verata, an Bord gekommen, und eine noch größere Menge hatte sich in Pirogen um das Schiff versammelt. Man war eben mit allen Vorkehrungen zur Abfahrt beschäftigt; schon waren die Anker gelichtet, die Segel angespannt, ein Matrose befand sich im Vorderlop und der Capitän mit dem Hirschfänger in der Hand ging auf dem Verdecke auf und ab, die nöthigen Befehle ertheilend. Da greift ihn unversehens Finowlangi von hinten an, und streckt ihn mit einem Keulenschlage zu Boden. Der sogleich herbeieilende Unterbefehlshaber wird ebenfalls erschlagen und nicht besser ging es einem Matrosen, der eben im Begriff war, über Bord zu springen. Glücklicher Weise hatte man eine Kiste mit Musketen und Schleßbedarf auf den Vorderlop gebracht, mit welchem sogleich der dort stationirte Matrose ein erfolgreiches Feuer auf die auf dem Vorderdeck befindlichen Wilden eröffnete. Zwei andern, zu welchen auch Rewa Jack gehörte, gelang es, zu ihm zu flüchten; während die übrigen in den Schiffsraum stürzten, um dort nach Waffen zu suchen, so daß einstweilen die Wilden vollständig im Besitz des Verdeckes blieben. Bald jedoch wurde das Feuer vom Vorderlop so mörderisch, daß sie anfingen über Bord zu springen, und es der Mannschaft gelang, auf das Verdeck zurückzukehren und dasselbe vollständig zu säubern. Alles dieses war das Werk von nur wenigen Minuten, worauf das glücklicher Weise segelfertige Schiff sogleich nach Levuka fahren konnte, wo es am folgenden Tage ankam. Das Attentat war wahrscheinlich aus einem augenblicklichen Antriebe hervorgegangen, denn viele der Eingebornen schienen nicht minder überrascht als die Mannschaft, und bei reiflich überlegtem Plane wäre auch schwerlich das Schiff den räuberischen Wilden entkommen. In Lewula befand sich damals ein amerikanischer Capitän, der, welcher, da das Schiff seine Officiere verloren hatte, es unter gehöriger Leitung nach Sidney bringen ließ.

Edgar Willes verließ Fidschi nicht ohne empfindlichen Verlust, da sein Lieutenant und sein eigener Neffe, welche die Unvorsichtigkeit begingen, ohne gehörige Bewaffnung und Begleitung an's Land zu gehen, auf der Insel Malolo meuchlerisch erschlagen wurden. Um diese Unthat zu rächen wurden von den Amerikanern einige Dörfer niedergebrannt, viele der Wilden getödtet und die Häuptlinge gezwungen, um Gnade zu flehen und sich als überwunden zu bekennen.

Mit diesen gegen fremde Schiffer so häufig ausgeübten Raubmorden scheint es in seltsamem Widerspruch zu stehen, daß einzelne Weiße oft jahrelang unbelästigt auf den Inseln verweilen, wenn auch manchmal im Besitz von Waffen und andern Gegenständen, die wohl geeignet wären die Habsucht der Wilden zu erregen, und obgleich letztere nicht selten allen Grund haben sich über diese Menschen zu beklagen. Vielleicht werden sie als Gäste betrachtet, während Schiffbrüchige und unfreiwillig an den Strand getriebene als von den Göttern zugesandte Opfer angesehen werden. Auch in Europa herrschten ja noch im vorigen Jahrhundert die Gräuel des sogenannten Strandrechts.

D'Urville fand in Lewula eine kleine Kolonie von 10 bis 12 Engländern und Amerikanern, die schon seit mehreren Jahren sich dort aufhielten und durch ihr einträchtiges Zusammenhalten, besonders aber durch die Waffen womit sie versehen waren, großen Einfluß über den dortigen Häuptling gewonnen hatten und auf ihre Weise ein ruhiges glückliches Leben führten. Auf ihre Erklärung, daß sie sich von der Insel zurückziehen würden, wenn Kannibalenscenen noch in ihrer Nähe vorfielen, gingen die Eingebornen sogar jedesmal in die Berge, wenn sie eins ihrer abscheulichen Lieblingsmahle halten wollten. Wahrscheinlich wußte der Häuptling recht gut, von welchem Nutzen ihm diese kleine Bande im Kriege sein könnte und suchte sie daher um jeden Preis für seine Interessen zu gewinnen.

Nach allem was ich bisher über die verwilderten Sitten der Fidschianer berichtet habe, wird man gewiß erwarten sie in jeder andern Beziehung auf der niedrigsten Stufe der Barbarei zu sinken; doch ist dieses durchaus nicht der Fall, da sie an Kunstfleiß den übrigen Völkern Polynesien's nicht nur nicht nachstehen, sondern dieselben sogar übertreffen. So sind ihre Pirogen nach dem vollgültigen Zeugniß von D'Urville und Wilkes die besten der ganzen Südsee. Sie werden gewöhnlich doppelt gebaut und die größten erreichen eine Länge von 100 Fuß. Die zwei Theile, aus welchen die Doppelpiroge besteht, sind von verschiedener Größe und durch Balken verbunden, auf welche ein etwa 15 Fuß breites Gerüste gelegt wird, welches 2 oder 3 Fuß über die Seiten hinausragt. Der Schiffsraum ist gewöhnlich 7 Fuß tief und die zwei Enden des Hauptbootes sind ungefähr 20 Fuß weit überdeckt um das Eindringen der Spritzwellen zu verhindern. In der Mitte ist gewöhnlich eine kleine Ueberdachung errichtet um die Mannschaft vor dem Regen zu schützen, und darüber erhebt sich noch eine Platte, auf welcher mehrere Personen sitzen können. Die Segel, welche so groß sind, daß sie außer allem Verhältniß zur Piroge zu stehen scheinen, sind aus biegsamen Matten verfertigt. Der Mast hat ungefähr die halbe Länge des Canots, und die Raa ist noch einmal so lang als der Mast. Beim Segeln muß das kleinere Boot oder der Ausleger stets nach der Windseite gerichtet sein. Mit einem breiten Ruder wird gesteuert. Bei ruhigem Wetter segelt eine solche Doppelpiroge mit großer Schnelligkeit, aber wegen des Gewichts und der Gewalt des ungeheuren Segels wird das Boot sehr angestrengt und läßt oft viel Wasser ein. Dennoch werden damit sehr weite Reisen nach Tonga, Rotuma und Samoa gemacht.

Wenn der Häuserbau auf Witi den auf Tonga nicht übertrifft, so steht er ihm wenigstens an Eleganz nicht nach.

Das Gerüst des Gebäudes besteht aus Cocos- oder Baumfarrnholz, und den Gipfel des Daches bildet ein großer Balken, dessen Enden über die Giebel hinausreichen und mit schönen Muscheln (Cypraea ovula) verziert sind. Das Dach ist mit wildem Zuckerrohr bedeckt; und ein Flechtwerk aus Rohr überzieht die Seiten. Matten verhängen den Eingang. Wenn jemand ein Haus zu bauen wünscht, so ist das erste, daß er durch das Geschenk eines Walfischzahnes die Erlaubniß des Königs oder Häuptlings zu gewinnen sucht. Der gnädige Herr gibt dann die nöthigen Befehle, 100 bis 500 Mann machen sich sofort an die Arbeit und in 10 oder 15 Tagen, steht schon ein Gebäude da, dessen Strohdach ungefähr 5 Jahre dem Wetter trotzt. Uebeigens bilden die Zimmerleute eine eigene erbliche Kaste, deren Oberhaupt, welches den Titel Rocola führt, in großem Ansehen steht.

Wie bei den meisten andern polynesischen Völkern wird auf die Verzierung der Waffen ein besonderer Kunstfleiß verwendet; und man staunt über die Mannigfaltigkeit der Figuren, die mit den unvollkommensten Werkzeugen in das harte Casuarinenholz eingegraben werden.

Der Gruppe eigenthümlich ist die kleine Wurfkeule — ula — deren Knoten am kurzen dünnen Stiel oft mehrere Pfund wiegt. Kein freier Mann geht ohne eine solche Ula im Gürtel aus, und es ist unglaublich mit welcher Kraft und Sicherheit er sie schleudert. Die lange am Ende schaufelförmige Airou Keule wird nur von den Häuptlingen getragen, die, wenn sie einander begegnen, sie aus Höflichkeit zur Erde senken.

Die Töpfer bilden ebenfalls eine besondere Kaste und liefern Produkte die mit den gröberen europäischen Sorten den Vergleich völlig aushalten. In großen irdenen Gefäßen mit weiter Mündung wird mit Dampf gekocht. Man legt sie schräg über's Feuer, gießt ein wenig Wasser hinein und verstopft den Hals mit Bananenblättern, welche den Dampf nur langsam durchziehen lassen.

Was das Kochen betrifft, brauchen überhaupt die Fidschianer bei keinem polynesischen Volke in die Lehre zu gehen, und verstehen es vortrefflich die vielfachen Gaben, womit die Natur ihren Tisch beschenkte auf angenehme Weise für den Gaumen zuzubereiten. So haben sie wenigstens zwanzig verschiedene Arten Pudding, die alle sehr wohlschmeckend sind, deren Recepte es aber um so überflüssiger sein würde mitzutheilen, da wir doch nicht den Taro, die Brodfrüchte, die Bananen und die Cocosnüsse besitzen, woraus sie verfertigt werden, und welche zur Prüfung ihrer Güte erforderlich wären.

Die Fidschianer zeigen je nach ihrem Stande eine bedeutende körperliche Verschiedenheit. Die Häuptlinge sind groß, wohlgebaut und von einer so stark entwickelten Musculatur, daß nach Pickering's Versicherung das Bein eines dieser vornehmen Wilden so dick wie das von drei amerikanischen Matrosen war; die niedrigste Volksklasse dagegen trägt die Magerkeit zur Schau, die von dürftiger Nahrung und mühsamer Arbeit herrührt. Ihre Farbe liegt gewöhnlich in der Mitte zwischen der der schwarzen und kupferfarbigen Racen; doch sind Beispiele von beiden Extremen nicht selten; wodurch ein doppelter Ursprung sich kund gibt.

An männlicher Schönheit stehen sie den Tonganern nach. Die Meisten haben ein längliches Gesicht, mit einem großen Munde, guten Zähnen, schwarzen stechenden Augen und einer schöngeformten Nase; doch gibt es auch viele Individuen mit einer hohen schmalen Stirn, flacher Nase, dicken Lippen und einem breiten kurzen Kinn ohne jedoch dem Negertypus sich zu nähern. Die herabhängenden Loden der Mädchen, und der Umstand, daß die Kinder von Weißen und Eingeborenen den Mulatten durchaus unähnlich sind, bezeugen ebenfalls eine Verschiedenheit der Race.

Bemerkenswerth bei den Fidschianern ist ferner die eigenthümliche Härte und Rauhigkeit der Haut, die Dichtigkeit des Bartwuchses und der stark behaarte Körper. Kein Volk in der Südsee verwendet größere Sorgfalt auf seine Frisur, so daß jeder Häuptling, je nach seinem Rang und Vermögen, 2 bis 12 Haarkünstler zu seinem Haushalt zählt, die durchaus keine andere Arbeit verrichten, ja nicht einmal ihre eigenen Speisen zum Munde führen dürfen, um nicht die mit jenem wichtigen Dienste vertrauten Hände zu verunreinigen. Das Frisiren eines vornehmen Stutzers nimmt täglich mehrere Stunden in Anspruch. Erst wird der Kopf mit Oel eingerieben, welches mit der schwarzen Kohle der Laubi Ruß vermischt worden ist. Alsdann ergreift der Künstler die Haarnadel, eine lange schmale Ruthe aus Schildpatt, und zupft damit fast an jedem einzelnen Haar, so daß es sich kräuselt und aufrecht steht, bis endlich das Ganze eine ungeheure Perrüde bildet, die nicht selten 64 Zoll im Umkreis mißt. Hierauf wird ein Stück vom feinsten weißen Tapatuch, so leicht und luftig wie Musselin, in losen Falten rings um die buschige Frisur gewunden, um sie gegen den Thau und den Staub zu schützen. Diese turbanartige Kopfbedeckung, die Sala genannt wird, ist der ausschließliche Schmuck der Häuptlinge, der freche Kai-si oder gemeine Mann, der es wagte sie zu tragen, würde seine Vermessenheit mit dem Tode büßen. Im Sala steckt gewöhnlich eine lange Schildpattnadel, die zum Kratzen des Kopfes dient, da kein Kamm im Stande wäre, das enorme Haardickicht zu durchdringen, in welchem das Ungeziefer sich nach Herzenslust vermehrt. Die Insektenjagd füllt daher einen großen Theil der Freistunden aus, und wird um so eifriger betrieben, da ein Drittel der Beute dem Jäger zufällt. Mehr als diesen Antheil zu nehmen, wäre eine große Beleidigung oder Verletzung des Anstandes, auch wird Niemand auf dem Kopf eines fremden Kindes Untersuchungen anstellen, denn dieses Jagdgebiet gehört ausschließlich den Eltern.

Die drahtähnliche Beschaffenheit des Haares, sie möge nun Naturanlage oder durch Kunst erworben sein, hat übrigens die gute Eigenschaft eine herrliche Schutzwehr zu bilden, denn sogar ein Keulenschlag wird in seiner Wirkung gelähmt, wenn er eine jener erstaunlichen Frisuren trifft. Die Haarnadel wird je nach dem Range verschieden getragen. Nur ein König hat sie vorne im Sala stecken; die ihm zunächststehenden Häuptlinge tragen sie etwas auf der Seite, und die Gemeineren stecken sie hinter's Ohr, wie unsere Schreiber die Feder.

Schon aus diesem Haarputz läßt sich schließen, daß die amphibische Schwimmfertigkeit der echten Polynesier bei den Fidschianern nicht zu finden ist, da er sich offenbar mit dem häufigen Baden in der Salzfluth nicht verträgt. Auch noch manche andere Unterschiede werfen sich sogar dem flüchtigsten Beobachter auf. Die gelbe Farbe, die dem broncefarbigen Teint des Polynesiers so wohl ansteht, muß hier dem Scharlachroth weichen, dessen Glanz sich mit der braunschwarzen Physiognomie auf gefällige Weise vermählt, und daher häufig als Schmuck dient; während das fast eben so beliebte Weiß die ausschließliche Farbe des Turbans und des Leibgürtels ist. So versteht auch der Barbare mit Geschmack die Farbe zu wählen, die er zu seinem Putz verwendet.

Die leidenschaftliche Blumenliebe der Polynesier hat bei den Fidschianern schon merklich abgenommen, obgleich auch diese schönblüthige Gewächse gern um ihre Hütten ziehen.

Während der wanderlustige Polynesier sich leicht dazu entschließt, die Heimath zu verlassen, und bereitwillig seine Dienste dem fremden Schiffer anbietet, um ihm auf unbekannten Meeren zu folgen, sagt der Fidschianer der vaterländischen Scholle nur ungern Lebewohl, und zeigt sich durchaus unbrauchbar als Matrose, ein tiefgreifender Unterschied der Naturanlage, der allein schon zum Beweise hinreichte, daß wir es hier mit einer andern Race zu thun haben. Eine nicht minder bedeutende Verschiedenheit, gibt sich im Besitz eines ausgeprägten Nationalstolzes kund; denn während der Polynesier sofort die Ueberlegenheit des weißen Mannes anerkannte, ist der Fidschianer vollkommen überzeugt, daß die vaterländischen Sitten und Gebräuche die Einrichtungen anderer Länder übertreffen, und zeigt sich daher allen Veränderungen abhold.

Außer dem Sala besteht die Kleidung der Männer nur aus dem Searo oder weißen Leibgürtel von Tapatuch, der beim Festanzuge der hohen

Häuptlinge bis an die 50 Ellen lang ist, so daß die hinten herabhängenden Enden wie ein Schleppkleid nachgetragen werden müssen. Auch kleiden sich zuweilen die Häuptlinge mit dem auf Tonga und Samoa gebräuchlichen Paru.

Den Frauen ist das Tragen des Tapatuches untersagt; sie begnügen sich mit der dürftigen Bedeckung des Litu, eines etwa 9 Zoll breiten, aus dem Baste des Hibiscus äußerst zierlich geflochtenen und ohne andere Befestigung sich an die Hüften fastlich anschließenden Bandes, mit einer herabhängenden, roth oder schwarz gefärbten Franse. Trotz dieser sparsamen Bekleidung sind die Fidschianer doch sehr schamhaft, so daß, wenn ein Mann oder eine Frau sich ohne Maro oder Litu sehen ließen, man sie wahrscheinlich augenblicklich tödten würde.

Als Zierrath tragen die hohen Häuptlinge vorn an einem Halsband eine Muschel der kostbaren Cypraea Aurora oder die Schale eines großen rothen Spondylus, welche beide sehr hoch geschätzt werden und als ein Familiengut von Vater auf Sohn forterben. Andere tragen Halsbänder von Walfischzähnen, Glasperlen oder menschlichen Zähnen, oder Schnüre von der Cypraea moneta. Auch Armbänder werden getragen, wozu die ringförmig abgeschliffene Muschel des Trochus benutzt wird.

Merkwürdiger Weise ist das Tatowiren nur beim weiblichen Geschlecht gebräuchlich und zwar nur in einem beschränkten Maße. Beide Geschlechter durchbohren den Ohrlappen zur Aufnahme von Ziermuscheln oder Blumen. Die Frauen auf Fidschi sind nicht so schön wie die Männer und nähern sich mehr dem negerartigen Typus. Sie werden in großer Unterwürfigkeit erhalten. Ihre gestrengen Herren und Meister sollen ihnen häufig die Peitsche zu kosten geben und die Weißen, welche sich hier Frauen genommen haben, behaupten, daß auf eine andere Weise gar nicht mit ihnen auszukommen sei. Doch trotz einer mitunter harten Behandlung haben sogar die gemeinen Fidschianerinnen durchaus nicht wie die armen Hundsrippindianerinnen des hohen Nordens das Lachen verlernt, denn auf den Riffen, wo sie sich vielfach mit dem Fischfang beschäftigen, sieht man sie häufig mit sehr vergnügten Gesichtern unter Kichern und Scherzen sich auf kurzweilige Art die Arbeit versüßen.

Unter den Vornehmeren werden die Ehen mit großer Feierlichkeit geschlossen, während der gemeine Mann sich mit dem einfachen Gebet begnügt, womit der Priester den Segen der Götter auf das neue Paar herabfleht.

Jeder hat das Recht, so viele Frauen zu besitzen, als er ernähren kann, und da sie in den meisten Fällen von den Eltern oder von den Häuptlingen mit einem Walfischzahn oder einem Schießgewehr gekauft werden, ist es auch gestattet, sie nach Belieben zu verkaufen, zu tödten — und sogar zu fressen. Der Ehebruch, der nur selten vorkommen soll, wird mit dem Tode bestraft. Den Frauen fällt die Zubereitung der Speisen anheim, auch müssen sie die schweren Yamswurzeln nach Hause tragen, die ihre Männer auf dem Felde ausgraben. Außerdem sind sie im Flechten der Körbe, im Verfertigen von Matten und Bindfaden aus Cocosnußbast und im Schlagen und Färben des Tapatuches nicht minder geschickt als ihre gestrengen Herren und Meister im Boot- und Häuserbau. Wer überhaupt die Fidschianer mit den braunen Polynesiern vergleicht, wird bald gewahr, daß sie dieselben an Intelligenz übertreffen, und nicht nur fast alle ihre Künste besitzen, sondern auch noch eine Menge andere, welche jenen fremd geblieben sind.

Wie die Tonganer lieben sie die Musik und besitzen gut gearbeitete Trommeln und Flöten. Letztere sind mit 6 Löchern durchbohrt und werden wie auf Tonga und andern polynesischen Gruppen mit der Nase gespielt, welche einen sanften Ton mit verschiedenen nicht unangenehmen Modulationen daraus hervorlockt. Auch die in Ostindien wohlbekannte Spring oder Pan'spfeife findet sich auf dieser abgelegenen Gruppe wieder. Das Muschelhorn dient dazu, die Krieger zu den Waffen zu rufen oder ihren Muth während der Schlacht anzufeuern.

Eigenthümlich ist der feierliche Keulentanz, den ich nach Willes Mittheilungen, dem zu Ehren ein solches Fest veranstaltet wurde, kurz beschreiben will. Alle benachbarten Häuptlinge und Vasallen wurden vom Tui oder Fürsten von Lebuka dazu berufen und es bedurfte drei oder vier Tage, ehe die nothwendigen Vorbereitungen vollendet waren. Die Amerikaner wurden nach dem Mbure geführt, dessen Terrasse, von der man die ganze Scene überschauen konnte, man ihnen als Ehrenplatz anwies. Vor ihnen, in einer Entfernung von etwa hundert Schritt, saß das Musikcorps, aus ungefähr 100 Männern und Knaben bestehend. Die steinernen Mauern in der Nähe waren mit zahlreichen Eingebornen beiderlei Geschlechts bekränzt, während jenseits ein offener, wahrscheinlich verbotener Raum ebenfalls von Zuschauern umringt war. So stand alles erwartungsvoll da, als plötzlich ein lautes Gelächter erschallte und ein Hanswurst in die Mitte des leeren Raumes sprang. Sein Körper war ganz mit grünen Blättern bedeckt; eine

Maste, auf der einen Seite schwarz, auf der andern orangefarbig und wie eine Bärenschnauze geformt, verhüllte sein Gesicht; in der einen Hand trug er eine große Keule, in der andern eine kürzere, und seine Bewegungen und Geberden, welche einen ungeheuren Beifall erregten, glichen sehr denen der Narren unserer Kunstreiter- oder Seiltänzerbanden. Nun begannen die Musici ein einförmiges Lied. Einige klatschten in die Hände, um einen hellen Ton hervorzubringen, andere schlugen Stöcke gegen einander, noch andere trommelten, und obgleich das Geräusch, welches sie hervorbrachten, nicht eben Musik zu nennen war, so blieben sie doch gut im Tact. Dabei wurden dem Feste angemessene Worte gesungen.

Nun traten die bis dahin den Zuschauern verborgenen Tänzer zu zweien und zweien hervor, alle in großer Gala mit weißen Salas und neuen Maros; außerdem hatten die Häuptlinge Blumenkränze um die Turbane gewunden und ihre Gesichter waren nach verschiedenen Mustern schwarz und scharlach gemalt. Beim Hervortreten war ihr Gang feierlich langsam, indem sie jedesmal nach drei abgemessenen Schritten anhielten, doch indem sie näher zogen, änderten sie ihre Marschordnung zu dreien oder vieren in der Fronte, wobei sie ihre Keulen in verschiedenartigen Stellungen schwenkten. Nach Beendigung einer jeden Musikstrophe traten sie drei Schritte vor, verneigten sich nicht ohne Grazie vor den Fremden und brachten dabei ihre Keulen in eine andere Lage. Nachdem sie auf diese Weise den Vordergrund erreicht hatten, wurden ihre Bewegungen lebhafter, sie sprangen oder stampften vielmehr auf die Erde und stimmten mit ein in den Gesang. Jeder Tanz endigte mit einer Art von Kriegsgeschrei, so laut wie sie nur rufen konnten. Unterdessen war der Hanswurst äußerst thätig, die Häuptlinge und ausgezeichnetsten Tänzer nachzuäffen.

Das ganze Ballet dauerte über eine Stunde und am Ende desselben brachte jeder Tänzer seine Keule und legte sie als ein Geschenk vor die Amerikaner nieder, wobei er jedoch meistentheils Sorge trug, seine schöne Waffe erst noch gegen eine andere von viel geringerem Werthe umzutauschen.

Die Sprache der Fidschianer entspringt aus demselben Stamme, wie die anderen polynesischen Mundarten und deutet durch Reichthum, Kraft und Originalität auf eine geistige Entwicklung, die nicht minder als die beschriebenen Kunstfertigkeiten bei einem sonst so barbarischen Volke in Erstaunen setzt. Bereits im Jahre 1840 hatte man schon ein Vocabular von

5600 Worten gesammelt, und der Sprachschatz war bei weitem noch nicht erschöpft. Es gibt Namen für jedes Gesträuch und jedes Kraut, welches die Inseln hervorbringen, alle Spielarten von Ignamen, Taro und Bananen haben ihre besonderen Benennungen und der Cocos wird nicht nur in seinen verschiedenen Varietäten mit eigenthümlichen Worten bezeichnet, sondern die Frucht in den verschiedenen Stadien ihrer Entwicklung. Sogar die feinsten Schattirungen des Gedankens können ausgedrückt werden; so gibt es nicht weniger als fünf verschiedene Worte für „Narrheit", deren jedes seine besondere Bedeutung hat. Auch gibt es wie im Griechischen einen Dual, und Plurale für größere und kleinere Zahlen. Die Sprache ist ebenfalls reich an Begrüßungsformeln, je nach dem verschiedenen Range der sich begegnenden Personen.

Nächst dem Kriege ist der Ackerbau die Hauptbeschäftigung der Fidschianer, die ihnen aber durch die Fruchtbarkeit des Bodens sehr erleichtert wird, so daß sie den größten Theil des Tages mit jenem angenehmen Nichtsthun zubringen, welchem der Mensch und zwar nicht nur zwischen den Wendekreisen so gerne fröhnt. Tänze, Gesänge, der süße Schlaf, festliche Gelage und verschiedenartige Spiele vertreiben die überflüssige Zeit.

Dem Eifer der Missionare konnte ohne Zweifel auf dem ganzen Gebiete des großen Oceans kein ruhmvolleres Feld als die Fidschiinseln sich eröffnen, und daß sie sich mit Glück bestrebt haben, einen Zustand der Barbarei zu bekämpfen, vielleicht sonder Gleichen in den Annalen der Menschheit, gehört gewiß zu ihren ausgezeichnetsten Verdiensten. Den sanften Tahitiern oder den bereits dem Einfluß der Weißen gehorchenden Hawaiiern die Lehre des Christenthums zu predigen, war eine verhältnißmäßig leichte Aufgabe, während sogar der Spott und die Verleumdung zugestehen müssen, daß ein hoher Grad von Selbstverleugnung dazu gehörte, um mit Frau und Kind unter den scheußlichsten Cannibalen auf Erden sich niederzulassen, mit dem alleinigen Zweck, diese verwilderten Gemüther zur Menschheit zurückzuführen.

Doch wenn schon die gemeine Habsucht den Trepangsammler dazu bewegen kann, allen Gefahren zu trotzen, die ihm unter den barbarischen Fidschi-Insulanern drohen, so ließ es sich erwarten, daß die Männer, die sich's zur Lebensaufgabe gestellt, das Christenthum unter den wilden Völkern zu verbreiten, den Jüngern des Paulus an Muth und Ausdauer nicht nachstehen, und edlere Beweggründe sich nicht minder thatkräftig als der Eigennutz erweisen würden.

So sehen wir bereits um das Jahr 1820 den berühmten Missionar Williams, den Apostel der Harvey Gruppe und den Märtyrer von Erromango, den Anfang des Bekehrungswerkes auf Fidschi machen und zwei tahitische Glaubenslehrer nach der kleinen Insel Oneata führen, die ihm durch ihre häufigeren Verbindungen mit Tonga der geeignetste Punkt schien, den ersten Gährungsstoff in die barbarische Masse zu werfen.

Im Jahr 1840 fand Willes, daß bereits die halbe Bevölkerung Oneata's, welche freilich im Ganzen nicht mehr als 200 Seelen betragen mochte, das Christenthum angenommen hatte. Es befanden sich damals sechs englische weslepanische Missionare auf den Fidschiinseln, die auf vier Stationen: Rewa, Somu Somu, Biwa und Lakemba vertheilt waren, doch war ihr Erfolg noch immer sehr gering und fast nur auf die eingewanderten Tonganer beschränkt, welche durch die in ihrem Vaterlande herrschenden Bürgerkriege zur Flucht genöthigt, oder auch wohl aus Lust zu Abenteuern sich namentlich auf Lakemba und Fulanga niedergelassen hatten.

In Lakemba belief sich die Anzahl der Christen auf 300, in Rewa auf 50, in Somu-Somu nur auf 12 und im ganzen Archipel höchstens auf 500. Doch war schon eine Druckerpresse auf Rewa eingerichtet, aus welcher Catechismen in den Dialecten von Ambau, Somu-Somu und Rewa hervorgegangen waren, und die Missionsschulen wurden von ungefähr 250 Kindern besucht.

Das Volk würde bei freier Wahl jedenfalls eine Veränderung mit Freuden begrüßt haben, welche ihm Schutz gegen die tyrannischen Gebräuche gewährte, unter welchen es so viel zu leiden hatte, aber die Häuptlinge widersetzten sich hartnäckig allen Neuerungen, von welchen sie eine Beschränkung ihrer Macht befürchteten und hatten ihren Unterthanen bei Todesstrafe die Annahme der neuen Religion verboten. Willes bewunderte die Ausdauer der Missionare, und begriff kaum wie namentlich deren Frauen es unter solchen Wilden aushielten.

Auf Somu-Somu hatten die Unmenschen am 11. Februar 1840 in der Nähe des Missionshauses eins ihrer kannibalischen Feste gehalten, während dessen die Fensterladen verschlossen blieben. Nach vollendetem Mahle pochte der Sohn des Königs an die Thür, und frug weßhalb dieses geschehen sei. Auf die Antwort, man habe es gethan, um sich dem abscheulichen Anblick zu entziehen, erklärte der Wilde, daß wenn eine solche Beleidigung sich noch einmal wiederholte, man die Missionare selber erschlagen und verzehren würde. Ueberhaupt ließen es die Häuptlinge an Plackereien und kleinen Verfolgungen aller Art nicht fehlen. So lebte der Missionar auf Rewa, dessen Haus durch einen Orkan zertrümmert worden war, schon seit Monaten mit seiner Frau und 6 Kindern in einer kleinen erbärmlichen Hütte, weil der König durchaus nicht die Erlaubniß zum Bau einer neuen passenden Wohnung ertheilen wollte. Doch troß aller Unannehmlichkeiten ihrer Lage schien ihm das Leben der Missionare in keiner besonderen Gefahr zu schweben, da mehrere Umstände sich zu ihrem Schutz vereinigten. Es hatte sich nämlich der Glaube verbreitet, daß der mächtige Gott der Missionare den Ort, wo sie wohnten beschütze; auch waren die Geschenke, die man von ihnen freiwillig erhielt oder durch Drohungen erpreßte durchaus nicht unerfreulich und endlich hoffte man, daß ihre Gegenwart fremde Schiffe heranziehen würde, von welchen man sich manchen Vortheil versprach. Aus allen diesen Gründen sahen es die Häuptlinge nicht ungern, wenn Missionare sich unter ihrem Schuße niederließen und so wurde deren Sicherheit durch Eigennuß und Habsucht verbürgt, die gewiß keiner für unsolide Bürgschaften halten wird, und deren Güte sich auch hier in der Folge bewährt hat.

Nach Elphinstone Erskine, welcher Fidschi im Jahre 1849 besuchte, befanden sich damals auf den Inseln außer den englischen Missionaren auch noch 60 polynesische Prediger und 105 Lehrer. Die zwei kleinen Inseln Waloa und Ono, die zwar südlich vom Hauptarchipel liegen, aber von derselben Menschenrace bewohnt werden, waren gänzlich bekehrt, so wie Ramula und Oneata. Dem Gottesdienst, der in 34 Capellen gehalten wurde, wohnten 3280 Personen bei, und in 47 Schulen wurde 2064 Zöglingen Unterricht im Lesen und Schreiben ertheilt. Die vornehmsten Häuptlinge und unter diesen der mächtigste von Allen Thakombau, Sohn und Nachfolger des alten Tanoa, der wunderbarer Weise, obgleich taub und fast völlig blind dem gewöhnlichen Loose entronnen, noch immer lebte, schienen dazu geneigt, die christliche Lehre anzunehmen und es ließ sich erwarten, daß tausende ihrem Beispiele folgen würden. Schon um diese Zeit hatten sich die Anzeichen einer humaneren Gesinnung vermehrt, denn 1850 verweigerte Thakombau seine Erlaubniß zur Erdrosselung der Frauen eines Häuptlings, und verhinderte durch seinen Machtspruch einen beabsichtigten Angriff auf ein christliches Dorf. In demselben Jahre war ein Schiff auf dem Wege von den Sandwichinseln nach Audland auf einem Riff in der Nähe von Somu-Somu gescheitert. Die Mannschaft rettete sich nach Viva in zwei Booten, wo sie statt des früher unfehlbaren Todes die vollständigste Sicherheit fand und später in einer der Mission gehörigen Brig nach Sidney befördert wurde.

In 1850 finden wir den europäischen Einfluß bereits so weit gediehen, daß der Arzt Mac Donald vom „Herald", der Missionar Waterhouse, und der Botaniker Milne in Begleitung einiger der bedeutendsten Häuptlinge und durch das mächtige Wort Thakombau's beschützt auf dem Rewa Flusse eine Fahrt ins Innere von Viti Levu unternehmen konnten. Sie schildern die romantische Schönheit der Bergschluchten und die Pracht der Vegetation, und obgleich sie an mehreren Stellen fanden, daß der Gebrauch die Weiber am Grabe ihrer Ehegatten zu erdrosseln noch immer obwaltete, daß Gefangene noch immer lebendig gebraten wurden und man ihnen selber sogar einmal ein Stück Menschenfleisch als eine besondere Ehrengabe darbot, so konnten sie doch nicht genug die gastfreie Aufnahme rühmen, die ihnen überall auf der Reise zu Theil ward.

Endlich ist in der jüngsten Zeit das Protectorat der Inseln von Thakombau, der vor einigen Jahren zum Christenthum übergetreten ist, England angeboten worden, und der bekannte Consul Pritchard, der 1850 von Samoa nach Fidschi seine Residenz verlegte, damit beauftragt worden, den Tractat nach London zu bringen, um die Ratification von Seiten der großbritannischen Regierung nachzusuchen. Thakombau hat sich zu diesem Schritt entschlossen um den Forderungen der Vereinigten Staaten zu entgehen die für den Schaden, der bei verschiedenen Gelegenheiten amerikanischen Bürgern auf den Fidschiinseln zugefügt worden ist 45,000 Dollars verlangen. Für diese Summe, welche England zu zahlen haben würde, bietet Thakombau 200,000 Acres Land als Pfand, und bringt seine auf die Dauer wohl schwerlich zu behauptende Unabhängigkeit zum Opfer.

Der Entschluß der englischen Regierung ist noch nicht bekannt, doch wird eine gegenwärtig unter Segel befindliche Expedition nach Fidschi, an welcher auch der rühmlich bekannte deutsche Botaniker Dr. Seemann aus Hannover als Naturforscher betheiligt ist, aller Wahrscheinlichkeit nach den Auftrag haben, das Land in Besitz zu nehmen, welches bei seiner Größe, Bevölkerung und Fruchtbarkeit unter einer thatkräftigen aufgeklärten Verwaltung schon nach wenigen Jahren zu einer bedeutenden Colonie heranwachsen kann.

Die Anzahl der Christen auf den Inseln soll gegenwärtig 55,000, etwa ein Drittel oder vielleicht sogar nur ein Sechstel der Bevölkerung betragen, doch ist in Folge der Bekehrung der großen Häuptlinge der Zuwachs so plötzlich und lavinenmäßig gewesen, daß die geringe Menge der Missionare und Lehrer ihm durchaus nicht mehr entspricht und die Meisten der Neubekehrten einstweilen wohl nur dem Namen nach und „auf höheren Befehl" Christen sind.

Thakombau wird von Elphinstone Erskine als ein Mann von riesiger, schön proportionirter Statur geschildert, von angenehmem und intelligenten Gesichtsausdruck, dem Negertypus viel ferner stehend als dieses bei den geringeren Volksklassen der Fall ist. Beim Besuch, den der englische Capitän ihm machte, gab der ungeheure Haarputz vom weißen Sala eingeschlossen, ihm ganz das Aussehen eines orientalischen Sultans. Kein Kleidungsstück bedeckte seine herculische Brust oder verbarg die natürliche dunkle Hautfarbe — und trotz seines geringen Anzuges — die aufgestapelten Bündel Tapa Tuches und die Menge anderer kostbaren Waaren, welche umher lagen, bewiesen, daß es aus freier Wahl, nicht aus Nothwendigkeit geschehe —, war „jeder Zoll an ihm ein König". Nicht weit von ihm saß seine Lieblingsgattin, eine etwas corpulente, gut aussehende Frau mit ihrem Sohne, Thakombau's Erben, einem schönen acht- oder neunjährigen Knaben und rings herum lauerte in ehrerbietiger Entfernung eine demüthige Schaar von Höflingen. Diese Positur muß nicht nur beim Sitzen, sondern auch bei Bewegungen in Gegenwart der höchsten Herrschaften beibehalten werden — was natürlich nicht ohne Uebung gelernt werden kann.

Als im Jahr 1853 der Missionsinspector R. Young Thakombau besuchte, reichte ihm dieser einen Stuhl zum Sitzen und die Königin machte ihm eine Tasse Thee — ein Getränk, welches er in der Hütte eines Kanibalenkönigs kaum erwartet hatte — besonders nach dem, was bei seiner Landung vorgefallen war. Bei der Annäherung an die Küste von Bau, der Residenz Thakombau's war nämlich gerade Ebbe, so daß Herr Young einige Schwierigkeit hatte ans Land zu treten — als ein Eingeborner auf ihn zukam, und ihm auf das höflichste aus dem Boot heraus half. Herr Young zog seinen Hut ab und machte dem freundlichen Wilden eine tiefe Verbeugung worauf sein Begleiter, der residirende Missionar, lächelnd bemerkte: „Sie wissen wenig vor wem sie sich beugen, denn dieser zuvorkommende Mann ist der grimmigste Menschenfresser des Orts." Hierauf zeigte er ihm noch sechs Hütten, in denen 18 Menschen jüngst gekocht worden waren, um damit für die Bedürfnisse eines Festes zu sorgen.

So seltsam sind, oder waren noch vor ganz kurzer Zeit die Widersprüche auf Bibschi — der höchste Grad der Barbarei und der Versunkenheit, deren der Mensch nur fähig sein kann, und daneben eine Urbanität im Umgange und ein ausgebildetes Höflichkeitssystem, die man sonst nur bei civilisirten Völkern anzutreffen pflegt.

* * *

Sechsundzwanzigstes Kapitel.
Die Guano Inseln im Centrum des großen Oceans.

Der Guanohandel. — Die Guanoinseln des großen Oceans. — Vereinzelte Punkte im ungeheuren Meeresraum. — Natur. — Die American Guano Company. — Die Phönix Company. Die United States Guano Company. — Schlimme Aussichten. — Die Penrhyn Insel. — Chamisso. — Der „Porpoise". — Unbändige Wilde. — Die Weihnachtsinsel. — Cook 1777. — Hebung der Insel. - Salzseen. — Reichthum an Schildkröten, Fischen und Vögeln. — Menge von Einsiedlerkrebsen.

Der Guanohandel gehört unstreitig zu den merkwürdigsten Erscheinungen des Jahrhunderts. Welche Fortschritte der Wissenschaft, welche Kenntnisse der Pflanzennatur und des Wechsels der organischen Stoffe waren nicht erforderlich ehe man die hohe Bedeutung jenes kräftigen Vogeldüngers einsehen lernte! und einen wie hohen Grad der Vollendung mußte nicht die Schifffahrt errungen haben, daß man daran denken konnte, ganze Flotten nach den Antipoden zu schicken, um jene Schätze für den europäischen Landmann zu heben?

Auf den Inseln längs der regenlosen peruanischen Küste, wo keine Wassergüsse die von unzähligen Seevögeln abgelagerten Guanomassen jemals auslaugen und dieselben ihrer wirksamsten Salze berauben, kommt bekanntlich dieses Product sowohl in der größten Menge als in der größten Güte vor, doch wo man nur hoffen durfte ähnliche Niederlagen zu finden, wurden alle Meere danach durchsucht, denn welche Mühe scheute wohl die einmal wach gewordene Habgier des Menschen?

Früher verachtete Felsen, von kreischenden Seevögeln umschwärmt, wurden plötzlich zu Gegenständen der eifrigen Untersuchung, und jedes einsame Eiland, welches menschenleer dem Schooß des tropischen Oceans entsteigt, und an welchem der Schiffer früher gleichgültig vorübergesegelt war, erregte Interesse und munterte zur Forschung auf, denn wer wußte, welche Reichthümer sich nicht auf jenem scheinbar nackten Boden abgelagert hatten?

So sind im arabischen Golf und an der afrikanischen Küste Guanoniederlagen entdeckt worden, die sich zwar bald erschöpften, aber dennoch die glücklichen Finder bereicherten, und so sind auch mitten im großen Ocean eine Menge sonst unbedeutender Inseln von verschiedenen Amerikanischen Guano-Gesellschaften in Besitz genommen und von der Regierung der Vereinigten Staaten als zum Gebiet der großen Republik gehörig, anerkannt worden.

Dieses amerikanische Polynesien, über welches der talentvolle Geograph E. Behm einen eben so gründlichen als interessanten Aufsatz in Petermann's Mittheilungen (V. 1859) veröffentlicht hat, liegt über eine ungeheure Wasserwüste von etwa 21 Breite- und 38 Längegraden im Centrum des großen Oceans zerstreut, mitten im weiten Kreise, der im Westen von dem Radack-, Gilbert- und Ellis-Archipel, im Süden von Samoa und den Gesellschaftsinseln, im Südosten von Panmotu und den Marquesas, und endlich im Norden ungefähr durch den 9. Parallel nördlicher Breite umschlossen wird.

Diese unermeßlichen Meeresräume gehören zu den am wenigsten bekannten Regionen der ganzen Erde. Die gewöhnlichen Fahrstraßen zwischen Asien und Australien auf der einen und Amerika auf der andern Seite gehen weit im Norden und Süden von diesen veröbeten Gewässern vorüber, nur der östlichste Theil wird öfters von den Schiffern durchkreuzt, welche zwischen Tahiti und den Sandwich Inseln hin und her segeln. Die berühmten Seefahrer, denen wir den größten Theil unserer Kenntnisse über den stillen Ocean verdanken, haben sie nur an ihren Rändern berührt, sonst ist man auf die spärlichen und oft unzuverlässigen Nachrichten der Walfischfänger beschränkt, von deren Entdeckungen man oft wie von denen der älteren spanischen Seefahrer mit vollem Rechte sagen kann, „daß sie wie schlecht gewurzelt auf der Karte hin und her schwanken".

Zur Größe des Wassergebiets verhalten sich die über demselben hervortauchenden Länder wie Punkte von verschwindender Kleinheit. Mit völliger Gewißheit kennt man in diesen ungeheuren oceanischen Einöden nur etwa

27 zerstreute CorallenInseln, von welchen nur wenige bewohnt oder überhaupt bewohnbar sind. Es ist im allgemeinen dieselbe Natur wie auf Paumotu oder Radack — Cocospalmen und Pandange auf den vollkommener ausgebildeten Riffrücken; bunte Fische in den ruhigen Lagunen; Seeschildkröten, die hier zwar den Vortheil des einsamen Strandes finden aber von großen Schaaren gieriger Haifische verfolgt werden; Perlmuttermuscheln den Corallenbänken anklebend; Holothurien in den stillen Gewässern, die von der wüthenden Brandung durch Lithophytenmauern abgegrenzt werden — und vor allen Dingen Schaaren von kreischenden Seevögeln, deren Produkte vielleicht das einzige sind, welches jemals diese einsamen Meereshorste von einigem Werthe für den Menschen machen werden.

Wahrscheinlich auf das Recht der ersteren genauen Untersuchung sich stützend, beansprüchte die American Guano Company die Inseln Jarvis, Baker und Howland; während die Phönix Company die kleine gleichnamige Gruppe als ihr Besitzthum ansieht und auf Mac Kean oder Willes Insel bereits eine Niederlassung gegründet haben soll. Welche Inseln von der United States Guano Company und anderen Bürgern der Vereinigten Staaten annexirt worden sind, finde ich nirgends angegeben; nur so viel steht fest, daß während der letzten Jahre bedeutende Verschiffungen nach den Häfen der Union gemacht worden sind. So wurden nach der Illustrated London News im Jahr 1859 nicht weniger als 20,000 Tonnen in 14 Fahrzeugen nach den Vereinigten Staaten ausgeführt. Da aber dieser großoceanische Guano bei weitem ärmer ist an ammoniakalischen Salzen als der peruanische, und das Vorhandensein des flüchtigen Alkalis in größerer Menge die Hauptwirksamkeit des Vogeldüngers ausmacht, so dürfte es sehr zu bezweifeln sein, ob er die ungeheuren Transportkosten wird tragen können. Von schlimmer Vorbedeutung scheint mir die Nachricht aus Honolulu vom 15. März 1860 (Pacific Commercial Advertiser), daß verschiedene Compagnieen das Einschiffen von Guano einstweilen ausgesetzt haben, weil der auf dem Lager liegende bereits die Nachfrage übersteige — und ich fürchte fast, daß jene Düngergesellschaften, die alle vor der großen Handelskrisis von 1857 entstanden sind, wo auch die tollkühnsten Unternehmungen leichtgläubige Theilnehmer fanden, zum Schrecken der enttäuschten Actionäre, den nun nicht mehr gestörten Seevögeln aber zur Freude, zusammenstürzen werden.

„And like the baseless fabric of a vision
Leave not a wreck behind!"

Es würde ein gar zu wenig lohnendes Unternehmen sein, wenn ich alle die unbedeutenden Coralleninseln des weiten Wellengebietes, denn ich dieses Kapitel widme, auch nur dem Namen nach anführen wollte, besonders da Freunde der specielleren Geographie im bereits erwähnten Aufsatze Behm's die vollständigste Auskunft darüber finden. Den meisten meiner Leser wird es gewiß genügen, wenn ich aus der Menge zwei der interessantesten — Penrhyn und die Weihnachtsinsel — zur etwas näheren Besprechung hervorhebe.

Die hohen vollen Cocoswälder sonder Gleichen, welche die niedrige Penrhyninsel überziehen, täuschen den fernen Schiffer mit dem Anscheine erhöheter Ufer. Lieblich muß der Anblick sein, den sie gewähren, denn zwischen dem hochgetragenen windbewegten Baldachin der Kronen und dem Boden sieht man zwischen den Stämmen hindurch den Himmel und die Ferne. Etwa 9 Seemeilen lang und 5 breit umschließt die Insel eine weitläufige Lagune mit vielen Corallenfelsen, welche nur Booten die Einfahrt gewährt.

Vereinsamt im weiten Ocean und dem Handelsschiff oder dem Wallfischfänger nur dürftige Ladungen darbietend, kommt sie mit der Außenwelt höchst selten in Berührung und nur im Fluge lernt der vorbeifahrende Seefahrer sie kennen. Als Chamisso auf seiner Weltreise die Palmeninsel berührte, umringten zahlreiche Boote den sich nähernden „Rurik" und ein friedliches Volk begehrte mit den Fremden zu verkehren. Die Insulaner waren stark, wohlgebaut, beleibter als die Bewohner der Osterinsel und von derselben Farbe als sie. Keine Tätuirung wurde bemerkt, dagegen sah man verschiedene Greise, die den Nagel des Daumens hatten wachsen lassen, ein redendes Zeichen ihres vornehmen Müßigganges. 36 Boote wurden gezählt, in jedem 7 bis 13 Männer. Die Weiber trugen einen mit freihängenden Baststreifen besetzten Gürtel, die Männer an dessen Statt nur ein durch Schnüre befestigtes Bündel von Cocosblättchen. Nur wenige hatten eine ärmliche Schulterbedeckung aus zwei Stücken von einer aus Cocosblättchen geflochtenen Matte. Sie drängten sich gesprächig und zutraulich an das Schiff; keiner aber unterfing sich der Einladung, auf dasselbe zu steigen, Folge zu leisten. Gegen die Waaren der Europäer, nach welchen sie sich begierig zeigten und die sie mit einer Art Verehrung empfingen, hatten sie nur wenig zu vertauschen; einige Cocosnüsse, meistens unreif, zum Löschen des Durstes, zufällig mitgenommene Geräthschaften und ihre Waffen, lange Spieße von Cocosholz. Anfänglich weigerten sie sich letztere zu veräußern und entschlossen sich nur dazu gegen lange Nägel oder wollene, scharlachene Gürtel. Augenscheinlich ernährte die Insel eine starke Bevölkerung, doch welche Früchte außer dem Cocos und dem Pandanus, und welche Wurzeln sie hervorbrachte, und ob auch Schwein und Hund hier einheimisch seien, blieb unbekannt.

25 Jahre nach Chamisso erscheint der zur Wilkes'schen Expedition gehörende „Porpoise", Capitän Ringgold, vor Peuryhn: nach dem phantasiereichen Dichter der prosaische Seemann. Die ganze Nacht kreuzte das Schiff in der Nähe und am folgenden Tage bei Sonnenaufgang sah man eine große Menge Pirogen, welche der Brig zuruderten. Gegen 7 Uhr waren bereits zwei derselben herangekommen, denen bald andere folgten. So wie die Anzahl der Besucher zunahm, wurden sie dreister und erkletterten das Schiff unter lautem Geschrei. Es waren die rohesten und am wildesten aussehenden Geschöpfe, die man auf der ganzen Reise gesehen hatte. Ihr gräßliches Geschrei begleiteten sie mit den heftigsten Verdrehungen und Geberden, und schienen wie außer sich vor Aufregung. Bis auf einen schmalen Marr von Cocosnußblättern waren sie ganz nackt. Jedes Canot enthielt von 7 bis 10 Mann, alle gleich wild und unbändig. Der Lärm war fast betäubend, da alle zugleich eine unverständliche Sprache redeten und der Mißklang der Stimmen unerträglich, zuweilen hoch und gellend, dann wieder tief und rauh. Während ihrer Rede schlugen sie die Lenden mit großer Heftigkeit und einige rangen die Hände und heulten, wobei ihnen die Augen weit aus den Höhlen hervortraten und ihre furchtbaren Fratzen sie gleich Wahnsinnigen im höchsten Ausbruch der Raserei erscheinen ließen. Sie waren ganz unvermögend, ihre Aufmerksamkeit auch nur einen einzigen Augenblick auf irgend einen Gegenstand zu richten, sondern ihre Blicke schweiften von einem zum andern mit fieberhafter Hast. Waffen lagen in ihren Canots versteckt. Einigen gelang es, an Bord zu kommen, und verschiedene Artikel wurden vom Hinterdeck entwendet, unter andern eine Matrosenjacke, die schnell und geschickt in einem Boote versteckt wurde.

Da die guten Leute anfingen gar zu lästig zu werden, gab der Capitän Befehl, das Verdeck zu säubern. Sobald sie wieder in ihren Canots waren, schleuderten sie schwere Corallenstücke und Muscheln mit großer Gewalt an Bord; man feuerte einige Schüsse über ihre Köpfe hinweg, aber sie schienen sie gar nicht zu brachten, sondern blieben aufrecht in ihren Booten stehen, Speere schwingend und mit herausforderndem Geschrei. Da ihre

Anzahl beständig im Zunehmen war, wurde die Brig fortwährend im
Segeln erhalten, um einem Angriff vorzubeugen. Nach langen vergeblichen Bemühungen kam endlich ein Tauschhandel zu Wege und sie gaben
ihre Waffen und Halsbänder gegen Messer, Tücher u. s. w. her. Sobald sie den Tauschartikel empfangen, warfen sie das Verlangte an Bord
und schienen ehrlich im Handel, obwohl sie sich als gewandte Diebe zeigten. Ihre Schwimmfertigkeit glich der der Amphibien, denn für den geringsten Gegenstand, der über Bord fiel, tauchten sie trotz allen Robben und
Walrossen unter. Ihre Statur war athletisch, ihre Haltung aufrecht, ihre
Hautfarbe dunkler als die der Samoer und Tahitier; seiner von ihnen
tätuirt. Unter der Menge zeigten sich nur zwei oder drei Frauen von lichterer Gesichtsfarbe mit langem glänzendem Haar und schönen weißen Zähnen.
Als Waffen wurden nur 6 bis 8 Fuß lange Speere aus Cocosholz bemerkt. Die Canots aus dunkelgefärbtem Holze und größer, als man sie
gewöhnlich auf den niedrigen Inseln antrifft, hatten einen leichten Ausleger
und keine Segel; die Stücke, woraus sie bestanden, waren mit Cocosbast
zusammengefügt. Die Eingebornen schienen nur wenig Werkzeuge zu besitzen; die einzigen europäischen Artikel, die wahrgenommen wurden, waren
ein an einen Stock befestigtes Hobeleisen und einige blaue Glasperlen, so
daß offenbar die guten Penrhyniauer in keinem sehr lebhaften Verkehr mit
dem Auslande standen, wodurch ihr auffallender Mangel an Lebensart sich
einigermaßen entschuldigen läßt. Capitän Ringgold bewog einen von ihnen
durch das Geschenk einer Axt an Bord zu kommen, und gab ihm ein Stück
Kreide in die Hand, damit er die Form seiner Insel auf's Verdeck zeichnete;
so wie bekanntlich das hochnordische Naturkind die schöne Eskimalin Iglooilk dem Capitän Parry die Fury- und Heelastraße entwarf. Aber der
tropische Wilde war so unbändig und erstaunt über alles, was er sah, daß
er nichts anders that, als unter lauten Ausrufungen auf dem Verdeck
herumspringen. Ueberhaupt grenzte die Zungenfertigkeit dieser Leute ans
Fabelhafte. In einem Ton, den es fast unmöglich schien auch nur ein
paar Minuten beizubehalten, redeten manche von ihnen dreiviertel Stunden
lang, indem sie sich kaum Zeit ließen, Athem zu holen.

Das wilde Benehmen der Penrhyniauer schloß natürlich alle Möglichkeit aus, eine Landung zu versuchen, doch war augenscheinlich die Insel
stark bevölkert und die Nordwestseite erschien wie ein fortlaufendes Dorf
von hohen Cocoshainen beschattet. Damwurzeln wurden in den Booten

gesehen, aber kein Jure. Aus den Federn, die einige der Wilden als Zierrath trugen, schloß man auf den Besitz des Haushuhns.

Die Weihnachtsinsel wurde am 24. December 1777 von Cook entdeckt, der sich zehn Tage an diesem menschenleeren Orte zur Beobachtung einer Sonnenfinsterniß aufhielt. Sie ist seitdem nur selten besucht worden, außer von Walfängern, die sich zuweilen hier einfinden, um ohne Hafengeld zu entrichten oder Tauschwaaren auszugeben, Vorräthe von Schildkröten, Fischen und Cocosnüssen zu sammeln. Sie ist die größte sämmtlicher Inseln des im gegenwärtigen Kapitel besprochenen Meeresgebiets, und Bennet, der Zweidrittel der Küste umsegelte, glaubt, daß sie einen bedeutenderen Umkreis als 00 Meilen haben müsse. Sie bildet einen Gürtel niedrigen, nicht über 10 Fuß über den Meeresspiegel emporragenden Landes, der hufeisenförmig eine seichte Lagune umschließt, an deren Eingang die kleine Sandy Island liegt. An beiden Seiten dieses Eilandes führt eine Passage in die Lagune, durch welche Schiffe einlaufen können.

Den Boden fand Cook an einigen Stellen locker und schwarz; an andern zeigten sich Seeprodukte, wie zerbrochene Corallen und Muscheln, welche in einer mit der Seeküste parallel laufender Richtung schmale und sehr lange Furchen, gleich einem gepflügten Acker bildeten, wodurch sich deutlich zu erkennen gab, daß sie von den Wellen dorthin geworfen sein mußten, obgleich diese jetzt eine Meile weit davon entfernt waren. Der scharfbeobachtende Cook, der wie sein großer Vorgänger Columbus mit einem offenen Auge für alle Naturerscheinungen begabt war, zog hieraus den Schluß, daß die Insel aus dem Meeresgrunde sich gehoben haben müsse und wahrscheinlich noch immer im Wachsen begriffen sei.

Die Insel ist wohl nur aus dem Grunde unbewohnt, weil sie kein süßes Wasser zu haben scheint, doch wird vielleicht die künftige Vermehrung der Cocoshaine diesem Mangel bis zu einem gewissen Grade abhelfen. Dagegen ist sie reich an Salzseen, die in keinem sichtbaren Zusammenhang mit dem Meere stehen und von denen ein im Südosten gelegener eine Länge von 5 englischen Meilen hat. Ihr Salzgehalt ist sehr bedeutend, und an ihren Ufern kann man eine Menge des besten Kochsalzes sammeln.

Die Vegetation besteht aus reichlichem Grase, Tournefortien und Cocosbäumen, die sich seit Cook's Besuch sehr vermehrt zu haben scheinen, denn dieser fand nur wenige, die eine geringe Anzahl Früchte, zum Theil von salzigem Geschmack, trugen, während Capitän Hooper, der 1857 die ganze Insel durchforschte, mehrere kleine Wälder von Cocosbäumen antraf. Die von Cook, dem vorsorglichen Freunde künftiger Seefahrer, auf der Sandy Island gepflanzten Cocosnüsse waren 1846, als Capitän Scott die Insel besuchte, zu Baumgruppen aufgewachsen, ein schönes Denkmal des großen Mannes. Cook und Hooper rühmen übereinstimmend den großen Reichthum an Vögeln, Fischen und Schildkröten. Von letzteren fingen Cook's Leute gegen 300, die durchschnittlich 90 bis 100 Pfund wogen, und alle von der köstlichen grünen Art waren, die bei den schwelgerischen Gastmahlen des Lordmayor's von London eine so hervorstechende Rolle spielen. Derselbe Wassermangel, der den Menschen von der Insel verscheucht, scheint auch die übrigen Säugethiere fern zu halten, und die instinctmäßige Sicherheit, womit die Vögel ihre Nester auf den Boden bauen, deutet darauf hin, daß hier sogar die cosmopolitische Ratze fehlt. Pennet fand eine ungeheure Anzahl von Einsiedlerkrebsen, von denselben Arten wie auf den Carolinen und ähnliche Seeschneckengehäuse bewohnend. Gegen Abend bedeckten sie förmlich den ganzen sandigen Strand der kleinen Laguneninsel, wo sie einige Fuß weit vom Wasser bewegungslos sich aufhielten. So eröffnet sich auch hier im Gebiet der niederen Thierwelt ein reiches Feld der Beobachtung, und der kundige Forscher, der auf diesem menschenleeren Eilande eine Zeit lang verweilte, dürfte wohl Gelegenheit finden, unsere Kenntnisse von den Seegeschöpfen um manche interessante Thatsache zu bereichern.

Siebenundzwanzigstes Kapitel.

Die Union und Ellice Gruppen.

Galaafo. Merkwürdiges Völkchen. — Aehnlichkeit mit den Samoern. — Sonderbarer Empfang des Königs. — Beschreibung des Dorfes. — Tempel. — Kleidung. — Kunstfertigkeit. — Oaiafu. — Nukunono. — Byron 1765. — Vegetation. — Die Ellice Inseln. — Nakuselau.

Die kleine dreieckige Coralleninsel Galaafo wurde im Jahr 1840 von Capitän Hudson, Befehlshaber des zur Willes'schen Expedition gehörigen Schiffes

„Peacod" entdeckt. Ein merkwürdiges Völkchen, diese Fakaafoner, die von der ganzen Welt nichts kennen, als die Nebeninseln Olafu und Nakinono, und mit stolzem Selbstgefühl ihre kleine Erdscholle Fanua Loa — das große Land — nennen, obgleich des ganze Riff, auf welchem es culminirt nur 2 Meilen lang und eine Meile breit ist. Die Amerikaner fuhren in der Nacht auf dem unbekannten Meere dahin, als das entfernte Geräusch der Brandung sie zur Vorsicht mahnte, und bald darauf das große Land wie ein dunkler Fleck am Horizont erschien. Bei Tagesanbruch wurden 18 Canols bemerkt, jedes mit einer Bemannung von vier oder fünf Personen, aber nicht aus Neugierde waren sie so frühzeitig in's Meer gestochen, sondern so eifrig mit Fischen beschäftigt, daß sie sich nicht einmal durch den Anblick des seltenen Meerwunders von der Arbeit abhalten ließen. Die Fische schienen sehr zahlreich gewesen zu sein, denn eine Unzahl von Seevögeln flog kreischend umher und tauchten jeden Augenblick unter, um mit einer schnell erhaschten Beute wieder aus dem Wasser empor zu steigen. Die Insulaner befolgten zu ihrem Fischfang die auf Samoa gebräuchliche Methode, indem sie einen Haken ans Perlmutterschale am Hintertheil des Bootes an der Oberfläche des Wassers nachschleppen ließen, so daß beim raschen Fortrudern die getäuschten Fische der schillernden scheinbar flüchtigen Beute nachschossen und sich in großer Menge fangen ließen. Auch die Canols hatten Aehnlichkeit mit denen von Samoa, waren am Vordertheil zum Theil überdeckt und hatten dort dieselben kleinen Höcker und Pflöcke zur Befestigung der zierenden Orulaschalen. Die Fischer wollten durchaus nicht an Bord kommen, doch ließen sie sich bereitwillig auf den Tauschhandel ein. Es waren schöne männliche Gestalten, mit angenehmem gutmüthigen Gesichtsausdruck, und Frohsinn schien ein Grundzug ihres Charakters zu sein, da sie über alles, was ihnen lächerlich vorkam, sogleich laut auflachten. Die Tätowirung war eigenthümlich, indem Fische und Schildkröten auf Armen und Brust gezeichnet waren und bei einigen waren Stirn und Wange mit einer Menge von Pfeilen geziert. Sie glichen sehr den Samoern, mit deren Sprache ihr Dialect eine große Aehnlichkeit verrieth, so daß ihre Abstammung ziemlich klar vor Augen liegt. Alle trugen geflochtene Maros und einige hatten Augenschirme, in welche bei den Vornehmeren einige Schwanzfedern des Tropikvogels gesteckt waren. Den Gott ihrer Insel nannten sie Tui Totelau und wiesen auf den Himmel als dessen Wohnsitz. Dort meinten sie müsse auch die Heimath der Amerikaner sein, und ließen sich den Glauben nicht nehmen, daß die wunderbaren weißen Fremden, Gottheiten und nicht Menschen seien wie sie. Der Grund, weshalb sie durchaus nicht an Bord kommen wollten, war die Furcht, das Schiff möchte plötzlich wieder zum Himmel fahren, von wannen, wie sie meinten es eben so plötzlich gekommen, und sie als unfreiwillige Luftschiffer ins Unbekannte mit sich führen.

Erst am folgenden Tage wurde die Landung vorgenommen und da die Lagune keinen Eingang für größere Schiffe hat, mußte man mit den Booten durch die Brandung fahren und erreichte ziemlich durchnäßt das Ufer. Hier wartete bereits der König mit ungefähr 200 seiner Unterthanen auf die Ankunft der Fremden. Der Häuptling saß mit einigen Greisen im Vordergrunde, die andern standen dahinter und alle fingen an Geberden zu machen und zu singen, wie unter dem Einfluß einer bedeutenden Gemüthsunruhe. Sie zeigten auf die Sonne und heulten und winkten den Fremden sich auf die Matten zu setzen, die vor ihnen ausgebreitet lagen. Die Officiere folgten der Einladung, worauf der König zärtlich seine Nase an die des Capitän Hudson rieb, nach der Sonne wies, stöhnte, seine Nase über das Kinn des Amerikaners führte, ihn umarmte, ihm eine Matte umband, die er mit einer Schnur aus Menschenhaaren befestigte, noch einmal das Nasenreiben vornahm, und dann endlich noch eine Viertelstunde lang heulte. Die andern Officiere mußten sich dieselben Ceremonien von den untergeordneten Häuptlingen gefallen lassen.

Der König, welcher Taupo hieß, war bereits in Jahren vorgeschritten und hatte einen ernsthaften Ausdruck. Seine Furcht schien größer als die irgend eines seiner Unterthanen, denn so wie Hudson Miene machte, sich von seiner Seite zu entfernen, erhob er sofort ein schreckliches Geheul und deutete auf die bewaffneten Matrosen, wobei er zugleich mit zitternder Miene ausrief: „Nopo kilalo, mataku au!" Setzt euch! ich bin bange!

Man gab sich alle Mühe, die Insulaner zu beruhigen und ihnen die Ueberzeugung beizubringen, daß man nicht von der Sonne gekommen sei, doch dauerte es über eine Stunde, ehe sie sich fassen konnten, worauf ein lebhafter Tauschhandel anfing.

Endlich erhob sich der König und wankte langsam, da er wegen eines durch die Elephantiasis angeschwollenen Beines nur schwer gehen konnte, nach dem Dorfe, welches einige hundert Schritt entfernt lag.

Die ganze kleine Insel war mit Cocospalmen bedeckt unter deren schattigen Kronen ungefähr 60 Hütten, nahe bei einander, ihre spitzzulaufenden Dächer erhoben. Sie hatten Aehnlichkeit mit denen, die wir später auf Uafan wiederfinden werden, indem die Giebelenden mit einem besonderen Schirmdach versehen waren, welches unter dem Schutze des überhängenden Hauptdaches sich befand, eine Vorrichtung, die auf bedeutende Regengüsse schließen ließ.

In der Mitte des Dorfes stand der Tempel des Gottes, das merkwürdigste Gebäude der Insel. Es war von länglicher Form, 80 Fuß lang, 36 breit, 20 hoch. Drei gewaltige Balken stützten die Firste, während ringsherum das concav abfallende Dach auf einer Menge kurzer und kleiner grobbehauener und nur wenige Fuß von einander stehender Stützpfosten ruhete. Das Gebäude war an den Seiten offen, bis auf ein kleines, 15 Zoll hohes Gitterwerk.

Anfangs suchte man den Amerikanern den Eingang zu verwehren, doch auf ihre Bemerkung, daß der für die Eingebornen geltende Tabou doch nicht auf die weißen Fremden sich erstrecken könne, wurden sie endlich von einem alten Priester zugelassen.

Der Tempel enthielt nur weniges Geräth. Rings um die ausgezackte Dachtraufe hingen wie Trodeln große Perlmutterschalen herab. Der ganze Boden war mit Matten bedeckt. Um den Hauptpfeiler in der Mitte des Gebäudes lagen eine Menge großer Bänke oder Tische, aus einem einzigen Stück Holz gehauen. Auch hingen dort eine Menge Speere und Keulen, denen von Fitschi und Samoa ähnlich, und die vom Meere angeschwemmt sein sollten. Andere Waffen wurden bei diesen friedfertigen Insulanern nicht bemerkt. Doch lag eine Anzahl Kriegshörner auf den Tischen. Draußen in der Nähe standen die beiden Götzenbilder in Matten eingewickelt, das größte 15 Fuß hoch und 18 Zoll im Durchmesser. Daneben lag die Walze einer kleinen Winde, die von einem Fahrzeuge herrührte, welches früher hier Schiffbruch gelitten hatte, und wovon zwei Mann gerettet wurden, die aber bereits gestorben waren.

Der Brunnen, der dem ganzen kleinen Volke das nothwendige Trinkwasser lieferte, lag nicht weit von dem Tempel. Er war ausgemauert, ungefähr 15 Fuß tief und von einem hohen Zaun umgeben. Am Ufer der Lagune erstreckte sich eine Reihe von etwa 50 Bootshäusern, doch die Boote selbst mit den Frauen und Kindern lagen in einiger Entfernung auf dem Wasser.

Obgleich man offenbar die Fremden weit wegwünschte, verwehrte man ihnen doch nicht das Untersuchen der Hütten. In einer derselben wurde die Königin unter einer Matte entdeckt, eine alte Dame von abschreckender Häßlichkeit, und ihre Angst war unbeschreiblich, als man sie mit aller ihrem Range gebührenden Höflichkeit aus ihrem Verstecke hervorholte.

Die Kleidungsstücke der Frauen bestanden aus einer großen Menge Blätter, die an eine Schnur befestigt und in dünne Fäden aufgeschlitzt waren. Das ganze wohleingeölt und biegsam, bildete eine ungeheure Schürze, die ungefähr 50 Pfund wog, so daß man sich kaum etwas schwerfälligeres und abgeschmackteres denken konnte.

An Kunstfertigkeit schien es den Insulanern nicht zu mangeln. Sie hatten verschiedenartige Matten zum Schlafen und zur Kleidung, und ihre aus Knochen, Haifischzähnen und Muscheln verfertigten Fischhaken waren sehr sauber gearbeitet. Sie hatten auch Feilen aus Haifischhaut, die vollkommen ausreichten das weiche Holz zu raspeln, welches sie zu ihren verschiedenen Geräthschaften benutzen. Die Kästchen worin sie ihre Fischhaken und andere kleine Gegenstände aufbewahrten, waren aus einem Stück geschnitzt und mit genau anschließendem Deckel versehen.

Außer Cocos- und Pandanusnüssen schien die Insel nichts Eßbares hervorzubringen. Die meiste Nahrung lieferte das Meer; daß es aber an Lebensmitteln nicht fehlte, bezeugte das starke, gesunde Aussehen der Eingebornen, deren Anzahl auf etwa 600 geschätzt wurde.

Als nach dreistündigem Besuch die Amerikaner sich nach den Booten zurückbegaben, legten die Insulaner eine große Freude an den Tag und waren ihnen beim Einschiffen auf jede Weise behülflich. Zugleich benutzten sie die Gelegenheit, eine Menge kleiner Diebstähle zu begehen, und als der Naturforscher Pidering einem der Wilden seine Botanisirbüchse einen Augenblick zu halten gab, lief dieser sogleich davon und konnte nur mit Mühe wieder erwischt werden.

Nirgends wurden Backgruben gesehen, so daß man vermuthen mußte, daß sie alle ihre Speisen roh genössen. Die Amerikaner wurden um so mehr in diesem Glauben bestärkt, als sie wahrnahmen, mit welcher Besorgniß die Wilden dem Feuerzeug Funken entsprühen und die Cigarre dampfen sahen. Es scheint jedoch fast unglaublich, daß ein Stamm, der in sonstigen Beziehungen durchaus nicht eine der letzten Culturstufen einnimmt, die einfache Kunst des Feuermachens nicht verstehen sollte.

Die nordwestlich von Fakaafo liegenden niedrigen Eilande Oatafu und Nukunono gehorchen demselben Könige und bilden, wie bereits erwähnt, für jenes abgeschiedene Völkchen die Schranken der bekannten Welt. Erstere ward im Jahr 1765 von Byron entdeckt, der sie unbewohnt fand und ihr den Namen Duke of York Island gab. Sie war mit dichten Cocospalmen bedeckt, die ihr ein gar anmuthiges Ansehen verliehen, doch eine gewaltige Brandung bäumte sich überall an ihren Grundfesten empor und erschwerte die Landung, die endlich trotz aller Gefahr und Mühe, denn es war höchst wünschenswerth, frische Früchte für die am Scharbock leidende Mannschaft zu sammeln, vollzogen und durch einige hundert Cocosnüsse belohnt wurde. Man fand tausende von Seevögeln auf den Nestern, die sie in den Kronen der hohen Bäume gebaut hatten, und so zahm, daß sie ohne aufzufliegen sich erschlagen ließen. Auch war der Boden mit Landkrabben bedeckt, sonst aber kein Thier zu sehen.

Als 76 Jahre später Capitän Hudson die Insel besuchte (1841), fand er sie von demselben Menschenschlag wie Fakaafo bewohnt. Die Bevölkerung mochte ungefähr 120 Seelen zählen, die in etwa 30 Hütten, wie die bereits beschriebenen, wohnten. Brunnen gab es hier nicht, sondern der Regen wurde in ausgehöhlten Palmenstämmen aufgefangen. Ihre Canots waren sämmtlich doppelt und da diese Pirogenart einzig und allein in ganz Polynesien zu entfernteren Seereisen, von Insel zu Insel, gebräuchlich ist, vermuthet man, daß sie wahrscheinlich zur Bevölkerung von Fakaafo gehörten und nur flüchtig auf Oatafu verweilten. Deßhalb mochte wohl Byron die Insel unbewohnt gefunden haben, obgleich die große Zahmheit der Seevögel vermuthen läßt, daß die Fakaafoner sie vielleicht erst später entdeckten und benutzten. Neunzehn verschiedene Baumarten wurden von den amerikanischen Naturforschern auf Oatafu gefunden, mehrere von ausgezeichneter Größe. Eine 40 Fuß hohe Pisonia maß über 20 Fuß im Umkreis dicht über der Wurzel und große Tournefortien, mit Farnkräutern überwachsen, hatten ein höchst ehrwürdiges Aussehen. Eine schöne Feigenart, die Morinda citrifolia und der liebliche Jasmin (Gardenia taitensis), dessen wohlriechende weiße Blüthen von den Tahitierinnen als Haarschmuck getragen werden, wachsen wild auf Oatafu. Auf Fakaafo wurde außerdem noch die Fächerpalme (Borassus flabelliformis?) angetroffen, die auf Tonga und Samoa angebaut wird, und aus einer an's Ufer getriebenen Frucht der Hernandia sonora hatten die sorgsamen Eingeborenen einen Strauch ge-

28*

zogen zum erfreulichen Beweise, daß sie die Geschenke der Natur nicht unbeachtet ließen. Außer Ratzen wurden keine Säugethiere gesehen und außer einer gelben Taube mit purpurner Haube auch kein Landvogel, doch um so zahlreicheres Seegeflügel. Eine große schwarze Eidechse kroch vielfach umher.

Die westwärts von der Union Gruppe liegende Elliceinseln sind, wie es scheint, von dort her bevölkert worden. Die eigentliche Elliceinsel oder Fanafule besteht, wie die Radackgruppen, aus einer ringförmigen Schnur von kleineren Eilanden, die auf der Grundfeste eines bedeutenden Corallenriffes ruhen. Sie liegen so weit auseinander, daß man sie für getrennte Inseln halten könnte. In den Zwischenräumen brandet das Meer wüthend gegen das überflossene Riff, an dessen Westseite zwei Oeffnungen in die umschlossene Lagune führen. Da dieser Meeresstrich häufiger von den Wallfängern besucht wird, nähern sich die Einwohner zutraulich den weißen Schiffern und lassen keine Gelegenheit zum Tauschhandel unbenutzt. Sie stehen an Größe und Schönheit den Samoern nach, haben eine tiefbraune Geschlechtsfarbe wie die Hawaiier und nähern sich den Einwohnern der Fidschiinseln durch ihren dichtwüchsigen Bart. Außer einem Maro aus feinerem Flechtwerk tragen sie auch noch einen Gürtel, von welchem fußlange rothgefärbte Streifen von Pandanusblättern herabhängen, aus der Ferne wie Bänder aussehend. Ihre Sprache wird von den Samoern verstanden. Innerhalb der Lagune scheint ein guter Ankerplatz zu sein, an Holz fehlt es nicht (bekanntlich ein großes Bedürfniß der Pottfischfänger zum Auslochen des Oels), doch möchte der Wasservorrath nicht sehr reichlich sein. Die Bevölkerung wurde (1841) auf 250 Seelen geschätzt.

Bedeutender ist die nordwestlich von Fanafute liegende Insel Nukufetau (De Peyster), von demselben Volke mit gleicher Sprache und Tätulrung bewohnt. Die Bevölkerung mag etwa tausend Seelen betragen, die in sechs verschiedenen Dörfern wohnen und ganz auffallend häufig an Flechten leiden, da fast der fünfte Mensch mit Ausschlag bedeckt ist.

Diese Insulaner umfassen einen weiteren Erdkreis als die Falaofoner. Die Samoagruppe gehört mit zu ihrer Weltkunde, und sie kennen, wenigstens dem Namen nach, Tonga, Hapai und Rotuma.

Auch hier gibt es einen guten Ankerplatz innerhalb der Lagune. Die übrigen zu dieser kleinen Gruppe gehörigen Inseln — Oaitupu, Speiden, Hudson ꝛc. sind auch für die kürzeste Beschreibung zu unbedeutend.

Achtundzwanzigstes Kapitel.

Die Tarawa oder Kingsmill Gruppe.

Die Makiner. — König Tekexe der Wohlbeleibte. — Die kriegerischen Drummond Insulaner. — Schutz- und Trutzwaffen. — Originellee Helm. — Woraus besteht die Kingsmill Gruppe? — Ihre Fruchtbarkeit. — Sorgfältige Bodenkultur. — Auf welche Weise wurden die Inseln bevölkert? — Raçunterschiede. — Regierung. — Aberglaube. — Kainakaki, das Elysium. — Einfacher Lebenslauf. — Die Kurlaner. — Orakel. — Kriege. — Kleidung. — Nahrung. — Feste. — Spiele. — Kindesmord. — Bevölkerung. — Amerikanische Missionare auf der Kingsmill Gruppe.

Daß die zahlreichen Ausreißer, welche sich betrogen fühlen, das beschwerliche Leben an Bord eines Walfischfängers mit dem süßen Nichtsthun unter dem sanften Himmel eines tropischen Inselparadieses zu vertauschen in der Regel nicht sehr günstig auf die polynesischen Völkerschaften wirken, die sie mit ihrem Besuch beehren, wird Niemand bezweifeln; doch gibt es Fälle wo solche Leute der Weltkunde nicht unerhebliche Dienste leisten.

Denn über manche abgelegene Inselgruppen des stillen Oceans, die der Seefahrer nur höchst selten im Fluge berührt, würden wir so viel wie gar nichts wissen, wenn nicht von Zeit zu Zeit derartige aus der Hürde der Civilisation verirrte Schafe, herzlich müde des Lebens, welches sie anfangs für so genußreich hielten, die erste Gelegenheit benutzten sich ihren insularischen Freunden und Freundinnen zu empfehlen, und uns dann später Manches über dieselben erzählten. Mittheilungen aus solcher Quelle dürfen zwar nur mit Vorsicht aufgenommen werden, doch wenn ein sachverständiger weitfahrener Mann wie Wilkes über die Persönlichkeit des Berichterstatters ein günstiges Urtheil fällt, so haben wir auch keinen Grund an dessen Zuverlässigkeit zu zweifeln.

Zwei solcher Ausreißer, die der amerikanische Seefahrer auf dem Kingsmill oder Gilbert's Archipel antraf und aus der selbstgewählten Verbannung befreite, waren ihm vom wesentlichsten Nutzen seinen Bericht über diese wenig besuchten Inseln zu vervollständigen. Der eine, John Kirby ein Irländer, hatte 3 Jahre auf der Kurla oder Woodle's Insel zugebracht; der andere Robert Wood, ein Schotte, 7 Jahre auf Makin oder Pitt. Als letzterer das Verdeck des Schiffs bestieg, war seine Aufregung so groß, daß sie seine Sprache mitunter durchaus unverständlich machte, und als ihm seine Bitte an Bord zu bleiben, gewährt wurde, gerieth er ganz außer sich vor Freude, so daß er mit den Amerikanern malinisch und mit den Eingeborenen englisch sprach, und einige Zeit verging, ehe er als Dolmetscher benutzt werden konnte. Die guten Matiner, welche keine Kriege führen und nur sehr wenige Waffen besitzen, wodurch sie sich, wie wir sehen werden, sehr vortheilhaft vor den übrigen Bewohnern der Gruppe auszeichnen, hatten ihn zwar immer mit Freundlichkeit behandelt und ihn sogar anfangs auf den Schultern umhergetragen und fast vergöttert, aber die Langeweile auf der beschränkten Insel war gar zu groß. Auch in ihrem Aeußern unterschieden sich die Matiner vortheilhaft vor ihren Nachbarn, sowohl durch ihre regelmäßigeren Züge und lichtere Farbe als durch ihre stattliche Wohlleibigkeit. Sie trugen Backen- und Schnurrbärte und die Männer waren schön tätuirt.

Als sie sich mit ihren Booten dem Schiffe näherten, legten sie das größte Vertrauen an den Tag, obgleich Wood versicherte, sie hätten während seines siebenjährigen Aufenthaltes nur ein einziges Schiff gesehen. Auch der König Telerre war mitgekommen, und versuchte an Bord zu steigen, was ihm jedoch wegen seiner majestätischen Corpulenz unmöglich wurde. Während des Besuchs machten sich die Eingeborenen weder durch Betteleit noch diebische Gelüste beschwerlich. Einige der Officiere landeten auf der Insel. Unter den Dachtraufen der Hütten bemerkten sie einige riesige Tridacna Muscheln zum Auffangen des Wassers. Ratzen liefen in allen Richtungen umher. Unter den Pflanzen wurden einige hohe Pisonien, Tournefortien, zwei verschiedene Urticeen, eine Boerhaavia und Cocospalmen bemerkt.

Ganz verschieden von den freundlichen friedliebenden Matinern sind die Einwohner der zum südlichen Theil der Gruppe gehörigen Drummond's Insel. Sie sind mittlerer Statur, und hager, doch wohl gestaltet. Die meisten gehen ganz nackt außer einer Kopfbedeckung aus gebleichten Pantanusblättern, oder auch wohl einer über die Schultern gehängten Matte zum Schutz gegen die Sonne. Arme und Beine waren mit zahlreichen, zum Theil noch nicht zugeheilten Narben bedeckt. Der Krieg schien eine ihrer Hauptbeschäftigungen zu sein: denn sowohl ihre Angriffs- als Vertheidigungswaffen deuteten auf eine große Virtuosität im Handwerk. Erstere bestanden aus, mit vier Reihen von Haifischzähnen oder spitzigen Rochenschwanzstacheln besetzten Lanzen und auf ähnliche Weise bespickten Schwerdtern, letztere besondern aus einer Art Harnisch, welcher den ganzen Körper bis zu den Hüften bedeckte und über den Hinterkopf noch 3 oder 4 Zoll hervorragte. Er war aus Cocosnußbast geflochten, und einen halben Zoll dick, so daß er einen Lanzenstreich wohl abwehren konnte. Die vordere Seite der Arme und Beine schützte ein ähnliches Netzwerk. Aeußerst originell war der Helm, der aus einer am Kopfende aufgeschlitzten Igelfischhaut bestand. An der Spitze ragte der Schwanz empor, und die Flossen dienten als vortreffliche Ohrenbedeckung. Seltsam genug, eine Rüstung, die an die Ritterzeit erinnert, im stillen Ocean wieder auftauchen zu sehen!

Willes schildert dieses Volk als äußerst gefährlich und tückisch. Dem Anschein nach schien kein Gesetz sie zu regieren; die größten Schurken und Schreier galten offenbar am meisten; während die Häuptlinge kaum mehr als ein nominelles Ansehen besaßen.

Sie trugen ein besonderes Verlangen nach Tabak, den sie mit unbeschreiblichem Vergnügen aßen und verschlangen. Alle fremden Schiffe die sich diesen Elenden nähern, müssen beständig gegen Verrath ein wachsames Auge haben; denn sie sind zahlreich und stets zum Bösen geneigt.

Die ganze Ringsmill Gruppe besteht aus fünfzehn Coralleninseln, deren höchste nicht mehr als 20 Fuß über den Wasserspiegel sich erhebt. Bemerkenswerth ist, daß sie in derselben Richtung wie Radack liegen, und also denselben parallel laufenden Erdspalten entsliegen sind. An Bevölkerung und Fruchtbarkeit zeichnen sie sich vor den übrigen niedrigen Inseln aus; auch ist die Anzahl der eingeführten Pflanzen bedeutender, als auf den Riffinseln der Carolinen oder auf Paumotu. Der Boden besteht ein paar Zoll tief aus Corallensand und Humus, worauf eine dünne Schicht reinen Corallensandes bis zum harten Felsen folgt. Am Ufer werden häufig kleine Stücke Bimstein gefunden, die besonders der westliche Wind an's Land treibt. Alsdann sieht man die Frauen emsig mit deren Einsammeln beschäftigt, da sie als Dünger sehr geschätzt sind. Auf die Baumzucht wird hier mehr Sorgfalt als irgend sonstwo in Polynesien verwendet, denn man umzäunt die Cocosbäume, und mischt zerstoßenen Bimstein mit der Erde um ihre Wurzeln.

Besonderen Fleiß verwendet man auch auf die Kultur einer Art von Tarowurzel (Arum cordifolium). So soll um Matin ein sieben englische Meilen langer, und zehn Fuß breiter Graben laufen, von der Lagune durch einen Damm geschieden. Das Wasser in diesem Graben ist nur wenig salzig, und süß genug um die Kultur des Taro zu gestatten. Die Eingeborenen sind sehr sorgsam die Pflanze von allem Unkraut rein zu halten. Auf Makin gedeiht auch eine Art Frucht wie Stachelbeeren; diese wird getrocknet, zerstoßen und mit verdicktem Cocossaft zu süßen angenehm schmeckenden Kuchen geformt. Auch der Brodfruchtbaum wird kultivirt, der Bambus ist bekannt, und es gibt Seebarbenweiher wie auf Hawaii.

Daß Hühner in Käfigen gehalten und zum Kampf gezogen werden, deutet auf den indischen Archipel, so wie der conische Hut auf die Carolinen und Ostasien. Füge ich noch hinzu, daß die Form des Harnisches dem auf Ombay gebräuchlichen gleicht, daß das Handruder an das im Persischen Meerbusen vorkommende erinnert, und daß die altpharaonische Sitte das Kind nach dem Großvater zu nennen auch auf Tarawa herrscht, so fehlt es nicht an Anklängen an einen westlichen Ursprung.

Ueber die ältere Geschichte der Insel liegen uns einige interessante Nachrichten vor. Die ersten Bewohner sollen von Baneba, einer hoch Südwesten liegenden Insel gekommen sein, von welcher ein Bürgerkrieg sie vertrieb. Nachdem sie bereits eine Niederlassung gegründet, kamen zwei andere Pirogen von einer noch Südosten liegenden Insel, welche sie Amoi nannten. Diese letzteren hatten eine hellere Farbe, ein besseres Aussehen und redeten eine andere Sprache. Während einer oder zwei Generationen lebten beide Racen in Eintracht; dann aber entstand ein Krieg, in welchem die Männer aus Amoi von denen aus Baneba, die sich der Weiber bemächtigten, getödtet wurden. Aus dieser vermischten Quelle stammen alle Kingsmill' Insulaner her. Die aus Amoi sollen den Brodfruchtbaum mit herübergebracht haben, die von Baneba den Taro: Cocos und Pandanus waren schon einheimisch auf den Inseln.

Die Richtung von Amoi deutet auf Samoa, die von Baneba auf die Carolinengruppe, wo die Himmelfahrtsinsel (Puynipet) auch wirklich jenen einheimischen Namen führt. Diese einfache Geschichte erscheint um so glaubwürdiger, da sie fast die einzige Ueberlieferung der Vorzeit ist, welche die Insulaner besitzen. Daß die Gruppe erst in einer nicht sehr fernen Zeit bevölkert wurde, wird allgemein von den Eingebornen versichert, sie behaupten, daß vor nur wenigen Generationen es viel weniger Menschen auf den Inseln gab, daß Kriege nicht so häufig vorfielen, und man frei und sicher von einem Eilande zum andern reisen konnte. So soll vor ungefähr hundert Jahren der Großvater des 1840 regierenden Königs von Kuria, zum Vergnügen und um die Welt zu sehen, alle Inseln der Gruppe bereist haben. Jetzt aber sind sie sich so entfremdet, daß wenn der Sturm oder die Neugierde ein Canot veranlassen sollte, auf einer andern Insel zu landen, man höchst wahrscheinlich die Mannschaft erschlagen würde; entweder weil man ihnen feindliche Absichten zumuthete, oder um sich Knochen und Zähne für die Verfertigung von Zierrathen zu verschaffen.

Im Allgemeinen nähern sich die Tarawaner mehr den Malaien und haben eine dunklere Kupferfarbe, als die Tahitier. Die Backenknochen ragen hervor, so daß die Augen tiefer im Kopfe zu liegen scheinen. Die meisten Männer sind von kleiner Statur und die Weiber im Verhältniß noch kleiner. Doch zeichnen sich letztere durch eine angenehme Gesichtsbildung und zarten Gliederwuchs aus. Diese Beschreibung paßt aber, wie gesagt, durchaus nicht auf die Makiner, deren Aussehen so ganz verschieden ist, daß wenn sie nicht gleiche Gebräuche, Sitten und Sprache hätten, man sie nicht zu derselben Race rechnen würde. Ein ruhiges ungestörtes Schlaraffenleben nebst der Fülle von Nahrung erklärt diese Verschiedenheit der äußeren Erscheinung. Die Bevölkerung der meisten Inseln zerfällt in drei Klassen, die der nea oder omata (Häuptlinge), der kutoka (nichtadeligen Grundbesitzer) und der kawa (Sclaven). In Makin sind die katokas unbekannt. Kriege zwischen den einzelnen Dörfern fallen sehr häufig vor und nur auf einigen Inseln herrscht ein einziges Oberhaupt. Keine allgemein anerkannte Herrschaft irgend einer Art verknüpft aber die Gruppe oder auch nur die Nachbarinseln unter einander; außer Apomana, Ranouli und Kuria, die einem Könige gehorchen, der auf ersterer residirt. Die Regierung dieses kleinen Reiches wird nach der einfachsten patriarchalischen Form geführt: der König begnügt sich, den Tribut zu empfangen, ohne sich weiter um die Verwaltung der verschiedenen Dörfer, die seiner Herrschaft unterworfen sind, zu bekümmern. Auf den Inseln, wo verschiedene Häuptlinge sich in die Regierung theilen, werden öffentliche Berathungen in großen Versammlungshäusern „mariaps" gehalten, wo jede ansehnliche Familie ihren besonderen Sitz hat. Die Verhandlungen sollen oft sehr stürmisch sein und die widerstreitenden Redner sich so erhitzen, daß man sie nur mit Mühe davon abhalten kann, handgemein zu werden. Der Wille der Mehrzahl entscheidet. Die Gewalt der Häuptlinge über ihre Familien und Sclaven ist unumschränkt.

Der Tabou ist unbekannt, doch kommt das Wort in mehreren zusammengesetzten Wörtern der Sprache vor, welche heilig bedeuten. Rang und Eigenthum sind erblich. Hat ein Häuptling mehrere Kinder von verschiedenen

Frauen, so folgt ihm der Sohn, dessen Mutter vom höchsten Range war. Sind alle Kinder ebenbürtig, so erhält der älteste zwei Mal so viel Land, als die andern. Auch das weibliche Geschlecht ist erbfähig, und es gibt auf der Kingsmillgruppe reiche Erbinnen, denen dort wie in Europa hofiert wird.

Der religiöse Glaube ist von der einfachsten Art. Der Hauptgott, den ungefähr zwei Drittel der Insulaner als ihren Schutzgeist verehren, die übrigen aber durchaus nicht als solchen anerkennen, heißt Wanigain oder Tabou eriki. Einige beten die Seelen ihrer Vorfahren an, oder gewisse Vögel, Fische und Thiere, die sie zwar nicht selbst verzehren, aber ohne Umstände fangen, damit andere sie genießen können.

Ein Corallenblock mit Cocosnußblättern umflochten, die monatlich erneuert werden, damit sie beständig grün bleiben, stellt den Tabou eriki vor. Vor diesem Steine, den man eher für einen Altar als ein Götzenbild halten möchte, werden die Gebete verrichtet und vor jeder Mahlzeit einige Früchte als Opfer hingelegt. Jede ansehnliche Familie besitzt einen solchen Hausgötzen oder Altar und hält einen besondern Priester zur Verrichtung der üblichen Ceremonien. Eine grausame Göttin, — Jtibini — welche die kleinen Kinder lödten soll, um von ihrem Fleisch und Blute sich zu nähren, wird in einem von Corallengestein eingefaßten und mit weißem Sande bestreuten Kreise angebetet. In der Mitte des Zirkels ist eine Cocosnuß aufgerichtet, die beim Gebet mit einem Blätterkranz umwunden und mit Cocosnußöl eingesalbt wird. Die Schädel der Vorfahren verwahrt die Familie sorgfältig und hält sie in hohen Ehren. Beim Anrufen der Geister holt man jene hervor, setzt ihnen ebenfalls einen Blätterkranz auf, legt sie auf eine neue Matte, salbt sie mit Oel ein und bietet ihnen Speisen an.

Die Priester bilden keine besondere Classe und ihre Sporteln bestehen nur in den Früchten, die dem Gotte dargeboten werden und welche sie dann später abholen und verzehren. Die Oratel der Götter werden auf folgende Weise verkündigt. Auf dem sandigen Ostufer der Insel Kuria befinden sich sechs Häuser von der gewöhnlichen Größe der Wohnungen, aber mit Wänden aus Corallen und ohne Dachboden. Der Eingang ist stets nach Westen, weil dort Rainakaki — das Land der Seelen — liegt. In der Mitte des Hauses erhebt sich etwa viertehalb Fuß hoch ein großer Corallenblock mit einer tiefen Höhlung in der Mitte, an welche der Priester das Ohr legt, um wie er behauptet die Antwort seines Gottes zu vernehmen. Außerdem stehen noch eine Menge solcher ausgehöhlter Corallenblöcke am Ufer, da das Orakel nicht nothwendig unter Dach sein muß.

Auf Makin gibt es keine eigentlichen Priester, da das Familienhaupt den Dienst besorgt; dafür aber ist das Volk mit Zauberern versehen, die auf den andern Inseln fehlen. Das zu Tode beten herrscht hier wie auch noch gegenwärtig auf Hawaii.

Den Fall einer Sternschuppe hält man für eine Vorbedeutung des Todes für irgend ein Mitglied der Familie, welche die Stelle im Gemeindehause einnimmt, die der Himmelsgegend am nächsten liegt, von welcher das Meteor herabschoß. An eine Fortdauer nach dem Tode wird geglaubt. Der von den körperlichen Banden befreite Geist erhebt sich in die Lüfte und wird von den Winden, wohin sie wehen mögen, umhergetrieben, bis er endlich Kainakati, das Elysium erreicht. Doch nur Tätuirte können hoffen, dorthin zu gelangen; die andern werden alle unterwegs von einer großen Riesin — Baine — aufgefangen. Der Sitz jener glücklichen Gefilde soll auf der Insel Tarawa (1° 29 N. B.) sein, wo es verschiedene merkwürdige Erhöhungen oder Anschwellungen des Bodens gibt, die zwar nicht einmal eine Höhe von 24 Fuß erreichen, doch auf der niedrigen Coralleninsel sich schon von weitem bemerkbar machen. Eine jede dieser Erhöhungen soll der Sitz eines Kainakati sein, dessen Schönheit vor sterblichen Augen verborgen bleibt und wo die bevorzugten Seelen in beständigen Festen schwelgen. Der Boden wird für heilig gehalten und obgleich er mit Bäumen überwachsen ist, wagt es doch kein Eingeborner, sie zu fällen, sondern so wie einer vor Alter zu Grunde geht, wird ein anderer an die Stelle gesetzt.

Ein Paar Worte werden genügen, den einfachen Lebenslauf dieser Insulaner zu schildern.

Sie stehen mit Tagesanbruch auf, waschen Gesicht, Hände und Zähne mit süßem Wasser und salben sich mit wohlriechendem Cocosöl. Hierauf arbeiten sie auf dem Felde bis 9 oder 10 Uhr und kehren dann vor der drückenden Hitze nach Hause zurück, wo sie sich abermals waschen und ihr erstes Mahl einnehmen. Die ganze Mitte des Tages bringen sie in ihren Wohnungen oder im Mariara schlafend oder plaudernd zu. Gegen 4 Uhr Nachmittags wird die Arbeit wieder vorgenommen und dauert bis gegen Sonnenuntergang fort, worauf sie sich zum dritten Mal waschen, ihre zweite Mahlzeit halten, und so wie die Nacht zu dunkeln anfängt, sich zum Schlafen niederlegen. Sie haben keine Fackeln außer bei feierlichen Gelegenheiten, und der Mangel an Beleuchtung nöthigt ste, ihre Vergnügungen und Arbeiten mit dem Tage zu schließen.

Von den Kurianern erzählt Kirby, daß obgleich betrügerisch und unehrlich in ihren Handlungen, sie doch im Umgange unter einander gastfrei und freigebig sind. Dem Fremden setzen sie stets Speisen vor, und wer zu Hause nicht genug hat, begibt sich ohne weiteres zum Nachbarn, um dessen Mahl zu theilen. Viele sollen deßhalb erst im Dunkeln essen, wo es ihnen leichter wird, den Besuchen ihrer hungrigen Landsleute zu entgehen. Sie sind jähzornig, besänftigen sich aber leicht wieder und tragen den Groll nicht lange nach. Obgleich verrätherisch und grausam, scheinen die Kurianer doch weniger kriegslustig als die meisten Insulaner der Gruppe, wenigstens hatte, als Kirby sich dort aufhielt, seit fünf Jahren keine Fehde stattgefunden. Merkwürdig ist der Brauch, daß wenn ein Fischer mit einem wohlbeladenen Boote ankommt, die Nachbarn sich um ihn versammeln und ohne Entschuldigung oder Dank ihm das Beste wegholen, wobei ihm nur der Trost bleibt, daß er ähnlichen Falles es eben so machen kann. Das in ganz Polynesien übliche Rasenreiben ist nur in besonderen Fällen gebräuchlich. Beim Begegnen eines Häuptlings verlassen die Geringeren den Fußpfad und bleiben an der Seite desselben stehen; ein Zeichen der Ehrerbietung, welches auch den Frauen von allen Männern erwiesen wird. Ueberhaupt werden dem schönen Geschlecht größere Rücksichten, als auf den meisten andern polynesischen Gruppen gezollt. Die Männer verrichten alle schweren Arbeiten, fangen Fische und beschäftigen sich mit dem Anbau des Taro, wobei die Weiber nur das Unkraut ausreißen. Sonst sind letztere nur mit solchen häuslichen oder Handarbeiten beschäftigt, die auch wir als ihrem Geschlechte angemessen betrachten. Doch ist das Tagewerk der Männer ebenfalls leicht und die meiste Zeit bringen sie im Müßiggange zu. Die Hauptunterbrechung ihres einförmigen Lebens ist der Krieg, der mit Ausnahme von Makin auf der ganzen Gruppe herrscht, und bei dem geringen Verkehr der Inseln unter einander gewöhnlich den Charakter eines Bürgerzwistes annimmt, und die Bewohner desselben Eilandes entzweit. Die geschlagene zur Verzweiflung getriebene Partei schifft sich gewöhnlich ein, um der gänzlichen Vernichtung zu entgehen. So erzählte Kirby, daß ungefähr zehn Jahre vor seiner Ankunft einer der ersten Häuptlinge von Apamama sich gegen den König empörte, der damals auf Kuria residirte. Dieser sammelte sogleich seine Krieger und landete nach einigen Monaten auf Apamama, wo die meisten Einwohner zu ihm flößen, so daß die Rebellen, den hoffnungslosen Kampf aufgebend, nach der Südseite der Insel flohen. Hier hielten sie ihre Canots bereit und so wie der König mit seinen Kriegern heranrückte, schifften sie sich sogleich mit ihren Frauen und Kindern ein. Erst zogen sie nach Kuria, wo man sie für die heimkehrenden Krieger hielt, und Greise, Frauen und Kinder sich am Ufer zur höflichen Begrüßung versammelten. Doch bitter war die Enttäuschung der Unglücklichen, denn plötzlich sahen sie sich von mordlustigen Feinden umgeben, die unerbittlich die Wehrlosen erschlugen und die ganze Insel verwüsteten. Nach einigen Tagen kehrten die Kurianer wieder heim, worauf die Rebellen sich noch einmal auf die Flucht begaben und die verödete Insel deren rechtmäßigen Besitzern überließen. Einige der Flüchtlinge erreichten glücklich andere Inseln, andere wurden von Walfischfängern aufgenommen, die meisten verschlang der geheimnißvolle Ocean. Der Rebellenhäuptling entkam nach der Drummondinsel, wo er noch viele Jahre lebte.

Auch Wood wußte von den Gräueln des Krieges zu erzählen. Ungefähr vor acht Jahren war auf Matin eine Flotte mit ungefähr 500 Mann aus Apia angekommen, welche vor den Kriegern von Tarawa flüchteten. Man nahm sie gastfrei auf, bis man endlich entdeckte, daß die treulosen Fremden mit dem Plan umgingen, die Insel zu erobern, worauf die Einwohner sie überfielen und fast alle erschlugen. So gibt es auch auf dieser kleinen abgeschiedenen Welt — Kriege, Revolutionen, Verschwörungen — und die Wechselfälle der großen Völkergeschichte wiederholen sich im engen Kreise des winzigen Tarawa.

Die Leichen der in der Schlacht Erschlagenen werden gewöhnlich nicht von den Siegern verzehrt, doch kommt es wohl vor, daß junge Leute Stücke vom Fleisch eines namhaften gefallenen Kriegers essen, um sich dadurch, wie sie glauben, auch seinen hervorstechenden Muth anzueignen.

Auf Matin hatte der Krieg seit hundert Jahren nicht gewüthet. Die Waffen bestehen aus Keulen und den eigenthümlichen mit Haifischzähnen besetzten Schwertern und dreizackigen Lanzen, von welchen bereits im Anfang des Kapitels die Rede war. Der Harnisch soll erst in der letzten Zeit eingeführt worden sein und noch nicht auf allen Inseln sich vorfinden. Befestigungen gibt es auf dem nördlichen Theil der Gruppe nicht; auf der Drummond'sinsel jedoch fand man die Dörfer mit einem 8 bis 10 Fuß hohen Pfahlwerk umgeben und das Innere derselben in verschiedenen Richtungen von ähnlichen Verschanzungen durchkreuzt.

Von Kirby wurde es für nicht unwahrscheinlich gehalten, daß binnen kurzem die kriegerischen Einwohner des südlichen Theils des Archipels, besonders der Drummond'sinsel, die nördlichen erobern und unterjochen würden. Die Häuser und Canots fand Wilkes von vortrefflicher Bauart. Erstere haben einen Hängeboden wie auf Radack, auf welchem die Vorräthe zum Schutz gegen die Ratzen aufbewahrt werden und bedürfen zwei Monate zu ihrem Bau, während ein Boot für 10 Personen erst in 5 oder 6 Monaten vollendet werden kann. Die Zimmerleute stehen in hoher Achtung und sind entweder von den Häuptlingen abhängig oder Freigeborne, und arbeiten alsdann für Lohn. Am Bau der Mariapas, die häufig von bedeutender Größe sind, und deren Balken und Sparren mit schwarzen Streifen bemalt und mit den Muscheln der Cypraea Ovula verziert werden, betheiligt sich die ganze Bevölkerung eines Dorfes. Viel Zeit wird auf die Verfertigung von Kleidungsstücken verwendet, und während die Männer sich mit dem Häuserund Bootbau beschäftigen, bestelzigen sich die Frauen des Flechtens von Matten, die in Ermangelung des Tapatuches, von den Männern als Kleidung getragen oder auch wohl als Segel und zum Lager benutzt werden. Man verfertigt sie aus den jungen hellgelben und den alten dunkelbraunen Blättern des Pandanus, deren verschiedene Farben zu regelmäßigen Mustern geflochten werden. Die ganz weißen Matten, zu welchen man die Pandanusblätter sorgfältig bleicht, sind jedoch die schönsten.

Eine kleine längliche Matte mit einem Schlitz in der Mitte, durch welchen sie den Kopf stecken, und der also dem südamerikanischen Poncho gleicht, wird häufig von den Männern getragen. Das Kleidungsstück der Frauen besteht aus einem Gürtel von fransenartig herabhängenden Cocosnußblättern. Als Zierrathen sind Schnüre von abwechselnd schwarzen und weißen Muscheln, oder aus geflochtenen Menschenhaaren gebräuchlich. Die Häuptlinge tragen auch wohl vorn an der Brust an einem Halsband hängend eine weiße Cypraea oder einen großen Walfischzahn.

Das Meer versorgt die Tarawaner mit einem großen Theil ihrer Nahrung. Walfische sollen früher häufig auf den Riffen gestrandet sein, und auch jetzt noch treibt zuweilen eine riesige Cetaceenleiche an's Ufer. Die kleineren Fische werden wie auf den Carolinen in Reusen gefangen, die man auf den Meeresboden hinstellt, und durch eine Belastung von Corallensteinen vor dem Umwerfen sichert. Viele Fische werden auch mit Hülfe von Wehren oder Steindämmen gefangen, die man durch die seichten Lagunen aufbaut, welche die Ebbe größtentheils trocken legt. Zur Fluthzeit umringen die Eingeborenen in großer Menge die Untiefe und treiben die Fische hinein, worauf das Wehr geschlossen wird, und nach dem Verlaufen des Wassers einen leichten Fang gewährt. Auch der großen Zugnetze bedient man sich an geeigneten Stellen. Bei Tage fängt man die fliegenden Fische, indem man auf die bereits erwähnte Weise die an eine kurze Schnur befestigte Angel vom Hintertheil des forteilenden Bootes herabhängen läßt; Nachts bedient man sich eines Lichtes, dem sie nachfliegen und in's Boot fallen. Auf ähnliche Weise werden auch die Krabben aus ihren Löchern hervorgelockt. Schildkröten werden zur gehörigen Jahreszeit auf dem flachen Strande erhascht, und Muscheln und Holothurien, die hier nicht für fremde Schiffer gesammelt, sondern zur Nahrung dienen, von Tauchern auf dem Meeresboden zusammengelesen.

Die vegetabilische Nahrung besteht aus Cocos- und Pandanusnüssen einer Art Taro und etwas Brodfrucht. Der Saft der Pandanusfrüchte wird, wie auf Radack, gedörrt, und in langen wurstförmigen mit Pandanus- blättern umwickelten Rollen aufbewahrt. Diese halten sich jahrelang und dienen zugleich als eine Art von Münze, womit der den Häuptlingen schul- dige Tribut entrichtet, oder der Lohn für geleistete Dienste bezahlt wird.

Die Brodfrucht wird gewöhnlich auf heißen Steinen geröstet. Es ist dieselbe Spielart die auf Samoa wächst, wodurch die Vermuthung, daß die Einwohner zum Theil dorther stammen einen um so festeren Boden gewinnt.

Aus der Blüthenscheide der Cocospalme verstehen sie den süßen Saft zu gewinnen, indem vor der Entwicklung der Frucht der Stiel fest zugebunden und das Ende abgeschnitten wird. Eine Cocosnußschale dient zum Auf- fangen des herauströpfelnden Saftes, der entweder frisch getrunken, oder auf heißen Steinen zu einem Syrup — kamoimoi — verdickt wird. Mit Wasser vermischt, bildet dieser das häufigste Getränk bei festlichen Zusammenkünften, und wird häufig dem Taro- und Cocosnußbrei zugesetzt. Berauschende Getränke kennt man nicht, denn der Taumelpfeffer, den ohne Zweifel die Vorfahren gekannt, wächst nicht auf den Inseln.

Die Freigebigkeit der Natur läßt viel Zeit für Vergnügungen übrig, für Tanz und Gesang. Gewöhnlich zur Zeit des Vollmondes laden die Einwohner eines Dorfes die eines andern, sowohl Männer als Weiber, zu einem festlichen Gelage ein. Am bestimmten Tage kommen die Gäste in ihren Canots herangefahren und begeben sich nach dem Mariapa, wo sie sich an der Seite woher sie kamen lagern, während ihre Wirthe sich ihnen gegenüber setzen. Nach genossener Mahlzeit eröffnen die Gäste den Tanz, der von den Wirthen wetteifernd fortgesetzt wird, und abwechselnd bis zum Abende dauert, worauf das Singen an die Reihe kommt. Nach Mitternacht entfernen sich die Wirthe und überlassen den Mariapa ihren Gästen zum Nachtlager. Diese Festlichkeiten dauern drei Tage. Die Tänze gleichen den Evolutionen einer Compagnie Soldaten, da alle Bewegungen zugleich nach dem Tact eines einförmigen Gesanges ausgeführt werden. Am thätigsten dabei ist der Oberkörper, während die Beine verhältnißmäßig ruhig bleiben. Oefters werden die Arme weit ausgestredt, und dann wieder klatschen die Hände mit großer Gewalt gegen Schenkel und Brust, während der Körper sich hin und herwiegt. Außerdem gibt es noch viele andere Vergnügungen: das Spielen mit dem Fußball; mit kleinen Canots, die dem Zufall überlassen auf der Lagune herumtreiben; das Schwimmen in der Brandung, wobei man sich eines kleinen Bretts wie auf Hawaii bedient; auch läßt man häufig Drachen fliegen, aus Pandanusblättern verfertigt, welche man zur Hälfte ihrer Dicke abschabt, wodurch sie leichter als Papier werden. Beim Heirathen finden festliche Ceremonieen statt. Am Tage der Hochzeit versammeln sich die beiderseitigen Verwandten und Freunde im Hause des Brautwaters, alle im größten Schmuck. Das junge Paar setzt sich in der Mitte auf einer neuen Matte, der Priester drückt ihre Stirne an einander und gießt einige Tropfen Cocosnußöl auf ihre Köpfe. Hierauf nimmt er einen Baumzweig, taucht ihn in Wasser, besprentelt damit ihr Gesicht und betet zugleich für ihr künftiges Wohlergehen und Glück. Nun werden ihnen Speisen vorgesetzt, gewöhnlich eine besondere Art Fisch, mit Taro und Brodfrucht, wovon sie beide genießen, und nun erst drängen sich die Freunde und Verwandte um Glück zu wünschen, und zum freundlichen Rasenreiben herbei. Kinder werden häufig schon im frühesten Alter mit einander versprochen, und die Vielweiberei beschränkt sich nur durch das Vermögen des Mannes. Wie auf Radack, darf jede Mutter nur drei Kinder erziehen: alle folgende müssen sterben, so wie sie geboren werden. Diese gräulichen Morde erregen weder Entsetzen noch Scham, man betrachtet sie als ein nothwendiges Uebel um der drohenden Uebervölkerung zu steuern.

Es gibt bestimmte Tättowirer, die man hoch schätzt und theuer bezahlt, so daß nur die Vornehmeren sich diese Zierde in ihrer vollständigen Pracht aneignen können. Die jungen Männer werden nicht vor dem zwanzigsten

Jahre tättowirt; die Sclaven niemals. Es sind meistens kurze schräge Linien ungefähr ein achtel Zoll von einander, die in Längsreihen am Rücken, an der Brust und an den Beinen herablaufen, und vielleicht wie sonst überall in Polynesien eine ursprüngliche heraldische Bedeutung halten. Die Weiber werden auf dieselbe Weise, jedoch bei weitem nicht in derselben Ausdehnung wie die Männer tättowirt.

Das Klima der Inseln ist gleichmäßig und obgleich heiß doch weniger drückend als in den meisten tropischen Ländern. Erfrischende Seewinde wehen fast beständig und Regengüsse sind häufig, die sowohl zur Abkühlung der Atmosphäre dienen als auch das Land befruchten. Der sogenannte Winter von October bis April zeichnet sich namentlich durch die Häufigkeit des Regens aus. Wechselnde Nord- und Westwinde herrschen alsdann vor, und steigern sich bisweilen zu Orkanen, die oft mehrere Tage lang anhalten. Große Stücke Landes werden alsdann vom tobenden Ocean verschlungen und Kirby behauptete, daß sogar während seines Aufenthaltes die Westseite von Kuria bedeutend abgenutzt worden sei. Während dieser Stürme werden oft große Baumstämme, die zur Familie der Coniferen zu gehören scheinen, auf der Westseite der Inseln ausgeworfen, so wie große Klumpen eines Harzes, demjenigen ähnlich, welches in Neu Seeland aus dem Boden gegraben wird und wahrscheinlich wie unser Bernstein einer vorweltlichen Flora angehört. Die Eingeborenen benutzen es um ihr Cocosnußöl wohlriechend zu machen, so wie sie zu verschiedenen Zwecken auch die Basaltsteine verwenden, die von den Wurzeln des Treibholzes umschlungen, den weiten Weg über den Ocean zu den Corallengestaden Tarawa's zurücklegen. Vom Mai bis September ist das Wetter meistentheils heiter und der Passat streicht beständig über die Inseln. Diese Jahreszeit wird zum Reisen benutzt, denn im Winter wagen die Tarawaner nicht einmal von einer Insel zur nächstliegenden zu fahren. Heftige Erdstöße werden zuweilen verspürt und die Richtung der Schwingungen scheint von Südwesten herzukommen.

Die Bevölkerung ist bedeutend. Auf der Drummond Insel, wo man am besten Gelegenheit zur persönlichen Uebersicht hatte, wurde sie auf mindestens 10,000 geschätzt. Auf Apamama sah King einst 7000 Krieger versammelt, die alle zum kleinen Dreiinselreich gehörten, dessen Gesammtbevölkerung man also füglich auf 28,000 schätzen kann. Nach Wood belief sich die Seelenzahl Makin's auf 5000 und auch die übrigen Inseln, welche die amerikanische Expedition besuchte, schienen dicht bevölkert zu sein, so daß es wohl keine Uebertreibung ist wenn Wilkes die Seelenzahl der Tarawa Gruppe auf mindestens 60,000 schätzt. Da das ganze trockene oder bewachsene Areal der Gruppe höchstens 7 Quadratmeilen beträgt, kämen also an die 9000 Seelen auf die Quadratmeile, doch muß berücksichtigt werden, daß die fischreichen Lagunen, welche eine bei weitem größere Fläche einnehmen, das Meiste zu ihrer Ernährung beitragen.

Mit fremden Schiffen ist im allgemeinen der Verkehr sehr unbedeutend, da man sich hier weder Holz noch Wasser in hinreichender Menge verschaffen kann, und es fast gar keine Tauschartikel gibt. Daher anlern die Südfahrer nur selten in den Häfen, obgleich es deren viele gute gibt, ein Vorzug, der den andern niedrigen Inseln abgeht. Der südliche Theil der Gruppe wird noch am häufigsten besucht, da er in der Nähe eines starkbefahrenen Wallfischgrundes liegt, so daß die Bewohner dadurch im Stande sind Eisen, das überall in der Südsee so hochgeschätzte Metall, in hinreichender Menge sich anzuschaffen, um ihre einheimischen Geräthschaften aus Stein oder Palmuttermuscheln fast ganz entbehrlich zu machen. Eine merkwürdige Begierde nach Tabak, und einige früher unbekannte Krankheiten möchten außerdem noch die Hauptfrüchte sein, die sie dem Verkehr mit den Weißen verdanken.

Die Gemüthsart der Tarawaner hat manches eigenthümliche; so sollen sie dem Spleen unterworfen sein und dadurch zuweilen zum Selbstmorde verleitet werden.

Ihr höchster Ehrgeiz strebt danach sich den Ruhm eines vollendeten Weltmanns, eines Malva zu verschaffen. Der Malva ist in allen ihren Künsten und Spielen wohl bewandert, ein vortrefflicher Tänzer, ein unüberwindlicher Krieger; er versteht das Leben am besten zu genießen, und geht gerades Weges nach dem Tode zu den Freuden Kainakoli's über, da er nach den Begriffen seiner Landsleute auf der Höhe der Menschheit steht.

Die Sanftmuth der Makin Insulaner im Gegensatz zur Rauflust ihrer Nachbarn beweist, daß ein friedfertiges sorgenloses Leben, durch mehrere Generationen fortgesetzt, eine bedeutende Veränderung im Charakter eines Volkes hervorbringen kann, denn während bei den kriegerischen Drummond's Insulanern die grausamen Instinkte des Wilden vorherrschen, sehen wir bei jenen schon die Morgenröthe der Humanität aufdämmern.

Auch auf die Kingsmill Gruppe hat seit einigen Jahren die Thätigkeit der Missionare sich ausgebreitet. Im Jahre 1852 wurde das Werk mit Makin begonnen und seit 1857 hat der amerikanische Glaubensprediger

Bingham sich auf Apia oder der Charlotten Insel niedergelassen, deren Bevölkerung er genau zu 3211 Seelen angibt. Ein blutiges Ereigniß brachte den Missionar mit den Bewohnern der südlich von Apia gelegenen Insel Tarawa in nähere Berührung. Am 19. Februar 1856 kam eine Schaar Tarawaner in etwa 100 Canoes, nach Apia um die Bewohner der letztgenannten Insel anzugreifen. Ein hitziges Gefecht entstand, in welchem die Tarawaner, wie sie es wohl verdienten, vollständig unterlagen und mindestens 50 Menschen und 70 Fahrzeuge einbüßten. Eine Anzahl Männer, Frauen und Kinder von Tarawa, die sich als der Kampf einen so unglücklichen Ausgang nahm in's Meer stürzten, wurden gefangen genommen. Der Anführer der Tarawaner selbst fiel. Aber es gab auf Tarawa noch einen zweiten Häuptling, der an dem Ueberfall keinen Theil genommen hatte. Seine Anhänger kamen nach Beendigung der Schlacht nach Apia um den dortigen Häuptling Te Kauea, der im besten Einvernehmen mit dem Missionar lebte zu seinem Siege zu beglückwünschen.

Viele von diesen Tarawanern wurden von Te Kauea in die Wohnung des Missionars gebracht, um das nach amerikanischer Weise aus aufrecht stehenden Brettern erbaute, 24 Fuß tiefe, und 18 Fuß breite Haus zu sehen. Ein kleiner Compaß, dessen Nadel Te Kauea mittelst einer Messerklinge beliebig hin- und herbewegte, war für sie ein staunenswerther Anblick, so wie die Uhr mit dem Schlagwerk. Auch konnten sie sich nicht satt sehen an den Photographieen. Der Häuptling, ein ansehnlicher Mann mit angenehmen Gesichtszügen, versicherte er würde Missionare auf Tarawa gastfrei aufnehmen, und ohne Zweifel hat man ihn beim Wort gehalten. So hat auch auf Kingsmill die Civilisation bereits den Grundstein zu späteren Erfolgen gelegt; und diese Gruppe wird wie so viele andere dem Einfluß der höheren Cultur sich unterwerfen müssen.

Neunundzwanzigstes Kapitel.
Radack und Ralick.

Chamisso. — Der Radack Archipel. — Größe der Atolls. — Der Pandanus. — Der Wegan. — Der Cocos. — Auswürflinge des Meeres. — Physischer und moralischer Zustand der Radacker. — Beschäftigungen des Friedens. — Der blinde Gott von Eggar. — Vorrechte der Häuptlinge. — Kriege. — Scheingefecht. — Entdeckung von Meßd durch Kotzebue, 1. Januar 1817. — Otdia. — Einfahrt in die Lagune. — Tageblad. — Anlage eines Gartens. — Kabu. — Reist auf dem Rurick nach den Rleilien. — Bleibt auf Otdia. — Seine wahrscheinliche Ermordung. — Ralick-Missionare auf Radack und Ralick.

Die Orte, wo ein uns theurer Dichter mit Liebe verweilte, werden uns zu geheiligten Stätten und gerne flüchtet unsere Phantasie aus dem belaubenden Gewirr des Alltagslebens nach jenen freundlichen Ruhepunkten, welche der Genius der Poesie so reizend für sie schmückte.

Ein solcher Ort ist Radack, an und für sich eine der unbedeutendsten Inselgruppen Polynesiens, für den Freund der Musen der Sitz einer der lieblichsten Idyllen, denn hier war es wo Chamisso die schönsten Tage seiner Weltfahrt feierte, sein Leben vielleicht am heitersten genoß. Kotzebue hat Radack für die Geographie entdeckt, aber für uns hat Chamisso es geschaffen, denn wer ohne ihn kümmerte sich um das arme Ländchen und dessen arme Bewohner.

Ein Blick auf die Karte zeigt uns nördlich von Tarawa und gewissermaßen die geologische Fortsetzung jenes weit reicheren und bevölkerteren Archipeles bildend, eine Reihe in südnördlicher Richtung sich erstreckender Inselgruppen, deren jede wiederum aus vielen kleinen Inseln besteht, wovon die bedeutendste gewöhnlich der ganzen Gruppe den Namen gibt. Den Umkreis des ihr als Grundlage dienenden Riffes krönend, schließt jede Gruppe ein großes inneres Wasserbecken ein, um welches die dazu gehörigen Inselchen wie die Perlen eines Halsbandes zusammengeschnürt sind. Es sind mit einem Worte Atolls oder Laguneninseln, wie wir sie auf Paumotu, Tarawa u. s. w. schon haben kennen lernen, aber meistens Atolls von einem sehr bedeutenden Umfange. So ist Otdia 30 Meilen lang, 12 Meilen breit

und trägt 65 Inseln auf der Krone seines Riffs, und Raken, welches unge‐
fähr dieselbe Größe und dieselbe längliche Gestalt besitzt, ist namentlich auf
der Windseite mit fruchtbaren Inseln reichlich gekrönt, deren Herr von
Kotzebue im Umkreis 64 zählte. Einen noch bei weitem größeren Flächen‐
raum nimmt Erigup ein, welches aber so ärmlich und spärlich begrünt ist,
daß, wie Chamisso vernahm, es nur von fünf Männern und einigen Weibern
bewohnt war. Doch auch die besseren Gruppen sind immer noch von einer
sehr dürftigen Beschaffenheit, da nur über wenigen der Inseln die Cocos‐
palme hochstämmig ihre Krone wiegt, und die Kultur des Pisangs, die auf
den nördlicheren Gruppen mit Einschluß von Otdia gänzlich fehlt, erst auf
Raken angetroffen wird. Ueberhaupt sind die südlicheren Gruppen die reich‐
sten und scheinen dadurch ihren älteren Ursprung zu bekunden. So zeigte
sich die Insel Tabual, die einzige der Gruppe Aur, auf welcher Chamisso
landete, in einem ganz ungewöhnlichen Flor. Hinter einem gedrängten Haine
schlankaufsteigender Cocospalmen fand er in den Niederungen Pflanzungen
von Bananen und Arum. Reicher an diesen nahrhaften Geschenken der
Flora, die dort nur jüngst angepflanzt zu sein schienen, sollten die südlichen
vom Kurid unbesuchten Gruppen Meduro, Arno und Mills sein, und beide
ersten verglichen sich allein den übrigen der Kette zusammengenommen an
Bevölkerung und Macht, was übrigens nicht mehr heißt, als daß sie an
die tausend Bewohner zählen mochten. Das nutzbarste Gewächs auf Ra‐
dack, dessen Frucht die Vollsnahrung ausmacht, ist der gemeine Pandanus
der Südseeinseln, dessen Nüsse sonst nur zum Schmuck so wie dessen Blätter
zur Kleidung oder zum Dachdecken benutzt werden. Er wächst wild auf dem
dürrsten Sande, wo erst die Vegetation anhebt und bereichert den Grund
durch die vielen Blätter, die er abwirft. Er wuchert in den feuchten Nie‐
derungen reicherer Inseln. Er wird außerdem mit Fleiß angebaut, und über
zwanzig Abarten mit veredelter Frucht werden durch Ableger fortgepflanzt.
Die zusammengesetzten faserigen Steinfrüchte, aus denen die kugelförmige
Frucht besteht, enthalten an ihrer Basis, dem Punkte ihrer Anheftung, einen
würzigen Saft. Man klopft erst, diesen Saft zu genießen, die Steinfrucht
mit einem Stein und kaut sodann die Fasern. Man bäckt auch die Früchte
in Gruben nach Art der Südsee, nicht sowohl um sie in diesem Zustande
zu genießen, als um daraus den Mogan zu bereiten, ein würziges trockenes
Conseel, das für Seereisen aufgespart bleibt. Zur Bereitung des Mogan
sind alle Glieder einer oder mehrerer Familien geschäftig. Aus den Stein‐

Früchten, wie sie aus der Backgrube kommen, wird der verdickte Saft über den Rand einer Muschel ausgekratzt, dann auf ein mit Blättern belegtes Rost ausgebreitet, über ein gelindes Kohlenfeuer der Sonne ausgesetzt und ausgedörrt. Die dünne Scheibe, sobald sie gehörig getrocknet, wird dicht auf sich selbst zusammengerollt und die Walze dann in Blätter des Baumes sauber eingehüllt und umschnürt. Die Mantel dieser Frucht ist geschmackvoll aber mühsam zu gewinnen und wird öfters vernachlässigt. Aus den Blättern verfertigen die Weiber alle Sorten Matten, sowohl die zierlich umrandeten viereckigen, die zu Schürzen dienen, als die zu Schiffssegeln verwendet werden, und die dickeren woraus das Lager besteht.

Der Cocos der auf den reicheren Coralleninseln des großen Oceans den ersten Rang einnimmt, steht hier dem Pandanus nach, doch so wie auf diesem die Nahrung, so beruht auf jenem die Schifffahrt des anmuthigen Volkes von Radak. Wo fänden sie sonst das Material zu den Schnüren, womit die Planken ihrer kunstfertigen Pirogen mit einander verbunden werden, oder zu den Seilen, welche das Segel aufziehen und herablassen? Daher wird er überall auf bewohnten und unbewohnten Inseln angepflanzt und vermehrt, aber bei den vielen jungen Pflanzschulen auf die Chamisso traf, sah er ihn nur auf bewohnten Inseln seine hier sehr kleinen Nüsse tragen und nur auf wenigen und auf den südlicheren Gruppen seine lustige Krone hoch in den Lüften wiegen.

Der Brodfruchtbaum, womit die freigebige Natur Tahiti und die Marquesas reichlich begabte, ist auf Radak nicht sehr gemein und da die einzige hier vorkommende Art nur kleine Früchte mit öfters ausgebildeten Samenkörnern trägt, läßt sich vermuthen, daß er hier gleich dem Cocos nicht mehr den ihm völlig zusagenden Boden, das seinem üppigen Wuchse entsprechenden Klima findet. Nichts destoweniger wird er sowohl seiner Früchte als seines Holzes wegen hochgeschätzt, da aus diesem der Kiel zu den Booten verfertigt wird, deren übrige Planken man meistens aus Floßholz arbeitet.

Der Taro findet hier fast nirgends den tiefen Moorgrund, der zu Ausbildung seiner Wurzeln nöthig ist, doch wird er hie und da nebst der Banane und dem Manglebaum (Rhizophora gymnorhiza) angepflanzt. Das Kraftmehl aus der hier sehr häufigen Tacca pinnatifida wird selten bereitet, so daß also auch hier der Mensch aus Unkenntniß oder Trägheit nicht alle Gaben zu seinem Nutzen verwendet, welche die Natur ihm darbietet.

Aus der Rinde von drei verschiedenen Pflanzenarten, die nur wild vorkommen — einer Nessel, die einen weißen Faden von ausnehmender Feinheit und Stärke liefert; einer den dürrsten Sand überziehenden Winde und dem Hibiscus — wird ein nutzbarer Bast gewonnen.

Daß auf dem dürftigen Radack verschiedene Zierpflanzen, deren wohlriechende Blumen man in anmuthigen Kränzen um das lange aufgebundene Haar und in den Ohren trägt, allgemein um die Wohnungen angepflanzt werden, zeigt von einem Sinn für Wohlgerüche und Zierlichkeit, von einer Empfänglichkeit für das Schöne, die so vielen Söhnen des hochgebildeten Europa fast gänzlich abgeht.

Außer den entwurzelten Baumstämmen und Schiffstrümmern, welche die Strömung auf die Riffe von Radack auswirft, und wodurch sie nicht nur mit Bauholz sondern auch mit Eisen und Steinen zum Schleifen versorgt werden, bringt ihnen das Meer auch noch manche Samen und Früchte, von welchen manche die Fähigkeit zu keimen noch nicht verloren haben. Sie wurden von Chamisso gesammelt und darunter die Früchte von der Nipa Palme und von Pandanus Arten gefunden, die nur auf den größern im Westen gelegenen Landen vorkommen und auf die Weltgegend hindeuten, von welcher auch der Mensch nach Radack herüberkam.

Außerdem waren es die Früchte der Baringtonia speciosa, der Aleurites triloba und anderer Bäume, die größtentheils den baumartigen oder rankenden Schotenpflanzen angehörten, die überall zwischen den Wendekreisen gleich häufig sind. Die Verbreitung der wandernden Samen von Küste zu Küste und Insel zu Insel gehört unstreitig zu den anmuthigsten Geheimnissen des Oceans.

Die Lagunen im Innern der Inselgruppen sind an Fischen nur arm. Besonders wird den fliegenden Exocoeten Nachts bei Feuerschein nachgestellt. Der Haut wegen, welche die Trommel zu bespannen dient, werden zwei große Rochenarten angegriffen, deren Genuß Vergiftungszufälle hervorbringt. Um so mannigfaltiger ist die Reihe der ein- und zweischaligen Muscheln, die sowohl verspeist als sonst noch auf mannigfaltige Weise benutzt werden. Das Tritonshorn dient als Signaltrompete, die Riesentridacna als Gefäß und zur Verfertigung von Schneidewerkzeugen, die Perlmutter wird zu Messern geschärft und kleinere Schneckenarten werden zum Schmuck in zierlichen Reihen um Hauet und Nacken getragen. Der Trepang kommt in Ueberfluß auf den Riffen vor, ohne daß die dürftigen oft um Nahrung bekümmerlen Radacker es versucht hätten ihren Hunger mit dem ekelhaften Wurm zu stillen, der wie wir wissen auf dem chinesischen Markte so sehr gesucht wird.

Man kann sich denken, welche reiche Ausbeute an niederen Seethieren der Naturforscher auf diesen Riffen, in diesen Lagunen findet, wie sehr ein etwas längerer Aufenthalt sich für ihn lohnen würde? Aber die wissenschaftlichen Expeditionen durchfliegen in der Regel die Erde, und kaum hat der Probachter einen oberflächlichen Eindruck gewonnen so führt ihn schon das Segel nach einem andern Gestade hin, von dem er wiederum nach gleich flüchtigem Erscheinen sich trennen muß.

Die Radacker sind von dunklerer Farbe als die Hawaiier, von denen sie sich vortheilhaft unterscheiden durch größere Reinheit der Haut, die weder der Gebrauch des Kawa noch sonst dort herrschende Hautkrankheiten entstellen. Bei ihrer dürftigen Nahrung sind sie weder von großer Statur noch von sonderlicher körperlicher Kraft, aber obwohl schmächtig ist ihr Körper wohlgebildet und gesund und sie scheinen ein hohes Alter mit heiterer Rüstigkeit zu erreichen. Kotzebue machte die Bemerkung, daß die Greise überhaupt einen ungeschwächten Geist behalten, und der Jugendsinn sich erhält bis die Hülle in's Grab sinkt; ein schönes Vorrecht des armen aber glücklichen Völkchens, welches der Seefahrer dem milden Klima, der mäßigen Arbeit und der vegetabilischen Nahrung zuschreibt. Das schwarze Haar wird hinten zierlich aufgebunden, und besonders beim weiblichen Geschlecht mit Blumen und Muscheln geschmückt. Mann und Weib tragen in den durchbohrten Ohrlappen ein gerolltes Pandanusblatt. Die Rolle hat bei den Männern 3 bis 4 Zoll im Durchmesser, bei den Weibern unter der Hälfte. Die Tätuirung findet bei beiden Geschlechtern statt, und ist bei jedem gleichförmig, wie dieses auch sonst in Polynesien für jedes besondere Land der Fall.

Bei den Iros oder Häuptlingen verbreitet sie sich meist über Theile des Körpers die beim gemeinen Mann verschont bleiben. So trägt oder trug in Polynesien jeder nicht nur sein Vaterland, sondern auch seine Geburt in unauslöschlichen Zeichen auf der Haut eingegraben.

Die Kleidung der Radacker entspricht, wie man sich leicht denken kann, ihrer Dürftigkeit. Bei den Männern besteht sie in einem Gürtel mit hängenden Baststreifen, den öfters eine kleine viereckige Matte als Schürze begleitet; Knaben gehen bis sie das männliche Alter erreicht haben völlig nackt. Die Weiber tragen zwei längere Matten mit einer Schnur über die Hüften befestigt, die Mädchen früh schon eine kleinere Schürze. Auch hier trifft man bei den Männern den reichsten Schmuck, denn außer den Blumen- und Muschelkränzen, womit sich beide Geschlechter zieren, tragen sie häufig einen Halsschmuck von gereiheten Delphinenzähnen mit vorhängenden Platten von Schildkrot oder dünnen runden Muschel- und Cocosschelben. Zum Kopfputz der Häuptlinge gehören oft auch die Schwanzfedern des Tropikvogels und die langen Schwingen der hochfliegenden Fregatte.

Die Häuser, die nur aus einem von vier niederen Pfosten frei getragenen Dache bestehen, das mit einem Hängeboden versehen ist, bezeugen sowohl die Armuth der Radacker, als die ewige Frühlingsmilde ihres Klimas. Man kann unter dem Dache nur sitzen, eine grobe Matte dient zum Bett und ein Holzstamm zum Kopfkissen. Uebrigens ziehen die Radacker auf ihren kunstreichen Booten mit Familie und Habe, welche letztere eben nicht das leichte Fahrzeug erheblich beschwert, bald auf die eine bald auf die andere Insel; theilweise zum Besuch, noch öfters aller Wahrscheinlichkeit nach um dem Mangel an Pandanusfrüchten zu entgehen, der die Bewohner einer Gruppe, innerhalb ihrer engen Welt zu einer Art von Nomadenleben zwingt.

Der wildwachsende Pandanus scheint ein gemeinschaftliches Gut zu sein. Ein Bündel Blätter dieses Baumes (Zeichen des Eigenthums) an den Ast gebunden woran eine Frucht reift, sichert dem, der sie entdeckt hat, ein Recht darauf. Die Cocosbäume sind ein Privateigenthum. Man sieht öfters solche die in der Nähe der Wohnungen mit reifenden Nüssen beladen sind, mit einem um den Stamm befestigten Cocosblatt verwahrt, das durch Rauschen das Hinaufklettern verrathen soll.

Außer der Sorge für Nahrung sind Schifffahrt und Gesang die Hauptbeschäftigungen des Friedens. Das liebste, das einzige Gut der Radacker sind ihre Boote und ihre Trommel, welche schon ihre Kinderspiele ausmachen. Sie führen besonders am Abend im Kreis um ein helloderndes Feuer versammelt ihre sitzenden Liedertänze auf, in welchem das Andenken wichtiger Begebenheiten von Generation zu Generation aufbewahrt wird. Berauschende Freude ergreift dann alle und aller Stimmen mischen sich im Chor.

Einem unsichtbaren Gott im Himmel — Anis — werden ohne Tempel und Priester einfache Opfer von Früchten bei allen wichtigen Unternehmungen dargebracht. Es gibt auf verschiedenen Inseln heilige Bäume, Cocospalmen, in deren Krone sich Anis niederläßt. Um den Fuß eines solchen Baumes sind vier Ballen im Viereck gelegt. Es scheint nicht verboten zu sein in den Raum, den sie einschließen, zu treten und die Früchte des Baumes werden von den Menschen gegessen.

Die wüste und nördlichste Inselgruppe Bygar hat ihren eigenen Gott. Der Gott von Bygar ist blind, er hat zwei junge Söhne Namens Rigabull und die Menschen, die Bygar besuchen, nennen einander so lange sie da sind Rigabull, damit der blinde Gott sie für seine Söhne halte und ihnen Gutes thue. Anis darf auf Bygar nicht angerufen werden; denn der Blinde der durch ein scharfes Ohr den Mangel des Gesichtssinnes zu ersetzen scheint, würde den, der es thäte mit schwerer Krankheit strafen oder sogar erschlagen.

Daß in die Gruben Wasser quelle oder das steigende Meer in seine Grenzen zurückkehre, helfen wohl und ohne Fehl ausgesprochene Beschwörungsformeln, denn ist der Erfolg ungünstig so ist etwas versehen worden und die Worte wurden nicht recht gesagt. „Es ist überall wie bei uns", sagt Chamisso.

Obgleich den Häuptlingen keine besondere Ehrfurchtsbezeugung gezollt wird, so üben sie doch über alles Eigenthum ein willkürliches Recht. Chamisso sah selbst von dem Fremden beschenkte Häuptlinge ihre Gaben gegen Mächtigere verheimlichen. Wo ein Häuptling auf eine Insel ansährt, wird von seinem Boote aus ein Zeichen gegeben und seinen Bedürfnissen wird sofort mit dem besten Vorhandenen zuvorgekommen. Ein schönes Vorrecht der Geburt, um welches leider unsere hochwohlgeborenen Herren, denen jetzt nur noch nach dem Maaßstabe ihres Beutels aufgetischt wird, den Radacker Adel beneiden dürften. Die Erbfolge ist nicht unmittelbar von dem Vater auf den Sohn, sondern von dem älteren Bruder auf den jüngeren bis nach Ableben aller der erstgeborene Sohn des Ersten wieder an die Reihe tritt. Dasselbe fand auch bei den alten Chamorros auf den Marianen statt.

An Sanftmuth und Gutmüthigkeit sollen die Radacker nach dem übereinstimmenden Urtheil von Kotzebue und Chamisso alle anderen Polynesier übertreffen, ein Vorzug den sie vielleicht der Sittlichkeit ihrer Weiber, vielleicht aber auch ihrer größeren Armuth und der kargen Fastennahrung verdanken, welche alle wilderen Leidenschaften dämpft. Mit dieser Milde der Sitten steht ein grausames Gesetz im Widerspruch, dessen Grund in dem drängenden Mangel und der Unfruchtbarkeit der stiefmütterlichen Erde liegt. Jede Mutter darf nur drei Kinder erziehen, das vierte das sie gebiert, und jedes darauf folgende, soll sie selbst lebendig begraben. Diesem Gräuel sind die Familien der Häuptlinge nicht unterworfen.

Die deutschen Seefahrer — denn obgleich unter russischer Flagge, war die Expedition des Rurick doch eher eine deutsche zu nennen, da ein Sohn unseres wohlbekannten Theaterdichters sie begleitete, und deutsche Naturforscher — Chamisso, Eschscholtz — ihr einzig und allein den wissenschaftlichen Werth verliehen haben, der ihr Andenken bei der Nachwelt aufbewahrt, — lernten zuerst und hauptsächlich auf der Gruppe Otdia, das anmuthige Volk von Radack kennen.

„Die Menschen," sagt der Dichter, „die uns freundlich einladend entgegenkamen, schienen uns eine Zeit lang im Gefühl unserer Ueberlegenheit zu scheuen. Die Häuptlinge bewiesen den stärkeren Muth, die größere Zuversicht. Vertrauen machte unsere Freunde nie zudringlich, nie überlästig. Die Vergleichung unseres überschwenglichen Reichthums und ihrer Dürftigkeit erniedrigte sie nie zum Betteln, verführte sie.selten zum Diebstahl, ließ sie nie die Treue brechen, wo ihnen getraut ward. Wir durchwandelten täglich einzeln, ohne Waffen ihre Inseln, schliefen bei weggelegten Schätzen, (Messer, Eisen) unter ihren Dächern, entfernten uns auf längeren Zügen auf ihren Booten und vertrauten ihrer Gesinnung, wie wir bei uns dem wachenden Schutze der Gesetze vertrauen. Wir tauschten mit ihnen, von ihnen zuerst aufgefordert, unsere Namen. Die Menschen kamen uns, wo wir erschienen, gastfreundlich entgegen, und reichten uns Cocosnüsse dar. Wir handelten auf Otdia nicht, wir beschenkten und wurden beschenkt. Einzelne schienen zu geben, eine gleiche Lust zu haben als wir, und brachten uns noch mit feiner Sitte Geschenke, wenn Gegengeschenke nicht mehr zu erwarten waren. Andere betrugen sich eigennütziger. Wo unerhörte Ereignisse nie überdachte Verhältnisse herbeiführen und die Sitte schweigt, muß der eigenthümliche Charakter der Menschen sich selbstständig offenbaren. Die Frauen verhielten sich schamhaft und zurückhaltend, sie entfernten sich wo wir uns zuerst zeigten und kamen nur in dem Schutze der Männer wieder hervor. Gegen unsere kleinen Geschenke, Ringe, Glasperlen, die sie weniger als wohlriechende Holzsplitter von englischen Bleistiften zu schätzen schienen, reichten sie uns mit zierlicher Art den Schmuck, den sie eben trugen, dar, ihre Muschel- und Blumenkränze.

Uns trat überall das Bild des Friedens bei einem werdenden Volke entgegen, (Radack hat sich wahrscheinlich weit später als die meisten Inseln der Südsee, wahrscheinlich von den Carolinen aus bevölkert,) wir sahen neue Pflanzungen, fortschreitende Kultur, viele aufwachsende Kinder bei einer geringen Menschenzahl, zärtliche Sorgfalt der Väter für ihre Erzeugten, anmuthige leichte Sitten, Gleichheit im Umgang zwischen Häuptlingen und Mannen, keine Erniedrigung vor Mächtigeren und bei größerer Armuth und minderem Selbstvertrauen keine der Laster durchbilden, welche die Völkerschaften des östlicheren Polynesiens entstellen."

Erst später wurde die Erfahrung gemacht, daß auch hier der Krieg nicht selten wüthet, daß auch auf Radack Zwietracht und Eroberungssucht ihren Fluch über die Menschen verbreiten. Lamarri, ein gewaltiger Fürst, (er mag jetzt wohl längst bei seinen Vätern ruhen), hatte damals alle nördlicheren Inselgruppen — Aur, Kawen, Otdia, Urird — seinem Scepter unterworfen, doch war sein Reich häufigen Ueberfällen von Arno und Mediuro ausgesetzt. Mit Geschwadern von 30 Booten, jedes mit 6 bis 10 Menschen bemannt, streiften die Feinde bis Otdia und lieferten Schlachten, in welchen bis 20 Krieger von jeder Seite geblieben waren. Kein Solferino allerdings, aber kaum minder grausig, wenn man die Kleinheit der Verhältnisse und die noch unausgebildete Kunst des Mordens bedenkt!

Doch auch die Einwohner von Mediuro wurden mitunter von den Schrecken des Krieges heimgesucht, und mußten für ihre frevelhaften Anfälle büßen.

So wurde bald nach Kotzebue's erstem Besuch (1817) ein großartiger Feldzug nach Mediuro von Lamarri ausgeführt. Seine Flotte bestand aus 10 Segeln und etwa 400 Menschen, die Weiber mitgerechnet, die in hinterer Reihe Steine warfen. Die mächtige Armada, vielleicht die gewaltigste die Radack jemals gesehen, war von allen Inseln des kleinen neptunischen Reiches zusammengezogen, denn zu einer solchen Kraftentwicklung mußte nothwendig der Gesammtstaat sich anstrengen. Ein glänzender Sieg, zu welchem die vom Rurik geschenkten Beile nicht wenig beitrugen, war der Lohn des gewaltigen Unternehmens. Fünf Feinde wurden erlegt, während Lamarri den Verlust nur eines einzigen Kriegers betrauerte. Beladen mit Cocos, Pandanusnüssen und Brodfrüchten, (denn die südlicheren Inseln — Mediuro und Arno — sind wie bereits bemerkt, schon reichlicher von der Natur bedacht worden), kehrte die Flotte triumphirend wieder heim. Uebrigens tritt sogar im Kriege die Sanftmuth der Radacker hervor, denn der erschlagene Feind wird nicht kannibalisch verzehrt oder mit teuflischer Wuth verstümmelt, sondern je nach seinem Range begraben oder in's Meer geworfen. Männer macht man zwar nicht zu Gefangenen, aber verschont die gefangenen

Weiber. Auch beraubt man wohl die eingenommenen Inseln ihrer Früchte, aber läßt die Bäume unbeschädigt stehen: eine Schonung, die vielleicht sonst nirgends im heidnischen Polynesien vorkam. Von der Art der Kriegsführung auf Radack gibt uns ein Scheingefecht, welches auf Kotzebue's Verlangen veranstaltet wurde einigen Begriff.

Zwei Haufen Männer und Weiber, stellten sich in geringer Entfernung als feindliche Heere gegenüber. In der ersten Schlachtreihe standen die Männer, statt mit Lanzen mit kleinen Stöcken versehen; in der zweiten die Weiber, die ihre Körbe mit Pandanuskernen, statt der Steine füllten. Durch Blasen auf dem Muschelhorn gaben beide Anführer das Zeichen der Schlacht. Die Heere näherten sich ein wenig, aber statt des Kampfes, fing jetzt ein sehr komischer Tanz an, bei dem jeder durch die wüthendsten Geberden, Verzerrung des Gesichts und Verdrehung der Augen, daß nur das Weiße sichtbar blieb, seinen Feind zu übertreffen suchte.

Die Weiber waren auch nicht müßig und kreischten einen Kriegsgesang mit dem man allerdings Freunde der Harmonie hätte vertreiben können. Ihr sonst so zierlich zusammengebundenes Haar flatterte jetzt wild um ihre Köpfe herum und gab ihnen ganz das Aussehen von Wahnsinnigen, das sie auch durch ihre Geberden zu erlangen strebten. Die Anführer standen unterdessen unbeweglich und munterten ihre Heere durch den Schall der Muschelhörner auf sich immer furchtbarer zu zeigen. Als die große Anstrengung schon ziemlich alle Kräfte erschöpft hatte, schwiegen die Hörner, und nun rückten sich einige der Tapfersten von beiden Seiten näher, während die Heere selbst stehen blieben. Diese kampflustigen Helden forderten sich nun gegenseitig durch Drohungen und Schmähungen heraus, wobei jeder sich seinen Mann wählte. Nun tanzten und sangen sie sich einander lange etwas vor, und machten zuweilen mit der Hand eine Bewegung, als wollten sie die Lanze werfen, welcher der Gegner dann jedesmal Mal durch einen Seitensprung auszuweichen suchte. Beide Heere und ihre Anführer feuerten ihre Helden durch Schlachtgesänge zur Kühnheit an. Diese begannen nun ihre Stöckchen wirklich zu werfen, die Hörner erschallten wieder, die Heere rückten unter Tanz und Gesang langsam auf einander; die, welche zwischen ihnen gefochten hatten, stellten sich wieder in ihre Reihen und nun ward das Gefecht unter gräulichem Geschrei zu einem allgemeinen. Die Speere erfüllten die Luft; Pandanuskerne flogen aus den zarten Händen der Heldinnen über die Köpfe ihrer Männer auf den Feind, aber die Heere kamen nicht so nahe, daß sie hätten handgemein werden können. Die Anführer befanden sich hinter den Reihen ihrer Krieger, bliesen aus allen Kräften auf ihren Hörnern und ertheilten dazwischen Befehle. Als zufällig oder absichtlich einer der Krieger umfiel, hatte die Schlacht sogleich ein Ende, der Sieg war entschieden, und es ward zum Abzug geblasen. Die Heere waren so erschöpft, daß sie sich sogleich in's Gras warfen.

Doch kehren wir von diesen Bildern des Krieges zu unserm Chamisso und seiner anmuthigen Lebensepisode auf Radack zurück, und erzählen wir mit kurzen Worten von der Entdeckung des entlegenen Archipels.

Ein neues Jahr kann für den Seefahrer wohl unter keiner glücklicheren Vorbedeutung, als durch eine Entdeckung sich eröffnen: groß war daher die Freude auf dem Rurick, als am 1. Januar 1817 Mladi oder Mesid, die „Neujahrsinsel" aus dem früheren Dunkel hervortrat. Die ganze Natur schien die Entdeckung zu feiern; in unzähliger Menge umschwärmten die Boniten den Rurick und als das Schiff während der Nacht in der Nähe lavirte stand der volle Mond prachtvoll am sternenhellen Himmel, und schützte vor jeder Gefahr.

Die Landung unterblieb, doch wurde ein lebhafter Tauschhandel getrieben, und Kotzebue, den diese Entdeckung auf andere in der Nähe liegende Inselgruppen schließen ließ, steuerte nach Westen um das bis dahin unbekannte Meer zu durchsuchen.

Erst am 4., kurz vor der Mittagsstunde, nach welcher es bestimmt war, alle ferneren Forschungen in dieser Richtung aufzugeben, erschien eine Reihe kleiner dicht mit Wald bewachsener Inseln, die sich unabsehbar von O. n. W. erstreckte.

Eine Durchfahrt wurde entdeckt, und am 6. Morgens, zu beiden Seiten von der Brandung umbraust, alle Segel aufgespannt, fuhr das Schiff mit Wind und Strom, kühn und geschickt, durch die Rurik Straße in die Lagune der Gruppe Otdia hinein, deren einzelne Inseln nun in voller Sicherheit untersucht werden konnten.

Auf Oromed, der nördlichsten und zugleich auch der fruchtbarsten der zahlreichen Inseln dieses Riffes, auf welcher jedoch nur etwa 30 Menschen lebten und der Cocosbaum den Wald noch nicht überragte, wurden die Fremden von einem hochbejahrten würdigen Greise, dem Häuptling Laergaß empfangen. Großherzig und uneigennützig war er vor allen Menschen, die

Chamisso gekannt. Er mochte nur geben, schenken, und that es zu der Zeit wo kein Gegengeschenk mehr zu erwarten war.

Als man sich eben der Gastfreundschaft dieses würdigen Häuptlings erfreute und mit den Blumen schmückte, welche die Töchter der Insel darreichten, störte ein Schrecknis die behagliche Stimmung. Der kleine Balet, ein unschuldiges Hündchen kam, seiner Furchtbarkeit unbewußt, munter herbei gesprungen, und wie vor dem nie gesehenen Ungeheuer Alles floh, und er gar zu bellen anfing, kostete es ihm keine geringe Mühe das verlorene Zutrauen wieder herzustellen. Die Radacker, die kein anderes Säugethier, als die Ratte gekannt; trugen vor den fremden Thieren — Hund, Schwein und Ziege — eine gar schwer zu überwindende Scheu. Aber vor allen furchtbar war ihnen der kleine Balet, der lustig und behend allen nachlief und zuweilen bellte.

Am 20. Januar ankerte der Rurik unter dem Schutze der Hauptinsel Otdia, welche die größte im Umfang den äußersten Osten des Umkreises einnimmt. Hier war der Wohnsitz Kadu's des Häuptlings der Gruppe, der auf das zierlichste geschmückt an das Schiff kam, und der erste der Radacker furchtlos auf dasselbe stieg.

„Diese sinnreichen Schiffer", sagt Chamisso, „deren Kunst unsere Bewunderung erzwingt, schenkten natürlich dem Riesenbau unseres Schiffes die gespannteste Aufmerksamkeit. Alles ward betrachtet, untersucht, gemessen. Ein Leichtes war es, die Masten hinan bis zu der Flaggenstange zu klettern, die Raae, die Segel, Alles da oben zu besichtigen und sich jubelnd im lustigen Netze des Tauwerkes zu schaukeln. Aber ein anderes war es sich dort durch das enge Loch hinunter zu lassen, und dem räthselhaften Freunden aus dem heiteren Luftreich in die dunkle Tiefe, in die Grauen erregende Heimlichkeit seiner gezimmerten Welt zu folgen.

Das vermochten nur zuerst die Tapfersten, in der Regel die Fürsten, ich glaube der gute Karick schickte einen seiner Mannen voran.

Die Schätze unserer Freunde bestanden in etlichen Eisenstücken und wenigen harten zum Schleifen des Eisens brauchbaren Steinen, die das Meer auf ihre Riffe ausgeworfen; jene auf Schiffstrümmern; diese im Wurzelgeflechte ausgerissener Bäume. Ihre Schiffe, ihr Schmuck und ihre Trommel, das war ihr Besitzthum. Nirgends ist der Himmel schöner, die Temperatur gleichmäßiger, als auf diesen Inseln (Luft und Wasser beiläufig 22° R, im Schatten und Schwankungen von kaum einem Grade.) Das Meer und der wehende Wind halten die Wage, und schnell vorübergehende Regenschauer ermangeln nicht, den Wald in üppigem grünen Glanze zu erhalten. Man taucht in die dunkle blaue Fluth mit Lust sich abzukühlen, wenn man von der scheitelrechten Sonne durchglüht wird, und taucht in dieselbe mit Lust sich zu erwärmen, wenn nach einer, im Freien durchbrachten Nacht man die Kühlung des Morgens fühlt. Warum muß, denen die Sonne so mild ist, die Erde so stiefmütterlich sein? Zum Anbau nahrhafter Wurzeln und Pflanzen, worauf sie sehr bedacht sind, eignet sich fast nirgends der Grund, aber überall um ihre Wohnungen anzepflanzt zeugt ein schön- und wohlriechend blühendes Lilliengewächs von ihrer Arbeitsamkeit und von ihrem Schönheitssinn.

Auf der Insel Otdia, die ungefähr 2 Meilen lang ist, hatten ungefähr 60 Menschen ihre gewöhnlichen Wohnsitze, aber häufige Wanderungen finden statt und unsere Gegenwart zog Gäste aus den entfernteren Theilen der Gruppe herbei. Wir durchschweiften täglich einzeln die Insel, schliefen uns jeder Familie an und schliefen unbesorgt unter ihren Dächern. Sie kamen gleich gern gesehen an das Schiff, und die Häuptlinge und Angesehensten wurden an unsere Tafel gezogen, wo sie mit leichtem und guten Anstand sich in unsere Bräuche zu fügen wußten.

Unter den Bewohnern von Otdia machte sich bald ein Mann bemerklich der, nicht von adeligem Stamme sich durch Geist und Verstand, durch schnelle Auffassung und leichte Darstellungsgabe vor allen Andern auszeichnete. Lagediack, der Mann unseres Betrauens, von dem wir am Meisten lernten, und durch den wir unseren Lehren Eingang im Volke zu verschaffen Hoffnung faßten, tauschte später mit mir seinen Namen. Durch ihn erhielten wir Kunde von den schiffbaren Furten, die im südlichen Riffe von Otdia befindlich sind, von der Nachbargruppe Erigup, von den übrigen Gruppen, aus welchen die Inselgruppe besteht. Lagediack zeichnete seine Karte mit Steinen auf den Strand, mit dem Griffel auf die Schiefertafel, und zeigte die Richtungen an, die nach dem Kompaß verzeichnet werden konnten."

Begierig den Freunden mit dauernden Wohlthaten zu nützen, wurde am 22. Januar ein Garten angelegt, mit Ignamwurzeln bepflanzt, und den Kernen von Melonen und Wassermelonen besäet. Theilnehmend und aufmerksam, schauten die Radacker dem Werke zu; Lagediack erläuterte das Beginnen und war unablässig bemüht, die erhaltenen Lehren zu verbreiten und einzuprägen.

Auch wurde vom sorgsamen Chamisso keine Gelegenheit versäumt an allen geeigneten Stellen eine unerhörte Menge Melonenkerne der Erde anzuvertrauen. Der ganze Samenertrag aller Wassermelonen die in Californien und auf den Sandwich Inseln auf dem Rurick verzehrt wurden, ward entweder von ihm auf Radack ausgesäet oder den Händen betriebsamer Eingeborener übergeben. Doch die unglaubliche Rattenmenge, welche die Inseln belästigt vereitelte seine Hoffnungen, und auch hier mußte er die traurige Erfahrung machen wie viel leichter es ist Böses zu thun als Gutes zu schaffen.

Wie ein genußreicher glücklicher Traum floß Chamisso's kurzer Aufenthalt auf Otdia dahin. Der Zartsinn, die Zierlichkeit der Sitten, die ausnehmende Reinlichkeit der Radacker drückte sich in jedem geringfügigsten Zuge aus, und erwarb ihnen immer mehr die Zuneigung des Dichters.

Einst saß er im Kreise neben einem jungen Mädchen, auf deren Arm er die zierlich tätuirte Zeichnung betrachtete, die, wie dem Auge durch die dunkelblaue, so dem Tasten durch leises Aufschwellen der feinen Haut wahrnehmbar zu sein schien, und ließ sich zu dem Versuche hinreißen, indem er sanft die Hand darüber gleiten ließ. Das hätte nun nicht sein sollen: wie aber konnte das junge Mädchen den nicht arg gemeinten Fehl an dem doch werthen und lieben Gaste rügen, der nur fremd der Sitte war, und überdies die Sprache nicht gut verstand? Wie konnte sie dem Einhalt thun und sich davor schützen? Chamisso merkte anfangs nicht, daß sein Betragen unsittig gewesen sei, als aber das Lied, das eben gesungen wurde zu Ende war, stand das Mädchen auf, machte sich anderswo etwas zu schaffen und setzte sich als sie wiederkam, gleich freundlich und fröhlich nicht wieder an ihren alten Platz neben ihm, sondern an einen andern unter ihren Gespielinnen.

Ein Matrose hatte aus Versehen einen schönen Schößling des so seltenen und so werthvollen Brodfruchtbaumes umgehauen. Das Unglück war nur aus Unwissenheit geschehen, doch mußte der Befehlshaber die Verantwortlichkeit für die That offenkundig von sich abwälzen, und so fuhr er zürnend den Matrosen an, der sofort die Art abgeben und sich zurückziehen mußte. Da traten die guten Radacker begütigend und fürsprechend dazwischen, und einige gingen dem Matrosen nach, den sie liebkosend zu trösten suchten und dem sie Geschenke aufdrangen.

Dieselbe Liebenswürdigkeit ward auch bei den Bewohnern der Gruppe Kawen, wo der Rurick vom 11. bis zum 23. Februar verweilte und den

Eingebornen der südlicher gelegenen Gruppe Aur angetroffen. Hier war es wo der vier Jahre früher vom Sturm nach Radack verschlagene und durch seinen Freund Chamisso berühmt gewordene Caroliner Kadu zuerst an Bord des Rurick kam.

Die Erscheinung des „großen" Schiffes hatte in Aur, wo die Kunde von ihm noch nicht erschollen war, Schrecken und Bestürzung verbreitet. Der vielgewanderte, der vielerfahrene Kadu, der sich zur Stunde auf einer entlegenen Insel der Gruppe befand, ward alsbald herbeigeholt und man begehrte seinen Rath, wie man den mächtigen Fremden, die man für böse Menschenfresser anzusehen geneigt war, begegnen müsse, denn Furcht ist gewöhnlich das erste Gefühl, welches das Unbekannte im Menschen erweckt.

Kadu hatte von den Europäern vieles erfahren, ohne daß er je eins ihrer Schiffe gesehen. Er sprach seinen Freunden Muth ein, warnte sie vor Diebstahl und begleitete sie an das Schiff mit dem festen Entschluß bei den Fremden zu bleiben und in der Hoffnung durch sie zu seinem lieben Vaterlande wieder zu gelangen.

Die Radacker entsetzten sich ob dieses schnell gefaßten Vorhabens; seine Freunde bestürmten ihn umsonst mit ängstlichen Reden; Kadu blieb unerschütterlich. So machte er Kotzebue's Entdeckungsreise nach dem Norden mit, und wurde, ein Sohn der Tropenwelt, mit den winterlichen Einöden der Behringsstraße bekannt. Als er auf Unalaschka diese verwaiste von allen Bäumen entblößte Erde und das Elend ihrer Bewohner sah, äußerte er den lebhaften Wunsch einige Cocos, die noch an Bord waren, und zu welchen er noch ihm eigens gehörige zugeben wollte, hier an angemessenen Orten zu säen, und ließ sich ungern überreden, daß der Versuch vollkommen überflüssig sei.

Von dieser Seite her in seinen menschenfreundlichen Absichten getäuscht, las er am Hafen für seine Freunde auf Radack, welches das Schiff auf der Rückfahrt aus dem Norden wiederum berühren sollte, Nägel und vernachlässigtes Eisen auf, und wählte für sie unter den meerbespülten Geschieben sorgfältig diejenigen aus, die sich am besten zu Schleifsteinen eigneten. Die Natur fesselte zumeist seine Aufmerksamkeit und Neugierde. Er ging täglich betrachtend den Rindern auf den Weiden nach, setzte sich auf die nächsten Hügel und sang dort Lieder von Ulea und Radack.

Auf der Reise machte er sich die ganze Schiffsmannschaft zu Freunden: er hatte Gemüth, Verstand, Witz; je näher man ihn kennen lernte, je lieber gewann man ihn. Auf eine leichte und schickliche Weise wußte er sich in die ihm früher unbekannte Welt zu fügen, sich in die neuen Verhältnisse, worin er sich versetzt fand, zu finden, obgleich sie schwer zu beurtheilen und zu behandeln waren. Er war in seiner Armuth freigebig und erkenntlich in seinem Herzen. Durch den verständigen Handel, den er auf Oahu mit den kleinen Waaren trieb, die ihm geschenkt worden waren, sah er sich in den Stand gesetzt Chamisso, den er vor allen verehrte, und den Matrosen, die ihm gedient hatten Gegengeschenke darzubringen, wie sie einem jeden nach eigenem Sinn angenehm sein mochten. Für sich selber legte er nichts zurück als das womit er einst seine Landsleute zu bereichern oder zu erfreuen hoffte. So hatte er beim Abschiede seinen Freunden auf Radack Alles was er besaß, hinterlassen und nur ein einziges Kleinod sich vorbehalten, einen Halsschmuck, das Geschenk eines dankbaren Mädchens, deren Bitten er einst das Leben ihres von ihm auf dem Schlachtfelde überwundenen Vaters schenkte.

Zu den edlen Zügen in Kadu's Charakter gehörten auch noch die zarte Schamhaftigkeit die ihn zierte, und sein tief eingewurzelter Abscheu vor dem Kriege, dem Menschenmord, der durchaus nicht aus Feigheit entsprang, denn Wundennarben vorn auf der Brust bezeugten seinen Muth. —

Man findet den regsten Sinn und das größte Talent für den Witz unter den Völkern, die der Natur am wenigsten entfremdet sind, und besonders wo die Milde des Himmels dem Menschen ein leichtes genußreiches Leben gönnt. Kadu war besonders witzig, verstand aber wohl im arglosen Scherz geziemende Schranken zu beobachten und er wußte mit großem Geschick sich durch leichte Dienste oder Geschenke die zu versöhnen, über die er sich mit Ueberlegenheit erlustigte.

Auf Oahu wurden die nutzbarsten Thiere und Gewächse, die Setzlinge und Samen zusammengebracht, mit welchen man die Freunde auf Radack vor dem letzten Abschiede bereichern wollte. Die Freude Kadu's war unaussprechlich als er die Riffe Otdia's wieder sah, und er jubelte mit seinen lieben Gastfreunden vor Entzücken und Lust. Doch nur drei Tage waren zu diesem zweiten Besuche bestimmt, dessen eigentlicher Zweck es war den Freunden wohlthätig zu sein, und Kadu der noch immer entschlossen war auf dem Schiffe zu bleiben, benutzte mit unablässiger Thätigkeit die karg abgemessene Zeit zum schaffen und wirken.

Von den beim ersten Besuch zurückgelassenen Gaben war nichts mehr vorhanden. Mächtigere Häuptlinge von den benachbarten Gruppen hatten, das Privilegium ihrer Geburt benutzend, sich das Eisen und die gelandeten Ziegen herausgeben lassen, und sogar die Yamswurzeln ausgegraben und mitgenommen um sie auf ihre Inseln zu verpflanzen. So gewährte der Garten, den man so sorgfältig angelegt, einen niederschlagenden Anblick. Nicht ein armes Unkraut war zurückgeblieben, Zeugniß von den Seefahrern und ihrer frommen Absicht abzugeben.

Doch schritt man rüstig an's Werk, nicht deßhalb entmuthigt, weil nicht unvorhergesehener Weise, die ersten Bemühungen fehlgeschlagen. Der Garten ward erneuert und reichlicher besetzt, aber von allen Setzlingen und von allen Sämereien ward ein Theil zurückgelegt um auch auf dem fruchtbareren Dromed einen gleichen Versuch anzustellen, und nicht alle Hoffnungen auf einen einzigen Wurf zu setzen. Kadu, den Spaten in der Hand, redete gar eindringlich die Umstehenden an und unterrichtete sie und schärfte ihnen nützliche Lehren ein.

Als auf Odia alles nöthige besorgt war, fuhren Chamisso und Kadu nach Dromed, der Insel des alten Laergaß, um hier noch die letzten Stunden auf die Vollendung des Anpflanzungswerkes zu verwenden. Der eine Tag, den der Dichter auf Dromed unter diesen anmuthigen Kindern ganz ihren Sitten gemäß, ohne Rückhalt, ohne fremde Einmischung zubrachte, hinterließ ihm die heiterste frischeste Erinnerung, die er von seiner ganzen Reise zurückbrachte. Die Stunden des Tages gingen in Arbeiten, die des Abends in anmuthiger Geselligkeit hin. Die anwesende Bevölkerung der Insel, die nur aus drei Männern (die andern waren mit dem Krlegsgeschwader des gewaltigen Lamarri weggezogen) aber zahlreichen Frauen und Kindern bestand, war mit den Freunden am Strande um ein gesellig loderndes Feuer versammelt. Kadu erzählte seine Begebenheiten, denen er schalkhaft unterhaltende Märchen einwob, und die Mädchen sangen freudig die Lieder vor, die zahllos auf die weißen Seefahrer entstanden waren und deren Andenken der Nachwelt überliefern sollten. So lebt wahrscheinlich jetzt noch der Name Chamisso's auf Ratack, und wer weiß bei den rastlosen Lebenswogen, die so schnell die Erinnerung überfluthen, ob man sich seiner nicht dort länger als im vergeßlichen Deutschland erinnern wird.

Am andern Tage, bei der Rückfahrt nach dem Schiffe, erklärte Kadu seinen letzten, schnell gefaßten, unveränderlichen Entschluß auf Odia zu bleiben und nicht mit dem Rurick weiter zu gehen. Er blieb, so lauteten seine Gründe, um Hüter und Pfleger der Thiere und Pflanzen zu sein, die ohne ihn aus Unkunde verwahrlost, nutzlos für die unverständigen Menschen verderben würden. Er wolle bewirken, daß diese Gaben den dürftigen Radackern zu hinreichender Nahrung gereichten, daß sie nicht fürder brauchten aus Noth ihre Kinder zu tödten und davon abließen. Er wolle auf Wiederherstellung des Friedens zwischen dem Norden und Süden von Radack wirken, daß nicht Menschen Menschen mehr mordeten: er wolle, wenn Thiere und Pflanzen hinreichend vermehrt wären, ein Schiff bauen und nach Ralick übergehen, um sie auch dort zu verbreiten; — er wolle von dem Capitän, indem er ihm Alles was er von ihm empfangen wiedergebe, nur eine Schaufel die Erde zu bearbeiten und dieses und jenes nützliche Werkzeug sich erbitten. Sein Eisen wolle er gegen den mächtigen Lamari verheimlichen, und nöthigenfalls vertheidigen.

Als der Entschluß Kadu's auf dem Rurick bekannt wurde, sah er sich bald und unerwartet in dem Besitz unendlicher Schätze, solcher die in diesem Theile der Welt, wo Gold und Silber ihre magnetische Kraft verlieren, die Begehrlichkeit der Fürsten und der Nationen erregen. Die Liebe ward kund, die er sich im Herzen der rauhen Seefahrer erworben, und man sah Jeden stillschweigend und geschäftig den Haufen des Eisens, der Werkzeuge und der nutzbaren Dinge, die für ihn zusammengebracht wurden, aus dem eigenen Vorrath zu vermehren. Als Kadu sein Bett, seine Kleider, seine Wäsche, die er nun behielt, zu einem Bündel zu schnüren sich beschäftigte, sonderte er seine Winterkleider sorgfältig ab, und brachte dieselben dem Matrosen, der ihm an Bord gedient hatte als ein Geschenk dar, welches jedoch dieser sich weigerte anzunehmen. Die Sonne war bereits untergegangen als Kadu mit seinem Reichthume an's Land gebracht wurde. Er ward von den versammelten Einwohnern von Otdia als der Mann der weißen Seefahrer eingesetzt, dem ihre Thiere, ihre Pflanzen anbefohlen seien. Verheißen ward, daß sie, die bereits zweimal auf Radack verweilt, nach einer Zeit zurückkehren würden nach ihm zu sehen und Rechenschaft zu begehren. Zur Bekräftigung dieser Verheißung und zum Zeichen der Macht (man hatte bis dahin nur Zeichen der Milde und Freundschaft gegeben) wurden, als man bei dunkler Nacht an das Schiff zurückkehrte, zwei Kanonenschüsse und eine Rakete abgefeuert.

Als am andern Morgen die Anker gelichtet wurden, war Kadu am Ufer mit den Thieren beschäftigt, und blickte oft nach den Freunden herüber, die er nun nicht wiedersehen sollte.

„Möge Kadu," ruft Chamisso aus tief innerstem Herzen ihm nach, „in seinem schönen Beruf mit Weisheit und Kraft verfahren, möge ihm gelingen was ohne ihn nicht zu hoffen stand. Möge der Gute, das Gute was er will bewirken: möge er, der Wohlthäter eines liebenswerthen Volkes, dessen Wohlstand begründen, es friedlich und volksthümlich zum Bessern leiten. Wir müssen es uns gestehen, unser Freund steht allein, dem Neid seiner Ebenbürtigen, der Begehrlichkeit und Macht seiner Fürsten bloßgegeben, und die Schätze womit ihn unsere Liebe überhäuft, ziehen das Gewitter über sein Haupt zusammen. Unsere Besorgniß kann noch weiter gehen. Der wirkliche Reichthum an Eisen, welchen wir mit Lust auf Radack vergeudet, kann zwischen dem Süden und dem Norden dieser Kette, und zwischen ihr und Ralick einen verderblichen Krieg schüren, und Blut die Frucht unserer Milde sein.

Die dürftigen und Gefahr drohenden Riffe Radack's haben nichts was die Europäer anzuziehen vermöchte und wir wünschen unseren Unvergleichen Freunden Glück in ihrer Abgeschiedenheit zu beharren. Die Anmuth ihrer Sitten, die holde Scham, die sie ziert, sind Blüthen der Natur, die auf keinen Begriff von Tugend gestützt sind; sie würden sich unseren Lastern leicht bildsam erweisen und, wie das Opfer unserer Lüste, unsere Verachtung auf sich ziehen.

Du hast, mein Freund Kadu, das Bessere erwählt; du schiedest in Liebe von uns, und wir haben auch ein Recht auf deine Liebe, die wir die Absicht gehegt und uns bemüht haben, Wohlthaten deinem zweiten Vaterlande zu erweisen. Du hast von uns das Gute gelernt, und es hat dich ergriffen; du hast in unserm frommen Sinn fortzuwirken dich unterfangen; möge, der die Schicksale der Menschen lenkt, dein Werk segnen, und dich selbst bei deiner gefahrvollen Sendung beschirmen.

Aber was hättest du in unserm alten Europa gesollt? Wir hätten eitles Spiel mit dir getrieben, wir hätten dich Fürsten und Herren gezeigt; sie hätten dich mit Medaillen und Flitterland behangen, und dann vergessen. Der liebende Führer, dessen du Guter bedurft hättest, würde dir nicht an der Seite gestanden haben; wir würden nicht zusammen geblieben sein, du hättest dich in einer kalten Welt verloren gefunden. Paßlich für dich, würde unter uns keine Stelle sein, und hätten wir dir endlich den Weg nach dem Vaterland wieder eröffnet, was hätten wir zuvor aus dir gemacht?"

Mit der zweiten Reise von Herrn von Kotzebue und seinem Besuch auf Otdia im April und Mai 1824 endigt für uns die Geschichte des trefflichen Kadu.

Die Ankunft des fremden Schiffes in Oivia verbreitete panischen Schrecken unter den Eingebornen. Nachdem der liebe, wohlthätige "Tolabu„ erkannt worden, fanden sich die alten Freunde wieder ein: Lagediak, Karick, Laergass. Kadu fehlte. Eine große Schüchternheit und Zaghaftigkeit war den Freunden anzumerken.

Von allen nach Radack gebrachten Gaben sah Herr von Kotzebue nur die Katze verwildert, und die Bamswurzel. Der Weinstock, der sich bis auf die höchsten Bäume hinaufgerankt hatte, war vertrocknet.

Kadu befand sich angeblich auf Aur bei Lamarri, mit dem er sich abgefunden und unter seiner Pflege sollten sich Thiere und Pflanzen, die der Machthaber dorthin überbracht und verpflanzt hatte, außerordentlich vermehrt haben. — Angeblich war nur der Weinstock ausgegangen. Herr von Kotzebue setzt hinzu, daß ihn die Größe seines Schiffes leider verhindert habe, Kadu in Aur aufzusuchen.

„Wir nehmen zweifelnden Herzens," sagt Chamisso, „die uns nicht befriedigenden Aussagen hin." Und leider ist es nur zu wahrscheinlich, daß sein ahnendes Gefühl ihn nicht betrogen hat, und daß Kadu, gleich so vielen andern Edlen, welche die Wohlthäter ihres Volkes sein wollen und nur das Gute bezwecken, der Selbstsucht der Mächtigen zum Opfer fiel.

Ralick, nah im Westen von Radack, bildet eine ähnliche Kette niederer Inselgruppen, deren Geographie selbst Weibern auf Radack geläufig ist. Es ist fruchtreicher und bevölkerter: Volk, Sprache und Tätuirung sind dieselben. Es werden keine Kinder gemordet, die Weiber ziehen nicht mit in den Krieg. Die Menschen sind wohlhabender, wohlgenährter als auf Radack und tragen einen noch größeren Ohrenschmuck; einige sollen sogar die erweiterten Ohrlappen über den Kopf zu ziehen vermögen. Reisen, freundliche und feindliche Berührungen finden zwischen beiden Inselketten statt.

Kurz vor Kotzebue's letztem Besuch auf Radack (1826) hatten die von Otdia, Inselkette Ralick, unter ihrem Häuptling Lavavod Raben überfallen, und Rache für diesen Raubzug zu nehmen, rüstete sich Lamarri den Krieg nach Otdia zu tragen.

Auch Ralick war damals wie Radack in zwei feindliche Reiche getrennt: ein Beweis, daß die Friedensfreunde sich keine leichte Aufgabe gestellt haben überall auf Erden den Janustempel zu schließen.

Von der Fruchtbarkeit der südlichen Radackinseln entwerfen neuere Berichte ein viel günstigeres Bild als was Chamisso von den nördlicheren Atollen gegeben hat.

Die Insel Mille oder Mulgrave wurde von dem Missionar Doane an Bord des Morning Star am 17. November 1858 besucht. Er fand dort eine große Lagune, in welche das Schiff vom Norden her einfuhr. Die Bevölkerung benahm sich freundlich gegen die Fremden. Ihre Sprache ist verschieden von der Sprache der Bewohner der Ralick Kette, welche doch nur 150 engl. Meilen entfernt liegt. Die Insel Mille schien Herrn Doane ½ Meilen breit und 3 Meilen lang zu sein. Er nennt sie einen kleinen Edelstein mit großen Wäldern von Brodfrucht- und andern Bäumen, einen hellgrünen Teppich mit dichter Belaubung. Sie ragt durchschnittlich nur 5 Fuß über dem Niveau des Meeres hervor: ihre Bevölkerung wurde auf 600 Seelen geschätzt.

Von Mulgrave fuhr der Morning Star am 29. November nach Mediure. Diese Insel ist lang und schmal, dicht bevölkert und ausnehmend fruchtbar. Man sieht stattliche Wälder von Brodfrucht- und Pandanusbäumen, von Cocospalmen und Bananen.

Auf Ebon der südlichsten Insel der Ralick Kette, haben sich ebenfalls zwei amerikanische Missionare bereits angesiedelt. Dr. Pierson, einer derselben schreibt (26. Mai 1858), daß die Ralick Inseln, deren Bewohner er als ein wanderlustiges, wildes und grausames Völkchen schildert, alle unter einer Familie von Häuptlingen stehen, welche Ebon zu ihrem Hauptsitz gemacht haben, weil diese unter allen Inseln der ganzen Kette die besten und meisten Nahrungsmittel darbietet. Vor mehreren Jahren zerstörte ein Orkan viele Brodfruchtbäume und Cocospalmen auf andern Inseln. Es entstand eine Hungersnoth, der viele Eingebornen erlagen, und in deren Folge blutige Kriege unter den Bewohnern der verschiedenen Inseln geführt wurden, wobei ebenfalls viele umkamen. Die gegenwärtige Bevölkerung der ganzen Kette beträgt wahrscheinlich nicht mehr als 6000 oder 8000 Seelen, und nach allem was Dr. Pierson erfuhr, darf die Einwohnerzahl der Radack Kette auch nicht höher angenommen werden.

Dreißigstes Kapitel.
Die Carolinen von Ualan bis Babelthuap.

Ualan. — Entfremdung von der Welt. — Seltsame Tobelarchie. — Duperrey. — Lütke. — Ehemalige Liebenswürdigkeit des Volkes. — Seltsamer Häuserbau. — Webstuhl. — Ueppiger Waldwuchs. — Einige merkwürdige Bäume. — Pâla. — Neueste Nachrichten aus Ualan. — Pulnipet. — Von Lütke entdeckt 1828. — Die Bewohner. — Merkwürdige Ruinen. — Spuren einer altspanischen Entdeckung. — Pracht der Vegetation. — Seelsorger und Seeverderber. — Lugunor. — Nautische Kunst der Caroliner. — Aberglaube. — Fischkörbe. — Merkwürdige Parasitenfische. — Hogoleu. — Besuch und Nachtabenteuer des französischen Ingenieurs Jacquinot. — Schlechter Ruf der Insulaner. — Frühere Entdeckung den westlicheren Carolinen. Ihr Verkehr mit den Marianen. — Verunglückte Belehrungsversuche der Spanier. — Delphinenfang auf Ulea. — Religion. — Feyt. — Eine gehobene Coralleninsel. — Gap. — Die Pelew Gruppe. — Wilson. — Dumont d'Urville. — Schlechter Ruf der Insulaner. — Ougeng. — Crerokil.

Von Ualan bis Babelthuap erstreckt sich in estwestlicher Richtung, zwischen dem fünften und zehnten nördlichen Breitegrade und in einer Länge von mehr als 3000 Seemeilen, eine Reihe von Inseln und Inselgruppen, welche die Geographen gewöhnlich unter dem Namen des Archipels der Carolinen zusammenfassen. Doch kein gemeinsames Regierungsband, keine Gleichheit der Sitten, kein gegenseitiger Verkehr verbindet alle Glieder der weiten Kette zu einem gleichmäßigen Ganzen.

So erhebt sich zwar das dichtbewaldete Ualan mit 1800 Fuß hohen Hörnern über das Meer, doch liegt die romantische Insel so vereinsamt im großen Ocean, so abgelegen wenigstens von den damaligen Fahrstraßen des Handels, und ihre Bewohner wagen sich so selten über die stillen Gewässer ihrer seichten Lagune hinaus; daß als Strong, ein amerikanischer Wallfänger, sie im Jahre 1806 entdeckte, sie nicht nur der gebildeten Welt, sondern sogar ihren westlichen Nachbarn, den unvergleichlichen Schiffern der Coralleninseln völlig unbekannt geblieben war.

Dennoch stimmt der Bau der ualanischen Pirogen mit denen jener Meermenschen überein, und schon aus dieser Verwandtschaft der Fahrzeuge kann man auf die der Völker schließen. Die ersten vom Sturme verschla-

genen Einwanderer brachten wahrscheinlich die Modelle mit, deren complicirtere
Bauart beibehalten wurde, während die Segel bald in Vergessenheit geriethen,
da man auf den Fahrten innerhalb der Lagune nur selten in den Fall kam
den Wind zu benutzen.

Unter den Beweggründen, welche die ersten Schiffer veranlaßten das
hohe Meer zu befahren, hat gewiß die Noth eine Hauptrolle gespielt — diese
Triebfeder fiel aber auf dem fruchtbaren Ualan weg — und erklärt ihre
Entfremdung von der Welt. Da der Boden und die Lagune alle Bedürfnisse der einfachen Bewohner befriedigten, verlernten sie allmälig den Ocean,
und bildeten sich aus unruhigen Seefahrern zu einem ackerbautreibenden Volke,
ein Umstand, der zugleich die lange Unverletzlichkeit ihrer merkwürdigen aristo-
kratisch patriarchalischen Verfassung erklärt, denn der stabile Landmann ist
überall mehr zum Conservatismus, zum Festhalten an das Bestehende geneigt. Zwölf Jroffe oder Oberhäupter theilten sich in den Grundbesitz
des ganzen Landes, und bewohnten den zwölf Königen gleich, die eine Zeit
lang gemeinschaftlich das schlammige Rüstand beherrschten, eine und dieselbe
Residenz. Außerdem gab es noch eine Menge Häuptlinge zweiten Ranges,
die auf den verschiedenen Gütern als Verwalter oder Aufseher wohnten. Den
Grundherren aber gehörten nicht nur ausschließlich die besseren Früchte des
Landes, sondern sie schienen auch über die Arbeitskräfte das Volkes ganz
nach Willkür verfügen zu können. Das alles machte sich gleichsam von selbst,
ohne Gewalt, in Folge angeborner Verehrung gegen die Oberhäupter, deren
Befehle aus natürlicher Gutmüthigkeit, und milder, friedfertiger überaus wohlwollender Gesinnung ohne allen Zwang befolgt wurden. Man kannte auf
Ualan weder den Krieg noch irgend ein Mittel Gewalt über andere Menschen
zu üben; es war vielleicht das einzige Land der Erde, welches den Ehren-
namen einer Heimath des Friedens unter den Menschen verdiente. Jetzt wo
Walljäger und Trepangsammler alle Ecken und Enden des großen Oceans
ausbeuten, und entlaufene Matrosen wie die Seevögel auf allen Inseln nisten,
ist es allerdings schon ganz anders geworden.

Die Berichte der Duperrey'schen Expedition (1823), welche Ualan als
schön und anmuthig, die Einwohner als gut und friedfertig schilderten, wurden
durch Lütke, der sie fünf Jahre später besuchte, vollkommen bestätigt. Die
Gastfreiheit und Freundlichkeit der Ualaner machten den angenehmsten Eindruck, und stellte sie den Radackern an die Seite. Bei jedem Besuch in
ihren Hütten beschenkten sie die Fremden mit reichlichen Lebensmitteln, und

erwiesen sich ihnen stets gefällig, ohne zudringlich zu sein. Erschienen sie aber als Gäste an Bord, so stimmten sie eben so sehr zu ihren Gunsten durch ihre arglose Liebenswürdigkeit, als durch die aufmerksame Theilnahme, mit welcher sie die vielen für sie neuen und merkwürdigen Gegenstände in Augenschein nahmen. Von Diebstahl fiel nur ein einziger Fall vor, und das Entwendete wurde auf die erste Klage sogleich von den Trossen zurückgegeben. Obgleich unter den Bewohnern der Coralleninseln mehr kräftige Gestalten vorkommen, so fand sich doch auch auf Ualan kein Beispiel von wirklich schwächlichem Körperbau und selbst die schmächtiger geformten Individuen zeigten noch immer viel Gewandtheit und Stärke. Die Frauen, welche sich wie die Carolinerinnen überhaupt durch ihre Schamhaftigkeit vortheilhaft vor denen mancher anderen polynesischen Inselgruppen auszeichneten, und in den ersten Tagen sogar gar nicht zum Vorschein kamen, waren von mittlerer Größe, manche sogar auffallend klein. Ihre Gesichtsbildung hatte in der Regel etwas Freundliches, Einnehmendes, die lebhaften großen Augen waren schwarz, die Lippen weniger aufgeworfen als bei den Männern, und bei der Beweglichkeit ihrer Mienen verging kaum ein Augenblick, in dem man nicht die schönen immer sehr weißen Zähne wenigstens zum Theil zu sehen bekam. Das lange schwarze Haar trugen sie gewöhnlich seitwärts ganz leicht in einen Knoten verschlungen, während es die Männer am Hinterkopfe zusammenzubinden pflegten. Beide Geschlechter gingen bis auf einen schmalen Gürtel nackt; die Weiber trugen außerdem noch eine merkwürdige Halsbinde aus Cocosbast, mit einer am Rücken herabhängenden Reihe langer Schnüre, die am Körper der damit bekleideten Person geflochten zu sein, und gar nicht abgelegt zu werden schien..

Der Häuserbau hat viel eigenthümliches und bietet einen besonders zierlichen Anblick dar. Der Grundriß bildet ein längliches Viereck, der Fußboden, der nur aus gestampfter Erde besteht ist so angelegt, daß die Feuchtigkeit nach allen Seiten hin ablaufen kann. Der bei weitem größte Theil des Gebäudes ist das ungewöhnlich hohe und steile, mit Palmen- oder Pandanusblättern dicht bedeckte Dach, welches aus einer erstaunlichen Menge dünner Stangen besteht, die überaus kunstreich und mit vielem Geschmack dorbartig zusammengesetzt sind. An jedem Giebelende ragt es um ein bedeutendes höher auf als in der Mitte, und erhält, von der Seite betrachtet eine halbmondförmig ausgeschweifte Gestalt. Zum ferneren Schutze gegen den heftigen und häufigen Platzregen hat außerdem noch der untere Theil der Giebelseite ein besonderes Schirmdach, welches unter dem überhängenden Hauptdache zurücktritt. Das Ganze ruht auf niedrigen Pfählen, deren Zwischenräume nach Belieben theils offen gelassen, theils durch Einsatzrahmen geschlossen werden können.

Im Innern dieser Häuser herrscht gewöhnlich viel Reinlichkeit. Bei den Wohlhabenderen ist der Fußboden mit Schilfmatten belegt, deren man sich überhaupt zu Betten und Sitzteppichen bedient. Ein längs der Wand gelegter abgerindeter Baumstamm vertritt die Stelle von Stühlen und Bänken, Sophas und Divans. Von der Mitte des Daches hängt ein langer mit einem oder mehreren hölzernen Haken versehenes Seil herab, das unten in vier Enden ausläuft. Diese tragen ein viereckiges, in horizontaler Lage schwebendes Brett, das durch Randlatten in einen schmalen Kasten verwandelt wird, und dem Boden nahe genug hängt, um gewissermaßen den Dienst eines Tisches zu versehen. An den Haken werden oft ganze Fruchttrauben von Bananen gegen die Nachstellungen der überaus zahlreichen Ratten verwahrt. In geringer Entfernung von dieser schwebenden Vorrathskammer befindet sich im Fußboden der Feuerheerd, eine mäßige meist sehr sorgfältig mit flachen Steinen ausgemauerte Vertiefung, in der man einen großen Theil des Tages über den zum Backen der Nahrungsmittel erforderlichen Vorrath von heißer Asche findet. Gewöhnlich wird auch noch im Hintergrunde des Gebäudes ein kleinerer Raum durch eine Querwand abgesondert, der zum besondern Aufenthalte der Frauen bestimmt scheint. Die Seefahrer staunten auf der abgelegenen Insel einen kleinen, sehr artig gearbeiteten Webstuhl in Gebrauch zu finden, dessen Einrichtung der Hauptsache nach mit der des europäischen übereinstimmte. Hiermit webten die Weiber den schmalen Gürtel, das einzige Kleidungsstück beider Geschlechter. Das Material zu den Fäden gaben Fasern der Bananenstämme, deren Zubereitung und Färbung den Fremden unbekannt blieb. Die häufigste Farbe war schwärzlich violettgrau; rostroth und gelblichweiß wurden nur zu Randverzierungen verwendet.

Eben so unbestimmt blieb es, ob auch die Verfertigung der so wichtigen Cocosbastschnure, die überall die Stelle der Nägel versehen, alleiniges Geschäft der Frauen war.

Den auf den westlicheren Carolinen unbekannten freundlichen Namentausch fand man auf Ualan gebräuchlich, so wie die gleichfalls dort unbekannte Zubereitung das Kava's.

Das Tätuiren und das altindianische Verfahren durch Reibung zweier Holzarten Feuer anzumachen, deuteten nebst Gesichtsbildung, aristokratischer Verfassung, und so manchen andern Beziehungen auf das ferne Malaya als Urheimath des abgeschiedenen Völkchens.

Der üppigste Waldwuchs bedeckte die Insel von den höchsten Berglämmen, wo einzelne Palmen von besonders zierlicher Form über die benachbarten Bäume hervorragten, bis zum Meeressaum, wo Mangrovengebüsche ein im Seewasser wurzelndes Gehölz bildeten, so daß es schwer zu bestimmen war wo der Boden der Insel aufhörte und die seichte Lagune begann. Zahlreiche Wassergassen durchschnitten nach allen Richtungen hin die überflossene Waldung dieses zweifelhaften Gebiets, und führten zum Ufer, wo hier und dort das helle Grün der Bananen und des Zuderrohrs nebst großblätterigen Caladien und selteneren Cocospalmen, die Anwesenheit des Menschen verkündeten, bald aber wieder mit der Wildniß verschmolzen. Unter den Pflanzenformen, welche die mehr ebenen, sumpfigen niedrigen Gegenden zierten, zeichneten sich besonders eine gesellig wachsende, stammlose Sumpfpalme (Nipa frutescens) mit ihren kolossalen gefiederten Wedeln aus, so wie ein von den Eingebornen Kum genannter, ansehnlicher Baum dessen zahlreiche Wurzeln zu den merkwürdigsten Bildungen des Pflanzenreichs gehören. Jede derselben hat nämlich nach oben, ihrer ganzen Länge nach, einen völlig aufrechten kammartigen Fortsatz, der mit der Dicke der Wurzeln an Höhe nach und nach abnimmt, nahe dem Stamm aber häufig 3 bis 4 Fuß hoch ist. Diese sehr dünnen, dabei aber glatten und sehr zierlich gewachsenen Kämme verfolgen alle Krümmungen und Verzweigungen der Wurzel auf's genaueste, und bilden so in beträchtlicher Ausdehnung um den Baum her ein wahres Labyrinth vom auffallendsten Anblid. Große Strecken mancher sumpfigen Flächen sind völlig mit diesem Gewirr bedeckt, und das Gehen auf den scharfen Kanten solcher aufrecht stehenden Bänder, in deren Nachbarschaft der Boden gewöhnlich sehr tiefer Schlamm ist, hat seine nicht geringen Schwierigkeiten. Durch Anschlagen besonders an die höheren Stellen derselben entsteht ein merkwürdig weit hörbarer, paukenartiger Ton.

Anderwärts, doch gleichfalls auf mehr sumpfigem Boden, bildet der besonders häufig vorkommende, kriechende Hibiscus populneus, hier So genannt ein nicht minder seltsames Unterholz. Die Stämme dieses merkwürdigen Baumes haben nämlich die Neigung sich ziemlich dicht über den Boden hinzubeugen; sie wachsen so, theils gerade, theils bogenförmig gekrümmt auf weite Strecken hin, während die zahlreichen Äste nach oben rechtwinklig abstehen; diese geben lange, fast immer sehr grade Stangen, die als solche zum Häuserbau und zu manchem andern Gebrauch fast ausschließlich benutzt werden. Man kann sich denken, daß es eben keine leichte Aufgabe ist, ein solches Dickicht zu durchwandern, da die Stämme eben so viele den Weg versperrende Schranken bilden; die Schwierigkeit über oder unter ihnen durchzukommen, wird dabei durch das Gewirr der Lianen und mannichfachen andern Gewächsen gewaltig vermehrt, unter welchen ein dunkelfarbiges Riedgras mit langen stachelrändigen Blättern sich besonders hervorthut. Einzeln findet sich auch wohl ein colossaler auf zahlreichen Aeslern ruhender Feigenbaum, dessen ungeheure Krone wie ein grüner Hügel über dem Walde hervorragt.

Unter den das Innere der Insel physiognomisch bezeichnenden Pflanzen nimmt ein hohes Schilfrohr, besonders in den höher gelegenen Thälern um die Flußufer her, einen nicht unbedeutenden Platz ein. Colossale Farnkräuter, die den baumartigen in Hinsicht auf Stärke der Blattstiele, so wie auf Form und Größe der Kronen wenigstens nichts nachgeben, obgleich ihnen der eigentliche Stamm fehlt, werden immer häufiger und scheinen auf den unersteiglichen Bergwänden besonders heimisch zu sein. Auf den nadelförmigen und dennoch dicht bewaldeten Basaltgipfeln gesellen sich zu diesen riesigen Cryptogamen hohe Bergpalmen, die der schlanken Form nach zur Gattung Areca zu gehören scheinen. Einer der stattlichsten und zugleich häufigsten Waldbäume ist eine Art Muskatnußbaum, die zwar an den Waldrändern in der Nähe der Ansiedlungen eben auch nicht selten vorkommt; doch nie daselbst den majestätischen Wuchs erreicht, der sie im Innern bezeichnet.

Wenn die Lagunenwaldung auf mannigfache Weise belebt ist; bald hier bald da die klangvolle Stimme des prächtig rothen Soulmanga's (Certhia sanguinolenta Latham) im schönen hellgrünen Laubwerk der Sonneratien erschallt, und die weniger anmuthigen Töne der Meerschwalben und Reiher sich mit den Lauten der Sumpfbewohner vermischen; so herrscht dagegen in den Bergwäldern eine wahre Todtenstille, die nicht wenig zum melancholischen Eindruck der unbewohnten Wildniß beiträgt. Drückend ist das Gefühl der Einsamkeit auf diesen schweigsamen Höhen, von welchen man in die dichtbewaldeten Thäler hinabschaut, wo keine Spur des menschlichen Treibens sich zeigt; oder noch weiter hinausblickt auf den unabsehbaren Spiegel des im fernen Hintergrunde die Aussicht schließenden Oceans. Dann tritt dem Seefahrer die Entlegenheit dieser einsamen Insel mit wunderbarer Gewalt vor die Seele, und die Erinnerung an die unbegränzten Räume, die ihn vom Vaterlande trennen, erfüllt ihn mit sehnsüchtiger Trauer.

Die Bevölkerung der Insel Ualan, die von Killitz auf nicht mehr als 700 Erwachsene geschätzt wurde, steht in keinem Verhältniß zu ihrer Größe und Fruchtbarkeit; die meisten Ortschaften liegen in der Nähe des Meeres, während das Innere mit seinen steilen Höhen meist unbesuchter Wald ist.

Die Residenz der 12 Häuptlinge liegt nicht auf der Hauptinsel, sondern auf einer kleinen, nahegelegenen, die den Namen Läla führt. Diese ist von länglicher Gestalt und einer für ihren geringen Umfang nicht unbeträchtlichen Höhe. Der Gipfel ist schön bewaldet, alles Uebrige scheint mit Häusern und Gärten bedeckt und hat das Ansehen einer einzigen Stadt, deren elegante, mitunter ansehnlich hohe Häuser, im Verein mit den zahlreichen darüber wehenden Cocoswipfeln, schon von fern einen stattlichen Anblick gewähren und mit den prachtvollen Wildnissen der Hauptinsel angenehm abwechseln. Alle Wohnungen sind hier mit aus Basaltblöcken errichteten Gartenmauern umgeben, wie sie, freilich nur in viel kleinerem Maaßstabe, auch an andern Orten der Hauptinsel bemerkt werden. Enge, des häufigen Regens wegen sehr kothige Gäßchen führen zwischen diesen hohen Mauerwerken hindurch, die oben ganz wild mit üppig aufschießenden Farnkräutern von eben so zierlichen als mannigfachen Formen überwachsen sind, und wie ein Labyrinth den größten Theil der Insel bedecken: man staunt über die Beträchtlichkeit der hier aufgethürmten Steinmassen, bei der es fast unerklärbar erscheint, wie dergleichen Gemäuer von den alle mechanischen Hülfsmittel entbehrenden gegenwärtigen Bewohnern des Landes haben errichtet werden können. Aus dem Innern der auf diese Weise umschlossenen Höfe ragen die bereits beschriebenen hohen, halbmondförmig ausgeschweiften Dächer mit ihren zierlichen, aus dünnen Stangen korbartig zusammengesetzten Giebeln auf, deren Holzwerk, namentlich an denjenigen Gebäuden, die den Oberhäuptern zur Wohnung dienen, meist in ähnlicher Weise wie die Pirogen, roth und weiß gefärbt sind. So bildet ein solcher durch Mauern von der übrigen Welt geschiedener Hof gleichsam eine Stadt im Kleinen, wo die Zahl der darin errichteten Gebäude sowohl, als die Untereintheilung des Raums in kleinere Höfe sich nach den persönlichen Verhältnissen des Besitzers richtet.

Die neuesten Nachrichten aus Ualan werfen leider einen trüben Schatten über das patriarchalische Bild, welches Kittlitz uns von demselben entworfen hat. Es ist nicht mehr das unschuldige Einsiedlervolk, welches unter der wilden Herrschaft seiner angestammten Oberhäupter in glücklicher Abgeschiedenheit lebte.

Wir lesen von einem despotischen Herrscher, von dessen Bedrückungen ein Fischer das Volk befreite, der aus Dank von den Angesehenern auf den Thron gehoben wurde und unter dem Namen „King George" mehrere Jahre lang das Land regierte. Doch auch dieser König, obwohl er die Bereitung und den Ankauf von Branntwein seinen Unterthanen verboten hatte, ergab sich dem Trunke, dessen traurigen Folgen er im October 1856 erlag.

Von Jahr zu Jahr nimmt die Bevölkerung ab, während ihre Verkommenheit zunimmt, denn der steigende Verkehr mit fremden Seefahrern wirkt sehr entsittlichend, so daß die seit 1852 dort angesiedelten Missionare nur mit großer Mühe gegen den Strom der Verderbniß aufkämpfen. Doch wird die sanfte Gemüthsart, die Gelehrigkeit und Arbeitsamkeit des Völkchens noch immer gerühmt. Hoffen wir, daß es gelingen möge es vor den bösen Einflüssen zu retten, die wie eine dunkle Wolke sich über Ualan zusammengezogen haben, und die früheren Zustände in veredelter Form wieder herzustellen.

Es war am Morgen des 14. Januar 1828 als die schöne Insel Puinipel (Panabe, Banabe), weit größer als Ualan und mit ähnlichen Naturreizen verschwenderisch ausgestattet, von Lütke entdeckt wurde. Rauchsäulen zeigten von fern, daß sie von Menschen bewohnt sei, und bald segelten die Pirogen der Eingebornen herbei. „Auch hier", sagt Kittlitz, dessen lebhafter Schilderung man gerne folgen wird, „umgab das hohe Land ein weitläufiges Corallenriff, in dessen seichtem Gewässer hin- und wieder inselförmige Waldmassen auffliegen. Die Gebirge sind weniger steil als die von Ualan, ragen aber dennoch um mehr als 1000 Fuß höher hinauf. Auch sie zeigten sich durchweg mit hohem Waldwuchse bedeckt, den aber die Cultur bereits mehr als auf Ualan gelichtet zu haben schien.

Die Bewohner führten dreieckige Segeln von Matten an ihren Fahrzeugen, doch machten wir bald die Bemerkung, daß es sonderbarer Weise Segel ohne Masten waren. Nur eine bewegliche Stange, die einer von der Bemannung in der Hand hielt, stützte das zwischen zwei winklig gegen einan der befestigten Stangen ausgespannte Segel, welches mit großer Schnelligkeit und Präcision dem Winde gemäß, bald an diesem, bald an jenem Ende des Fahrzeugs aufgestellt ward. Die Bauart der Fahrzeuge selbst war zierlicher und feiner als die von Ualan, selbst die Farbe, mit der das Holzwerk bestrichen war, zeichnete sich durch größere Feinheit und höheres Roth aus, aber das Modell war ein anderes, wir haben es nachher im Archipel der Carolinen nicht wieder gesehen.

Die meisten dieser Fahrzeuge waren durchschnittlich mit je sechs bis acht Männern besetzt. Einige derselben ruderten, während andere das Segel bedienten; die Vornehmsten befanden sich gewöhnlich in der Mitte des Fahrzeugs, wo sie sich bei dem für sie gewiß ganz neuen Anblick eines Schiffs ungemein unruhig geberdeten, fast beständig auf der wenig ausgedehnten Platform des Auslegers tanzten, und dabei fortwährend sangen und schrieen. In der Körperbildung standen sie den Bewohnern von Ualan jedenfalls nahe, die Farbe der Haut kam uns hier um ein unbedeutendes weniger braun vor als dort, im Allgemeinen sah man hier viele kräftige Gestalten; alles zeugte von großer Gewandtheit und Lebhaftigkeit. Das schwarze Haar trugen sie nicht wie dort in Knoten geschlungen; es war bei Vielen ziemlich kurz geschnitten, bei Andern hing es in langen Locken herab, und war mit Kränzen oder ziemlich breiten Binden geziert; die langen Enden der letzteren flatterten meist nach hinten zu. Vom Gürtel bis zum Knie waren Alle mit einer Art Weiberrock bekleidet, der aus lockern, aber sehr dicht aneinander gereihten Schnüren, dem Ansehn nach von Cocosfasern, franzenartig zusammengesetzt war. Er hatte die Naturfarbe solcher Bastmassen, ein gelbliches Grau. Viele trugen auch um die Schultern eine Mantille von ähnlicher Zusammensetzung; auch an dieser war das Zeug bei Einzelnen ungefärbt, bei Andern aber zeigten die flatternden Fasern, aus welchen dieses Kleidungsstück bestand, ein prächtiges Scharlachroth. Gewöhnlich ward über der rockartigen Bedeckung noch ein Gürtel von gewebtem Zeuge getragen. Die Kränze, welche Vielen als Haar- und Halsschmuck dienten, waren meist aus großen gelben Blumen zusammengesetzt; hin und wieder bemerkten wir an vielen Leuten sehr geschmackvoll gearbeitete Zierrathen, welche sie im Ohr trugen. Die Tätuirung bemerkten wir hier auch nur an Armen und Beinen, die Muster derselben waren aber anders als die von Ualan. Einzelne Tänzer, die sich mit mehr Entschiedenheit als die andern zum Tanzen hielten, trugen seltsame Manschetten von Palmenblättern, die weit über die Finger hinausragten, und bei der Bewegung des Tanzes, an welcher Arme sowohl als Finger hier sehr betheiligt sind, ein eigenthümliches Geflüster hervorbrachten. Unter den am einfachsten gekleideten Ruderern waren mehrere mit viereckigen aus frischen Palmenblättern geflochtenen Augenschirmen versehen, die weniger Zierrath als ein Mittel zur Schonung der Augen sein mochten. Das unaufhörliche Singen und Tanzen dieser Leute verhinderte jetzt das Anknüpfen einer Unterredung mit ihnen. Fortwährend kamen neue Pirogen zu denjenigen, die uns bereits umgaben; das Gedränge, das unfreundliche Geschrei der Einen gegen Andere von ihnen ward immer verworrener, aber lange wollte Niemand an Bord kommen. Ein einziger Mann entschloß sich endlich dazu; dieser blieb, nachdem er reichlich beschenkt worden, sogar zurück als die Uebrigen in den Pirogen sich entfernten. Es war eben Mittag, und der Capitän wollte mit seinem Spiegelsextanten die Sonnenhöhe nehmen, als höchst unerwarteter Weise dieser zurückgebliebene Mann einen verwegenen Versuch machte, Jenem das Instrument aus den Händen zu reißen. Doch hielt der Capitän, dessen Hand an den scharfen Rändern des Instruments etwas geschrammt ward, dasselbe glücklich fest, und der Verwegene hatte nun nichts eilfertiger zu thun, als über Bord zu springen, wo er schnell den abfahrenden Pirogen nachschwamm. In den Nachmittagsstunden kamen wir zu einer Oeffnung des Riffs, und ein Boot ward abgeschickt die Einfahrt zu sondiren. Aber die Menge der Pirogen, die dasselbe stets in dichtem Gedräng' umgaben, hinderte die Arbeit so sehr, daß Lieutenant Sawallschin unverrichteter Sache zurückkehrte. Wiewohl es immer nur freundschaftliche Demonstrationen gewesen waren, sollte doch mit diesen Leuten gar keine Verständigung möglich sein, weil Alle zugleich schrieen und sich zudrängten."

Auch an den folgenden Tagen, die zur hydrographischen Aufnahme sowohl der Hauptinsel als der nahellegenden Coralleneilande benutzt wurden, fand keine Landung statt, da bei dem heftigen unruhigen und dabei sehr unerschrockenen Charakter der Wilden, Feindseligkeiten und unnöthiges Blutvergießen fast gar nicht hätte vermieden werden können. So sah sich die Sehnsucht der Naturforscher nach den Schätzen des merkwürdigen Landes getäuscht, welches sie nur aus der Ferne, lockend und vielversprechend, beschauen durften.

Kaum dreißig Jahre sind seit jener ersten flüchtigen Recognoscirung verflossen, doch wie ganz anders lauten die neueren Berichte. Walljäger besuchen jetzt häufig die große Bucht von hohen in dichte Laubmassen gehüllten

Bergen umgeben, wo der menschenfreundliche Fülle das Landen unterließ, und Europäer und Yankees vertauschen dort Baumwollenzeuge und Eisen gegen Holothurien und Schildkrötenschalen, Perlmutter und Sandelholz. Stogman (1853) fand in der Nähe des Hafens einen Deutschen „Overbeck", der sich damit beschäftigte Trepang zu fischen, wobei ihm die Insulaner freiwillig gegen eine geringe Bezahlung fleißigen Beistand leisteten, und ein eingeborner Lootse „Gollath" brachte die Eugénie nicht nur glücklich zum Ankerplatz, sondern versorgte sie auch mit Brennmaterial, Hühnern, Brodfrüchten und Bananen.

Ausreißer und Missionare hatten sich eingefunden und bestrebten sich um die Wette — jene durch böses Beispiel, diese durch gute Lehren — die Insulaner auf entgegengesetzte Wege zu führen.

Die Eingebornen glichen sämmtlichen Polynesiern, die Stogman bereits gesehen, näherten sich jedoch schon mehr den Malaien, indem die Nase glatter und der Körperbau bedeutend zarter und kleiner war.

Puinipet, seiner Form nach fast ein Quadrat mit einer Seitenlänge von vier Meilen soll in fünf kleine Reiche unter verschiedenen Häuptlingen oder Fürsten zerfallen, und seit einer mörderischen Blatternepidemie, welche im Jahre 1854 den größten Theil der Bevölkerung wegraffte, nur noch etwa 5000 Einwohner zählen. Merkwürdig sind die mehrere Morgen Landes bedeckenden Ruinen in der Nähe des Matalanim Hafens, welche aus prismatisch gestalteten Stücken von Basalt, den man im nördlichen Theil der Insel findet, bestehen. Sie sind offenbar die Ueberreste von Bauten eines zwar rohen aber kraftvollen und zahlreichen Volkes, ohne Zweifel der fernen Vorfahren der gegenwärtigen Bewohner und sollen denen auf Tinian gleichen. Viele Ueberlieferungen und Sagen von den „Geistern" sind noch heutzutage lebendig, und beziehen sich meistentheils auf die abgeschiedenen Vorfahren. An bestimmten Tagen feiern die Eingebornen heute noch ihre heidnischen Feste in diesen Ruinen, und bis vor 20 oder 30 Jahren wurden dort die Leichen ihrer Häuptlinge bestattet. Ueberall auf der Insel findet man Bauwerke ähnlicher Art, nirgends aber so viele und in so hohem Ansehen stehende. Viele dieser Trümmer sind ohne Zweifel Grabstätten.

Noch interessanter in geologischer Beziehung sind die Ruinen am Meeresstrande befindlicher Hütten, deren Grundbau gegenwärtig unter dem Wasser steht. Sie beweisen eine noch immer vor sich gehende Senkung des Landes, und liefern ein beredtes Zeugniß von der Wahrheit der Darwin'schen Theorie über die Bildung der Atolle.

Alle Sagen erzählen von Inseln, die sich aus dem Ocean hoben und wieder verschwanden, dieselbe Erscheinung die sich bekanntlich im Mittelmeer bei der Insel Santorin öfters zeigte, und bekanntlich noch in diesem Jahrhunderte südlich von Sicilien die Aufmerksamkeit aller Geologen auf sich zog. Unter den Eingebornen hat sich eine Tradition erhalten, derzufolge einst im Süden der Insel ein Fahrzeug mit Männern landete, die in so auffallende Häute gekleidet waren, daß man sie nur tödten konnte, indem man ihre Augen durchbohrte. Wahrscheinlich waren dies Spanier, welche Panzerhemden trugen. Einige spanische Silbermünzen und ein silbernes Crucifix wurden vor wenigen Jahren in den Gewölben der berühmten Ruinen zu Matalanim aufgefunden. Ein silberner Cirkel fand sich in den Ruinen eines alten Hauses und weiter landeinwärts entdeckte man vor Kurzem eine eiserne Krone. Aus allem diesen läßt sich vermuthen, daß Quiros schon 1595 auf seiner Fahrt von Santa Cruz nach den Philippinen die Insel entdeckte.

Puinipet erreicht eine Höhe von 2858 Fuß und füllt fast den ganzen Binnenraum eines Corallenriffs aus, dessen Umfang 70 bis 80 Meilen beträgt. Zwölf zerstreut umherliegende Basaltfelsen bilden eben so viele kleine Inseln, und auf dem Riffe gibt es mehr als 15 niedrige Coralleneilande. Kurze reißende Ströme fluthen in großer Anzahl vom Gebirge herab und bilden noch fortwährend einen Alluvialniederschlag rings an den Gestaden der Insel, wo das gleich einer mit Smaragden gezierten Silberplatte schimmernde Corallenriff dieses kostbare Alluvium vermehrt, aus dem eine reiche Vegetation hervorsprießt. Das Riff ist an mehreren Stellen durchbrochen, wodurch vortreffliche Häfen gebildet werden.

Die Missionare schildern die Insel als ein wahres Paradies. Ausgenommen den nördlichen Theil, wo die zerstreut umherliegenden Eilande und die kühn aufsteigenden Hügel einen wilden, malerischen Anblick gewähren, ist überall die Landschaft anmuthig und heiter. Es gibt nicht leicht eine mehr romantische Aussicht als der Blick von einer Anhöhe der Insel auf die Küste. Das Ufer senkt sich lieblich nach dem Meer hinab, das dort rauscht und brauset. Zwischen dem immergrünen Gestade und dem äußern Riff erheben sich hie und da die Spitzen glänzender Corallenfelsen aus dem Meere, und zeigen dem Auge die zahlreichen Canäle und Buchten in diesen Gewässern. An der Außenseite des Riffs steigen die mit weißem Schaum besäumten Wogen auf und ab, ihr Brausen tönt wie ein Jubellied des Oceans Dem, der Alles geschaffen. Ualan ist eine einsame romantische Schönheit, unvergleichlich in ihrer Art; Puinipet dagegen gleicht einer ehrwürdigen Königin, die von ihrem erhabenen Throne auf ihre Dienerinnen, die jungfräulichen Corallenellande herabblickt, die sich um dessen Stufen gelagert haben. Das zwar feuchte Klima ist doch eins der angenehmsten innerhalb der heißen Zone. Die Vegetation ist nicht weniger üppig als auf Ualan. So dicht ist der Pflanzenwuchs und so dünn die Bevölkerung, daß man vom Bord eines vorübersegelnden Schiffes aus, auch wenn man einer gelegentlich vorbeischwimmenden Piroge oder einer aufsteigenden Rauchwolke ansichtig würde, doch kaum mit Gewißheit sagen könnte, ob die Insel bewohnt sei oder nicht. Außer den ursprünglichen Nutzpflanzen, die denen der andern Gruppen gleichen, haben die Fremden bereits die Orangen und die Citronen, den Kaffee und den Tabak, den Ananas und die Guayave, die Batate und die Wassermelone eingeführt.

Die Natur hat Alles gethan um Puinipet zu einem benedenswerthen Besitze zu machen, und bei der raschen Entwicklung des Verkehrs im großen Ocean wird es höchst wahrscheinlich noch vor Ende des Jahrhunderts sich zur blühenden Colonie einer der großen Seemächte entwickelt haben.

In Lugunor (1795 von Mortlock entdeckt) begrüßen wir die erste größere Corallengruppe der östlichen Carolinen, bei deren Bewohnern der rege Handels- und Seefahrergeist zum Vorschein kommt, der im allgemeinen die niederen Inseln des ganzen weitläufigen Archipels auszeichnet. Hier sehen wir schon ein Volk, welches sich nicht mehr mit dem was der Boden der engen Heimath hervorbringt begnügt, sondern fleißig und geschickt eine Menge Ausfuhrartikel verfertigt, und dieselben auch mit Vortheil auf weit entfernten Inseln umzusetzen versteht. Mattengeflecht aus den Blättern des Pandanus, in welcher Arbeit namentlich die Weiber geschickt sind; Tauwerk und Bindfäden aus den Fasern der Cocosnüsse; Waffen verschiedener Art aus den härtesten Theilen der Cocospalmenstämme, so wie manche Geräthschaften aus dem Holze des Brodfruchtbaums verfertigt, finden Absatz auf den hohen Inseln der Carolinen. Die Bewohner der niederen Corallenellande führen niemals Krieg; sie wissen die Waffen, die sie verfertigen besser zu benutzen, indem sie dieselben ihren kriegführenden Nachbarn auf Rug und Puinipet theuer verkaufen.

Staunenswerth sind die weiten Fahrten die sie mit ihren kleinen gebrechlichen Plrogen unternehmen, und die geographischen Kenntnisse, welche sie sich auf diese Weise erwerben. Die Häuptlinge oder Tamols von Lugunor, (der Titel „Iros" auch auf Puinipet gebräuchlich, ist hier schon unbekannt), die Lütte an Bord seines Schiffes besuchten, zeichneten mit Kreide förmliche Karten vom ganzen Archipel der Carolinen, mit Einschluß der benachbarten Marianen auf's Verdeck. Erst jenseits der Pelew Inseln ging ihre Welt zu Ende, dort meinten sie sei das Himmelsgewölbe schon zu sehr der Erde genähert als daß noch eine Schifffahrt möglich sei, dort würde man höchstens noch am Boden kriechen oder im Wasser schwimmen können. Jedenfalls umfaßte die Welt dieser Wilden weitere Räume als die des alten Homer, und ihre Begriffe von Himmel und Erde standen auf keiner geringeren Stufe. Der Schifffahrt der Caroliner dient zur Leiterin die Kenntniß des gestirnten Himmels, den sie in verschiedene Constellationen eintheilen, deren jede ihren besondern Namen hat. Die Höhe des Gestirns über dem Horizont mit wunderbarer Richtigkeit geschätzt, zeigt ihnen die Breite oder vielmehr die Parallele an, in welcher diese oder jene Insel sich befindet. Dabei wird auch die größte Aufmerksamkeit den herrschenden Winden und der Wirkung der Strömungen geschenkt. Der Untergang der verschiedenen Sternbilder bestimmt die Dauer des Dienstes, der zur Nachtzeit unter der Mannschaft abwechselt. Einer zum Beispiel leitet das Boot bis zum Verschwinden der Ziege (maléghódi) ein anderer bis Orion (eliel) am Horizonte versinkt.

Nach Cantova wird den Knaben die Sternkunde gelehrt, wobei man sich eines Globus bedient, auf welchem die Hauptconstellationen gezeichnet sind. Der Unterricht ist in Gesängen enthalten, die von einer Generation der andern überliefert werden, und die astronomischen, geographischen und nautischen Grundsätze enthalten, die man den Entdeckungen und der Erfahrung der Lootsen, der ersten und angesehensten Gelehrten dieses Schiffervolks verdankt. Auch historische Begebenheiten und der Ruhm ausgezeichneter Männer werden auf diese Weise der Nachwelt überliefert.

Die Windrose wird wie bei den Chinesen in 24 gleiche Theile getheilt; das Jahr in seine Monde, die zu zwei Grupppen sich vereinigen: Héfang die Zeit der häufigen Stürme von Juni bis November, und Rag, die andere Jahreshälfte, wo mäßigere Winde wehen.

Die Jahre zählt Niemand; keiner kennt sein Alter und wallt sorglos, die guten Tage genießend, den Strom des Lebens hinab.

Wie alle Seefahrer sind die Caroliner äußerst abergläubisch. Sie besprechen den Wind und beschwören den Sturm, daß er schweige. Vor der Abfahrt wird jedesmal das Loos befragt, wobei man sich statt der bei unsern alten Weibern gebräuchlichen Karten, der Cocosblättchen bedient. Man glaubt an Zauberkünste, an den Einfluß der Gestirne, an Glücks- und Unglückstage und die geringste schlechte Vorbedeutung reicht zur Aufschiebung eines sonst viel versprechenden Unternehmens hin.

Die Blüthe des Pandanus, der gesuchteste Putz der Schönen, soll in einer mystischen Verbindung mit dem Regen stehen, der am Lande meistens erwünscht, dem Seefahrer mannigfachen Nachtheil bringt. Man bannt ihn durch den Ton der überall auf den Carolinen gebräuchlichen Muscheltrompete, da es aber einer besonderen Uebung bedarf um die richtige Weise zu treffen so befindet sich unter jeder das Meer beschiffenden Gesellschaft ein erfahrener Trompeter, dem es obliegt, mittelst jenes Instruments den Regen zu beschwichtigen.

Diesem nun ist es streng untersagt sich mit einer Blüthe zu schmücken, die mit dem Regen selbst in Verbindung steht, da sonst ohne Zweifel seine Bemühungen während der Seereise fortwährend fruchtlos sein würden; und größerer Vorsicht halber, wird das Verbot sogar auf seine ganze Familie ausgedehnt, so daß die Töchter eines solchen Regenbanners ebenfalls auf den Lieblingsputz ihrer Gefährtinnen verzichten müssen.

Eine Fahrt könnte unmöglich ein gutes Ende nehmen wenn Bananen an Bord wären, und während der Abwesenheit der ihrigen, hüten sich wohl die zurückgebliebenen Angehörigen von dieser Frucht zu essen. Dagegen übt der Schwanz des fünfstacheligen Rochens einen so günstigen Einfluß aus, daß wer einen solchen an Bord hat, sich gewiß auf dem Meere nicht verirren wird.

Ein Zauberstab mit einem Rochenschwanz am Ende und mit Pandanusblättern geziert, wird in der Luft umhergeschwenkt, um den ungünstigen Wind zu beschwören, was indeß auch auf andere Weise geschieht. So sah Dumont d'Urville einen Greis, der lange wie ein Betender am Vordertheil der Pirogen stand, die Arme ausstreckend und wieder zusammenziehend, wozu er mit Händeklatschen und Kopfnicken gewissermaßen den Takt schlug: sein Auge war stier, und er murmelte unverständliche Worte. Endlich während eines heftigerem Windstoßes sprang er auf, zog seinen Poncho aus und fing an lebhaft zu tanzen, seine nichts weniger als anständige Geberden mit einem furchtbaren Geheul begleitend, welches indessen nur das Gelächter seiner allem Anschein nach höchst gleichgültigen Genossen erregte. Doch der Alte ließ sich durch den Indifferentismus der Ungläubigen nicht irre machen, sondern bewahrte seinen vollen Ernst und setzte seine Anstrengungen so lange fort, bis endlich der Wind nachließ, worauf er den unterbrochenen Tauschhandel wieder anknüpfte, ohne Zweifel überzeugt, daß er dem Winde Ruhe geboten, aber auch der Einzige, der diese Meinung zu hegen schien.

Bei den Bewohnern von Lugunor wurden von Kittlitz schon mehr Kleidungsstücke als auf Puinipet oder Ualan bemerkt. Einzelne, besonders ältere Leute trugen die kegelförmigen aus trockenen Pandanusblättern geflochtenen Hüte von chinesischem Ansehen, die auf allen westlicheren Inseln gefunden werden, sowie gelbgefärbte Mäntel vom Schnitt des amerikanischen Poncho: beide offenbar dazu dienend die Haut und den Kopf der Seefahrer gegen die brennende Sonne des schattenlosen Meeres zu schützen. Die Gürtel, hier wie dort Tohl genannnt, unterschieden sich von denen auf Ualan dadurch daß sie mehr bewegliche Binden und gewöhnlich gelb waren. Die Tätuirung war ähnlich, doch erstreckte sie sich bei einigen auf die Brust; das Gesicht blieb damit verschont, war aber ganz oder theilweis mit hochgelbem Curcumapulver geschmückt, ein Gebrauch, der ebenfalls auf allen westlicheren Inseln herrscht. Auf den Kopfputz schienen hier die Männer eine besondere Sorgfalt zu verwenden; ihr äußerst reiches, meist lockiges schwarzes Haar wird gewöhnlich in einem sehr breiten Zopf hinten aufgebunden und auf mannigfache Weise mit Blumen oder Federn verziert, welche letztere dann an einer besondern Art von Kamm befestigt sind. Dabei sah man zumal an eingeschifften Leuten eine Kopfbinde, die zugleich als Schleuder benutzt werden konnte, und nebst einem leichten Speer, die einzige bemerkbare Waffe war.

Die Eingeborenen, die an Bord kamen, machten einen sehr günstigen Eindruck durch ihr anständiges rücksichtsvolles und dabei völlig argloses Benehmen, welches übrigens keinen Zweifel darüber ließ, daß der Anblick von Schiffen und weißen Menschen nichts Neues für sie sei. Doch fand Kittlitz diese Leute viel liebenswürdiger und unverdorbener als ihre westlichen Stammverwandten, bei welchen der häufigere Verkehr mit Europäern bereits seine gewöhnlichen Früchte — größeren Eigennutz, und geringere Gastfreiheit —

bemerkbar machte. Auf Lugunor war auch noch strenge Ehrlichkeit zu Hause denn es kam auch nicht ein Beispiel von Diebstahl vor.

Zu den interessantesten Geräthschaften, die auf dieser und den andern niederen Carolinen bemerkt wurden, gehörten sehr zierlich gearbeitete Fischkörbe. Ein solcher wird mit einigen Steinen hinreichend belastet, in eine Tiefe von mehreren Klaftern auf den Meeresboden gesenkt, und am andern Tage wieder aufgezogen, oft reichlich gefüllt mit mannigfachen Fischen der kleineren Arten, die durch den allmälig immer enger werdenden Eingang in das Innere des Korbes gelangt sind und den Rückweg nicht finden können. Die kleineren Körbe soll man mit einer Lockspeise versehen, die bald aus kleinen Krebsen, bald aus gesäuerter Brodfrucht besteht, während die größten ungeködert bleiben.

Anfänglich wußte sich Kittlitz auf Lugunor gar nicht zu erklären, was wohl die einzelnen in der Lagune herumfahrenden Pirogen verrichten mochten, die er von Zeit zu Zeit still liegen sah, während die Mannschaft sich bemühte mit vor die Augen gehaltenen Händen auf den Grund zu schauen, erfuhr jedoch bald, daß es das Aufsuchen jener ausgestellten Fangkörbe sei. Die Bewohner von Lugunor und wahrscheinlich auch die mancher anderen Inselgruppen, wo dieser Fischfang gebräuchlich ist, bedienen sich zum Heraufziehen der Körbe eines runden, mit Steinen beschwerten Ballens, der eine hölzerne mit Wiederhaken versehene Spitze hat. Dieser wird an einer Schnur auf den unten liegenden Korb hinabgesenkt, die Spitze bringt dann in das Flechtwerk und hält ihn mit dem Haken fest.

Auf Uleai wurden später ähnliche Fischkörbe wie auf Lugunor gesehen, doch nicht das Instrument, dessen man sich dort zum Heraufziehen derselben bediente; die im Innern der Lagune versenkten Fangapparate wurden hier stets durch Taucher heraufgeholt. Fische vom wunderherrlichsten Schillerglanz kommen auf diese Weise zum Vorschein, doch überraschend schnell verbleicht die Farbenpracht mit dem Absterben des Thieres. Die Eingebornen tödten gewöhnlich die soeben gefangenen Fische durch einen Biß in's Genick, den sie so rasch und geschickt anzubringen wissen, daß man später keine Spur davon wahrnimmt.

Da eben von diesen Seethieren die Rede ist, will ich hier der höchst merkwürdigen Schmarotzerfische gedenken, die von den Naturforschern des „Senjawin" in der mit modificirtem Seewasser angefüllten Bauchhöhle zweier Holothurien von ungewöhnlicher Größe angetroffen wurden. Die sehr gallertartigen, vier bis 5 Zoll langen Thiere, deren ganz weißknorpeliges

Eletett bei der auffallenden Durchsichtigkeit der Körper sich zeigte, starben immer wenn sie aus ihrem Aufenthaltsorte gezogen und in gewöhnliches Seewasser gebracht wurden, und eine Reihe von Erfahrungen ließ keinen Zweifel darüber, daß sie unmöglich von außen und zufällig in das Innere des Weichthiers hatten gelangen können. Daß niedere Thiere — Eingeweidewürmer der verschiedensten Art — im Organismus höher ausgebildeten Geschöpfe parasitisch leben, kommt in tausenden von Beispielen vor; der entgegengesetzte Fall widerspricht dagegen so sehr allen vorgefaßten Meinungen, daß die meisten Gelehrten geneigt sein dürften, an der Gründlichkeit jener Beobachtungen zu zweifeln. Doch wie manches ist nicht schon von Sachverständigen bezweifelt worden, was sich doch später als Wahrheit erwies? Wie wurde Chamisso verspottet, als er auf die abwechselnden Generationen der solitären und Kettensalpen aufmerksam machte, und doch hätte er mit größeren Rechte seine Widersprecher verlachen können. Hüten wir uns vor der Leichtgläubigkeit, welche die größten Fabeln urtheillos verschlingt; bleiben wir aber auch dem hochmüthigen Dünkel jener verstockten Gelehrten fern, die von vornherein alles verwerfen, was nicht in den Rahmen ihrer Theorie gehört!

— · — · — · —

Hohe Inseln — Rug, Doublon, Moenn, Tol, Periabil, Tois u. s. w. — vom prächtigsten Waldwuchs beschattet, und eine Menge von niedrigen Eilanden, die wie Smaragde auf dem Rücken eines weit ausgedehnten Corallengürtels sich erheben, bilden die Gruppe Rug, Tuch oder Hogoleu, eine der bedeutendsten des ganzen Carolinenarchipels. Wir ankern mit D'Urville im December 1838 vor der kleinen Insel Tois, und benutzen diese Gelegenheit um mit dem Naturforscher Jacquinot die vielleicht noch von keinem Europäer betretene Insel Rug oder Falang zu besuchen.

„Wir fanden am Ufer," schreibt der muntere Franzose, „eine elende Hütte, vor welcher ein Greis saß, der bei unserm Anblick die größte Furcht an den Tag legte; er wollte sich sogleich entfernen, der junge Tamol, unser Führer hatte die größte Mühe ihn zurückzuhalten; wir reichten ihm einige Geschenke, die ihn etwas zu beruhigen schienen.

„Nach einer kurzen Rast machte uns der Tamol ein Zeichen, daß wir uns wieder einschiffen sollten. Wir wußten nicht was er beabsichtigte, und da die Angst des Greises uns befürchten ließ, er möchte uns wieder zu unseren Schiffen bringen, gaben wir ihm zu verstehen, daß wir in den Wald gehen wollten, er suchte uns davon abzubringen; doch wir blieben bei unserm Vorsatz und machten uns auf den Weg, worauf er uns folgte.

„Wir merkten jedoch bald, daß wir Unrecht gehabt, ihm keine Folge zu leisten, denn der Weg führt durch einen ungeheuren schlammigen Morast, den wir auf den gekrümmten Wurzeln der Manglebäume durchwandern mußten, und wir hatten alle Mühe unser Gleichgewicht auf diesen gebrechlichen ein oder zwei Fuß über dem Wasser sich erhebenden Stützen zu behalten, und nicht durch einen Fehltritt bis an den Gürtel in den schwarzen übelriechenden Sumpf gestürzt zu werden.

„Um uns her lag dichter finsterer Wald; hübsche grüne Tauben flogen bei unserer Annäherung empor, und verloren sich in die Gipfel der Bäume. Als wir aus dem Moraste kamen, eröffnete sich eine mit großen Basaltblöcken bedeckte Ebene. Kein Pfad führte durch dieses steinige Chaos, wir mußten von einem Block zum andern springen, bis wir endlich nach langen Umwegen nicht fern vom Strande einen Fußweg fanden.

„Der Pfad, dem Gestade folgend, war angenehm von einer Menge schöner Bäume beschattet, unter welchen ich zu meinem Erstaunen einen sehr hohen Orangenbaum bemerkte, der mit Früchten beladen war; sie lagen auf der Erde herum und die Eingebornen schienen sie zu verschmähen. Sie waren zwar wild, doch ziemlich gut, obgleich etwas säuerlich und scharf. Woher mochte dieser Baum wohl stammen? Man weiß, daß er in Oceanien nicht einheimisch ist. Bald trafen wir einige zerstreute Hütten, doch fanden wir sie meistens menschenleer; ihre Bewohner mochten wohl eben in ihren Pirogen bei unsern Schiffen sein. Sie waren stark aus Holz gebaut und mit Cocosblättern bedeckt, ihre Form war länglich viereckig. Im Innern befanden sich nur einige Matten und große hölzerne rothangestrichene Wasserbehälter. An den Wänden hingen die Waffen: Wurfspieße mit spitzigen Rohrstacheln besetzt, lange Stöcke sorgfältig polirt, gelbgefärbt und an beiden Enden knüttelförmig aufgewulstet; Schädelbrecher endlich aus sehr hartem Holze. Eine ihrer Hauptwaffen ist die Schleuder aus Cocosfasern geflochten, womit sie sehr geschickt Steine von der Form und Größe eines Hühnereies werfen.

„Einige Hütten, größer als die andern, dienten zur Aufbewahrung ihrer großen Kriegspirogen. Wir traten in einen dieser Schoppen, und während Herr Lasond eins der darin enthaltenen roth und schwarz angestrichenen und an den Rändern sauber geschnitzten Boote abzeichnete, führten mehrere Eingeborene, die sich auf dem Boden der Hütte im Kreise gesetzt hatten ein lebhaftes Gespräch, dessen Gegenstand sonder Zweifel unsere Wenigkeit war. Bis jetzt hatten wir noch kein Frauenzimmer bemerkt, doch als ich durch eine der Thüren der Hütte blickte, sah ich mehrere junge Mädchen, die hinter den breiten Bananenblättern halb versteckt uns neugierig betrachteten. So wie sie sich bemerkt sahen, liefen sie davon, kamen aber bald wieder zurück, und wiederholten mehrmals dieses Spiel, bis endlich einer der Wilden, der das muthwillige Treiben bemerkte, ihnen zornig befahl sich zu entfernen, worauf sie sogleich gehorchten.

„Links vom Strande erhoben sich Hügel mit schönen Bäumen bedeckt, durch deren Laub hier und dort das Dach einer Hütte hervorragte. Wir folgten einem dorthin führenden Pfade, trotz aller Bitten und Bemühungen unseres Führers uns zurückzuhalten, und hatten auch bald die Ursache seines Widerstrebens entdeckt. Denn so wie wir den Gipfel des Hügels erreichten, kamen plötzlich eine Menge Weiber mit Freudengeschrei auf uns zugestürzt. Vergebens rief ihnen unser Führer zu sich zu entfernen; sie schrieen und zeigten uns mit lebhaften Geberden die Ringe und Glasperlen, die ihre Männer und Brüder auf unseren Schiffen erhalten hatten. Die meisten dieser Weiber waren klein, ziemlich häßlich, und im allgemeinen stand ihre körperliche Bildung hinter der der Männer zurück. Ihr schwarzes Haar flatterte um die Schultern. Eine kleine, sehr feine, gelbe Matte mit schwarzen Streifen oder Quadranten umgürtete ihren Leib; und der bereits erwähnte Poncho, dessen beide Enden hinten und vornen, wie das Meßgewand eines Priesters herabhingen, vervollständigte den dürftigen Anzug.

„Unser Führer schien so unglücklich und besorgt uns bei den Frauen zu sehen, daß wir seine Pein nicht verlängern mochten. Den Rest des Tages brachten wir mit Vogelschießen und dem Sammeln von Pflanzen, Insecten und Landschnecken zu. Diese Wilden kannten das Schießgewehr nicht, wie deutlich aus der Bestürzung hervorging, die mein erster Schuß verursachte, und die noch größer wurde als sie den getroffenen Vogel, blutig und leblos zur Erde fallen sahen.

„Gegen Abend, während wir auf die Wasservögel am Ufer Jagd machten, sahen wir eine große Menge Pirogen vom Besuch unserer Schiffe zurückkommen. Die Eingeborenen zogen sorgfältig ihre Boote auf's Land und zerstreuten sich bald darauf über den Strand. Unsere Begleiter liefen den Neuangekommenen entgegen, und theilten ihnen ohne Zweifel ihr Erstaunen über die Wirkung unserer Waffen mit, denn sie umringten uns bald, und gaben mir durch Zeichen zu verstehen ich möchte einige Meerschwalben schießen, die zwischen dem Steingeröll am Strande umherliefen. Ich traf verschiedene Male, und bei jedem Schuß äußerte sich ihre Verwunderung durch ein langgedehntes oh! und eine merkwürdige Geberde die darin bestand, daß sie ihren Nacken mit der rechten flachen Hand schlugen.

„Einige von ihnen hatten sich von der Gruppe abgesondert, kehrten jedoch bald mit einem Greise zurück, der mir sehr hochbejahrt schien; seine lange Gestalt war gebeugt, und obgleich ohne scheinbare Krankheit, ging er mühsam auf zwei seiner Begleiter gestützt. Als er vor die Bäume kam, welche das Ufer säumten, setzte man ihn sorgfältig auf einen großen Stein. Die Nacht senkte sich schon; es war sehr schwer die Vögel zu sehen; die Insulaner durchsuchten das Ufer nach allen Richtungen, bis zur Erde gebückt. Endlich machte mir einer ein Zeichen, daß er einen Strandläufer sehe, und wies mit dem Finger nach der Stelle hin. Es dauerte lange ehe ich den Vogel wahrnehmen konnte, doch endlich unterschied ich den Kopf und langen Hals eines kleinen Krebsreihers, dessen schwarze Silhouette an dem noch rothen Saum des abendlichen Himmels erschien. Ich schoß und sogleich liefen einige Wilde nach der Stelle wo der Vogel lag. Sie brachten ihn dem Alten, der ihn nahm und lange mit tiefer Aufmerksamkeit betrachtete. Er schlug sich auf den Nacken und fing dann eine Rede an, welcher alle mit der größten Andacht zuhörten. Es war ohne Zweifel der Weise, der Patriarch, vielleicht der Hohepriester des Stammes. Ich hätte viel darum gegeben ihn zu verstehen!

„Nun gingen die Wilden auseinander, und wir folgten einigen unter ihnen nach der nächsten Hütte, wo mehrere Weiber und Kinder um einen in die Erde gegrabenen Backofen saßen, in welchen man Fische und Bananen zum Abendessen gelegt hatte. Unser Appetit mahnte uns schon längst, daß es Zeit zu essen sei; wir holten daher, so wie wir uns gesetzt hatten, unsere bescheidenen Vorräthe — Schiffszwieback und etwas Käse — aus unsern Jagdtaschen hervor. Sogleich streckten sich alle Hände nach uns aus, und so klein auch die Stückchen waren, die wir einem jeden gaben, war doch die Nachfrage so stark, daß nur wenig für uns übrig blieb; indessen trösteten wir uns mit dem Gedanken, daß unsere Freigebigkeit bei der Vertheilung des im Ofen bratenden Gerichtes einen reichlichen Lohn finden würde.

„Alle schienen den Zwieback mit Vergnügen zu essen, der Käse aber wurde mit Ekel verworfen; sie tranken auch etwas Branntwein, doch nicht ohne das Gesicht dabei zu verziehen.

„Unsere Mahlzeit war zu Ende; der Appetit aber noch lange nicht befriedigt, und wir fanden, daß das Oeffnen des Ofens sehr lange auf sich warten laſſen. Herr Laſond beſonders hatte einen wahren Wolfshunger und entfernte ſich um wo möglich einigen Proviant zu entdecken, mir vorher dringend anempfehlend, doch ja den Ofen nicht aus den Augen zu verlieren. Es dauerte wohl noch eine gute halbe Stunde, ehe man die Erde, welche das Gericht bedeckte, entfernte, worauf ein jeder die Hand ausſtreckte und ſeinen Theil erhielt. Man gab mir einen ziemlich großen Fiſch, der aber leider noch halb roh war. Nun kam auch Herr Laſond zurück, welcher den Fiſch ſchmeckte und ungenießbar fand. „Was mich betrifft", ſagte er, „hat man mir Krabben gegeben; ich weiß nicht ob ſie gekocht ſind, aber ich eſſe ſie friſch weg!" Mit dieſen Worten gab er mir einige kleine Krabben, doch ach! ſie waren mehr als roh, ſie waren lebendig!

„Die Nacht dunkelte ſchon längſt; wir gaben unſeren Wirthen zu verſtehen, daß wir ſchlafen wollten; ſie führten uns nach einem Schoppen, unter welchem eine große Piroge lag und deckten Matten über den Boden, auf welche wir uns hinſtreckten, doch mehrere der Eingebornen ſetzten ſich in unſere Nähe und führten ein lebhaftes Geſpräch. Man kann ſich denken, daß trotz unſerer Müdigkeit kein Schlaf ſich einſtellen wollte, außerdem hatte ich ſchon die Hände meiner nächſten Nachbarn gefühlt, die nach meiner Jagdtaſche zu taſten ſchienen: ich ſtand daher auf. Beim Betrachten der Piroge fiel mir eine glückliche Idee ein; der Ausleger, etwa 5 oder 6 Fuß über dem Boden, bot eine breite ebene Fläche dar, ich warf erſt meine Matte darüber hin, dann die Flinte und die Jagdtaſche, und kletterte endlich ſelber hinauf. Die Taſche unter dem Kopfe, die Flinte in einer Hand und einen ſchweren geologiſchen Hammer in der andern, lag ich nun in einer Art von Citadelle und wartete fernere Abenteuer ruhig ab.

„Bis jetzt hatte das Betragen der Wilden uns keinen gerechten Grund zum Argwohn gegeben, aber ihr verrätheriſcher treuloſer Charakter, von dem mir ſo viele Beiſpiele bekannt waren, und ihre durch den Anblick unſerer Schätze erregte Habſucht waren wohl geeignet mich zu beunruhigen. Sie waren ziemlich zahlreich und hatten ſich um ein großes Feuer verſammelt, denn die Nacht war kalt und es fiel ein ſtarker Thau. Bald erhob einer von ihnen mit kläglicher, schreiender Stimme einen Gesang, der mit einer gellenden Note endigte. Als er fertig war, äußerte er das Verlangen auch Herrn Lafond zu hören, der sich einstweilen dem Feuer genähert hatte. Mein Begleiter ließ sich nicht zwei Mal bitten, und gab die Marseillaise und einige Brocken aus Béranger zum Besten, welche großen Beifall unter den Zuhörern erregten, die sich um die Wette auf den Nacken schlugen.

„Nach dem Gesange kam der Tanz an die Reihe; ein großer Kerl stand auf und machte singend und um sich schlagend die seltsamsten Pirouetten. Der röthliche Widerschein des Feuers auf den kupferfarbenen Gesichtern; der schwarze Schattenriß des Tänzers, der zwischen dem Feuer und mir herumsprang, seine wunderlichen Geberden machten die Scene zu einer der fantastischsten, die man sich nur denken kann.

„Nun kam die Reihe an Herrn Lafond, der brav zu tanzen anfing, aber sein Kostüm schadete wahrscheinlich dem Vergleich zwischen ihm und seinem Vorgänger, er ward daher gebeten sich auszuziehen, und bald sah ich ihn im einfachen Naturkleide einen cavalier seul vor den Wilden ausführen.

„Die Nacht war indessen schon weit vorgerückt, die Gesellschaft entfernte sich, einer nach dem andern; das Feuer warf nur noch einzelne Strahlen und ich versank in einen tiefen Schlaf, aus dem ich erst am Morgen wieder erwachte."

So ging denn dieser Besuch ohne fernere Abenteuer glücklich zu Ende, und hätte D'Urville nicht länger bei der Inselgruppe verweilt, so würde er vielleicht eine eben so glänzende Schilderung von den sanftmüthigen harmlosen Sitten ihrer Bewohner, wie etwa sein Vorgänger, der Amerikaner Morrell (1830) entworfen haben. Ein verrätherischer, völlig ungerechtfertigter Angriff auf eins seiner Boote, der nur mit Waffengewalt zurückgeschlagen werden konnte, belehrte ihn jedoch eines besseren. Er hatte auf Rug nur treulose schlechte Menschen kennen lernen, und traf nirgends in der Südsee eine eigennützigere Gastfreiheit. Niemals schenkten sie das Geringste, und waren eben so hart im Abschlagen einer Bitte als habsüchtig und zudringlich, wo es etwas zu gewinnen galt. Nirgends auch hatte er ein schmutzigeres Volk gesehen, der Gestank in ihren Hütten war so groß, daß man fast nicht darin athmen konnte, und sie schienen unter dem Druck der größten Armuth zu leben.

Ihre gewebten Kleidungsstücke waren wohl das einzige, um welches die Tonganer, Samoer oder Rukabiwer sie hätten beneiden dürfen. Wenn sie die Schleuder vortrefflich zu handhaben wissen, so sind ihnen dagegen der Bogen und die Pfeile unbekannt, von welchen die schwarzen Völkerschaften der australischen Inselgruppen einen so trefflichen Gebrauch machen. Die Nachrichten, die D'Urville später auf Guajan über diese Leute erhielt, bestätigten vollkommen seine persönlichen Erfahrungen. Sogar unter ihren Landsleuten stehen die Eingebornen der Hogoleugruppe im schlechtesten Rufe. Namentlich werden die Bewohner der Hauptinsel Rug als äußerst bösartig geschildert, und sind auch wie behauptet wird unter allen Carolinern die einzigen Kannibalen. Ihr böser Ruf war so fest begründet, daß nicht einmal die Trepangfischer sich unter sie wagten. Rug ward 1595 von Torres entdeckt und in neueren Zeiten zuerst wieder von Duperrey (1824) besucht. Die Bevölkerung der Gruppe soll sich auf 10 bis 15000 belaufen.

Wenn die östlichen Carolinen — Ualan, Puinipet, Lugunor — erst spät bekannt wurden, so sind dagegen die westlichen Gruppen des weitausgedehnten Inselgewirrs schon seit langer Zeit mit den Europäern und namentlich mit den Spaniern in Berührung gekommen. Der Portugiese Diego de Rocha eröffnet im Jahre 1526 durch die Entdeckung der Maleiolas O. N. O. von den Palaos die Reihe der Seefahrer, denen wir die Kenntniß dieser Inseln verdanken; ihm folgen in kurzen Zwischenräumen Alvaro de Saavedra (1527) Villalobos (1543) und Drake (1579).

1686 entdeckte der Lootse Lazeano die Insel Farrollap, die er dem damals regierenden Könige von Spanien zu Ehren, Carolina nannte, ein Name, der bekanntlich später auf den ganzen Archipel überging.

Zwei Jahre nach dieser Reise wurden 2 Boote aus Lamurrek mit 29 Personen nach Samaar einer der Philippinen verschlagen. Sie hatten sich zu 35 nach einer benachbarten Insel eingeschifft, doch ein Orkan trieb sie weit von ihrem Ziele ab, und ließ sie 70 Tage lang auf dem Meere umherirren. Die Spanier wollten nun den auf diese Weise ihnen bekannt gewordenen Inseln dieselben Wohlthaten wie den Marianen angedeihen lassen; doch ein günstigeres Schicksal beschützte die Caroliner, und freundliche Stürme bewahrten sie vor dem Joche.

Nach mehreren mißlungenen Expeditionen entdeckte Don Bernardo Egoy (1712) die Corallengruppe Ulutho, Falalep, und Mogmog (Egoy Inseln; Mackenzie Inseln) und 20 Jahre später schifften die Pater Cantova und Uraldee sich ein, um dort das Christenthum zu verkünden, dem bald ohne Zweifel Frohndienste und Entvölkerung gefolgt wären. Cantova landete auf Mogmog, wo er freundlich empfangen wurde, und das Belehrungswerk begann. Uvaldee aber kehrte nach Agania zurück, um noch andere Missionare und Vorräthe zu holen. Doch ein Schiffbruch und Hindernisse aller Art hielten ihn über 2 Jahre zurück, und als er endlich die Inselgruppe wieder sah, war bereits Cantova erschlagen.

Hiermit endet die Geschichte der carolinischen Missionen, doch zufällig oder absichtlich wurden die Marianen öfters von den dortigen Insulanern besucht, und Handelsverbindungen zwischen beiden fanden statt. Im Jahre 1788 entdeckte Luito, ein Seefahrer aus Uleai, dessen Ruhm unter seinen Landsleuten noch immer fortlebt, von Neuem den Weg nach Guajan, dessen Erinnerung noch in alten Traditionen bei seinem Volke lebte. Durch den Erfolg der ersten Reise und den Empfang, der ihm zu Theil wurde, ermuthigt, kam er im folgenden Jahre mit 4 Booten wieder, und bat den Gouverneur um Erlaubniß seine Besuche regelmäßig zu wiederholen. Diese wurde ihm gerne gewährt, aber ein Sturm verschlang die heimkehrenden Schiffer und stedte dem eingeleiteten Verkehr ein Ziel.

Im Sommer des Jahres 1804 verließ das Schiff „Maria" aus Boston den Hafen von Agania um Trepang auf den Carolinen zu sammeln. Don Luis de Torres, ein auf den Marianen lebender Nachkomme des berühmten Seefahrers, machte als Passagier die Reise mit, in der Hoffnung die Insulaner, die er lieb gewonnen hatte, wieder zu sehen, ihnen Gutes zu erzeigen, zu erfahren, warum sie Guajan zu besuchen unterlassen und sie zur Wiederkehr zu bewegen.

Auf Ulea erfuhr er, daß Luito's Ausbleiben nicht den Elementen, sondern den Spaniern zugeschrieben worden war. Es gelang ihm ohne Mühe die Unschuld seiner Landsleute darzuthun, und die Insulaner eines Besseren belehrt, versprachen den unterbrochenen Handel wieder anzuknüpfen und hielten Wort.

Seit jener Zeit hat kein neuer Unfall den wiederhergestellten Verkehr unterbrochen, und die Carolıner kommen jährlich in größerer Anzahl nach Guajan. Ihr Geschwader in Booten aus Ulea und den umliegenden Gruppen, aus Elath, Lamured und Setoan bestehend, versammelt sich in Lamured. Die Reise wird von dort aus im Monat April unternommen, man zählt bis nach Fayo, einer wüsten Insel, auf der man ein paar Tage rastet, zwei

Tage Ueberfahrt; von Fayo nach Guajan drei Tage. Die Rückreise geschieht auf demselben Wege spätestens im Juni, vor dem Eintritt des gefürchteten West- Monsoons. Die Caroliner tauschen in Guajan Eisen, Glasskörner, Tücher u. s. w. gegen Boote, Perlmutter, Trepang und seltene Muscheln; die auf diesem Wege in unsere Museen und Sammlungen gelangen. Ihre jährliche Ankunft ist ein Fest für die Guajaner, deren einförmiges Leben durch den willkommenen Besuch angenehm unterbrochen wird. Caroliner sind es, die auf ihren eigenen Booten die Sendungen des Gouverneurs nach Tinian und Saypan befördern und die sonst schwierige Verbindung der Marianen unterhalten. Einige, welche die Taufe empfangen, haben sich sogar auf Guajan angesiedelt. Nicht minder interessant ist der Verkehr der Caroliner unter einander. Die von Feis, Eap und Mogmog holen Boote in Ulea gegen Curcumapulver; die von Auguor und Rug auf derselben Insel Eisen gegen Zeuge. Die von Ulea fahren auch gegen Rug und Auguor, die von Savonnemusoch werden auf diesen Reisen besucht ohne selbst andere Inseln zu besuchen. Die Eingebornen von Ulea und den umliegenden Inseln stehen im Ruf die kühnsten Seefahrer zu sein, und es bedarf nur eines Blickes auf die Karte um den weiten Umkreis ihrer Fahrten zu ermessen, denn sie segeln bis Merir im Westen, und finden nach Rabad verschlagen ihren Weg nach der Heimath zurück.

Auf den niedern Inseln der Carolinen ist die Natur üppiger und freigebiger gegen den Menschen als auf Rabad. So ist Uka mit zum Theil sehr hohen Bäumen dicht bewachsen, in deren Schatten die Häuser auf kleinen Rasenplätzen zerstreut liegen. Um die schönen im Wasser sich bespiegelnden Wipfel der Callophyllen und Hernandien flattert besonders zahlreich eine weiße Meerschwalbe (Gygis candida), deren Glanzgestalt bei heiterem Himmel neben dem dunklen kräftigen Grün des Laubwerks einen herrlichen Anblick gewährt. Hier wie auf den kleinen Carolinen überhaupt, ist die vortreffliche Arrowrootpflanze der Südsee, die Tacca pinnatifida vorzugsweise zu Hause.

Die Volksnahrung scheint auf den niedern Inseln auf dem Brodfruchtbaum und vorzüglich auf den Fischfang zu beruhen; Cocosnüsse sind häufig und werden besonders auf Reisen mitgenommen, wo nach Freycinet eine einzige für den ganzen Tagesbedarf eines Mannes ausreichen muß, der zu Lande den Magen durch eine desto reichlichere Zufuhr entschädigt. Natürlich kann auf den kleinen Pirogen kein großer Proviant mitgenommen werden — und die Klugheit gebietet, daß man von vornherein an die Möglichkeit eines

Sturmes rente, der das leichte Fahrzeug weitweg in die Wüsten des Oceans verschlagen kann.

Wie Kittlitz uns berichtet, soll jährlich eine förmliche Hungersnoth auf den niederen Inseln herrschen, denn der Vorrath von gesäuerter Brodfrucht reicht nicht aus, und das Trocknen oder Einsalzen der Fische, die zu gewissen Perioden wegblieben, war damals wenigstens gänzlich unbekannt.

Furchtbare Orkane, welchen das Carolinenmeer unterworfen ist, verwüsten zuweilen auf den niederen Inseln alle Früchte, so daß alsdann die Menschen eine Zeit lang allein auf den Fischfang angewiesen sind. Dann ist es natürlich um so schrecklicher, wenn der Ocean seine gewohnten Gaben zurückhält. Diese Orkane befährden die Inseln selbst, gegen die sie das Meer empören. Kadu, Chamisso's Freund, erlebte auf Mogmog einen Sturm, während dessen das Meer eine zwar unbewohnte, jedoch mit Cocospalmen und Brodfruchtbäumen bewachsene Insel wegspülte, und nur ein kahles Riff zurückließ, wo früher ein schattiger Hain gestanden. Das Werk vieler ungezählten Jahre war in einem Tage zerstört.

Wenn die See nicht selten die Hoffnungen des Fischers täuscht, so begünstigt sie ihn auch zuweilen mit unerwarteten reichlichen Gaben. Der Grindwalfang auf den Färoern wiederholt sich im stillen Ocean und hier wie dort versteht es der Mensch den Zufall zu benutzen.

Wenn eine Heerde von Delphinen sich einer Insel nähert, stechen kleine Boote, so viel nur können in die See, bilden einen Kreis um den sich tummelnden Trupp, erschrecken ihn mit Steinwürfen, und treiben ihn auf den Sand. Dann gibt es ein großes Fest, denn das Fleisch wird eben so gern gegessen und der Jubel ist nicht minder groß, als dort auf den sturmumjausten Felseninseln des nordischen Meeres. Auf den zu Ulea gehörigen Inseln wird diese Treibjagd mit besonderem Erfolg ausgeübt. Man versteht auf anderen die Kunst nicht so gut. Bei dem Zerschneiden der gefangenen Fische sind besondere Regeln zu beobachten, denn ein falscher Schnitt soll die Thiere auf eine gewisse Zeit von der Insel entfernen. Ein ähnlicher Aberglaube verbietet den Kindern mit einem gewissen kleinen Fische zu spielen. Geschähe es, daß wer einen dieser Fische bei dem Schwanze anfaßte und aufhöbe, so daß der Kopf nach unten hänge, so würden bei dem nächsten Fischfange alle Fische ebenso mit dem Kopf nach unten die Tiefe suchen, und es könnte keiner gefangen werden. So verkündet sich bei allen Völkern der

Glaube an das Dasein geheimnißvoller Gewalten, die man zu beleidigen fürchtet oder deren Gunst man durch Opfer und Bitten zu gewinnen hofft. Es wird auf allen Carolinen nur an unsichtbare himmlische Götter geglaubt; nirgends Götzenbilder oder körperliche Sachen verehrt. Die abgeschiedenen Seelen der Vorfahren walten als Schutzgeister über das Wohl ihrer Nachkommen.

Auf Ulea und den östlicheren Inseln (Lamurek ꝛc.) sind weder Tempel noch Priester und es finden da keine feierlichen Opfer statt. Doch sind die Menschen nicht ohne frommen Sinn. Der Einzelne legt zuweilen Früchte als Opfer den Unsichtbaren hin, und es wird Niemanden verargt dieses Opfer aufzunehmen und zu verzehren.

Auf Mogmog, Eap und Ngoli sind eigene Tempel erbaut, Opfer werden dargebracht und es gibt einen religiösen Dienst.

Von Eap bis Rug findet sich mit geringen Abweichungen dieselbe Bauart der Boote. Rug und Nuguor haben eine andere Sprache als die westlicher gelegenen Inseln, die ebenfalls nicht alle gleichredend sind. Die Ehen werden ohne besondere Feierlichkeit geschlossen und getrennt. Der Mann macht dem Vater des Mädchens, das er heimführt, ein Geschenk von Früchten, Fischen und ähnlichen Dingen, und schickt, so wie die Verbindung ihm nicht mehr zusagt, die Frau wieder zurück. Während der Dauer der Ehe herrscht wenigstens von Seiten der letzteren unverbrüchliche Treue. Die Mehrheit der Weiber ist gebräuchlich, doch mögen wohl nur Häuptlinge wegen der Schwierigkeit eine größere Familie zu unterhalten, dieses Vorrecht genießen.

Der Vornehmheit der Geburt wird wie überall in Polynesien vom Volke gehuldigt, wenn auch der „Tamol" bei den Seeleuten der niedern Inseln weniger zu befehlen hat als der „Iros" auf dem ackerbautreibenden Ualan. Die Häuptlinge scheinen nach einer Art Lehnssystem einander untergeordnet zu sein, und zuweilen gehorchen mehrere Inselgruppen einem gemeinsamen Oberhaupte, wie vor 40 Jahren Lamured, Elath, Sug, Buluath u. s. w. dem weitherrschenden Toua, Fürsten von Ulea, nach dessen Tode aber das kleine neptunische Reich sich in seine einzelnen Glieder wieder auflöste. Im Angesicht der Insel Mogmog, wo das Oberhaupt der Gruppe dieses Namens wohnt, lassen die Boote ihre Segel herab. Diese Verehrung der adeligen, vielleicht göttlichen Abstammung scheint in rein menschliche

Verhältnisse nicht einzugreifen, welche unbeschadet der Rangverhältnisse, denen ihr Recht geschieht, zwischen Häuptling und Mann statt finden. Gesang und Tanz meist unzertrennlich machen überall die Hauptlustbarkeiten aus, doch werden sie von keinem musikalischen Instrument begleitet, und sogar die Trommel ist auf den Carolinen unbekannt. Die kleine Insel Feys ostwärts von der Hauptcorallengruppe Mogmog oder Ulutp ist besonders in geologischer Hinsicht merkwürdig, da sie unzweideutige Zeichen der Hebung aus dem Schooße des Oceans an sich trägt. Erst arbeiteten Lithophyten an ihrer Bildung, dann schob Bullan sie in die Höhe. Jetzt steigt der Corallenfelsen, aus dem sie besteht, und der einst von der Sturmfluth überbraust wurde, beinahe 100 Fuß hoch mit senkrechten Wänden über dem Wasserspiegel; er ist oben wie gewöhnlich flach, vertieft sich aber nach innen und zeigt so auf's deutlichste die ehemals mit Wasser gefüllte jetzt emporgehobene Lagune, deren hufeisenförmiger Rand den höchsten Theil des Ganzen ausmacht. Ein außerhalb der Wände, wenigstens theilweis umherlaufender schmaler Strand gehört sichtbar zu dem späteren Anbau der Corallen, der noch jetzt als Untiefe die Insel umgibt. Bei der Kleinheit des Eilandes, dessen Umfang wenig mehr als eine halbe deutsche Meile beträgt, ist die Bevölkerung ungewöhnlich stark, wie man schon an den nahe bei einander liegenden Häusern sieht. Diese werden durchweg von zahlreichen Cocospalmen beschattet, an denen es auch auf den emporgehobenen Rändern der ehemaligen Untiefe nicht fehlt, außerdem bauen die Einwohner sehr sorgfältig den Taro und die Banane. Unter allen niederen Inseln erfreut sich Feys des reichsten Bodens und der reichsten Flora. Der vielfach nützliche Bambus ist aus Cap dorthin verpflanzt worden und gedeiht. Die Menschen aber und ihre Wohnungen gleichen der Hauptsache nach denen des weit nach Osten liegenden Ualan.

Die hohe beträchtliche Insel Cap, westwärts von Mogmog verdient eine besondere Erwähnung. Wir finden unter ihren Erzeugnissen die Arekapalme, den Bambus, den die andern Inselgruppen von hier beziehen; drei in den Bergen wachsende Baumarten, aus deren Holz man Boote baut, wozu auf den niedern Inseln nur der Brodfruchtbaum gebraucht wird; die Aleurites triloba, den Würznellenbaum, der nach Chamisso nicht blos nicht geachtet sondern sogar verachtet wird, und nebst zwei andern Bäumen, die nutzlos und bittern Geschmackes sind, der Schlechtigkeit und Häßlichkeit zur Vergleichung dient; den Orangenbaum, das Zuckerrohr und endlich den Curcuma der freilich auch auf Uléa und den niedern Inseln vorkommt, aber in größerem Reichthum auf Cap. Der Ackerbau auf dieser Insel soll in ganz Oceanien seines Gleichen suchen. Schwimmende Tarogärten (Arum; Caladium esculentum) werden da auf den Wässern, auf Holz- und Bambusflößen künstlich angelegt.

Auch die Thierwelt ist auf Cap reichlicher vertreten als auf den niedern Inseln. Eine große Art Eidechse, Kalul genannt, kommt dort wie auch auf Pelli vor, geht zwar in das Wasser, wo sie Menschen gefährlich werden kann und frißt Fische, hält sich aber meist auf dem Lande auf und kriecht auf die Bäume, wo sie während der Tageshitze schläft. Delphine steigen zuweilen in die Flüsse von Cap hinauf, man versperrt ihnen dann die Rückkehr mit Netzen und tödtet sie mit Harpunen. Cap bringt Schleifsteine hervor, welche die östlicheren niederen Inseln von dorther beziehen. Sie sind ein freundlicheres Geschenk der Natur als das Silber, welches auf Cap sich vorfinden sollte, und gewiß, wenn sich die Sage als wahr erwiesen, schon lange zum völligen Untergange des Volkes geführt hätte. Obgleich ohne hohe Gipfel und ansehnliche Berge ist Cap eine Stätte vulkanischer Kräfte. Die Erdbeben sind häufig und so stark, daß sogar die leicht gebauten Häuser der Eingeborenen davon umgestürzt werden. Die Korallenriffe von Mogmog und Uléa werden, wenn auf Cap die Erde bebt, erschüttert, jedoch mit minderer Gewalt. Dem Unglück, welches die Zwietracht der Elementarkräfte über den Menschen verhängt, fügt dieser noch die Gräuel der eigenen Entzweiung hinzu. Früher war Friede auf Cap, so lange es unter einem Oberhaupte stand, in neuerer Zeit waltet Krieg zwischen den Häuptlingen der verschiedenen Gebiete, deren von Kadu 46 gezählt wurden. Wo eine Uebertretung, eine Beleidigung geschehen, wird das Tritonshorn geblasen. Beide Parteien rücken in Waffen gegen einander. Man unterhandelt. Wo Genugthuung verweigert wird und kein Vergleich zu Stande kömmt, wird gekämpft. Der Krieg dauert, bis von jeglicher Seite einer aus der Klasse der Häuptlinge gefallen ist, und die der Gegenpartei von seinem blutigen Fleische gekostet haben. Nach Kadu sollte zwar ein Jeder eben nur ein Stückchen zum Munde führen, doch wer weiß ob nicht seltdem, unter dem Einfluß der alle thierischen Leidenschaften erweckenden Fehden, der Appetit mit der Mordlust gestiegen ist.

Cap hat eine eigene Sprache, die nur noch auf der kleinen Gruppe Ngoli, die in geringer Entfernung gegen Süden und auf dem Wege nach

Pelli gesprochen wird. Die malayische Sitte des Betelkauens ist bis Cap vorgedrungen; das auf Ualan gebräuchliche Kavatrinken hier dagegen wie auf allen niederen Inseln unbekannt. Seit 1856 haben sich spanische Missionare auf Cap angesiedelt, deren Eingeborene als gutmüthig, arbeitsam und lernbegierig geschildert werden.

Die Pelew Gruppe, die man auch Palaos und Westliche Carolinen nennt, besteht aus einer von Nordost nach Südwesten laufenden Kette langer und schmaler Inseln von mittelmäßiger Höhe und von Waldungen reichlich gekrönt. Der kleine Archipel wird ringsherum von einem Corallenriff umschlossen, welches sich an einigen Stellen 5 bis 6 Seemeilen weit vom Lande entfernt und auf der Westseite nirgends demselben näher als auf 2 oder 3 Seemeilen kommt. Die Inseln sind also wahrscheinlich, wie so viele andere oceanische Gruppen, nur die über dem Meere noch auftauchenden Rücken eines bedeutenderen versunkenen Gebietes, dessen Umfang wenigstens dem des einschließenden Riffes gleichkam. Mit Cap genießen die Palaos die Vorrechte eines hohen Landes und besitzen eine Menge Erzeugnisse, die dem dürftigen Boden der niederen Coralleninseln ewig fremd bleiben. Zwar ist noch kein Naturforscher auf ihnen gelandet, keine wissenschaftliche Expedition hat sie auch nur im Fluge berührt, doch lassen uns die verschiedenen nutzbaren Palmen der Philippinen (Palma brava, Palma de Cabello negro), die unter den Gewächsen der Pelew Inseln angeführt werden, den Reichthum ihrer Flora ermessen.

Die Einwohner nähren sich größtentheils vom Taro, den sie in verschiedenen Spielarten anbauen, von denen etliche zu einer außerordentlichen Größe gelangen, und von den Früchten der Cocospalme, die in üppigem Wachsthum die Inseln umrandet. Außerdem liefert ihnen das Meer eine große Mannigfaltigkeit von Fischen und nebst anderen Muscheln auch die riesige Tridacna, die oft von geübten Tauchern aus einer Tiefe von 6 bis 7 Faden heraufgeholt und roh gegessen wird.

Der merkwürdige Dugong des indischen Oceans, ein nun fast ausgestorbenes Thier, welches den Uebergang von den Walen zu den Robben bildet, wie jene einen kräftigen wagerechten Schwanz besitzend, aber wie diese mit beweglicheren Vorderfüßen versehen, worauf es sich beim Weiden der Tange an den seichten Ufern stützt, kommt in den Gewässern der Pelew Inseln wie in denen der Philippinen vor. Aus dessen Knochen pflegen die

Häuptlinge Armbänder zu tragen. Ein weniger harmloser Gast ist eine Art Krokodil, Ga-ut genannt, die sich beständig im Wasser aufhält und einen zusammengekrümmten Schwanz hat. Die Kinderstimmen ähnlichen Töne, die dieses gefährliche Thier hervorbringt, möchten Unkundige verloden. Der Ga-ut wird nicht wie die Kalut-Eidechse auch auf Cap angetroffen. Nach dem Zeugniß Kadu's hat sich nur einmal einer da gezeigt und ist getödtet worden, nachdem er ein Weib verschlungen hatte.

Die Pelew Inseln wurden zwar schon im 17. Jahrhunderte von den Spaniern entdeckt, doch erst der Schiffbruch der „Antilope" im Jahre 1783 machte Europa näher mit ihnen bekannt. Der Capitän Wilson rettete sich mit der ganzen Mannschaft, die aus 33 Europäern und 16 Chinesen bestand, und da es ihm glückte seinen ganzen Vorrath von Schießpulver und Gewehren unbeschädigt an's Land zu bringen und die meisten Gegenstände aus dem Wrack zu retten, konnte es ihm wohl nicht schwer werden die Erlaubniß des Königs der Insel zum Bau eines neuen Schiffes zu erlangen, welches groß genug wäre ihn nach der nächsten europäischen Niederlassung zu führen, besonders da er ihn auch noch bei seinen Kriegen unterstützte. Nach drei Monaten war das Schiff vollendet, mit welchem Wilson glücklich nach Macao zurückkehrte, wo aber der junge Prinz Lee Boo, den sein Vater, der König Abba Thulle dem Capitän anvertraut hatte um ihn nach England zu führen, an den Pocken starb. Mit Hülfe der Tagebücher und mündlichen Nachrichten Wilson's schrieb ein gewisser Herr Keate ein dickes Buch über alle diese Begebenheiten, welches damals viel Aufsehen erregte und von Georg Forster in's Deutsche übersetzt wurde. Die Insulaner werden dabei als die liebenswürdigsten, mit allen Tugenden ausgestatteten Menschen geschildert, doch stimmen diese Nachrichten so wenig mit den Berichten späterer Schiffbrüchigen überein, die ohne Pulver und Blei und in keiner so imponirenden übermächtigen Anzahl an's Ufer trieben, daß man den Berichten des guten Capitäns Wilson wohl nicht Unrecht thut, wenn man sie in's Gebiet des Romans verweist.

Am 15. Januar 1839 segelte Dumont d'Urville längs der Ostküste des kleinen Archipels, wo er weder Bewohner, noch Häuser, noch Pirogen, noch irgend eine Spur des Anbaues sah. Als er jedoch Nachmittags um die Südspitze der Insel Pililew bog, stießen drei Pirogen vom Lande und eilten mit vollen Segeln auf ihn zu. Er ließ anhalten und bald kamen 15 bis 20 Insulaner an Bord. Sie glichen den Carolinern, ihre Zähne waren vom

Beleltauen schwarz gefärbt, und einige trugen einen Menschenknochen auf dem Kopf nach Art eines Kammes. Die Pirogen waren klein und schmal aber niedlich gebaut und schienen auch für längere Reisen tüchtig zu sein.

Während D'Urville mit diesen Wilden einige Gegenstände ihres Kunstfleißes — Dosen, Knochenkämme, irdene Gefäße — tauschte, trat ein Mann auf ihn zu, der ihn malaiisch anredete und ihm sagte, daß er zu einer Barke gehöre, welche vor 11 Monaten auf diesen Inseln Schiffbruch gelitten hatte.

Der arme Malaie zitterte anfangs vor Furcht und suchte den Blicken seiner Begleiter auszuweichen, doch als D'Urville versprach ihn nebst einem Cameraden, den er ihm vorstellte an Bord zu behalten, faßte er Muth und erzählte, daß sich sieben Mann auf der Barke befanden, als sie vom Sturm nach Pelew verschlagen wurde, deren Einwohner den Capitän erschlugen und die andern zu Sclaven machten. Als sie an Bord der Corvette stiegen, wurde in den Malaien die Hoffnung wach ihre Freiheit wieder zu erlangen, und die Spannung womit sie D'Urville's Entschluß erwartet hatten, war um so größer als sie nach diesem Versuch des Entrinnens von Seiten ihrer erzürnten Herren die größten Mißhandlungen zu befürchten hatten. Es zeigte sich auch bald, daß ihre Besorgniß nicht ohne Grund war, denn ihre Erzählung war noch nicht zu Ende, als schon ein Wilder mit einer wahren Henkersphysionomie auf die beiden Malaien losging, und ihnen mit barscher Stimme befahl das Schiff zu verlassen. Auf ihre Antwort, daß sie dieses durchaus nicht thun würden, sondern vielmehr das Schiff benutzen wollten um in ihr Vaterland zurückzukehren, stieß er furchtbare Drohungen aus, die jedoch weiter keine Folgen hatten, als daß auf D'Urville's Befehl ein paar handfeste Matrosen ihn am Arm packten und sofort mit dem übrigen Gesindel auf nicht allzusanfte Weise in seine Piroge warfen, worauf die Corvetten ihre Fahrt fortsetzten und die Gruppe bald wieder aus den Augen verloren.

Die Malaien klagten bitterlich über die schlechte Behandlung, die sie bei den Wilden erduldet hatten, und schilderten deren Zustand als höchst erbärmlich. Sie gaben die Volkszahl auf 100 für die Insel Caralong, 400 für Pililew und vielleicht 1000 für Babelthuap an, welche die größte und volkreichste ist, reich an Schweinen und sogar an Rindern.

Auf der Insel Coror hatte einer von ihnen einen Amerikaner gesehen, der vor vier oder fünf Jahren Schiffbruch gelitten hatte und dessen Unglücksgefährten sämmtlich ermordet worden waren.

Auch Kadu, Chamisso's Freund, der auf Pelew gewesen, fällt ein sehr ungünstiges Urtheil über deren Bewohner, und rügte besonders ihre schamlose Sittenlosigkeit. Ein Spanier, den Chamisso in Cavite sprach und der neun Monate auf den Palaos zugebracht hatte, gab den Insulanern sogar Schuld Kannibalen zu sein, und gönnte ihnen von Menschen kaum die Gestalt.

Da seit Wilson die Engländer, Spanier und Amerikaner die Palaos unausgesetzt besuchen, und der Trepang fortwährend auf den Riffen für den Markt von Canton gesammelt wird, schreibt Chamisso die spätere Verderblichkeit der Insulaner, im Gegensatz zu ihrer früheren Gastlichkeit, dem häufigeren Verkehr mit Europäern zu; da aber schon der Pater Cantova 60 Jahre vor Wilson sie als nackte Kannibalen schildert, welche von den östlicheren Carolinern mit Abscheu als die Feinde des Menschengeschlechts bezeichnet wurden, scheint es sehr wahrscheinlich, daß nicht viel mehr an ihnen zu verderben war.

Einunddreißigstes Kapitel.
Die Marianen.

Guajan. — Wuchernde Vermehrung der Limonia trifoliata — und des eingeführten Hirsches. — Einheimische Vögel. — Fische. — Der Riesenroche. — Die alten Marianesen oder Chamorros. — Aristokraten und Plebejer. — Baukunst. — Münzen aus Schildkrot. — Töpferkunst. — Erbfolge. — Die Quiteos.

Die vulkanische Gruppe der Marianen besteht aus dreizehn Inseln und einige Farallons, wie die reiche spanische Sprache kleine Eilande mit senkrecht abschüssigen Ufern nennt. Bon Norden nach Süden in langer Reihe verlaufend, und meistentheils durch weite Meeresstrecken von einander getrennt, sind sie offenbar nur die über die Fläche des Oceans emportauchenden Culminationspunkte einer gewaltigen Bergkette, die in unvordenklichen Zeiten der gespaltenen Erdrinde entstieg und durch fortgesetzte Ausbrüche und Hebungen zu ihrer jetzigen Gestalt gelangte. Nur noch im Norden der Kette, auf Guguan kommt das unterirdische Feuer zum Vorschein, sonst sind überall die Krater erloschen, und auf Guajan oder Guam, der südlichsten und zugleich der größten und wichtigsten der Marianen erinnert nur noch von Zeit zu Zeit ein leises Beben der Erde an die drohenden, tief unten verborgenen Mächte.

Diese Insel, deren Oberfläche nach Freycinet etwa 153 Quadratseemeilen beträgt, besteht in ihrem nördlichen Theil aus einem mäßig hohen, ebenen, gehobenen Gorallenplateau mit schroff abstürzenden Ufern; steigt aber in ihrer südlichen Hälfte zu wohlbewässerten Gebirgsmassen empor, deren hervorragende Gipfel eine Höhe von 1200 bis 1500 Fuß erreichen.

Es gab eine Zeit, wo üppige Wälder den größten Theil des Landes bedeckten, die Verheerungen des Feuers haben jedoch den Urforst bis auf die höhergelegenden Gegenden ausgerottet, und die ursprüngliche Vegetation durch eine neue ersetzt. Wo nun einförmige Steppen über die sonnverbrannten Ebenen und Hügel sich hinziehen, hat namentlich die flachlichte Limonia trifoliata, der nicht mehr Einhalt zu thun ist, da die Vögel, welche deren saftige rothe kirschgroße Beeren lieben, überall die Samenkörner zerstreuen, sich wuchernd vermehrt, und bildet mit andern größtentheils eingeführten Pflanzen, wie der Guayave, die auch hier wie auf Tahiti sich breit macht, ein undurchdringliches Gesträpp.

Im Urwalde kommen unter andern vier wilde Abarten des Brodbaums vor, die dem östlichen Polynesien unbekannte Kohlpalme, (Areca oleracea) verschiedene Wolfsmilch-, und Apocinenarten, eine Daphne, die den einheimischen Namen Diebesstrick führt, weil ihre zähen, um die Fußknöchel gebundenen Aeste zum Erklimmen und Berauben der Cocospalmen benutzt werden, eine Eugenia, deren elfenhartes Holz zu eingelegten Arbeiten sich gut verwenden ließe, und drei Feigenarten, an deren Früchten Menschen und Vögel sich laben.

Die Mimosa scandens mit ihren holzigen oft armsdicken Stengeln, die stachlige Dioscorea, die namentlich der trockenen Bergabhänge sich bemeistert, und eine Menge anderer Lianen schlingen sich um die Bäume des Waldes, auf deren Zweigen Orchideen und andere Parasiten sich anklammern.

Ueberall wo die natürliche Fruchtbarkeit des Bodens durch die belebende Kraft des Wassers begünstigt wird, ist die Vegetation der Marianen nicht minder üppig als auf den bevorzugtesten polynesischen Inseln. Wie reichlich würde hier die mütterliche Erde den Fleiß des Menschen lohnen, wo der Mais 15 Fuß hoch wächst, und das Reiskorn sich verhundertfacht; wo das

Zuckerrohr in fünf einheimischen Arten von selber sprießt, und die Baumwollenstaude sich so wohl fühlt, daß sie auf Tinian ganze Berglehnen mit ihrem weißen Flaum überzieht, wo die Hanfbanane (Abaca) sich so schnell vermehrt, daß der einjährige Stamm über zehn Pfund Fasern liefert; wo der Brodbaum und die Cocospalme, die Igname und der Taro auf's herrlichste gedeihen; und der einheimische Sagobaum (Cycas circinalis) dem Menschen fast ohne alle Arbeit die Gabe seines nahrhaften Markes spendet?

Aber ein träges nachlässiges Geschlecht, durch Despotismus und Aberglaube gedrückt, läßt die Gaben der freigebigen Natur unbenutzt verkommen, und verbringt in fauler Gleichgültigkeit ein Leben, welches durch einigen Fleiß und von einer besseren Regierung begünstigt, sich so leicht verschönern und veredeln ließe.

Außer der auf allen Inseln der Südsee so allgemein verbreiteten Ratte ist ein fliegender Hund (Pteropus Keraudrenii) das einzige ursprünglich einheimische Säugethier. Man staunt diesen Flatterer, der gewöhnlichen Nacht- und Dämmerungsliebe seines Geschlechts ungetreu, bei hellem Tage in vollem Sonnenschein umherfliegen zu sehen. Er schwebt nach Art der Raubvögel und hält sich, wenn er ausruhen will, an Bäumen oder Felsen. Die Marianesen essen sein Fleisch, trotz dessen unangenehmen Geruchs.

Die Spanier haben außer unsern gemeinen Hausthieren auch noch aus den Philippinen eine kleine Art Axishirsch eingeführt, die sich auf den Savannen und im wilden Gestrüpp unglaublich vermehrt hat, so daß die bei Guajan anlegenden Schiffe fast kein anderes Fleisch genießen. Dieser Hirsch hat ein wenig entwickeltes Geweih und ein schwärzliches rauhes Fell. Wenn er bis zum Strande verfolgt wird, wirft er sich in's Meer und schwimmt mit außerordentlicher Schnelligkeit und Kraft, den langen Hals bis zur Brust über dem Wasser haltend. In seinem Schrecken stürzt er sogar in die wüthende Brandung hinein, die ihn mit ihren gewaltigen Fluthen übergießt.

In den Wäldern wird das Leben des armen Thieres durch eine Legion von Insekten verbittert, welche ihre Larven in dessen Haut niederlegen, und sie mit eiterhaften Geschwüren bedecken. So sehen wir auch hier Widerwärtigkeiten und Plagen an den Genuß der ungebundenen Freiheit geknüpft.

Die friedlichen Vögel sind um so zahlreicher auf diesen kleinen Inseln, da der Mensch sie nur selten verfolgt. Besonders bemerkbar macht sich die schöne Kuruluru Taube, die wegen ihres grünen mit gelb gemengten Gefiederß und purpurner Haube für einen Papageien gehalten werden könnte, der aber nirgends auf den Inseln lebt. Sie kommt in erstaunlicher Menge in den Wäldern vor, wo ihr melancholischer Ruf dem Wanderer wie ein menschlicher Klagelaut ertönt, oder wie die Stimme des Genius der Inseln, trauernd und seufzend über deren trübseligen Verfall.

Außer einigen anderen Taubenarten bewohnen auch noch Fliegenfänger und Amseln den Forst. Zwischen den breiten Blättern der Palmen halten sich rothe und schwarze Sulmanga auf und pumpen den zuckerhaltigen Saft der Blüthen, während in den dichten feuchten Gründen die Titlinralle einherschreitet.

Der den Marianen eigenthümliche hühnähnliche Saffegniat, (Megapodius La Perouse) zu derselben Vogelfamilie wie der prachtvolle australische Lriervogel gehörend, aber ohne dessen herrlich geschmückten Schwanz, lebte früher in großer Menge auf Guajan und Rota, wo er sogar als Hausvogel gehalten wurde. Jetzt ist er jedoch auf diesen beiden Hauptinseln völlig verschwunden, und kommt nur noch höchst selten in den Dickichten Tinians vor. So hätten wir auch hier ein interessantes Beispiel von den Umwälzungen, welche der Europäer auch in der Thier- und Pflanzenwelt der Länder hervorbringt, die er seiner Herrschaft unterjocht, und wie sein Erscheinen auch noch für andere Geschöpfe außer dem Menschen verderblich wird.

Außer der eßbaren Schildkröte, die häufig die unbewohnten Gestade aufsucht, und der selteneren Testudo imbricata, welche das kostbare Schildpatt liefert, erzeugt das marianische Meer eine Menge vortrefflicher Fische. So wie an unsern Küsten der Sprott, so erscheint hier in unzähligen Legionen, doch nur für wenige Tage, der dritthalb Zoll lange Magaahal (Amphacanthus argenteus) Man beeilt sich die flüchtige Erscheinung zu benutzen und einen Vorrath zu sammeln, der entweder an der Sonne getrocknet oder gesalzen wird. Ferner gehört der unserer Makrele sehr ähnliche hatchouman zu den beliebtesten Seefischen, und die Bäche sind reich an Aalen, Karpfen und Barben, welche letztere auch im Meere gefischt werden.

Ein ungeheurer über 100 Pfund wiegender Rochen (Raia quinque aculeata) dessen dunkel braune Haut mit runten himmelblauen Flecken übersäet ist, zeichnet sich durch die fünf langen widerhallig gezähnten und nach den Seiten hervorstehenden Stacheln aus, welche die furchtbare Waffe seines Schwanzes bilden, und deren Stich für tödlich gehalten wird. In den Lagunenöffnungen und in den Häfen hält sich der gefährliche Alou auf, der eine Länge von 5 Fuß erreicht, und deſſen Zähne ſcharf wie die einer Katze ſind. Man kann ſich denken, daß ein ſolcher Geſelle das Baden nicht minder bedenklich macht wie der Hai, der ebenfalls dieſe Gewäſſer beunruhigt..

An eßbaren Cruſtaceen ſind die Marianen reich, denn außer einer rieſigen Meerkrabbe und mehreren wohlſchmeckenden Flußkrebſen, kommen dort auch noch der Ranglao, eine ſehr große Landkrabbe, und der berühmte oſtindiſche Beutelkrebs (Birgus latro) vor.

Wenn dieſe Inſeln ſowohl im Thier- als im Pflanzenreich eine größere Mannigfaltigkeit von Formen als die öſtlicheren polyneſiſchen Gruppen darbieten; und in dieſer Hinſicht bereits an Malaien erinnern, ſo werden ſie dagegen auch reichlicher von Inſektenplagen heimgeſucht. Die große ſchwarze Ameiſe mit ihrem ſchmerzhaften Biß, die ſowohl ihrer Menge als ihres Stiches wegen als Landplage berüchtigte rothe Ameiſe, die widerlichen Schaben, die in unglaublicher Anzahl vorkommen, die Moskitos, der giftige Tauſendfuß, der in das Ohr des ſchlafenden Menſchen kriecht und dadurch die gefährlichſten Zufälle hervorbringt, die Wanze, die vielleicht von europäiſchen Schiffen eingeführt worden iſt, aber jedenfalls in den ſchmutzigen Hütten der Marianeſen eine ihr höchſt zuſagende neue Heimath gefunden hat, und noch andere ſechsbeinige Quälgeiſter beläſtigen oder berauben die Inſulaner auf vielfache Weiſe und ſtören ſie im ſüßen Genuß ihres geliebten Nichtsthuns.

———

Ein zahlreicheres, lebensfriſcheres Volk, zur weitausgedehnten malaiiſchen Race gehörend, bewohnte zur Zeit ihrer Unabhängigkeit die Gruppe der Marianen. Der gegenwärtige Zuſtand der Inſeln ſpricht ein hartes Verdammungsurtheil über die ſpaniſche Regierung aus, die während einer Herrſchaft von faſt zwei Jahrhunderten eine nicht unbegabte Nation bis zum tiefſten Elend herabdrückte, und unvermögend das Gute zu ſchaffen ſtets nur als Zerſtörerin ſich erwies. Zwar haben auch die Engländer ſich manchen Frevel gegen die unciviliſirten Stämme zu Schulden kommen laſſen, die ihrer Macht ſich beugen mußten; zwar ſind auch bei ihrer Annäherung manche Urvölker dahingeſchmolzen, doch aus den Ruinen die ſie machten, iſt überall ein neues ſchöneres Leben entſtanden, während nur Trümmer den Pfad des Spaniers bezeichnen.

Die Vergleichung der Marianeſen, wie ſie waren, mit dem wozu Unfähigkeit und Despotismus ſie gemacht haben, wird, wie wir ſehen werden,

nur zu sehr den Ausspruch Chamisso's rechtfertigen, der ihre Geschichte eine
düstere nennt.

Dieselbe aristokratische Verfassung oder Kasteneintheilung, die noch gegenwärtig in ganz Polynesien obwaltet, herrschte auch bei den alten Marianesen. Eine tiefe unüberschreitbare Kluft trennte den Adel vom Volk, und wie auf den Sandwich Inseln zeichnete sich jener durch eine höhere Statur und bedeutendere Körperkraft vor der weniger allethisch entwickelten niedrigeren Volksklasse aus.

Den Plebejern (Mangatchongs) war das Fahren auf dem Meere untersagt; den Adeligen (Matouas) und den kleinen Landeigenthümern oder Halbadeligen (Atchaots) gehörte das ausschließliche Recht des Schiffsbaues, des Seefischfanges, der Theilnahme am Kriege.

Der Mangatchan, der an einem Matoua vorbeigegangen wäre, ohne ihn zu grüßen, würde schon dadurch den Tod verdient haben, da solches als eine Herausforderung zum Kampfe gegolten hätte, zu der der Niedriggeborene sich nimmer versteigen durfte. Der Aal, den die Adeligen verabscheuten, war der einzige Fisch, der den Mangatchangs überlassen blieb, doch auch diesen durften sie nur mit der Hand ergreifen, nachdem sie ihn bei Fackelschein mit Stockschlägen betäubt hatten, denn der Gebrauch der Angel und des Netzes kam nur den privilegirten Ständen zu. Die Frauen der Matouas flochten eigenhändig aus Pandanusblättern die Wiegen ihrer Kinder und die feineren Matten, die zu ihrer Bekleidung dienten, auch behielten sie sich die Zubereitung gewisser Speisen vor, die keine gemeine Hand berühren durfte; während es den Weibern niedrigeren Standes überlassen blieb, das Tauwerk für die Pirogen, die Matten für die Segel und eine Menge anderer zu gröberem Gebrauch bestimmter Gegenstände zu verfertigen. Doch auf den Marianen wie überall besiegte zuweilen der allmächtige Amor alle Vorurtheile der Geburt. So entstoh einst ein Jüngling höheren Standes mit einer reizenden Tochter des Volkes und suchte, von seiner Familie verfolgt, eine Zuflucht in den Wäldern und Höhlen des Gebirges. Endlich beschloß das Paar sich durch den Tod vor der Grausamkeit der Menschen zu retten, knüpfte sich an den Haaren zusammen und stürzte sich von einem schroffen Vorgebirge, welches durch seinen Namen „Cabo de los amantes" (Cap der Liebenden) noch immer das Andenken ihrer treuen Anhänglichkeit bewahrt, in das darunter wogende Meer.

Eine Folge der Erniedrigung des gemeinen Mannes waren die gewöhnlichen Laster der Unterdrückten — Verstellung, Rachsucht, Feigheit — während Edelmuth und Wahrheitsliebe dem Adel nachgerühmt werden. Er war menschlich nach dem Siege, hielt strenge sein gegebenes Wort, und schenkte dem ebenbürtigen Gefangenen so viel Zutrauen, daß er sich mit dessen einfachem Versprechen, nicht zu entfliehen, begnügte.

Weder die unerbittliche Grausamkeit im Kriege, noch der scheußliche Kannibalismus, der in höherem oder geringerem Grade fast alle Völker der polynesischen Welt befleckte, noch der weit verbreitete Kindermord, der sogar den Vätern und Müttern Tahiti's zur Last gelegt wurde, werden den ursprünglichen Marianesen vorgeworfen, während sie in keiner guten Eigenschaft ihren Brüdern nachstanden.

Mit amphibischer Schwimmfertigkeit spielten auch sie in der rollenden Brandung, und auf steilen Pfaden legten sie schnell und sicher lange Wege mit schwerbeladenen Schultern zurück. Nach der alten Sitte mußte der heirathslustige junge Mann erst seine Geschicklichkeit im Erklettern eines Baumes, im Lenken eines Bootes oder ähnlichen körperlichen Uebungen darthun; es galt für eine Schande in dieser Beziehung hinter den Andern zurückzustehen, und so entstand ein allgemeiner Wetteifer sich durch Kraft oder Gewandtheit auszuzeichnen.

Ferner verbanden die Marianesen eine große Lernbegierde mit glücklichen Geistesanlagen, und besaßen großes Geschick in allen Handwerken und Kunstfertigkeiten, die sich bei der polynesischen Race herausgebildet haben.

Sie waren in der Schifffahrt den tüchtigsten der Caroliner wenigstens gleich, und die noch bestehenden Ruinen auf Tinian und Saypan bezeugen, daß sie in der Baukunst den übrigen überlegen waren, da ihre Wohnhäuser auf gemauerten Säulen ruhten und aus verschiedenen Abtheilungen bestanden, während man sonst in Polynesien nur einfache Hütten findet. Die Erfindung der Münze scheint einen unermeßlichen Schritt in der Civilisation zu bezeichnen, den sie allen Inselbewohnern des großen Oceans vorausgethan hatten. „An einer groben Schnur von Cocosbast", sagt Chamisso, der diese Gegenstände nach eigener Anschauung beschreibt und nach der befugtesten Autorität, nach den bereits im vorigen Kapitel erwähnten Don Lui de Torres, dem Freunde der Indianer und dem Kenner ihrer Sitten erläutert, „sind Scheiben von Schildkröte von der Gestalt einer Knopfform aber dünn wie Papier, dicht an einander gepreßt, eingefädelt und durch

Reibung äußerlich geglättet. Das Ganze bildet eine biegsame Walze von der Dicke eines Fingers und von der Länge einiger Fuße. Diese Schnüre sollen als ein Mittel des Handels im Umlauf gewesen sein, und sie zu verfertigen und auszugeben war das Recht nur weniger Häuptlinge.

„Schildkrötenfetter von der großen Seeschildkröte sind verschiedentlich in der Mitte von einem größeren und an dem breiteren, dünneren Rande von mehreren kleineren Löchern durchbohrt oder haben nur ein einziges Loch in der Mitte.

„Wer vermuthlich im Schwimmen eine Schildkröte getödtet hatte (wohl ein schweres Wagestück) brachte ein Feld ihres Panzers dem Häuptlinge, der nach den Umständen der That und der dabei erhaltenen Hülfe die Löcher darein bohrte; je weniger derer, desto größer der Werth. Solche Trophäen sollen dann dem Eigner ein gewisses Zwangsrecht gegeben haben, sie nach hergebrachten Bräuchen gegen Anderer Eigenthum auszutauschen und in gewisser Hinsicht als Mittel des Handels und Zeichen des Werthes gegolten haben."

Nur ein einziges Dorf auf Tinian hatte das Recht diese seltsamen Münzen, die zugleich auch als Zierrath dienten, zu fabriciren. Sie gehören gegenwärtig zu den größten Seltenheiten, weil die ersten europäischen Händler, die sich auf den Marianen niederließen, sie sorgfältig sammelten um sie den Chinesen zu verkaufen.

Die Verfertigung des Tapatuches scheint unbekannt gewesen zu sein. Außer dem dürftigen Maro wurde in der Schlacht oder auf dem Meere ein Mantel oder Ueberwurf aus Pandanusblättern getragen, und ein zugespitzter Hut aus demselben leichten Material schützte den Kopf gegen die Strahlen einer übermächtigen Sonne.

Beim Fischfang auf den spitzigen Corallenriffen wurden die Füße durch Sandalen aus Palmblättern geschützt, von ähnlichem Gewebe wie diejenigen, die in den uralten egyptischen Monumenten aufgefunden worden sind.

Matten aus Pandanusblättern wurden zum Nachtlager oder bei den Mahlzeiten statt eines Tischtuches auf dem Boden ausgebreitet; zum Kauen des Betels, dessen Gebrauch bis hierhin vorgedrungen war, dienten zierlich geflochtene Dosen, und die verschiedenartigsten Körbe zeugten von der Geschicklichkeit der Frauen. Calebassen oder Flaschenkürbisse von allen Größen spielten hier eine nicht weniger wichtige Rolle als im Haushalt des Hawaiiers, und die Glieder des diesem unbekannten Bambus waren nicht minder nützlich, sei es zum Aufbewahren verschiedener Gegenstände oder zum Transport des Wasservorraths auf Reisen.

Vor den übrigen Polynesiern hatten die Marianesen die Töpferkunst voraus, die wir unter den in diesem Werke betrachteten Völkern nur bei den Fidschi Insulanern antrafen. Ohne gefirnißt zu sein, waren ihre irdenen Gefäße feuerbeständig und dienten zum Kochen verschiedenartiger Gerichte.

Wie bei den Chinesen wurde die Zeit in Tage, Monate und Jahre eingetheilt. Erstere hatten wahrscheinlich ihre besonderen Benennungen wie jetzt noch bei den Carolinern, doch sind die alten Namen gegenwärtig unbekannt. Das Jahr wurde in dreizehn Monate eingetheilt.

Das Maas der früheren astronomischen und nautischen Kenntnisse der Marianesen ist ebenfalls in Vergessenheit gerathen, doch da sie verschiedene Sternbilder zu nennen wußten, läßt sich vermuthen, daß in dieser Beziehung ihr Wissen hinter dem der Caroliner nicht zurückstand.

Ihre Sprache hatte kein Wort für die Gottheit, doch beteten sie die Antis oder Geister ihrer Vorfahren an, denen sie eine große Macht zuschrieben, und die den Beschwörungen der Makahnas, ihrer Zauberer oder Priester, günstige Winde, glücklichen Fischfang, reichliche Ernten oder die Heilung von gefährlichen Krankheiten gewährten. Die Gebeine und namentlich die Schädel der Väter wurden sorgfältig in Körben, entweder in den Wohnungen oder in besondern Gebäuden aufbewahrt.

Eine monarchische Verfassung wie auf Hawaii oder Tahiti hatte sich auf den Marianen nicht ausgebildet, sondern eine jede Insel theilte sich in eine gewisse Anzahl von einander unabhängiger Staaten, an deren Spitze stets der älteste Häuptling stand. Beim Tode des greisen Herrschers folgte ihm nämlich der älteste Bruder, Vetter oder Neffe nach, und nicht der eigene Sohn, der jedem älteren Verwandten in seinen Ansprüchen weichen mußte.

Die Frauen, die in hoher Achtung standen und im Hause unumschränkt regierten, hatten auch einen großen Einfluß in Staatsangelegenheiten, so daß eigentlich nichts ohne ihren Rath und Einwilligung geschah.

Auch hierin zeigte sich der Vorrang der Frauen, daß beim Tode des Mannes sein Vermögen der Wittwe zufiel, während beim Tode der Frau deren Verwandten sich nicht nur der Güter des Mannes bemächtigen, sondern auch der Kinder, die sie ihm geboren hatte.

Die verheiratheten Frauen zeichneten sich durch ihre Sittlichkeit aus, der Ehebruch kam sehr selten vor; die Mädchen dagegen genossen eine ungebundene Freiheit, und die geheimen Gesellschaften der Oulitaos erinnerten durch ihre Zügellosigkeit an die ebenfalls verschwundenen Arreois auf Tahiti.

So wie die Marianen durch ihre Vegetation theils an das östliche Polynesien, theils an die malaiische Inselsich anschließen, so finden wir also auch bei der Betrachtung des vormaligen Zustandes ihrer Bewohner zahlreiche Anklänge an ferne Nationen nach Ost und West.

Zweiunddreißigstes Kapitel.
Geschichte der Marianen.

Entdeckung durch Magellan. — San Vitores, der Apostel der Marianen. — Der Chinese Choco Sanglai. — Hartnäckige Empörungen der Marianesen. — Don Jose de Quiroga. — Unterjochung der Rebellen auf Rota 1680. — Letzte verzweifelte Empörung durch Quiroga unterdrückt. — Verschwörung der Sträflinge. — Unterjochung der nördlichen Inseln. — Erstürmung von Agadgan. — Erschreckende Abnahme der Bevölkerung. — Ein edler Gouverneur. — Schrankenlose Macht der Statthalter. — Gegenwärtiger Zustand der Marianesen. — Hahnenkämpfe. — Die Seelsorger. — Der Aussatz. — Der Fischschuppenausschlag. — Der Plan. — Das Sankt Lazarus Feuer.

Von der Entdeckung der Islas de las Velas latinas oder der Ladronen durch den unsterblichen Magellan, (1521) ist bereits im Kapitel die Rede gewesen, welches ich der ewig denkwürdigen Reise des großen Seefahrers gewidmet.

Noch in demselben Jahrhundert wurden die Inseln öfters von spanischen, englischen und holländischen Seefahrern besucht; von Lopasa (1526), Saavedra (1528), Legaspi (1565), Cavendish (1588), Mendana (1590) und Olivier Van Noort (1600); auch pflegten schon frühzeitig die silberbeladenen Gallionen auf ihrem Wege von Acapulco nach Manilla in Guajan anzuhalten; doch diese flüchtigen Erscheinungen, obgleich nicht selten von Raub und Mord begleitet, ließen im allgemeinen das Schicksal der Marianen unberührt. Erst nachdem der fromme Pater Don Diego Louis de San

Bilores, der aus einem alten ruhmreichen Geschlecht geboren, der glänzendsten Laufbahn entsagt hatte, um sich dem Dienste der Kirche zu widmen, auf dem „San Damian" die Ladronen besuchte, und sofort von heiligem Belehrungseifer erglühte, stieg die dunkle Sturmwolke an ihrem Horizont empor, die sich bald mit verheerender Gewalt über das unglückliche Land entladen sollte.

Doch hatte San Bilores noch manche Hindernisse zu besiegen ehe er sein Apostelwerk beginnen konnte. Von Manilla abgewiesen, reiste er nach Spanien, wo er die Königin für seinen Plan gewann, doch trotz eines höchsten Handschreibens, welches dem Gouverneur der Philyppinen befahl ihn mit allem Nöthigen zu versehen, konnte er auch dießmal nichts erlangen, und sah sich genöthigt nach Mexico zu reisen, wo endlich nach sechsjährigem vergeblichen Ringen der dortige Vicekönig ein Schiff mit Soldaten zu seiner Verfügung stellte. Als der Apostel mit den fünf Padres, die er zu seinen Gefährten gewählt hatte, im Juni 1668 auf Guajan landete, gab er der Gruppe den neuen Namen der Marianen, seiner Gönnerin, der Königin Maria Anna von Oesterreich, der Gemahlin Philipp des Vierten zu Ehren. Von den Eingebornen freundlich empfangen, war seine erste Sorge in Agania, der Hauptstadt des Landes, eine Kirche zu bauen und das Belehrungswerk unverzüglich zu beginnen. Das erste Hinderniß, worauf er stieß, war der Hochmuth der Adeligen, die durchaus nicht mit dem gemeinen Mann auf gleicher Stufe stehen wollten, und es kostete große Mühe ihnen begreiflich zu machen, daß das höchste Wesen, welches allen seinen Geschöpfen Licht und Wärme gleichmäßig spendet, es auch will, daß alle ohne Unterschied des Ranges sich des religiösen Segens erfreuen.

Bald trat auch ein gefährlicher Widersacher im Chinesen Choco Sangley auf, der 1648 von einem Sturm nach den Ladronen verschlagen, seinen heimischen Götzendienst dort predigte. Schon hatte er sich einen bedeutenden Anhang erworben, als die Ankunft der spanischen Mönche seine Pläne durchkreuzte. Es ereignete sich, daß einige Kinder bald nach der Taufe starben, und schnell verbreitete der listige Choco das Gerücht es sei die heilige Ceremonie weiter nichts, als eine heidnische Beschwörung, die mit vergiftetem Wasser vollzogen werde. Die Verläumdung trug ihre Früchte, man verweigerte die Taufe und ergriff die Waffen gegen die Spanier, die nur mit Mühe die Aufregung der Gemüther beschwichtigten. Trotzdem konnte San Bitores in einem Briefe vom 15. April 1669 der Königin verkündigen, daß bereits 13000 Insulaner getauft seien.

Bis dahin hatten die Bestrebungen der Missionare nur die Inseln zwischen Guajan und Sappan umfaßt, doch nun schiffte sich Pater Morales nach dem Norden ein und entdeckte Anatajan, Sarigouan, Alamagouan, Pagon und Grigan. Schon nach einem halben Jahre hatte er 4000 Kinder und Erwachsene getauft, die freilich von der Ceremonie nur wenig verstehen konnten. „Das Verständniß wird wohl mit Gottes Hülfe nachkommen!" mochte der gute Pater denken. Ihm folgte San Vitores und entdeckte Assongsong und Mang. Nach Guajan zurückgekehrt fand er die Früchte durch eine anhaltende Dürre zerstört.

Die Makahnas oder Zauberer benutzten die dadurch hervorgebrachte Noth um den Dienst der Ahnen (antis) wieder hervorzurufen und die reuige Menge vom neuen Glauben abtrünnig zu machen. Doch gelang es dem feurigen Apostel die verirrten Schafe zur Heerde zurückzuführen, und als bald darauf 9. Juni 1671 eine sehr willkommene Verstärkung von Soldaten und Mönchen aus Acapulco eintraf, richtete er sogar 4 neue Kirchspiele ein. Unterdessen suchten die Makahnas das Volk gegen die Fremden aufzuwiegeln, und der Häuptling Hourao, ein erbitterter Feind der Spanier, der sich bereits im Geheimen mit dem Chinesen Choco verbunden hatte, wartete nur auf die erste günstige Gelegenheit um die verhaßten Eindringlinge zu vertreiben. Sie fand sich als einige Marianesen vom ersten Statthalter der Insel, Don Juan de Santiago, wegen eines an einem jungen Spanier verübten Mordes verhaftet werden sollten und bei dem dabei entstehenden Tumult einer der Vornehmsten erschlagen wurde. Wäre der Angriff unverzüglich geschehen, so hätten die Spanier, die noch keine Festungswerke besaßen, ihm wohl schwerlich widerstehen können, doch ließ das Zögern des Feindes dem Statthalter, der zwar nur 31 Soldaten bei sich hatte, aber durch verwegenen Muth seine numerische Schwäche ersetzte, alle Zeit sich zu verschanzen und sogar den Hourao gefangen zu nehmen, wodurch indessen die Wuth der Empörer nur verstärkt wurde. Am 11. September 1671 griffen 2000 Marianesen unter Choco's Anführung die Spanier an — die Gebeine ihrer Väter vor sich hertragend — doch eine mörderische Musketensalve zeigte ihnen wie wenig sie sich auf diesen Schutz verlassen konnten. Dennoch ließen sie den Muth nicht sinken, hielten die verhaßten Fremden dicht umschlossen und beunruhigten sie Tag und Nacht — bis endlich eine Verstärkung zur rechten Zeit eintraf, und ein verzweifelter Ausfall die Insurgenten völlig in die Flucht schlug.

Hierauf wurde am 21. October 1671 der Friede unter den scheinbar mäßigen Bedingungen geschlossen, daß die Eingeborenen an Sonn- und Festtagen regelmäßig der Messe beiwohnen und ihre Kinder taufen lassen sollten, doch war die Ruhe nur von kurzer Dauer, denn schon im folgenden Jahre ward San Vitores auf einer Missionsreise erschlagen, und noch einmal sahen sich die Spanier auf den engen Raum der Festung Agania beschränkt. Diese wiederhollen Empörungen beweisen wie unerträglich die Tyrannei der Spanier schon in diesen Anfangsjahren ihrer Herrschaft gewesen sein muß.

Erst nach einer Belagerung von 6 Monaten erlaubte ihnen die Ankunft des neuen Gouverneurs Don Juan de Salas mit einer Verstärkung von 30 Soldaten zum Angriff überzugehen. Siegreich drangen sie vor und trotz ihrer geringen Anzahl, warf die Ueberlegenheit der Waffen, der Taktik und der Mannszucht ihre Feinde nieder, die theils nach Rota flohen, theils auf Gnade und Ungnade sich ergaben.

Don Jose de Quiroga aus einer altberühmten gallicischen Familie, der wie Loyola seine Laufbahn als Soldat begonnen und wie jener beschlossen hatte sich der strengsten Ausübung der Religion zu widmen, schiffte sich, so wie er den Märtyrertod von San Vitores erfuhr, nach Guajan ein, welches er für den passendsten Schauplatz seines Wirkens hielt, und im Juni 1679 erreichte. Diesem ausgezeichneten Manne überließ Don Juan de Salas, den Familienangelegenheiten gebieterisch nach Spanien zurückriefen, die Statthalterschaft, doch nur nach vielen Bitten und unter der Bedingung, daß der König ihm unverzüglich einen Nachfolger ernennte, vermochte er ihn zu deren Annahme zu bewegen. Nun erließ Quiroga Gesetze um die Insulaner vor der tyrannischen Willkür seiner Soldaten zu schützen; theilte Guajan in 6 Distrikte, ließ Kirchen und Dörfer erbauen, wo er die bis dahin zerstreute Bevölkerung versammelte, und legte Straßen durch früher unzugängliche Gegenden an. Die Rebellen, die sich nach Rota geflüchtet hatten und deren Sendlinge noch immer den Geist des Aufruhrs nährten, suchte er dort auf (1680), nahm eine Menge derselben gefangen und bestrafte sie mit einer nach spanischen Begriffen wohlverdienten Strafe.

1681 erschien der neue Gouverneur Don Antonio de Saravia und wurde nach seinem zwei Jahre später erfolgten Tode von Don Damian de Esplana ersetzt. Dieser schickte 1684 den unermüdlichen Quiroga mit dem größten Theil der spanischen Besatzung nach den nördlichen Inseln um das Unterjochungswerk zu vollenden und gab dadurch Veranlassung zu einem letzten verzweifelten Aufstande, der die Kolonie bis an den Rand des Verderbens brachte.

Am 23. Juli ziehen 60 wohlbewaffnete entschlossene Männer unter dem Vorwand die Sonntagsmesse zu hören in Agania ein. Nach beendigtem Gottesdienst vertheilen sie sich über verschiedene vorher bestimmte Punkte um überall mit einem Schlage die Spanier zu vernichten. Der Gouverneur, der nichts Böses ahnend auf dem Hauptplatze des Städtchens auf und ab geht, wird plötzlich von Djoda, dem Anstifter der Empörung, überfallen und schwer verwundet, andere dringen in die Häuser, wo sie etwa 50 Soldaten tödten, oder eilen nach dem Seminar, wo sie die Jesuiten Solorzano und Dubois erdolchen. Da erscheint ein Diener des Gouverneurs, welcher verkündet, daß sein Herr noch lebt und einen Beichtvater verlangt, und die Bestürzung der Verschworenen nimmt noch zu, als sie erfahren, daß Djoda selber seinen Verrath bereits mit dem Tode gebüßt habe und Don Damian von den ihn rächenden Soldaten nach der Citadelle gebracht worden sei. Hier sucht man in aller Eile sich zum Widerstande zu rüsten, und die Gefahr scheint um so dringender, da man erfährt, daß eine bedeutende Anzahl Meuterer von den Bergen herabsteigt, doch bald kommen auch treu gebliebene Insulaner zu Hülfe. So gab es auch zu Herrmann's Zeiten Deutsche, die es mit den Römern hielten, doch der Fluch der Geschichte und die Verachtung der Guten lastet stets und überall auf allen, die auf vaterländischem Boden mit Wort oder That der Fremdherrschaft dienen.

Nach Djoda's Tod stellte ein anderer Häuptling sich an die Spitze des Aufruhrs, schickte Boten nach Rota, um ihn auch dort zu verbreiten, und rückte zum Angriff der Festung vor. Pater Strobach, der es übernommen Quiroga einen Brief zu bringen, ward auf Tinian erschlagen, und ein gleiches Loos traf den Pater Boranga auf Rota. Sechs Pirogen, die von dieser Insel zur Verstärkung des Aufruhrs nach Gnajan kamen, verbreiteten hier das Gerücht von Quiroga's Tode, so daß die hartbedrängten Spanier auf keine Hülfe mehr rechnend schon alles für verloren hielten.

Quiroga, der sich unterdessen auf Sappan in völliger Unwissenheit des Vorgefallenen befand, sah sich bald ebenfalls von den steigenden Wogen der Empörung bedroht. Die Corvette, die ihn herüberbrachte, wurde bei Tinian verbrannt und deren Mannschaft ermordet, während er selbst plötzlich überfallen, mit nur 37 Mann und fast ohne Lebensmittel und Schießbedarf sich gegen 800 Insurgenten vertheidigen mußte. Die Lage war bedenklich, doch

Quiroga, der wohl wußte, daß Kühnheit in solchen Fällen der beste Rathgeber ist, ging den Marianesen muthig entgegen, schlug sie in die Flucht, und verlor in einer Reihe von Gefechten auch nicht einen einzigen Mann. Eine Frau, die gekommen war um Lebensmittel zu verkaufen, wurde verhaftet und gezwungen die Spanier zum Nachtlager der vornehmsten Häuptlinge zu führen, die auf diese Weise in Quiroga's Hände geriethen. Einer von denselben ward nach Guajan mit einem Briefe an den Gouverneur gesandt, mit der Drohung die übrigen aufzuhängen, wenn keine Antwort erfolgte. Auf diese Weise erfuhr Quiroga die kritische Lage Don Damian's und eilte sofort nach Aganta, wo seine unerwartete Rückkehr den Rebellen einen solchen Schrecken einjagte, daß sie entsetzt in's Gebirge flohen, und als er sie auch hier verfolgte nach den benachbarten Inseln auswanderten, wo sie sich in den unzugänglichsten Höhlen verbargen.

Doch der eifersüchtige Don Damian, weit entfernt dem rettenden Helden Dank zu wissen, trat ihm überall entgegen, verspottete ihn sowohl vor den Soldaten als den Eingeborenen und lockerte durch sein eben so treuloses als unvorsichtiges Benehmen die Bande des Gehorsams, wodurch die Kolonie dem Untergange nahe gebracht wurde. Denn als er 1688 nach den Philippinen sich einschiffte unter dem Vorwande seine angegriffene Gesundheit wieder herzustellen, doch eigentlich nur um den Raub der Insel in Sicherheit zu bringen, und die interimistische Statthalterschaft dem Quiroga überließ, empörten sich die an ein zuchtloses Leben gewöhnten Soldaten, verhafteten ihren Befehlshaber und hätten ihn ermordet, wenn nicht die Fürsprache der Missionare sie an diesem Frevel verhindert hätte. Die Nachricht dieser Empörung verbreitete sich rasch über die ganze Insel, und schon war alles zum Aufruhr bereit, als der Hauptanstifter der Meuterei von Reue ergriffen sich Quiroga zu Füßen warf und sofort als Pfand seiner Aufrichtigkeit seine Mitschuldigen zur Pflicht zurückrief. Der befreite Quiroga ließ sofort die kleine Anzahl der Widerspenstigen verhaften, die Schuldigsten hinrichten, die andern in Ketten nach den Philippinen bringen und stellte durch seine gewohnte Wachsamkeit und Klugheit in kurzer Zeit die Ordnung wieder her. 1690 kam Don Damian höchst unzufrieden von Manilla zurück, man hatte ihm dort seine Abwesenheit von Guajan ohne besonderen Urlaub sehr übel vermerkt, so daß er sich genöthigt sah, um der Strafe zu entgehen, das Geld zu opfern, welches er reichlich zu verzinsen gehofft. Um sich für diesen Verlust zu entschädigen, ließ er sofort nach seiner Rückkehr ein Schiff auf

Staatskloſten bauen, welches er ſpäter für eigene Rechnung in Manilla verkaufte.

In demſelben Jahre ſcheiterten zwei Schiffe aus Neu Spanien im Hafen
von Merizo, wodurch die Kolonie einen Zuwachs von 20 Franzisblanern und
100 Mann erhielt. Letztere hätten zur Unterjochung der nördlichen Inſeln verwendet werden können, doch Damian zog es vor ſie an einem zweiten Schiff
für ſeinen Privatvortheil arbeiten zu laſſen. Es befanden ſich unter ihnen
eine Menge Sträflinge, welche ſich verſchworen den Gouverneur, deſſen Haupt-
officiere und die Miſſionare mit Ausnahme eines einzigen, deſſen ſie als gute
Katholiken zum Beichtvater bedurften, zu ermorden, und zugleich ſich der ſilber-
beladenen Galllone aus Acapulco zu bemächtigen, die im Auguſt erwartet wurde.
Die Ausführung ſollte am Feſttage der heiligen Roſa ſtatt finden, aber das
Nichterſcheinen der Galllone brachte den Plan in Unordnung, welcher, wie
es ſo häufig unter den Böſen geſchieht, dem Statthalter verrathen wurde.
Dieſer, wahrſcheinlich durch die eigene Gefahr angeſpornt, handelte dießmal
ausnahmsweiſe mit ſo viel Energie und Klugheit, daß ſchon am folgenden
Morgen die ganze Bande nach kurzem Prozeß am Galgen hing.

Den größten Dienſt jedoch, den Don Damian der Kolonie erwies, war
durch ſeinen am 16. Auguſt 1694 erfolgten Tod, wodurch Quiroga, deſſen
Feſtigkeit und Gerechtigkeitsliebe auf's höchſte Noth thaten, wiederum an's
Ruder kam.

Dieſer veranſtaltete ſchon im folgenden Jahre eine Expedition nach
Sayppan, welche die gänzliche Unterwerfung der Inſel bewirkte. Dann zog
er nach Tinian, welches er von den Bewohnern verlaſſen fand, die ſich nach
der kleinen Inſel Aguijan zurückgezogen hatten. Dieſe erhebt ſich hoch
und ſteil aus dem Meere, von allen Seiten völlig unzugänglich bis auf zwei
enge faſt unerſteigliche Schluchten. Dort hatten die Tinianeſer ſich befeſtigt,
entſchloſſen ſich bis zum Tode zu vertheidigen. Quiroga theilt ſeine Soldaten in zwei Partieen, da aber die öſtliche Schlucht zu ſteil war, befiehlt
er einen allgemeinen Angriff von der andern Seite, und muntert durch ſein
eigenes Beiſpiel den Eifer ſeiner ſtürmenden Krieger an. Die Inſulaner
laſſen Steine regnen und Felsblöcke herabrollen, die Angreifer wanken, aber
der feurige Muth des Sergeanten Juan Perez Bello und des Hauptmanns
Pablo de la Cruz kennt keine Hinderniſſe; ſie erkleitern die Felswand, die
andern durch das Beiſpiel fortgeriſſen, folgen, die Verſchanzungen werden
erreicht, genommen, und die Beſiegten ſtehen um Gnade, die ihnen unter der

Bedingung einer Uebersiedelung nach Guajan gewährt wird. Alle nach Norden liegenden Inseln unterwerfen sich auf diese Nachricht, und auch ihre Bewohner müssen auf Quiroga's Befehl nach Sappan auswandern, um dort unter militärischer Aufsicht den Religionsunterricht zu empfangen.

Nun stand das Christenthum auf fester Grundlage da, und das Bekehrungswerk schritt rüstig vor, so daß noch vor Ende des Jahrhunderts in den allein noch bewohnten Inseln — Guajan, Rota und Sappan — auch kein einziger Heide, freilich aber auch fast keine Bevölkerung mehr übrig blieb.

Denn traurig waren die Früchte, die San Vitores' Frömmigkeit und Quiroga's eiserne Thatkraft dem armen Volke brachten, und Tacitus' Wort über die Römer: „Sie machen eine Wüste und nennen es Friede", konnte auch hier mit vollem Rechte angewendet werden.

„Ihre Freiheit liebend", sagt Fray Juan de la Concepcion, „konnten die Marianesen kein fremdes Joch erdulden, und es ward ihnen so drückend, daß unvermögend es abzuschütteln sie lieber sich erhängten, oder auf andere Weise sich verzweifelnd um das Leben brachten. Die Weiber warfen ihre neugeborenen Kinder in das Wasser, überzeugt, daß sie durch solchen frühen Tod, der sie von Mühseligkeiten und Elend erlöste, sie glücklich und selig machten. So hielten sie die Abhängigkeit für das äußerste und erbärmlichste Elend. Eine epidemische Krankheit raffte im Anfange des Jahrhunderts die Uebriggebliebenen fast gänzlich hinweg.

Der Weltumsegler Gentil de la Barbinais, der erste Franzose, der auf Guajan landete, schildert aus dem Jahre 1716 den trostlosen Zustand der Marianesen. Trotz aller königlichen Verordnungen zu ihren Gunsten wurden ihnen von dem unersättlichen Statthalter ohne alle Vergütung die härtesten Frohndienste auferlegt. Physisch und moralisch gedrückt, nahm ihre Anzahl mit jedem Tage ab, so daß die Bevölkerung, die ursprünglich auf wenigstens 45,000 sich belief, und sogar noch zur Zeit der Eroberung auf 20,000 geschätzt wurde, 18 Jahre später auf 1500 zusammengeschmolzen war.

Um der steigenden Entvölkerung Einhalt zu thun, wurden von 1743 an alle zwei Jahre 5 oder 6 Familien aus den Philippinen nach Guajan übergesiedelt und mit allen Privilegien versehen, welche bis dahin nur spanische Kolonisten genossen hatten, doch war im Jahre 1759 das Elend so groß, daß viele Marianesen sich verzweiflungsvoll das Leben nahmen, und andere sich durch Mord an ihren Unterdrückern rächten.

Nach so vielen raubsüchtigen und grausamen Statthaltern freut man sich die Regierung der Inseln im Jahre 1771 dem edlen Don Mariano Tobias anvertraut zu sehen. Dieser führte nebst andern nützlichen Pflanzen den Mais ein, und beschäftigte sich selber mit dem Ackerbau, um den Fleiß des trägen Volkes zu wecken. Er bemühte sich auf jede mögliche Weise, ohne den dummen Stolz der Creolen zu beleidigen, den Zustand der Eingebornen zu bessern, indem er alle Verordnungen aufhob, welche sie in ihrem Selbstgefühl kränkten. Um ihren Produkten einen Markt zu verschaffen, erwirkte er ihnen die Erlaubniß die Galionen, die jährlich auf dem Wege von Acapulco nach Manilla in Umata einliefen, zu deren Transport nach den Philippinen zu benutzen. Leider war die Regierung dieses Menschenfreundes nur zu kurz, denn schon 1774 ward er durch einen andern Statthalter ersetzt, der das Beispiel seiner Vorgänger dem seinigen vorzog.

In seiner Geschichte beider Indien weihte der Abbé Raynal den edlen Tobias auf seine Weise zur Unsterblichkeit ein; Lapérouse fand ihn bald darauf zu Manilla in den Händen der Inquisition und maß dies den Lobreden des Philosophen zu. „Mit besserer Ortskenntniß" sagt Chamisso „bezweifeln wir jedoch, daß die Schuld dieses Unrechts lediglich dem französischen Aufklärer beizumessen sei. Die Inquisition trifft gleich dem Zufall unter den Hohen und Reichen Jeden, den nur Angaben bezeichnen, und es ist Brauch, daß die Weiber in häuslichen Mißverhältnissen den Arm des heiligen Gerichts für ihre eigene Sache bewaffnen. Die Güter der Verurtheilten fallen dem Gericht anheim und nur der arme und obscure Mensch genießt Sicherheit."

So traurig war es noch immer trotz allen Bemühungen Don Tobias' mit dem Ackerbau beschaffen, so sehr war alle Thätigkeit erlahmt, daß die schönen Inseln nur so viel hervorbrachten als für den Bedarf der Bewohner nothdürftig hinreichte, und Mangel entstand als 1774 das Scheitern einer Kriegsfregatte mit Landungstruppen die Anzahl der Consumenten plötzlich um ein paar hundert Mann vermehrte.

Ein so tiefer Verfall scheint fast unglaublich, aber der Schlüssel des Räthsels liegt darin, daß dem Gouverneur jenes entlegenen Theils der Welt sein sechsjähriges Amt als eine Pfründe verliehen war. Er hatte den alleinigen Handel der Colonie, und stellte willkürlich die Preise. Seine Macht war schrankenlos und so groß seine Bedrückungen auch sein mochten, hatte er keinen Richter zu fürchten. So zeichnete sich Pereira, der von 1806 bis 1812 regierte, durch seine unersättliche Habgier aus. Als er nach Manilla zurückkehrte, folgten ihm 19 Criminalanklagen nach, doch statt der verdienten Strafe wurde der schamlose Verbrecher seiner treuen Dienste wegen mit Verdienstorden geschmückt.

Als Freycinet 1815 auf den Inseln verweilte, war der Verkehr mit Europa so selten geworden, daß mehr als ein Statthalter während der ganzen Dauer seines Amtes kein anderes europäisches Schiff zu sehen bekam als dasjenige, welches ihn brachte und wieder abholte.

Im Jahre 1818 wurde endlich das Monopol aufgehoben, welches so lange wie ein schwerer Alp auf den Marianen gelegen; einem jeden stand es nun frei zu verkaufen, wem er wollte und an der billigsten Quelle zu kaufen. Doch fand Dumont d'Urville 1830 den Zustand Guajan's noch so wenig verändert, daß alle früheren Beschreibungen desselben noch vollkommen paßten. Auf der ganzen Insel gab es keinen einzigen Kaufmann, und der einzige Vortheil, den bis dahin die Erleichterung des Verkehrs ihr brachte, bestand im Austausch ihrer Producte gegen die Waaren der selten einlaufenden Walfänger.

So schwer hält es das eingeschlafene Leben wieder zu erwecken, wo Menschenalter hindurch der Despotismus alle Keime des Fortschrittes erstickte.

Ein stilles gutkatholisches Völklein, dessen Faulheit und Unwissenheit den äußerst denkbaren Grad erreicht, das ohne alle geistige Regung, von einer üppigen Natur in seiner Trägheit begünstigt ein reines Pflanzenleben führt — so stellen sich die jetzigen Marianesen dar. Sie kennen nicht mehr die Thatkraft weckende See, sind keine Schiffer, keine Schwimmer mehr, sie haben aufgehört Boote zu bauen. Kaum höhlen sie noch Baumstämme ungeschickt aus um innerhalb der Brandung auf den Fischfang zu gehen. Der Nachen, der D'Urville 1839 am Neujahrstage entgegenfuhr, deutete weit eher auf eine wilde Horde als auf eine europäische Colonie. Ein mit einem Ausleger versehener langer Trog, dem kleine Schaufeln an langem Stiel als Ruder dienten — stellte die spanische Marine im Hafen von Umata dar. Er enthielt die ersten Notabilitäten des Ortes — den spanischen Padre, und den Alcalden, dessen dunkelbrauner Teint den Eingeborenen verrieth — ward aber so schlecht geführt, daß er die Schiffe nicht eher erreichte, als bis sie bereits im Hafen ihre Anker hatten fallen lassen.

Auch die alte Baukunst ist verlernt; die Häuser des Volkes sind auf Pfosten getragene Käfige von Bambusrohr mit einer Bedachung von Palmenblättern. In diesen elenden Hütten, deren schmutziger Anblick traurig absticht

gegen die Pracht der umgebenden Natur, genießt der Marianese die volle
Seligkeit des farniente, aus welcher nur der beliebte Hahnenkampf ihn zur
Leidenschaft erweckt. Ein guter Streithahn ist der Stolz und die Lust seines
Herrn, der ihn überall mit sich auf dem Arme trägt, und ihn im Wohnhause
an einem Fuße gebunden, auf das sorgfältigste hält.

Diese Hahnenkämpfe sind ein Vergnügen für Sonn- und Festtage von
5 Uhr Morgens bis zum angelus. Die Sporen der Streitenden werden
mit eisernen Spitzen bewaffnet. Man hält sie Kopf gegen Kopf, sucht erst
ihren Zorn durch Aufhetzen und Schnabelstöße gehörig zu erwecken und
läßt dann die Wüthenden auf einander losgehen. Die Cigarre im Munde
verfolgt der Marianese mit ängstlichem Blick die Wechselfälle des blutigen
Kampfes, seinen Hahn, auf dessen Erfolg er seinen letzten Heller gewettet,
stehentlich aufmunternd wann er ihn wanken sieht, feurig beklatschend wann
er siegt — dann zieht er sich seelenvergnügt mit seinem Liebling zurück um
dessen Wunden zu verbinden und ihn so bald als möglich in den Stand
zu setzen neue Lorbeeren auf dem Wahlplatz zu erringen.

Wenn auch noch so sehr in Trägheit versunken, kann der Mensch ohne
Aufregung nicht bestehen; irgend ein Ziel muß er haben, das die Einförmigkeit des Lebens unterbricht und wo sein Streben keinen edlen Zweck verfolgt,
verfällt es leicht auf den grünen Tisch der Spielhölle oder den Streithahn
des Marianesen.

Nach dem Volke wollen wir nun auch dessen Seelsorger betrachten.
Vier Priester verrichten den Gottesdienst der ganzen Insel, die etwa 7000 Bewohner zählt; der Pfarrer der Hauptstadt Agania mit 3500 Einwohnern
hat zugleich den Titel eines apostolischen Präfecten und eines Directors des
Seminars. In den Gemächern des verfallenen Gebäudes fand jedoch D'Urville keinen einzigen Schüler, wohl aber eine Menge vortrefflicher Streithähne,
welche die ungetheilte Sorgfalt des hochwürdigen Padre Bernardo in Anspruch nahmen. Diese Priester sind nur da um das unwissende Volk auf
vielfache Weise auszusaugen, nicht um es auf irgend eine Weise zu belehren.
Die Eitelkeit des einfältigen Indianers verlangt, daß bei allen religiösen
Ceremonien — Taufe, Heirath, Begräbniß — der möglichste Pomp entfaltet
werde; und statt unnütze Prunksucht zu bekämpfen, welcher die armen thö-
richten Menschen oft das Letzte ihrer Habe opfern, sucht die priesterliche Habsucht nur den größten Nutzen daraus zu ziehen. Jeder Geistliche hat einen
festen Gehalt von 360 Piastern, den er aber auf die beschriebene Weise und

durch den Produktenhandel, obgleich dieser seinem Stande streng untersagt ist, ansehnlich zu vermehren weiß. So war es der Pfarrer von Merizo, der zu einem guten Preise D'Urville's Schiffe mit 60 Schweinen versah.

An diesem äußersten Ende der katholischen Welt erlahmt die Kirchenzucht und ohne irgend eine seiner Pflichten zu erfüllen, genießt der Padre, allen sinnlichen Genüssen ergeben, die Milch und den Honig des Landes.

Die gesunde Luft der Marianen wird gerühmt, und schon mancher Weltumsegler hat durch ihren Genuß seine vom Scharbock entkräftete Mannschaft wieder hergestellt; trotzdem ist der furchtbare Aussatz, der in verschiedenen Formen fast überall in Polynesien vorkommt, auf eine schreckliche Weise hier zu Hause.

Man unterscheidet drei Grade dieses entsetzlichen Uebels. Die erste ist der Fischschuppenausschlag (Ichthyosis), der sich allmälig über den ganzen Körper ausbreitend, ihn mit schwarzen hornartigen Borten überzieht. Die davon ergriffenen Personen scheinen nicht sehr zu leiden, und können alt dabei werden. Wäre dieser Hornschuppenaussatz ansteckend, so würde ohne allen Zweifel Niemand ihm entgehen — denn wo gäbe es auf ganz Guajan eine einzige Familie, die nicht wenigstens ein damit behaftetes Mitglied zählte — und alle schlafen gemeinschaftlich im selben engen Gemach auf denselben Matten. Das Uebel wird sich selbst überlassen, und durchaus keine Heilung desselben versucht. Man hatte aus Acapulco den Gassienbaum eingeführt, dessen frische Blätter, zerdrückt und eingerieben, eine schnelle Heilung bewirken sollten — aber obgleich gute Erfolge sich zeigten — so wurde das Mittel doch bald gänzlich vernachlässigt und sogar Zwangsmittel zu dessen Benutzung vergebens angeordnet. Nicht anders ging es mit dem Kuhpockenimpfstoff, der 1809 eingeführt wurde, aber schon nach einigen Jahren verloren ging. Es ist immer ein trauriges Zeichen wenn ein Volk sich so ganz gleichgültig und geduldig den Uebeln fügt, welche die Natur über den Menschen verhängt.

Der zweite Grad des Aussatzes ist der sogenannte Pian, ein schreckliches Uebel, welches um sich frißt und verstümmelt. Ein Knöpfchen erhebt sich auf der Haut, geht in Eiterung über, die ganze Umgebung wird zur Wunde. Eine Pustel reiht sich an die andere, die Geschwüre vermehren sich, und der Unglückliche geht an der Eiterung zu Grunde. Obgleich weniger verbreitet, als der Fischschuppenausschlag, versichert der Naturforscher Quoy während seines Aufenthaltes in Agania doch wenigstens 50 Menschen gesehen zu haben, die am Plan litten. Man muß Augenzeuge der schrecklichen dadurch hervorgebrachten Verwüstungen gewesen sein — um das peinliche Gefühl des Arztes zu begreifen, wenn er starke junge Leute sieht, welche bereits einige kleine Geschwürchen an sich tragen, und sie keiner Beachtung würdigen. Vergebens warnt er, wo es vielleicht noch möglich wäre dem Uebel Einhalt zu thun — nichts vermag die Unglücklichen ihrer trägen Gleichgültigkeit zu entreißen.

Die schuppige Haut flößt weniger Abscheu und Mitleiden ein als die aussätzige Pustel, die an und für sich schon widerlich, in noch widerlichere Geschwüre übergeht; kommt man aber zum letzten und äußersten Grade des Aussatzes, zum Sankt Lazarus' Uebel, so muß man an die Betrachtung des menschlichen Elends gewohnt sein, um nicht schaudernd zurückzutreten. Menschen ohne Nase, ohne Ohren: hier einer, dessen Mund zur Hälfte der natürlichen Größe zusammengezogen, nur noch als ein saftiges Loch erscheint; dort einer, dem die Füße abgefallen sind, oder dessen Hand nur noch einen unförmlichen Stummel darbietet: noch weiter keine menschliche Gestalt mehr, die letzte Stufe der körperlichen Ausartung. Oft hat die ganze Haut eine röthliche Farbe und das Gefühl eines brennenden Feuers raubt den Unglücklichen den Schlaf, ihr einziges Labsal. In schmutzigen Lazareten abgesondert, fast aller menschlichen Hülfe entblößt, erwarten sie in stumpfer Ergebung den erlösenden Tod.

Auch der knollige, dürre Aussatz (Elephantiasis) kommt häufig auf Guajan vor. In den Kupfern zu Freycinet's Reisen ist ein Mensch abgebildet, der außer mehreren kopfgroßen Excrescenzen über den ganzen Körper, am Rücken einen Auswuchs trägt, der dem Leibe an Umfang gleich, sackartig fast die Erde berührt. Man hat das so häufige Vorkommen des Aussatzes dem Einfluß der brennenden Sonnenstrahlen, dem Schmutz, oder der mit salzigen Partikelchen geschwängerten Seeluft, dem häufigen Genuß eines dicken Maisbreis zugeschrieben — würde mehr Industrie, mehr Thätigkeit, mehr geistiges Leben in jenem stockenden Menschenhaufen erweckt, so dürften auch wohl jene scheußlichen Hautausartungen sich vermindern.

Dreiunddreißigstes Kapitel.
Tinian.

Anson auf Tinian. — Der rettende Hafen. — Ein irdisches Paradies. — Milchweiße Kinder. — Genüsse und Sorgen. — Eroberung eines Silberschiffs. — Glückliche Heimkehr. — Die Ruinen auf Tinian. — Die Marianen zum Deportationsorte bestimmt. — Ansprüche der Spanier auf die Carolinen.

Wir haben Anson*) verlassen wie er mit stark verminderter Mannschaft, aber durch den Aufenthalt auf Juan Fernandez neu belebt, am 19. Sept. 1741 mit schwellenden Segeln aus dem rettenden Hafen steuert; wir folgen ihm nun nach der amerikanischen Küste, und von dort nach dem romantischen Tinian am entgegengesetzten Ende des stillen Oceans, wo ein gleich freundliches Schicksal ihn einer ähnlichen Noth entreißt.

Obgleich sein zusammengeschmolzenes Geschwader ihm nicht mehr erlaubte seine ursprünglichen Entwürfe in ihrer ganzen Größe auszuführen, so nahm er doch die kleine Stadt Payta an der peruanischen Küste mit bewaffneter Hand, und ließ auf die hochmüthige Verweigerung des Capitän-Gouverneurs das Lösegeld zu zahlen, die Magazine und öffentlichen Gebäude in Flammen aufgehen. Die Gefangenen wurden mit der größten Menschlichkeit behandelt, denn Anson hatte alle Eigenschaften, die den Helden zieren. Hierauf begab er sich nach der mexikanischen Küste und kreuzte lange vor dem Hafen von Acapulco, in der Hoffnung die nach Spanien bestimmte Silbergallione auf ihrem Wege nach Manilla aufzufangen. Ihr Richterscheinen ließ ihn vermuthen der Feind habe seine gefährliche Nähe bemerkt, und so entschloß er sich die Wasserwüsten des großen Oceans zu durchkreuzen, und an dessen jenseitigen Ufern auf das reiche Schiff zu lauern.

Doch ein ungünstiges Gestirn schien wiederum seine Hoffnungen vereiteln zu wollen, denn bald nachdem er die amerikanische Küste verlassen hatte (6. Mai 1742) brach sein alter Feind, der Scharbock, wieder aus, obgleich gutes Wasser reichlich vorhanden war, frisches Fleisch von Schweinen und Hühnern den Kranken gereicht wurde und die ganze Mannschaft häufig Fisch genoß. Mehr als sieben Wochen lang herrschten widrige oder

---
*) Sechstes Kapitel.

wechselnde Winde, und als in einem furchtbaren Sturme der lecke „Glocester" den Hauptmast verlor, ward er dem Untergang geweiht und seine Mannschaft dem „Centurion" einverleibt. So war das stolze Geschwader auf ein einziges Schiff zusammengeschmolzen, dem ebenfalls noch große Prüfungen bevorstanden, denn der Sturm, der dem Gefährten so verderblich gewesen, hatte es weit vom Ziel nach Norden getrieben, und der Scharbock nahm so schrecklich überhand, daß nicht ein einziger Tag mehr verging, an welchem nicht 8, 10 und zuweilen sogar 12 Mann in's Meer — das Grab des Matrosen — versenkt wurden.

Endlich am 23. August erschien die Insel Analajan, doch kein Unterplatz lud hier den Seefahrer zum Verweilen ein; man sah sich vielmehr genöthigt vom gefährlichen Ufer wegzusteuern, welches nur die traurige Wahl zwischen Schiffbruch und dem völligen Aussterben durch die mörderische Seuche übrig ließ — und die einzige Hoffnung war nur noch bald, recht bald irgend eine andere der Ladronen aufzufinden, welche die Fremden gastlicher aufnähme. Wie oft wird der Mensch in seinen Hoffnungen getäuscht — dießmal jedoch sollten Anson's Wünsche über alle Erwartung befriedigt werden, denn am 27. August sah er das liebliche Tinian aus den Fluthen steigen. Eine Proa mit einem Spanier und vier Indianern, die am Ufer hinschlich, ward genommen und erfreulich war der Bericht, den man von den Gefangenen vernahm: die Insel war nicht nur unbewohnt, sondern bot alles im Ueberfluß dar, was ein Schiff nur brauchen konnte, denn der spanische Unterofficier, der die willkommene Kunde erzählte, war mit einer kleinen Barke von 15 Tonnen mit 22 Indianern nach Tinian geschickt worden um die verwilderten Rinder zu jagen und deren Fleisch an der Sonne zu trocknen. Die Spanier hatten vor 45 Jahren die Insel entvölkert, wo einst glückliche Menschen gelebt, sie hatten sie den Thieren des Waldes und des Feldes, und der wuchernden Pflanzenfülle einer tropischen Natur überliefert; nun sollte die Einöde, die sie gemacht, ihnen selber zur Strafe werden, ihren Feinden zum erwünschtesten Asyl. Lieblich ist stets der Anblick des Landes, der mütterlichen Erde, dem lange auf dem öden Meer umhergetriebenen Schiffer, lieblich auch das matte Grün einer kärglich bewachsenen Flur, denn zauberhaft erhöht die lange Entbehrung die Reize des Entbehrten — wer denn vermöchte die Freude Anson's und seiner Gefährten zu schildern, als plötzlich nach allem, was nur ein Seefahrer auf dem tückischen Elemente erleiden kann — sich ihnen ein irdisches Paradies eröffnete.

Denn nicht einer unbebauten, unbewohnten Einöde glich die Landschaft, die sie mit sehnsüchtigen Augen erblickten, sondern weit eher einem prächtigen Park, wo welle Wiesen und stattliche Haine durch die kunstvolle Hand eines Gärtners auf's geschmackvollste geordnet wären. Der etwas sandige Boden, weniger förderlich dem allzuüppigen Wachsthum der Pflanzen, der so häufig die tropische Wildniß unwegsam macht, hatte hier Wiesen und Wald von allem störenden Gestrüpp und wuchernden Unkraut befreit. Das Land stieg in sanften Wellenlinien bis zur Mitte der Insel empor und bildete eine liebliche Abwechslung von blumigen Auen und stattlichen Hainen.

Sogar die Rinder der Insel hatten etwas zierliches, und trugen nicht wenig dazu bei die Reize des romantischen Naturgemäldes zu erhöhen, denn sie waren sämmtlich vollkommen milchweiß bis auf die gewöhnlich schwarzen Ohren, und oft sah man Heerden von mehreren tausenden zugleich auf den weiten Wiesenabhängen grasen. Man hätte sich an die grünen Ufer des classischen Clitumnus versetzt glauben können, wo die hellfarbigen Opferstiere weideten, nur fehlte auf dem Hügelabhang der schöne Tempel des alten Gottes.

Auch vermißte man die belebende Gegenwart des Menschen, doch das Geschrei und die häufige Erscheinung von Hühnern erweckte die anmuthige Täuschung, als ob die Hütte des Landmanns sich hinter dem Gebüsch versteckte und gab der lachenden Wildniß einen heiteren Charakter.

Damals wurde die Anzahl der auf der Insel grasenden Rinder auf mindestens 10,000 geschätzt, sie waren wenig scheu, und ihr Fleisch äußerst wohlschmeckend und zart. Auch die Hühner schmeckten vortrefflich, und da sie nicht weit zu fliegen vermochten, konnte man ihrer so viele fangen als man nur brauchte. Von wilden Schweinen gab es ebenfalls eine Menge, welche die köstlichsten Braten lieferten, da sie aber sehr grimmig waren, mußten sie mit den großen Hunden gejagt werden, welche den bereits erwähnten gelandeten Indianern gehörten. Diese Hunde, die besonders für die Jagd abgerichtet waren, folgten den Engländern sehr willig, aber obgleich von einer starken und muthigen Race, fochten die Eber mit solcher Wuth, daß sie den verwegenen Angriff nicht selten mit dem Tode büßen mußten.

In den Wäldern fand sich eine unglaubliche Menge von Cocosnüssen, Guaven, Orangen, Limonen und Brodfrüchten, die von Anson und seinen Gefährten statt des gewöhnlichen Brodes genossen und diesem allgemein vorgezogen wurden. Außerdem gab es manche köstliche Pflanze, mit schönen

Heilkräften gegen den gräulichen Scharbock begabt; Wassermelonen, kriechender Porzellan, Münze, Sauerampfer, Löffelkraut und Kresse.

Endlich war auch noch Ueberfluß an wildem Geflügel vorhanden, denn zwei kleine Süßwasserseen, die in der Mitte der Insel ihren hellblauen Spiegel ausbreiteten, und deren Ufer so nett und sauber waren, daß sie aussahen als ob sie absichtlich zur Verzierung angelegt worden, wimmelten von Enten, Kriffen und Schnepfen. Alle diese Vortheile wurden besonders noch erhöht durch das äußerst gesunde Klima, die erfrischende Seebrise und häufige luftabkühlende Regenschauer, die zwar keine rauschenden Bäche erzeugten, das einzige was der Landschaft fehlte, wohl aber eine Menge Quellen und Brunnen.

Als Anson die Anker auswarf, hatte er nur noch 71 Mann an Bord, die fähig waren aufrecht zu stehen, und von diesen waren sogar die meisten völlig dienstuntauglich. Die am Lande gebliebenen Indianer, durch die Wegnahme des Bootes geängstigt, waren sogleich in die Wälder geflohen; doch ihre Hütten sparten den Engländern viele Mühe und ein am Ufer errichtetes Vorrathshaus, 20 Ellen lang und 15 breit, ward sogleich zur Aufnahme der Kranken verwendet, die 128 an der Zahl dort ein gehöriges Unterkommen fanden. Keiner bewies sich thätiger beim Ausschiffen dieser Armen als Anson selbst, der manchen an's Ufer tragen half. Unglaublich war es wie schnell sie genasen, denn obgleich am Tage der Landung und am folgenden 21 Mann begraben wurden, so starben doch von jener Zeit an nicht mehr als 10 während des ganzen zweimonatlichen Aufenthalts auf der Insel. Namentlich die säuerlichen Gemüse und Kräuter brachten eine so günstige Veränderung hervor, daß schon nach einer Woche fast alle ohne Hülfe wieder gehen konnten.

Die gesunde Luft erweckte einen fabelhaften Appetit, doch hielt die Verdauungskraft der vermehrten Zufuhr so gut die Wage, daß keine Unpäßlichkeit daraus erwuchs, und die geschwächten Invaliden sich zusehends zu kampfbereiten Löwen umgestalteten. Nachdem ich alles Gute, was die Engländer auf Tinian genossen, geschildert, darf ich auch die Unbequemlichkeiten und Sorgen nicht verschweigen, welche jene glücklichen Tage störten. Sie hatten viel von Mosquitos und Zecken, den unseligen Insektenplagen der Tropenwelt auszustehen, und der zu gewissen Jahreszeiten unsichere Ankerplatz hätte fast zu ihrem Verderben geführt, denn am 22. September, während Anson und der größte Theil seiner Mannschaft am Land waren, wurde der „Cen-

34*

turion" in die See getrieben und verschwand bald gänzlich aus dem Gesichtskreis. Man denke sich die Verzweiflung der Zurückgelassenen über eine Catastrophe, die sie vielleicht zur ewigen Verbannung verurtheilte, oder fast wehrlos ihren Feinden überlieferte; die stets abnehmende Hoffnung, als Tag auf Tag verging, ohne daß das erwünschte Segel am Horizont erschien; man denke sich aber auch ihre Freude als am 11. October der weit weg verschlagene „Centurion" am Meeressaum wieder auftauchte, und mit ihm die schönsten Aussichten auf Ruhm und Vaterland!

Lebe wohl Tinian! mit dankbarem Herzen sagen sie am 22..October Anson und seine Helden Lebewohl! Noch oft in fernen Welttheilen werden sie deiner grünen Fluren gedenken, doch jetzt lichten sie freudigen Herzens die Anker, denn so gern der Seemann nach langer Meeresfahrt die feste Erde betritt, so sehr sehnt er sich nach kurzer Rast wieder nach dem hin und herwogenden Gebiete zurück, welches durch Leiden und Kämpfe und die Gewohnheit eines ganzen Lebens ihm zur eigentlichen Heimath geworden.

Nachdem er in Macao sein schadhaftes Schiff ausgebessert und seine Mannschaft durch einigen Zuwachs verstärkt hatte, kreuzte Anson über einen Monat am Cap Espiritu Santo, um die Manilla Gallionen aufzufangen. Er hatte erfahren, daß es starke Schiffe seien, jedes von 44 Kanonen und mit mehr als 500 Mann an Bord, doch obgleich er erwarten durfte, daß beide zugleich ankommen würden und er selbst nur 227 Mann hatte, hielt ihn doch die Ueberlegenheit des Feindes nicht ab, ihm auf's emsigste nachzuspüren.

Endlich am 2. Juli 1743 erschien die Gallione „Nuestra Sennora de Cabadongo" und bald entspann sich ein wüthendes Gefecht. Wohl feuerten die Spanier eine Breitseite nach der andern in den „Centurion" hinein, daß die alten Rippen ihm krachten, aber noch besser trafen die englischen Kugeln; wohl schossen ihre Schützen vom Mastkorb herab, aber die brittischen Büchsen fegten das Verdeck, und Castilien mußte dießmal wieder wie so oft zuvor, die Flagge vor dem stolzen Albion streichen.

Man denke sich die Freude, — doch mitten im Triumphe flüstert der Lieutenant, der sich Anson mit Glückwünschen zu seiner Prise nähert, ihm in's Ohr, daß ein gefährliches Feuer in der Nähe der Pulverkammer ausgebrochen sei. Ohne eine Miene zu verziehen, und sich wohl hütend seine Leute zu erschrecken, gibt der Commodore die nothwendigen Befehle zum Löschen, welches auch bald gelingt, obgleich anfangs das schlimmste zu befürchten stand.

Die Galione hatte 1,313,843 Dollars und 35,682 Unzen Silberbarren an Bord, so daß ihr Werth sich auf nicht viel weniger als 400,000 Pfund Sterling belief, eine ungeheure Summe, namentlich für die damalige Zeit, wo das Geld noch so viel höher im Werthe stand als jetzt. Die Hälfte davon fiel dem glücklichen Befehlshaber zu, die andere wurde unter die Officiere und die Mannschaft je nach dem Range vertheilt. Das Glück, welches Anson bisher so hart auf die Probe gestellt hatte, schien ihn von nun an eben so entschieden begünstigen zu wollen, denn auf der Rückreise um das Cap der guten Hoffnung, segelte er mit seiner Prise vom Nebel begünstigt mitten durch die im Canal kreuzende französische Flotte und landete im Juni 1744 in Spithead. Seine thatenreiche Weltumsegelung ist ein glänzender Beleg zur bedeutenden Wahrheit, daß, obgleich Vorsicht, Muth und Ausdauer den Verfolgungen eines feindlichen Geschicks durchaus nicht immer entgehen können, sie dennoch auf die Dauer sich gewöhnlich siegreich über die Macht der launenhaften Glücksgöttin erheben und nur selten das angestrebte Ziel verfehlen.

Die Siegeslaufbahn des englischen Seehelden hat uns weit weg von Tinian verschlagen, wohin die Betrachtung einiger höchst interessanter Ruinen uns zurückruft. Etwa eine Kabellänge vom Ufer sieht man die Ueberreste eines Gebäudes, welche eher die Vergangenheit einer civilisirten Nation als eines wilden Volksstammes verkünden: 10 pyramidalische Säulen, merkwürdig durch ihre Größe und die Regelmäßigkeit ihrer Stellung, 7 noch aufrecht, 3 auf den Boden hingestreckt. Sie bilden zwei Reihen, und stehen in jeder ungefähr 6 Fuß von einander, während der doppelte Raum die Mitte des Säulenganges einnimmt. Die Säulen ruhen auf viereckigen Pedimenten, haben einen Umfang von 5 Fuß an der Basis und sind etwa 13 Fuß hoch: auf der Spitze trägt jede eine Halbkugel mit der flachen Seite nach oben. Sie sind aus Stein und Sand zusammengekittet und mit einer Art Mörtel übertüncht, noch immer genau wie Anson sie beschreibt, doch nach hundert Jahren geben die zahlreichen Gewächse, deren Wurzeln in die Fugen des Gesteins gedrungen sind, und welche das Ganze mit einem grünen Mantel bedecken, diesen Denkmälern der Vorzeit ein ganz anderes Aussehen wie damals. Nicht weit davon sieht man noch viele andere ähnliche Ruinen, doch sind die Säulen bei weitem kleiner. An einer Stelle bilden letztere einen 200 Klafter langen Gang. Auf den Bergen, in den Ebenen, mit einem Wort, wohin man die Schritte nur wendet, findet man überall eine

Menge ähnlicher Ueberreste, welche den augenscheinlichsten Beweis von der Größe der ehemaligen Bevölkerung liefern. Die Säulen dienten offenbar zum Tragen eines Daches, unter welchem eine Familie wohnte, oder die Gemeinde sich versammelte, oder auch wohl, wie man es jetzt noch auf Tonga und anderwärts sieht, die Piroge, das kostbarste Eigenthum eines Schifferrolkes vor den verderblichen Einflüssen der Witterung geschützt lag.

Die Insel soll 30,000 Einwohner gehabt haben, ehe Spaniens fluchbeladenes Banner sich dort entfaltete; als das Kreuz den Antisdienst auf den Marianen verdrängte, ward es zur menschenleeren Wüste, und erst in neuerer Zeit haben wieder einige Amerikaner und Hawaiier sich dort angesiedelt um den selten einlaufenden Walfänger mit Proviant zu versehen.

Seit 1856 sind die Marianen zum Deportationsort für Verbrecher bestimmt worden.

Schließlich sei noch erwähnt, daß neuerdings die bescheidenen Spanier auf ganz Micronesien von den Palaos bis zu den Marshall- und Gilbert Gruppen Anspruch machen. Als Rechtsgründe geben sie die Nachbarschaft ihrer Kolonien (Philippinen und Marianen) an, die erste Entdeckung, und weil zu wiederholten Malen von den Philippinen verunglückte Bekehrungsversuche dorthin gemacht wurden. Nach den Proben ihrer Regierungskunst die sie auf den Marianen abgelegt, wollen wir indessen hoffen, daß sie diese letzteren weit eher verlieren als jemals ihre lächerlichen Ansprüche auf die kleine Carolinische Inselwelt verwirklichen werden.

Vierunddreißigstes Kapitel.
Die Bonin Inseln.

Lütke auf Bonin. — Ein echter deutscher Robinson. — Romantische Einsiedelei. — Gastliche Bewirthung. — Thier- und Pflanzenwelt. — Furchtbare Stürme. — Die kleine Kolonie. — Gegenwart und Zukunft.

Auf seinen Fahrten durch den weiten Ocean ein ganz unerwartetes Paradies zu finden; die üppigste, noch von keinem Seefahrer beschriebene Wald-

Insel, von romantischen Felsengestaden umschlossen — und zwar nicht im Fluge sie zu beschauen, sondern bei längerem Verweilen das liebliche Bild recht tief in die Seele aufzunehmen — welch seltenes Glück für einen Naturfreund und Künstler!

Eine solche beneidenswerthe Gunst des Schicksals ward Herrn von Kittlitz, dem Begleiter des russischen Weltumseglers Lütke zu Theil, als er im nordwestlichen großen Ocean zwischen den Marianen und Japan früh Morgens am 1. Mai 1828 die Bonin's Inseln erblickte, deren Aufsuchen und nähere geographische Bestimmung mit zu den Aufgaben der Expedition gehörten. Ein schöner Mai- und Morgengruß, lieber Leser, wie uns schwerlich ein ähnlicher je wird zu Theil werden!

Es waren vier aus steilen Gebirgsmassen bestehende Gruppen, deren einzelne Inseln so nahe bei einander lagen, daß man sie von weitem schwer zu zählen vermochte. Man steuerte auf die zunächst liegende zu, die mit Ausnahme der nackten Felsen des Ufers überall schön bewaldet erschien, und folgte der westlichen Küste in voller Arbeit sie geographisch aufzunehmen. Während die ganze Aufmerksamkeit der auf diese Weise beschäftigten Seefahrer auf die zahlreichen Berggipfel und Vorsprünge gerichtet war, zog Herrn von Kittlitz die Betrachtung des schönen Waldwuchses ganz besonders an, und so kam es, daß er eine dünne Rauchsäule, die auf einem von dahinterliegenden Höhen weit überragten Vorgebirge aus den Laubmassen emporstieg, eben noch wahrnahm, als das Schiff schon im Begriff stand daran vorüberzusegeln.

Eine Rauchsäule! was lag denn so seltsames, unerwartetes in dieser für uns so alltäglichen Erscheinung? weßhalb richtete Lütke sein Fernrohr auf den Punkt? und weßhalb schickte er sofort ein Boot mit Lebensmitteln ab, als er eine kleine englische Flagge neben dem Feuer wehen sah? Er wußte, daß sämmtliche Inseln unbewohnt waren; es konnten daher nur Schiffbrüchige sein, die vielleicht einer schleunigen Hülfe bedurften, und troß der beträchtlichen Entfernung und der schon vorgerückten Tageszeit sollte ihnen geholfen werden, noch ehe die Nacht sich senkte.

Kittlitz schloß sich dieser menschenfreundlichen Nachenfahrt an, gewiß einer der interessantesten, die man sich denken kann, denn eine neue Welt lag vielversprechend vor ihm, und mit jedem Ruderschlage entfaltete sich ein immer reizenderes Gemälde. Steile, wild zerrissene Felsen, in phantastischen Formen zerklüftet, und oft von natürlichen Tunnels durchbrochen, sprangen kühn in's Meer vor, und weiter hinein bedeckte die schroff ansteigenden Höhen eine prachtvolle Waldung, in der zahlreiche Palmen von zwei leicht zu unterscheidenden Arten den Ankommenden ihre Grüße zunickten.

Natürlich steuerte das Boot grade nach der Rauchsäule hin, und als es dem Ufer so nahe gekommen war, daß dessen Felswände ihm die Aussicht auf jene benahmen, zeigte sich der Eingang einer tiefen schmalen Bucht, ganz umschlossen von senkrechten Basaltmauern, reich an Höhlen und Riffen, von Farbe theils gelblich grau, theils braunschwarz, doch oben und auf allen Vorsprüngen heiter verziert und behangen mit grünem Strauchwerk und schönblumigen Rankengewächsen. Wie schade, daß diese reizende Scene uns so fern liegt! daß, um sie möglicher Weise zu sehen, wir uns entschließen müssen, Weltumsegler oder Walfischfänger zu werden!

Bei einer aus kolossalen rundlichen Blöcken sehr auffallend zusammengesetzten Felsenwand krümmte sich die schmale Durchfahrt nach Norden hin und bald darauf erschien eine kleine Bucht mit sandigen Ufern, deren Hintergrund mit Wald bewachsen war. Hier warteten schon am Strande zwei Männer von europäischer Gestalt, gekleidet wie englische Matrosen, aber barfuß, die durch Winke den Landungsplatz bezeichneten; sie hatten bei der Annäherung des Boots die Höhe verlassen. Wie staunte Kittlitz, als der ältere dieser Männer, dessen langer blonder Bart ihm ein stattliches patriarchalisches Ansehen gab, ihn deutsch anredete und sich sofort als einen Landsmann aus Pillau zu erkennen gab, der schon seit dreißig Jahren dem Seemannsberuf unter englischer Flagge oblag. Dieser, man darf wohl sagen, weil verschlagene Mann, und sein Begleiter, ein junger Norwege, gehörten zur Mannschaft des Walfängers Williams, der etwa zwei Jahre früher in dieser selben Bucht während eines fürchterlichen Orkans von seinen Ankern gerissen worden und an den benachbarten Felswänden im Innern der Bai geschellert war. Damals rettete sich die ganze Mannschaft an's Land, ward aber bald nachher von einem andern für das nämliche Haus fahrenden Walfänger an Bord genommen. Nur Wittrin und Petersen (so hießen die Beiden) entschlossen sich auf dem romantischen Eilande zu bleiben und dort bis zur abermaligen Rückkehr des Schiffes ein gemüthliches Robinsonleben zu führen. Sie hatten ungefähr ein Jahr in der Einsamkeit zugebracht, als Capitän Beechey die Bonin's Inseln besuchte und für England in Besitz nahm, eine Nachricht die Lücke hier zuerst erfuhr, und die ihm nichts weniger als angenehm war, da der kleine Archipel auch für Rußland's Länderappetit recht gut gepaßt hätte.

Als im Herbste des nämlichen Jahres der erwartete Walfänger ausblieb, auch kein anderer sich sehen ließ, erwachte bei den Einsiedlern die Besorgniß, man möchte sie ganz vergessen haben, auch fürchteten sie, daß der Hafen durch die Nachricht von jenem Schiffbruch in Verruf gekommen sei, und sie nun vielleicht verurtheilt sein möchten, ihr ganzes Leben auf Bonin zuzubringen. Zwar war der Aufenthalt auf der menschenleeren Insel höchst angenehm, doch schaudert unter allen Umständen der Mensch vor einer lebenslänglichen Trennung von den Menschen — und namentlich wenn der Tod den Einen wegraffte, ein wie trauriges Loos stand dann dem Ueberlebenden bevor! Daher die Spannung, womit sie das große Schiff längs der Küste hatten vorbeisegeln sehen, ihr Eifer, es herbeizuwinken; die Freude mit der sie das Boot empfingen!

Das ungefähr war der Inhalt des ersten lebhaften Gesprächs der Einsiedler mit den Fremden, die sie nun Arm in Arm nach ihrer Wohnung führten, um sie dort so gut als möglich zu bewirthen.

Unter prachtvoll aufstrebenden Bäumen, deren Kronen einander erst in beträchtlicher Höhe berührten, während weiter unten der auffallende Mangel an größeren Aesten einen ziemlich freien Durchblick zuließ, so daß das Ganze einer riesigen mit herrlichen Laubgewinden gezierten Säulenhalle glich, lag sehr anmuthig das kleine, aus den Trümmern des „William" gezimmerte Haus, vor dem ein artig angelegter Ziehbrunnen, aus einer eingegrabenen Tonne bestehend, viel zu dem wohnlichen Ansehen der bescheidenen Ansiedlung beitrug.

Man hatte in menschenfreundlicher Absicht Lebensmittel mitgebracht, um Nothleidenden beizustehen, doch, angenehme Ueberraschung! man war selbst in den Schooß des Ueberflusses gerathen, und statt mit mittelmäßigem Schiffsproviant Hungrigen zu helfen, sollte man nun mit dem schmackhaftesten Abendessen bewirthet werden. Denn von den mehr oder weniger zahmen Schweinen, welche die ländliche Scene belebten, ward sogleich von den freundlichen Wirthen eines der seltesten geschossen, sowie auch der wohl versorgte Taubenschlag zu einer reichlichen Mahlzeit gelichtet, der mehligen Kartoffeln und erfrischenden Wassermelonen nicht zu vergessen, welche der kleine Garten zum Feste hergab.

Doch während dieses alles kocht oder bratet und die angenehmsten Düfte verbreitet, die ein hungriger Magen sich wünschen kann, benutzen wir die kurze Zeit, welche die am Bergesabhange bereits steigenden Schatten des Abends uns noch gewähren, um einige Blicke auf die Umgebungen der anmuthigen Robinsonskolonie zu werfen.

Die kleine mit den erwähnten hohen Bäumen und frisch grünendem Unterholz reich bewachsene überaus fruchtbare Fläche war in geringer Entfernung begrenzt von steilen waldbewachsenen Höhen, zwischen denen ein kleines Flüßchen oder Bächlein herabrieselte, denn erstere Benennung möchte wohl für den krystallenen Wasserfaden etwas zu anmaßend sein. Das Haus selbst lag in sehr geringer Entfernung vom Ufer des südlichen Theils der geräumigen Bai, welche Beechey, Port Lloyd genannt hat, und man sah vor der Thür desselben zwischen den Bäumen hindurch den steilen kegelförmigen Felsen, der den Haupteingang in diese Bucht bezeichnet. Breitkronige Catappen, (Terminalia Catappa) Feigen- und Maulbeerbäume von 14 Fuß Umfang, der tahitische Tamanu, dessen sehr dauerhaftes Holz dem brasilianischen ähnlich, und besonders die Hernandia ovigera mit dichtbuschigem, hellgelblich-grünem Laubwerk und seiner hellorangeblen Rinde, zeichneten sich unter den höheren Gestalten des lieblichen Wäldchens aus, während im Unterholz die Pflanzenformen der heißen Zone mit denen der nördlichen gemäßigten sich malerisch vermählten, denn dort sah man zierliche Fächerpalmen (Corypha japonica) neben schönen Hollundern stehen, im Wuchs unserem Attich auffallend ähnlich. An Vögeln zur Belebung des Haines fehlte es keineswegs; an Tauben, Drosseln und Raben, und großen, mit prächtigem Roth bezeichneten Kernbeißern, die unter allen bekannten Arten dieser zahlreichen Familie den stärksten Schnabel haben (Fringilla Papa Kittlitzii).

Nun aber lud das aufgetragene Abendessen zwar zu gröberen, aber durchaus nicht zu verachtenden Genüssen ein — denn außer den bereits erwähnten schmackhaften Speisen dampften die vortrefflichsten Pfannkuchen der herbeigerufenen Gesellschaft entgegen. Sie bestanden aus den Eiern einer großen Seeschildkröte, dem feinen, wohlschmeckenden Fette dieses Thieres und gutem Weizenmehl, welches sich noch aus den geborgenen Vorräthen des „Williams" vorfand. Ein aromatischer Thee aus den Blättern des hier häufig wachsenden Saffafras (Laurus Sassafras) an den sich die beiden Einsiedler sehr gewöhnt hatten, ward vorgesetzt, und auch von den Gästen köstlich befunden. Möchten doch alle Verschlagene und Schiffbrüchige es so gut treffen wie unsere Freunde Wittrin und Petersen: besseres wünsch' ich keinem, wenigstens rücksichtlich der Küche nicht!

Die Sorgfalt der guten Leute für ihre Gäste war so weit gegangen, daß sie, weil ihr Tischgeräth für alle nicht ausreichte, schnell einige Löffel aus Muschelhälften an Stielen von Fächerpalmenwedeln befestigt, improvisirten: so schön weiß ein Robinsonleben den Erfindungsgeist zu wecken! Auch die innere Einrichtung der Hütte machte einen wohlthuenden Eindruck und zeugte vom Ordnungssinn ihrer Bewohner. Das Hausgeräth, welches hauptsächlich aus Schlafkisten und den beiden Hängematten bestand, nahm sich ganz artig aus; auch bemerkte man einige von dem Schiffe gerettete Bücher, die namentlich in langen Winterabenden die Abgeschiedenheit versüßt hatten. Wie erfreulich ist doch die deutsche Bildung, die einem Jeden aus dem Volke solche Mittel, die Mußestunden durch Belehrung und Unterhaltung nützlich auszufüllen und zu erheitern, an die Hand gibt. Guter Wittrin, wärst du ein Franzose gewesen, so ist zehn gegen eins zu wetten, es hätte jener Trost dir in der Einsamkeit gefehlt!

Derselbe gute Genius, der den Einsiedlern so manches geschenkt, hatte auch für die zur Abendlectüre nothwendige Beleuchtung gesorgt, denn wahrlich an Wallrath, womit das verunglückte Schiff größtentheils beladen war, fehlte es nicht. Nach der Zertrümmerung des Wracks waren nämlich sämmtliche Fässer bald hier, bald da an's Land getrieben, und lagen mehr oder weniger zerbrochen mit ihrem alabasterweißen Inhalt überall in den dem Ufer benachbarten Wäldern umher.

Den größten Theil der Nacht vom 1. auf den 2. Mai brachte die heitere Gesellschaft unter den herrlichen Bäumen vor der Klause zu, der köstlichen Scene sich erfreuend, und Genüsse durch alle Sinne in sich aufnehmend, denn bald gesellte sich zur Lieblichkeit des Orts und des Klimas, bei völlig heiterem Himmel der Vollmondglanz in seiner ganzen stillen Pracht. Solche Stunden sind unvergeßlich und werfen einen Lichtschein durch's ganze Leben!

Herr v. Kittlitz benutzte diese magische Beleuchtung, um in Begleitung Wittrin's nach dem sandigen Ufer zu wandern, wo er eierlegende Schildkröten in ziemlicher Menge fand, denn es war gerade zur günstigen Jahreszeit angekommen, wo diese Thiere durch einen wunderbaren Instinkt getrieben, die sandigen Ufer der abgelegensten Inseln zum Eierlegen aufsuchen. Er erfuhr von seinem Begleiter, daß sie sowohl auf dem Strande als auf den seichten Stellen in dessen unmittelbar Nähe den ganzen Sommer hindurch in Menge verweilten, um das Ausschlüpfen der Jungen abzuwarten, und dann mit diesen im Herbst wieder das offene Meer suchten; einzeln aber auch dann und wann im Winter sich am Strande zeigten. Die Größe und Geräumigkeit der Löcher, welche diese Thiere in den Sand graben, ist staunenswerth. Ein solches unterirdisches Nest nimmt eine beträchtliche Menge von Eiern auf, die rasch nacheinander hineingelegt und dann sorgfältig wieder mit Sand bedeckt werden, bis der ebene Boden völlig wieder hergestellt ist. Hierdurch werden die Eier vollkommen gegen die lüsteren Raben geschützt, doch nicht gegen die aufwühlenden Schweine, die nicht minder auf ein solch' leckeres Mahl erpicht sind. Kein Nest ist vor ihrer Schnauze sicher und ihre Vermehrung (sie waren erst mit dem „Williams" auf die Insel gekommen) drohte der ganzen Schildkrötenkolonie den Untergang. Es ist unberechenbar, welche Störungen und Umwälzungen in der ursprünglichen Thierwelt eines Ortes die Einführung eines neuen Thieres hervorbringen kann! So hat, um nur ein paar Beispiele anzuführen, der flügellose Kiwi der Uebersiedelung des europäischen Hundes nach Neu-Seeland nicht widerstehen können, ebenso wenig wie der Kalapo, ein dortiger Kukuk, der auf den niederen Zweigen zu nisten pflegte, den Angriffen unserer früher unbekannten Katze. Die wilden Völkerstämme sind es nicht allein, die bei der Ankunft des weißen Mannes verwelken und hinsterben, auch seine Hausthiere bringen den freien Bewohnern der Wildniß Tod und Vernichtung.

Merkwürdig ist die Wehrlosigkeit jener großen Seeschildkröten, deren durchschnittliche Körperlänge wenig unter 5 Fuß beträgt, und die am Lande bei der Langsamkeit ihrer Bewegungen eine leichte Beute sind, obgleich sie schwimmend manchem Feinde mit großer Schnelligkeit entgehen. Zwei Menschen müssen gewöhnlich ihre Kräfte vereinen, um ein so schweres im Sande fortkriechendes Thier umzuwälzen: einmal auf dem Rücken liegend, kann es sich nicht wieder wenden und nichts ist leichter, als in solcher Lage es durch einen Hieb in die Kehle zu tödten. Seine ganze Vertheidigung besteht in einem kraftlosen, unbeholfenen Umherschlagen mit den flossenförmigen Ruderfüßen; die scharfen Kinnladen, sein natürliches Gebiß, versteht es nicht als Waffe zu benutzen. Man sollte sagen ein Emblem des deutschen Bundes!

Da Capitän Lüte einige Zeit in Port Lloyd zur Ausbesserung seines lecken Schiffes zu verweilen beschloß, denn er fand hier alles vereinigt, was ein Seefahrer in solcher Lage nur wünschen kann, hatte Kittlitz volle Zeit sich mit der belebten Schöpfung der romantischen Insel bekannt zu machen. Außer den mannigfaltigen Vögeln, vom Falken des Gebirges bis zum Pelican des Strandfelsens, beschäftigte ihn besonders die Thierwelt der unterseeischen Gefilde. Reizend waren namentlich die Uferstellen, von welchen man auf die seichten Corallenbänke hinabschauen konnte, deren weißgelber Sand durch den flüssigen Krystall des klaren Seewassers durchschimmerte. Zwischen den einzelnen, mit lebenden Polypen versehenen Stämmen sah man in buntem Gemisch Holothurien, Seesterne und Seeigel von wunderbarer Größe und Schönheit sich langsam am Boden bewegen, während das etwa 12 bis 14 Fuß tiefe, vollkommen durchsichtige Wasser darüber in allen seinen Schichten von den prachtvollsten Fischen und Torten vom schönsten Scharlachroth, mit glänzend weißen Mantelsaum, durchkreuzt wurde. Das fortwährende Kommen und Gehen dieser in allen Farben des Prismas glänzenden, metallisch schimmernden Lebensformen, der beständige Wechsel dieser stets neu sich gestaltenden Wasserwelt erhöhte die wunderbaren Reize des lieblichen Schauspiels. Kittlitz kam einst auf der Vogeljagd bei einer solchen Stelle vorbei, blieb trotz seiner Eile, durch den herrlichen Anblick gefesselt, stehen und ward erst als er weiter ging mit Erstaunen gewahr, daß er im Anschauen verloren, zwei volle Stunden dort verträumt habe!

Einige dieser Fische waren überaus schmackhaft, sowie auch die Krebse und Krabben der mannigfachsten Art, die nicht allein in den unterseeischen Klüften des Felsenufers sich versteckten oder auf den Corallenbänken auf Raub ausgingen, sondern auch die durch die Waldthäler rieselnden Bäche belebten.

Dagegen fehlten auf der Insel die Formen der Eidechsen und Schlangen, und auch die einheimischen Säugethiere waren nur widerwärtig oder unheimlich durch die Ratte und einen ziemlich großen Flatterer vertreten, der wegen der Aehnlichkeit der Gestalt „der fliegende Bär" (Pteropus ursinus) genannt wurde. Dieses Thier, welches bei einer Körperlänge von 8—9 Zoll mit ausgebreiteten Flügeln etwa 3 Fuß in die Breite maß, lebte vorzugsweise auf den Fächerpalmen, wo es sich fledermausartig, mit dem Kopfe nach unten gekehrt, anhing und mit pfeilendem Geschrei paarweis und zu dreien umherflog. Doch nicht, wie unsere Fledermaus, zog es zu dieser Bewegung die Abenddämmerung dem hellen Tage vor, sondern flog am lebhaftesten im vollen Lichte der Mittagsstunde umher. Im Magen wurden stets nur Vegetabilien, namentlich Trümmer von Früchten gefunden.

Das Klima der Insel wurde von den Einsiedlern als trefflich geschildert, selbst im Winter war die Kälte so wenig bedeutend, daß sie nie das Bedürfniß einer Fußbekleidung empfunden hatten; und die Hitze des Sommers ward stets durch die herrschende Seeluft gemildert.

So hätte die Natur hier alles vereinigt, um diesen Ort zu einem wünschenswerthen Aufenthalte für den Menschen zu machen, wenn sie ihn nicht bisweilen durch furchtbare Stürme und Erdbeben erschreckte. Die Orkane, die bekanntlich in den japanischen und chinesischen Meeren eine furchtbare Wuth entfalten, rasen auch bei den naheliegenden Bonin-Inseln in ihrer ganzen entsetzlichen Kraft. Sogar im Innern der Bai gerathen die Gewässer alsdann in solchen Aufruhr, daß sie den Anblick einer einzigen Masse weißen Schaumes darbieten. Bei der verhältnißmäßig geringen Ausdehnung dieses von steilen Höhen fast ringsum eingeschlossenen Beckens hätte man ein dort ankerndes Schiff für völlig sicher halten können; doch verursachte gerade hier ein Novembersturm (1826) den Schiffbruch des „Williams" und ein zweiter zertrümmerte bald nachher das Wrack. Namentlich ist der südöstliche Theil der Bai, der trotz des schmalen Einganges zu viel von der Brandung der hohen See empfängt, zum Ankerplatz ganz ungeeignet, während sich im nördlichen glücklicherweise ein gesicherter Hafen befindet, dem Beechey den nicht sehr poetischen Namen „ten fathoms hole" (Zehnfaßterloch) gegeben hat!

Trotz ihrer Heftigkeit waren diese Stürme doch nicht zu vergleichen mit einem späteren, der im Januar 1827 wüthete. Er war von einem Erdbeben begleitet, das die Insel bis in ihre Grundfesten erschütterte, und dabei stieg die Sturmfluth zu einer solchen Höhe, daß sie alle Flächen und Thäler weithin unter Wasser setzte, die erste Wohnung, welche sich unsere Schiffbrüchigen erbaut hatten, vollständig verschlang, und sie selbst, die schon den Untergang der ganzen Insel befürchteten, nöthigte auf die Berge zu fliehen. Wittrin, der alte, erfahrene Seemann, versicherte, nie etwas Aehnliches erlebt zu haben!

Diese oft sich wiederholenden Stürme sind freilich nicht sehr ermuthigend für Solche, die geneigt sein möchten, auf diesen durch Fruchtbarkeit und Klima so sehr begünstigten Inseln sich anzusiedeln — und erklären vielleicht, daß sie bis auf die neueste Zeit unbewohnt geblieben sind.

Denn lange bevor Europäer in jenen Gewässern erschienen, soll die Gruppe den benachbarten Japanen bekannt gewesen sein. In den Reichsannalen, sagt Kaempfer, wird unter 1675 von einer Expedition dreier Einwohner Rangafali's erzählt, welche die Lage der Gruppe mathematisch bestimmten und sie gänzlich unbewohnt fanden. Nun herrschte aber seit den frühesten Jahrhunderten die Sitte auf den benachbarten, schwer zugänglichen Inseln Verbrecherkolonien anzulegen, sowie heutigen Tages noch auf dem streifen, in der Richtung der Bonin's Gruppe sich hinziehenden Eiland Fatsisio. Die neuentdeckten Inseln wurden alsbald zu demselben Zwecke verwendet, doch war die Ansiedlung von keiner langen Dauer, und nach fünfzig Jahren war Bonin so menschenleer als je. Uebrigens zweifelt Beechey, daß unsere Inseln mit denen von den Japanern entdeckten übereinstimmen, und jedenfalls ist es auffallend, daß von jener früheren Colonisation keine Trümmer, kein verwildertes Hausthier übrig geblieben. Später findet man zwar die Gruppe auf einer spanischen Karte mit genau angegebener Lage als Islas del Arzobispo (Erzbischofsinseln) verzeichnet; für die Wissenschaft wurde sie aber erst von Beechey entdeckt, wenn auch Walfänger sie schon früher besuchten.

Nachdem Wittrin und Petersen mit der russischen Expedition ihre reizende Einsiedelei verließen (sie mögen es wohl später bereut haben), blieb Bonin nur auf kurze Zeit den verwilderten Schweinen und fliegenden Bären überlassen, denn zwei unternehmende Männer, Richard Millichamp aus Devonshire in England und Mateo Mozaro von Ragusa, die schon viele Walfischfahrten in der Südsee mitgemacht, faßten um diese Zeit den Entschluß, dort eine Niederlassung zu gründen, und segelten am 21. Mai 1830, mit zwei Amerikanern, einem Dänen und einer Anzahl Sandwich-Insulaner (fünf Männer, zehn Frauen), die sie für ihre Zwecke gewonnen hatten, von Honolulu nach den Bonin's Inseln. Die kleine Kolonie vermehrte sich bald durch drei Ausreißer, und erhielt im folgenden Jahre frischen Zuwachs durch neun Matrosen, die einem englischen Walfänger entlaufen waren. Ein anderes englisches Schiff scheiterte unfern der Bonin-Inseln und 12 Mann retteten sich nach Port Lloyd, wovon vier zu bleiben sich entschlossen. Die rasch zunehmende Kolonie lief dennoch Gefahr, bald in der Blüthe erstickt zu werden, als ein englischer Walfänger, trotz aller Widerrede, vierzehn meuterische Matrosen, wahre Galgenvögel, dort zurückließ, welche die Häuser in Brand steckten und allerlei Unfug trieben, bis endlich durch einen glücklichen Zufall die Hälfte der Bande umkam und die andere nach Botany-Bay, dem passendsten Aufenthalt für solches Gesindel, transportirt wurde.

Als im August 1837 die englische Kriegsbrigg Raleigh in Port Lloyd anlegte, bestand die Kolonie aus 42 Personen, deren Anzahl der amerikanische Commodore Perry im Jahr 1853 auf 31 vermindert fand, denn der Wandertrieb läßt solchen abenteuerlichen Naturen keine Ruhe. Sie bauten süße Kartoffeln, Mais, Kürbisse, Tarowurzeln, Bananen, Ananas u. s. w. so reichlich an, daß sie die ziemlich zahlreich dort eintreffenden Walfänger damit versehen, und nach Herzenslust Branntwein, leider ihren einzigen geistigen Genuß, dafür eintauschen konnten.

Ihr Tabak war von ausgezeichneter Güte und außerordentlich üppigem Wuchse, da er eine Höhe von 5 Fuß erreichte. Die zahmen Schweine, mit Mais gefüttert, wurden je nach der Größe mit 4 bis 9 Dollars bezahlt, die zahlreichen Wildschweine mit Hunden aus den Sandwich-Inseln gejagt.

Seit dem 28. August 1853 besitzt die einstweilen sich selbst regierende Kolonie eine Constitution, die nothwendig war, um dem aus dem Mangel an Obrigkeit entspringenden beständigen Hader ein Ende zu machen. Der Regierungschef und zwei Rathsherren werden auf zwei Jahre gewählt, die auferlegten Geldstrafen zum Besten der Kolonie verwendet. Zwei Lootsen sind ausschließlich damit beauftragt, die ankommenden Schiffe in den Hafen zu führen. Alle neuen Anordnungen bedürfen der Zustimmung von Zweidritteln der Ansiedler.

Für die Dampfboote, die in nächster Zukunft zwischen China und Californien fahren sollen, wird Port Lloyd eine der wichtigsten Kohlenstationen sein, da es fast in gerader Linie zwischen Schanghai und den Sandwich-Inseln ungefähr ein Drittel des Weges von ersterem entfernt liegt. Eine der großen Handelsstraßen der Welt wird diesen Punkt berühren, der seit Jahrtausenden unbekannt und unbewohnt in der romantischen Abgeschiedenheit eines unbesuchten Oceanes verborgen lag, wird ihm Bevölkerung, Reichthum, Berühmtheit schenken. Aber der poetische Zauber der einsiedlerischen Ruhe ist schon jetzt von ihm gewichen, und vergebens würde man sich nun in jener malerischen Bucht nach dem ungestörten Naturfrieden und der herzlichen Gastfreiheit eines deutschen Robinson's umsehen, welche vor dreißig Jahren die Weltumsegler dort so freundlich begrüßten!

Von demselben Verfasser sind die folgenden Bücher in

E. W. Kreidel's Verlag in Wiesbaden

erschienen und durch alle Buchhandlungen zu beziehen:

Der hohe Norden,
im Natur- und Menschenleben dargestellt.
Von
Dr. G. Hartwig.
Mit einer Karte.
Preis Geheftet Rthlr. 2. 12 Ngr. — In elegantem Leinwandband Rthlr. 2. 24 Ngr.

Der hohe Norden in seinen allgemeinen großen Zügen; der Einfluß des polarischen Climas auf Pflanze, Thier und Mensch; der Kampf des Letzteren gegen eine furchtbare Natur, sei es als Bewohner der eisigen Einöde, sei es als Forscher, um deren Geheimnisse zu ergründen — dies sind die Hauptgegenstände, welche der Verfasser in lebendiger und wahrer Schilderung giebt. Das Inhaltsverzeichniß wird am Besten die reiche Fülle der interessantesten Einzelheiten nachweisen.

Inhaltsverzeichniß über die 33 Kapitel.

1) **Die Polarländer im Allgemeinen.** Die Tundra oder die baumlosen Wüste. Ihre Grenzen. Ihr Character. Thierleben auf der Tundra im Sommer. Stehende Sonnerede. Luntersprigiationen. Uebergang der Tundra in den Wald. Die Waldregion. Ihr allgemeiner Character. Die hauptsächlichsten Baumarten des hohen Nordens. Die nördlichen Grenzen des Getreide- und Gartenbaus. Das Rennthier. Das Elch. Der Bisamstier. Das wilde Schaf. Der amerikanische Steinbock. Die Wurzelmaus. Die Lemminge. Streifzüge des bengalischen Tigers nach Norden. Der Zwergperlschwan. Gänse und Enten. Schneehühner. Der Bison in den Prairien der Eudoliderdam. Das Hermincun.
2) **Das Nord-Polarmeer.** Der Genius des Nordens. Die Nordpolfahrer. Belanrie Hutson. Mulgrave, Scoresby. Ruchim und Franklin. Parry's Schlittenfahrt nach dem Nordpol. Gebelmnißvolle Meerströme. Geographische Vermuthungen. Eigenthümliche Gefahren des Eismeers. Treibeis. Bildung des Eises auf dem offenen Meer. Eisselber. Eisberge. Ihre Ausbreite und Bortheile für den Seiler. Der Eisbrind. Nebel. Kane's Ueberwinterung im Brudder-Meer. Erlöfuna Hundertonkheit. Wiederkehr der Sonne. Der Scorbut. Die Täuschungen der Stimmung. Das Nordlicht, Leben im Polarmeere. Die Baulische. Das Walroß. Die Robben. Seevögel. Eiswürste. 3) **Spitzbergen.** Bäreninsel. San Maven. Romantische Küste. Eine gefahrvolle Bergbesteigung Scoresby's. Großartiges Panorama. Knitbearer Auad einer todten Standslora. Die Magdalenenbucht. Unendliche Menge Seevögel. Thierleben. Erzgebergelder Glanzen. Enorme Diesurgt. Gutsbung von Erzbergen. Mieße Eindiidetur unter den früheren Hoosischlägern. Die erste Ueberwinterung auf Erzbergen. Die rusischen Baurologier. Schartben. Norwegische und dänische Grenzhätten nach Spitzbergen. Mineralischer Reichtum. Wallroßsagden auf Serenellank. Marmier's Besuch. Jan Maven. 4) **Nowaja Semlja.** Das darsiche Meer. Allmäliger Unterschied zwischen der Ost- und Wesküste Nowaja Semlja's. Hakrusse's Fahrten längs der Küste. Verbunzene Samojeden. Von Seer's wissenschaftliche Reise nach Nowaja Semlja. Tradtige Hippomquallen in jartschen Meer. Abenteuer in Matotschan Schar. Sturm in Besitn Schar. Eisbad und Weltefreud. Glücklicher Rückfehr. Seemühres. Ein Naturgenius auf Nowaja Semlja. Ihre Gefahre der Einsamkeit. Laurisce Eichte. Begeisbalar, Musten von Bareno auf Nowaja Semlja. Ihre jährliche Erzersitionen dorthin. Gausesagden auf Leipziev. 5) **Die Lappen.** Das Trommsel. Nur Kennthiersdörfe mit ihrem lappländischen Hubrerpaar. Lappländischer Kemmerzsage. Ehme Siege. Zwergengesch. Kennzhermeisken. Die Saman. Geringe Annahl der Lappen. Ihr allmäliges Aussterben. Ihre Geschick und Erziehung. Enderungen der Geistliken in Lappland. Abergläubischer Gebrauch der Lappen. Gebirge-, Wald- und Fischerlappen. Winterreisen auf Schneeschun und im Schlüten. Katreniagd. Lebensweise des Fischerlappen am Onega-See. 6) **Matthias Alexander Caftren.** Eine Studien. Reise nach Lappland 1838. Großartige Natur am Imalsjehr. Der Onara-See. Ein Erzähsgang durch die Sümpfe. Roosfahrt von Rowansowi nach Kemi. Zweite Reise 1841. Eine Lapplandische Schlittenfahrt. Die lemischen Maskliaufzlen. Sturm und Reiten auf dem Weißen Meer. Sambohisch Fischer. Slurus Jahrtl. Die melsende Tundra. Allgemeine Trunkenheit in Semja. Wünterfahrt nach Pulosero. Ein lampestcher Vergestichrer. Luntrakium. Allein und verlassen. Kukwsersh. Berichungen in Mülnimel und Ishemat. Eine plagenwolle Hütte. Der Fluß des Ural. Exposert. Zweite Abrische Reise 1843—1844. Die Ost. Turuchanst. Jahti zu Ibsin auf dem Jinefei. Glutwärmst in Piadnia. Von Turinia nach Tessin Noz. Verfrorne Füße. Südlich auf dem Süden, Krügerfrosen auf dem Zeniffel. Muhrbelart Reslsing. Das sajanische Gebirge. Die Soieten. Samalhalden. Klichne Heimat. Krankheit. Bei der Burdaten, Wiederseit der Kamala. Rimtal Kanzeltern, Keriht, vorgetragen in der Interspräuger Akademie. Professor in Helsingland. Tod. 7) **Die Samojeden.** Carbaret der Samojeden. Schamanentthum. Baubererem und Zaubertrommeln. Güttern der Samojeden. Jhrele auf der Bolgar's Insel. Die Tadrebenes oder Geifer. Eine Geisterbeschwörung. Das Schamane am Kranken bette. Wie man zum Schamanen wird? Artistische Vorsilestung. Gestalt und Character des Samojeden. Kleidung. Eine samojeddische Hochzeit. Amtiere Jeebensrinfassung der Samojeden. Jhre Jahl. 8) **Die Ostjaken.** Was ist der Csi? Fischerchrttkum. Weberschwemmungen. Eine ebnaliche Sommerjurte, Armuth der ostjaschken Fischer. Kuklyboß Greitlivbent. Die Winterjurte. Mißtrauen und Hartnäckigkeit

der Ostjaken. Eine ostjakische Fürstenfamilie. Pfeilschießen. Niedere Stellung des Weibes. Physiognomie und Charakter der Ostjaken. Unreinlichkeit. Obdorsk. Zahl der Ostjaken. 9) **Die Eroberung Sibiriens durch die Russen. Entdeckungsreisen.** Iwan der Grausame. Jermak der Räuber. Sein Zug nach Sibirien. Schlacht von Tobolsk. Eroberung Sibir's. Jermak's Tod. Fortschritte der Russen bis zum ochotskischen Meere. Expedition des Semen Dejenew. Zustand der Eingeborenen Sibiriens unter der russischen Herrschaft. Prontschischtschew. Eine arctische Seefahrerin. Die Gebrüder Laptew. Schalaurow. Entdeckungen im Behring's Meer und Eismeer-Ocean. Die Liachow's Inseln. Billing's. Heiße Quellen im Tschuktschen Lande. Hedenström's Reise nach Neu-Sibirien. Die hölzernen Berge. Ein Blick auf die Vergangenheit. 10) **Sibirien.** Das große Land der Erde. Geringe Bevölkerung. Kein Mangel an Producten. Die Verbannten. Mentschikoff. Dolgoruki. Münich. Die Verbrecher. Der freie sibirische Bauer. Sibirische Kälte. Wie erträgt sie der Mensch? Der Baikalsee. 11) **Der sibirische Pelzhandel.** Der Zobel. Das Hermelin. Das sibirische Wiesel. Der Gesellier. Der schwarze Fuchs. Der Luchs. Das Eichhörnchen. Das Grundeichhörnchen. Der Hase. Das Ziesel. Wichtigkeit des Pelzhandels für die nördlicheren Gegenden. Die Art seines Betriebes. Pelzhandel mit China. Der Jahrmarkt zu Kiachta. 12) **Das Taimurland. Middendorff.** Weshalb reiste Middendorff nach dem Taimurlande? Schwierigkeiten und Hindernisse. Das Eismeer wird erreicht. Sturm auf dem Taimur-See. Das Boot verloren. Middendorff verlassen und allein unter 75 Grad N. B. Rettung durch Samojeden. Reise nach dem ochotskischen Meere und längs der chinesischen Grenze zurück. Klima und Vegetation des Taimurlandes. 13) **Die Jakuten.** Ihre zahe Nationalität. Abstammung. Sommer- und Winterwohnungen. Das jakutische Pferd. Unglaubliche Abhärtung der Jakuten. Ihre Fertigkeit in Handarbeiten. Deiche; Leber; Teeriche. Jakutische Goldkünstler. Abergläubige Furcht vor dem Berggeiste. Eine jakutische Standrede. Der Ufergeist. 14) **Wrangel.** Ergebnisse seiner Reisen. Von Petersburg nach Jakutsk. Schönheiten der Lena. Fahrt durch die Alpenschnee. 18malige Ueberwinterung. Jakutsk Extreme der Kälte und Hitze. Großartige Gewerbthätigkeit der Jakutsker Kaufleute. Das sibirische Krähwinkel. Die Baraganen. Nishne Kolymsk. Schilderung des entsetzlichen Klima's. Menschen und Hunde. Hungersnoth. Rennthierjagden der Jukahiren. Feuer am Eisloch. Erste Fahrten nach dem Vorgebirge Schelagskoi und auf dem festgefrorenen Meere (1821). Schreckensvolle Lage. Matiuschkin's Expedition nach dem Eismeer (1822). Letztes Abenteuer auf dem Polarmeer 1823. Rückkehr nach Petersburg. 15) **Die ostsibirischen und uralischen Goldwäschen.** Nishne Tagilsk. Die Taiga. Die ersten Goldfinder. Leiden und Beschwerden des Goldsuchens. Lebenslaufbahn einer Goldwäsche. Schöne Goldernten einiger Arbeiter. Die 100 Pud des Nikita Demidow. Gesammtertrag der sibirischen Goldwäschen. Unsinniger Luxus der reichen Goldwäscher. Ihre Vorliebe für Champagner. Erste Entdeckung des Goldes im Ural. Jakowlew und Demidow. Nishne Tagilsk. 16) **Die Tungusen.** Ihre Verwandtschaft mit den Mandschu. Rennthier-, Hunde-, Vieh-, Pferde-, Wald- und Ufer-Tungusen. Ein tungusischer Glücksjäger. Renner mit Leib und Seele. Charakter der Tungusen. Kleidung. Schneeschuhe. Wohnung. Seelie. Schamanenthum. Begräbnißfeier. Strafe einer Verirrten. Ein Tungusenlager. Gewandtheit in körperlichen Uebungen. Schauspiel. Ochotsk. 17) **Georg Wilhelm Steller.** Seine Geburt und Jugend. Tritt als Arzt in russische Dienste. Wissenschaftliche Reise nach Kamtschatka. Begleitet Behring auf seiner zweiten Entdeckungsfahrt. Seine Leiden auf der Reise. Landgut auf der Insel Kajak. Was er dort findet? Drangsale der Heimfahrt. Ueberwinterung auf der wüsten Behring's Insel. Behring's Tod. Gefahrvolle Ueberfahrt nach Kamtschatka. Verlorenes Vermögen. Auf der Reise nach Rußland zur zweimaligen Umkehr gezwungen. Stirbt bei Tjumen. 18) **Kamtschatka.** Ein geeignetes Land. Prächtiger Pflanzenwuchs. Ueberfluß an Fischen. Geringe Bevölkerung. Die Vulkane. Reichthum an Quellen. Herrlicher Hafen. Petropawlowsk. Die Kamtschadalen. Wie ihnen die Fischkost zusagt? Eigenthümliche vegetabilische Nahrungsmittel. Kiepsel. Lilienknollen. Der Fliegenschwamm ein Berauschungsmittel. Bericht aus Steller. Eigenthümlicher Wallfischfang. Die Bären in Kamtschatka. Origineller Fischfang. Der kamtschadalische Hund. Seine unschätzbaren Dienste. Geistige Beschaffenheit der Kamtschadalen. 19) **Die Tschuktschen.** Charakter des Tschuktschen Landes. Der Tschuktscher, das einzige freie sibirische Urvolk. Tauschhandel. Der Jahrmarkt zu Ostrownoje. Besuch in einem Tschuktschenzelte. Madame Leut und Frl. Jekter. Gute Bewirthung. Ein Wettrennen. Tschuktschische Bajaderen. Die Tennpf oder Rennthiertschuktschen. Die Onkilon oder ansässige Tschuktschen. Ihre Lebensweise. Ihre Anzahl. 20) **Das Behring's Meer. Die russisch-amerikanische Pelzcompagnie. Die Aleuten.** Naturcharakter des Behring's Meeres. Vergleichung der Aleuten mit den Faröern. Unalaschka. Aljaska. Die Pribilow's Inseln. St. Matthäus Inseln. St. Lorenz Inseln und Bucht. Die Behringsstraße. Reiches Leben im Schooß der Gewässer. Die russische Pelzgesellschaft. Neu Archangel. Die Aleuten. Seeottern. Seebären, Wallfische, Wallroß- und Seelöwenfang. Die Baidarka und die Tabakspfeife. 21) **Die Eskimos.** Ausbreitung der Eskimos. Beschaffenheit ihrer Heimath. Physiognomie der Eskimos. Ihre Natur. Kleidung. Wunderbare Eishütten. Eine Eskimowohnung am Repulse Bund. Der Kajak oder die Baidare. Der Umiak oder das Frauenboot. Waffen und Geräthschaften. Haß der rothen Indianer gegen die Eskimos. Lebensweise der Centraleskimos. Wallroßfang in Prudhoe Land. Bärenjagd. 22) **Der Pelzhandel und Pelzthiere in den Hudsons-Bay-Ländern.** Waldläuferleben. Das Kistenmanoeuvre. Der Voyageur. Der canadische Pelzhandel im vorigen Jahrhundert. Blutige Fehde der Nordwestcompagnie und der Hudsons-Bay-Gesellschaft. Verschmelzung zur gegenwärtigen Gesellschaft. Geschäftsbetrieb derselben. Trübe Aussichten. Charakter der Hudsons-Bay-Länder. Der schwarze Bär. Der Marder. Der Stelzmarder. Das canadische Stinkthier. Füchse. Der amerikanische Biber. Die Bisamratte. Der Marlin. 23) **Die Loucheux-Indianer.** Ihr Wohnsitz. Kleidung. Vorliebe für Glasperlen. Der Zobel. Auch am Mackenzie sind seine Tage gezählt. Unsinniges Einwickeln der Füße bei den Kindern. Schwatzhaftigkeit. Merkwürdiger Kampf zwischen Eskimos und Kutchins. 24) **Die Tinne.** Die verschiedenen zur Tinne-Familie gehörigen Völker. Die Hundsrippindianer. Unsauberkeit. Elender Zustand der Weiber. Kleidung und Verzierung. Tanz. Socialismus. Faulheit. Meisterschaft im Lügen. Geisterfurcht. Vorstellungen vom künftigen Leben. Zeitschrift. Verschlinn. 25) **Die Crees oder Knisteneaux-Indianer.** Schicksalswechsel der Crees. Die Legende des Wolverine. Jammer der Indianerkriege. Das Tätowiren. Vielweiberei. Schlechte Behandlung der Frauen. Spiele. Hüttenbau. Der mächtige Geist Kopuchsten. Sage von der Sündfluth und Bildung einer neuen Erde. Elysium und Tartarus. 26) **Die nordwestliche Durchfahrt.** Frobisher. Davis. Seine drei Reisen. Hudson. Baffin. John Roß. Erste verfehlte Reise. Edward Parry entdeckt Melville Inseln. Seine großen Eigenschaften als Befehlshaber. Ueberwinterung. Parry als Theaterdichter. Franklin's erste Landreise. Parry's zweite Reise (1821). Iglulik (1824). Parry's dritte Reise. Franklin's zweite Landreise nach dem Eismeer. Beechey. Parry's vierte Reise. John Roß' zweite Reise. Viermaliges Ueberwintern. Back's Reise nach dem großen Fischflusse. Seine Seereise mit dem Terror. Dease's und Simpson's Landreise nach dem Polarmeer. Simpson's Ermordung. Sir John Franklin's letzte Reise. Richardson's Landreise zu seiner Aufsuchung. Sir James Roß. Austin. Penny. De Haven. Franklin's erstes Winterlager von Ommaney entdeckt. Kennedy und Bellot. Inglefield. Sir Edward Belcher. Robert M. Clure's Entdeckung der nothwendigsten Landfahrt. Spalding's Reise. Bellot's Tod. D'Ans Anker Spuren von Franklin. Fauna. **27) Grönland.** Gröndländische Mildheit. Erich Rauda. Die alten grönländischen Colonien. Einführung des Christenthums. Untergang der notwegischen Niederlassungen. Erkundigungen nach ihrem Schicksal. Magnus Heinsen. Lindenow. Hans Egede. Seine Frhlungen. Gerthard gegründet. Herrenhutische Missionare. Entdeckungen der beiden Crerndts. Glacerung. Graat. Dänische Ansiedelungen an der Westküste. Nordgrönländisches Clima. Beschreibung eines Jahres in Tlicksbak. **28) Island.** Island im Winter- und im Sommerkleide. Gletscher und Lavaströme. Armuth an nutzbaren Mineralien. Die Schwefelberge bei Krisuwig. Der grohe Geyser. Die Strollrr. Flüffe und Landfern. Einflus der Meereströmungen auf das Clima. Ein Sturm auf Island. Charakter der Begetation. Unfrage Pflanzen. Riedrigkeit. Einheimische Säugethiere. Globetenbefud. Die Bogelwelt. Fifchreichthum. **29) Geschichte Islands.** Entwicklungen der Insel durch Nadoddr im Jahre 861. Naddur. Flosi und seine drei Raben. Ingolf und seil. Jolandische Unterfassung. Einführung des Christenthums. Thingwald errichtete. Langkrund. Literäische Glanzperiode. Snorri. Sturlesen. Berlug der Unabhängigkeit. Auslidurer Ausbrud des Ebufrer Jerul im Jahr 1785. Berderbliches Handelsmonopol. **30) Die Geländer.** Stalbeit. Thingreise. Gastsrof. Die jetzige Hauptstadt. Jolandisches Zilstleben. Der Medianirti Jadenmath. Heusmacken. Jolandische Kirchen. Ermuth der Geistlichkeit. Der Tochter John Thorlasen. Jolandischer Gottesdienst. Hänische Urpteding der Jolander. Jhre Liebe zur Literatur. Die isländische Sprache. Deffentliche Bibliothek in Keisland. Charakter der Jolander. Der Ausfug. Meisgelegenheiten nach Joland. **31) Die Bermann's-Inseln.** Unzugänglichkeit der romantischen Inseln wie kamen fie zu Bewohnern? Secmarv. Galgabrikder Seevogelgang. Ungebaute Sterblichkeit unter den Kindern. Unglüdes unt algierische Seeräuber. **32) Faröer.** Physiognomie der Faröer Thernsaum. Eine Fäder'scher Familie. Bichtauhl. Aberglauben. Das Gultespiel. Der Bilat. Sturmissdes Meer. Clima. Traurige Folgen des Handelsmonopols. **33) Bon Drontheim nach dem Nordcap.** Milides Clima der nordwestlichen Küste Stantinavriens. Einfluh des Golfstroms. Charakter des Norwegers. Landesverfassung. Bolksunterricht. Romantische Seeräuber. Dronthrim. Angar-Vko oder Purfursjin. Der Eteiadler. Hütingsang bei Aisken. Die 7 Schweftern. Die Sonne um Mitternacht. Die nördlichen Au-stern. Mildfang bei den Ursleben. Suage-Sarmsseerei. Iromstjer. Allmodsjord. Auflerminen. Hammerseft. Das Nordcap.

Die Tropenwelt
im
Thier- und Pflanzenleben
dargestellt
von
Dr. Georg Hartwig.

Mit sechs Abbildungen in Farbendruck.

Cart. Preis Rthlr. 3. — In elegantem Leinwandband Rthlr. 3. 12 Ngr.

Wohl schmücken sich auch bei uns in der schönen Jahreszeit Wald und Flur mit mannigfaltigem Laube und herrlichen Blüthen; wohl genießen auch auf unseren Triften und Feldern zahlreiche Thiere und Vögel ein erfreuliches Dasein; aber ungleich reicher, ungleich mannigfaltiger, seltsamer und schöner ist das Leben, welches die kräftigere Sonne im heißen Erdgürtel erweckt.

Dort erst entwickelt sich die Thierwelt zu ihren riesigsten Gestalten, zu dem auf mächtigen Säulen einherschreitenden Elephanten, zum unförmlichen Rhinoceros, zum colossalen Nilpferd; dort erst erreicht das Katzengeschlecht den gewaltigen Gliederbau des Löwen und Tigers, des Puma und des Jaguars; dort schwillt die Fledermaus zur menschengefährlichen Form des Vampyrs an; und so wie in unseren Forsten das muntere Eichhörnchen von einem Ast zum andern springt, führen dort zahllose Affenarten ein lustiges Zweigleben unter den hohen Kuppeln der Waldriesen.

Wo wären unsere heimathlichen Vögel, die sich an Größe und Pracht mit dem langhalsigen Strauß, dem hochfliegenden Condor oder dem Flamingo messen könnten? Welcher käme an Seltsamkeit der Form dem Toucan oder dem Calao, an Pracht des Gefieders dem schillernden Colibri, dem brasilianischen Cotinga, dem malaischen Leiervogel oder dem Paradiser von Neu-Guinea gleich? Und so wie unseren Wäldern das possierliche Affengeschlecht ewig fremd bleibt, so fehlt ihnen auch das bunte Papageienheer, welches in den tropischen Forsten mit lärmender Zunge die Morgendämmerung begrüßt.

Auf minder erfreuliche Weise hat sich in der heißen Zone auch das scheußlichste Geschlecht der Reptilien zu einer furchtbaren Größe entwickelt. Dort wuchern in der dumpfen feuchtwarmen Atmosphäre der Urwälder die giftigsten und riesigsten Schlangen — der Buschmeister und die Cobra, der Python und die Boa, dort wimmeln Flüsse und Seen von scheußlichen Caimanen und Crocodilen.

Mit Recht zählen auch wir die Insecten zu den Plagen unseres Daseins, doch wie unschuldig erscheinen unsere sechsbeinigen Ruhestörer gegen die zahllosen Legionen von Ameisen und Termiten, Stechfliegen und Mosquitos, Schaben und Heuschrecken, welche in der Tropenzone das Leben des Menschen verbittern, und sein Eigenthum räuberisch angreifen und vernichten.

Wenn in den Aequatorialgegenden der Erde das Thierreich in allen seinen Formen die höchste Entwicklung erreicht, so sehen wir auch dort die Vegetation zur riesigsten Größe sich entfalten, mit der üppigsten Blüthenfülle prangen. „Am glühenden Sonnenstrahl des tropischen Himmels", sagt Humboldt, „gedeihen die herrlichsten Gestalten der Pflanzen. Wie im kalten Norden die Baumrinde mit dürren Flechten und Laubmoosen bedeckt ist, so beleben dort Cymbidium und duftende Vanille den Stamm der Anacardien und der riesenmäßigen Feigenbäume. — Gesellschaftlich lebende Pflanzen, welche die europäische Vegetation so einförmig machen, fehlen am Aequator beinahe gänzlich. Bäume fast zweimal so hoch als unsere Eichen, prangen dort mit Blüthen, welche groß und prachtvoll wie unsere Lilien sind."

Der Verfasser hat in seinen Thierschilderungen den Affen und Katzen der alten und neuen Welt, den Dickhäutern, dem Dromedar, der Giraffe, den Flederthieren, den Ameisenbären und dem Faulthier; den Schlangen, Crocodilen und Schildkröten; dem Condor und dem Strauß, den Papageien und dem Colibri, den Ameisen und Termiten ꝛc. den Ehrenplatz eingeräumt; und zum Pflanzenreich übergehend, dem Kaffee und dem Zucker; der Coca und dem Cacao; der Baumwolle und dem Kautschud; den Gewürzbäumen und dem Indigo; und außer der himmelanstrebenden Familie der Palmen und den hauptsächlichsten Nahrungspflanzen — den Bananen, dem Reis, dem Mais u. s. w. — auch noch den charakteristischsten Formen der tropischen Vegetation vom Baobab zum Cactus und vom Drachenbaum zur Mimose eine ausführlichere Besprechung gewidmet.

Zur Vollständigkeit seines Planes schien es ihm außerdem durchaus erforderlich, nicht nur die einzelnen Formen des eigenthümlichen Tropenlebens dem Leser vorzuführen, sondern auch die verschiedenen Natureindrücke des heißen Erdgürtels — im sumpfigen Mangrove-Ufer; im Urwalde; in der afrikanischen Wüste; an der sandigen, regenlosen peruanischen Küste; in den Llanos oder grasigen Steppen; im Hochlande der Anden, wo der eisige Norden bis unter den Aequator vorrückt, und endlich im Riesenflusse der Tropenzone — dem mächtigen Amazonenstrom zu schildern.

Die Ausführung dieses Werkes, in welchem der Verfasser das Belehrende mit dem Unterhaltenden zu verflechten sich bemüht, wird auch diesmal dem Leser gefallen, der ihm vielleicht schon früher nicht ohne Befriedigung in die gestaltenreiche Welt des Oceans, oder in die großartigen Einöden der Polarländer gefolgt war.

www.ingramcontent.com/pod-product-compliance
Lightning Source LLC
Chambersburg PA
CBHW031935290426
44108CB00011B/557